Compiladores:
Princípios e Práticas

Dados Internacionais de Catalogação na Publicação (CIP)
(Câmara Brasileira do Livro, SP, Brasil)

Louden, Kenneth C.
  Compiladores : princípios e práticas / Kenneth C. Louden ; [tradução Flávio Soares Corrêa da Silva]. - São Paulo : Cengage Learning, 2004.

  Título original: Compiler construction : principles and practice.
  Bibliografia.
  ISBN 978-85-221-0422-2

  1. Compiladores (Programas de computador) I. Título.

04-1296   CDD-005.453

Índice para catálogo sistemático:

1. Compiladores : Linguagens de programação :
       Ciências da computação 005.453

Compiladores:
Princípios e Práticas

Kenneth C. Louden
San Jose State University

Tradução Técnica:
Flávio Soares Corrêa da Silva
Engenheiro e mestre pela Escola Politécnica da USP
Doutor em Inteligência Artificial pela University of Edinburgh (Escócia)
Professor associado, livre-docente e pesquisador no
Departamento de Ciência da Computação da USP.

CENGAGE

Austrália • Brasil • México • Cingapura • Reino Unido • Estados Unidos

CENGAGE

Compiladores : princípios e práticas
Kenneth C. Louden

Gerente Editorial: Adilson Pereira

Editora de Desenvolvimento: Ada Santos Seles

Supervisora de Produção Editorial:
  Patricia La Rosa

Produtora Editorial: Ligia Cosmo Cantarelli

Copidesque: Danae Stephan

Revisão: Andréa da Silva Medeiros e
  Ornilo Costa Jr.

Composição: Segmento & Co. Produções
  Gráficas Ltda.

Capa: Ana Lima

Título Original: Compiler Construction – Principles and Practice

ISBN original: 0-534-93972-4

Tradução Técnica: Flávio Soares Corrêa da Silva

© 2004 Cengage Learning Edições Ltda.

Todos os direitos reservados. Nenhuma parte deste livro poderá ser reproduzida, sejam quais forem os meios empregados, sem a permissão, por escrito, da Editora. Aos infratores aplicam-se as sanções previstas nos artigos 102, 104, 106 e 107 da Lei nº 9.610, de 19 de fevereiro de 1998.

Esta editora empenhou-se em contatar os responsáveis pelos direitos autorais de todas as imagens e de outros materiais utilizados neste livro. Se porventura for constatada a omissão involuntária na identificação de algum deles, dispomo-nos a efetuar, futuramente, os possíveis acertos.

A editora não se responsabiliza pelo funcionamento dos links contidos neste livro que possam estar suspensos.

Para informações sobre nossos produtos, entre em contato pelo telefone **0800 11 19 39**

Para permissão de uso de material desta obra, envie seu pedido para **direitosautorais@cengage.com**

© 2004 Cengage Learning. Todos os direitos reservados.

ISBN-10: 85-221-0422-0
ISBN-13: 978-85-221-0422-2

Cengage Learning
Condomínio E-Business Park
Rua Werner Siemens, 111 – Prédio 11 – Torre A – Conjunto 12
Lapa de Baixo – CEP 05069-900 – São Paulo – SP
Tel.: (11) 3665-9900 – Fax: (11) 3665-9901
SAC: 0800-11-19-39

Para suas soluções de curso e aprendizado, visite
www.cengage.com.br

Impresso no Brasil
Printed in Brazil

Para Andrew

Sumário

Prefácio XI

1 INTRODUÇÃO 1
- 1.1 Por que compiladores? Um breve histórico 2
- 1.2 Programas relacionados a compiladores 4
- 1.3 O processo de tradução 6
- 1.4 Principais estruturas de dados em um compilador 13
- 1.5 Outros aspectos da estrutura de um compilador 15
- 1.6 Partida rápida e transposição 18
- 1.7 A linguagem TINY e seu compilador 22
- 1.8 C–: uma linguagem para um projeto de compilador 26
- *Exercícios* 27
- *Notas e referências* 29

2 VARREDURA 31
- 2.1 O processo de varredura 32
- 2.2 Expressões regulares 34
- 2.3 Autômatos finitos 47
- 2.4 Das expressões regulares para os autômatos finitos determinísticos 64
- 2.5 Implementação de um sistema de varredura TINY 75
- 2.6 Uso de Lex para gerar automaticamente um sistema de varredura 81
- *Exercícios* 90
- *Exercícios de programação* 93
- *Notas e referências* 94

3 GRAMÁTICAS LIVRES DE CONTEXTO E ANÁLISE SINTÁTICA 95
- 3.1 O processo de análise sintática 96
- 3.2 Gramáticas livres de contexto 97
- 3.3 Árvores de análise sintática e árvores sintáticas abstratas 106
- 3.4 Ambigüidade 114
- 3.5 Notações estendidas: EBNF e diagramas sintáticos 122
- 3.6 Propriedades formais de linguagens livres de contexto 128
- 3.7 Sintaxe da linguagem TINY 133
- *Exercícios* 138
- *Notas e referências* 142

4 ANÁLISE SINTÁTICA DESCENDENTE 143
- 4.1 Análise sintática descendente recursiva 144
- 4.2 Análise sintática LL(1) 152

4.3 Conjuntos primeiros e de seqüência 168
4.4 Um analisador sintático para a linguagem TINY 181
4.5 Recuperação de erros em analisadores sintáticos descendentes 183
Exercícios 190
Exercícios de programação 194
Notas e referências 197

5 ANÁLISE SINTÁTICA ASCENDENTE 199
5.1 Visão geral da análise sintática ascendente 200
5.2 Autômatos finitos dos itens LR(0) e análise sintática LR(0) 203
5.3 Análise sintática SLR(1) 212
5.4 Análise sintática geral LR(1) e LALR(1) 219
5.5 Yacc: um gerador de analisadores sintáticos LALR(1) 228
5.6 Geração de um analisador sintático TINY usando o Yacc 245
5.7 Recuperação de erros em analisadores sintáticos ascendentes 247
Exercícios 252
Exercícios de programação 256
Notas e referências 258

6 ANÁLISE SEMÂNTICA 259
6.1 Atributos e gramáticas de atributos 261
6.2 Algoritmos para computação de atributos 272
6.3 A tabela de símbolos 297
6.4 Tipos de dados e verificação de tipos 316
6.5 Analisador semântico para a linguagem TINY 337
Exercícios 342
Exercícios de programação 345
Notas e referências 346

7 AMBIENTES DE EXECUÇÃO 349
7.1 Organização de memória durante a execução de programas 350
7.2 Ambientes de execução totalmente estáticos 353
7.3 Ambientes de execução baseados em pilhas 356
7.4 Memória dinâmica 377
7.5 Mecanismos para passagem de parâmetros 385
7.6 Ambiente de execução para a linguagem TINY 390
Exercícios 392
Exercícios de programação 399
Notas e referências 400

8 GERAÇÃO DE CÓDIGO 401
8.1 Código intermediário e estruturas de dados para geração de código 402
8.2 Técnicas básicas para geração de código 410
8.3 Geração de código para referências a estruturas de dados 419
8.4 Geração de código para declarações de controle e expressões lógicas 431
8.5 Geração de código para chamadas de procedimentos e funções 438
8.6 Geração de código em compiladores comerciais: dois estudos de casos 444
8.7 TM: uma máquina-alvo simples 454

8.8   Gerador de código para a linguagem TINY   460
8.9   Revisão das técnicas de otimização de código   468
8.10 Otimizações simples para o gerador de código TINY   482
Exercícios   485
Exercícios de programação   489
Notas e referências   490

APÊNDICE A – PROJETO DE COMPILADOR   493
  A.1   Convenções léxicas de C–   493
  A.2   Sintaxe e semântica de C–   494
  A.3   Programas de exemplo em C–   497
  A.4   Ambiente de execução TINY para a linguagem C–   499
  A.5   Projetos de programação utilizando C– e TM   502

APÊNDICE B – LISTAGEM DO COMPILADOR TINY   503

APÊNDICE C – LISTAGEM DO SIMULADOR DE MÁQUINA TINY   535

BIBLIOGRAFIA   545

ÍNDICE   549

Prefácio

Este livro é uma introdução ao campo de construção de compiladores. Ele combina um estudo detalhado da teoria subjacente à abordagem moderna de projeto de compiladores, acompanhado de diversos exemplos práticos e uma descrição completa, com código-fonte, de um compilador para uma pequena linguagem. Ele é projetado especificamente para uso em um curso introdutório sobre projeto de compiladores ou sobre construção de compiladores para alunos em final de graduação. Ele pode também ser útil para profissionais que estejam participando de um projeto de compilador, já que tem por objetivo proporcionar ao leitor as ferramentas necessárias e a experiência prática para projetar e programar efetivamente um compilador.

Já existem muitos textos para esse campo. Por que escrever mais um? Porque virtualmente todos os textos existentes se restringem ao estudo de somente um dos dois aspectos importantes da construção de compiladores. A primeira variedade de textos se concentra no estudo da teoria e dos princípios do projeto de compiladores, com apenas breves exemplos de aplicação da teoria. A segunda variedade de textos se concentra no objetivo prático de produzir um compilador, seja para uma linguagem de programação real ou para uma versão simplificada de alguma linguagem, com apenas breves incursões na teoria subjacente ao código para explicar sua origem e comportamento. Considero essas duas abordagens insuficientes. Para compreender realmente os aspectos práticos do projeto de compiladores, é preciso entender a teoria; para apreciar realmente a teoria, é preciso vê-la em ação em condições reais ou bem próximas de reais.

Este texto se propõe a promover o equilíbrio entre teoria e prática, e a fornecer detalhes de implementação suficientes para que se sinta um sabor real das técnicas, sem entretanto sobrecarregar o leitor. Nele, apresento um compilador completo para uma pequena linguagem, escrito em C e desenvolvido utilizando as diferentes técnicas estudadas em cada capítulo. Adicionalmente, descrições detalhadas das técnicas de codificação para exemplos adicionais de linguagens são fornecidas à medida que os tópicos associados são estudados. Finalmente, cada capítulo termina com um amplo conjunto de exercícios, divididos em duas seções. A primeira contém exercícios para solução com lápis e papel e que envolvem pouca programação. A segunda contém exercícios que requerem programação.

Ao escrever um texto assim, é preciso levar em conta as diferentes posições que um curso de compiladores ocupa em diferentes currículos de ciência da computação. Em alguns programas, um curso sobre teoria de autômatos é pré-requisito; em outros, um curso sobre linguagens de programação é um pré-requisito; em outros, ainda, não existem pré-requisitos (além de estruturas de dados). Este texto não assume pré-requisitos além do curso usual de estruturas de dados e familiaridade com a linguagem C. Ele está organizado, entretanto, para que um pré-requisito como um curso de teoria de autômatos possa ser levado em conta. Ele deveria portanto ser útil para uma ampla variedade de programas.

Um último problema para escrever um texto sobre compiladores é que os professores usam muitas abordagens diferentes de aula para a aplicação prática da teoria. Alguns preferem estudar as técnicas usando apenas uma série de exemplos pequenos e independentes, cada um direcionado a um conceito específico. Outros apresentam um grande projeto de compilador, que se torna factível com o uso de ferramentas como Lex e Yacc. Outros, ainda, pedem que os estudantes escrevam todo o código manualmente (utilizando, por exemplo, análise sintática recursiva descendente), mas aliviam a tarefa fornecendo as estruturas de dados básicas e algum código de exemplo. Este livro deve ser útil para todos esses cenários.

Visão geral e organização

Na maioria dos casos, cada capítulo é independente dos demais, sem restringir artificialmente o material em cada um. Referências cruzadas no texto permitem ao leitor ou ao professor completar eventuais lacunas, mesmo se algum capítulo ou seção não tiver sido coberto.

O Capítulo 1 é uma visão geral da estrutura básica de um compilador e das técnicas estudadas nos capítulos seguintes. Ele também inclui uma seção sobre transposição e partida rápida.

O Capítulo 2 estuda a teoria de autômatos finitos e expressões regulares, e, em seguida, aplica essa teoria na construção de um sistema de varredura codificado manualmente e utilizando a ferramenta de geração de sistemas de varredura Lex.

O Capítulo 3 trata da teoria de gramáticas livres de contexto no que se refere à análise sintática, com ênfase especial à resolução de ambigüidade. Ele dá uma descrição detalhada de três notações comuns para essas gramáticas, que são BNF, EBNF e diagramas sintáticos. Ele também discute a hierarquia de Chomsky e os limites de poder das gramáticas livres de contexto, e menciona alguns dos resultados teóricos importantes relacionados a essas gramáticas. Uma gramática para a linguagem de exemplo usada neste texto também é fornecida.

O Capítulo 4 estuda os algoritmos de análise sintática descendente, em particular os métodos de análise sintática recursiva descendente e LL(1). Um analisador sintático recursivo descendente para a linguagem de exemplo também é apresentado.

O Capítulo 5 dá continuidade ao estudo dos algoritmos para análise sintática, com a análise sintática ascendente, culminando nas tabelas de análise sintática LALR(1) e no uso da ferramenta de geração de analisadores sintáticos Yacc. Uma especificação Yacc para a linguagem de exemplo é apresentada.

O Capítulo 6 é uma revisão ampla da análise semântica estática, com foco em gramáticas de atributos e percursos em árvores sintáticas. Ele cobre extensivamente a construção de tabelas de símbolos e a verificação estática de tipos, os dois exemplos fundamentais da análise semântica. Uma implementação baseada em tabelas de *hashing* para uma tabela de símbolos também é dada e usada para implementar um analisador semântico para a linguagem de exemplo.

O Capítulo 7 aborda as diferentes formas de ambientes de execução, desde o ambiente totalmente estático da linguagem Fortran até os ambientes totalmente dinâmicos das linguagens baseadas em Lisp, passando pelas variedades de ambientes baseados em pilhas. Ele fornece também uma implementação para *heap* de armazenamento alocado dinamicamente.

O Capítulo 8 discute a geração de código tanto para código intermediário, como código de três endereços e P-código, quanto para código objeto executável para uma arquitetura de von Neumann simples, para a qual é fornecido um simulador. É fornecido um gerador de código simples para a linguagem de exemplo. O capítulo conclui com uma introdução às técnicas de otimização de código.

Três apêndices completam o texto. O primeiro contém uma descrição detalhada de uma linguagem apropriada para um projeto de curso, juntamente com uma lista de projetos parciais que podem ser usados em avaliações. Os outros dois apêndices apresentam listagens com linhas enumeradas de código-fonte para o compilador de exemplo e o simulador de máquina, respectivamente.

Uso como texto

Este texto pode ser usado em cursos introdutórios de compiladores de um semestre ou de dois semestres, com ou sem o uso das ferramentas de construção de compiladores Lex e Yacc. Se um curso de teoria de autômatos for pré-requisito, as seções 2.2, 2.3 e 2.4 do Capítulo 2 e as seções 3.2 e 3.6 do Capítulo 3 podem ser eliminadas ou revisadas brevemente. Se o curso for de um semestre, o resultado será um curso bastante acelerado, considerando que varredura, análise sintática, análise semântica e geração de código sejam tópicos cobertos.

Uma alternativa razoável é, após uma revisão de varredura, fornecer apenas um sistema para varredura e passar rapidamente para a análise sintática. (Mesmo utilizando técnicas padrão e a linguagem C, rotinas de entrada podem ser sutilmente diferentes para sistemas operacionais e plataformas diversos.) Outra opção é usar Lex e Yacc para automatizar a construção de um sistema de varredura e um analisador sintático (acredito, entretanto, que ao fazer isso em um primeiro curso existe o risco de os estudantes não entenderem os algoritmos em uso). Se um professor preferir usar somente Lex e Yacc, mais material deve ser eliminado: todas as seções do Capítulo 4, exceto a 4.4, e a Seção 2.5 do Capítulo 2.

Se um professor quiser se concentrar em codificação manual, as seções sobre Lex e Yacc podem ser eliminadas (2.6, 5.5, 5.6 e 5.7). Aliás, todo o Capítulo 5 pode ser eliminado se a opção for ignorar a análise sintática ascendente.

Atalhos similares podem ser tomados nos capítulos posteriores, se necessário, para cursos baseados em ferramentas ou em codificação manual. Por exemplo, nem todos os diferentes estilos de análise de atributos precisam ser estudados (Seção 6.2). Além disso, não é essencial estudar em detalhes todos os diferentes ambientes de execução catalogados no Capítulo 7. Se os estudantes tiverem um outro curso que cubra os detalhes da geração de código, o Capítulo 8 pode ser eliminado. Em cursos de dois quadrimestres ou de dois semestres, é possível cobrir o livro todo.

Disponibilidade de recursos na Internet

Todo o código dos apêndices B e C está disponível na Internet e pode ser acessado em minha página (**http://www.mathcs.sjsu.edu/faculty/louden/**). Recursos adicionais, como erratas e soluções para alguns dos exercícios, podem ser diretamente solicitados a mim. Por favor, verifique minha página na Internet ou entre em contato via e-mail pelo endereço **louden@cs.sjsu.edu**.

Agradecimentos

Meu interesse em compiladores teve início em 1984, em um curso de verão apresentado por Alan Demers. Sua visão e abordagem desse campo influenciaram significativamente minhas próprias visões. De fato, a organização básica do exemplo de compilador deste texto foi sugerida naquele curso, e o simulador de máquina do Apêndice C descende do que foi fornecido por ele.

Mais diretamente, quero agradecer a meus colegas Bill Giles e Sam Khuri da San Jose State University por me encorajarem neste projeto, lendo e comentando o texto e usando versões preliminares em suas aulas. Quero também agradecer aos estudantes da San Jose State University que me forneceram informações valiosas. Quero, ainda, agradecer a Mary T. Stone, da PWS, por juntar uma grande quantidade de informações sobre ferramentas para compiladores e por coordenar o processo de revisão.

Os seguintes revisores contribuíram com várias sugestões excelentes, pelas quais sou grato:

Jeff Jenness
Arkansas State University

Jerry Potter
Kent State University

Joe Lambert
Penn State University

Samuel A. Rebelsky
Dartmouth College

Joan Lukas
University of Massachusetts, Boston

Evidentemente, sou o único responsável pelas imperfeições do texto. Tentei fazer este livro tão livre de erros quanto possível. Certamente, alguns deles ainda persistem, e serei grato aos leitores que os apontarem.

Finalmente, quero agradecer a minha esposa Margreth por sua compreensão, paciência e apoio, e a nosso filho Andrew por me encorajar a concluir o livro.

K.C.L.

Capítulo 1

Introdução

1.1 Por que compiladores? Um breve histórico
1.2 Programas relacionados a compiladores
1.3 O processo de tradução
1.4 Principais estruturas de dados em um compilador
1.5 Outros aspectos da estrutura de um compilador
1.6 Partida rápida e transposição
1.7 A linguagem TINY e seu compilador
1.8 C–: uma linguagem para um projeto de compilador

Compiladores são programas de computador que traduzem de uma linguagem para outra. Um compilador recebe como entrada um programa escrito na **linguagem-fonte** e produz um programa equivalente na **linguagem-alvo**. Geralmente, a linguagem-fonte é uma **linguagem de alto nível**, como C ou C++, e a linguagem-alvo é um **código-objeto** (algumas vezes também chamado de **código de máquina**) para a máquina-alvo, ou seja, um código escrito usando as instruções de máquina do computador no qual ele será executado. Podemos ver esse processo esquematicamente assim:

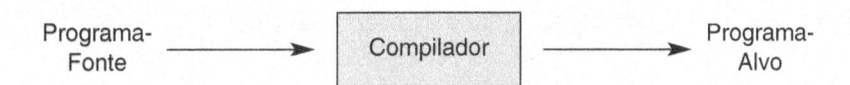

Programa-Fonte → Compilador → Programa-Alvo

    Um compilador é um programa bastante complexo, que pode ter de 10.000 a 1.000.000 de linhas de código. Escrever um programa desses, ou mesmo entendê-lo, não é tarefa simples, e a maioria dos cientistas e profissionais de computação jamais escreverão um compilador completo. Compiladores, entretanto, são usados em quase todas as formas de computação, e qualquer pessoa envolvida profissionalmente com computadores deveria conhecer a organização e as operações básicas de um compilador. Além disso, uma tarefa freqüente em aplicações de computador é o desenvolvimento de interpretadores de comandos e programas de interface, menores que os compiladores, mas que utilizam as mesmas técnicas. Conhecer essas técnicas tem, portanto, uso prático significativo.
    Este texto tem por objetivo não apenas proporcionar esse conhecimento básico, mas também dar ao leitor todas as ferramentas necessárias e a experiência prática para projetar e programar um compilador. Para isso, é necessário estudar as técnicas teóricas, principalmente da teoria de autômatos, que tornam a construção de compiladores uma tarefa factível. Ao apresentar essa teoria, não assumimos que o leitor tenha conhecimento prévio da teoria de autômatos. O ponto de vista adotado aqui é diferente daquele de um texto padrão sobre teoria de autômatos, pois tem por objetivo específico o processo de compilação. Um leitor que tenha estudado teoria

de autômatos terá maior familiaridade com esse material teórico e poderá prosseguir mais rapidamente por essas seções. Em particular, as seções 2.2, 2.3, 2.4 e 3.2 podem ser ignoradas ou lidas superficialmente por quem tenha conhecimento prévio sobre a teoria de autômatos. Em qualquer caso, o leitor deve ter familiaridade com estruturas básicas de dados e matemática discreta. Algum conhecimento de arquitetura de máquinas e linguagens de montagem também é essencial, particularmente para o capítulo sobre geração de código.

O estudo das técnicas práticas de codificação requer planejamento cuidadoso, pois, mesmo com boa fundamentação teórica, os detalhes de código podem ser complexos e desafiadores. Este texto contém uma série de exemplos simples de construções em linguagens de programação, usados na elaboração da discussão das técnicas. A linguagem que usamos para essa discussão se chama TINY. Fornecemos também (no Apêndice A) um exemplo mais completo, composto por um pequeno mas suficientemente complexo subconjunto da linguagem C, que denominamos C–, o qual é também apropriado para um projeto de curso. Há também diversos exercícios, incluindo exercícios simples para resolver com lápis e papel, extensões do código no texto e exercícios que envolvem mais programação.

De maneira geral, existe interação significativa entre a estrutura de um compilador e o projeto da linguagem de programação a ser compilada. Neste texto, vamos tratar de questões de projeto de linguagens apenas em alguns pontos. Existem outros textos que se concentram mais diretamente em conceitos de linguagem de programação e questões de projeto. (Ver a seção de notas e referências no final deste capítulo.)

Iniciamos com uma breve revisão do histórico e dos motivos de existência dos compiladores, juntamente com uma descrição de programas relacionados a compiladores. Examinamos, em seguida, a estrutura de um compilador e os diversos processos de tradução e estruturas de dados associadas, para a seguir percorrer essa estrutura usando um exemplo concreto simples. Finalmente, apresentamos uma visão geral de outros aspectos da estrutura do compilador, incluindo partida rápida e transportabilidade, concluindo com uma descrição dos principais exemplos de linguagem usados no restante do livro.

1.1 POR QUE COMPILADORES? UM BREVE HISTÓRICO

Com o advento do computador de programa armazenado de John von Neumann no final da década de 1940, tornou-se necessário escrever seqüências de código, ou programas, para que esses computadores efetuassem as computações desejadas. Inicialmente, esses programas foram escritos em **linguagem de máquina** – código numérico representando as operações de máquina a serem efetivamente executadas. Por exemplo,

```
C7 06 0000 0002
```

representa a instrução para mover o número 2 do endereço 0000 (hexadecimal) em processadores Intel 8x86 utilizados em computadores IBM PC. Evidentemente, escrever códigos como esse consome muito tempo e é entediante. Assim, essa forma de codificação foi rapidamente substituída pela **linguagem de montagem**, em que instruções e endereços de memória adotam uma forma simbólica. Por exemplo, a instrução em linguagem de montagem

```
MOV X , 2
```

é equivalente à instrução de máquina vista anteriormente (assumindo que o endereço de memória X seja 0000). Um **montador** traduz os códigos simbólicos e endereços de memória da linguagem de montagem para os códigos correspondentes da linguagem de máquina.

As linguagens de montagem aumentaram muito a velocidade e a precisão com que os programas podem ser escritos, e são usadas ainda hoje, especialmente quando muita velocidade ou concisão de código são necessárias. Entretanto, a linguagem de montagem tem alguns defeitos: não é fácil escrever e é difícil ler e entender o que é escrito nela. Além disso, a linguagem de montagem é extremamente dependente da máquina em particular para a qual ela seja escrita; portanto, o código escrito para um computador precisa ser completamente reescrito para outro. Evidentemente, o grande passo seguinte na tecnologia de programação foi escrever as operações de um programa em uma forma concisa, mais semelhante a uma notação matemática ou linguagem natural, independentemente de qualquer máquina em particular e ainda assim passível de tradução por um programa em código executável. Por exemplo, o código anteriormente apresentado em linguagem de montagem pode ser escrito de forma concisa e independente de máquina como

```
X = 2
```

Houve um temor inicial de que isso poderia ser impossível, ou, se fosse possível, que o código objeto fosse tão ineficiente que seria inútil.

O desenvolvimento da linguagem Fortran e de seu compilador por um grupo na IBM dirigido por John Backus, entre 1954 e 1957, mostrou que esse temor não tinha fundamento. Ainda assim, o sucesso desse projeto resultou de muito esforço, pois a maioria dos processos de tradução de linguagens de programação era pouco entendida naquele momento.

Na mesma época do desenvolvimento do primeiro compilador, Noam Chomsky iniciou seus estudos da estrutura da linguagem natural. Seus resultados tornaram a construção de compiladores mais simples e parcialmente automatizável. Os estudos de Chomsky levaram à classificação de linguagens segundo a complexidade de suas **gramáticas** (as regras que especificam sua estrutura) e o poder dos algoritmos necessários para reconhecê-las. A **hierarquia de Chomsky**, como é conhecida hoje, consiste de quatro níveis de gramática, denominadas tipo 0, tipo 1, tipo 2 e tipo 3, cada uma sendo uma especialização da anterior. As gramáticas de tipo 2, ou **gramáticas livres de contexto**, são as mais úteis para as linguagens de programação, e são hoje a forma padrão para representar a estrutura de linguagens de programação. O **problema da análise sintática** (a determinação de algoritmos eficientes para reconhecer linguagens livres de contexto) foi estudado nos anos 1960 e 1970, levando a uma solução bastante completa que hoje faz parte da teoria de compiladores. As linguagens livres de contexto e os algoritmos para análise sintática são estudados nos Capítulos 3, 4 e 5.

Assuntos fortemente relacionados com as gramáticas livres de contexto são **autômatos finitos** e **expressões regulares**, que correspondem às gramáticas de Chomsky de tipo 3. Inicialmente desenvolvido pelo próprio Chomsky, o estudo desses temas levou a métodos simbólicos para expressar a estrutura de palavras, ou marcas, de uma linguagem de programação. No Capítulo 2 são discutidos autômatos finitos e expressões regulares.

Um assunto muito mais complexo tem sido o desenvolvimento de métodos para gerar códigos objeto eficientes, que têm sido estudados desde o primeiro compilador até hoje. Essas técnicas geralmente recebem o nome inadequado de **técnicas de otimização**, mas deveriam ser denominadas **técnicas de melhoria de código**, pois quase nunca levam a um código-objeto efetivamente ótimo, embora melhorem sua eficiência. No Capítulo 8, os fundamentos dessas técnicas são apresentados.

À medida que crescia a compreensão do problema da análise sintática, um grande número de trabalhos foi devotado à criação de programas para automatizar essa parte do desenvolvimento de compiladores. Esses programas foram originalmente denominados compiladores de compiladores, mas são mais bem identificados como **geradores de analisadores sintáticos**, pois automatizam somente uma parte do processo de compilação. O mais conhecido desses programas é o Yacc (*yet another compiler compiler* – outro compilador de compiladores), escrito por Steve Johnson, em 1975, para o sistema Unix. O Yacc é estudado no Capítulo 5. De maneira similar, o estudo de autômatos finitos levou ao desenvolvimento de outra ferramenta, denominada **gerador de sistemas de varredura**, da qual a Lex (desenvolvida para o sistema Unix por Mike Lesk na mesma época do Yacc) é a mais conhecida. A Lex é estudada no Capítulo 2.

No final dos anos 1970 e 1980, diversos projetos visavam automatizar a geração de outras partes de um compilador, como a geração de código. Esses empreendimentos foram menos bem-sucedidos, possivelmente em razão da natureza complexa das operações e ao nosso entendimento limitado dessas operações. Eles não são estudados em detalhe neste texto.

Avanços mais recentes em projetos de compiladores têm gerado resultados interessantes. Primeiro, os compiladores têm incorporado algoritmos mais sofisticados para inferência e/ou simplificação da informação contida em um programa, o que tem ocorrido em paralelo ao desenvolvimento de linguagens de programação mais sofisticadas para as quais essa análise é relevante. Um exemplo típico é o algoritmo de Hindley-Milner para verificação de tipos, utilizado na compilação de linguagens funcionais. Em segundo lugar, os compiladores estão se tornando cada vez mais parte de **ambientes de desenvolvimento interativo** baseados em janelas (IDE), contendo editores, organizadores, depuradores e gerenciadores de projetos. Pouca padronização desses ambientes tem ocorrido até o momento, mas o desenvolvimento de ambientes padrão baseados em janelas tem apontado para essa direção. O estudo desses tópicos está além do escopo deste livro (mas veja na próxima seção uma breve descrição de alguns componentes de um IDE). Para referências bibliográficas, veja a seção de notas e bibliografia no final do capítulo. Apesar das atividades de pesquisa em anos recentes, entretanto, os fundamentos do projeto de compiladores não mudaram muito nos últimos 20 anos, e têm sido incorporados cada vez mais ao currículo básico de ciência da computação.

1.2 PROGRAMAS RELACIONADOS A COMPILADORES

Nesta seção, descrevemos brevemente outros programas relacionados a ou utilizados juntamente com compiladores, os quais freqüentemente acompanham compiladores em um ambiente de desenvolvimento de linguagens completo. (Alguns deles já foram mencionados.)

INTERPRETADORES

Um interpretador é um tradutor de linguagens, assim como um compilador. A diferença é que o interpretador executa o programa-fonte de imediato, em vez de gerar um código-objeto que seja executado após o término da tradução. Em princípio, qualquer linguagem de programação pode ser interpretada ou compilada, mas dependendo da linguagem e da situação em que ocorre a tradução, um interpretador pode ser preferível. Por exemplo, a linguagem Basic é mais comumente interpretada que compilada. De maneira similar, linguagens funcionais como Lisp tendem a ser interpretadas. Interpretadores são usados freqüentemente também em situações educacionais e de desenvolvimento de *software*, quando os programas são traduzidos e retraduzidos muitas vezes. Um compilador, no entanto, é preferível se a velocidade de execução for importante, pois o código-objeto compilado é invariavelmente mais rápido que o código-fonte, interpretado dez ou mais vezes mais rápido. Entretanto, os interpretadores compartilham muitas de suas operações com os compiladores, podendo inclusive existir tradutores híbridos, que ficam entre os interpretadores e os compiladores. Discutiremos os interpretadores de forma intermitente, mas nosso foco principal, neste texto, serão os compiladores.

MONTADORES

Um montador é um tradutor para a linguagem de montagem de um computador em particular. Como já foi dito, a linguagem de montagem é uma forma simbólica da linguagem de máquina do computador, e é particularmente fácil de traduzir. Por vezes, um compilador irá gerar a linguagem de montagem como sua linguagem-alvo e, em seguida, contar com um montador para concluir a tradução para o código-objeto.

ORGANIZADORES

Tanto compiladores como montadores freqüentemente dependem de um programa denominado organizador, que coleta o código compilado separadamente, ou montado como arquivos-objeto distintos, e coloca tudo em um arquivo diretamente executável. Nesse sentido, uma distinção pode ser feita entre código-objeto – código de máquina que ainda não foi organizado – e código de máquina executável. Um organizador pode também conectar um programa-objeto ao código para funções padrão de biblioteca e para recursos fornecidos pelo sistema operacional do computador, como alocadores de memória e dispositivos de entrada e saída. É interessante notar que os organizadores efetuam hoje em dia a tarefa que era originalmente uma das principais atividades de um compilador (daí o uso da palavra *compilar* – construir pela coleta a partir de diferentes fontes). Não estudaremos o processo de organização neste texto, pois ele depende de detalhes de sistema operacional e de processador. Também não faremos uma distinção clara entre código-objeto não organizado e código executável, pois essa distinção não será importante para nosso estudo das técnicas de compilação.

CARREGADORES

Freqüentemente, um compilador, montador ou organizador produz um código que não está completamente determinado e pronto para execução, mas cujas referências de memória principais são relativas a uma localização inicial não determinada, que pode estar em qualquer ponto da memória. Códigos desse tipo são denominados **realocáveis**, e um carregador resolve os endereços realocáveis relativos a um dado endereço de base ou inicial. O uso de um carregador torna o código executável mais flexível, mas o processo de carga normalmente ocorre "nos bastidores" (como parte do ambiente operacional) ou juntamente com a organização. Raramente um carregador é um programa em separado.

PRÉ-PROCESSADORES

Um pré-processador é um programa separado, ativado pelo compilador antes do início da tradução. Ele pode apagar comentários, incluir outros arquivos e executar substituições de **macros** (uma macro é uma descrição resumida de uma seqüência repetida de texto). Pré-processadores podem ser requeridos pela linguagem (como em C) ou podem ser acréscimos para conseguir recursos adicionais (como no pré-processador Ratfor para Fortran).

EDITORES

Geralmente, os compiladores aceitam programas-fonte escritos com qualquer editor que gere um arquivo padrão, por exemplo um arquivo ASCII. Mais recentemente, compiladores têm sido apresentados juntamente com editores e outros programas, na forma de um ambiente interativo para desenvolvimento (IDE). Nesse caso, um editor gera arquivos padrão, que também são orientados pela estrutura ou formato da linguagem de programação em questão. Esses editores são denominados **baseados em estrutura** e incluem parte das operações de um compilador, para que, por exemplo, o programador seja informado sobre erros enquanto o programa é escrito, e não quando ele está sendo compilado. O compilador e os programas que o acompanham podem também ser ativados pelo editor, e assim o programador pode executar o programa sem encerrar a execução do editor.

DEPURADORES

Um depurador é um programa que pode ser utilizado para determinar erros de execução em um programa compilado. Ele costuma ser apresentado juntamente com um compilador em um IDE. A execução de um programa com um depurador difere da execução padrão, pois o depurador registra muita ou toda a informação do código-fonte, como, por exemplo, números de linhas e nomes de variáveis e procedimentos. Ele pode também interromper a execução em pontos pré-especificados, denominados **pontos de interrupção**, bem como fornecer informações sobre que funções foram ativadas e quais os valores das variáveis. Para efetuar essas funções, o depurador precisa receber a informação simbólica apropriada do compilador, o que pode, por vezes, ser difícil, especialmente para compiladores que tentam otimizar o código-objeto. Assim, a depuração é um assunto ligado ao compilador, o qual, entretanto, está além do escopo deste livro.

GERADORES DE PERFIL

Um gerador de perfil é um programa que coleta estatísticas sobre o comportamento de um programa-objeto durante sua execução. Estatísticas que normalmente interessam a um programador são o número de ativações de um procedimento e a relação entre os tempos de execução dos procedimentos. Essas estatísticas podem ser extremamente úteis para ajudar o programador a melhorar a velocidade de execução do programa. Por vezes, o compilador pode utilizar a saída do gerador de perfil para melhorar automaticamente o código-objeto, sem a intervenção do programador.

GERENCIADORES DE PROJETOS

Projetos de *software* modernos são, em geral, tão grandes que precisam ser feitos por grupos de programadores, em vez de um único programador individualmente. Nesses casos, é importante que os arquivos trabalhados por essas várias pessoas sejam coordenados, e é isso que um programa gerenciador de projetos faz. Por exemplo, um gerenciador de projetos deve coordenar a junção de versões de um mesmo arquivo produzidas por diferentes programadores. Ele deve também manter um histórico de alterações em cada grupo de arquivos, para que versões coerentes de um programa em desenvolvimento possam ser mantidas (isso também pode ser útil para os projetos com um único programador). Um gerenciador de projetos pode ser escrito de forma independente da linguagem, mas quando acompanha um compilador, ele pode manter informações específicas e úteis do compilador e do organizador. Dois gerenciadores de projetos populares em sistemas Unix são **sccs** (*source code control system* – **sistema de controle de código-fonte**) e **rcs** (*revision control system* – **sistema de controle de revisões**).

1.3 O PROCESSO DE TRADUÇÃO

Um compilador é constituído internamente por passos, ou **fases**, para operações lógicas distintas. Essas fases podem ser entendidas como peças separadas dentro do compilador, que podem efetivamente ser escritas como operações codificadas separadamente, embora na prática elas sejam freqüentemente agrupadas. As fases de um compilador estão mostradas na Figura 1.1, juntamente com os componentes auxiliares que interagem com algumas ou com todas as fases: a tabela de literais, a tabela de símbolos e o manipulador de erros. Cada uma

```
Código-fonte
    ↓
┌─────────────┐
│ Sistema de  │
│ varredura   │
└─────────────┘
    ↓ Marcas
┌─────────────┐
│ Analisador  │
│ sintático   │
└─────────────┘
    ↓ Árvore sintática
┌─────────────┐
│ Analisador  │
│ semântico   │
└─────────────┘
    ↓ Árvore anotada
┌─────────────┐
│ Otimizador de│
│ código-fonte│
└─────────────┘
    ↓ Código intermediário
┌─────────────┐
│ Gerador     │
│ de código   │
└─────────────┘
    ↓ Código-alvo
┌─────────────┐
│ Otimizador de│
│ código-alvo │
└─────────────┘
    ↓
Código-alvo
```

┌──────────────┐
│ Tabela de   │
│ literais   │
└──────────────┘

┌──────────────┐
│ Tabela de   │
│ símbolos   │
└──────────────┘

┌──────────────┐
│ Manipulador │
│ de erros   │
└──────────────┘

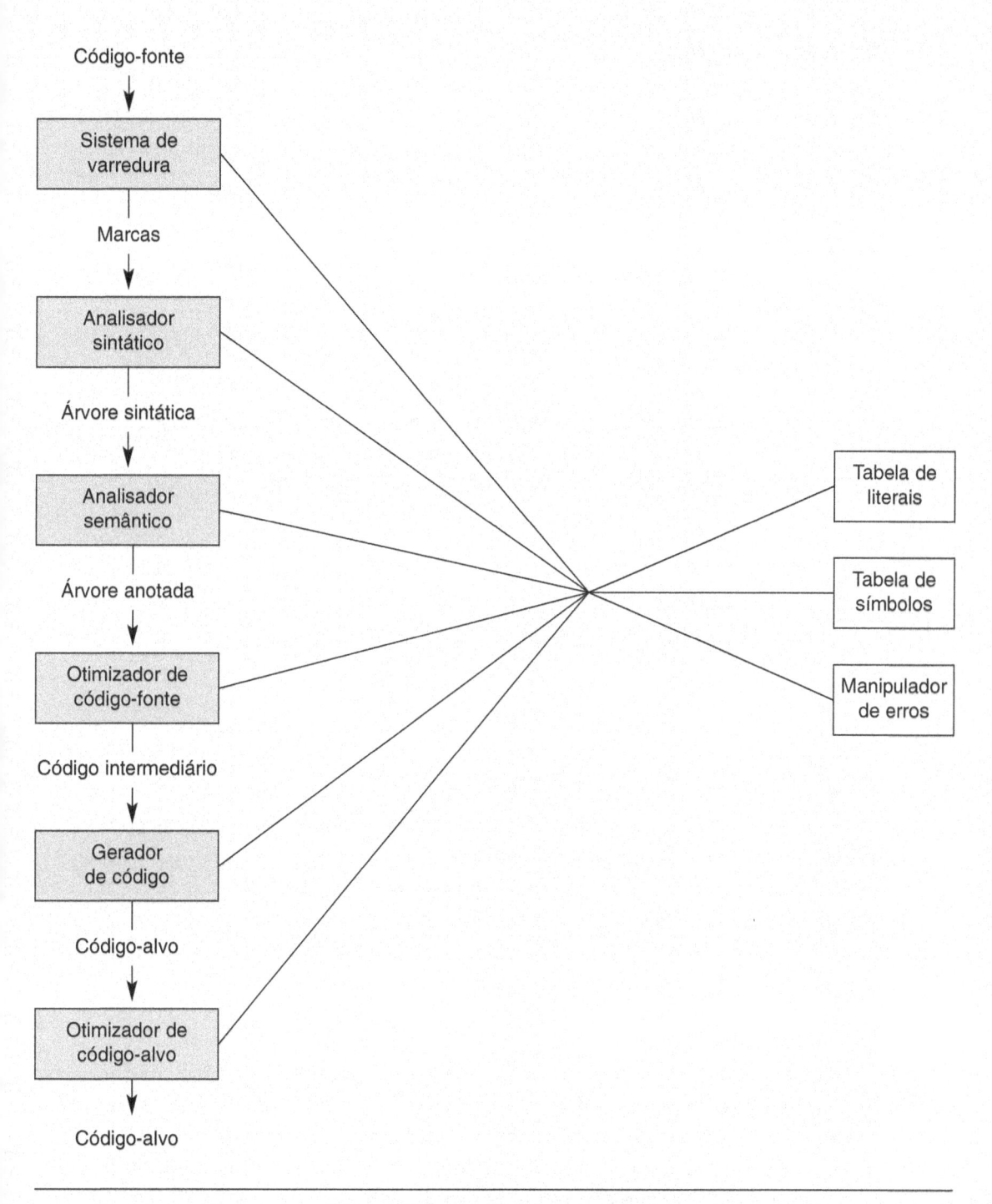

Figura 1.1   As fases de um compilador.

das fases será descrita brevemente: elas serão estudadas com mais detalhes nos próximos capítulos. (As tabelas de literais e de símbolos serão discutidas com mais detalhes na próxima seção, e o manipulador de erros, na Seção 1.5.)

O SISTEMA DE VARREDURA

Nessa fase do compilador o programa-fonte é lido. Geralmente, o programa-fonte é fornecido como uma seqüência de caracteres. Durante a varredura, ocorre a **análise léxica**: seqüências de caracteres são organizadas como unidades significativas denominadas **marcas**, que são como as palavras em uma linguagem natural como o inglês, por exemplo. Um sistema de varredura tem função similar à de um sistema para soletrar.

Por exemplo, considere a linha de código a seguir, que poderia pertencer a um programa em C:

```
a [index] = 4 + 2
```

Esse código contém 12 caracteres diferentes de espaço, mas somente 8 marcas:

a	identificador
[	colchete à esquerda
index	identificador
]	colchete à direita
=	atribuição
4	número
+	sinal de adição
2	número

Cada marca é composta por um ou mais caracteres, que são agrupados como uma unidade antes de o processamento prosseguir.

Um sistema de varredura efetua outras operações além de reconhecer marcas. Por exemplo, ele pode inserir identificadores na tabela de símbolos e **literais** na tabela de literais (os literais incluem constantes numéricas, como 3.1415926535, e cadeias de caracteres entre aspas, como "Hello, world!").

O ANALISADOR SINTÁTICO

O analisador sintático recebe do sistema de varredura o código-fonte na forma de marcas e efetua a **análise sintática**, que determina a estrutura do programa. Isso é similar à análise gramatical de uma sentença em linguagem natural. A análise sintática determina os elementos estruturais do programa e seus relacionamentos. Os resultados da análise sintática são geralmente representados como uma **árvore de análise sintática** ou uma **árvore sintática**.

Como exemplo, considere novamente a linha de código em C vista anteriormente. Ela representa um elemento estrutural denominado expressão, no caso uma expressão de atribuição composta por uma expressão indexada à esquerda e uma expressão de aritmética de inteiros à direita. Essa estrutura pode ser representada em uma árvore de análise sintática da seguinte forma:

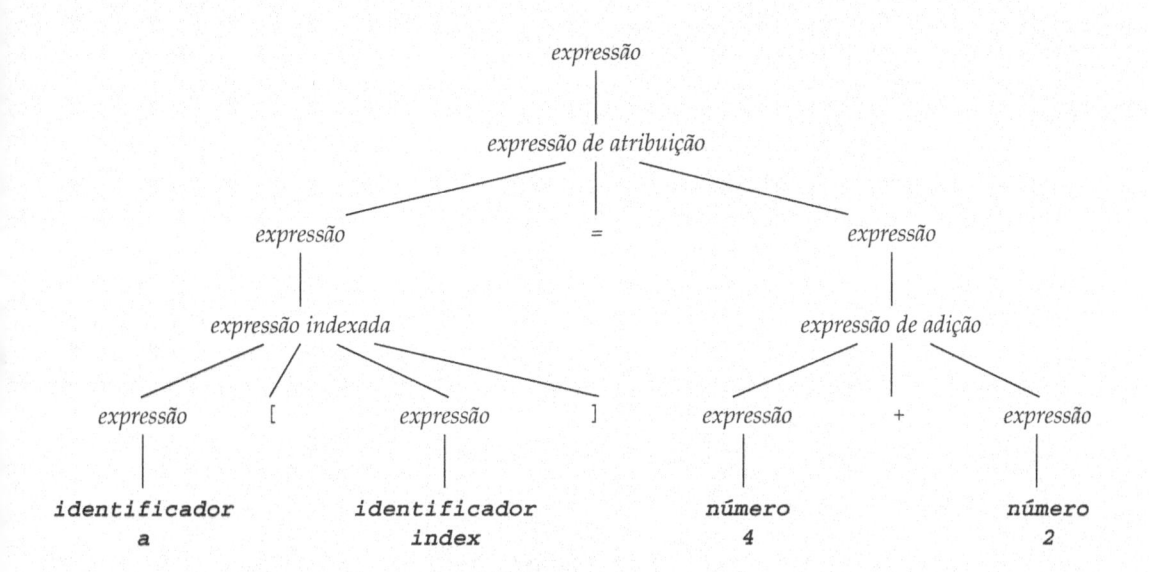

```
                            expressão
                               │
                    expressão de atribuição
           ┌───────────────────┼───────────────────┐
       expressão               =               expressão
           │                                       │
     expressão indexada                    expressão de adição
     ┌─────┬─────┬─────┐                   ┌───────┼───────┐
 expressão  [ expressão ]               expressão  +  expressão
     │          │                           │             │
identificador  identificador              número       número
     a           index                      4             2
```

Observe que os nós internos da árvore de análise sintática são rotulados pelos nomes das estruturas que elas representam, e as folhas da árvore de análise sintática representam a seqüência recebida de marcas. (Os nomes das estruturas estão escritos com fonte diferente para diferenciar das marcas.)

Uma árvore de análise sintática é um recurso útil para visualizar a sintaxe de um programa ou elemento de programa, mas é ineficiente para representar sua estrutura. Analisadores sintáticos tendem a gerar uma árvore sintática, que condensa a informação contida na árvore de análise sintática. (Por vezes, as árvores sintáticas são denominadas **árvores sintáticas abstratas**, porque representam uma abstração adicional sobre árvores de análise sintática.) Uma árvore sintática abstrata para nosso exemplo de expressão de atribuição em C fica assim:

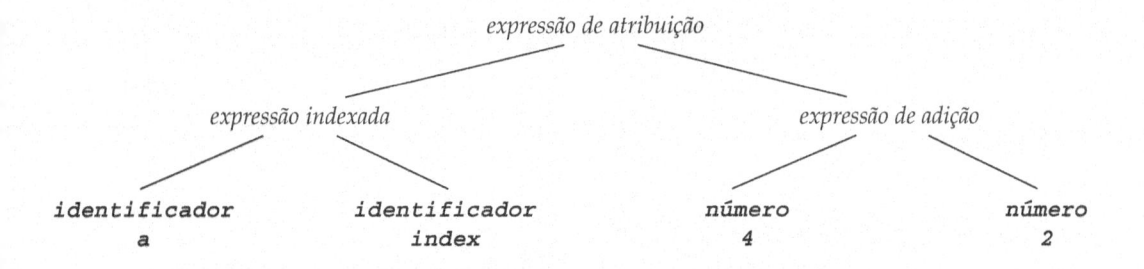

```
                    expressão de atribuição
             ┌─────────────┴─────────────┐
       expressão indexada           expressão de adição
        ┌─────┴─────┐               ┌─────────┴─────────┐
 identificador  identificador     número             número
      a           index             4                  2
```

Observe que, na árvore sintática, muitos dos nós desaparecem (incluindo os nós de marcas). Por exemplo, se soubermos que uma expressão é uma operação de indexação, não é mais necessário preservar os colchetes [e] que representam essa operação na entrada original.

ANALISADOR SEMÂNTICO

A semântica de um programa é o seu "significado", contrastando com sua sintaxe ou estrutura. A semântica de um programa determina o seu comportamento durante a execução, mas as linguagens de programação, em sua maioria, têm atributos que podem ser determinados antes da execução, mas que não podem ser expressos de forma conveniente como sintaxe para serem analisados pelo analisador sintático. Esses atributos são denominados **semântica estática**, e a análise dessa semântica é tarefa para o analisador semântico. (A semântica "dinâmica" de um programa – as propriedades de um programa que podem ser determinadas somente por meio de sua execução – não pode ser determinada por um compilador, pois ele não executa o programa.) Atributos típicos de semântica estática de linguagens de programação comuns incluem verificação de tipos e declarações. As informações adicionais (por exemplo, tipos de dados) computadas pelo analisador semântico são denominadas **atributos**, e são freqüentemente adicionadas à árvore como anotações. (Atributos podem também ser inseridos na tabela de símbolos.)

Em nosso exemplo da expressão em C,

```
a[index] = 4 + 2
```

as informações de tipos típicas que poderiam ser obtidas antes de analisar essa linha seriam que **a** é um vetor de valores inteiros com índices de um intervalo de inteiros e que **index** é uma variável de inteiros. O analisador semântico anotaria a árvore sintática com os tipos de todas as subexpressões e verificaria se as atribuições fazem sentido para esses tipos, declarando um erro de divergência entre tipos em caso contrário. Em nosso exemplo, todos os tipos fazem sentido, e o resultado da análise semântica na árvore sintática poderia ser representado pela árvore a seguir:

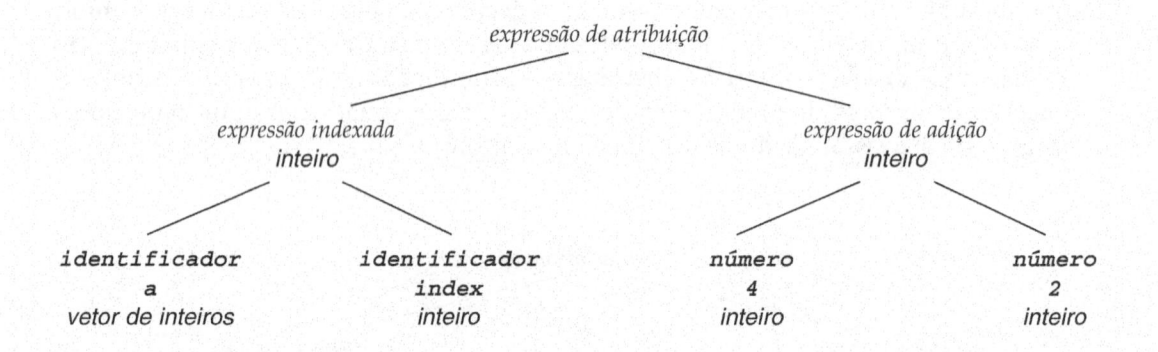

```
                        expressão de atribuição
                       /                      \
         expressão indexada              expressão de adição
              inteiro                          inteiro
             /        \                       /        \
     identificador  identificador         número     número
          a            index                4          2
    vetor de inteiros  inteiro           inteiro    inteiro
```

OTIMIZADOR DE CÓDIGO-FONTE

Freqüentemente, os compiladores incluem uma série de passos de melhoria de código, também denominados otimizações. O primeiro ponto passível de aplicação de passos de otimização é logo após a análise semântica, e certas possibilidades de melhoria de código dependem apenas do código-fonte. Essa possibilidade é indicada pela apresentação dessa operação como uma fase separada no processo de compilação. Compiladores individuais apresentam grande variedade de tipos de otimização e posicionamento das fases de otimização.

Em nosso exemplo, incluímos uma oportunidade de otimização de fonte: a expressão **4 + 2** pode ser pré-computada pelo compilador para obter o resultado **6**. (Essa otimização, em particular, é conhecida como **empacotamento constante**.)

Evidentemente, existem possibilidades muito mais complexas (algumas delas são mencionadas no Capítulo 8). Em nosso exemplo, essa otimização pode ser efetuada diretamente sobre a árvore sintática (anotada) pela fusão da subárvore à direita do nó-raiz em seu valor constante:

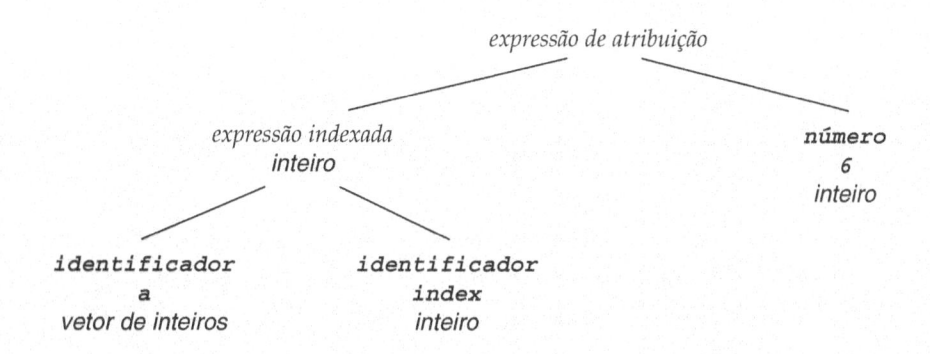

```
                    expressão de atribuição
                   /                       \
          expressão indexada             número
              inteiro                       6
             /         \                 inteiro
    identificador    identificador
         a               index
   vetor de inteiros    inteiro
```

Diversas otimizações podem ser efetuadas diretamente na árvore, mas em muitos casos é mais fácil otimizar uma forma linearizada da árvore, mais próxima do código de montagem. Existem muitas variedades de código de montagem, mas uma escolha padrão é o **código de três endereços**, que recebe esse nome porque contém (até) três endereços na memória. Outra escolha popular é o **P-código**, usado em muitos compiladores Pascal.

Em nosso exemplo, um código de três endereços para a expressão original em C poderia ficar assim:

```
t = 4 + 2
a[index] = t
```

(Observe o uso de uma variável temporária adicional **t** para armazenar o resultado intermediário da adição.) O otimizador melhoraria esse código em dois passos, inicialmente computando o resultado da adição

```
t = 6
a[index] = t
```

e depois substituindo **t** por seu valor, para obter a declaração de três endereços

```
a[index] = 6
```

Na Figura 1.1, indicamos a possibilidade de o otimizador de código-fonte utilizar um código de três endereços referindo-se à sua saída como **código intermediário**. Historicamente, esse nome era usado para uma forma de representação de código intermediária entre fonte e objeto, como o código de três endereços ou uma representação linear semelhante. Entretanto, ele pode se referir de maneira mais geral a *qualquer* representação interna para o código-fonte usada pelo compilador. Nesse sentido, a árvore sintática pode também ser identificada como código intermediário, e o otimizador de código-fonte pode continuar a usar essa representação em sua saída.

Esse sentido mais geral é, às vezes, indicado pela referência ao código intermediário como **representação intermediária**, ou **IR**.

GERADOR DE CÓDIGO

O gerador de código gera, a partir do código intermediário (IR), o código para a máquina-alvo. Neste texto, escreveremos o código-alvo em forma de linguagem de montagem para facilitar o entendimento, embora a maioria dos compiladores gere diretamente o código-objeto.

É nessa fase da compilação que as propriedades da máquina-alvo se tornam o fator principal. Não é apenas necessário usar as instruções conforme apresentadas na máquina-alvo, mas também as decisões sobre a representação de dados assume um papel importante, como, por exemplo, quantos *bytes* ou palavras as variáveis de inteiros e de ponto flutuante ocuparão na memória.

Em nosso exemplo, precisamos decidir como armazenar inteiros para gerar o código de indexação de matrizes. Por exemplo, uma seqüência de código possível para a expressão dada poderia ser (em uma linguagem de montagem hipotética):

```
MOV   R0, index    ;;   valor de index  -> R0
MUL   R0, 2        ;;   dobra valor em R0
MOV   R1  &a       ;;   endereço de a -> R1
ADD   R1, R0       ;;   adiciona R0 a R1
MOV   *R1, 6       ;;   constante 6 -> endereço em R1
```

Nesse código, usamos uma convenção de C para os modos de endereçamento, assim, **&a** é o endereço de **a** (ou seja, o endereço inicial da matriz) e ***R1** significa o endereçamento indireto de registro (ou seja, a última instrução armazena o valor 6 no endereço contido em R1). Nesse código, também assumimos que a máquina efetua endereçamento de bytes e que inteiros ocupam dois bytes de memória (daí o uso de 2 como fator de multiplicação na segunda instrução).

OTIMIZADOR DE CÓDIGO-ALVO

Nessa fase, o compilador tenta melhorar o código-alvo, gerado pelo gerador de código. Entre as melhorias, podemos ter a escolha de modos de endereçamento para melhorar o desempenho, a substituição de instruções lentas por outras mais rápidas e a eliminação de operações redundantes ou desnecessárias.

No código-alvo, dado como exemplo, diversas melhorias são possíveis. Uma delas é usar a instrução de deslocamento para substituir a multiplicação na segunda instrução (o que consome muito tempo de execução). Outra é usar um modo de endereçamento mais poderoso, como o endereçamento indexado para armazenar a matriz. Com essas duas otimizações, nosso código-alvo fica assim:

```
MOV   R0, index  ;;   valor de index   -> R0
SHL   R0         ;;   dobra valor em R0
MOV   &a[R0], 6  ;;   constante 6 -> endereço a + R0
```

Isso completa nossa breve descrição das fases de um compilador. Queremos enfatizar que essa descrição é apenas esquemática, e não representa necessariamente a organização de um compilador, visto que os compiladores apresentam muitas variações em seus detalhes de organização. De qualquer maneira, as fases aqui descritas estão presentes de alguma forma em quase todos os compiladores.

Discutimos também apenas tangencialmente as estruturas de dados requeridas para manter a informação necessária em cada fase, como a árvore sintática, o código intermediário (assumindo que esses dois sejam distintos), a tabela de literais e a tabela de símbolos. Dedicamos a próxima seção a uma breve visão geral das principais estruturas de dados em um compilador.

1.4 PRINCIPAIS ESTRUTURAS DE DADOS EM UM COMPILADOR

A interação entre os algoritmos, usados nas fases de um compilador, e as estruturas de dados, que dão suporte a essas fases, é bastante forte. O escritor do compilador tenta implementar esses algoritmos de forma tão eficiente quanto possível, sem incorrer em muita complexidade adicional. Idealmente, um compilador deveria ser capaz de compilar um programa em tempo proporcional ao tamanho do programa, ou seja, em tempo $O(n)$, em que n mede o tamanho do programa (usualmente, o número de caracteres). Nesta seção, indicamos algumas das principais estruturas de dados necessárias para a operação de cada fase e para a comunicação entre fases.

MARCAS
Quando um sistema de varredura armazena caracteres em uma marca, ele, em geral, representa a marca simbolicamente, ou seja, como um valor de um tipo de dado enumerado que representa o conjunto de marcas da linguagem-fonte. Por vezes, é também necessário preservar a cadeia de caracteres ou outras informações derivadas dela, como, por exemplo, o nome associado a uma marca identificadora ou o valor de uma marca numérica. Na maioria das linguagens, o sistema de varredura precisa apenas gerar uma marca por vez (isso é chamado de **verificação à frente de símbolo único**). Nesse caso, uma única variável global pode ser usada para preservar a informação da marca. Em outros casos (mais notavelmente em Fortran), pode ser necessária uma matriz de marcas.

A ÁRVORE SINTÁTICA
Se o analisador sintático gera uma árvore sintática, ela é normalmente construída como uma estrutura padrão baseada em ponteiros, que é alocada dinamicamente à medida que a análise sintática ocorre. A árvore toda pode ser armazenada como uma única variável que aponta para o nó-raiz. Cada nó na estrutura é um registro cujos campos representam a informação coletada pelo analisador sintático e, posteriormente, pelo analisador semântico. Por exemplo, o tipo de dados de uma expressão pode ser um campo no nó da árvore sintática para aquela expressão. Por vezes, para economizar espaço, esses campos são também alocados dinamicamente, ou então armazenados em outras estruturas de dados, como a tabela de símbolos, que permitem a alocação e a liberação seletivas. Cada nó da árvore sintática pode requerer o armazenamento de diferentes atributos, dependendo do tipo de estrutura da linguagem representada (por exemplo, um nó de expressão tem requisitos diferentes de um nó de declaração). Nesse caso, cada nó na árvore sintática pode ser representado por um registro variante, com cada tipo de nó contendo apenas as informações necessárias para cada caso.

A TABELA DE SÍMBOLOS
Essa estrutura de dados guarda informações de identificadores: funções, variáveis, constantes e tipos de dados. A tabela de símbolos interage com quase todas as fases do compilador: varredura, análise sintática e análise semântica podem fornecer identificadores à tabela; o analisador semântico adiciona tipos de dados e outras informações; e as fases

de otimização e geração de código utilizam a informação da tabela de símbolos para efetuar escolhas apropriadas para o código-objeto. Como a tabela de símbolos é acessada, com bastante freqüência, a inserção, a eliminação e o acesso precisam ser eficientes, preferivelmente de tempo constante. Uma estrutura de dados padrão para isso é a tabela de *hashing*, embora diversas estruturas de árvores possam ser utilizadas. Por vezes, diversas tabelas são utilizadas e mantidas em uma lista ou pilha.

A TABELA DE LITERAIS

Inserção eficiente e acesso rápido são também essenciais para a tabela de literais, que armazena constantes e cadeias de caracteres usados em um programa. Entretanto, uma tabela de literais não precisa permitir eliminações, pois seus dados se aplicam globalmente ao programa, e uma constante ou cadeia de caracteres aparece apenas uma vez nessa tabela. A tabela de literais é importante para reduzir o tamanho de um programa na memória, pois permite o reaproveitamento das constantes e das cadeias de caracteres. Ela também é usada pelo gerador de código para construir endereços simbólicos para literais e para fornecer definições de dados ao arquivo de código-fonte.

CÓDIGO INTERMEDIÁRIO

Dependendo do tipo de código intermediário (por exemplo, código de três endereços e P-código) e das otimizações efetuadas, esse código pode ser armazenado como uma matriz de cadeias de caracteres, um arquivo-texto temporário ou uma lista ligada de estruturas. Nos compiladores com otimizações complexas, é dada atenção especial à escolha de representações que permitam reorganização fácil.

ARQUIVOS TEMPORÁRIOS

Antigamente, os computadores não possuíam memória suficiente para que um programa inteiro fosse mantido na memória durante a compilação. Esse problema era resolvido com arquivos temporários que preservavam os resultados dos passos intermediários de tradução ou pela compilação "sob demanda", ou seja, pelo armazenamento apenas de informação das partes anteriores do programa-fonte que possibilitavam a continuação da tradução. Restrições de memória são agora um problema muito menor, e é possível manter na memória uma unidade completa de compilação, especialmente se a linguagem contar com compilação separada. Ainda assim, os compiladores ocasionalmente consideram útil gerar arquivos intermediários durante alguns dos passos de processamento. Um exemplo típico são os endereços de **revisão retroativa** durante a geração de código. Por exemplo, na tradução de uma declaração condicional como a seguinte,

```
if x = 0 then...else...
```

é preciso gerar um salto do teste para a parte indicada pelo *else* antes de ser conhecida a localização do código para essa parte do programa:

```
CMP X, 0
JNE NEXT ;;    localização do NEXT ainda não conhecida
<código para a parte then>
NEXT:
<código para a parte else>
```

Normalmente, deve ser reservado um espaço para valor de **NEXT**, que é preenchido quando o valor é conhecido. Isso pode ser feito com facilidade usando um arquivo temporário.

1.5 OUTROS ASPECTOS DA ESTRUTURA DE UM COMPILADOR

A estrutura de um compilador pode ser vista por diferentes ângulos. Na Seção 1.3, descrevemos suas fases, que representam a estrutura lógica de um compilador. Outros pontos de vista são: a estrutura física do compilador, o seqüenciamento das operações etc.

Quem escreve um compilador deve ter familiaridade com tantas visões quanto possível da estrutura de um compilador, pois a estrutura do compilador tem grande impacto em sua confiabilidade, eficiência, utilidade e facilidade de manutenção. Nesta seção, consideraremos outros aspectos da estrutura de um compilador e indicaremos como cada visão se aplica.

ANÁLISE E SÍNTESE
Segundo essa visão, as operações do compilador que analisam o programa-fonte para computar suas propriedades são classificadas como **análise**, enquanto as operações que produzem código traduzido são classificadas como **síntese**. Naturalmente, análise léxica, análise sintática e análise semântica fazem parte da análise, enquanto a geração de código faz parte da síntese. Os passos de otimização podem envolver tanto análise como síntese. A análise tende a ser mais matemática e mais bem entendida, enquanto a síntese requer técnicas mais especializadas. Assim, pode ser útil separar os passos de análise dos passos de síntese, para que eles possam ser modificados independentemente.

FRENTE E FUNDO
Segundo essa visão, o compilador é separado em operações que dependem somente da linguagem-fonte (a **frente**) e operações que dependem somente da linguagem-alvo (o **fundo**). Isso é similar à divisão entre análise e síntese: a varredura, a análise sintática e a análise semântica fazem parte da frente, e a geração de código faz parte do fundo. Entretanto, a análise de otimização pode ser dependente do alvo, e, portanto, parte do fundo, e a síntese de código intermediário é freqüentemente independente do alvo e, portanto, parte da frente. Teoricamente, o compilador seria dividido estritamente em duas partes, com a representação intermediária servindo como meio de comunicação entre elas:

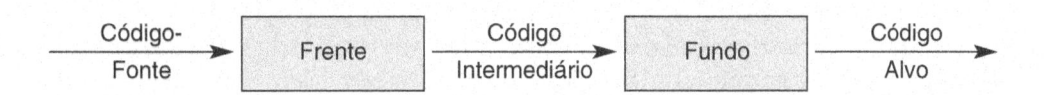

Código-Fonte → [Frente] → Código Intermediário → [Fundo] → Código Alvo

Essa estrutura é especialmente importante para a **transportabilidade** de compiladores, com o projeto do compilador considerando mudanças de código-fonte (o que requer a reescrita da frente) ou de código-alvo (o que requer a reescrita do fundo). Na prática, é difícil conseguir essa separação, e compiladores transportáveis ainda apresentam características que dependem das linguagens-fonte e alvo. Parte da culpa disso advém de mudanças rápidas e fundamentais ocorridas nas linguagens de programação e nas arquiteturas de computadores, mas também é difícil reter toda a informação necessária para mudar de linguagem-alvo ou tornar as estruturas de dados suficientemente gerais para permitir mudanças de linguagem-fonte. Ainda assim, tentativas consistentes de separar frente e fundo valem a pena para facilitar a transportabilidade.

PASSADAS

Para um compilador, é freqüentemente conveniente processar o programa-fonte diversas vezes antes de gerar o código. Essas repetições recebem o nome de **passadas**. Após a passada inicial, que constrói uma árvore sintática ou então um código intermediário a partir da fonte, cada passada consiste em processar a representação intermediária, acrescentando informações, alterando a estrutura ou produzindo uma representação diferente. Passadas podem ou não corresponder a fases – geralmente uma passada será composta por diversas fases. Dependendo da linguagem, um compilador pode ser de **uma passada**, com todas as fases ocorrendo em uma única passada. O resultado é uma compilação eficiente, mas (normalmente) um código-alvo menos eficiente. Pascal e C são linguagens que permitem compilação de uma passada. (Modula-2 é uma linguagem cuja estrutura requer pelo menos duas passadas.) A maioria dos compiladores com otimização utiliza mais de uma passada; uma organização típica é uma passada para varredura e análise sintática, uma passada para a análise semântica e otimização de fonte, e uma terceira passada para a geração de código e otimização de alvo. Compiladores com otimização pesada podem usar ainda mais passadas: cinco, seis ou até mesmo oito passadas.

DEFINIÇÃO DE LINGUAGEM E COMPILADORES

Observamos na Seção 1.1 que as estruturas léxica e sintática de uma linguagem de programação são usualmente especificadas formalmente e utilizam expressões regulares e gramáticas livres de contexto. A semântica de uma linguagem de programação, entretanto, ainda é comumente especificada em inglês (ou outra linguagem natural). Tais especificações (juntamente com a estrutura formal léxica e sintática) são usualmente agrupadas em um **manual de referência da linguagem**, ou **definição da linguagem**. Para linguagens novas, a definição e o compilador são freqüentemente desenvolvidos simultaneamente, pois as técnicas disponíveis para o compilador podem ter grande impacto na definição da linguagem. Similarmente, a maneira como a linguagem é definida tem grande impacto nas técnicas necessárias para construir o compilador.

Uma situação mais comum é a linguagem ser bem conhecida e já ter uma definição. Por vezes, essa definição pode ser considerada um **padrão para a linguagem**, aprovado por uma organização oficial de padronização como o American National Standards Institute (ANSI) ou a International Organization for Standardization (ISO). Por exemplo, Fortran, Pascal e C têm padronização ANSI. Ada tem uma padronização aprovada pelo governo dos Estados Unidos. Nesse caso, é preciso interpretar a definição da linguagem e implementar um compilador conforme essa definição. Isso não costuma ser uma tarefa fácil, mas é, às vezes, simplificada pela existência de um conjunto de programas de teste padrão (um **conjunto de teste**) para verificar o compilador (existe um conjunto como esse para Ada). A linguagem de exemplo TINY usada neste texto tem as estruturas léxica, sintática e semântica especificadas nas Seções 2.5, 3.7 e 6.5, respectivamente. O Apêndice A contém um manual de referência mínimo para a linguagem de projeto de compilador C–.

Ocasionalmente, uma linguagem tem sua semântica dada por uma **definição formal** e matemática. Diversos métodos atualmente em uso fazem isso, e nenhum dos métodos atingiu o *status* de padrão, embora a chamada **semântica denotacional** seja um dos métodos mais comuns, especialmente na comunidade de programação funcional. Quando existe uma definição formal para uma linguagem, então é (teoricamente) possível construir uma prova matemática da correção do compilador com relação à definição. Entretanto, isso é tão difícil que quase nunca é feito. De qualquer modo, as técnicas para construir essas provas estão além do escopo deste texto, e técnicas de semântica formal não serão estudadas aqui.

Um aspecto da construção de compiladores que é particularmente afetado pela definição da linguagem é a estrutura e o comportamento do ambiente de execução. Ambientes de execução são estudados em detalhes no Capítulo 7. Vale a pena notar, entretanto, que a estrutura dos dados permitidos em uma linguagem de programação, e particularmente os tipos de ativações de funções e valores de retorno permitidos, têm efeito decisivo na complexidade do sistema de execução. Em particular, os três tipos básicos de ambientes de execução, em ordem crescente de complexidade, são:

Primeiro, o Fortran77, sem ponteiros ou alocação dinâmica e sem ativações recursivas de funções, possibilita um ambiente de execução completamente estático, no qual a alocação de memória é efetuada antes da execução. Isso torna a tarefa de alocação particularmente fácil para quem escreve o compilador, pois não existe a necessidade de gerar código para manter o ambiente. Segundo, Pascal, C e outras linguagens similares à Algol possibilitam uma forma limitada de alocação dinâmica e ativações recursivas de funções e requerem um ambiente de execução "semidinâmico", baseado em pilhas com uma estrutura dinâmica adicional denominada *heap*, de onde o programador pode escalonar a alocação dinâmica. Finalmente, linguagens funcionais e a maioria das linguagens orientadas a objetos, como LISP e Smalltalk, requerem um ambiente "totalmente dinâmico", em que toda a alocação é efetuada automaticamente pelo código gerado no compilador. Isso é complicado, pois requer que a memória seja liberada também automaticamente, o que exige algoritmos complexos de "coleta de lixo". Apresentaremos esses métodos quando estudarmos ambientes de execução, mas uma apresentação completa dessa área está além do escopo deste livro.

OPÇÕES E INTERFACES DE UM COMPILADOR

Um aspecto importante da construção de compiladores é a inclusão de mecanismos para a interface com o sistema operacional e para fornecer opções ao usuário. Exemplos de mecanismos de interface são recursos de entrada e saída e acesso ao sistema de arquivos da máquina-alvo.

Exemplos de opções para o usuário são a especificação de características de listagens (comprimento, mensagens de erros, tabelas de referências cruzadas) e opções de otimização de código (desempenho de certas otimizações). Interface e opções são denominadas coletivamente como a **pragmática** do compilador. Por vezes, uma definição de linguagem especifica a necessidade de fornecer certa pragmática. Por exemplo, Pascal e C especificam certos procedimentos de entrada/saída (em Pascal, eles fazem parte da linguagem, e em C eles fazem parte da especificação de uma biblioteca padrão). Em Ada, diversas diretivas do compilador, denominadas **pragmas**, fazem parte da definição da linguagem. Por exemplo, as declarações Ada

```
pragma LIST(ON);
...
pragma LIST(OFF);
```

geram uma listagem do compilador para a parte do programa contida entre os pragmas. Neste texto, veremos as diretivas de compilador apenas no contexto de gerar informação para fins de depuração no compilador. Não trataremos dos aspectos de entrada/saída e de interface com o sistema operacional, pois isso envolve detalhes consideráveis e varia muito de um sistema operacional para outro.

TRATAMENTO DE ERROS

Uma das funções mais importantes de um compilador é sua resposta a erros no programa-fonte. Erros podem ser detectados durante quase todas as fases de compilação. Esses **erros estáticos** (ou **em tempo de compilação**) devem ser reportados por um compilador, e é importante que ele possa gerar mensagens de erro inteligíveis e concluir a compilação após cada erro. Cada fase de um compilador requer um tratamento de erros ligeiramente diferente, e assim um **sistema para tratamento de erros** necessita de diferentes operações, cada uma apropriada para uma fase e situação específicas. Técnicas de tratamento de erros para cada fase serão, portanto, estudadas separadamente no capítulo apropriado.

Uma definição de linguagem requer usualmente não apenas que erros estáticos sejam capturados por um compilador, mas também que certos erros de execução sejam capturados. Isso exige que um compilador gere código adicional para efetuar testes apropriados de execução, a fim de garantir que todos esses erros causem um evento apropriado durante a execução. Um evento dos mais simples interromperá a execução do programa. Freqüentemente, entretanto, isso é inadequado, e uma definição de linguagem deve requerer a presença de mecanismos para **tratamento de erros**. Isso pode complicar substancialmente o gerenciamento de um sistema de execução, especialmente se um programa puder continuar a execução do ponto no qual ocorreu o erro. Não consideraremos a implementação desses mecanismos, mas mostraremos como um compilador pode gerar código de teste para garantir que erros específicos de execução interrompam a execução.

1.6 PARTIDA RÁPIDA E TRANSPOSIÇÃO

Já discutimos a linguagem-fonte e a linguagem-alvo como fatores determinantes na estrutura de um compilador e a utilidade de separar aspectos de fonte e de alvo em frente e fundo. Mas ainda não mencionamos a terceira linguagem envolvida no processo de construção de um compilador: a linguagem para escrever o compilador propriamente dito. Para que o compilador a executasse de imediato, essa linguagem de implementação (ou **hospedeira**) precisaria ser a linguagem de máquina. Foi assim que os primeiros compiladores foram escritos. Uma abordagem mais sensata hoje em dia é escrever o compilador em outra linguagem para a qual já exista um compilador. Se o compilador existente é executável na máquina-alvo, precisamos apenas compilar o novo compilador usando o compilador existente para obter um programa executável:

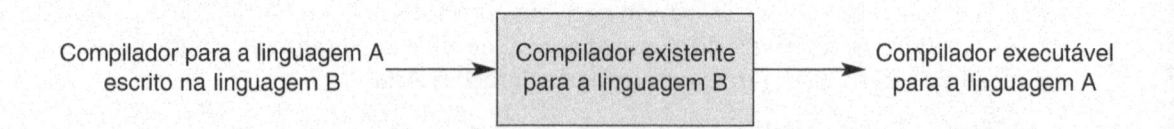

Compilador para a linguagem A escrito na linguagem B → Compilador existente para a linguagem B → Compilador executável para a linguagem A

Se o compilador existente para a linguagem B for executável em uma máquina diferente da máquina-alvo, então a situação será um pouco mais complicada. A compilação produz um **compilador cruzado**, ou seja, um compilador que gera código-alvo para uma máquina diferente daquela na qual é executado. Essa e outras situações mais complexas são mais bem descritas pela representação de um compilador usando um **T-diagrama** (que recebe esse nome em razão de sua forma). Um compilador escrito na linguagem H (hospedeira) que traduz da linguagem S (fonte – do inglês *source*) para a linguagem T (alvo – do inglês *target*) é desenhado assim:

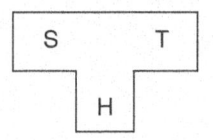

Observe que isso é equivalente a dizer que o compilador é executado na "máquina" H (se H não for o código de máquina, então consideramos que ele seja executável para uma máquina hipotética). Normalmente, esperamos que H e T sejam o mesmo (ou seja, o compilador produz código para a mesma máquina que o executa), mas essa não é a única possibilidade.

T-diagramas podem ser combinados de duas maneiras. Primeiro, se tivermos dois compiladores executáveis na mesma máquina H, sendo que um traduz da linguagem A para a linguagem B e o outro traduz da linguagem B para a linguagem C, então podemos combiná-los de tal forma que a saída do primeiro seja a entrada do segundo. O resultado é um compilador de A para C na máquina H. Isso é expresso assim:

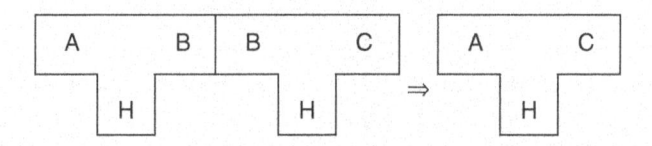

Segundo, podemos usar um compilador da "máquina" H para a "máquina" K para traduzir a linguagem de implementação de outro compilador de H para K. Isso é expresso assim:

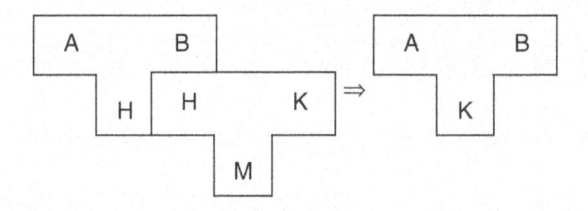

O cenário descrito anteriormente – ou seja, usar um compilador existente para a linguagem B na máquina H para traduzir um compilador da linguagem A para H escrito em B – pode ser visto como o diagrama a seguir, que é um caso especial do diagrama anterior:

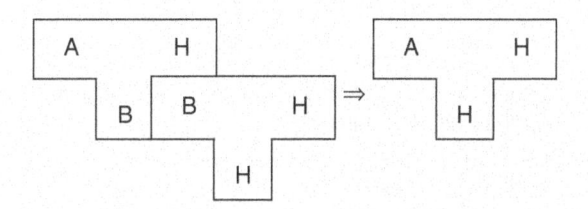

O segundo cenário descrito – no qual o compilador da linguagem B gera código para (e é executável em) uma máquina diferente, o que resulta em um compilador cruzado para A – pode ser similarmente descrito como:

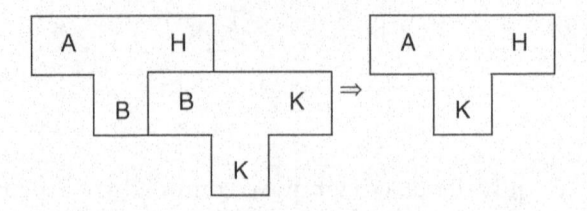

É comum escrever um compilador na mesma linguagem em que ele deve compilar:

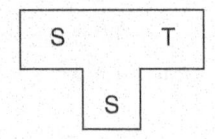

Isso pode parecer um erro de circularidade – se não existir um compilador para a linguagem-fonte, o compilador não poderá ser compilado –, mas existem vantagens importantes nessa abordagem.

Considere, por exemplo, como poderíamos abordar o problema de circularidade. Poderíamos escrever um compilador rápido e simplificado em linguagem de montagem, e traduzir apenas os aspectos da linguagem utilizados no compilador (tendo com isso, evidentemente, de nos restringir ao uso desses aspectos da linguagem na preparação do compilador "bom"). O compilador rápido e simplificado pode produzir código extremamente ineficiente (ele apenas precisa ser correto!). Com o compilador rápido e simplificado pronto, o utilizamos para compilar o compilador "bom". Em seguida, recompilamos o compilador "bom" para produzir a versão final. Esse processo é denominado **partida rápida**, e está ilustrado nas figuras 1.2(a) e 1.2(b).

Depois desse processo, temos um compilador em código-fonte e um executável. A vantagem é que qualquer melhoria no código-fonte do compilador pode ser trazida de

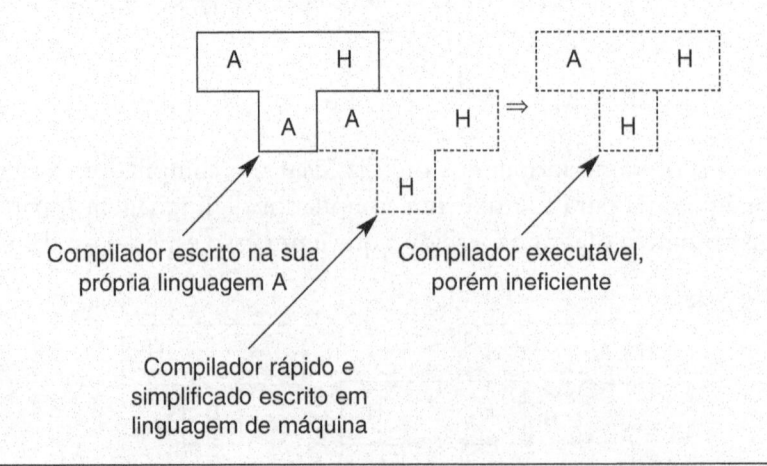

Figura 1.2(a)   O primeiro passo no processo de partida rápida.

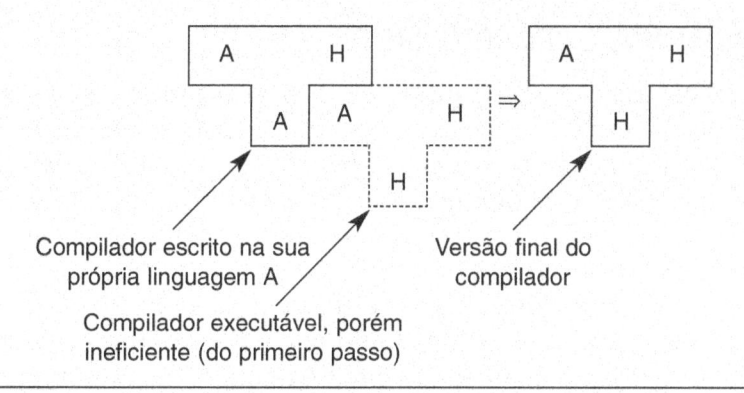

Figura 1.2(b)   O segundo passo no processo de partida rápida.

imediato para um compilador em funcionamento pela aplicação do mesmo processo em duas etapas.

Existe outra vantagem. A transposição do compilador para outro computador hospedeiro requer apenas que o fundo do código-fonte seja reescrito para gerar código para a máquina nova. Ele é, em seguida, compilado utilizando o compilador velho para produzir um compilador cruzado, e o compilador é então recompilado pelo compilador cruzado para gerar uma versão final na nova máquina. Isso está ilustrado nas figuras 1.3(a) e 1.3(b).

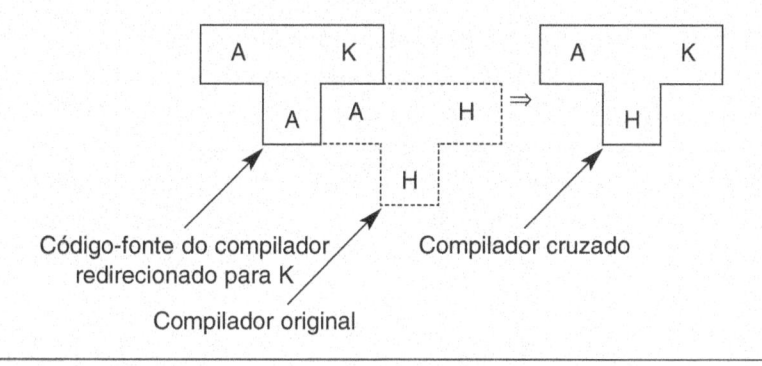

Figura 1.3(a)   Transposição de um compilador escrito em sua própria linguagem-fonte (passo 1).

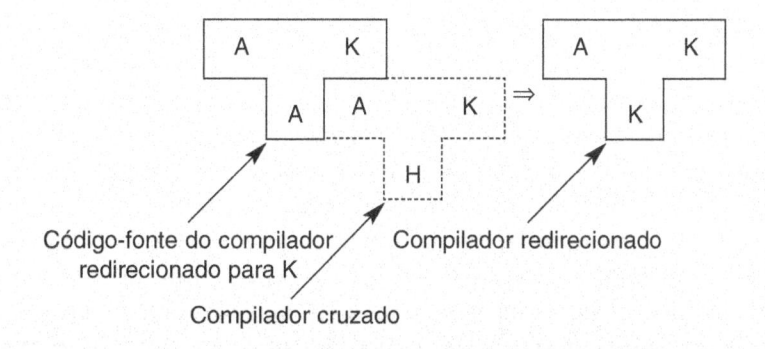

Figura 1.3(b)   Transposição de um compilador escrito em sua própria linguagem-fonte (passo 2).

1.7 A LINGUAGEM TINY E SEU COMPILADOR

Um livro sobre construção de compiladores estaria incompleto sem exemplos para cada passo do processo de compilação. Em muitos casos, ilustraremos técnicas com exemplos extraídos de linguagens existentes, como C, C++, Pascal e Ada. Esses exemplos, entretanto, são insuficientes para mostrar como todas as partes de um compilador se integram. Para isso, é necessário também apresentar um compilador completo e comentar sua operação.

Apresentar um compilador completo é um requisito difícil de cumprir. Um compilador "real" – ou seja, para ser utilizado no dia-a-dia de programação – tem muitos detalhes, e estudar todos eles ao longo de um texto seria fatigante. Um compilador para uma linguagem pequena, no entanto, com uma listagem cabendo em cerca de dez páginas de texto, não poderia demonstrar adequadamente todas as características de um compilador "real".

Tentaremos satisfazer esses requisitos pela apresentação do código-fonte completo em (ANSI) C para uma pequena linguagem cujo compilador pode ser entendido facilmente, já que as técnicas tenham sido dominadas. Essa linguagem será denominada TINY, e é utilizada como exemplo executável para as técnicas estudadas em cada capítulo. O código para o seu compilador será discutido à medida que as técnicas forem apresentadas. Nesta seção, apresentaremos uma visão geral da linguagem e de seu compilador. O código completo do compilador está no Apêndice B.

Um problema adicional é a escolha da linguagem de máquina utilizada como alvo para o compilador TINY. Novamente, a complexidade do uso de um código de máquina real para um processador existente tem também o efeito de limitar a execução do código-alvo resultante. Em vez disso, simplificamos o código-alvo para a linguagem de montagem de um processador simples hipotético, denominado máquina TM (de *tiny machine* – máquina simples). Apresentaremos brevemente essa máquina aqui, mas uma descrição mais detalhada será feita no Capítulo 8 (geração de código). Uma listagem em C para um simulador TM é apresentada no Apêndice C.

1.7.1 A linguagem TINY

Um programa em TINY tem uma estrutura muito simples: apenas uma seqüência de declarações separadas por ponto-e-vírgula, com uma sintaxe similar à de Ada ou Pascal. Não temos procedimentos ou declarações. Todas as variáveis são inteiros, e variáveis são declaradas simplesmente pela atribuição de valores (como ocorre em Fortran ou Basic). Há apenas duas declarações de controle: *if* e *repeat*. As duas declarações podem conter seqüências de declarações: uma declaração *if* tem como opcional uma parte *else* e precisa terminar com a palavra-chave **end**. Há também declarações para entrada/saída. Comentários podem aparecer entre chaves; comentários não podem ser aninhados.

Expressões em TINY são limitadas a expressões de aritmética de inteiros e de booleanos. Uma expressão booleana é composta por uma comparação de duas expressões aritméticas com um dos dois operadores de comparação, < e =. Uma expressão aritmética pode ter constantes, variáveis, parênteses e quaisquer dos quatro operadores de inteiros, +, -, * e / (divisão inteira), com as propriedades matemáticas usuais. Expressões booleanas podem ser usadas somente como testes em declarações de controle – não existem variáveis booleanas, nem atribuições booleanas, nem entrada/saída para valores booleanos.

Na Figura 1.4 temos um exemplo de programa para a bem conhecida função fatorial. Utilizaremos esse programa como exemplo executável ao longo do texto.

```
{Exemplo de programa
   em TINY -
   fatorial}
}
read x; {inteiro de entrada}
if x > 0 then {não calcula se x <= 0}
   fact := 1;
   repeat
      fact := fact * x;
      x := x - 1
   until x = 0;
   write fact {apresenta o fatorial de x }
end
```

Figura 1.4 Um programa na linguagem TINY que apresenta o fatorial de seu dado de entrada.

Faltam muitas características em TINY que são necessárias para linguagens de programação reais – procedimentos, matrizes e valores de ponto flutuante estão entre as omissões mais sérias –, mas mesmo assim ela é suficientemente grande para exemplificar a maioria das características essenciais de um compilador.

1.7.2 O compilador TINY

O compilador TINY é composto pelos arquivos C a seguir. Apresentamos arquivos de cabeçalho (para inclusão) à esquerda e arquivos de código à direita:

```
globals.h         main.c
util.h            util.c
scan.h            scan.c
parse.h           parse.c
symtab.h          symtab.c
analyze.h         analyze.c
code.h            code.c
cgen.h            cgen.c
```

O código-fonte para esses arquivos está listado no Apêndice B, com as linhas numeradas e na ordem apresentada, exceto que **main.c** aparece antes de **globals.h**. O cabeçalho **globals.h** é incluído em todos os arquivos de código. Ele contém as definições de tipos de dados e de variáveis globais usadas ao longo do compilador. O arquivo **main.c** contém o programa principal que conduz o compilador e aloca e fornece valores iniciais para as variáveis globais. Os arquivos restantes são pares cabeçalho/código, com os protótipos de funções disponíveis externamente dados no cabeçalho e implementados (quando necessário, com funções locais estáticas adicionais) no arquivo de código associado. Os arquivos **scan, parse, analyze** e **cgen** correspondem às fases de varredura, análise sintática, análise semântica e geração de código da Figura 1.1. Os arquivos **util** contêm funções auxiliares para gerar a representação interna do código-fonte (a árvore sintática) e apresentar informação de listagem e de erros. Os arquivos **symtab** contêm uma implementação de tabela de *hashing* de uma tabela de símbolos adequada para TINY. Os arquivos **code** contêm ferramentas para a geração de código que dependem da máquina-alvo (a máquina TM descrita na Seção 1.7.3). Os componentes remanescentes da Figura 1.1 ficam faltando: não há um sistema separado para tratamento de erros nem tabela de literais e não há fases de otimização. Não há também código intermediário separado da árvore sintática. A tabela de símbolos interage somente com o analisador semântico e o gerador de código (assim, uma discussão a esse respeito fica para o Capítulo 6).

Visando reduzir a interação entre esses arquivos, fizemos um compilador de quatro passadas: a primeira é composta por varredura e análise sintática, para construir a árvore sintática; a segunda e terceira efetuam a análise semântica, com a construção da tabela de símbolos na segunda e a verificação de tipos na terceira; e a passada final é a geração de código. O código em **main.c** que conduz essas passadas é particularmente simples. Desconsiderando marcações e compilação condicional, o código central é o seguinte (ver linhas 69, 77, 79 e 94 do Apêndice B):

```
syntaxTree = parse();
buildSymtab(syntaxTree);
typeCheck(syntaxTree);
codeGen(syntaxTree, codefile);
```

Para aumentar a flexibilidade, incluímos marcações para compilação condicional que possibilitam construir compiladores parciais. As marcações e seus respectivos efeitos são:

MARCAÇÃO	EFEITO SE ATIVADA	ARQUIVOS REQUERIDOS PARA COMPILAÇÃO (CUMULATIVO)
NO_PARSE	Monta um compilador só para varredura.	`globals.h, main.c, util.h, util.c, scan.h, scan.c`
NO_ANALYZE	Monta um compilador para varredura e análise sintática.	`parse.h, parse.c`
NO_CODE	Monta um compilador para análise semântica, mas não gera código.	`symtab.h, symtab.c, analyze.h, analyze.c`

Embora essa organização do compilador TINY seja pouco realista, ela tem a vantagem didática da correspondência aproximada entre arquivos e fases, que podem ser discutidas (e compiladas e executadas) individualmente nos capítulos a seguir.

O compilador TINY pode ser compilado por qualquer compilador ANSI C. Assumindo que o nome do arquivo executável seja **tiny**, ele pode ser utilizado para compilar um programa-fonte TINY no arquivo de texto **sample.tny** com o comando

```
tiny sample.tny
```

(O compilador também acrescenta o sufixo **.tny** se ele for omitido.) Isso gera uma listagem de programa na tela (que pode ser redirecionada para um arquivo) e (se a geração de código estiver ativada) também gerará o código-alvo **sample.tm** (para ser utilizado na máquina TM, descrita a seguir).

Há diversas opções para a informação na listagem de compilação. As seguintes marcações são disponíveis:

MARCAÇÃO	EFEITO SE ATIVADA
EchoSource	Ecoa o programa-fonte TINY para a listagem juntamente com numeração de linhas.
TraceScan	Exibe informação de cada marca reconhecida pelo sistema de análise sintática.
TraceParse	Exibe a árvore sintática em formato linearizado.
TraceAnalyze	Exibe informação sumária da tabela de símbolos e da verificação de tipos.
TraceCode	Adiciona comentários de geração de código ao arquivo de código.

1.7.3 A Máquina TM

Utilizamos a linguagem de montagem dessa máquina como linguagem-alvo para o compilador TINY. A máquina TM tem apenas instruções suficientes para ser um alvo adequado para uma linguagem pequena como a TINY. Na verdade, TM tem algumas propriedades dos computadores com conjuntos reduzidos de instruções (ou RISCs, do inglês *Reduced Instruction Set Computers*), em que toda a aritmética e testes precisam ocorrer em registradores, e os modos de endereçamento são extremamente limitados. Para dar uma idéia da simplicidade dessa máquina, traduzimos o código para a expressão C

```
a[index] = 6
```

em linguagem de montagem TM (compare isso com a linguagem de montagem hipotética para a mesma declaração na Seção 1.3):

```
LDC      1,0(0)          coloca 0 no reg 1
* a instrução abaixo assume que o índice (index)
* está no endereço 10 da memória
LD       0,10(1)         coloca val de 10+R1 em R0
LDC      1,2(0)          coloca 2 no reg 1
MUL      0,1,0           coloca R1*R0 em R0
LDC      1,0(0)          coloca 0 no reg 1
* a instrução abaixo assume que a está no
* endereço 20 da memória
LDA      1,20(1)         coloca 20+R1 em R0
ADD      0,1,0           coloca R1+R0 em R0
LDC      1,6(0)          coloca 6 no reg 1
ST       1,0(0)          armazena R1 em 0+R0
```

Observamos que há três modos de endereçamento para a operação "coloca", cada um dado por uma instrução diferente: **LDC** "coloca constante", **LD** "coloca da memória" e **LDA** "coloca endereço". Notamos também que os endereços precisam sempre ser dados como valores de "registro+deslocamento", como em **10(1)** (instrução 2 no código acima), o que significa o endereço calculado pela soma do deslocamento 10 ao conteúdo do registro 1.

(Como 0 fora colocado no registro 1 na instrução anterior, isso na verdade se refere ao endereço absoluto 10.)[1] Notamos também que as instruções aritméticas **MUL** e **ADD** somente podem ter registros como operandos e são instruções de "três endereços", em que o registro-alvo do resultado pode ser especificado independentemente dos operandos (contraste isso com o código na Seção 1.3, em que as operações foram de "dois endereços").

Nosso simulador para a máquina TM lê o código de montagem diretamente de um arquivo e o executa. Assim, evitamos a complexidade adicional de traduzir da linguagem de montagem para o código de máquina. Entretanto, nosso simulador não é um montador verdadeiro, pois não há endereços simbólicos nem rótulos. Assim, para evitar a complexidade adicional da vinculação a rotinas externas de entrada/saída, a máquina TM contém recursos internos de entrada/saída para inteiros, que são lidos e escritos em dispositivos padrão durante a simulação.

O simulador TM pode ser compilado a partir do código-fonte **tm.c** com qualquer compilador ANSI C. Se o arquivo executável for chamado **tm**, ele pode ser usado com o comando

```
tm sample.tm
```

onde **sample.tm** é, por exemplo, o arquivo de código produzido pelo compilador TINY a partir do arquivo-fonte **sample.tny**. Esse comando leva o arquivo de código a ser montado e carregado; conseqüentemente, o simulador TM pode ser executado interativamente. Por exemplo, se **sample.tny** for o programa de exemplo da Figura 1.4, o fatorial de 7 pode ser computado pela seguinte interação:

```
tm sample. tm
TM simulation (enter h for help)...
Enter command: go
Enter value for IN instruction: 7
OUT instruction prints: 5040
HALT: 0, 0, 0
Halted
Enter command: quit
Simulation done.
```

1.8 C–: UMA LINGUAGEM PARA UM PROJETO DE COMPILADOR

Uma linguagem maior que a TINY, adequada para um projeto de compilador, é descrita no Apêndice A. Ela é um subconjunto consideravelmente restrito de C, que denominaremos C–. Ela contém inteiros, matrizes de inteiros e funções (incluindo procedimentos, ou funções *void*, que têm o conjunto vazio como imagem).

Esta tem declarações locais e globais (estáticas) e funções recursivas (simples), bem como uma declaração *if* e uma declaração *while*. E praticamente mais nada. Um programa é composto por uma seqüência de funções e declarações de variáveis. Uma função **main** precisa ser declarada por último. A execução começa pela ativação de **main**.[2]

---

1. O comando **LDC** também requer um formato registro+deslocamento, mas o registro é ignorado e o deslocamento é carregado como uma constante. Isso se deve ao formato simples e uniforme do montador TM.

2. Para ser consistente com as outras funções em C–, **main** é declarada como uma função **void** que tem uma lista de parâmetros também **void**. Isso é diferente de ANSI C, mas muitos compiladores C aceitam essa notação.

Na Figura 1.5 é apresentado, como exemplo de programa em C–, o programa de fatorial da Figura 1.4 utilizando uma função recursiva. A entrada/saída nesse programa ocorre respectivamente por funções **read** e **write,** que podem ser definidas com base nas funções C padrão **scanf** e **printf.**

C– é uma linguagem mais complexa que TINY, particularmente no que diz respeito a seus requisitos de geração de código, mas a máquina TM é ainda um alvo apropriado para o seu compilador. No Apêndice A, mostramos como modificar e estender o compilador TINY para C–.

```
int fact( int x)
/* função fatorial recursiva */
{ if (x > 1)
    return x * fact(x-1);
  else
    return 1;
}
void main( void )
{ int x;
  x = read();
  if (x > 0) write( fact(x) );
}
```

Figura 1.5 Um programa em C– que apresenta o fatorial do seu dado de entrada.

EXERCÍCIOS

1.1 Escolha um compilador conhecido que faça parte de um ambiente de desenvolvimento e liste todos os programas que acompanham o compilador, descrevendo suas funções.

1.2 Dada a declaração em C

```
a[i+1] = a[i] + 2
```

desenhe uma árvore de análise sintática e uma árvore sintática para a expressão, com base no exemplo da Seção 1.3.

1.3 Os erros de compilação podem ser classificados em duas categorias: sintáticos e semânticos. Entre os erros sintáticos, temos a omissão de marcas e marcas malposicionadas – como a falta dos parênteses à direita na expressão aritmética **(2+3.** Dentre os erros semânticos, temos tipos incorretos em expressões e variáveis não declaradas (na maioria das linguagens) – como a atribuição **x = 2,** em que **x** é uma variável do tipo matriz.

  a. Dê mais dois exemplos de cada tipo de erro em uma linguagem de sua escolha.

  b. Escolha um compilador com o qual você tenha familiaridade e verifique se ele lista todos os erros sintáticos antes dos erros semânticos ou se os erros sintáticos e semânticos são misturados. Qual a implicação disso para o número de passadas?

1.4 Esta questão presume que você tenha um compilador com a opção de produzir saída na forma de linguagem de montagem.
   a. Determine se o seu compilador efetua otimizações de empacotamento constante.
   b. Uma otimização relacionada, porém mais avançada, é a de propagação constante: uma variável com um valor constante é substituída pelo seu valor em expressões. Por exemplo, o código (em C)

   ```
   x = 4;
   y = x + 2;
   ```

   seria substituído, utilizando propagação constante (e empacotamento constante), por

   ```
   x = 4;
   y = 6;
   ```

   Determine se o seu compilador efetua propagação constante.
   c. Dê tantas razões quanto lhe for possível para o fato de que a propagação constante é mais difícil que o empacotamento constante.
   d. Uma situação relacionada com propagação constante e empacotamento constante é o uso de constantes com nomes em um programa. Ao usar uma constante com nome x em vez de uma variável, podemos traduzir o exemplo acima no código em C a seguir:

   ```
   const int x = 4;
   ...
   y = x + 2;
   ...
   ```

   Determine se o seu compilador efetua propagação/empacotamento nessas circunstâncias. Como isso difere da parte (b)?

1.5 Se o seu compilador aceitar entradas diretamente do teclado, determine se ele lê todo o programa antes de gerar mensagens de erro ou se gera erros à medida que os encontra. Que implicação isso tem no número de passadas?

1.6 Descreva as tarefas efetuadas pelos seguintes programas, e explique como eles se assemelham ou se relacionam a compiladores:
   a. Um pré-processador de linguagem
   b. Um programa para impressão com alinhamentos e tabulações
   c. Um formatador de texto

1.7 Suponha que você tenha um tradutor de Pascal para C escrito em C e um compilador C. Utilize os T-diagramas para descrever os passos e criar um compilador Pascal.

1.8 Utilizamos uma seta (símbolo) para indicar a redução de um padrão de dois T-diagramas para um único T-diagrama. Podemos considerar essa seta como uma "relação de redução" e gerar seu fecho transitivo (símbolo), indicando uma seqüência de reduções. Dado o diagrama a seguir, em que letras indicam linguagens arbitrárias, determine que linguagens precisam ser iguais para que a redução seja válida e indique os passos de redução individual que as tornam válida:

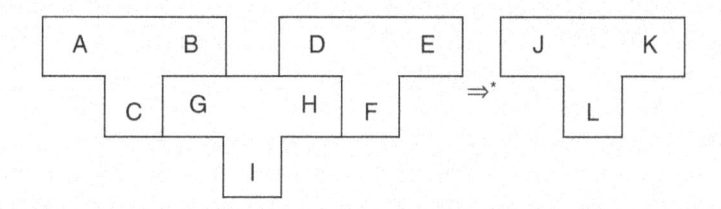

```
┌─────┬─────┐  ┌─────┬─────┐   ┌─────┬─────┐
│  A  │  B  │  │  D  │  E  │   │  J  │  K  │
├──┬──┴──┬──┘  └──┬──┴─┬───┘ ⇒*└──┬──┴─────┤
│  │  C  │  G  │  H  │ F  │       │   L    │
│  └─────┴──┬──┘─────┴────┘       └────────┘
│           │ I │
│           └───┘
```

Apresente um exemplo prático da redução descrita por esse diagrama.

1.9 Uma alternativa para o método de transposição de um compilador descrito na Seção 1.6 e na Figura 1.3 é o uso de um interpretador para o código intermediário produzido pelo compilador e a eliminação do sistema de fundo. Esse é o método usado pelo **P-sistema Pascal**, que inclui um compilador Pascal que gera P-código, um tipo de código de montagem para uma máquina de pilhas "genérica", e um interpretador de P-código que simula a execução do P-código. Tanto o compilador Pascal como o interpretador de P-código são escritos em P-código.
   a. Descreva os passos necessários para obter um compilador Pascal em uma máquina arbitrária, dado um P-sistema Pascal.
   b. Descreva os passos necessários para obter um compilador de código nativo para o seu sistema em (a) (ou seja, um compilador que produza código executável para a máquina hospedeira, em vez de usar o interpretador de P-código).

1.10 O processo de transposição de um compilador pode ser considerado como duas operações distintas: **redirecionamento** (modificação do compilador para gerar código-alvo em uma nova máquina) e **re-hospedagem** (modificação do compilador para ser executável em uma nova máquina). Discuta as diferenças entre essas duas operações utilizando T-diagramas.

NOTAS E REFERÊNCIAS

A maioria dos tópicos mencionados neste capítulo é tratada com mais detalhes nos capítulos subseqüentes, e as Notas e Referências desses capítulos conterão as referências apropriadas. Por exemplo, Lex é estudado no Capítulo 2; Yacc no Capítulo 5; verificação de tipos, tabelas de símbolos e análise de atributos, no Capítulo 6; geração de código, código de três endereços e P-código, no Capítulo 8; e tratamento de erros, nos capítulos 4 e 5.

Uma referência padrão para compiladores é Aho (1986), particularmente para teoria e algoritmos. Um texto que contém muitas dicas úteis para implementação é Fischer e LeBlanc (1991). Descrições completas de compiladores C podem ser encontradas em Fraser e Hanson (1995) e em Holub (1990). Um compilador C/C++ popular cuja fonte está amplamente disponível pela Internet é o compilador Gnu. Ele está descrito em detalhes em Stallman (1994).

Para uma revisão dos conceitos de linguagens de programação, com informações sobre as interações com tradutores, ver Louden (1993) ou Sethi (1996).

Uma referência útil para a teoria de autômatos de um ponto de vista matemático (em vez do ponto de vista prático adotado aqui) é Hopcroft e Ullman (1979). Aí também podem ser encontradas mais informações sobre a hierarquia de Chomsky (ver, também, no Capítulo 3).

Uma descrição dos primeiros compiladores Fortran pode ser encontrada em Backus (1957) e Backus (1981). Uma descrição dos primeiros compiladores Algol60 pode ser encontrada em Randell e Russell (1964). Compiladores Pascal são descritos em Barron (1981), onde uma descrição do P-sistema Pascal pode também ser encontrada (Nori, 1981).

O pré-processador Ratfor mencionado na Seção 1.2 é descrito em Kernighan (1975). Os T-diagramas da Seção 1.6 foram introduzidos por Bratman (1961).

O foco do presente texto são técnicas de tradução padrão para a tradução da maioria das linguagens. Técnicas adicionais podem ser necessárias para a tradução eficiente de linguagens que não pertençam às principais linguagens imperativas descendentes de Algol. Particularmente, a tradução de linguagens funcionais como ML e Haskell tem motivado o desenvolvimento de muitas técnicas novas, algumas das quais poderão vir a ser técnicas gerais importantes no futuro. Descrições dessas técnicas podem ser encontradas em Appel (1992), Peyton Jones (1992 e 1987). Essa última referência contém uma descrição da verificação de tipos de Hindley-Milner (mencionada na Seção 1.1).

Capítulo 2

Varredura

2.1 O processo de varredura
2.2 Expressões regulares
2.3 Autômatos finitos
2.4 Das expressões regulares para os autômatos finitos determinísticos

2.5 Implementação de um sistema de varredura TINY
2.6 Uso de Lex para gerar automaticamente um sistema de varredura

A varredura, ou **análise léxica**, é a fase de um compilador que lê o programa-fonte como um arquivo de caracteres e o separa em marcas. Essas marcas são como palavras em uma linguagem natural: cada marca é uma seqüência de caracteres que representa uma unidade de informação do programa-fonte. Exemplos típicos são **palavras-chave**, como **if** e **while**, que são cadeias fixas de caracteres; **identificadores**, que são cadeias de caracteres definidas pelo usuário, usualmente compostas por letras e números começando por uma letra; **símbolos especiais**, como os símbolos aritméticos + e *; e alguns símbolos com mais de um caractere, como >= e <>. Em cada caso, uma marca representa um determinado padrão de caracteres reconhecido pela varredura a partir do início à medida que esses caracteres são fornecidos.

Como a tarefa efetuada pelo sistema de varredura é um caso especial de casamento de padrões, precisamos estudar métodos de especificação e de reconhecimento de padrões que se apliquem ao processo de varredura. Esses métodos são basicamente os de **expressões regulares** e de **autômatos finitos**. Entretanto, um sistema de varredura é também a parte do compilador que manipula a entrada do código-fonte, e como essa entrada freqüentemente consome muito tempo, a varredura precisa ser tão eficiente quanto possível. Assim, precisamos também ser muito cuidadosos quanto aos detalhes práticos da estrutura do sistema de varredura.

Dividimos o estudo de sistemas de varredura da seguinte forma: primeiro, damos uma visão geral da operação de um sistema de varredura e os respectivos conceitos e estruturas. Depois, estudamos expressões regulares, uma notação padrão para representar padrões em cadeias de caracteres que formam a estrutura léxica de uma linguagem de programação. Em seguida, estudamos máquinas de estados finitos, ou autômatos finitos, que representam algoritmos para reconhecimento de padrões em cadeias de caracteres dadas por expressões regulares. Estudamos também o processo de construção de autômatos finitos a partir de expressões regulares.

Passamos, em seguida, para métodos práticos, os quais escrevem programas que implementam os processos de reconhecimento representados por autômatos finitos, e estudamos uma implementação completa de um sistema de varredura para a linguagem TINY. Finalmente, estudamos como o processo de produção de um programa para varredura pode ser automatizado pelo uso de um gerador de sistemas de varredura, e repetimos a implementação de um sistema de varredura para TINY utilizando Lex, que é um gerador de sistemas de varredura padrão disponível em Unix bem como em outros sistemas.

2.1 O PROCESSO DE VARREDURA

Cabe ao sistema de varredura ler caracteres do código-fonte e organizá-los em unidades lógicas para as outras partes do compilador (como o analisador sintático). As unidades lógicas geradas pela varredura são denominadas **marcas**, e organizar caracteres em marcas é similar a organizar caracteres em palavras para uma sentença em inglês e decidir que palavras usar. A varredura se assemelha, portanto, à atividade de soletrar.

As marcas são entidades lógicas, usualmente definidas como um tipo enumerado. Por exemplo, marcas podem ser definidas em C como[1]:

```
typedef enum
    {IF,THEN,ELSE,PLUS,MINUS,NUM,ID,...}
    TokenType;
```

Há diversas categorias de marcas. Entre elas temos as **palavras reservadas**, como **IF** e **THEN**, que representam as cadeias de caracteres "if" (se) e "then" (então). Uma segunda categoria é a de **símbolos especiais**, como os símbolos aritméticos **PLUS** e **MINUS**, que representam os caracteres "+" e "–". Finalmente, há as marcas para representar cadeias múltiplas de caracteres. Alguns exemplos são **NUM** e **ID**, que representam números e identificadores.

As marcas, como entidades lógicas, precisam ser claramente diferenciadas das cadeias de caracteres as quais representam. Por exemplo, a marca de palavra reservada **IF** precisa ser diferenciada da cadeia com dois caracteres "if" que a representa. Para tornar clara essa diferenciação, a cadeia de caracteres representada por uma marca é por vezes denominada como seu **valor** ou **lexema**. Algumas marcas têm apenas um lexema: as palavras reservadas têm essa propriedade. Uma marca, entretanto, tem o potencial de representar infinitos lexemas. Identificadores, por exemplo, são todos representados pela marca **ID**, mas podem ter muitos valores que representam seus nomes individuais. Esses nomes não podem ser ignorados, pois um compilador precisa acompanhá-los na tabela de símbolos. Assim, um sistema de varredura precisa também construir os valores de pelo menos algumas das marcas.

Qualquer valor associado a uma marca recebe o nome de um **atributo** da marca, e o valor é um exemplo de um atributo. As marcas podem ter também outros atributos. Por exemplo, uma marca **NUM** pode ter como atributo um valor como "32767", que é composto por cinco caracteres numéricos, mas ela também terá como atributo um valor numérico que é efetivamente o valor 32767. No caso de uma marca de símbolo especial como **PLUS**, temos não apenas o caractere "+", mas também a operação aritmética + associada a ela. O próprio

---

1. Em uma linguagem sem tipos enumerados, teríamos de definir as marcas diretamente como valores numéricos simbólicos. Assim, em C antigo encontramos, às vezes, o seguinte:

```
#define IF 256
#define THEN 257
#define ELSE 258
...
```

(Esses números começam em 256 para evitar confusão com valores numéricos da tabela ASCII.)

símbolo da marca pode ser visto como outro atributo, e a marca pode ser vista como a coleção de todos os seus atributos.

Um sistema de varredura deve computar pelo menos tantos atributos de uma marca quanto necessário para possibilitar a continuidade do processamento. Por exemplo, o valor em caracteres de uma marca **NUM** deve ser computado, mas seu valor numérico não precisa ser computado de imediato, pois ele pode ser obtido de seu valor em caracteres. Se o valor numérico for, no entanto, computado, os caracteres podem ser descartados. Por vezes, o próprio sistema de varredura pode efetuar as operações necessárias para gravar um atributo no local apropriado, ou pode simplesmente passar o atributo para uma fase posterior do compilador. Por exemplo, um sistema de varredura poderia usar o valor em caracteres de um identificador como entrada em sua tabela de símbolos, ou passá-lo adiante.

Como o sistema de varredura precisará possivelmente computar diversos atributos para cada marca, é freqüentemente útil coletar todos os atributos em um único tipo de dados estruturado, que denominaremos **registro de marca**. Esse registro poderia ser declarado em C como

```
typedef struct
  { TokenType tokenval;
    char * stringval;
    int numval;
  } TokenRecord;
```

ou possivelmente como uma união

```
typedef struct
  { TokenType tokenval;
    union
    {char * stringval;
       int numval;
    }attribute;
  } TokenRecord;
```

(o qual assume que o atributo de valor em caracteres é necessário apenas para os identificadores e o atributo de valor numérico apenas para números). Um arranjo mais comum é o sistema de varredura retornar apenas o valor da marca e colocar os outros atributos em variáveis que possam ser acessadas por outras partes do compilador.

Embora a tarefa do sistema de varredura seja converter todo o programa-fonte em uma seqüência de marcas, o sistema de varredura raramente fará isso tudo de uma vez. Em vez disso, a varredura ocorrerá sob o controle de um analisador sintático, retornando a marca seguinte demandada por meio de uma função com declaração similar à seguinte declaração em C

```
TokenType getToken(void);
```

A função **getToken** declarada dessa maneira, quando ativada, retornará à próxima marca fornecida, bem como computará atributos adicionais, como o valor em caracteres da marca. A cadeia de caracteres de entrada geralmente não é colocada como parâmetro dessa função, mas sim armazenada em um repositório ou fornecida pelos recursos de entrada do sistema.

Como exemplo de operação de `getToken`, considere a seguinte linha de código fonte C, utilizada como exemplo no Capítulo 1:

```
a[index] = 4 + 2
```

Suponha que essa linha de código seja armazenada em um repositório de entrada conforme apresentado a seguir, com o próximo caractere de entrada indicado pela seta:

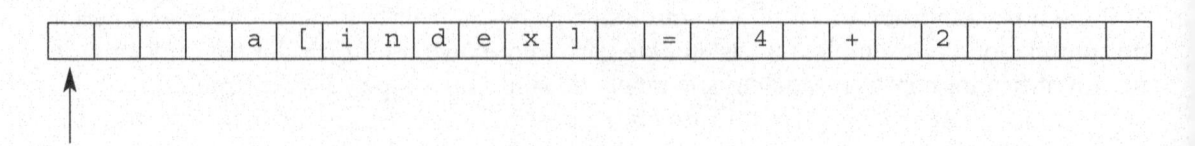

			a	[	i	n	d	e	x	]		=		4		+		2				

↑

A ativação de `getToken` precisará agora saltar os quatro brancos seguintes, reconhecer a cadeia de caracteres "a" composta unicamente pelo caractere *a* como a próxima marca, e retornar o valor de marca `ID` como próxima marca, deixando o repositório de entrada assim:

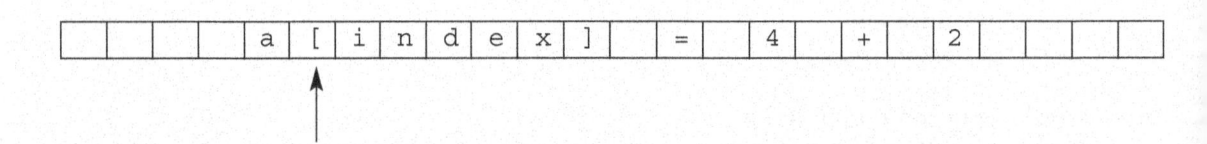

			a	[	i	n	d	e	x	]		=		4		+		2				

↑

Dessa forma, uma chamada subseqüente de `getToken` iniciará o reconhecimento a partir do caractere de colchete à esquerda.

Passamos agora ao estudo de métodos para definir e reconhecer padrões em cadeias de caracteres.

2.2 EXPRESSÕES REGULARES

Expressões regulares representam padrões de cadeias de caracteres. Uma expressão regular *r* é completamente definida pelo conjunto de cadeias de caracteres com as quais ela casa. Esse conjunto é denominado **linguagem gerada pela expressão regular** e é denotado como $L(r)$. Aqui a palavra *linguagem* é utilizada apenas para indicar uma "cadeia de caracteres" e (pelo menos nesse estágio) não tem relação específica com uma linguagem de programação. Essa linguagem depende, primeiro, do conjunto de caracteres disponível. Em geral, esse será o conjunto de caracteres ASCII ou algum subconjunto dele. Por vezes, o conjunto será mais geral que o conjunto de caracteres ASCII, e nesse caso os elementos do conjunto são identificados como **símbolos**. Esse conjunto de símbolos legais é denominado **alfabeto**, e é usualmente denotado pelo símbolo grego Σ (sigma).

Uma expressão regular *r* também conterá caracteres do alfabeto, mas estes têm um significado distinto: em uma expressão regular, todos os símbolos indicam *padrões*. Neste capítulo, diferenciaremos o uso de um caractere e de um padrão escrevendo os padrões em negrito. Assim, **a** é o caractere *a* usado como padrão.

Finalmente, uma expressão regular *r* pode conter caracteres com significados especiais. Esses caracteres são denominados **metacaracteres** ou **meta-símbolos**. De maneira geral, eles não são caracteres legais do alfabeto, caso contrário nós não poderíamos diferenciar seu uso como metacaracteres de seu uso como membros do alfabeto. Freqüentemente, entretanto, não é possível exigir essa exclusão, e uma convenção precisa ser utilizada para diferenciar os dois possíveis usos de um metacaractere. Em muitas situações, isso é feito por um **caractere de escape** que "desliga" o significado especial de um metacaractere. Caracteres de escape comuns são o de barra invertida e as aspas. Observe que os caracteres de escape são também metacaracteres, caso sejam também caracteres legais do alfabeto.

2.2.1 Definição de expressões regulares

Podemos agora descrever o significado de expressões regulares pelo estabelecimento de quais linguagens são geradas e por quais padrões. Fazemos isso em vários estágios. Primeiro, descrevemos o conjunto de expressões regulares básicas, que é composto por símbolos individuais. Em seguida, descrevemos operações que geram novas expressões regulares a partir das existentes. Isso é similar à forma como expressões aritméticas são construídas: as expressões aritméticas básicas são os números, como 43 e 2.5. As operações aritméticas, como adição e multiplicação, podem ser utilizadas para formar novas expressões a partir das existentes, como em 43 * 2.5 e 43 * 2.5 + 1.4.

O grupo de expressões regulares descrito aqui é minimal, no sentido de conter somente as operações e meta-símbolos essenciais. Mais adiante, consideraremos extensões desse conjunto minimal.

Expressões regulares básicas São simplesmente os caracteres em separado do alfabeto, que casam com eles mesmos. Dado um caractere a do alfabeto Σ, indicamos que a expressão regular **a** casa com o caractere a escrevendo $L(\mathbf{a}) = \{a\}$. Há dois símbolos adicionais necessários em situações especiais. Precisamos ser capazes de indicar um casamento da **cadeia vazia**, ou seja, a cadeia sem caracteres. Utilizamos o símbolo ε (epsilon) para denotar a cadeia vazia, e definimos o meta-símbolo $\boldsymbol{\varepsilon}$ (epsilon negrito) como $L(\boldsymbol{\varepsilon}) = \{\varepsilon\}$. Precisamos também, por vezes, escrever um símbolo que não casa com nenhuma cadeia de caracteres, ou seja, um símbolo cuja linguagem é o **conjunto vazio**, denotado como $\{\}$. Utilizamos o símbolo $\boldsymbol{\Phi}$ para isso, e escrevemos $L(\boldsymbol{\Phi})=\{\}$. Observe a diferença entre $\{\}$ e $\{\varepsilon\}$: o conjunto $\{\}$ não contém cadeias de caracteres, enquanto o conjunto $\{\varepsilon\}$ contém uma única cadeia composta por zero caractere.

Operações de Expressões Regulares Há três operações básicas em expressões regulares: (1) escolha entre alternativas, que é indicada pelo metacaractere | (barra vertical); (2) concatenação, que é indicada pela justaposição (sem metacaracteres); e (3) repetição ou "fecho", que é indicada pelo metacaractere *. Discutimos cada uma delas, apresentando a construção de conjuntos correspondente para as linguagens de cadeias que casam.

Escolha Entre Alternativas Se r e s são expressões regulares, então $r|s$ é uma expressão regular que casa com qualquer cadeia que case com r ou com s. Em termos de linguagens, a linguagem de $r|s$ é a **união** das linguagens de r e s, ou seja, $L(r|s) = L(r) \cup L(s)$. Como um exemplo simples, considere a expressão regular **a**|**b**: ela casa com qualquer um dos caracteres a ou b, ou seja, $L(\mathbf{a}|\mathbf{b}) = L(\mathbf{a}) \cup L(\mathbf{b}) = \{a\} \cup \{b\} = \{a, b\}$. Como um segundo exemplo, a expressão regular **a**|$\boldsymbol{\varepsilon}$ casa com o caractere isolado a ou com a cadeia vazia (sem nenhum caractere). Em outras palavras, $L(\mathbf{a}|\boldsymbol{\varepsilon}) = \{a, \varepsilon\}$.

A escolha pode ser estendida para mais de uma alternativa, para que, por exemplo, $L(\mathbf{a}|\mathbf{b}|\mathbf{c}|\mathbf{d}) = \{a, b, c, d\}$. Por vezes, também escrevemos longas seqüências de escolhas com reticências, como em **a**|**b**| ... |**z**, que casa com qualquer letra em caixa baixa de a a z.

Concatenação A concatenação de duas expressões regulares *r* e *s* é denotada como *rs*, e casa com qualquer cadeia de caracteres que seja a concatenação de duas cadeias, desde que a primeira case com *r* e a segunda case com *s*. Por exemplo, a expressão regular **ab** casa apenas com a cadeia de caracteres *ab*, enquanto a expressão regular (**a**|**b**)**c** casa com as cadeias *ac* e *bc*. (O uso de parênteses como metacaracteres nessa expressão regular será explicado em breve.)

Podemos descrever o efeito da concatenação em termos das linguagens geradas pela definição da concatenação de dois conjuntos de cadeias de caracteres. Dados dois conjuntos de cadeias de caracteres S_1 e S_2, o conjunto concatenado de cadeias de caracteres $S_1 S_2$ é o conjunto de cadeias de S_1 seguido de todas as cadeias de S_2. Por exemplo, se $S_1 = \{aa, b\}$ e $S_2 = \{a, bb\}$, então $S_1 S_2 = \{aaa, aabb, ba, bbb\}$. A operação de concatenação para expressões regulares pode ser definida como: $L(rs) = L(r)L(s)$. Assim (utilizando nosso exemplo anterior), $L((\mathbf{a}|\mathbf{b})\mathbf{c}) = L(\mathbf{a}|\mathbf{b})L(\mathbf{c}) = \{a, b\}\{c\} = \{ac, bc\}$.

A concatenação também pode ser estendida para mais do que duas expressões regulares: $L(r_1 r_2 ... r_n) = L(r_1)L(r_2)...L(r_n)$ = o conjunto de cadeias de caracteres formadas pela concatenação de todas as cadeias de $L(r_1),..., L(r_n)$.

Repetição A operação de repetição de uma expressão regular, às vezes também denominada **fecho (de Kleene)**, é denotada como *r**, onde *r* é uma expressão regular. A expressão regular *r** casa com qualquer concatenação finita de cadeias de caracteres, desde que cada cadeia case com *r*. Por exemplo, **a*** casa com as cadeias ε, *a, aa, aaa,*... (Ela casa com ε porque é a concatenação de *zero* cadeias que casam com **a**.) Nós podemos definir a operação de repetição em termos das linguagens geradas pela definição de uma operação similar * para conjuntos de cadeias de caracteres. Dado um conjunto *S* de cadeias,

$$S^* = \{\varepsilon\} \cup S \cup SS \cup SSS \cup ...$$

Isso é uma união infinita de conjuntos, em que cada elemento é uma concatenação finita de cadeias de *S*. Por vezes, o conjunto S^* é denotado como:

$$S^* = \bigcup_{n=0}^{\infty} S^n$$

onde $S^n = S...S$ é a concatenação de *S n* vezes. ($S^0 = \{\varepsilon\}$.)

Podemos agora definir a operação de repetição para expressões regulares assim:

$$L(r*) = L(r)^*$$

Como exemplo, considere a expressão regular (**a**|**bb**)*. (Novamente, a razão para os parênteses como metacaracteres será explicada a seguir.) Essa expressão regular casa com qualquer uma das seguintes cadeias: ε, *a, bb, aa, abb, bba, bbbb, aaa, aabb*, e assim por diante. Em termos de linguagens, $L((\mathbf{a}|\mathbf{bb})*) = L(\mathbf{a}|\mathbf{bb})^* = \{a, bb\}^* = \{\varepsilon, a, bb, aa, abb, bba, bbbb, aaa, aabb, abba, abbbb, bbaa, ...\}$.

Precedência de Operações e Uso de Parênteses As descrições acima desconsideraram a questão de precedência entre escolha, concatenação e repetição. Por exemplo, dada a expressão regular **a**|**b***, ela deveria ser interpretada como (**a**|**b**)* ou como **a**|(**b***)? (Existe uma diferença significativa, pois $L((\mathbf{a}|\mathbf{b})*) = \{\varepsilon, a, b, aa, ab, ba, bb, ...\}$, enquanto $L(\mathbf{a}|(\mathbf{b}*)) = \{\varepsilon, a, b, bb, bbb, ...\}$.) A convenção padrão é que a repetição deveria ter precedência maior, assim a segunda interpretação é a correta. Entre os três operadores, * recebe a maior precedência, seguido da concatenação, de tal forma que | recebe a menor precedência.

Assim, por exemplo, **a|bc*** é interpretada como **a| (b(c*))**, e **ab|c*d** é interpretada como **(ab) | ((c*)d)**.

Quando desejarmos indicar uma precedência diferente, devemos utilizar parênteses. É por isso que tivemos de escrever **(a|b)c** para indicar que a escolha deveria ter precedência sobre a concatenação, caso contrário **a|bc** seria interpretada como casando com *a* ou com *bc*. Similarmente, sem os parênteses, **(a|bb)*** seria interpretada como **a|bb***, que casa com *a, b, bb, bbb,...* Esse uso dos parênteses é totalmente análogo ao seu uso em aritmética, onde (3 + 4) * 5 = 35, mas 3 + 4 * 5 = 23, pois * tem precedência superior a +.

Nomes para Expressões Regulares Freqüentemente, é útil simplificar a notação com nomes para expressões regulares longas, para que não tenhamos de escrever a expressão cada vez que ela for utilizada. Por exemplo, se quisermos desenvolver uma expressão regular para uma seqüência com um ou mais dígitos, podemos escrever

    (0|1|2|...|9) (0|1|2|...|9)*

ou então

    dígito dígito*

onde

    dígito = 0|1|2|...|9

é uma **definição regular** do nome *dígito*.

O uso de uma definição regular é de grande conveniência, mas ele introduz a complicação de tornar o próprio nome um meta-símbolo, assim é preciso encontrar um meio de distinguir o nome da concatenação de seus caracteres. Em nosso caso, fizemos a distinção com o uso de itálicos no nome. Observe que um nome não pode ser usado em sua própria definição (ou seja, recursivamente) – precisamos remover nomes de sua substituição sucessiva para expressões regulares que eles representam.

Antes de considerar uma série de exemplos para elaborar nossa definição de expressões regulares, juntamos todas as partes da definição de uma expressão regular.

Definição

Uma **expressão regular** é uma das seguintes:
1. Uma expressão regular **básica**, composta por um único caractere **a**, onde *a* pertence a um alfabeto Σ de caracteres legais; o metacaractere **ε**; ou o metacaractere **ϕ**. No primeiro caso, $L(\mathbf{a}) = \{a\}$; no segundo caso, $L(\mathbf{\varepsilon}) = \{\varepsilon\}$; no terceiro caso, $L(\mathbf{\phi}) = \{\}$.
2. Uma expressão da forma **r|s**, onde *r* e *s* são expressões regulares. Nesse caso, $L(\mathbf{r|s}) = L(r) \cup L(s)$.
3. Uma expressão da forma *rs*, onde *r* e *s* são expressões regulares. Nesse caso, $L(rs) = L(r)L(s)$.
4. Uma expressão da forma *r******, onde *r* é uma expressão regular. Nesse caso, $L(r\ast) = L(r)\ast$.
5. Uma expressão da forma **(r)**, onde *r* é uma expressão regular. Nesse caso, $L((r)) = L(r)$. Assim, os parênteses não modificam a linguagem. Eles são utilizados apenas para ajustar a precedência dos operadores.

Observamos que, nessa definição, a precedência dos operadores em (2), (3) e (4) está na ordem inversa à de sua apresentação; ou seja, | tem precedência mais baixa que concatenação e concatenação tem precedência mais baixa que *. Observamos também que essa definição dá um significado de metacaractere aos seis símbolos ϕ, ε, |, *, (,).

No restante desta seção, consideramos uma série de exemplos designados para trabalhar as definições dadas anteriormente. Eles são um tanto artificiais, pois não aparecem usualmente como descrições de marcas em uma linguagem de programação. Na Seção 2.2.3, consideramos algumas expressões regulares comuns que aparecem freqüentemente como marcas em linguagens de programação.

Nos exemplos a seguir, há uma descrição em português das cadeias a serem casadas, e a tarefa é traduzir a descrição em uma expressão regular. Essa situação, na qual um manual de linguagem contém descrições de marcas, é a mais comum para quem escreve um compilador. Ocasionalmente, pode ser necessário inverter a direção, ou seja, partir da expressão regular em direção à descrição em português, assim também incluímos alguns exercícios desse tipo.

Exemplo 2.1
Considere o alfabeto simples composto por somente três caracteres alfabéticos: Σ = {a, b, c}. Considere o conjunto de todas as cadeias sobre esse alfabeto que contêm exatamente um b. Esse conjunto é gerado pela expressão regular

    (a|c)*b(a|c)*

Observe que, embora **b** apareça no centro da expressão regular, a letra b não precisa estar no centro da cadeia que casa com a expressão. A repetição de a ou c antes e depois de b pode ocorrer em um diferente número de vezes. Assim, todas essas cadeias casam com a expressão regular acima: b, abc, abaca, baaaac, ccbaca, ccccccb.

Exemplo 2.2
Com o mesmo alfabeto do exemplo anterior, considere o conjunto de todas as cadeias de caracteres que contêm no máximo um b. Uma expressão regular para esse conjunto pode ser obtida usando a solução do exemplo anterior como uma alternativa (que casa com as cadeias com exatamente um b) e a expressão regular (a|c)* como uma segunda alternativa (que não casa com bs). Assim, temos a solução:

    (a|c)*|(a|c)*b(a|c)*

Uma solução alternativa seria permitir b ou a cadeia vazia entre as duas repetições de a ou c:

    (a|c)*(b|ε)(a|c)*

Esse exemplo apresenta um ponto importante sobre expressões regulares: a mesma linguagem pode ser gerada por muitas expressões regulares diferentes. Usualmente, tentamos encontrar uma expressão regular tão simples quanto possível para descrever um conjunto de cadeias, mas nós nunca tentaremos provar que encontramos a cadeia "mais simples" – por exemplo, a mais curta. Há dois motivos para isso. Primeiro, raramente ocorre em situações práticas, onde usualmente há uma solução "mais simples" padrão. Segundo, quando estudarmos os métodos para reconhecer expressões regulares, os algoritmos serão capazes de simplificar o processo de reconhecimento, sem a necessidade de antes simplificar a expressão regular.

Exemplo 2.3
Considere o conjunto de cadeias de caracteres S sobre o alfabeto $\Sigma = \{a, b\}$ composto por um único b rodeado pelo mesmo número de as:

$$S = \{b, aba, aabaa, aaabaaa, ...\} = \{a^n b a^n \mid n \neq 0\}$$

Esse conjunto não pode ser descrito por uma expressão regular. O motivo é que a única operação de repetição que temos é a operação de fecho *, a qual permite qualquer número de repetições. Assim, se escrevermos a expressão `a*ba*` (que é o mais perto que podemos chegar de uma expressão regular para S), não há garantia que o número de as antes e depois de b será o mesmo. Expressamos isso dizendo que "expressões regulares não podem contar". Uma prova matemática desse fato, entretanto, solicitaria o uso de um famoso teorema sobre expressões regulares denominado **lema do bombeamento**, estudado em teoria de autômatos, mas que não será mais mencionado aqui.

Claramente, nem todos os conjuntos de cadeias de caracteres que podemos descrever em termos simples podem ser gerados por expressões regulares. Um conjunto de cadeias que é a linguagem para uma expressão regular é, portanto, diferenciado de outros conjuntos e recebe o nome de **conjunto regular**. Ocasionalmente, conjuntos não regulares aparecerão como cadeias de caracteres em linguagens de programação e precisarão ser reconhecidos em uma varredura. Trataremos deles quando surgirem, e retornaremos a essa questão novamente de forma breve na seção sobre considerações práticas em sistemas de varredura.

Exemplo 2.4
Considere as cadeias de caracteres sobre o alfabeto $\Sigma = \{a, b, c\}$ que não contêm dois bs consecutivos. Assim, entre quaisquer dois bs deve ocorrer pelo menos um a ou c.

Construímos uma expressão regular para esse conjunto em vários estágios. Primeiro, podemos forçar um a ou c a ocorrer *antes* de cada b:

`(b(a|c))*`

Podemos combinar isso com a expressão `(a|c)*`, que casa com cadeias as quais não têm nenhum b, e escrever

`((a|c)*|(b(a|c))*)*`

ou, então, notando que $(r*|s*)*$ casa com as mesmas cadeias que $(r|s)*$,

`((a|c)|(b(a|c)))*`

ou

`(a|c|ba|bc)*`

(Aviso! Essa ainda não é a resposta correta.)

A linguagem gerada por essa expressão regular tem a propriedade que buscamos, ou seja, não ocorrem dois bs consecutivos (mas ainda não está totalmente correta). Ocasionalmente, deveríamos provar essas afirmativas, então esboçamos uma prova de que todas as cadeias em $L((a|c|ba|bc)*)$ não contêm bs consecutivos. Isso é provado por indução nas cadeias de comprimento 0, 1 ou 2: essas cadeias são precisamente as cadeias $\varepsilon, a, c, aa, ac, ca, cc, ba, bc$. Agora, assuma que isso é verdade para todas as cadeias na linguagem de comprimento $i < n$, e seja s uma cadeia de comprimento $n > 2$. Então, s contém mais de uma das cadeias diferentes de ε listadas acima, e portanto $s = s_1 s_2$, onde s_1 e s_2 também estão na linguagem e não são ε. Assim, por indução, tanto s_1 como s_2 não têm bs consecutivos. Portanto, a única forma de s ter dois bs consecutivos seria se s_1 terminasse com um b e s_2 iniciasse com um b. Mas isso é impossível, pois nenhuma cadeia na linguagem termina com b.

Este último fato usado no esboço da prova – o fato de que nenhuma cadeia gerada pela expressão regular acima pode terminar com um b – também mostra porque nossa solução ainda não está totalmente correta: ela não gera as cadeias b, ab e cb, que não contêm bs consecutivos. Nós corrigimos isso adicionando um b final opcional, da seguinte maneira:

(a|c|ba|bc)*(b|ε)

Observe que a imagem em espelho dessa expressão regular também gera a linguagem dada

(b|ε)(a|c|ab|cb)*

Também poderíamos gerar a mesma linguagem assim:

(notb|b notb)*(b|ε)

onde **notb** = **a|c**. Esse é um exemplo de uso de um nome para uma subexpressão. Essa solução, na verdade, é preferível quando o alfabeto é grande, pois a definição de **notb** pode ser ajustada para incluir todos os caracteres exceto b, sem complicar a expressão original.

Exemplo 2.5
Neste exemplo recebemos a expressão regular e precisamos determinar uma descrição concisa em português da linguagem gerada. Considere o alfabeto $\Sigma = \{a, b, c\}$ e a expressão regular

((b|c)*a(b|c)*a)*(b|c)*

Isso gera a linguagem de todas as cadeias contendo um número par de as. Para verificar isso, considere a expressão dentro da repetição externa à esquerda:

(b|c)*a(b|c)*a

Isso gera cadeias terminando com a que contêm exatamente dois as (qualquer número de bs e cs pode aparecer antes ou entre os dois as). A repetição dessas cadeias resulta em todas as cadeias terminando com a cujo número de as é um múltiplo de 2 (ou seja, par). O acréscimo da repetição (b|c)* no final (como no exemplo anterior) forneceu o resultado desejado.

Observamos que essa expressão regular poderia também ser escrita como

```
(nota* a nota* a)* nota*
```

2.2.2 Extensões de expressões regulares

Nós demos uma definição de expressões regulares que utiliza um conjunto minimal de operadores comuns a todas as aplicações, e poderíamos nos limitar ao uso apenas das três operações básicas (junto com parênteses) em todos os nossos exemplos. Entretanto, já vimos nos exemplos anteriores que escrever expressões regulares utilizando somente esses operadores é, por vezes, muito complicado, criando expressões regulares que poderiam ser menos complicadas se um conjunto mais expressivo de operações estivesse disponível. Por exemplo, seria útil ter uma notação para um casamento de qualquer caractere (por enquanto, precisamos listar todos os caracteres do alfabeto). Adicionalmente, seria útil ter uma expressão regular para um conjunto de caracteres e uma expressão regular para todos os caracteres exceto um.

Nos parágrafos a seguir, descreveremos algumas extensões para as expressões regulares padrão já discutidas, com novos meta-símbolos correspondentes, para cobrir essas e outras situações comuns similares. Na maioria desses casos, não existe uma terminologia comum, assim usaremos uma notação similar à usada pelo gerador de sistemas de varredura Lex, descrito mais adiante neste capítulo. Muitas das situações descritas, a seguir, aparecerão novamente em nossa descrição de Lex. Entretanto, nem todas as aplicações que usam expressões regulares incluirão essas operações, e mesmo quando as incluírem, uma notação diferente pode ser usada.

Vamos agora à nossa lista de novas operações.

UMA OU MAIS REPETIÇÕES

Dada uma expressão regular r, a repetição de r é descrita usando a operação padrão de fecho, denotada como $r*$. Isso permite que r seja repetida zero ou mais vezes. Uma situação típica é a necessidade de *uma* ou mais repetições em vez de zero, o que garante que pelo menos uma cadeia que case com r apareça, e impede a cadeia vazia ε. Um exemplo é um número natural, que deve ser uma seqüência de dígitos, com pelo menos um dígito. Por exemplo, se quisermos casar com números binários, podemos escrever (0|1)*, mas isso também admite a cadeia vazia, que não é um número. Poderíamos, evidentemente, escrever

```
(0|1)(0|1)*
```

mas essa situação ocorre tão freqüentemente que uma notação relativamente padrão foi desenvolvida usando + em vez de *: $r+$ indica uma ou mais repetições de r. Assim, nossa expressão regular anterior para números binários pode ser escrita

```
(0|1)+
```

QUALQUER CARACTERE

Uma situação comum é a necessidade de casamento com qualquer caractere do alfabeto. Sem uma operação especial, isso requer que todos os caracteres do alfabeto sejam listados como alternativas. Um metacaractere típico utilizado para expressar o casamento com qualquer caractere é o ponto "**.**", que não requer a apresentação explícita de todo o alfabeto. Com esse metacaractere, podemos escrever uma expressão regular para todas as cadeias que contêm pelo menos um *b* da seguinte forma:

```
.*b.*
```

UM INTERVALO DE CARACTERES

Freqüentemente, precisamos escrever um intervalo de caracteres, como todas as letras em caixa baixa ou todos os dígitos. Até aqui nós fizemos isso com a notação **a|b|...|z** para as letras em caixa baixa ou **0|1|...|9** para os dígitos. Uma alternativa é ter uma notação especial para essa situação, e uma notação comum é usar colchetes e um hífen, como em **[a-z]** para as letras em caixa baixa e **[0-9]** para os dígitos. Isso pode ser usado também para alternativas individuais, assim **a|b|c** pode ser escrita como **[abc]**. Intervalos múltiplos também podem ser incluídos, assim **[a-zA-Z]** representa todas as letras em caixa baixa e em caixa alta. Essa notação geral recebe o nome de **classes de caracteres**. Observe que essa notação pode depender da ordenação do conjunto de caracteres. Por exemplo, **[A-Z]** assume que os caracteres *B, C* e assim por diante vêm entre os caracteres *A* e *Z* (o que é verdade para o conjunto de caracteres ASCII). Entretanto, a expressão **[A-z]** *não* casa com os mesmos caracteres que a expressão **[A-Za-z]**, mesmo para o conjunto de caracteres ASCII.

QUALQUER CARACTERE FORA DE UM DADO CONJUNTO

Conforme visto, é freqüentemente útil poder excluir um único caractere de um conjunto. Isso pode ser feito pela designação de um metacaractere para indicar o "não", ou complemento, de um conjunto de alternativas. Por exemplo, um caractere padrão para representar o "não" em lógica é o til ~, e poderíamos escrever uma expressão regular para um caractere no alfabeto que não seja *a* como **~a** e um caractere que não seja *a* nem *b* nem *c* como

```
~(a|b|c)
```

Uma alternativa para essa notação é utilizada em Lex, onde o caractere de circunflexo ^ é usado em conjunção com as classes de caracteres anteriormente descritas para formar os complementos. Por exemplo, qualquer caractere que não seja *a* é escrito como **[^a]**, e qualquer caractere que não seja *a* nem *b* nem *c* é escrito como

```
[^abc]
```

SUBEXPRESSÕES OPCIONAIS

Uma última ocorrência comum são cadeias de caracteres com partes opcionais. Por exemplo, um número pode ou não ter um sinal, como + ou –. Podemos usar alternativas para expressar isso, como nas definições regulares

```
natural = [0-9]+
signedNatural = natural | + natural | - natural
```

Isso pode rapidamente se tornar incômodo, entretanto, e assim introduzimos o caractere de ponto de interrogação r? para indicar que as cadeias que casam com r são opcionais (ou que zero ou uma cópias de r estão presentes). Assim, o exemplo dos números com sinal fica

```
natural = [0-9]+
signedNatural = (+|-)? natural
```

2.2.3 Expressões regulares para marcas de linguagem de programação

As marcas de linguagem de programação tendem a se enquadrar em diversas categorias limitadas que são relativamente padronizadas para as diferentes linguagens de programação. Uma categoria é a de **palavras reservadas**, às vezes denominadas **palavras-chave**, que são cadeias fixas de caracteres alfabéticos com significado especial na linguagem. Por exemplo, temos **if**, **while** e **do** em linguagens como Pascal, C e Ada. Outra categoria são os **símbolos especiais**, como operadores aritméticos, de atribuição e de igualdade. Podemos ter um caractere único, como =, ou caracteres múltiplos, como := ou ++. Uma terceira categoria são os **identificadores**, usualmente definidos como seqüências de letras e dígitos iniciando por uma letra. Uma categoria final são os **literais** ou **constantes**, que podem ser constantes numéricas como 42 e 3.14159, literais de cadeias de caracteres como "hello, world" e caracteres como "a" e "b". Descrevemos aqui expressões regulares típicas para algumas dessas categorias e discutimos algumas outras questões relativas ao reconhecimento de marcas. Mais detalhes sobre questões práticas de reconhecimento aparecem no decorrer do capítulo.

Números Os números podem ser apenas seqüências de dígitos (números naturais), números decimais ou números com um expoente (indicado por um e/ou E). Por exemplo, 2.71E-2 representa o número 0,0271. Podemos escrever definições regulares para esses números assim:

```
nat = [0-9]+
signedNat = (+|-)? nat
number = signedNat("." nat)?(E signedNat)?
```

Escrevemos o ponto decimal entre aspas para enfatizar que ele poderia casar diretamente, sem a necessidade de ser interpretado como um metacaractere.

Palavras reservadas e identificadores Palavras reservadas são as mais simples de escrever como expressões regulares: elas são representadas por seqüências fixas de caracteres. Se quisermos juntar todas as palavras reservadas em uma única definição, podemos escrever algo como

```
reservadas = if | while | do | ...
```

Identificadores, no entanto, são cadeias de caracteres que não são fixas. Usualmente um identificador deve iniciar com uma letra e conter somente letras e dígitos. Podemos expressar isso em termos de definições regulares:

```
letra = [a-zA-Z]
dígito = [0-9]
identificador = letra(letra|dígito)*
```

Comentários Comentários são normalmente ignorados durante a varredura.[2] Não obstante, um sistema de varredura precisa reconhecer os comentários e descartá-los. Assim, precisaremos escrever expressões regulares para comentários, mesmo se o sistema de varredura não tiver uma marca constante explícita (que poderia ser denominada **pseudomarca**). Os comentários podem ter muitas formas diferentes. Geralmente, eles têm formato livre e são cercados por delimitadores como

```
{comentários em Pascal}
/* comentários em C */
```

ou iniciam com um ou mais caracteres especificados e vão até o final da linha, como

```
; comentários em Scheme
-- comentários em Ada
```

Não é difícil escrever uma expressão regular para comentários com delimitadores de caractere único, como em Pascal, ou para comentários que vão de um (ou mais) caractere(s) até o final da linha. Por exemplo, o caso dos comentários em Pascal pode ser escrito como

```
{(~})*}
```

onde escrevemos ~} para indicar "não }" e assumimos que o caractere } não tem significado como metacaractere. (Uma expressão diferente precisa ser escrita para Lex, e isso será discutido mais adiante neste capítulo.) De maneira similar, um comentário em Ada pode casar com a expressão regular

```
--(~newline)*
```

na qual assumimos que ***newline*** casa com o fim de uma linha (o que pode ser escrito como \n em muitos sistemas), que o caractere "-" não tem significado como metacaractere e que brancos no final da linha não são incluídos no comentário. (Veremos como escrever isso em Lex na Seção 2.6.)

É muito mais difícil escrever uma expressão regular para o caso de delimitadores com comprimento de mais de um caractere, como em C. Para verificar isso, considere o conjunto de cadeias de caracteres *ba...* (nenhuma ocorrência de *ab*)... *ab* (utilizamos *ba...ab* em vez dos delimitadores em C /*...*/ porque o asterisco, e às vezes a barra, é um metacaractere que requer cuidados especiais). Não podemos simplesmente escrever

```
ba(~(ab))*ab
```

porque o "não" é usualmente restrito a caracteres isolados, em vez de cadeias de caracteres. Podemos tentar escrever uma definição para ~(ab) usando ~a, ~b e ~(a|b), mas isso não é trivial. Uma solução é

```
b*(a*~(a|b)b*)*a*
```

mas ela é difícil de ler (e de provar que está correta). Assim, uma expressão regular para comentários em C é tão complicada que ela quase nunca é escrita na prática. De fato, esse

---

2. Às vezes, eles podem conter diretivas do compilador.

caso é usualmente tratado por métodos *ad hoc* nos sistemas de varredura, os quais serão vistos mais adiante neste capítulo.

Finalmente, outra complicação no reconhecimento de comentários é que, em algumas linguagens de programação, os comentários podem ser aninhados. Por exemplo, em Modula-2 podemos ter comentários da forma

```
(* esse é (* em Modula-2 *) um comentário *)
```

Os delimitadores de comentários precisam vir aos pares. Assim, a expressão a seguir não é um comentário legal em Modula-2:

```
(* isso é (* ilegal em Modula-2 *)
```

O aninhamento de comentários exige que a varredura conte o número de delimitadores. Mas nós já observamos no Exemplo 2.3 (Seção 2.2.1) que expressões regulares não podem expressar operações de contagem. Na prática, utilizamos um esquema simples de contagem como solução *ad hoc* para esse problema (ver exercícios).

Ambigüidade, espaços em branco em verificação à frente Freqüentemente, na descrição das marcas de uma linguagem de programação utilizando expressões regulares, algumas cadeias de caracteres podem casar com diversas expressões regulares. Por exemplo, cadeias como **if** e **while** poderiam ser identificadores ou palavras-chave. Similarmente, a cadeia <> poderia ser interpretada como a representação de duas marcas ("menor" e "maior") ou de uma única marca ("diferente"). Uma definição de linguagem de programação deve determinar que interpretação deve ser observada, e as expressões regulares não podem fazer isso. Alternativamente, uma definição de linguagem deve fornecer **regras de eliminação de ambigüidade,** que indicarão o significado para cada caso.

Há duas regras típicas para os exemplos já vistos. A primeira diz que quando uma cadeia de caracteres pode ser um identificador ou uma palavra-chave, a interpretação de palavra-chave é, em geral, preferida. Isso resulta do uso do termo **palavra reservada**, o que significa simplesmente uma palavra-chave que não pode também ser um identificador.

A segunda diz que quando uma cadeia de caracteres pode ser uma única marca ou uma seqüência de marcas, a interpretação de marca única é normalmente a preferida. Essa preferência é freqüentemente identificada como o **princípio da subcadeia mais longa**: a cadeia mais longa de caracteres que poderia constituir uma única marca deve representar a próxima marca.[3]

Um assunto relacionado com o uso do princípio da subcadeia mais longa são os **delimitadores de marcas**, ou caracteres os quais indicam que uma cadeia mais longa no ponto onde eles ocorrem não pode representar uma marca. Caracteres que são determinantemente parte de outras marcas são delimitadores. Por exemplo, na cadeia **xtemp=ytemp**, o sinal de igualdade delimita o identificador **xtemp**, pois = não pode aparecer como parte de um identificador. Espaços em branco, mudanças de linha e tabulações são geralmente admitidos também como delimitadores de marcas: **while x...** é, dessa forma, interpretada como duas marcas que representam a palavra reservada **while** e o identificador **x**, pois um espaço em branco separa as duas cadeias. É freqüentemente útil nessa situação definir uma

---

3. Às vezes, ele é chamado de princípio do "bolo maximal".

pseudomarca de espaço em branco, similar à pseudomarca de comentário, que simplesmente serve para a varredura diferenciar internamente entre marcas. Os próprios comentários servem como delimitadores, assim, por exemplo, o fragmento de código em C

```
do/**/if
```

representa as duas palavras reservadas `do` e `if` em vez do identificador `doif`.

Uma definição típica da pseudomarca de espaço em branco em uma linguagem de programação é

```
espaço em branco = (mudança de linha|espaço|tabulação|comen-
tário)+
```

na qual os identificadores à direita representam as cadeias ou caracteres apropriados. Observe que, se não for delimitador de marcas, o espaço em branco é normalmente ignorado. As linguagens que especificam esse comportamento são chamadas de **formato livre**. Entre as alternativas para o formato livre, temos o formato fixo de algumas linguagens, como Fortran, e diversos usos de tabulação, como a **regra do deslocamento** (ver a seção de Notas e Bibliografia). Uma varredura para linguagem de formato livre precisa descartar os espaços em branco após verificar possíveis efeitos de delimitação de marcas.

Os delimitadores encerram cadeias de marcas, mas não fazem parte das marcas. Assim, um sistema de varredura precisa lidar com o problema de **verificação à frente**: ao encontrar um delimitador, é preciso não removê-lo até o final da entrada, devolvendo-o à cadeia de entrada ("retorno") ou verificando à frente antes de removê-lo. Na maioria dos casos, basta fazer a verificação para um único caractere ("verificação à frente de um caractere"). Por exemplo, na cadeia `xtemp=ytemp`, o final do identificador `xtemp` é determinado quando o `=` é encontrado, e o `=` precisa permanecer na entrada, pois representa a próxima marca a ser reconhecida. Observe também que a verificação à frente pode não ser necessária para reconhecer uma marca. Por exemplo, o sinal de igualdade pode ser a única marca que inicia com `=`, e assim ele pode ser reconhecido de imediato, sem a necessidade de consultar o próximo caractere.

Por vezes, uma linguagem pode requerer mais do que a verificação à frente de um único caractere, e a varredura precisa estar preparada para retroceder tantos caracteres quanto necessário. Nesse caso, o armazenamento dos caracteres de entrada e dos pontos para retrocesso se tornam questões importantes para o projeto do sistema de varredura. (Algumas dessas questões serão tratadas mais adiante neste capítulo.)

Fortran é um bom exemplo de linguagem que viola muitos dos princípios discutidos até aqui. Essa é uma linguagem de formato fixo em que o espaço em branco é removido por um pré-processador antes de iniciar a tradução. Assim, a linha em Fortran

```
I F ( X 2 . EQ. 0) THE N
```

apareceria para o compilador assim

```
IF(X2.EQ.0)THEN
```

portanto, o espaço em branco não serve como delimitador. Em Fortran também não há palavras reservadas, de forma que todas as palavras-chave podem ser também identificadores, e a posição da cadeia de caracteres em cada linha de entrada é importante para determinar a marca a ser reconhecida. Por exemplo, a seguinte linha de código está perfeitamente correta em Fortran:

```
IF(IF.EQ.0)THENTHEN=1.0
```

Os primeiros **IF** e **THEN** são palavras-chave, enquanto os **IF** e **THEN** seguintes são identificadores que representam variáveis. O resultado disso é que um sistema de varredura para Fortran precisa ser capaz de retroceder para posições arbitrárias em uma linha de código. Considere, como caso concreto, o seguinte exemplo conhecido:

```
DO99I=1,10
```

Isso inicia um laço da linha subseqüente à linha de número 99, com efeito igual ao código Pascal **for i := 1 to 10**. Do outro lado, a mudança de vírgula para ponto

```
DO99I=1.10
```

altera o significado do código completamente: o valor 1.1 é atribuído à variável cujo nome é **DO99I**. Assim, a varredura não pode concluir que o **DO** inicial é uma palavra-chave enquanto não atingir a vírgula (ou ponto), e precisa retroceder até o início da linha e recomeçar.

2.3 AUTÔMATOS FINITOS

Autômatos finitos, ou máquinas de estados finitos, são uma forma matemática de descrever tipos particulares de algoritmos (ou "máquinas"). Em particular, autômatos finitos podem ser utilizados para descrever o processo de reconhecimento de padrões em cadeias de entrada, e assim podem ser utilizados para construir sistemas de varredura. Há também, evidentemente, uma forte relação entre autômatos finitos e expressões regulares, e veremos na próxima seção como construir um autômato finito a partir de uma expressão regular. Antes de iniciarmos o estudo de autômatos finitos propriamente dito, vamos considerar um exemplo elucidativo.

O padrão para identificadores conforme definido comumente em linguagens de programação é dado pela seguinte definição regular (assumimos que **letra** e **dígito** já foram definidos):

identificador = letra(letra|dígito)*

Isso representa uma cadeia de caracteres que começa com uma letra e continua com qualquer seqüência de letras e/ou dígitos. O processo de reconhecimento de uma cadeia como essa pode ser descrito pelo diagrama da Figura 2.1.

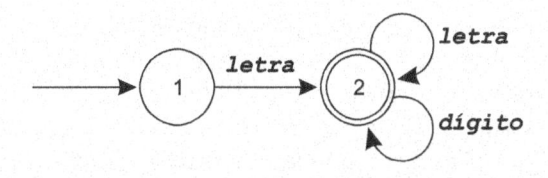

Figura 2.1 Um autômato finito para identificadores.

Nesse diagrama, os círculos de números 1 e 2 representam **estados**, que são locais no processo de reconhecimento que registram o quanto do padrão já foi visto. As setas representam **transições**, que registram uma alteração de um estado para outro com base no casamento dos caracteres os quais as rotulam. No exemplo, o estado 1 é o **estado inicial**, ou seja, o estado do início do processo de reconhecimento. Por convenção, o estado inicial é indicado por uma seta sem rótulo que chega até ele vinda "do nada". O estado 2 representa o ponto em que uma única letra casou (indicado pela transição do estado 1 para o estado 2 com o rótulo `letra`). Uma vez no estado 2, qualquer número de letras e/ou dígitos pode ser visto, e seus casamentos retornam para o estado 2. Os estados que representam o final do processo de reconhecimento, e nos quais podemos nos declarar bem-sucedidos, são denominados **estados de aceitação**, e indicados pelo desenho de uma linha dupla em torno do estado no diagrama. Há mais de um deles. No exemplo, o estado 2 é um estado de aceitação, o que indica que depois de uma letra ter sido vista, qualquer seqüência subseqüente de letras e dígitos (incluindo a seqüência vazia) representa um identificador legal.

O processo de reconhecimento de uma cadeia de caracteres como um identificador pode agora ser indicado pela listagem da seqüência de estados e transições no diagrama que são utilizados no processo de reconhecimento. Por exemplo, o processo de reconhecer `xtemp` como um identificador pode ser indicado assim:

$$\to 1 \xrightarrow{x} 2 \xrightarrow{t} 2 \xrightarrow{e} 2 \xrightarrow{m} 2 \xrightarrow{p} 2$$

Nesse diagrama, rotulamos cada transição pela letra que casa com ela em cada passo.

2.3.1 Definição de autômatos finitos determinísticos

Diagramas como o acima discutido são descrições úteis de autômatos finitos, pois eles nos permitem visualizar com facilidade as ações do algoritmo. Ocasionalmente, entretanto, é necessário contar com uma descrição mais formal de um autômato finito, assim apresentamos agora uma definição matemática. Na maior parte do tempo, entretanto, não precisaremos de uma visão tão abstrata, e assim descreveremos a maioria dos exemplos em termos dos diagramas. Outras descrições de autômatos finitos podem ser apresentadas, especialmente como tabelas, e elas serão úteis para transformar os algoritmos em código. Nós as descreveremos conforme a necessidade.

Deveríamos também notar que o que descrevemos até aqui são autômatos finitos **determinísticos**: autômatos em que o estado seguinte é univocamente determinado pelo estado corrente e pelo caractere corrente de entrada. Uma generalização útil é o **autômato finito não determinístico**, que será estudado mais adiante nesta seção.

Um **DFA** (autômato finito determinístico) M é composto por um alfabeto Σ, um conjunto de estados S, uma função de transição $T: S \times \Sigma \to S$, um estado inicial $s_0 \in S$ e um conjunto de estados de aceitação $A \subset S$. A linguagem aceita por M, denotada como $L(M)$, é definida como o conjunto de cadeias de caracteres $c_1 c_2 ... c_n$ no qual cada $c_i \in \Sigma$ é tal que existem estados $s_1 = T(s_0, c_1)$, $s_2 = T(s_1, c_2)$,..., $s_n = T(s_{n-1}, c_n)$ em que cada s_n é um elemento de A (ou seja, um estado de aceitação).

Algumas observações quanto a essa definição são apresentadas a seguir. $S \times \Sigma$ se refere ao produto cartesiano de S e Σ: o conjunto de pares (s, c), no qual $s \in S$ e $c \in \Sigma$. A função T registra as transições: $T(s, c) = s'$ se houver uma transição do estado s para o estado s' rotulado por c. A parte correspondente do diagrama para M pode ser apresentada assim:

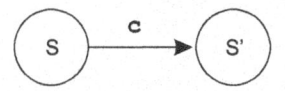

$$s \xrightarrow{c} s'$$

Aceitação como a existência de uma seqüência de estados $s_1 = T(s_0, c_1)$, $s_2 = T(s_1, c_2)$,..., $s_n = T(s_{n-1}, c_n)$ em que s_n é um estado de aceitação, portanto, significa o mesmo que o diagrama

$$\rightarrow s_0 \xrightarrow{c_1} s_1 \xrightarrow{c_2} s_2 \rightarrow \ldots \rightarrow s_{n-1} \xrightarrow{c_n} s_n$$

Notamos diversas diferenças entre a definição de um DFA e o diagrama do exemplo de identificador. Primeiro, utilizamos números para os estados no diagrama do identificador, mas a definição não restringe o conjunto de estados a números. Podemos usar qualquer sistema de identificação para os estados, incluindo nomes. Por exemplo, poderíamos escrever um diagrama equivalente ao da Figura 2.1 como

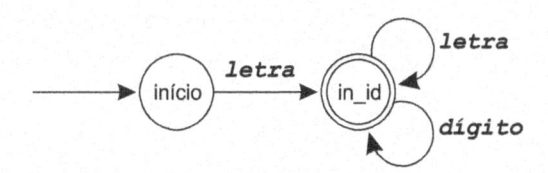

$$\rightarrow \boxed{\text{início}} \xrightarrow{\texttt{letra}} \boxed{\text{in\_id}} \circlearrowleft \texttt{letra}, \texttt{dígito}$$

onde denominamos os estados **início** (pois é o estado inicial) e **in_id** (uma vez que já tenhamos visto uma letra e reconheceremos um identificador após quaisquer letras e números subseqüentes). O conjunto de estados para esse diagrama agora é {**início, in_id**} em vez de {1,2}.

Uma segunda diferença entre o diagrama e a definição é que não rotulamos as transições com caracteres, mas com nomes que representam um conjunto de caracteres.

Por exemplo, o nome **letra** representa qualquer letra do alfabeto segundo a definição regular a seguir:

```
letra = [a-zA-Z]
```

Essa é uma extensão conveniente da definição, pois seria incômodo desenhar 52 transições separadas, uma para cada letra em caixa baixa e uma para cada letra em caixa alta. Continuaremos a usar essa extensão da definição no resto do capítulo.

Uma terceira e mais importante diferença entre a definição e o nosso diagrama é que a definição representa transições como uma *função* $T: S \times \Sigma \rightarrow S$. Isso significa que $T(s, c)$ precisa ter um valor *para qualquer* s e c. Mas no diagrama temos $T(\texttt{start}, c)$ definida somente se *c* for uma letra, e T(`in_id`, *c*) é definida somente se *c* for uma letra ou um dígito. Onde estão as transições que faltam? A resposta é que elas representam erros – ou seja, ao reconhecer um identificador, só podemos aceitar letras para o estado inicial e letras ou números depois dele.[4] Convencionou-se que essas **transições de erros** não sejam desenhadas no diagrama. Assume-se simplesmente que elas existem. Se as fôssemos desenhar, o diagrama para um identificador ficaria como na Figura 2.2.

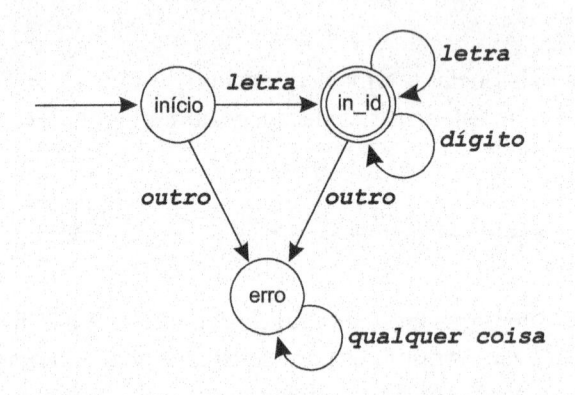

Figura 2.2 Um autômato finito para identificadores com transições de erros.

Nessa figura, rotulamos o novo estado como `erro` (pois ele representa uma ocorrência errônea), e rotulamos as transições de erros como `outro`. Por convenção, `outro` representa qualquer caractere que não apareça em outras transições do estado que a origina. Assim, a definição de `outro` a partir do estado inicial é

`outro = ~letra`

e a definição de `outro` a partir do estado `in_id` é

`outro = ~(letra|dígito)`

Observe também que todas as transições do estado de erro retornam para o mesmo estado (essas transições foram rotuladas como `qualquer coisa` para indicar que qualquer caractere resulta nessa transição). Adicionalmente, o estado de erro não é de aceitação. Assim, quando ocorre um erro, não podemos escapar do estado de erro, e nunca aceitaremos a cadeia.

Passamos agora a uma série de exemplos de DFAs, correspondentes aos exemplos da seção anterior.

---

[4]. Na realidade, esses caracteres não-alfanuméricos indicam que não temos um identificador (se estivermos no estado inicial) ou que encontramos um delimitador que encerra o reconhecimento de um identificador (se estivermos em um estado de aceitação). Veremos como tratar dessas situações mais adiante nesta seção.

Exemplo 2.6
O conjunto de cadeias de caracteres que contém exatamente um *b* é aceito pelo seguinte DFA:

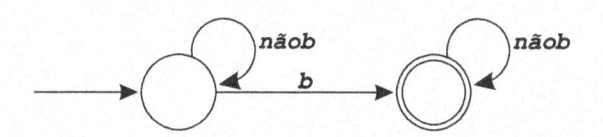

Observe que não nos preocupamos em rotular os estados. Os rótulos serão omitidos quando não for necessário identificar os estados pelo nome.

Exemplo 2.7
O conjunto de cadeias de caracteres que contém no máximo um *b* é aceito pelo seguinte DFA:

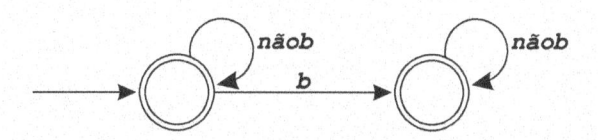

Observe como esse DFA é uma modificação do anterior, em que o estado inicial se tornou um segundo estado de aceitação.

Exemplo 2.8
Na seção anterior, vimos definições regulares para constantes numéricas em notação científica:

```
nat = [0-9]+
signedNat = (+|-)? nat
número = signedNat (".." nat)?(E signedNat)?
```

Gostaríamos de escrever DFAs para as cadeias de caracteres que casam com essas definições, mas é útil primeiro reescrevermos as definições da seguinte maneira:

```
dígito = [0-9]
nat = dígito+
signedNat = (+|-)? nat
número = signedNat(".." nat)?(E signedNat)?
```

É fácil escrever um DFA para **nat** da seguinte maneira (lembrando que **a+** = **aa*** para qualquer **a**):

Um **signedNat** é um pouco mais difícil em razão do sinal opcional. Entretanto, podemos notar que um **signedNat** começa com um dígito ou com um sinal e um dígito, assim podemos escrever o seguinte DFA:

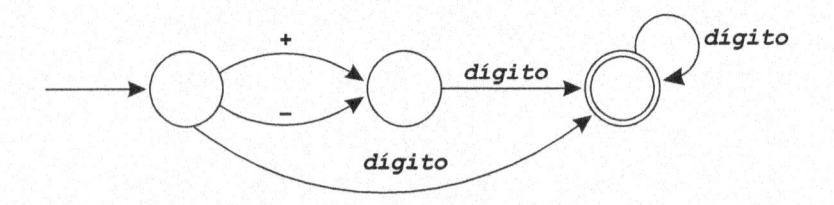

Também é fácil adicionar a parte fracional opcional, da seguinte maneira:

Observe que preservamos os dois estados de aceitação, a fim de indicar que a parte fracional é opcional.

Finalmente, precisamos adicionar a parte exponencial opcional. Para isso, notamos que a parte exponencial deve começar com a letra E, e pode ocorrer somente após ter atingido um dos estados de aceitação anteriores. O diagrama final é dado na Figura 2.3.

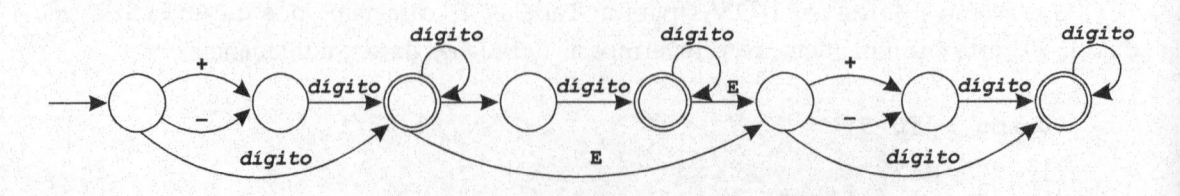

Figura 2.3 Um autômato finito para números de ponto flutuante.

Exemplo 2.9
Comentários não aninhados podem ser descritos com DFAs. Por exemplo, comentários cercados por chaves são aceitos pelo seguinte DFA:

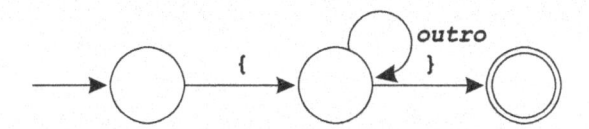

Nesse caso, *outro* significa todos os caracteres exceto as chaves. Esse DFA corresponde à expressão regular {(~})*}, escrita na Seção 2.2.4.

Observamos naquela seção que foi difícil escrever uma expressão regular para comentários delimitados por uma seqüência de dois caracteres, como os comentários em C, que são da forma /*...(nenhuma ocorrência de */)...*/. Na verdade, é mais fácil escrever um DFA que aceite esses comentários do que escrever uma expressão regular para eles. Um DFA para esses comentários é dado na Figura 2.4.

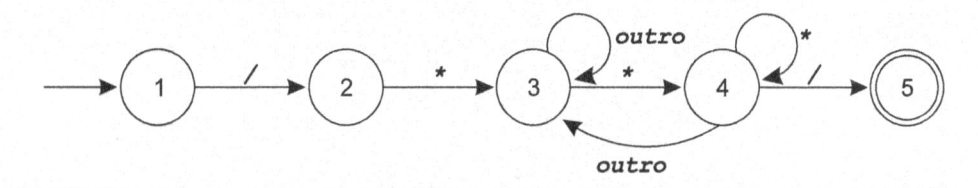

Figura 2.4   Um autômato finito para comentários em C.

Nessa figura, a transição *outro* do estado 3 para ele mesmo se refere a todos os caracteres exceto *, e a transição *outro* do estado 4 para o estado 3 se refere a todos os caracteres exceto * e /. Enumeramos os estados nesse diagrama para simplificar, mas poderíamos ter dado aos estados nomes mais significativos, como por exemplo (com os números correspondentes entre parênteses): `início` (1); `entrada de comentário` (2); `internamente ao comentário` (3); `saída de comentário` (4); e `final` (5).

2.3.2 Verificação à frente, retrocesso e autômatos não determinísticos

Nós temos estudado DFAs como uma forma de representar algoritmos que aceitam cadeias de caracteres que casam com padrões. O leitor já deve ter notado que existe uma forte ligação entre uma expressão regular para um padrão e um DFA que aceita cadeias de caracteres que casam com esse padrão. Vamos explorar essa ligação na próxima seção. Antes disso, precisamos estudar com mais cuidado os algoritmos representados por DFAs, pois esses algoritmos deverão ser traduzidos em código para sistemas de varredura.

Nós já observamos que o diagrama para um DFA não representa tudo o que um DFA necessita, mas dá uma idéia geral de sua operação. Conforme visto, a definição matemática implica que um DFA precisa ter uma transição para cada estado e caractere, e que as transições as quais resultam em erros são geralmente deixadas de fora do diagrama. Mas nem mesmo a definição matemática descreve todos os aspectos de comportamento de um algoritmo de DFA. Por exemplo, ela não especifica o que ocorre na presença de um erro. Ela também não especifica a ação relacionada a um estado de aceitação, ou a um casamento de caractere durante uma transição.

Uma ação típica de uma transição é mover o caractere da cadeia de entrada para uma cadeia que acumule os caracteres pertencentes a uma marca (o valor de cadeia de caracteres da marca, ou lexema da marca). Uma ação típica de um estado de aceitação é retornar à marca reconhecida, juntamente com os atributos associados. Uma ação típica de um estado de erro é voltar para trás na entrada (retrocesso) ou gerar uma marca de erro.

Nosso exemplo original de uma marca identificadora apresenta a maior parte do comportamento que queremos descrever aqui, e assim retornamos ao diagrama da Figura 2.4. O DFA daquela figura não exibe o comportamento que queremos para um sistema de varredura por diversos motivos. Primeiro, o estado de erro não é realmente um erro, mas representa o fato de que um identificador não é reconhecido (se viermos do estado inicial) ou um delimitador foi visto e deveríamos agora aceitar e gerar uma marca identificadora. Vamos assumir para o momento (o que será o comportamento correto) que há outras transições que representam as transições que não são letras a partir do estado `in_id`, e que uma marca identificadora pode ser gerada, pelo diagrama da Figura 2.5:

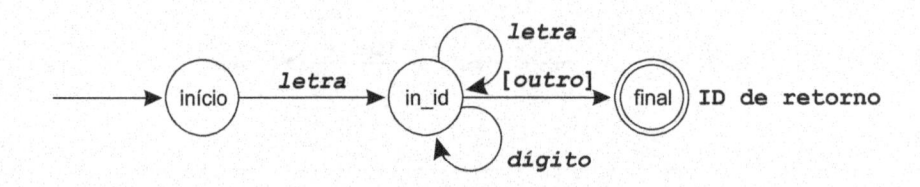

Figura 2.5 Autômato finito para um identificador com delimitador e valor de retorno.

No diagrama, nós cercamos a transição *outro* entre colchetes para indicar que o caractere delimitador deveria ser considerado de verificação à frente, ou seja, que ele deveria ser devolvido à cadeia de entrada e não consumido. Além disso, o estado de erro tornou-se o estado de aceitação nesse diagrama, e não há transições para fora do estado de aceitação. Isso é o que queremos, pois o sistema de varredura deveria reconhecer uma marca por vez e voltar para o estado inicial após o reconhecimento de cada marca.

Esse novo diagrama também expressa o princípio da subcadeia mais longa descrito na Seção 2.2.4: o DFA continua a casar com letras e dígitos (no estado `in_id`) até encontrar um delimitador. Em contraste, o diagrama anterior permitia ao DFA passar para o estado de aceitação em qualquer ponto durante a leitura de uma cadeia identificadora, algo que certamente não desejamos que aconteça.

Voltamos nossa atenção agora para a questão de como atingir o estado inicial. Em uma linguagem de programação típica, há muitas marcas, e cada marca é reconhecida por seu DFA próprio. Se cada uma dessas marcas começar com um caractere diferente, é fácil juntá-las pela simples união dos estados iniciais. Por exemplo, considere as marcas dadas pelas cadeias :=, <= e =. Cada uma delas é uma cadeia fixa, e os DFAs para elas podem ser apresentados assim:

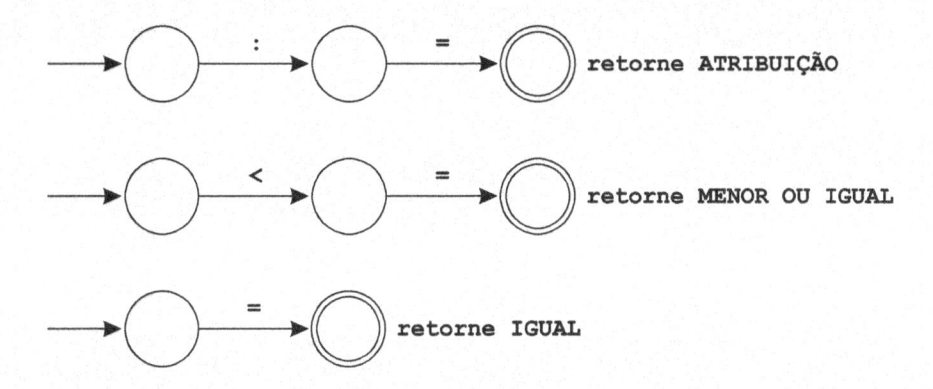

[Diagrama: estado inicial → (:) → estado → (=) → estado final] **retorne ATRIBUIÇÃO**

[Diagrama: estado inicial → (<) → estado → (=) → estado final] **retorne MENOR OU IGUAL**

[Diagrama: estado inicial → (=) → estado final] **retorne IGUAL**

Como cada marca começa com um caractere distinto, podemos simplesmente identificar seus estados iniciais no seguinte DFA:

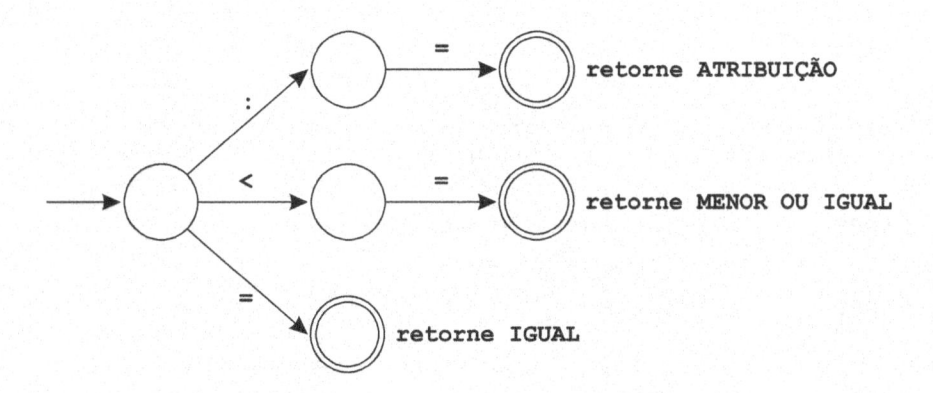

[Diagrama DFA unificado com um estado inicial ramificando em:
- (:) → (=) → **retorne ATRIBUIÇÃO**
- (<) → (=) → **retorne MENOR OU IGUAL**
- (=) → **retorne IGUAL**]

Entretanto, suponha que tenhamos diversas marcas iniciando com o mesmo caractere, como por exemplo <, <= e <>. Agora não podemos simplesmente escrever o diagrama a seguir, pois ele não é um DFA (dado um estado e um caractere, deve existir sempre uma única transição para um único novo estado):

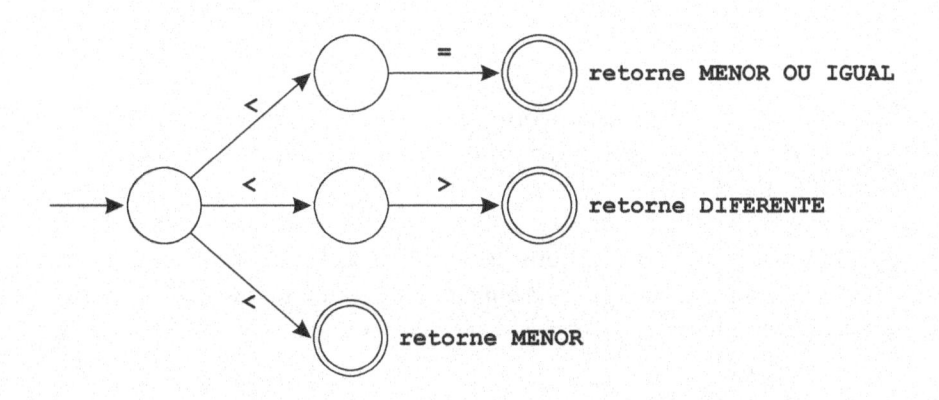

[Diagrama com estado inicial ramificando em três caminhos, todos rotulados com <:
- (<) → (=) → **retorne MENOR OU IGUAL**
- (<) → (>) → **retorne DIFERENTE**
- (<) → **retorne MENOR**]

Alternativamente, precisamos organizar o diagrama para que haja uma única transição para cada estado, como o diagrama a seguir:

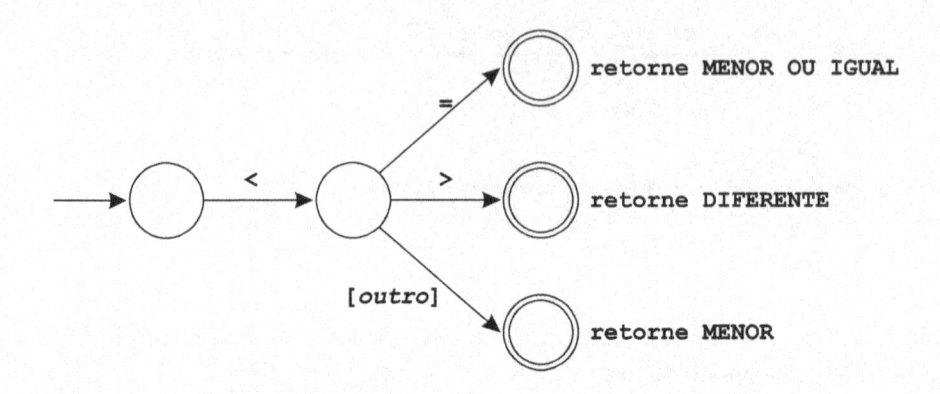

Em princípio, deveríamos poder combinar todas as marcas em um único DFA gigante. Entretanto, a complexidade dessa tarefa é enorme, especialmente se efetuada de forma não sistemática.

Uma solução para esse problema é expandir a definição de um autômato finito para incluir o caso de mais de uma transição de um estado para um caractere em particular, e ao mesmo tempo desenvolver um algoritmo para transformar de forma sistemática esses novos autômatos em DFAs. Os autômatos generalizados serão descritos aqui, e o algoritmo de tradução será apresentado na próxima seção.

O novo tipo de autômato finito é denominado **autômato finito não determinístico**, ou **NFA**. Antes de defini-lo, precisamos de uma generalização que será útil na aplicação de autômatos finitos em sistemas de varredura: o conceito de ε-transição.

Uma **ε-transição** é uma transição que pode ocorrer sem consultar a cadeia de entrada (e sem consumir caracteres). Ela pode ser vista como um "casamento" da cadeia vazia, que foi denotada anteriormente como ε. Em um diagrama, uma ε-transição é denotada como se ε fosse um caractere:

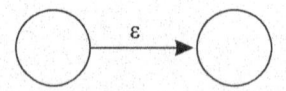

Isso não deveria ser confundido com um casamento do caractere ε da entrada: se o alfabeto incluir esse caractere, ele deve ser diferenciado do uso de ε como metacaractere que representa uma ε-transição.

As ε-transições não são intuitivas, pois elas podem ocorrer "espontaneamente", ou seja, sem verificação à frente e sem alterar a cadeia de entrada, mas elas são úteis por dois motivos. Primeiro, elas podem expressar alternativas sem a necessidade de combinar estados. Por exemplo, a escolha das marcas :=, <= e = pode ser expressa pela combinação dos autômatos para cada marca:

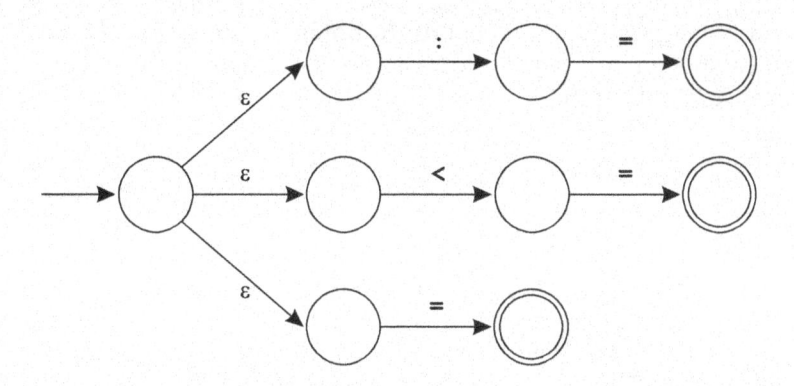

Isso tem a vantagem de preservar os autômatos originais e apenas adicionar um novo estado inicial que os conecta. A segunda vantagem das ε-transições é que elas podem descrever explicitamente um casamento com a cadeia vazia:

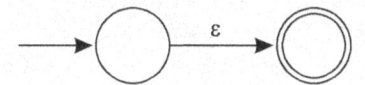

Evidentemente, isso é equivalente ao DFA a seguir, que expressa que a aceitação deveria ocorrer sem casamento de caracteres:

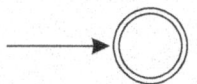

Mas a notação anterior, que é explícita, é útil.

Seguimos agora com uma definição de autômato não determinístico. Ela é bastante similar à de um DFA, exceto que, conforme discutido, precisamos expandir o alfabeto Σ para incluir ε. Isso é feito escrevendo Σ ∪ {ε} (união de Σ e ε) no lugar de Σ (assumindo que ε não fazia parte originalmente de Σ). Precisamos também expandir a definição de T (a função de transição) para que cada caractere leve a mais de um estado. Fazemos isso permitindo que o valor de T seja um *conjunto* de estados em vez de um único estado. Por exemplo, dado o diagrama

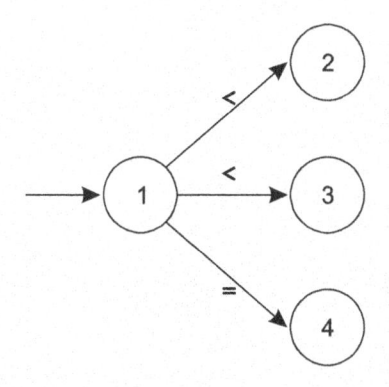

temos $T(1, <) = \{2, 3\}$. Em outras palavras, do estado 1 podemos ir para os estados 2 ou 3 com o caractere <, e T passa a ser uma função que mapeia pares estado/símbolo para *conjuntos de estados*. Assim, o intervalo de T é o **conjunto potência** do conjunto S de estados (o conjunto de todos os subconjuntos de S); denotamos isso como $\wp(S)$ (script p of S). Agora podemos apresentar a definição.

Definição

Um **NFA** (autômato finito não determinístico) M é composto por um alfabeto Σ, um conjunto de estados S, uma função de transição $T: S \times \Sigma \cup \{\varepsilon\}) \to \wp(S)$, um estado inicial s_0 pertencente a S e um conjunto de estados de aceitação A pertencentes a S. A linguagem aceita por M, denotada como $L(M)$, é definida como o conjunto de cadeias de caracteres $c_1 c_2 ... c_n$ em que cada c_i de $\Sigma \cup \{\varepsilon\}$ para o qual existam estados s_1 em $T(s_0, c_1)$, s_2 em $T(s_1, c_2)$,... s_n em $T(s_{n-1}, c_n)$ em que s_n é elemento de A.

Novamente, precisamos observar alguns pontos a respeito dessa definição. Qualquer c_i em $c_1 c_2 ... c_n$ pode ser ε, e a cadeia efetivamente aceita é a cadeia $c_1 c_2 ... c_n$ em que cada ε é removido (pois a concatenação de s e ε é o próprio s).

Assim, a cadeia $c_1 c_2 ... c_n$ pode, na verdade, ter menos que n caracteres. Além disso, a seqüência de estados $s_1,...,s_n$ advém dos *conjuntos* de estados $T(s_0, c_1)$,..., $T(s_{n-1}, c_n)$, e essa escolha nem sempre será univocamente determinada. Isso é efetivamente o motivo pelo qual esses autômatos são denominados *não determinísticos*: a seqüência de transições que aceita uma cadeia em particular não é determinada em cada passo pelo estado e pelo caractere de entrada seguinte. Quantidades arbitrárias de εs podem ser introduzidas na cadeia em qualquer ponto, correspondendo a qualquer número de ε-transições no NFA. Assim, um NFA não representa um algoritmo. Entretanto, ele pode ser simulado por um algoritmo com retrocesso pelas escolhas não determinísticas, conforme veremos mais adiante nesta seção.

Antes, porém, consideremos alguns exemplos de NFAs.

Exemplo 2.10
Considere o seguinte diagrama de um NFA.

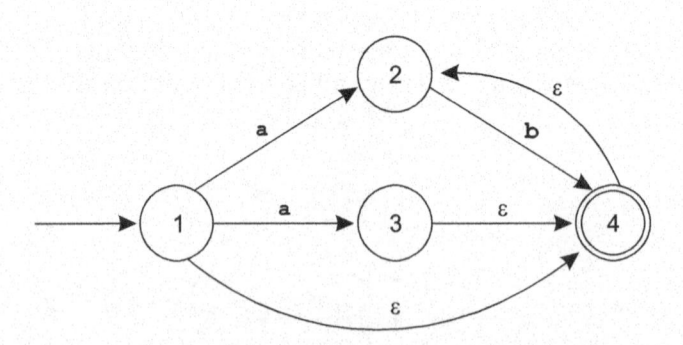

A cadeia **abb** pode ser aceita por qualquer uma das seguintes seqüências de transições:

$$\to 1 \xrightarrow{a} 2 \xrightarrow{b} 4 \xrightarrow{\varepsilon} 2 \xrightarrow{b} 4$$

$$\to 1 \xrightarrow{a} 3 \xrightarrow{\varepsilon} 4 \xrightarrow{\varepsilon} 2 \xrightarrow{b} 4 \xrightarrow{\varepsilon} 2 \xrightarrow{b} 4$$

As transições do estado 1 para o estado 2 em *a*, e do estado 2 para o estado 4 em *b*, permitem que a máquina aceite a cadeia *ab*, e então, utilizando a ε-transição do estado 4 para o estado 2, todas as cadeias que casam com a expressão regular **ab+**. De maneira similar, as transições do estado 1 para o estado 3 em *a*, e do estado 3 para o estado 4 em ε, permitem a aceitação de todas as cadeias que casam com **ab***. Finalmente, a ε-transição do estado 1 para o estado 4 permite a aceitação de todas as cadeias que casam com **b***. Assim, esse NFA aceita a mesma linguagem que a expressão regular **ab+ | ab* | b***. Uma expressão regular mais simples que gera a mesma linguagem é **(a|ε)b***. O DFA a seguir também aceita essa linguagem:

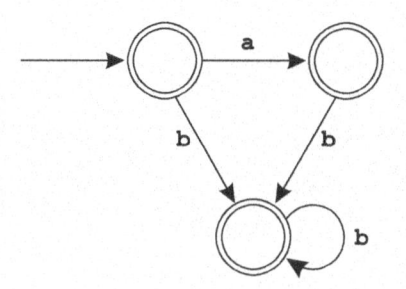

Exemplo 2.11
Considere o seguinte NFA:

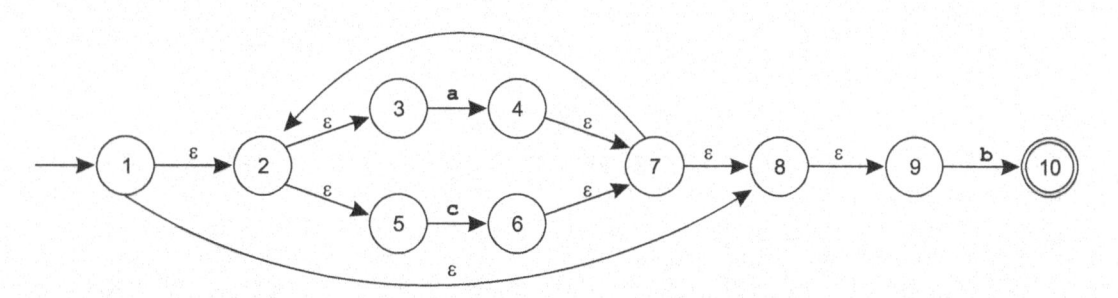

Ele aceita a cadeia *acab* mediante as seguintes transições:

De fato, não é difícil observar que esse NFA aceita a mesma linguagem que é gerada pela expressão regular **(a|c)*b**.

2.3.3 Implementação em código de autômatos finitos

Há muitas maneiras de traduzir um DFA ou um NFA em código, e nós as veremos nesta seção. Nem todos esses métodos serão úteis para um sistema de varredura de um compilador, e as duas últimas seções deste capítulo demonstrarão com mais detalhes os aspectos de codificação apropriados para sistemas de varredura.

Considere, novamente, nosso exemplo original de DFA que aceita identificadores compostos por uma letra seguida de uma seqüência de letras e/ou dígitos, em sua forma melhorada que inclui verificação à frente e o princípio da subcadeia mais longa (ver Figura 2.5):

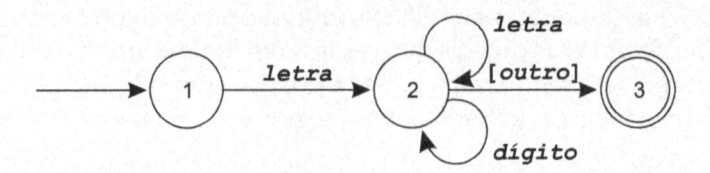

```
         letra       letra
  ──▶( 1 )─────▶( 2 )──[outro]──▶(( 3 ))
                  ▲
                  └─ dígito
```

A primeira – e também mais fácil – maneira de simular esse DFA é escrever o código da seguinte forma:

{início – estado 1}
if *próximo caractere for letra* **then**
   avance entrada;
   {estado 2}
   while *próximo caractere for letra ou dígito* **do**
     avance entrada; {permanece no estado 2}
   end while;
   {passa para estado 3 sem avançar entrada}
   aceitação;
else
   {erro ou outros casos}
end if;

Esse código usa a posição no código (aninhado nos testes) para manter o estado implicitamente, conforme indicado nos comentários. Isso é razoável se não houver muitos estados (exigindo muitos níveis de aninhamento), e se os laços no DFA forem pequenos. Código dessa forma tem sido usado para escrever sistemas de varredura pequenos. Mas há dois problemas com esse método. O primeiro é que ele é *ad hoc* – ou seja, cada DFA precisa ser tratado ligeiramente diferente, e é difícil construir um algoritmo para traduzir todos os DFAs em código dessa forma. O segundo problema é que a complexidade do código cresce dramaticamente com o crescimento do número de estados, ou, mais especificamente, com o crescimento do número de estados diferentes ao longo de caminhos arbitrários. Como exemplo simples desses problemas, consideremos o DFA do Exemplo 2.9 conforme apresentado na Figura 2.4, que aceita comentários em C e que poderia ser implementado pelo código a seguir:

{estado 1}
if *próximo caractere for "/"* **then**
   avance entrada; {estado 2}
   if *próximo caractere for "*"* **then**
     avance entrada; {estado 3}
     fim := **false;**
     while not *fim* **do**
        while *próximo caractere não for "*"* **do**
           avance entrada;
        end while;
        avance entrada; {estado 4}
        while *próximo caractere for "*"* **do**
           avance entrada;

```
        end while;
        if próximo caractere for "/" then
            fim := true;
        end if;
        avance entrada;
    end while;
    aceitação; {estado 5}
 else {outro processamento}
 end if;
else {outro processamento}
end if;
```

Note o crescimento considerável de complexidade, e a necessidade de tratar o laço dos estados 3 e 4 com o uso da variável booleana *fim*.

Um método de implementação substancialmente melhor usa uma variável para manter o estado corrente e escreve as transições como declarações *case* duplamente aninhadas dentro de um laço, onde o primeiro *case* testa o estado corrente e o segundo nível – aninhado – testa o caractere de entrada, dado o estado. Por exemplo, o DFA anterior para identificadores pode ser traduzido no código da Figura 2.6.

> *estado* := 1; {início}
> **while** *estado* = 1 *ou* 2 **do**
>   **case** *estado* **of**
>   1: **case** *caractere de entrada* **of**
>   *letra*: *avance entrada*;
>   *estado* := 2;
>   **else** *estado* :=... {erro ou outro};
>   **end case**;
>   2: **case** *caractere de entrada* **of**
>   *letra, dígito*: *avance entrada*;
>   *estado* := 2; {na verdade, desnecessário}
>   **else** *estado* := 3;
>   **end case**;
>   **end case**;
> **end while**;
> **if** *estado* = 3 **then** *aceitação* **else** *erro*;

Figura 2.6 Implementação de DFA identificador com variável de estado e testes *case* aninhados.

Observe como esse código reflete diretamente o DFA: as transições correspondem a atribuições de novos estados à variável *estado* e ao avanço da entrada (exceto no caso da transição "sem consumo" do estado 2 para o estado 3).

O DFA para comentários em C (Figura 2.4) pode ser traduzido para um esquema de código mais legível, conforme mostrado na Figura 2.7. Uma alternativa para essa organização é tornar o *case* externo sensível ao caractere de entrada e os *case*s internos sensíveis ao estado corrente (ver exercícios).

Nos exemplos que acabamos de ver, o DFA foi codificado "direto" no código. Também é possível expressar o DFA como uma estrutura de dados e escrever um código "genérico" que capture as ações da estrutura de dados. Uma estrutura de dados simples adequada para esse propósito é uma **tabela de transição**, que é uma matriz bidimensional indexada por estados e caracteres de entrada e que expressa os valores da função de transição *T*:

	Caracteres no alfabeto *c*
Estados *s*	Estados que representam transições *T(s, c)*

Como exemplo, o DFA para identificadores pode ser representado pela tabela de transições a seguir:

estado \ caractere de entrada	letra	dígito	outro
1	2		
2	2	2	3
3			

```
estado := 1; {início}
while estado = 1, 2, 3 ou 4 do
  case estado of
  1: case caractere de entrada of
       "/" : avance entrada;
             estado : = 2;
       else estado : =... {erro ou outro};
     end case;
  2: case caractere de entrada of
       "*": avance entrada;
             estado : = 3;
       else estado : =... {erro ou outro};
     end case;
  3: case caractere de entrada of
       "*": avance entrada;
             estado := 4;
       else avance entrada {e continue no estado 3};
     end case;
  4: case caractere de entrada of
       "/": avance entrada;
             estado : = 5;
       "*": avance entrada; {e continue no estado 4}
       else avance entrada;
             estado : = 3;
     end case;
  end case;
end while;
if estado = 5 then aceitação else erro;
```

Figura 2.7   Implementação do DFA da Figura 2.4.

Nessa tabela, as células em branco representam transições que não são mostradas no diagrama do DFA (ou seja, transições para estados de erro ou outros processamentos). Assumimos também que o primeiro estado listado é o estado inicial. Entretanto, essa tabela não indica quais estados são de aceitação e quais transições não consomem dados de entrada. Essa informação pode ser preservada na mesma estrutura de dados que representa a tabela ou em uma estrutura de dados separada. Se adicionarmos essa informação à tabela de transição na página anterior (pelo uso de uma coluna separada para indicar estados de aceitação e de colchetes para indicar transições que não "consomem" dados de entrada), obteremos a seguinte tabela:

estado \ caractere de entrada	letra	dígito	outro	Aceitação
1	2			não
2	2	2	[3]	não
3				sim

Como um segundo exemplo de tabela de transição, apresentamos a tabela do DFA para comentários em C:

estado \ caractere de entrada	/	*	outro	Aceitação
1	2			não
2		3		não
3	3	4	3	não
4	5	4	3	não
5				sim

Podemos agora escrever um código de forma a implementar qualquer DFA, dadas as estruturas de dados e entradas apropriadas. O esquema de código a seguir assume que as transições são armazenadas em uma matriz de transições T indexada por estados e caracteres de entrada; que as transições que avançam a entrada (ou seja, aquelas que não têm colchetes na tabela) são dadas na matriz booleana *Avance*, indexada também por estados e caracteres de entrada; e que os estados de aceitação são dados na matriz booleana *Aceita*, indexada por estados. O esquema é o seguinte:

estado := 1;
ch := *próximo caractere de entrada;*
while not *Aceita*[*estado*] **and not** *erro(estado)* **do**
   novoestado := *T*[*estado*,*ch*];
   if *Avance*[*estado*,*ch*] **then** *ch* := *próximo caractere de entrada;*
   estado := *novo estado;*
end while;
if *Aceita*[*estado*] **then** *aceitação;*

Métodos algorítmicos como esse são denominados **dirigidos por tabela**, pois utilizam tabelas para dirigir o processamento do algoritmo. Métodos dirigidos por tabela têm certas vantagens: o tamanho do código é reduzido, o mesmo código funciona para diferentes problemas, e o código é mais fácil de alterar (e manter). A desvantagem é que as tabelas podem ficar muito grandes, levando a um aumento significativo de espaço utilizado pelo programa. Boa parte do espaço nas matrizes, que acabamos de ver, é desperdiçada. Métodos dirigidos por tabela, portanto, freqüentemente fazem uso de métodos de compressão de tabelas como representações com matrizes esparsas, embora geralmente haja um consumo de tempo maior em razão dessa compressão, pois a verificação do conteúdo das tabelas se torna mais lenta. Como os sistemas de varredura precisam ser eficientes, esses métodos são raramente usados por eles, embora possam ser usados em programas geradores de sistemas de varredura como o Lex.

Por último, observamos que NFAs podem ser implementados de maneira similar aos DFAs, exceto que como os NFAs são não determinísticos, há potencialmente muitas seqüências diferentes de transições para tentar. Assim, um programa que simule um NFA deve armazenar as transições ainda não tentadas e retroceder a elas no caso de falha. Isso é muito similar a algoritmos para encontrar caminhos em grafos direcionados, exceto que a cadeia de entrada guia a busca.

Como algoritmos com muitos retrocessos tendem a ser ineficientes, e dado que um sistema de varredura precisa ser tão eficiente quanto possível, não descreveremos mais esses algoritmos. Em vez disso, o problema de simular um NFA pode ser resolvido pelo uso do método estudado na próxima seção para converter um NFA em DFA. Passemos para a próxima seção, na qual retornaremos brevemente à questão de simulação de um NFA.

2.4 DAS EXPRESSÕES REGULARES PARA OS AUTÔMATOS FINITOS DETERMINÍSTICOS

Nesta seção, estudaremos um algoritmo para traduzir uma expressão regular em DFA. Há também um algoritmo para traduzir um DFA em expressão regular, portanto as duas noções são equivalentes. Entretanto, como as expressões regulares são compactas, elas são preferíveis como descrições de marcas se comparadas com DFAs, e assim a geração de sistemas de varredura começa geralmente com expressões regulares e segue pela construção de um DFA até um programa final para varredura. Por essa razão, nosso interesse será apenas em um algoritmo para a equivalência nessa direção.

O algoritmo mais simples para traduzir uma expressão regular em DFA usa uma construção intermediária, em que um NFA é derivado da expressão regular, enquanto o NFA é utilizado para construir um DFA equivalente. Há algoritmos que podem traduzir uma expressão regular diretamente como DFA, mas eles são mais complexos, e a construção intermediária também é interessante. Assim, nós nos concentramos em descrever dois algoritmos, um para traduzir uma expressão regular em NFA e um segundo para traduzir um NFA em DFA. O processo de construção de um sistema de varredura, combinado com um dos algoritmos para traduzir um DFA em um programa descrito na seção anterior, pode ser automatizado em três passos, conforme ilustrado a seguir:

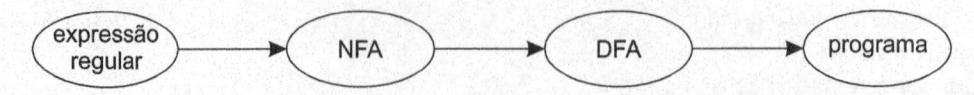

expressão regular → NFA → DFA → programa

2.4.1 De uma expressão regular para um NFA

A construção que descreveremos é conhecida como **construção de Thompson**, em homenagem ao seu inventor. Ela usa ε-transições para juntar as máquinas de cada pedaço de uma expressão regular e formar uma máquina correspondente à expressão toda. Assim, a construção é indutiva, e esta é a estrutura da definição de uma expressão regular: exibimos um NFA para cada expressão regular básica e, em seguida, mostramos como cada operação de expressão regular pode ser obtida pela conexão de NFAs das subexpressões (assumindo que elas já tenham sido construídas).

Expressões regulares básicas Uma expressão regular básica tem a forma **a**, **ε** ou **ϕ**, em que **a** representa um casamento de um único caractere do alfabeto, **ε** representa um casamento com a cadeia vazia e **ϕ** representa a não-ocorrência de casamento. Um NFA equivalente à expressão regular **a** (ou seja, que aceita as cadeias em sua linguagem) é

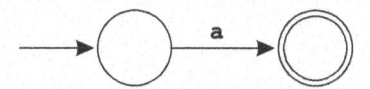

De maneira similar, um NFA equivalente a **ε** é

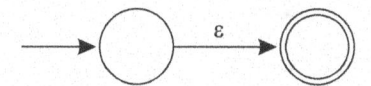

Deixamos o caso da expressão regular **ϕ** (que nunca ocorre na prática em um compilador) como exercício.

Concatenação Queremos construir um NFA equivalente à expressão regular rs, onde r e s são expressões regulares. Assumimos (indutivamente) que NFAs equivalentes a r e s já tenham sido construídos. Isso é expresso com

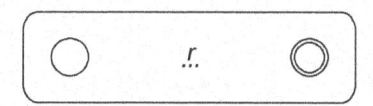

para o NFA correspondente a r, e de maneira similar para s. Nesse diagrama, o círculo à esquerda indica o estado inicial, o círculo duplo à direita indica o estado de aceitação, e as reticências indicam os estados e transições dentro do NFA que não são mostrados. Essa figura assume que o NFA correspondente a r tem somente um estado de aceitação. Essa hipótese se justifica se todos os NFAs construídos tiverem um estado de aceitação. Isso é verdade para NFAs de expressões regulares básicas, e será verdade para cada uma das construções a seguir.

Podemos agora construir um NFA correspondente a *rs*:

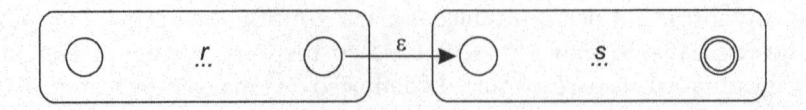

Nós conectamos o estado de aceitação da máquina de *r* com o estado inicial da máquina de *s* por uma ε-transição. A nova máquina tem o estado inicial da máquina de *r* e o estado de aceitação da máquina de *s*. Evidentemente, essa máquina aceita $L(rs) = L(rs)L(s)$, e assim corresponde à expressão regular *rs*.

Escolha entre alternativas Queremos construir um NFA que corresponda a *r* | *s* com base nas mesmas hipóteses. Isso é feito da seguinte maneira:

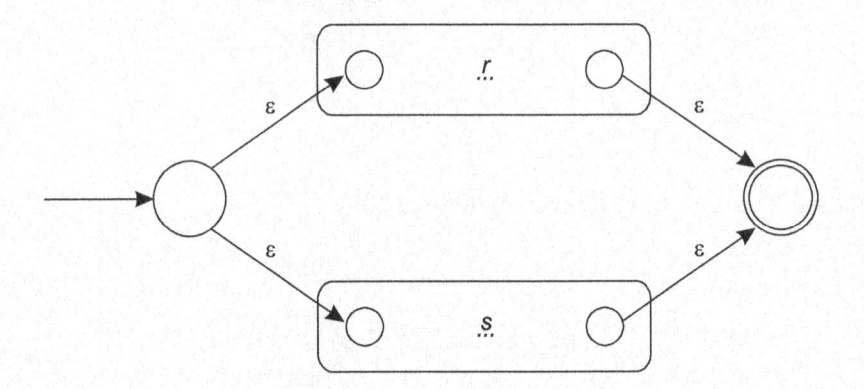

Nós adicionamos um novo estado inicial e um novo estado de aceitação e os conectamos com ε-transições conforme mostrado. Evidentemente, essa máquina aceita a linguagem $L(r|s) = L(r) \cup L(s)$.

Repetição Queremos construir uma máquina que corresponda a *r**, dada uma máquina que corresponde a *r*. Fazemos isso da seguinte maneira:

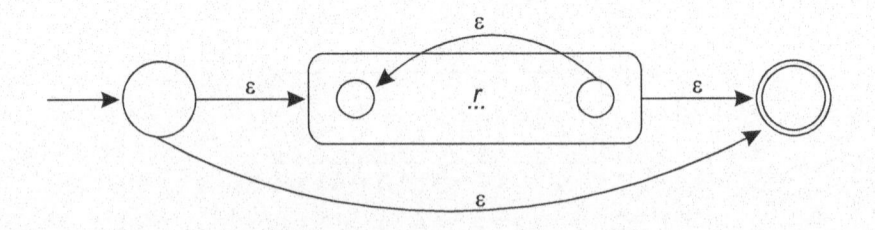

Novamente, aqui acrescentamos dois novos estados, um estado inicial e um estado de aceitação. A repetição nessa máquina advém da nova ε-transição do estado de aceitação da máquina de *r* para o seu estado inicial. Isso possibilita que a máquina de *r* seja percorrida uma ou mais vezes. Para garantir que a cadeia vazia também seja aceita (correspondendo a zero repetições de *r*), precisamos também desenhar uma ε-transição do novo estado inicial para o novo estado de aceitação.

Com isso, completamos a descrição da construção de Thompson. Observamos que essa construção não é única. Em particular, outras construções são possíveis para traduzir expressões regulares em NFAs. Por exemplo, na expressão da concatenação *rs*, poderíamos ter eliminado a ε-transição entre as máquinas de *r* e de *s* e juntado o estado de aceitação da máquina de *r* com o estado inicial da máquina de *s*:

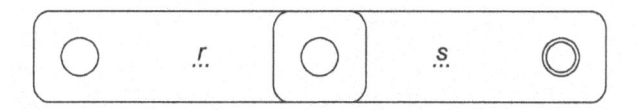

(Essa simplificação depende, entretanto, do fato de que, em outras construções, o estado de aceitação não tem transições para outros estados – ver exercícios.) Outras simplificações podem ser feitas em outros casos. O motivo de termos expressado as traduções dessa forma é que as máquinas são construídas seguindo regras muito simples. Primeiro, cada estado tem no máximo duas transições que saem dele, e se houver duas transições, as duas precisam ser ε-transições. Segundo, estados não são apagados na medida em que são construídos, e a única alteração possível nas transições é a adição de novas transições a partir do estado de aceitação. Essas propriedades facilitam sobremaneira a automação do processo.

Concluímos a discussão da construção de Thompson com alguns exemplos.

Exemplo 2.12
Traduzimos a expressão regular **ab**|**a** em um NFA segundo a construção de Thompson. Primeiro, formamos as máquinas para as expressões regulares básicas **a** e **b**:

A seguir, formamos a máquina para a concatenação **ab**:

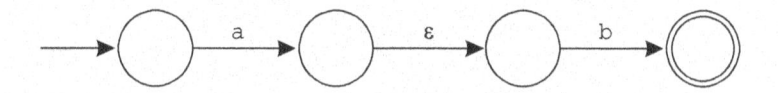

Agora formamos outra cópia da máquina para **a** e utilizamos a construção para escolha a fim de obter o NFA completo para **ab**|**a**, mostrado na Figura 2.8.

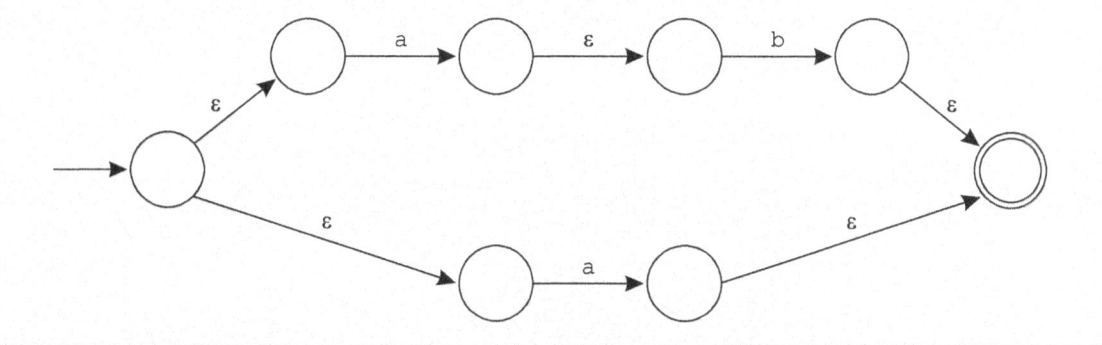

Figura 2.8   NFA para a expressão regular **ab**|**a** utilizando a construção de Thompson.

Exemplo 2.13
Formamos o NFA para a construção de Thompson na expressão regular *letra(letra|dígito)**. Como no exemplo anterior, formamos as máquinas para as expressões regulares *letra* e *dígito*:

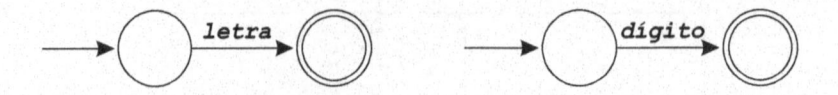

Formamos, em seguida, a máquina para a escolha *letra|dígito*:

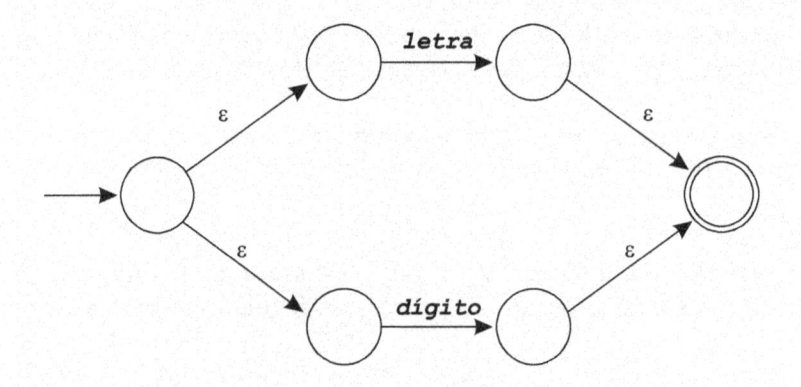

Agora formamos o NFA para a repetição *(letra|dígito)**:

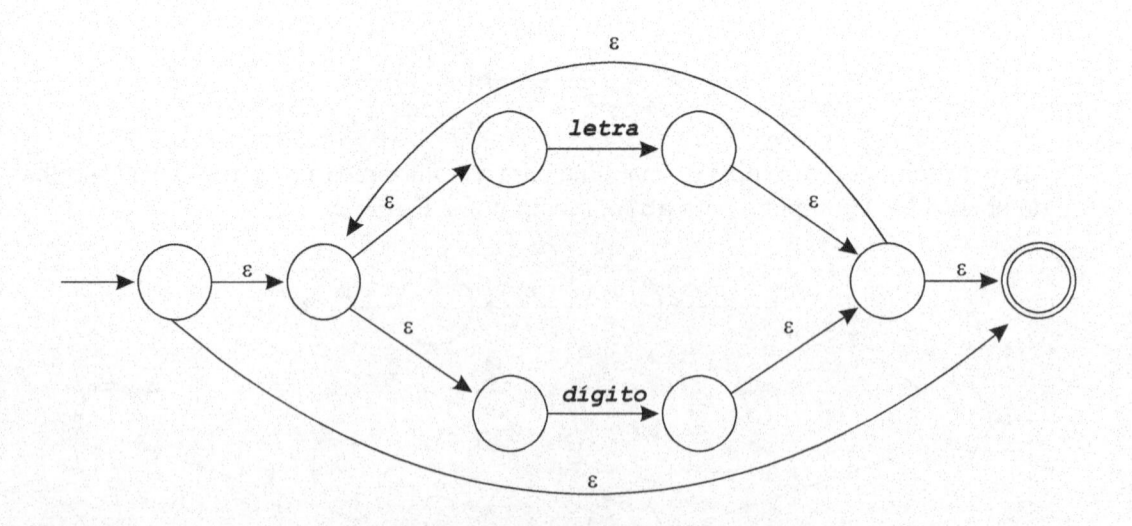

Finalmente, construímos a máquina para a concatenação de *letra* com *(letra|dígito)** para obter o NFA completo, conforme mostrado na Figura 2.9.

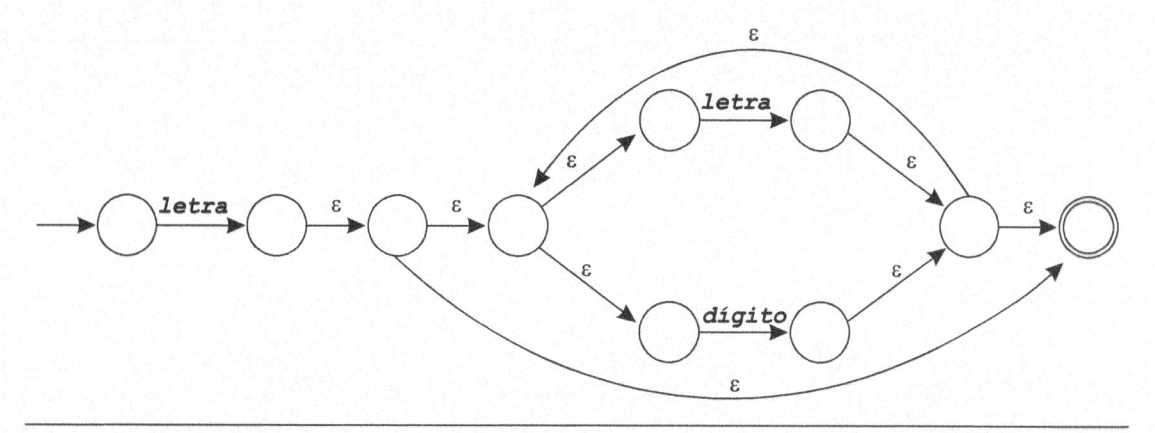

Figura 2.9   NFA para expressão regular letra(letra|dígito)* usando a construção de Thompson.

Como exemplo final, notamos que o NFA do Exemplo 2.11 (Seção 2.3.2) é exatamente o que corresponde à expressão regular (a|c)*b pela construção de Thompson.

2.4.2 De um NFA para um DFA

Queremos agora descrever um algoritmo que, dado um NFA arbitrário, construirá um DFA equivalente (ou seja, um que aceite precisamente as mesmas cadeias). Para isso, precisaremos de um método para eliminar as ε-transições e as transições múltiplas a partir de um estado para um caractere de entrada único. A eliminação das ε-transições requer a construção de ε-fechos. Um **ε-fecho** é o conjunto de todos os estados atingíveis por ε-transições a partir de um estado ou estados. A eliminação de transições múltiplas a partir de um estado para um caractere requer o acompanhamento do conjunto de estados atingíveis pelo casamento com um único caractere. Os dois processos nos levam a considerar conjuntos de estados em vez de estados únicos. Assim, não surpreende que o DFA construído tenha como seus estados *conjuntos de estados* do NFA original. Assim, o algoritmo é denominado **construção de subconjuntos**. Primeiro, discutimos o ε-fecho com mais detalhes, e então seguimos com uma descrição da construção de subconjuntos.

O ε-fecho de um conjunto de estados   Nós definimos o ε-fecho de um único estado s como sendo o conjunto de estados atingíveis por uma série com zero ou mais ε-transições, e denotamos esse conjunto como $\bar{s}$. Deixamos uma apresentação mais matemática dessa definição como exercício e seguimos direto para um exemplo. Observe, entretanto, que o ε-fecho de um estado sempre contém o próprio estado.

Exemplo 2.14
Considere o seguinte NFA que corresponde à expressão regular a* pela construção de Thompson:

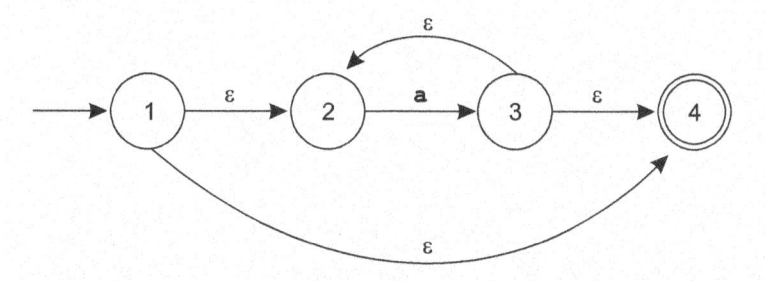

Nesse NFA, temos $\bar{1} = \{1, 2, 4\}$, $\bar{2} = \{2\}$, $\bar{3} = \{2, 3, 4\}$ e $\bar{4} = \{4\}$.

Agora definimos o ε-fecho de um conjunto de estados como a união dos ε-fechos de cada estado individual. Colocando em símbolos, se S for um conjunto de estados, então

$$\overline{S} = \bigcup_{s \text{ em } S} \overline{s}$$

Por exemplo, no NFA do Exemplo 2.14, $\overline{\{1, 3\}} = \overline{1} \cup \overline{3} = \{1, 2, 4\} \cup \{2, 3, 4\} = \{1, 2, 3, 4\}$.

Construção de subconjuntos Podemos agora descrever o algoritmo para a construção de um DFA a partir de um NFA M, o qual denominaremos $\overline{M}$. Primeiro, computamos o ε-fecho do estado inicial de M; esse passa a ser o estado inicial de $\overline{M}$. Para esse conjunto, e para cada conjunto subseqüente, computamos transições de caracteres a da seguinte maneira. Dado um conjunto S de estados e um caractere a do alfabeto, computamos o conjunto $S'_a = \{t \mid$ para algum s em S existe uma transição de s para t em $a\}$. Logo, computamos $\overline{S'_a}$, o ε-fecho de S'_a. Isso define um novo estado na construção de subconjuntos, juntamente com uma nova transição $S \xrightarrow{a} \overline{S'_a}$. Continuamos com esse processo até que novos estados e transições não sejam mais criados. Marcamos como aceitáveis os estados construídos dessa maneira que contenham um estado de aceitação de M. Esse é o DFA $\overline{M}$. Ele não contém ε-transições, pois todos os estados são construídos como um ε-fecho. Ele contém no máximo uma transição de um estado no caractere a, pois cada novo estado é construído a partir de *todos* os estados de M atingíveis pelas transições de um estado em um único caractere a.

A seguir, ilustramos a construção de subconjuntos com alguns exemplos.

Exemplo 2.15
Considere o NFA do Exemplo 2.14. O estado inicial do DFA correspondente é $\overline{1} = \{1, 2, 4\}$. Há uma transição do estado 2 para o estado 3 em a, e nenhuma transição dos estados 1 ou 4 em a, portanto há uma transição em a de $\{1, 2, 4\}$ para $\overline{\{1, 2, 4\}_a} = \overline{\{3\}} = \{2, 3, 4\}$. Como não há outras transições em um caractere de qualquer um dos estados 1, 2 e 4, passamos para o novo estado $\{2, 3, 4\}$. Novamente, há uma transição de 2 para 3 em a e nenhuma a-transição de 3 ou 4, e portanto há uma transição de $\{2, 3, 4\}$ para $\overline{\{2, 3, 4\}_a} = \overline{\{3\}} = \{2, 3, 4\}$. Assim, há uma a-transição de $\{2, 3, 4\}$ para si próprio. Verificamos todos os estados necessários, e portanto construímos todo o DFA. Resta apenas observar que o estado 4 do NFA é de aceitação, e como tanto $\{1, 2, 4\}$ quanto $\{2, 3, 4\}$ contêm 4, ambos são estados de aceitação do DFA correspondente. O diagrama do DFA construído dessa maneira é apresentado a seguir, com os estados identificados por seus subconjuntos:

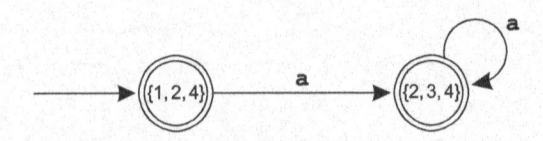

(Uma vez completada a construção, poderíamos descartar a terminologia de subconjuntos.)

Exemplo 2.16
Considere o NFA da Figura 2.8, com os seguintes números de estados:

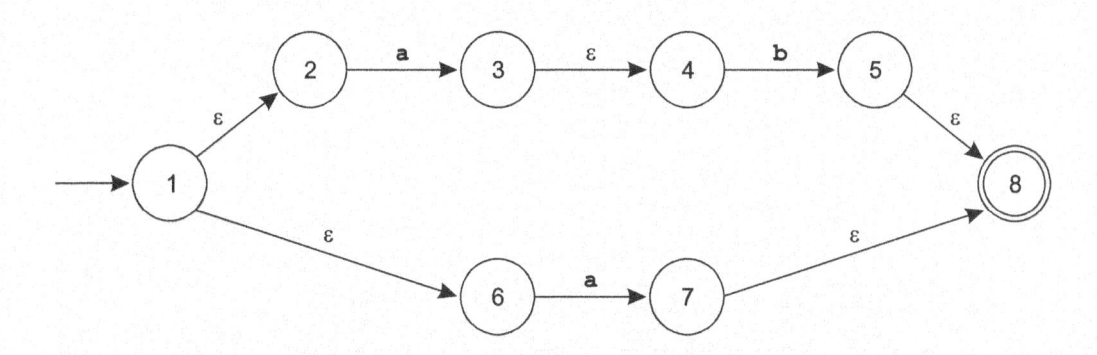

A construção de subconjuntos do DFA tem como estado inicial $\overline{\{1\}} = \{1, 2, 6\}$. Há uma transição em a do estado 2 para o estado 3, e também do estado 6 para o estado 7. Assim, $\overline{\{1, 2, 6\}}_a = \overline{\{3, 7\}} = \{3, 4, 7, 8\}$, e $\{1, 2, 6\} \xrightarrow{a} \{3, 4, 7, 8\}$. Como não há outras transições de caracteres de 1, 2 ou 6, seguimos para $\{3, 4, 7, 8\}$. Há uma transição em b de 4 para 5 e $\overline{\{3, 4, 7, 8\}}_b = \overline{\{5\}} = \{5, 8\}$, e temos a transição $\{3, 4, 7, 8\} \xrightarrow{b} \{5, 8\}$. Não há outras transições. Portanto, a construção de subconjuntos gera o seguinte DFA equivalente ao NFA apresentado:

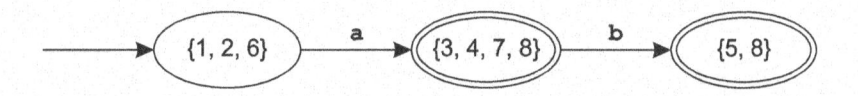

Exemplo 2.17
Considere o NFA da Figura 2.9 (construção de Thompson para a expressão regular `letra(letra|dígito)*`):

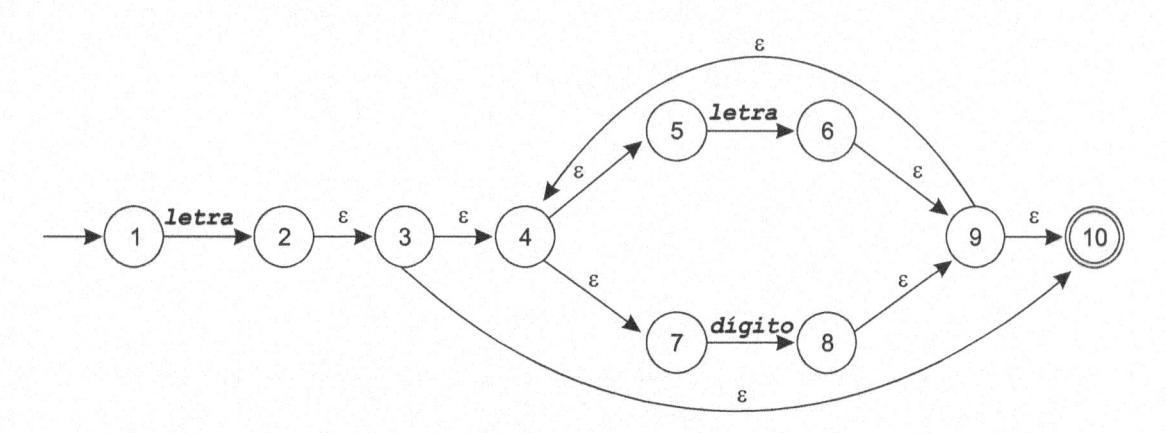

A construção de subconjuntos continua da maneira descrita a seguir. O estado inicial é $\overline{\{1\}} = \{1\}$. Há uma transição em `letra` para $\overline{\{2\}} = \{2, 3, 4, 5, 7, 10\}$. A partir desse estado, há uma transição em `letra` para $\overline{\{6\}} = \{4, 5, 6, 7, 9, 10\}$ e uma transição em `dígito` para $\overline{\{8\}} = \{4, 5, 7, 8, 9, 10\}$. Finalmente, cada um desses estados tem também transições em `letra` e `dígito`, para si mesmo ou para o outro. O DFA completo é dado no diagrama a seguir:

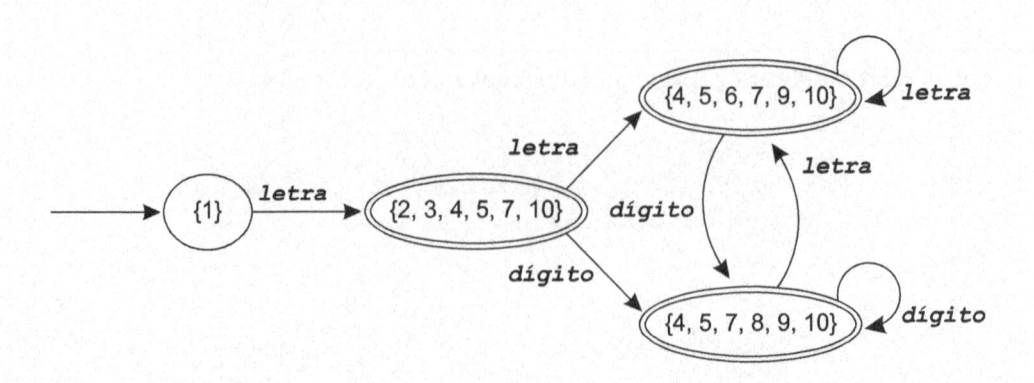

2.4.3 Simulação de um NFA por meio da construção de subconjuntos

Na última seção, discutimos brevemente a possibilidade de escrever um programa para simular um NFA, o que requer lidar com o não-determinismo, ou seja, a natureza não algorítmica da máquina. Uma maneira de simular um NFA é a construção de subconjuntos, na qual, em vez de construirmos todos os estados do DFA associado, construímos somente o estado em cada ponto que é indicado pelo próximo caractere de entrada. Assim, construímos somente os conjuntos de estados que efetivamente ocorrerão em um caminho no DFA obtido da cadeia dada. A vantagem disso é que não precisamos construir todo o DFA. A desvantagem é que um estado pode ser construído muitas vezes se o caminho contiver laços.

Por exemplo, no Exemplo 2.16, se tivermos a cadeia de entrada composta unicamente pelo caractere a, construiremos o estado inicial $\{1, 2, 6\}$, e então o segundo estado $\{3, 4, 7, 8\}$, de onde seguimos para casar com a. Então, como não há um b a seguir, aceitamos sem precisar gerar o estado $\{5, 8\}$.

Do outro lado, no Exemplo 2.17, dada a cadeia de entrada $r2d2$, temos a seqüência de estados e transições a seguir:

$$\{1\} \xrightarrow{r} \{2, 3, 4, 5, 7, 10\} \xrightarrow{2} \{4, 5, 7, 8, 9, 10\}$$
$$\xrightarrow{d} \{4, 5, 6, 7, 9, 10\} \xrightarrow{2} \{4, 5, 7, 8, 9, 10\}$$

Se esses estados forem construídos à medida que ocorrem as transições, então todos os estados do DFA terão sido construídos e o estado $\{4, 5, 7, 8, 9, 10\}$ terá inclusive sido construído duas vezes. Assim, esse processo é menos eficiente que a construção de todo o DFA. Por essa razão, a simulação de NFAs não é efetuada em sistemas de varredura. Ela é uma opção para casamento de padrões em editores e programas de busca, nos quais expressões regulares podem ser fornecidas dinamicamente pelo usuário.

2.4.4 Minimização do número de estados em um DFA

O processo descrito para derivar um DFA algoritmicamente de uma expressão regular tem a infeliz propriedade de poder resultar em um DFA mais complexo que o necessário. Por exemplo, no Exemplo 2.15, derivamos o DFA para a expressão regular **a***, mas o DFA

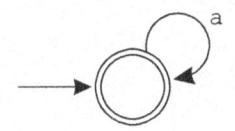

também funciona. Eficiência é um atributo extremamente importante para sistemas de varredura, e por isso gostaríamos de construir, se possível, um DFA que fosse mínimo em um certo sentido. Um resultado importante da teoria de autômatos é que, dado qualquer DFA, existe um DFA equivalente com um número mínimo de estados, o qual é único (exceto para mudança de nomes de estados). É possível obter diretamente esse DFA mínimo para qualquer DFA, e o algoritmo para isso será descrito brevemente aqui, sem a demonstração de que ele constrói o DFA equivalente mínimo (deve ser fácil para o leitor se convencer informalmente disso pela leitura do algoritmo).

O algoritmo cria conjuntos de estados para unificar como estados únicos. O início é a hipótese mais otimista possível: a criação de dois conjuntos, um composto por todos os estados de aceitação e o outro composto pelos estados que não são de aceitação. Com essa partição dos estados do DFA original, considere as transições em cada caractere *a* do alfabeto. Se todos os estados de aceitação tiverem transições em *a* para estados de aceitação, isso define uma *a*-transição do novo estado de aceitação (o conjunto de todos os estados de aceitação anteriores) para ele mesmo. Similarmente, se todos os estados de aceitação tiverem transições em *a* para estados que não sejam de aceitação, isso define uma *a*-transição do novo estado de aceitação para o novo estado que não é de aceitação (o conjunto de todos os estados que não são de aceitação anteriores). Em contrapartida, se houver dois estados de aceitação *s* e *t* com transições em *a* chegando em conjuntos diferentes, então nenhuma *a*-transição pode ser definida para esse agrupamento dos estados. Dizemos que *a* **distingue** os estados *s* e *t*. Nesse caso, o conjunto de estados considerados (ou seja, o conjunto de estados de aceitação) deve ser dividido de acordo com o local em que chegam suas *a*-transições. Afirmações similares valem, evidentemente, para cada um dos outros conjuntos de estados, e tendo considerado todos os caracteres do alfabeto, precisamos seguir em frente. Evidentemente, com a divisão de outros conjuntos, precisamos retornar e repetir o processo do início. O processo continua com o refinamento da partição dos estados do DFA original em conjuntos até que todos os conjuntos contenham somente um elemento (nesse caso, o DFA original será o mínimo) ou até que nenhuma nova divisão de conjuntos ocorra.

Para que esse processo funcione corretamente, precisamos também considerar transições de erros para um estado de erro que não é de aceitação. Ou seja, se houver estados de aceitação *s* e *t* tais que *s* tenha uma *a*-transição para outro estado de aceitação mas *t* não tenha *a*-transições (isto é, seja uma transição de erro), então *a* distingue *s* e *t*. Similarmente, se um estado que não é de aceitação *s* tiver uma *a*-transição para um estado de aceitação, e um outro estado que não seja de aceitação *t* não tiver *a*-transições, então *a* distingue *s* e *t* também nesse caso.

Concluímos nossa discussão sobre minimização de estados com alguns exemplos.

Exemplo 2.18
Considere o DFA construído no exemplo anterior, correspondente à expressão regular `letra(letra|dígito)*`. Ele tinha quatro estados compostos pelo estado inicial e três

estados de aceitação. Todos os três estados de aceitação têm transições para outros estados de aceitação em **letra** e em **dígito** e mais nenhuma transição (exceto as de erros). Assim, os três estados de aceitação não podem ser distinguidos por qualquer caractere, e o algoritmo de minimização combina os três estados de aceitação em um, levando ao seguinte DFA mínimo (já visto no início da Seção 2.3):

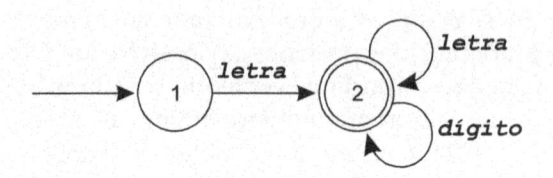

```
    ──▶( 1 )──letra──▶(( 2 ))⟲ letra
                          ⟲ dígito
```

Exemplo 2.19
Considere o DFA a seguir, já visto no Exemplo 2.1 (Seção 2.3.2), como equivalente à expressão regular **(a|ε)b***:

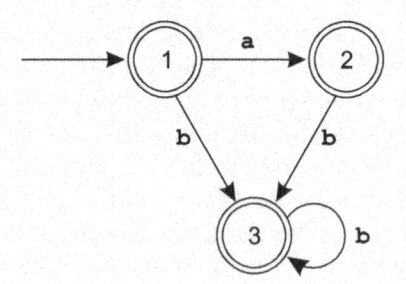

```
    ──▶(( 1 ))──a──▶(( 2 ))
           \          /
            b        b
             \      /
              ▶(( 3 ))⟲ b
```

Nesse caso, todos os estados (exceto o de erro) são de aceitação. Considere agora o caractere b. Cada estado de aceitação tem uma b-transição para outro estado de aceitação, assim nenhum dos estados é distinguido por b. Em contrapartida, o estado 1 tem uma a-transição para um estado de aceitação, enquanto 2 e 3 não têm a-transições (mais precisamente, transições de erro em a para o estado de erro que não é de aceitação). Assim, a distingue o estado 1 dos estados 2 e 3, e precisamos repartir os estados nos conjuntos {1} e {2, 3}. Agora recomeçamos. O conjunto {1} não pode ser subdividido, então ele não é mais considerado. Os estados 2 e 3 não podem ser distinguidos por a nem por b. Assim, obtemos o seguinte DFA mínimo:

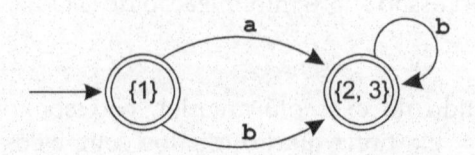

```
                a
    ──▶(({1}))⇄(({2, 3}))⟲ b
                b
```

2.5 IMPLEMENTAÇÃO DE UM SISTEMA DE VARREDURA TINY

Queremos agora desenvolver o código para um sistema de varredura, a fim de ilustrar os conceitos estudados até aqui neste capítulo. Faremos isso para a linguagem TINY apresentada, informalmente, no Capítulo 1 (Seção 1.7). Discutiremos também algumas questões práticas de implementação sugeridas por esse sistema de varredura.

2.5.1 Implementação de um sistema de varredura para a linguagem de exemplo TINY

No Capítulo 1, vimos apenas uma introdução informal da linguagem TINY. Vamos agora especificar completamente a estrutura léxica de TINY, ou seja, definir as marcas e seus atributos. As marcas e classes de marcas de TINY estão resumidas na Tabela 2.1.

As marcas de TINY são classificadas em três categorias típicas: palavras reservadas, símbolos especiais e "outras". Há oito palavras reservadas, com significados familiares (embora não precisemos conhecer sua semântica por enquanto). Há dez símbolos especiais, para as quatro operações aritméticas básicas de inteiros, duas operações de comparação (igual a e menor que), parênteses, ponto e vírgula e atribuição. Todos os símbolos especiais têm comprimento de um caractere, exceto a atribuição, que tem dois caracteres.

Tabela 2.1 Marcas da linguagem TINY

Palavras Reservadas	Símbolos Especiais	Outras
if	+	*número*
then	-	(1 ou mais
else	*	dígitos)
end	/	
repeat	=	
until	<	*identificador*
read	(	(1 ou mais
write	)	letras)
	;	
	:=	

As outras marcas são números, que são seqüências com um ou mais dígitos, e identificadores, que (para simplificar) são seqüências com uma ou mais letras.

Além dessas marcas, TINY obedece às convenções léxicas descritas a seguir. Comentários são cercados por chaves {...} e não podem ser aninhados; o formato do código é livre; espaços são compostos por espaços em branco, tabulações e mudanças de linha; e o princípio da subcadeia mais longa é usado no reconhecimento de marcas.

No projeto do sistema de varredura para essa linguagem, poderíamos iniciar pelas expressões regulares e construir NFAs e DFAs seguindo os algoritmos da seção anterior. As expressões regulares para números, identificadores e comentários já foram dadas (e TINY tem versões particularmente simples dessas marcas). Expressões regulares para as outras marcas são triviais, pois elas têm cadeias fixas. Em vez de seguir esse caminho, desenvolveremos um DFA diretamente, já que as marcas são tão simples. Isso é feito em passos.

Primeiro, notamos que todos os símbolos especiais, exceto as atribuições, são caracteres únicos e distintos, e um DFA para esses símbolos seria assim:

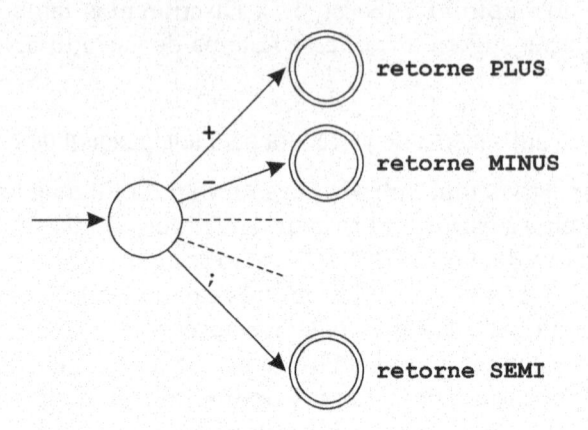

Nesse diagrama, os diferentes estados de aceitação diferenciam a marca devolvida pela varredura. Se utilizarmos algum outro indicador para a marca devolvida (por exemplo, uma variável no código), todos os estados de aceitação poderão ser unidos em um estado denominado **FIM**. Se combinarmos esse DFA de dois estados com DFAs que aceitam números e identificadores, o resultado será o seguinte:

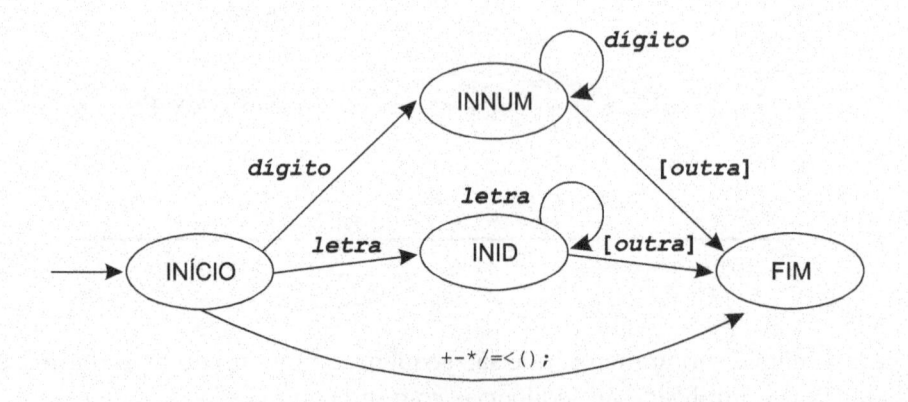

Observe o uso de colchetes para indicar caracteres de verificação à frente que não deveriam ser consumidos.

Precisamos adicionar comentários, espaços e atribuições a esse DFA. O espaço é consumido por um laço simples do estado de início para ele mesmo. Os comentários requerem um estado adicional, atingível do estado de início em chave à esquerda e com retorno para ele em chave à direita. A atribuição também requer um estado intermediário, atingível do estado de início em dois pontos. Se um sinal de igualdade suceder os dois-pontos, uma marca de atribuição será gerada. Caso contrário, o próximo caractere não seria consumido, e um erro seria gerado.

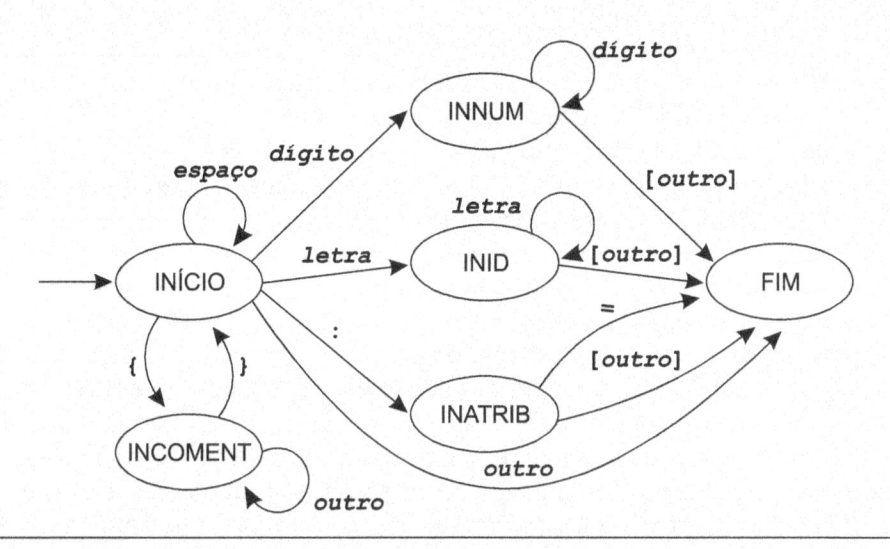

Figura 2.10 DFA para o sistema de varredura TINY.

Todos os caracteres únicos que não estão na lista de símbolos especiais, desde que não sejam espaços nem comentários, e não sejam dígitos nem letras, devem ser aceitos como erros, e os colocamos junto com os símbolos de um caractere. O DFA final para nosso sistema de varredura é apresentado na Figura 2.10.

Nós não incluímos palavras reservadas em nossa discussão, nem no DFA da Figura 2.10. Dessa maneira, fica mais fácil, do ponto de vista do DFA, considerar as palavras reservadas como o mesmo que identificadores, e verificar os identificadores em uma tabela de palavras reservadas após a aceitação. O princípio da subcadeia mais longa garante que a única ação do sistema de varredura que requer modificação é a marca a ser devolvida. Assim, as palavras reservadas são consideradas somente após o reconhecimento de um identificador.

Seguimos agora para uma discussão do código a fim de implementar esse DFA, contido nos arquivos **scan.h** e **scan.c** (ver Apêndice B). O procedimento principal é **getToken** (linhas 674–793), que consome os caracteres de entrada e devolve a marca reconhecida seguinte, de acordo com o DFA da Figura 2.10. A implementação utiliza a análise com *case* duplamente aninhado descrita na Seção 2.3.3, com uma extensa lista de casos baseada em estados, na qual há listas de casos individuais baseados no caractere de entrada corrente. As marcas são definidas como um tipo enumerado em **globals.h** (linhas 174–186), que inclui todas as marcas listadas na Tabela 2.1, juntamente com as marcas de controle **ENDFILE** (que marca o final do arquivo) e **ERROR** (que marca o encontro de um caractere errôneo). Os estados do sistema de varredura são também definidos como um tipo enumerado, mas dentro do próprio sistema de varredura (linhas 612–614).

Um sistema de varredura também precisa, em geral, computar os atributos, se existirem, de cada marca, e por vezes efetuar outras ações (como a inserção de identificadores em uma tabela de símbolos). No caso do sistema de varredura TINY, o único atributo a ser computado é o lexema, o valor de cadeia da marca reconhecida, que é colocado na variável **tokenString**. Essa variável, juntamente com **getToken**, são os únicos serviços oferecidos para outras partes do compilador, e suas definições ficam no arquivo de cabeçalho **scan.h** (linhas 550–571). Observe que **tokenString** é declarada com um comprimento fixo de 41, assim, os identificadores, por exemplo, não podem ter mais do que 40 caracteres (mais o caractere final nulo). Essa limitação será discutida mais adiante.

O sistema de varredura faz uso de três variáveis globais: as variáveis de arquivo **source** e **listing** e a variável inteira **lineno**, declaradas em **globals.h**, e alocadas e preenchidas com valores iniciais em **main.c**.

O controle adicional efetuado pelo procedimento **getToken** é o descrito a seguir. A tabela **reservedWords** (linhas 649-656) e o procedimento **reservedLookup** (linhas 658-666) verificam as palavras reservadas após o reconhecimento de um identificador pelo laço principal de **getToken**, e o valor de **currentToken** é, conseqüentemente, alterado. Uma variável de controle **save** é utilizada para indicar se um caractere será adicionado a **tokenString**; isso é necessário porque espaços em branco, comentários e verificações à frente não consumidas não devem ser incluídos.

A entrada de caracteres para a varredura é efetuada pela função **getNextChar** (linhas 627-642), que captura caracteres de **lineBuf**, um espaço para armazenamento interno de 256 caracteres. Se esse espaço for totalmente preenchido, **getNextChar** o esvazia pelo arquivo **source**, utilizando para isso o procedimento C padrão **fgets**, assumindo a cada vez que uma nova linha de código-fonte tenha sido capturada (e incrementando **lineno**). Essa hipótese permite que o código seja mais simples, mas um programa TINY com linhas com mais do que 255 caracteres não será corretamente interpretado. Deixamos como exercício o estudo do comportamento de **getNextChar** nesse caso (bem como as melhorias que podem ser incluídas) para os exercícios.

Finalmente, o reconhecimento de números e identificadores em TINY requer que as transições para o estado final de **INNUM** e **INID** não consumam caracteres (ver Figura 2.10). Nós implementamos isso com um procedimento **ungetNextChar** (linhas 644-647) que devolve um caractere ao armazenamento de entrada. Isso não funciona bem para programas com linhas muito longas, e algumas alternativas serão exploradas nos exercícios.

Como exemplo do comportamento do sistema de varredura TINY, considere o programa TINY **sample.tny** na Figura 2.11 (o mesmo programa que foi dado como exemplo no Capítulo 1). Na Figura 2.12, temos a listagem da saída da varredura, se esse programa for fornecido como entrada, com a ativação de **TraceScan** e **EchoSource**.

O restante desta seção será dedicado a elaborar algumas questões de implementação sugeridas por esse sistema de varredura.

```
{ Programa de exemplo
  na linguagem TINY -
  computa o fatorial}
}
read x; {entrada de um inteiro}
if 0 < x then {não calcula se x <=0}
   fact := 1;
   repeat
      fact := fact * x;
      x := x - 1
   until x = 0;
   write fact {saída do fatorial de x}
end
```

Figura 2.11　Programa de exemplo na linguagem TINY.

```
TINY COMPILATION: sample.tny
  1: {   Programa de exemplo
  2:     na linguagem TINY -
  3:     computa o fatorial
  4: }
  5: read x; {entrada de um inteiro}
     5: reserved word: read
     5: ID, name= x
     5: ;
  6: if 0 < x then {não calcula se x <= 0}
     6: reserved word: if
     6: NUM, val= 0
     6: <
     6: ID, name = x
     6: reserved word: then
  7:   fact := 1;
     7: ID, name= fact
     7: :=
     7: NUM, val=1
     7: ;
  8:   repeat
     8: reserved word repeat
  9:      fact := fact * x;
     9: ID, name= fact
     9: :=
     9: ID, name= fact
     9: *
     9: ID, name= x
     9: ;
 10:      x := x - 1
    10: ID, name= x
    10: :=
    10: ID, name = x
    10: -
    10: NUM, val= 1
 11:   until x = 0;
    11: reserved word: until
    11: ID, name= x
    11: =
    11: NUM, val= 0
    11: ;
 12:   write fact {saída do fatorial de x}
    12: reserved word: write
    12: ID, name= fact
 13: end
    13: reserved word: end
    14: EOF
```

Figura 2.12   Saída da varredura para o programa TINY da Figura 2.11.

2.5.2 Palavras reservadas *versus* identificadores

Nosso sistema de varredura TINY reconhece palavras reservadas da seguinte forma: primeiro elas são consideradas como identificadores, depois, são checadas em uma tabela de palavras reservadas. Isso é prática comum para sistemas de varredura, mas a eficiência da varredura depende da eficiência da checagem na tabela de palavras reservadas. Em nosso sistema de varredura, utilizamos um método muito simples – busca linear –, em que a tabela é checada seqüencialmente do início até o final. Isso não é um problema para tabelas muito pequenas como a de TINY, que tem apenas oito palavras reservadas, mas torna-se uma situação inaceitável em sistemas de varredura para linguagens reais, que têm entre 30 e 60 palavras reservadas. Nesse caso, uma checagem mais rápida é requerida, o que pode exigir o uso de uma estrutura de dados melhor do que uma lista linear. Uma possibilidade é a busca binária, que poderíamos ter aplicado se a lista de palavras reservadas estivesse em ordem alfabética. Outra possibilidade é uma tabela de *hashing*. Nesse caso, poderíamos usar uma função de *hashing* com um número pequeno de colisões. Uma função dessas pode ser desenvolvida antes do sistema de varredura, pois as palavras reservadas não mudam (pelo menos não com muita freqüência) e suas posições na tabela serão fixas para qualquer compilação. Esforços de pesquisas têm sido dirigidos à determinação de **funções de *hashing* minimais perfeitas** para diversas linguagens, ou seja, funções que diferenciem cada palavra reservada e que tenham o número mínimo de valores para que uma tabela de *hashing* não maior que o número de palavras reservadas possa ser utilizada. Por exemplo, se houver apenas oito palavras reservadas, uma função de *hashing* minimal perfeita produziria sempre um valor entre 0 e 7, e cada palavra reservada produziria um valor diferente. (Ver as Notas e Bibliografia para mais informações.)

Outra opção para tratar as palavras reservadas é usar a mesma tabela que armazena os identificadores, ou seja, a tabela de símbolos. Antes de iniciar o processamento, todas as palavras reservadas são fornecidas na tabela e marcadas como reservadas (para que nenhuma redefinição seja permitida). Isso tem como vantagem que somente uma tabela é requerida. No sistema de varredura TINY, entretanto, não construímos a tabela de símbolos antes da fase de varredura, e portanto essa solução não é apropriada para esse projeto em particular.

2.5.3 Alocação de espaço para identificadores

Outra falha no projeto do sistema de varredura TINY é que as cadeias de marcas podem ter, no máximo, 40 caracteres. Isso não é um problema para a maioria das marcas, cujos comprimentos são fixos, mas é um problema para os identificadores, pois as linguagens de programação freqüentemente requerem que identificadores arbitrariamente longos sejam permitidos nos programas. Para piorar, se alocarmos um vetor de 40 caracteres para cada identificador, haverá muito desperdício de espaço, pois muitos identificadores são curtos. Isso não ocorre no código do compilador TINY, pois as cadeias de marcas são copiadas pela função `copyString`, que aloca dinamicamente o espaço necessário, conforme será visto no Capítulo 4. Uma solução para a limitação de espaço de `tokenString` seria similar: apenas alocar espaço na medida da necessidade, possivelmente pelo uso da função C padrão `realloc`. Uma alternativa é alocar a matriz inicial grande para todos os identificadores e, em seguida, alocar a memória dentro da matriz. (Isso é um caso especial dos esquemas de gerenciamento dinâmico de memória padrão, que serão discutidos no Capítulo 7.)

2.6 USO DE LEX PARA GERAR AUTOMATICAMENTE UM SISTEMA DE VARREDURA

Nesta seção, repetiremos o desenvolvimento de um sistema de varredura para a linguagem TINY da seção anterior, mas agora utilizando o gerador de sistemas de varredura Lex para gerar um sistema a partir da descrição das marcas de TINY como expressões regulares. Como existem muitas versões diferentes de Lex, restringimos nossa discussão às características comuns a todas as versões. A versão mais popular de Lex é denominada **flex** (*Fast Lex* – Lex rápido). Ela é distribuída como parte do **pacote de compilação Gnu**, produzido pela Free Software Foundation, e está disponível gratuitamente em diversos endereços na Internet.

Lex é um programa que recebe como entrada um arquivo de texto contendo expressões regulares, juntamente com as ações associadas a cada expressão. Lex produz um arquivo de saída contendo código C que define um procedimento **yylex** – uma implementação baseada em tabelas de um DFA que corresponde às expressões regulares do arquivo de entrada e que opera como um procedimento **getToken**. O arquivo de saída de Lex, geralmente denominado **lex.yy** ou **lexyy.c**, é, em seguida, compilado e vinculado ao programa principal para gerar um programa executável, da mesma forma que o arquivo **scan.c** foi vinculado ao arquivo **tiny.c** na seção anterior.

A seguir, primeiro discutiremos as convenções Lex para expressões regulares e o formato de um arquivo de entrada Lex. Depois, discutiremos o arquivo de entrada Lex para o sistema de varredura TINY dado no Apêndice B.

2.6.1 Convenções Lex para expressões regulares

As convenções Lex são muito similares às discutidas na Seção 2.2.3. Em vez de listar todos os metacaracteres Lex e descrevê-los individualmente, daremos uma visão geral e apresentaremos as convenções Lex em uma tabela.

Lex permite o casamento de caracteres únicos, ou de cadeias de caracteres, pela simples apresentação dos caracteres em seqüência, conforme visto nas seções anteriores. Lex também permite o casamento de metacaracteres como se fossem caracteres, envolvendo os caracteres entre aspas. Estas também podem ser usadas para caracteres que não sejam metacaracteres; nesse caso, desprovidas de qualquer efeito. Assim, faz sentido usar aspas para qualquer caractere para o qual se deseje o casamento direto, sendo ou não metacaractere. Por exemplo, podemos escrever **if** ou **"if"** para casar com a palavra reservada **if** de uma declaração *if*. Em contrapartida, para casar com parênteses à esquerda, precisamos escrever **"("**, pois isso é um metacaractere. Uma alternativa é o caractere de barra invertida \, que funciona apenas para metacaracteres únicos: para casar com a seqüência (*, precisaríamos escrever \(*, repetindo a barra invertida. Evidentemente, é preferível, nesse caso, escrever **"(*"**. O uso da barra invertida e de caracteres regulares também pode ter um significado especial. Por exemplo, \n casa com mudança de linha e \t casa com tabulação (essas são convenções típicas de C, exportadas para Lex).

Lex interpreta os metacaracteres *, +, (,) e | da maneira usual. Lex também utiliza o ponto de interrogação como metacaractere para indicar um item opcional. Como exemplo da notação Lex vista até aqui, podemos escrever uma expressão regular para o conjunto de caracteres de *a*'s e *b*'s iniciando com *aa* ou com *bb* e com um *c* opcional no final como

    (aa|bb)(a|b)*c?

ou como

("aa"|"bb")("a"|"b")*"c"?

A convenção Lex para classes de caracteres (conjuntos de caracteres) é escrever entre colchetes. Por exemplo, [abxz] indica qualquer um dos caracteres *a*, *b*, *x* e *z*. A expressão regular acima poderia, portanto, ser escrita em Lex como

(aa|bb)[ab]*c?

Intervalos de caracteres também podem ser escritos dessa forma usando hífen. Assim, a expressão [0-9] em Lex significa qualquer dígito de zero a nove. Um ponto também é um metacaractere que representa um conjunto de caracteres: ele representa qualquer caractere, exceto mudança de linha. Conjuntos complementares – ou seja, conjuntos que *não* contêm certos caracteres – podem também ser escritos utilizando o circunflexo ^ como primeiro caractere dentro dos colchetes. Assim, [^0-9abc] indica qualquer caractere que não seja um dígito nem uma das letras *a*, *b* ou *c*.

Como exemplo, escrevemos uma expressão regular para o conjunto de números com sinal contendo ou não uma parte fracional ou um expoente iniciando com a letra *E* (essa expressão foi escrita de forma ligeiramente diferente na Seção 2.2.4):

("+"|"-")?[0-9]+("."[0-9]+)?(E("+"|"-")?[0-9]+)?

Uma característica curiosa de Lex é que dentro dos colchetes (que representam uma classe de caracteres), a maioria dos metacaracteres perde seu *status* especial e não precisa aparecer entre aspas. Mesmo o hífen pode ser escrito como um caractere regular se já estiver listado. Assim, poderíamos ter escrito [-+] em vez de ("+"|"-") na expressão regular acima para números (mas não [+-], pois o uso de – como metacaractere pode expressar um intervalo de caracteres, e isso entraria em conflito com a interpretação desejada dessa expressão). Como outro exemplo, [."?] significa qualquer um dos três caracteres ponto, aspas ou interrogação (todos os três perdem seu significado de metacaractere dentro dos colchetes). Alguns caracteres, entretanto, ainda permanecem metacaracteres mesmo dentro dos colchetes, e para obter o caractere correspondente, precisamos colocar antes do caractere a barra invertida (aspas não servem, pois elas perdem a interpretação de metacaractere). Assim, [\^\\] significa qualquer um dos caracteres ^ ou \.

Uma convenção importante adicional para metacaracteres em Lex é o uso de chaves para denotar nomes de expressões regulares. Vale lembrar que uma expressão regular pode receber um nome, e que esse nome pode ser usado em outras expressões regulares, desde que não haja referências recursivas. Por exemplo, definimos **signedNat** na Seção 2.2.4 da seguinte maneira:

nat = [0-9]+
signedNat = ("+"|"-")? nat

Nesse e em outros exemplos, utilizamos itálico para diferenciar nomes de seqüências ordinárias de caracteres. Os arquivos Lex, entretanto, são arquivos de texto simples, assim itálico não é um recurso disponível. Em vez disso, Lex usa a convenção de que nomes previamente definidos são cercados por chaves. Assim, o exemplo anterior apareceria da seguinte maneira em Lex (Lex também não requer o uso do sinal de igualdade para definir os nomes):

```
nat       [0-9]+
signedNat (+|-)?{nat}
```

Observe que as chaves não aparecem na definição do nome, somente no seu uso.

Na Tabela 2.2, temos um resumo das convenções de metacaracteres de Lex, discutidas até aqui. Há muitas outras convenções de metacaracteres em Lex que não serão usadas nem discutidas aqui (ver referências no final do capítulo).

Tabela 2.2 Convenções de metacaracteres em Lex

Padrão	Significado
a	caractere *a*
"a"	caractere *a*, mesmo se *a* for um metacaractere
\a	caractere *a* se *a* for um metacaractere
a*	zero ou mais repetições de *a*
a+	uma ou mais repetições de *a*
a?	um *a* opcional
a|b	*a* ou *b*
(a)	*a* propriamente dito
[abc]	qualquer caractere entre *a*, *b* e *c*
[a-d]	qualquer caractere entre *a*, *b*, *c* e *d*
[^ab]	qualquer caractere, exceto *a* ou *b*
.	qualquer caractere, exceto mudança de linha
{xxx}	a expressão regular representada pelo nome *xxx*

2.6.2 O formato de um arquivo de entrada Lex

Um arquivo de entrada Lex é composto por três partes, uma coleção de **definições**, uma coleção de **regras** e uma coleção de **rotinas auxiliares** ou **rotinas de usuário**. As três seções são separadas por dois sinais de porcentagem que aparecem em linhas separadas iniciando na primeira coluna. Assim, o formato de um arquivo de entrada Lex é o seguinte:

```
{definições}
%%
{regras}
%%
{rotinas auxiliares}
```

Para entender adequadamente como Lex interpreta um arquivo de entrada, precisamos lembrar que algumas partes do arquivo serão informações de expressões regulares que Lex usa como guia para construir o código de saída em C, e outras partes do arquivo serão o código em C efetivamente fornecido para Lex, o qual será inserido pelo Lex no ponto apropriado do código de saída. As regras exatas utilizadas pelo Lex para isso serão dadas depois de discutirmos cada uma das três seções e de darmos alguns exemplos.

A seção de definição vem antes do primeiro %%. Ela contém duas características. Primeiro, qualquer código em C a ser inserido externamente a qualquer função deveria aparecer nessa seção entre os delimitadores %{ e %}. (Observe a ordem dos caracteres!) Segundo, nomes de expressões regulares precisam também ser definidos nessa seção. Um nome é definido em uma linha separada, iniciando na primeira coluna e seguido (depois de um ou mais espaços) pela expressão regular que ele representa.

A segunda seção contém as regras. Elas são compostas por uma seqüência de expressões regulares, seguida pelo código em C a ser executado quando ocorrer o casamento com a expressão regular correspondente.

A terceira seção contém código em C para rotinas auxiliares ativadas pela segunda seção e sem definição em outro local. Essa seção pode também conter um programa principal, se quisermos compilar a saída Lex como um programa independente. Essa seção pode ser omitida, e nesse caso o segundo %% não precisa ser escrito. (O primeiro %% é sempre necessário.)

Apresentamos, a seguir, uma série de exemplos para ilustrar o formato de um arquivo de entrada Lex.

Exemplo 2.20
O arquivo de entrada Lex a seguir especifica um sistema de varredura que acrescenta números de linhas ao texto, enviando a saída para a tela (ou um arquivo de redirecionamento):

```
%{
/* programa Lex para adicionar números
   de linhas a linhas de um texto, e imprimir o novo texto
   para a saída padrão
*/
#include <stdio.h>
int lineno = 1;
%}
line .*\n
%%
{line} { printf("%5d %s",lineno++,yytext); }
%%
main()
{ yylex(); return 0; }
```

Por exemplo, a execução do programa obtido de Lex sobre esse mesmo arquivo de entrada geraria o seguinte:

```
1 %{
2 /* programa Lex para adicionar números
3    de linhas a linhas de um texto, e imprimir o novo texto
4    para a saída padrão
5 */
6 #include <stdio.h>
7 int lineno = 1;
```

```
 8 %}
 9 line .*\n
10 %%
11 {line} { printf("%5d %s",lineno++,yytext); }
12 %%
13 main()
14 { yylex(); return 0; }
```

Vamos comentar esse arquivo de entrada para Lex utilizando os números de linhas. Primeiro, as linhas de 1 a 8 estão entre os delimitadores %{ e %}. Isso faz essas linhas serem inseridas diretamente no código em C produzido por Lex, fora de todos os procedimentos. Em particular, o comentário nas linhas de 2 a 5 será inserido no início do programa, e a diretiva #include e a definição da variável inteira lineno nas linhas 6 e 7 serão inseridas externamente, portanto lineno será uma variável global e seu valor inicial será 1. A outra definição que aparece antes do primeiro %% é a definição do nome line, que é definido pela expressão regular ".*\n", que casa com 0 ou mais caracteres (exceto a mudança de linha), seguidos de uma mudança de linha. Em outras palavras, a expressão regular definida por line casa com qualquer linha de entrada. Após o %% na linha 10, a linha 11 é a seção de ação do arquivo de entrada Lex. Nesse caso, escrevemos uma única ação a ser efetuada toda vez que ocorrer um casamento com line (line aparece cercado por chaves para indicar que é um nome, seguindo a convenção Lex). Após a expressão regular, vem a ação, ou seja, o código em C a ser executado quando ocorrer o casamento com a expressão regular. Nesse exemplo, a ação consiste de uma única declaração em C, que aparece entre as chaves de um bloco em C. (Lembre que as chaves em torno do nome line têm uma função completamente diferente daquelas que formam um bloco no código em C da ação seguinte.) Essa declaração em C imprime o número da linha (em um campo de cinco espaços, alinhado à direita) e a cadeia yytext, e, em seguida, incrementa lineno. O nome yytext é o nome interno que Lex dá à cadeia que casa com a expressão regular, que nesse caso é composta pelas linhas de entrada (inclusive o caractere de mudança de linha).[5] Finalmente, o código em C depois do segundo %% (linhas 13 e 14) é inserido no final do código em C produzido por Lex. Nesse exemplo, o código é composto pela definição de um procedimento main que ativa a função yylex. Isso permite que o código em C produzido por Lex seja compilado como um programa executável. (yylex é o nome dado ao procedimento construído por Lex que implementa o DFA associado à expressão regular e às ações dadas na seção de ações do arquivo de entrada.)

Exemplo 2.21
Considere o seguinte arquivo de entrada Lex:

```
%{
/* um programa Lex para modificar os números
   de notação decimal para hexadecimal,
   com uma estatística impressa em stderr
*/
#include <stdlib.h>
#include <stdio.h>
int count = 0;
```

---

5. Nós listamos os nomes internos de Lex, que são discutidos nesta seção, em uma tabela no final da seção.

```
%}
digit [0-9]
number {digit}+
%%
{number} { int n = atoi(yytext);
           printf("%x", n);
           if (n > 9) count++; }
%%
main()
{ yylex();
  fprint(stderr,"número de substituições = %d",
                count);
return 0;
}
```

Ele é similar em estrutura ao exemplo anterior, exceto que o procedimento **main** imprime o número de substituições em **stderr** após a ativação de **yylex**. Esse exemplo também é diferente porque nem todo o texto casa com alguma coisa, já que somente os números se casam na seção de ação, onde o código em C para a ação converte a cadeia que casou (**yytext**) em um inteiro **n**, e, em seguida, imprime esse número em forma hexadecimal (**printf("%x",...)**), e finalmente incrementa **count** se o número for maior que 9. (Se o número for menor que ou igual a 9, ele será representado da mesma forma em notação hexadecimal.) Assim, a única ação especificada é para cadeias que são seqüências de dígitos. Ainda assim, Lex gera um programa que também casa com caracteres não numéricos, e os passa para a saída. Isso é um exemplo de **ação básica** em Lex. Se um caractere ou cadeia de caracteres não casar com nenhuma expressão regular da seção de ações, Lex efetuará o casamento básico e ecoará a entrada na saída. (Lex pode também ser forçado a gerar um erro de execução, mas isso não será estudado aqui.) A ação básica pode também ser especificamente indicada pela macro definida internamente em Lex **ECHO**. (Estudaremos seu uso no próximo exemplo.)

Exemplo 2.22
Considere o arquivo de entrada Lex a seguir:

```
%{
/* Seleciona somente linhas que terminam ou
   iniciam com a letra 'a'.
   Apaga todo o resto.
*/
#include <stdio.h>
%}
ends_with_a   .*a\n
begins_with_a a.*\n
%%
{ends_with_a} ECHO;
begins_with_a ECHO;
.*\n ;
```

```
    %%
    main()
    { yylex(); return 0; }
```

Essa entrada Lex faz todas as linhas que iniciam ou terminam com o caractere *a* serem escritas na saída. Todas as outras linhas de entrada são suprimidas pela regra abaixo das regras `ECHO`. Nessa regra, a ação "vazia" é especificada na expressão regular `.*\n` pelo ponto e vírgula no lugar do código de ação em C.

Há uma característica adicional nessa entrada Lex que vale a pena ser observada. As regras são **ambíguas**, pois uma cadeia pode casar com mais de uma regra. De fato, *qualquer* linha de entrada casa com a expressão `.*\n`, mesmo que não seja parte de uma linha iniciando ou terminando com *a*. Lex tem um sistema de prioridades para resolver essas ambigüidades. Primeiro, Lex sempre casa com a subcadeia mais longa (portanto, sempre gera um sistema de varredura que segue o princípio da subcadeia mais longa). Se a subcadeia mais longa ainda casar com duas ou mais regras, Lex seleciona a primeira regra na ordem de apresentação na seção de ações. É por isso que o arquivo acima lista primeiramente as ações `ECHO`. Se tivéssemos listado as ações na seguinte ordem,

```
    .*\n ;
    {ends_with_a} ECHO;
    {begins_with_a} ECHO;
```

o programa produzido por Lex não geraria saídas para nenhum arquivo, pois todas as linhas de entrada casariam com a primeira regra.

Exemplo 2.23
Nesse exemplo, Lex gera um programa para converter caixa alta em caixa baixa, exceto para as letras dentro de comentários em C (ou seja, entre os delimitadores `/*...*/`):

```
    %{
    /* Programa Lex para converter caixa alta em
       caixa baixa, exceto dentro de comentários
    */
    #include <stdio.h>
    #ifndef FALSE
    #define FALSE 0
    #endif
    #ifndef TRUE
    #define TRUE 1
    #endif
    %}
    %%
    [A-Z]   {putchar(tolower(yytext[0]));
            /* yytext[0] é o único char
               em caixa alta encontrado */
```

```
          }
"/*"    { char c;
          int done = FALSE;
          ECHO;
          do
          { while ((c=input())!='*')
              putchar(c);
            putchar(c);
            while ((c=input())=='*')
              putchar(c);
            putchar(c);
            if (c == '/' done = TRUE;
          } while (!done);
        }
%%
void main(void)
{ yylex();}
```

Esse exemplo mostra como o código pode ser escrito para evitar expressões regulares difíceis e implementar um DFA pequeno diretamente como uma ação Lex. Vale lembrar, da discussão na Seção 2.2.4, que uma expressão regular para um comentário em C é muito difícil de escrever. Em vez disso, escrevemos uma expressão regular apenas para a cadeia que inicia com um comentário em C – ou seja, **"/*"** –, e daí fornecemos o código para a ação de procurar a cadeia de final **"*/"**, juntamente com a ação apropriada para os outros caracteres dentro do comentário (nesse caso, para apenas ecoá-los). Isso é feito pela imitação do DFA do Exemplo 2.9 (ver Figura 2.4). Após o reconhecimento da cadeia **"/*"**, estamos no estado 3, e nosso código segue pelo DFA a partir dali. A primeira coisa a fazer, portanto, é seguir pelos caracteres (ecoando-os na saída) até encontrar um asterisco (que corresponde ao laço *outro*, no estado 3):

```
while ((c=input())!='*') putchar(c);
```

Usamos aqui outro procedimento interno, denominado **input**. A utilização desse procedimento, em vez da entrada direta com **getchar**, garante que o reservatório de entrada do Lex seja utilizado, e que a estrutura interna da cadeia de entrada seja preservada. Observe, entretanto, que utilizamos um procedimento de saída direta **putchar**. Isso será mais bem discutido na Seção 2.6.4.)

O próximo passo em nosso código para o DFA corresponde ao estado 4. Efetuamos outro ciclo até *não* encontrar um asterisco, e, se o caractere for uma barra, saímos; caso contrário, retornamos para o estado 3.

Encerramos esta subseção com um resumo das convenções Lex apresentadas nos exemplos.

RESOLUÇÃO DE AMBIGÜIDADE

A saída do Lex sempre casará a subcadeia mais longa com uma regra. Se duas ou mais regras casarem com subcadeias de mesmo comprimento, a saída do Lex selecionará a regra listada antes na seção de ações. Se nenhuma regra casar com uma cadeia não vazia, a ação básica copiará o caractere seguinte na saída e segue em frente.

INSERÇÃO DE CÓDIGO EM C

(1) Qualquer texto entre %{ e %} na seção de definição será copiado diretamente no programa de saída externamente a todos os procedimentos. (2) Qualquer texto na seção de procedimentos auxiliares será copiado diretamente no programa de saída no final do código Lex. (3) Qualquer código seguinte a uma expressão regular (separado dela por pelo menos um espaço) na seção de ações (após o primeiro %%) será inserido no ponto apropriado no procedimento de reconhecimento **yylex** e executado quando ocorrer um casamento com a expressão regular correspondente. O código em C que representa uma ação pode ser uma declaração única em C ou uma declaração composta por declarações apresentadas entre chaves.

NOMES INTERNOS

Na Tabela 2.3 temos os nomes internos Lex abordados neste capítulo. A maioria deles foi discutida nos exemplos anteriores.

Tabela 2.3 Alguns nomes internos Lex

Nome Interno Lex	Significado/Utilização
lex.yy.c or lexyy.c	Arquivo de saída Lex
yylex	Rotina de varredura Lex
yytext	Cadeia casou com ação corrente
yyin	Entrada Lex (padrão: **stdin**)
yyout	Saída Lex (padrão: **stdout**)
input	Rotina de entrada com reservatório Lex
ECHO	Ação básica Lex (imprime **yytext** em **yyout**)

Observamos uma característica nessa tabela não mencionada anteriormente: Lex tem nomes internos para os arquivos de entrada e de saída: **yyin** e **yyout**. A utilização da rotina de entrada padrão Lex **input** automaticamente captura a entrada do arquivo **yyin**. Entretanto, nos exemplos, não usamos o arquivo interno de saída **yyout**, mas sim a saída padrão com **printf** e **putchar**. Uma implementação melhor, com a saída atribuída para um arquivo arbitrário, teria esses procedimentos substituídos por **fprintf(yyout,...)** e **putc(...,yyout)**.

2.6.3 Um sistema de varredura TINY utilizando Lex

No Apêndice B temos uma listagem de um arquivo de entrada Lex **tiny.l** para gerar um sistema de varredura para a linguagem TINY, cujas marcas estão descritas na Seção 2.5 (ver Tabela 2.1). A seguir, apresentamos algumas observações sobre esse arquivo de entrada (linhas 3000-3072).

Primeiro, na seção de definições, o código em C inserido na saída Lex é composto pelas três diretivas **#include** (**globals.h**, **util.h** e **scan.h**) e a definição do atributo **tokenString**. Isso é necessário para a interface entre a varredura e o resto do compilador TINY.

O conteúdo restante da seção de definição trata das definições de nomes para as expressões regulares que definem as marcas TINY. Observe que a definição de **number** usa o nome definido anteriormente `digit` e a definição de `identifier` usa `letter`, definido anteriormente. As definições também diferenciam entre mudanças de linha e outros espaços em branco (espaços e tabulações, linhas 3019 e 3020), pois uma mudança de linha incrementa `lineno`.

A seção de ações da entrada Lex é composta pela listagem das marcas, juntamente com uma declaração `return` para devolver a marca apropriada conforme definido em `globals.h`. Na definição Lex, listamos as regras para palavras reservadas antes da regra para identificador. Se tivéssemos listado a regra para identificador antes, as regras de resolução de ambiguidade do Lex levariam ao reconhecimento sempre de um identificador em vez de uma palavra reservada. Poderíamos também escrever código como no sistema de varredura da seção anterior, em que apenas os identificadores são reconhecidos, e as palavras reservadas checadas em uma tabela. Isso seria preferível em um compilador real, pois palavras reservadas reconhecidas separadamente fazem o tamanho das tabelas no código de varredura gerado por Lex crescer enormemente (juntamente com a memória requerida pela varredura).

Um aspecto a ser considerado na entrada Lex é que precisamos escrever código para reconhecer comentários, para garantir que `lineno` seja atualizada corretamente, apesar de a expressão regular para comentários TINY ser fácil de escrever:

`"{"["^\}]*"}"`

(Observe o uso da barra invertida dentro dos colchetes para remoção da interpretação como metacaractere da chave à direita – aspas não podem ser usadas aqui.)[6]

Observamos também que não existe código para o retorno da marca `EOF` para o final do arquivo de entrada. O procedimento Lex `yylex` tem um comportamento padrão para `EOF` – ele devolve o valor 0. Por essa razão, a marca `ENDFILE` foi escrita primeiro na definição de `TokenType` em `globals.h` (linha 179), para obter o valor 0.

Finalmente, o arquivo `tiny.l` contém uma definição do procedimento `getToken` na seção de procedimentos auxiliares (linhas 3056-3072). Esse código contém algumas inicializações *ad hoc* para as variáveis internas Lex (como `yyin` e `yyout`), que seriam mais bem efetuadas diretamente no programa principal, mas ele nos permite usar o sistema de varredura gerado pelo Lex diretamente, sem alterar outros arquivos no compilador TINY.

Após a geração do arquivo de varredura em C `lex.yy.c` (ou `lexyy.c`), esse arquivo pode ser compilado e vinculado diretamente a outros arquivos-fonte TINY para produzir uma versão Lex do compilador. Entretanto, essa versão do compilador não apresenta um serviço da versão anterior, pois o código-fonte não é ecoado com números de linhas (ver Exercício 2.35).

EXERCÍCIOS

2.1 Escreva expressões regulares para os conjuntos de caracteres a seguir, ou apresente motivos para que elas não possam ser escritas:
(a) Cadeias de letras em caixa baixa começando e terminando com *a*.
(b) Cadeias de letras em caixa baixa começando ou terminando com *a* (ou ambas).

---

[6]. Algumas versões de Lex têm uma variável definida internamente `yylineno` que é atualizada automaticamente. O uso dessa variável em vez de `lineno` possibilitaria a eliminação de código especial.

(c) Cadeias de dígitos sem zeros à esquerda.
(d) Cadeias de dígitos que representem números pares.
(e) Cadeias de dígitos tais que todos os 2's ocorram antes de todos os 9's.
(f) Cadeias de *a*'s e *b*'s sem três *b*'s consecutivos.
(g) Cadeias de *a*'s e *b*'s com um número ímpar de *a*'s ou um número ímpar de *b*'s.
(h) Cadeias de *a*'s e *b*'s com um número par de *a*'s e um número par de *b*'s.
(i) Cadeias de *a*'s e *b*'s com exatamente a mesma quantidade de *a*'s e *b*'s.

2.2 Escreva descrições em português para as linguagens geradas pelas expressões regulares a seguir:
(a) `(a|b)*a(a|b|ε)`
(b) `(A|B...|Z)(a|b|...|z)*`
(c) `(aa|b)*(a|bb)*`
(d) `(0|1|...|9|A|B|C|D|E|F)+(x|X)`

2.3 (a) Muitos sistemas contêm uma versão de **grep** (*global regular expression print* – impressão global de expressões regulares), um programa para busca de expressões regulares originalmente escrito para Unix.[7] Encontre uma descrição para grep em um sistema de uso seu, e descreva suas convenções para meta-símbolos.
(b) Se seu editor aceitar alguma forma de expressão regular para busca em cadeias de caracteres, descreva suas convenções para meta-símbolos.

2.4 Nós descrevemos na definição de expressões regulares a precedência de operações, mas não sua associatividade. Por exemplo, não especificamos se `a|b|c` significa `(a|b)|c` ou `a|(b|c)`. O mesmo ocorre para concatenação. Qual o motivo disso?

2.5 Prove que, para qualquer expressão regular r, $L(r^{**}) = L(r^*)$.

2.6 Na descrição de marcas para uma linguagem de programação com expressões regulares, não é necessário contar com meta-símbolos ɸ (conjunto vazio) nem ε (cadeia vazia). Por quê?

2.7 Construa um DFA correspondente à expressão regular ɸ.

2.8 Construa DFAs para cada um dos conjuntos de caracteres dos itens **(a)–(i)** do Exercício 2.1, ou explique por que o DFA correspondente não existe.

2.9 Construa um DFA para aceitar as quatro palavras reservadas **case, char, const** e **continue** para a linguagem C.

2.10 Reescreva o pseudocódigo para a implementação do DFA para comentários em C (Seção 2.3.3) utilizando o caractere de entrada como teste do *case* externo e o estado como teste do *case* interno. Compare o seu pseudocódigo com o do texto. Quando seria preferível usar essa organização para o código que implementa um DFA?

2.11 Dê uma definição matemática para o ε-fecho de um conjunto de estados de um NFA.

2.12 (a) Use a construção de Thompson para converter a expressão regular `(a|b)*a(a|b)|ε)` em um NFA.
(b) Converta o NFA da parte (a) em um DFA usando a construção de subconjuntos.

2.13 (a) Use a construção de Thompson para converter a expressão regular `(aa|b)*(a|bb)*` em um NFA.
(b) Converta o NFA da parte (a) em um DFA usando a construção de subconjuntos.

2.14 Converta o NFA do Exemplo 2.10 (Seção 2.3.2) em um DFA usando a construção de subconjuntos.

---

7. Há, na verdade, três versões de grep na maioria dos sistemas Unix: grep "regular", egrep (grep estendido) e fgrep (*fast grep* – grep rápido).

2.15 Na Seção 2.4.1, foi mencionada uma simplificação da construção de Thompson para concatenação que elimina a ε-transição entre dois NFAs das expressões regulares concatenadas. Também foi mencionado que essa simplificação exigia que não ocorressem transições saindo do estado de aceitação em outros passos da construção. Dê um exemplo para mostrar o porquê disso. (*Dica*: considere uma nova construção de NFA para repetição, que elimine os novos estados de início e de aceitação, e considere o NFA para *r**s*.)

2.16 Use o algoritmo de minimização de estados da Seção 2.4.4 para os seguintes DFAs:

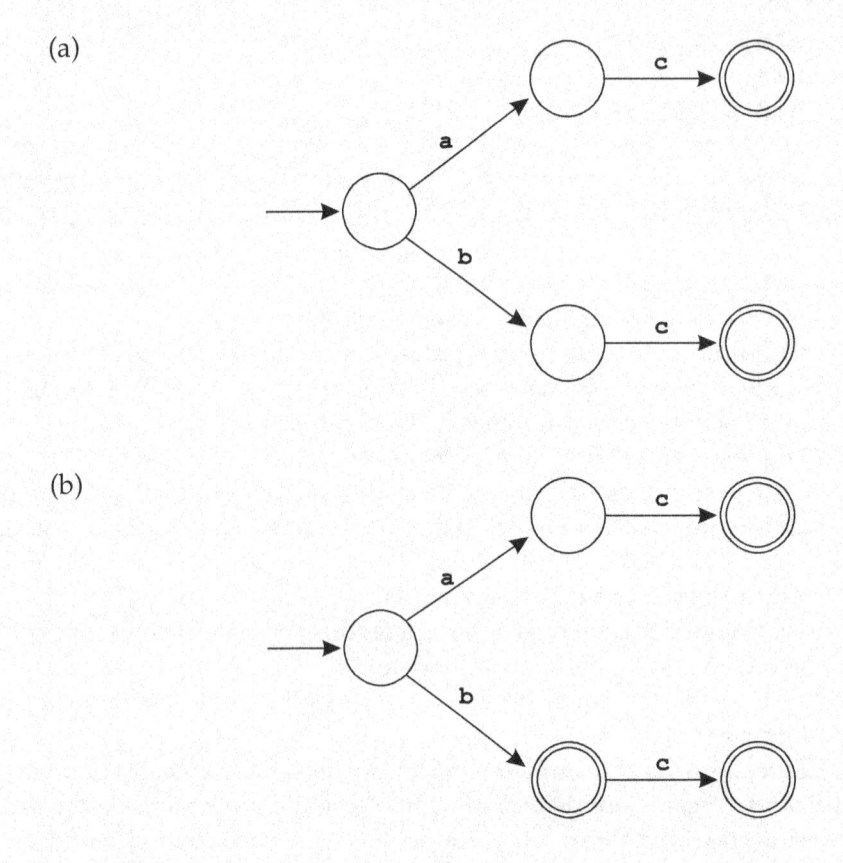

(a)

(b)

2.17 Em Pascal, há duas convenções para comentários: chaves { ... } (como em TINY) e pares parênteses-asterisco (* ... *). Escreva um DFA para reconhecer os dois estilos de comentários.

2.18 (a) Escreva uma expressão regular para comentários em C em notação Lex. (*Dica*: ver a discussão na Seção 2.2.3.)

(b) Demonstre que sua resposta na parte (a) está correta.

2.19 A expressão regular a seguir foi dada como definição Lex de comentários em C (ver Schreiner e Friedman [1985, p. 25]):

"/*""/"*([^*/]|[^*]"/"|"*"[^/])*"*""*""*"*/"

Demonstre que essa expressão está incorreta. (*Dica*: considere a cadeia /**_/*/.)

EXERCÍCIOS DE PROGRAMAÇÃO

2.20 Escreva um programa para colocar em caixa alta todos os comentários de um programa em C.

2.21 Escreva um programa para colocar em caixa alta todas as palavras reservadas fora dos comentários de um programa em C. (Uma lista de palavras reservadas de C pode ser obtida em Kernighan e Ritchie [1988, p. 192].)

2.22 Escreva um arquivo de entrada Lex para produzir um programa que coloque em caixa alta todos os comentários de um programa em C.

2.23 Escreva um arquivo de entrada Lex para produzir um programa que coloque em caixa alta todas as palavras reservadas fora de comentários de um programa em C (ver Exercício 2.21).

2.24 Escreva um arquivo de entrada Lex para produzir um programa que conte caracteres, palavras e linhas em um arquivo de texto e produza um relatório. Defina uma palavra como qualquer seqüência de letras e/ou dígitos, sem pontuação ou espaços. Pontuação e espaços não contam como palavras.

2.25 O código Lex do Exemplo 2.23 (Seção 2.6.2) pode ser reduzido com uma marca de controle global `inComment` para diferenciar o comportamento dentro de comentários do comportamento em outros pontos. Reescreva o código do exemplo para fazer isso.

2.26 Adicione comentários C aninhados ao código Lex do Exemplo 2.23.

2.27 (a) Reescreva o sistema de varredura para TINY, usando busca binária para palavras reservadas.

(b) Reescreva o sistema de varredura para TINY, usando uma tabela de *hashing* para palavras reservadas.

2.28 Remova o limite de 40 caracteres para identificadores no sistema de varredura TINY com alocação dinâmica de espaço para `tokenString`.

2.29 (a) Teste o comportamento do sistema de varredura quando o programa-fonte tiver linhas mais longas que o reservatório, e identifique o maior número possível de problemas.

(b) Reescreva o sistema de varredura TINY para remover os problemas encontrados na parte (a) (ou melhore seu comportamento). (Isso requer que sejam reescritos os procedimentos `getNextChar` e `ungetNextChar`.)

2.30 Uma alternativa para o uso do procedimento **ungetNextChar** no sistema de varredura TINY para implementar transições que não consomem caracteres é o uso de uma marca de controle booleana que indique se o caractere corrente deve ser consumido, evitando dessa maneira o retorno na entrada. Reescreva o sistema de varredura TINY para implementar esse método, e o compare com o código existente.

2.31 Adicione comentários aninhados ao sistema de varredura TINY com o uso de um contador denominado `nestLevel`.

2.32 Adicione comentários no estilo Ada no sistema de varredura TINY. (Um comentário em Ada começa com dois hífens e segue até o final da linha.)

2.33 Adicione a checagem de palavras reservadas em uma tabela ao sistema de varredura Lex para TINY (você pode utilizar busca linear, como no sistema de varredura escrito manualmente para TINY, ou qualquer outro método de busca sugerido no Exercício 2.27).

2.34 Adicione comentários do estilo Ada no código Lex para o sistema de varredura TINY. (Um comentário em Ada começa com dois hífens e segue até o final da linha.)

2.35 Adicione eco de linhas de código-fonte (usando a marca **EchoSource**) ao código Lex para o sistema de varredura TINY, para que, ao ativar a marca, cada linha do código-fonte seja impressa no arquivo de listagem com o número de linha correspondente. (Isso requer um conhecimento mais profundo de Lex do que o que foi apresentado.)

NOTAS E REFERÊNCIAS

A teoria matemática de expressões regulares e autômatos finitos é discutida em detalhes em Hopcroft e Ullman (1979), que contém referências ao desenvolvimento histórico dessa teoria. Em particular, encontramos ali uma prova da equivalência entre autômatos finitos e expressões regulares (usamos apenas uma direção dessa equivalência no presente capítulo). Encontramos também uma discussão a respeito do lema do bombeamento, e suas conseqüências nas limitações de expressões regulares para descrever padrões. Uma descrição mais detalhada do algoritmo de minimização de estados também pode ser encontrada ali, bem como uma prova do fato que os DFAs correspondentes são essencialmente únicos. A descrição de uma construção em um passo de um DFA para uma expressão regular (que contrasta com a abordagem em dois passos apresentada aqui) pode ser encontrada em Aho, Hopcroft e Ullman (1986). Um método para comprimir tabelas em um sistema de varredura, baseado em tabelas, também pode ser encontrado ali. Uma descrição da construção de Thompson com convenções de NFA um tanto diferentes das usadas neste livro é dada em Sedgewick (1990), com descrições de algoritmos para checagem em tabelas como busca binária e *hashing* para reconhecimento de palavras reservadas. (*Hashing* também é discutido no Capítulo 6.) Funções de *hashing* perfeito minimais, mencionadas na Seção 2.5.2, são discutidas em Cichelli (1980) e Sager (1985). Um programa denominado **gperf** é distribuído como parte do pacote de compiladores Gnu. Ele pode gerar rapidamente funções de *hashing* perfeito mesmo para conjuntos de palavras reservadas grandes. Essas funções, em geral, não são minimais, mas mesmo assim são bastante úteis na prática. Gperf é descrito em Schmidt (1990).

A descrição original do gerador de sistemas de varredura Lex pode ser encontrada em Lesk (1975), e ainda é relativamente precisa para as versões mais recentes. Versões posteriores, especialmente Flex (Paxson 1990), resolveram problemas de eficiência e competem até mesmo com sistemas de varredura cuidadosamente ajustados (Jacobson, 1987). Uma descrição útil de Lex pode também ser encontrada em Schreiner e Friedman (1985), juntamente com mais exemplos de programas Lex simples que resolvem diversos problemas de casamento de padrões. Uma breve descrição da família grep para casamentos de padrões (Exercício 2.3) pode ser encontrada em Kernighan e Pike (1984), e uma discussão mais detalhada em Aho (1979). A regra do deslocamento mencionada na Seção 2.2.3 (um uso do espaço em branco para formatação) é discutida em Landin (1966) e Hutton (1992).

Capítulo 3

Gramáticas Livres de Contexto e Análise Sintática

3.1 O processo de análise sintática
3.2 Gramáticas livres de contexto
3.3 Árvores de análise sintática e árvores sintáticas abstratas
3.4 Ambigüidade
3.5 Notações estendidas: EBNF e diagramas sintáticos
3.6 Propriedades formais de linguagens livres de contexto
3.7 Sintaxe da linguagem TINY

A **análise sintática** determina a sintaxe, ou estrutura, de um programa. A sintaxe de uma linguagem de programação é normalmente dada pelas **regras gramaticais** de uma **gramática livre de contexto**, de maneira similar à forma como a estrutura léxica das marcas reconhecidas pelo sistema de varredura é dada por expressões regulares. De fato, uma gramática livre de contexto utiliza convenções para nomes e operações muito similares às usadas por expressões regulares. A maior diferença é que as regras de uma gramática livre de contexto são **recursivas**. Por exemplo, a estrutura de uma declaração *if* deve, em geral, possibilitar o aninhamento de outras declarações *if*, o que não é permitido em expressões regulares. As conseqüências dessa alteração aparentemente elementar no poder de representação são enormes. A classe de estruturas reconhecíveis por gramáticas livres de contexto é significativamente maior que a de expressões regulares. Os algoritmos utilizados para o reconhecimento dessas estruturas são também bastante diferentes dos algoritmos para varredura, pois eles utilizam ativações recursivas ou uma pilha de análise sintática gerenciada explicitamente. As estruturas de dados utilizadas para representação da estrutura sintática de uma linguagem precisam agora ser recursivas em vez de lineares (como no caso de lexemas e marcas). A estrutura básica usada é, em geral, algum tipo de árvore, denominada **árvore de análise sintática** ou simplesmente **árvore sintática**.

Assim como no capítulo anterior, precisamos estudar a teoria de gramáticas livres de contexto antes dos algoritmos para análise sintática e dos detalhes para efetuar análise sintática utilizando esses algoritmos. Entretanto, diferentemente do que observamos nos sistemas de varredura, para os quais há essencialmente apenas um método algorítmico (representado por autômatos finitos), a análise sintática envolve uma escolha entre diversos métodos distintos, cada um apresentando propriedades e recursos próprios. Há, na verdade, duas categorias gerais de algoritmos para análise sintática: **ascendente** e **descendente** (conforme é construída a análise sintática e a árvore sintática correspondente). Uma discussão detalhada desses métodos será apresentada nos capítulos subseqüentes. Neste capítulo, daremos uma descrição geral do processo de análise sintática e estudaremos a teoria básica de gramáticas livres de contexto. Em uma seção final, veremos a sintaxe da linguagem TINY em termos de uma gramática livre de contexto. O leitor familiarizado com a teoria de gramáticas livres de contexto e árvores sintáticas pode saltar as seções intermediárias deste capítulo (ou usá-las para uma revisão).

3.1 O PROCESSO DE ANÁLISE SINTÁTICA

É tarefa do analisador sintático determinar a estrutura sintática de um programa a partir das marcas produzidas pela varredura e construir, explícita ou implicitamente, uma árvore de análise sintática, ou uma árvore sintática, que represente essa estrutura. Assim, o analisador sintático pode ser visto como uma função de seqüências de marcas produzidas pela varredura para a árvore sintática

$$seq\ddot{u}\hat{e}ncia\ de\ marcas \xrightarrow{analisador\ sint\acute{a}tico} \acute{a}rvore\ sint\acute{a}tica$$

Em geral, a seqüência de marcas não é um parâmetro explícito de entrada, mas o analisador sintático ativa um procedimento do sistema de varredura, como, por exemplo, **getToken**, para capturar a marca seguinte de entrada, sob demanda, durante o processo de análise sintática. Assim, o passo de análise sintática do compilador se reduz a uma ativação do analisador sintático:

```
syntaxTree = parse();
```

Em um compilador de única passada, o analisador sintático incorporará todas as outras fases de um compilador, inclusive a geração de código, e assim não há a necessidade de construção explícita da árvore sintática (os passos do analisador sintático representarão implicitamente a árvore sintática), portanto uma ativação

```
parse();
```

é suficiente. O mais comum é que o compilador seja de múltiplas passadas, e nesse caso as passadas subseqüentes utilizarão a árvore sintática como entrada.

A estrutura da árvore sintática depende da estrutura sintática específica da linguagem. Essa árvore é, em geral, definida como uma estrutura de dados dinâmica, em que cada nó é composto por um registro cujos campos contêm os atributos requeridos para o restante do processo de compilação (ou seja, não apenas os computados pelo analisador sintático). Freqüentemente, a estrutura dos nós será um registro de tamanho variável para economizar espaço. Campos de atributos podem também ser estruturas alocadas dinamicamente conforme a necessidade, o que também permite economizar espaço.

Um problema mais difícil para o analisador sintático que para o sistema de varredura é o tratamento de erros. No sistema de varredura, se um caractere encontrado não pode fazer parte de uma marca legal, ele é suficientemente simples para gerar uma marca de erro e consumir o caractere ilegal. (De certa forma, a produção da marca de erro significa deixar a dificuldade para o analisador sintático.) Esse analisador sintático, no entanto, precisa não apenas registrar uma mensagem de erro, mas também **recuperar** a condição sem erros e seguir em frente (para descobrir o maior número possível de erros). Por vezes, um analisador sintático pode efetuar **correção de erros**, inferindo um código possivelmente corrigido para a versão incorreta recebida. (Isso é normalmente efetuado apenas em casos simples.) Um aspecto particularmente importante da recuperação de erros é o registro de mensagens de erros que façam sentido e a revisão da análise sintática a partir de um ponto tão próximo do erro quanto possível. Isso não é fácil, pois o analisador sintático pode não descobrir um erro durante um trecho significativo do processo após a ocorrência do erro. As técnicas de recuperação de erros dependem do algoritmo específico de análise sintática utilizado, e por isso seu estudo ficará para os capítulos subseqüentes.

3.2 GRAMÁTICAS LIVRES DE CONTEXTO

Gramática livre de contexto é uma especificação para a estrutura sintática de uma linguagem de programação. Essa especificação é muito similar à especificação da estrutura léxica de uma linguagem por expressões regulares, exceto que uma gramática livre de contexto utiliza regras recursivas. Como exemplo efetivo, utilizaremos apenas expressões aritméticas simples envolvendo adição, subtração e multiplicação. Essas expressões podem ser dadas pela gramática a seguir:

$$exp \rightarrow exp\ op\ exp\ |\ (\ exp\ )\ |\ \mathbf{\textit{número}}$$
$$op \rightarrow +\ |\ -\ |\ *$$

3.2.1 Comparação com a Notação de Expressão Regular

Compare a gramática do exemplo anterior às regras de expressão regular dadas para **número** no capítulo precedente:

```
número = dígito dígito*
dígito = 0|1|2|3|4|5|6|7|8|9
```

Em regras de expressões regulares básicas, temos três operações: escolha (denotada pelo meta-símbolo de barra vertical), concatenação (sem meta-símbolo) e repetição (denotada pelo meta-símbolo de asterisco). Usamos também o sinal de igualdade para representar a definição de um nome para a expressão regular, e escrevemos o nome em itálico para diferenciá-la de uma seqüência de caracteres.

As regras gramaticais utilizam notação similar. Os nomes são escritos em itálico (mas agora com outra fonte, que diferenciem dos nomes para expressões regulares). A barra vertical ainda aparece como meta-símbolo para escolha. A concatenação é também utilizada como operação padrão. Não existe, entretanto, meta-símbolo para repetição (como o * das expressões regulares), um ponto sobre o qual retornaremos em breve. Outra diferença em notação é o uso do símbolo de seta $\rightarrow$ em vez da igualdade para expressar definições de nomes. Isso se deve ao fato de os nomes não poderem agora ser simplesmente substituídos por suas definições. Em vez disso, um processo de definição mais complexo deve ser usado, em razão da natureza recursiva das definições.[1] Em nosso exemplo, a regra para *exp* é recursiva, pois o nome *exp* aparece à direita da seta.

Observe também que as regras gramaticais utilizam expressões regulares como componentes. Nas regras para *exp* e *op* há, na verdade, seis expressões regulares, que representam marcas na linguagem. Cinco delas são marcas de caractere único: +, -, *, (e). Uma é o nome **número**, o nome de uma marca que representa seqüências de dígitos.

---

1. Ver discussão posterior no capítulo sobre regras gramaticais como equações.

Regras gramaticais similares a esse exemplo foram utilizadas pela primeira vez na descrição da linguagem Algol60. A notação foi desenvolvida por John Backus e adaptada por Peter Naur para o relatório da linguagem Algol60. Assim, as regras gramaticais nessa forma são normalmente chamadas de **forma de Backus-Naur**, ou **BNF**.

3.2.2 Especificação de Regras de Gramáticas Livres de Contexto

As regras gramaticais, como as expressões regulares, são definidas sobre um alfabeto, ou conjunto de símbolos. No caso de expressões regulares, esses símbolos são geralmente caracteres. No caso de regras gramaticais, os símbolos são normalmente marcas que representam cadeias de caracteres. No último capítulo, definimos as marcas em um sistema de varredura utilizando um tipo enumerado em C. Neste capítulo, para evitar detalhes sobre como representar as marcas em uma linguagem de implementação específica (como C), utilizaremos as próprias expressões regulares para representar as marcas. Quando uma marca for um símbolo fixo, como na palavra reservada `while` ou em símbolos especiais como `+` ou `:=`, escrevemos a própria cadeia na fonte utilizada no Capítulo 2. No caso de marcas como identificadores e números, que representam mais de uma cadeia, utilizamos fonte em itálico, como se a marca fosse um nome para uma expressão regular (que ela geralmente representa). Por exemplo, representaremos o alfabeto de marcas para a linguagem TINY como o conjunto

```
{if,then,else,end,repeat,until,read,write,
identificador,número,+,-,*,/,=,<,(,),;,:=}
```

em vez do conjunto de marcas (como definido no sistema de varredura TINY):

```
{IF,THEN,ELSE,END,REPEAT,UNTIL,READ,WRITE,ID,NUM,
PLUS,MINUS,TIMES,OVER,EQ,LT,LPAREN,RPAREN,SEMI,ASSIGN}
```

Dado um alfabeto, uma **regra de gramática livre de contexto em BNF** é composta por uma cadeia de símbolos. O primeiro símbolo é o nome para uma estrutura. O segundo símbolo é o meta-símbolo "→". Esse símbolo é seguido por uma cadeia de símbolos, cada um dos quais sendo um símbolo do alfabeto, um nome de estrutura ou o meta-símbolo "|".

Em termos informais, uma regra gramatical em BNF é interpretada da maneira descrita a seguir. A regra define a estrutura cujo nome está à esquerda da seta. A estrutura é definida como uma entre as escolhas à direita separadas pelas barras verticais. As seqüências de símbolos e nomes de estruturas em cada escolha definem o formato da estrutura. Por exemplo, considere as regras gramaticais do exemplo anterior:

$$exp \to exp\ op\ exp\ |\ (\ exp\ )\ |\ \mathit{número}$$
$$op \to +\ |\ -\ |\ *$$

A primeira regra define uma estrutura de expressão (denominada *exp*) composta por uma expressão seguida por um operador e outra expressão, ou uma expressão entre parênteses ou, ainda, um número. A segunda regra define um operador (denominado *op*) composto por um entre os símbolos +, - e *.

Os meta-símbolos e convenções utilizados aqui são similares aos amplamente utilizados, mas devemos observar que não há um padrão universal para essas convenções.

Alternativas comuns para o meta-símbolo de seta "→" são "=" (sinal de igualdade), ":" (dois-pontos) e "::=" ("dois-pontos duplos e igualdade"). Em arquivos de texto normais, também é necessário encontrar um substituto para o itálico. Isso é feito geralmente colocando-se os nomes de estruturas entre ângulos <...> e os nomes de marcas, que seriam escritos em itálico, em caixa alta. Desse modo, com convenções diferentes, as regras gramaticais antecedentes poderiam ser apresentadas assim

```
<exp> ::= <exp> <op> <exp> | (<exp>) | NÚMERO
<op> ::= + | - | *
```

Cada autor utilizará outras variações dessas notações. Algumas das mais significativas (que usaremos ocasionalmente) serão discutidas ainda nesta seção. Dois pequenos pontos adicionais quanto à notação devem ser discutidos de imediato.

Por vezes, é útil incluir parênteses nos meta-símbolos da notação BNF, pois eles ajudam a rearranjar a precedência em expressões regulares. Por exemplo, podemos reescrever as regras gramaticais acima como uma única regra gramatical:

$$exp \rightarrow exp(\text{"+"} \mid \text{"-"} \mid \text{"*"}) exp \mid \text{"("} exp \text{")"} \mid \textbf{número}$$

Nessa regra, os parênteses são necessários para agrupar as escolhas de operadores entre as expressões à direita, pois a concatenação tem precedência sobre a escolha (como nas expressões regulares). Assim, a regra a seguir teria um significado diferente (e incorreto):

$$exp \rightarrow exp \text{ "+"} \mid \text{"-"} \mid \text{"*"} \ exp \mid \text{"("} exp \text{")"} \mid \textbf{número}$$

Observe também que, com a inclusão dos parênteses como meta-símbolos, é preciso distinguir as marcas de parênteses dos meta-símbolos, o que é feito colocando-os entre aspas, como no caso das expressões regulares. (Colocamos também os símbolos de operadores entre aspas, para preservar a consistência.)

Os parênteses não são absolutamente necessários como meta-símbolos em BNF, pois é sempre possível separar as partes com parênteses em uma nova regra gramatical. A operação de escolha dada pelo meta-símbolo de barra vertical também não é necessária nas regras gramaticais se o mesmo nome puder aparecer qualquer número de vezes à esquerda das setas. Por exemplo, nossa gramática simples de expressões poderia ser apresentada assim:

$$exp \rightarrow exp \ op \ exp$$
$$exp \rightarrow (\ exp\ )$$
$$exp \rightarrow \textbf{número}$$
$$op \rightarrow \textbf{+}$$
$$op \rightarrow \textbf{-}$$
$$op \rightarrow \textbf{*}$$

Entretanto escreveremos, em geral, as regras gramaticais de forma a listar todas as escolhas para cada estrutura em uma única regra, e de forma que cada nome de estrutura apareça somente uma vez à esquerda da seta.

Algumas vezes, podemos preferir uma notação simplificada para apresentar os exemplos de regras gramaticais. Nesses casos, utilizaremos letras em caixa alta para nomes de estruturas e letras em caixa baixa para símbolos de marcas individuais (que freqüentemente são caracteres únicos). Assim, nossa gramática de expressões simples poderia ser escrita da seguinte maneira

$$E \to E\,O\,E\,|\,(\,E\,)\,|\,\mathbf{n}$$
$$O \to\ +\ |-|\ *$$

Eventualmente, simplificaremos a notação quando estivermos utilizando apenas caracteres como marcas, eliminando a variação de tipo de fonte:

$$E \to E\,O\,E\,|\,(\,E\,)\,|\,a$$
$$O \to +\,|\,-\,|\,*$$

3.2.3 Derivações e a Linguagem Definida por uma Gramática

Apresentamos agora uma descrição de como as regras gramaticais determinam uma "linguagem", ou seja, um conjunto de cadeias de marcas legais.

As regras de gramáticas livres de contexto determinam o conjunto de cadeias de símbolos para marcas consideradas sintaticamente legais para as estruturas definidas pelas regras. Por exemplo, a expressão aritmética

    (34-3)*42

corresponde à cadeia legal com sete marcas

    (número - número) * número

na qual as marcas **número** têm sua estrutura determinada pela varredura e a cadeia é uma expressão legal, pois cada parte corresponde a escolhas proporcionadas pelas regras gramaticais

$$exp \to exp\ op\ exp\,|\,(\ exp\ )\,|\,\mathbf{n\'umero}$$
$$op \to\ +\,|\,-\,|\,*$$

Em contrapartida, a cadeia

    (34-3*42

não é uma expressão legal, pois os parênteses não casam à direita e à esquerda, e a segunda escolha na regra gramatical para *exp* requer a geração de parênteses aos pares.

As regras gramaticais determinam as cadeias legais de símbolos para marcas fazendo uso de derivações. Uma **derivação** é uma seqüência de substituições de nomes de estruturas por escolhas à direita das regras gramaticais. Uma derivação começa com um único nome de estrutura e termina com uma cadeia de símbolos para marcas. A cada passo na derivação, uma única substituição é efetuada com base em uma escolha de regra gramatical.

Como exemplo, na Figura 3.1 temos uma derivação para a expressão **(34-3)*42** com base nas regras gramaticais dadas em nossa gramática de expressões simples. Em cada passo, a escolha utilizada da regra gramatical para a substituição é dada à direita. (Também enumeramos os passos para referência futura.)

(1) $exp \Rightarrow exp\ op\ exp$ $[exp \rightarrow exp\ op\ exp]$
(2) $\Rightarrow exp\ op\ \mathbf{número}$ $[exp \rightarrow \mathbf{número}]$
(3) $\Rightarrow exp\ \mathbf{*}\ \mathbf{número}$ $[op \rightarrow \mathbf{*}]$
(4) $\Rightarrow \mathbf{(}\ exp\ \mathbf{)}\ \mathbf{*}\ \mathbf{número}$ $[exp \rightarrow \mathbf{(}\ exp\ \mathbf{)}\ ]$
(5) $\Rightarrow \mathbf{(}\ exp\ op\ exp\ \mathbf{)}\ \mathbf{*}\ \mathbf{número}$ $[exp \rightarrow exp\ op\ exp]$
(6) $\Rightarrow \mathbf{(}\ exp\ op\ \mathbf{número)}\ \mathbf{*}\ \mathbf{número}$ $[exp \rightarrow \mathbf{número}]$
(7) $\Rightarrow \mathbf{(}\ exp\ \mathbf{-}\ \mathbf{número)}\ \mathbf{*}\ \mathbf{número}$ $[op \rightarrow \mathbf{-}]$
(8) $\Rightarrow \mathbf{(número\ -\ número)}\ \mathbf{*}\ \mathbf{número}$ $[exp \rightarrow \mathbf{número}]$

Figura 3.1   Uma derivação para a expressão aritmética $\mathtt{(34-3)*42}$.

Observe que os passos de derivação usam uma seta diferente daquela usada como meta-símbolo nas regras gramaticais. Isso se deve à diferença entre um passo de derivação e uma regra gramatical: as regras **definem** e os passos de derivação **constroem** por substituição. No primeiro passo da Figura 3.1, o *exp* único é substituído pela cadeia *exp op exp* da direita da regra *exp* → *exp op exp* (a primeira escolha em BNF para *exp*). No segundo passo, o *exp* mais à direita na cadeia *exp op exp* é substituído pelo símbolo **número** da direita da escolha *exp* → **número** para obter a cadeia *exp op* **número**. No terceiro passo, o *op* é substituído pelo símbolo ***** à direita da regra *op* → ***** (a terceira escolha em BNF para *op*) para obter a cadeia *exp* *** número**. E assim por diante.

O conjunto de cadeias de símbolos para marcas obtido por derivações para *exp* é a **linguagem definida pela gramática** das expressões. Essa linguagem contém todas as expressões sintaticamente legais. Isso pode ser escrito de forma simbólica como

$$L(G) = \{s \mid exp \Rightarrow {}^*s\}$$

em que *G* representa a gramática de expressões, *s* representa uma cadeia arbitrária de marcas para símbolos (por vezes denominada **sentença**) e os símbolos ⇒ *representam uma derivação composta por uma seqüência de substituições conforme descrito anteriormente. (O asterisco é utilizado para indicar uma seqüência de passos, da mesma forma como indica repetição nas expressões regulares.) As regras gramaticais são por vezes denominadas **produções**, porque elas "produzem" as cadeias em *L(G)* com base nas derivações.

Cada nome de estrutura em uma gramática define sua própria linguagem de cadeias para marcas sintaticamente legais. Por exemplo, a linguagem definida por *op* em nossa gramática de expressões simples define a linguagem {**+**, **-**, *****}, composta por apenas três símbolos. Normalmente, estamos mais interessados na linguagem definida pela estrutura mais geral em uma gramática. A gramática para uma linguagem de programação freqüentemente define uma estrutura denominada *programa*, e a linguagem dessa estrutura é o conjunto de programas sintaticamente legais da linguagem de programação (observe que usamos a palavra "linguagem" com dois sentidos distintos).

Por exemplo, Pascal em BNF deve começar assim

        programa → *programa-cabeçalho* **;** *programa-bloco* **.**
        programa-cabeçalho → . . .
        programa-bloco → . . .
        . . .

(A primeira regra indica que um programa é composto por um cabeçalho seguido por um ponto-e-vírgula, um bloco e um ponto final.) Em linguagens com compilação em separado como C, a estrutura mais geral freqüentemente é denominada *unidade de compilação*. Em todos os casos, assumimos que a estrutura mais geral vem antes nas regras gramaticais, a menos que seja especificado explicitamente de forma diferente. (Na teoria matemática de gramáticas livres de contexto, essa estrutura é denominada **símbolo inicial**.)

Um item adicional de terminologia nos permite diferenciar mais claramente nomes de estruturas e símbolos do alfabeto (que denominamos até aqui símbolos para marcas, pois eles são, em geral, marcas em aplicações de compilador). Os nomes de estruturas são também chamados **não-terminais**, pois eles podem sempre ser substituídos em uma derivação (ou seja, eles não terminam a derivação). Já os símbolos do alfabeto são denominados **terminais**, porque eles terminam a derivação. Os terminais são, em geral, marcas em aplicações de compilador, portanto utilizaremos esses dois nomes como sinônimos. Freqüentemente, tanto terminais como não-terminais são denominados símbolos.

Consideremos agora alguns exemplos de linguagens geradas por gramáticas.

Exemplo 3.1
Considere a gramática G com a regra gramatical única

$$E \to (E) \mid a$$

Essa gramática tem um não-terminal E e três terminais, $($, $)$ e a. Ela gera a linguagem $L(G) = \{ a, (a), ((a)), (((a))),...\} = \{ (^n a)^n \mid n \text{ inteiro} \geq 0\}$, ou seja, as cadeias compostas por 0 ou mais parênteses à esquerda, um a e o mesmo número de parênteses à direita. Como exemplo de derivação para uma dessas cadeias, apresentamos uma derivação para $((a))$:

$$E \Rightarrow (E) \Rightarrow ((E)) \Rightarrow ((a))$$

Exemplo 3.2
Considere a gramática G com a regra gramatical única

$$E \to (E)$$

Essa gramática é igual à do exemplo anterior, exceto que a opção $E \to a$ não aparece. Essa gramática não gera cadeia alguma, ou seja, sua linguagem é vazia: $L(G) = \{\ \}$. Isso se deve ao fato de que qualquer derivação que comece com E gera cadeias que sempre contêm E. Assim, não é possível derivar uma cadeia composta apenas por terminais. Assim como todos os processos recursivos (como provas por indução e funções recursivas), uma regra gramatical que defina recursivamente uma estrutura deve sempre ter pelo menos um caso não recursivo (que é chamado de **caso base**). A regra gramatical desse exemplo não tem um caso base, e qualquer derivação leva a uma recursão infinita.

Exemplo 3.3
Considere a gramática G com a regra gramatical única

$$E \to E + a \mid a$$

Essa gramática gera as cadeias compostas por *a*'s separados por +:

$$L(G) = \{\, a, a + a, a + a + a, a + a + a + a, \ldots \}$$

Informalmente, considere o efeito da regra $E \to E + a$: a cadeia +*a* é repetida à direita em uma derivação:

$$E \Rightarrow E + a \Rightarrow E + a + a \Rightarrow E + a + a + a \Rightarrow \ldots$$

Finalmente, precisamos substituir o E à esquerda com o caso base $E \to a$.

Mais formalmente, isso pode ser provado por indução. Primeiro, mostramos que todas as cadeias $a + a + \ldots + a$ estão em $L(G)$ por indução no número de *a*'s. A derivação $E \Rightarrow a$ mostra que *a* está em $L(G)$; assumindo que $s = a + a + \ldots + a$, com $n - 1$ *a*'s, está em $L(G)$, há uma derivação $E \Rightarrow^* s$. A derivação $E \Rightarrow E + a \Rightarrow^* s + a$ mostra que a cadeia $s + a$, com $n + a$'s, está em $L(G)$. Mostramos também que qualquer cadeia s de $L(G)$ deve ser da forma $a + a + \ldots + a$. Isso é mostrado por indução no comprimento da derivação. Se a derivação tiver comprimento 1, ela tem a forma $E \Rightarrow a$, e portanto s tem a forma correta. Assumindo que seja verdadeira a hipótese para todas as cadeias com derivações de comprimento $n - 1$, e que $E \Rightarrow^* s$ seja uma derivação de comprimento $n > 1$, essa derivação deve começar com a substituição de E por $E + a$. Assim, ela tem a forma $E \Rightarrow E + a \Rightarrow^* s' + a = s$. Portanto, s' tem uma derivação de comprimento $n - 1$, ou seja, tem a forma $a + a + \ldots + a$. Ou seja, s precisa ter essa mesma forma.

Exemplo 3.4
Considere a gramática de declarações extremamente simplificada a seguir:

declaração → *if-decl* | **outra**
if-decl → **if** (*exp*) *declaração*
    | **if** (*exp*) *declaração* **else** *declaração*
exp → **0** | **1**

A linguagem dessa gramática é composta por declarações *if* aninhadas como em C. (Simplificamos as expressões de testes lógicos para 0 ou 1, e todas as outras declarações sem *if* estão agrupadas no terminal **outra**.) Exemplos de cadeias nessa linguagem são

```
outra
if (0) outra
if (1) outra
if (0) outra else outra
if (1) outra else outra
if (0) if (0) outra
if (0) if (1) outra else outra
if (1) outra else if (0) outra else outra
...
```

Observe como a parte *else* opcional é indicada por uma escolha separada na regra gramatical para *if-decl*.

Observamos anteriormente que as regras gramaticais em BNF tratam de concatenação e de escolha, mas não têm uma operação específica de repetição equivalente à * das expressões regulares. Essa operação é desnecessária, pois a repetição pode ser construída por recursão (como é conhecida pelos programadores em linguagens funcionais). Por exemplo, a regra gramatical

$$A \to A\,a \mid a$$

ou

$$A \to a\,A \mid a$$

gera a linguagem $\{a^n \mid n \text{ inteiro} \geq 1\}$ (o conjunto de cadeias com um ou mais a's), que é a mesma linguagem gerada pela expressão regular **a+**. Por exemplo, a cadeia *aaaa* pode ser gerada pela primeira regra gramatical com as derivações

$$A \Rightarrow Aa \Rightarrow Aaa \Rightarrow Aaaa \Rightarrow aaaa$$

Uma derivação similar ocorre com a segunda regra gramatical. A primeira regra é **recursiva à esquerda**, pois o A não-terminal aparece como primeiro símbolo à direita da regra que define A.[2] A segunda regra é **recursiva à direita**.

O exemplo 3.3 é outro caso de uma regra gramatical recursiva à esquerda, que leva à repetição da cadeia "+a". Esse e o exemplo anterior podem ser generalizados como segue. Considere uma regra

$$A \to A\,\alpha \mid \beta$$

na qual α e β representam cadeias arbitrárias e β não começa com A. Essa regra gera todas as cadeias da forma β, $\beta\alpha$, $\beta\alpha\alpha$, $\beta\alpha\alpha\alpha$, ... (todas as cadeias começando com um β, seguidos por 0 ou mais α's). Assim, a regra gramatical é equivalente em efeito à expressão regular $\beta\alpha^*$. De maneira similar, a regra gramatical recursiva à direita

$$A \to \alpha\,A \mid \beta$$

(na qual β não termina em A) gera todas as cadeias β, $\alpha\beta$, $\alpha\alpha\beta$, $\alpha\alpha\alpha\beta$, ...

Se quisermos escrever uma gramática para gerar a mesma linguagem que a expressão regular **a***, precisamos de uma notação para uma regra gramatical que gere a cadeia vazia (pois a expressão regular **a*** casa com a cadeia vazia). Essa regra gramatical precisa ter um lado direito vazio. Podemos simplesmente deixar o lado direito em branco, como em

$$vazio \to$$

mas o mais comum é usar o meta-símbolo epsilon para a cadeia vazia (como ocorre nas expressões regulares):

$$vazio \to \varepsilon$$

---

[2]. Isso é um caso especial de recursão à esquerda denominado **recursão imediata à esquerda**. Casos mais gerais serão discutidos no próximo capítulo.

Essa regra gramatical é denominada **ε-produção**. Uma gramática a qual gera uma linguagem que contenha a cadeia vazia precisa de pelo menos uma **ε-produção**.

Podemos agora escrever uma gramática equivalente à expressão regular **a*** como

$$A \to A\,\alpha \mid \varepsilon$$

ou

$$A \to \alpha\,A \mid \varepsilon$$

As duas gramáticas geram a linguagem $\{a^n \mid n \text{ inteiro} \geq 0\} = L(\mathbf{a*})$. As ε-produções são também úteis para definir estruturas opcionais, conforme será visto em breve.

Concluímos esta subseção com alguns exemplos adicionais.

Exemplo 3.5
Considere a gramática

$$A \to (A)\,A \mid \varepsilon$$

Essa gramática gera as cadeias de "parênteses balanceados". Por exemplo, a cadeia (( ) (( ))) ( ) é gerada pela derivação a seguir (a ε-produção é utilizada para fazer desaparecer o A quando necessário):

$$A \Rightarrow (A)\,A \Rightarrow (A)\,(A)\,A \Rightarrow (A)\,(A) \Rightarrow (A)\,(\,) \Rightarrow (\,(A\,)\,A\,)\,(\,)$$
$$\Rightarrow (\,(\,)A\,)\,(\,) \Rightarrow (\,(\,)\,(A)\,A\,)\,(\,) \Rightarrow (\,(\,)\,(A)\,)\,(\,)$$
$$\Rightarrow (\,(\,)\,(\,(A)\,A\,)\,)\,(\,) \Rightarrow (\,(\,)\,(\,(\,)\,A\,)\,)\,(\,) \Rightarrow (\,(\,)\,(\,(\,)\,)\,)\,(\,)$$

Exemplo 3.6
A gramática de declarações do Exemplo 3.4 pode ser escrita da seguinte maneira, usando uma ε-produção:

declaração → *if-decl* | **outra**
if-decl → **if (** *exp* **)** *declaração else-parte*
else-parte → **else** *declaração* | ε
exp → **0** | **1**

Observe como a ε-produção indica que a estrutura *else-parte* é opcional.

Exemplo 3.7
Considere a gramática G a seguir para uma seqüência de declarações:

decl-seqüência → *decl* **;** *decl-seqüência* | *decl*
decl → **s**

Essa gramática gera seqüências com uma ou mais declarações separadas por ponto-e-vírgula (as sentenças foram abstraídas como o terminal único **s**):

$$L(G) = \{\,\mathbf{s},\ \mathbf{s;s},\ \mathbf{s;s;s},\ ...\}$$

Se quisermos permitir também a seqüência vazia, podemos escrever a seguinte gramática *G'*:

decl-seqüência → *decl* **;** *decl-seqüência* | ε
decl → **s**

mas isso transforma o ponto-e-vírgula em um **terminador** em vez de **separador**:

$L(G') = \{\ \varepsilon, \mathbf{s;},\ \mathbf{s;s;},\ \mathbf{s;s;s;},\ldots\}$

Se quisermos permitir a seqüência vazia mas também preservar o ponto-e-vírgula como separador, precisamos escrever a gramática desta forma:

decl-seqüência → *decl-seqüência-não-vazia* | ε
decl-seqüência-não-vazia → *decl* **;** *decl-seqüência-não-vazia* | *decl*
decl → **s**

Esse exemplo mostra o cuidado que deve ser tomado na colocação de ε-produções para construir estruturas opcionais.

3.3 ÁRVORES DE ANÁLISE SINTÁTICA E ÁRVORES SINTÁTICAS ABSTRATAS

3.3.1 Árvores de Análise Sintática

Uma derivação proporciona um método para a construção de uma cadeia específica de terminais partindo de um não-terminal inicial. Mas as derivações não representam unicamente a estrutura das cadeias construídas. Em geral, existem muitas derivações para a mesma cadeia. Por exemplo, construímos a cadeia de marcas

(**número** - **número**) * **número**

para nossa gramática de expressões simples, utilizando a derivação na Figura 3.1. Uma segunda derivação para essa cadeia é dada na Figura 3.2. A única diferença entre as duas derivações é a ordem das substituições, que é, na verdade, uma diferença superficial. Para esclarecer, precisamos de uma representação para a estrutura de uma cadeia de terminais que abstraia as características essenciais de uma derivação e fatore as diferenças superficiais de ordem. A representação que faz isso é uma estrutura de árvore, denominada árvore de análise sintática.

(1) *exp* ⇒ *exp op exp*   [*exp* → *exp op exp*]
(2)   ⇒ (*exp*) *op exp*   [*exp* → (*exp*)]
(3)   ⇒ (*exp op exp*) *op exp*   [*exp* → *exp op exp*]
(4)   ⇒ (**número** *op exp*) *op exp* [*exp* → **número**]
(5)   ⇒ (**número** - *exp*) *op exp*   [*op* → -]
(6)   ⇒ (**número** - **número**) *op exp* [*exp* → **número**]
(7)   ⇒ (**número** - **número**) * *exp* [*op* → *]
(8)   ⇒ (**número** - **número**) * **número** [*exp* → **número**]

Figura 3.2   Outra derivação para a expressão (34-3)*42.

Uma **árvore de análise sintática** correspondente a uma derivação é uma árvore rotulada cujos nós interiores são rotulados por não-terminais, nós-folha são rotulados por terminais e filhos de cada nó interno representam a substituição do não-terminal associado em um passo de derivação.

Como exemplo simples, a derivação

$$\begin{aligned} exp &\Rightarrow exp\ op\ exp \\ &\Rightarrow \textbf{\textit{número}}\ op\ exp \\ &\Rightarrow \textbf{\textit{número}}\ +\ exp \\ &\Rightarrow \textbf{\textit{número}}\ +\ \textbf{\textit{número}} \end{aligned}$$

corresponde à árvore de análise sintática

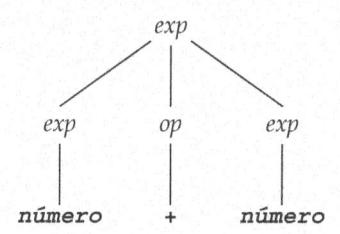

```
              exp
           /   |   \
         exp   op   exp
          |    |     |
       número  +   número
```

O primeiro passo na derivação corresponde aos três filhos do nó-raiz. O segundo passo corresponde ao único filho **número** do *exp* à esquerda abaixo do raiz, e de maneira similar para os dois passos restantes. Podemos tornar essa correspondência explícita enumerando os nós internos da árvore de análise sintática pelo número do passo em que o não-terminal associado é substituído em uma derivação correspondente. Assim, se enumerarmos a derivação acima da seguinte maneira:

(1) $exp \Rightarrow exp\ op\ exp$
(2) $\Rightarrow \textbf{\textit{número}}\ op\ exp$
(3) $\Rightarrow \textbf{\textit{número}}\ +\ exp$
(4) $\Rightarrow \textbf{\textit{número}}\ +\ \textbf{\textit{número}}$

poderemos enumerar os nós internos da árvore de análise sintática:

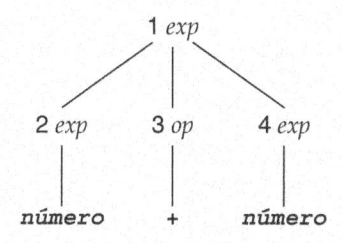

```
              1 exp
           /    |    \
        2 exp  3 op  4 exp
          |     |      |
       número   +    número
```

Observe que essa enumeração dos nós internos da árvore de análise sintática é, na verdade, uma **enumeração em pré-ordem**.

A mesma árvore de análise sintática corresponde também às derivações

$$exp \Rightarrow exp\ op\ exp$$
$$\Rightarrow exp\ op\ \textbf{número}$$
$$\Rightarrow exp\ \textbf{+ número}$$
$$\Rightarrow \textbf{número + número}$$

e

$$exp \Rightarrow exp\ op\ exp$$
$$\Rightarrow exp\ \textbf{+}\ exp$$
$$\Rightarrow \textbf{número +}\ exp$$
$$\Rightarrow \textbf{número + número}$$

mas enumerações diferentes dos nós internos seriam aplicáveis. A primeira corresponde à seguinte enumeração:

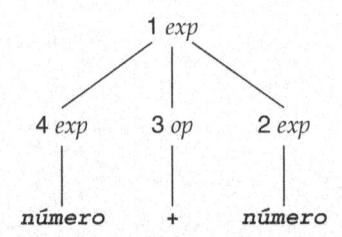

```
            1 exp
         /   |   \
     4 exp  3 op  2 exp
       |     |     |
    número   +   número
```

(Deixamos para o leitor construir a enumeração para a segunda.) Nesse caso, a enumeração é o inverso de uma **enumeração em pós-ordem** dos nós internos da árvore de análise sintática. (Um percurso em pós-ordem visitaria os nós internos na ordem 4, 3, 2, 1.)

Uma árvore de análise sintática corresponde, em geral, a muitas derivações, as quais representam a mesma estrutura básica para as cadeias de terminais analisadas. Entretanto, pode-se distinguir derivações particulares que são associadas unicamente à árvore de análise sintática. Uma **derivação à esquerda** é uma derivação em que o não-terminal mais à esquerda é substituído a cada passo da derivação. Da mesma forma, uma **derivação à direita** é uma derivação em que o não-terminal mais à direita é substituído a cada passo da derivação. Uma derivação à esquerda corresponde à enumeração em pré-ordem dos nós internos de sua árvore de análise sintática associada, e uma derivação à direita corresponde a uma enumeração em pós-ordem invertida.

Vimos essa correspondência nas três derivações e na árvore de análise sintática do exemplo dado acima. A primeira das três derivações é uma derivação à esquerda, e a segunda é uma derivação à direita. (A terceira derivação não é à esquerda nem à direita.)

Como exemplo um pouco mais complexo de árvore de análise sintática e de derivações à esquerda e à direita, voltemos à expressão **(34-3)*42** e às derivações dadas nas Figuras 3.1 e 3.2. A árvore de análise sintática para essa expressão é dada na Figura 3.3, em que os nós foram também enumerados de acordo com a derivação da Figura 3.1. Essa derivação é de fato à direita, e a enumeração da árvore de análise sintática é em pós-ordem invertida. A derivação da Figura 3.2, no entanto, é à esquerda. (Sugerimos ao leitor que construa uma enumeração em pré-ordem para a árvore de análise sintática correspondente a essa derivação.)

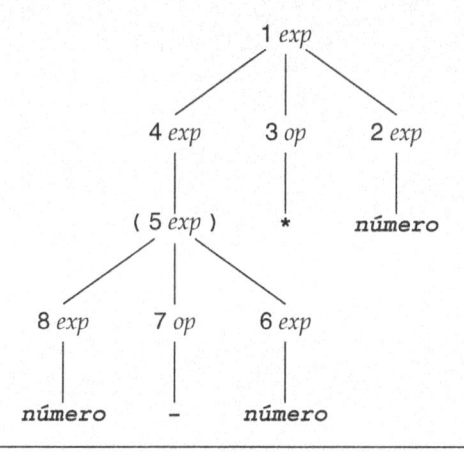

```
                    1 exp
           ┌──────────┼──────────┐
        4 exp       3 op       2 exp
           │          │          │
       ( 5 exp )      *        número
      ┌────┼────┐
   8 exp  7 op  6 exp
      │    │    │
   número  -  número
```

Figura 3.3 Árvore de análise sintática para a expressão aritmética (34-3)*42.

3.3.2 Árvores Sintáticas Abstratas

Uma árvore de análise sintática é uma representação útil da estrutura de uma cadeia de marcas, pois as marcas aparecem como folhas da árvore (da esquerda para a direita), e os nós internos representam os passos em uma derivação (em alguma ordem). Entretanto, uma árvore de análise sintática contém muito mais informação que o absolutamente necessário para um compilador gerar código executável. Para verificar isso, considere a árvore de análise sintática para a expressão **3+4** segundo nossa gramática de expressões simples:

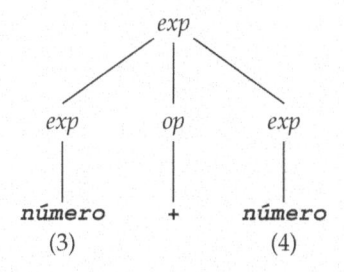

```
              exp
        ┌──────┼──────┐
       exp    op     exp
        │     │       │
      número  +     número
       (3)           (4)
```

Essa é a árvore de análise sintática para um exemplo anterior. Aumentamos a árvore para exibir o valor numérico atual de cada marca **número** (esse atributo da marca é computado durante a varredura ou a análise sintática). O **princípio da tradução direcionada por sintaxe** estabelece que o significado, ou semântica, da cadeia **3+4** deveria ser diretamente relacionado a sua estrutura sintática representada na árvore de análise sintática. Nesse caso, o princípio da tradução direcionada por sintaxe indica que a árvore de análise sintática determina que o valor de 3 e o valor de 4 devem ser somados. Essa árvore pode ser entendida da seguinte maneira: o nó-raiz representa a operação de soma dos valores das subárvores filhas *exp*. Cada subárvore representa o valor de seu filho único tipo **número**. Entretanto, há uma forma muito mais simples de representar essa mesma informação, como a árvore

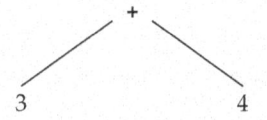

```
         +
        ┌┴┐
       3   4
```

O nó-raiz é rotulado pela operação que ele representa, e as folhas são rotuladas pelos valores (em vez das marcas **número**). De forma similar, a expressão **(34-3)*42**, cuja árvore de análise sintática é dada na Figura 3.3, pode ser representada de maneira mais simples pela árvore

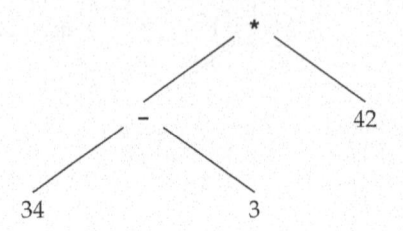

```
        *
       / \
      -   42
     / \
    34   3
```

Nessa árvore, os parênteses desapareceram, mas o conteúdo semântico de subtrair 3 de 34 e então multiplicar o resultado por 42 é representado com precisão.

Árvores como essa representam abstrações das seqüências de marcas do código-fonte, e essas seqüências não podem ser recuperadas a partir delas (ao contrário do que ocorre com as árvores de análise sintática). Não obstante, elas contêm toda a informação necessária para a tradução, de uma forma mais eficiente que a das árvores de análise sintática. Essas árvores são denominadas **árvores abstratas de análise sintática**, ou **árvores sintáticas abstratas**. Um analisador sintático efetua todos os passos representados na árvore de análise sintática, mas, em geral, constrói apenas uma árvore sintática abstrata (ou equivalente).

Árvores sintáticas abstratas podem ser entendidas como uma representação em forma de árvore de uma notação simplificada, denominada **sintaxe abstrata**, da mesma forma que uma árvore de análise sintática é uma representação da estrutura da sintaxe ordinária (também denominada **sintaxe concreta**, em comparação com a sintaxe abstrata). Por exemplo, a sintaxe abstrata para a expressão **3+4** poderia ser escrita como *OpExp*(*Soma*, *ConstExp*(3), *ConstExp*(4)), e a sintaxe abstrata para a expressão **(34-3)*42** poderia ser escrita como

OpExp(*Mult*, *OpExp*(*Subtr*, *ConstExp*(34), *ConstExp*(3)), *ConstExp*(42))

De fato, a sintaxe abstrata pode ser formalmente definida com uma notação BNF, da mesma forma que a sintaxe concreta. Por exemplo, poderíamos escrever as regras BNF a seguir para a sintaxe abstrata de nossas expressões aritméticas simples da seguinte maneira

exp → *OpExp*(*op*, *exp*, *exp*) | *ConstExp*(*inteiro*)
op → *Soma* | *Subtr* | *Mult*

Esse tópico não será detalhado. Nosso interesse principal é na estrutura de árvore da sintaxe a ser utilizada pelo analisador sintático, o que será dado por uma declaração de tipo de dados.[3] Por exemplo, as árvores sintáticas abstratas para nossas expressões aritméticas simples podem ser escritas como declarações de tipos de dados em C

```
typedef enum {Plus, Minus, Times} OpKind;
typedef enum {OpK, ConstK} ExpKind;
```

---

3. Existem linguagens para as quais a sintaxe abstrata dada até aqui é essencialmente uma declaração de tipo. Ver Exercícios.

```
typedef struct streenode
    { ExpKind kind;
      OpKind op;
      struct streenode *lchild, *rchild;
      int val;
    } STreeNode;
typedef STreeNode *SyntaxTree;
```

Observe que utilizamos tipos enumerados para as duas formas distintas de nós de árvores sintáticas (constantes inteiras e operações), bem como para as operações propriamente ditas (soma, subtração e multiplicação). Provavelmente, utilizaríamos as marcas para representar as operações, em vez de definir um novo tipo enumerado. Poderíamos também ter utilizado um tipo **union** em C para economizar espaço, pois um nó não pode ser um operador e uma constante simultaneamente. Finalmente, observamos que essas declarações de nós de árvore incluem apenas os atributos necessários diretamente para o nosso exemplo. Em situações práticas, há muito mais campos para os atributos de compilação, como tipos de dados, informações sobre tabela de símbolos, e assim por diante, como os exemplos neste capítulo e nos subseqüentes tornarão claro.

Concluímos esta seção com alguns exemplos de árvores sintáticas e de análise sintática para as gramáticas consideradas em exemplos anteriores.

Exemplo 3.8
Considere a gramática para declarações *if* simplificadas como as do Exemplo 3.4:

>   *declaração* → *if-decl* | **outra**
>   *if-decl* → **if** (*exp*) *declaração*
> | **if** (*exp*) *declaração* **else** *declaração*
>   *exp* → **0** | **1**

A árvore de análise sintática para a cadeia

>   **if (0) outra else outra**

fica assim

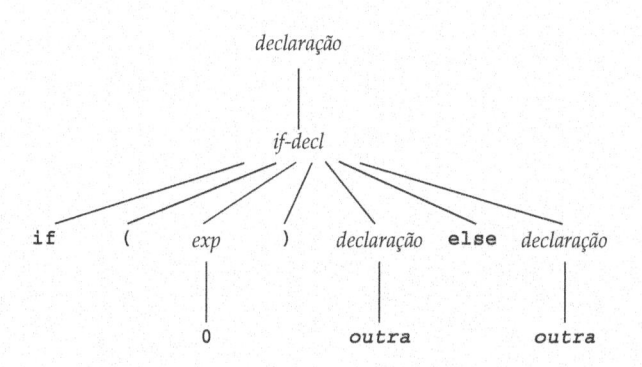

```
                        declaração
                            |
                         if-decl
              ┌──────┬────┬───┬──────┬──────┐
              if     (   exp   )  declaração else declaração
                          |          |              |
                          0        outra          outra
```

Com a gramática do Exemplo 3.6,

declaração → *if-decl* | **outra**
if-decl → **if (** *exp* **)** *declaração else-parte*
else-parte → **else** *declaração* | ε
exp → **0** | **1**

essa mesma cadeia tem a árvore de análise sintática:

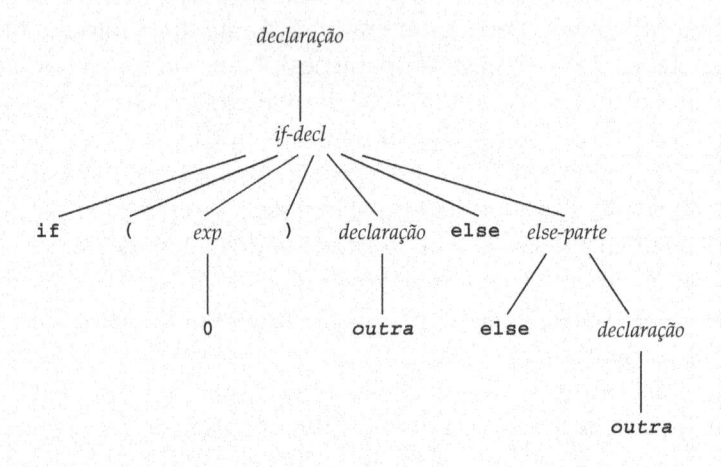

Uma sintaxe abstrata apropriada para declarações *if* eliminaria tudo, exceto as três estruturas subordinadas a uma declaração *if*: a expressão de teste, a parte *then* e a parte *else* (quando presente). Assim, uma árvore sintática para a cadeia anterior (com o uso da gramática do Exemplo 3.4 ou do Exemplo 3.6) ficaria assim:

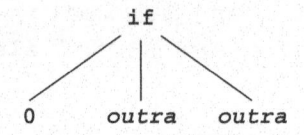

Utilizamos aqui as marcas restantes **if** e **outra** como rótulos para diferenciar o tipo de nó de declaração na árvore sintática. Isso poderia ser feito de maneira mais adequada com um tipo enumerado. Por exemplo, um conjunto de declarações em C apropriado para a estrutura dessas declarações e expressões é o seguinte:

```
typedef enum {ExpK, StmtK} NodeKind;
typedef enum {Zero, One} ExpKind;
typedef enum {IfK, OtherK} StmtKind;
typedef struct streenode
   {NodeKind kind;
   ExpKind ekind;
   StmtKind skind;
   struct streenode
      *test, *thenpart, *elsepart;
   } STreeNode;
typedef STreeNode * SyntaxTree;
```

Exemplo 3.9
Considere a gramática de uma seqüência de declarações separadas por ponto-e-vírgula do Exemplo 3.7:

$$decl\text{-}seq\ddot{u}\hat{e}ncia \rightarrow decl \text{ ; } decl\text{-}seq\ddot{u}\hat{e}ncia \mid decl$$
$$decl \rightarrow \mathbf{s}$$

A cadeia **s;s;s** tem a árvore de análise sintática a seguir, segundo essa gramática:

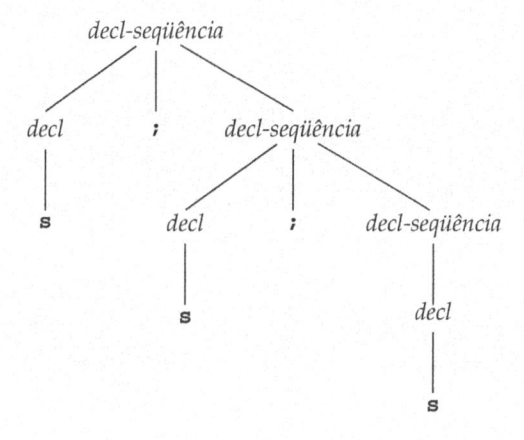

Uma árvore sintática possível para essa cadeia é

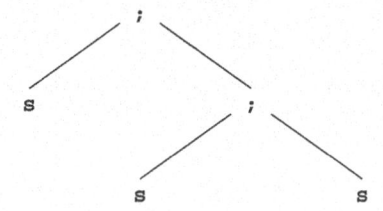

Nessa árvore, os nós de ponto-e-vírgula são similares a nós de operadores (como os nós + de expressões aritméticas), exceto que eles "operam" apenas na ligação de declarações como uma seqüência. Em vez disso, poderíamos tentar ligar todos os nós de declarações em uma seqüência com um só nó, e a árvore sintática acima ficaria

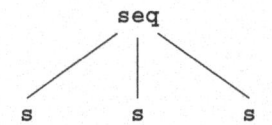

O problema com essa árvore é que um nó **seq** pode ter uma quantidade arbitrária de filhos, o que dificulta a declaração de um tipo de dados. A solução é usar a representação padrão para árvores de **filho mais à esquerda** e **irmão à direita** (apresentada na maioria dos textos sobre estruturas de dados). Nessa representação, o único vínculo físico do pai para seus filhos é com o filho mais à esquerda. Os filhos são ligados da esquerda para a direita como uma lista ligada padrão. Essas ligações são denominadas **irmãs** para diferenciar das ligações entre pais e filhos. A árvore da página anterior fica conforme segue, organizada pelo filho mais à esquerda e irmão à direita:

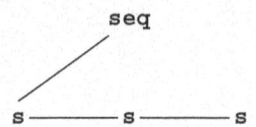

```
       seq
      /
    s ──── s ──── s
```

Com essa organização, podemos também eliminar o nó **seq**, e a árvore sintática se reduz a:

```
s ──── s ──── s
```

Isso é evidentemente a forma mais simples e mais fácil de representar uma seqüência em uma árvore sintática. A dificuldade é que as ligações entre irmãos precisam ser diferenciadas das ligações entre pais e filhos, que requerem mais um campo na declaração da árvore sintática.

3.4 AMBIGÜIDADE

3.4.1 Gramáticas Ambíguas

Árvores de análise sintática e árvores sintáticas expressam unicamente a estrutura da sintaxe, assim como as derivações à esquerda e à direita, mas não as derivações em geral. Infelizmente, uma gramática pode permitir que uma cadeia tenha mais de uma árvore de análise sintática. Considere, por exemplo, a gramática de aritmética de inteiros simples que usamos como exemplo padrão

$$exp \rightarrow exp\ op\ exp\ |\ (\ exp\ )\ |\ \textbf{\textit{número}}$$
$$op \rightarrow +\ |\ -\ |\ *$$

e considere a cadeia **34-3*42**. Essa cadeia tem duas árvores de análise sintática diferentes

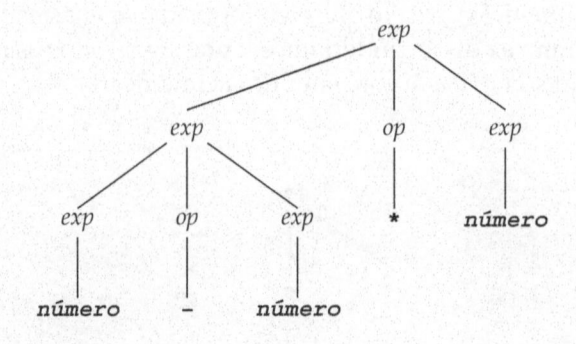

```
                    exp
         ┌───────────┼───────┬───────┐
        exp                  op      exp
   ┌─────┼─────┐              │       │
  exp    op   exp             *     número
   │     │     │
 número  -   número
```

e

```
                    exp
           ┌─────────┼─────────┐
          exp       op        exp
           │         │    ┌────┼────┐
        número      -    exp   op   exp
                         │     │    │
                      número   *   número
```

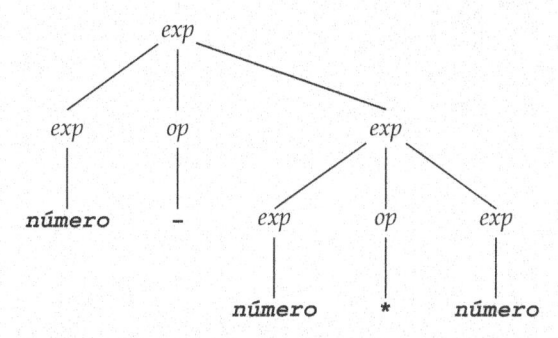

que correspondem às duas derivações à esquerda

$exp \Rightarrow exp\ op\ exp$ $[exp \to exp\ op\ exp]$
    $\Rightarrow exp\ op\ exp\ op\ exp$ $[exp \to exp\ op\ exp]$
    $\Rightarrow \textbf{número}\ op\ exp\ op\ exp$ $[exp \to \textbf{número}]$
    $\Rightarrow \textbf{número}\ \textbf{-}\ exp\ op\ exp$ $[op \to \textbf{-}]$
    $\Rightarrow \textbf{número}\ \textbf{-}\ \textbf{número}\ op\ exp$ $[exp \to \textbf{número}]$
    $\Rightarrow \textbf{número}\ \textbf{-}\ \textbf{número}\ \textbf{*}\ exp$ $[op \to \textbf{*}]$
    $\Rightarrow \textbf{número}\ \textbf{-}\ \textbf{número}\ \textbf{*}\ \textbf{número}$ $[exp \to \textbf{número}]$

e

$exp \Rightarrow exp\ op\ exp$ $[exp \to exp\ op\ exp]$
    $\Rightarrow \textbf{número}\ op\ exp$ $[exp \to \textbf{número}]$
    $\Rightarrow \textbf{número}\ \textbf{-}\ exp$ $[op \to \textbf{-}]$
    $\Rightarrow \textbf{número}\ \textbf{-}\ exp\ op\ exp$ $[exp \to exp\ op\ exp]$
    $\Rightarrow \textbf{número}\ \textbf{-}\ \textbf{número}\ op\ exp$ $[exp \to \textbf{número}]$
    $\Rightarrow \textbf{número}\ \textbf{-}\ \textbf{número}\ \textbf{*}\ exp$ $[op \to \textbf{*}]$
    $\Rightarrow \textbf{número}\ \textbf{-}\ \textbf{número}\ \textbf{*}\ \textbf{número}$ $[exp \to \textbf{número}]$

As árvores sintáticas associadas são

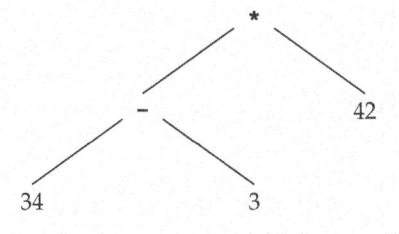

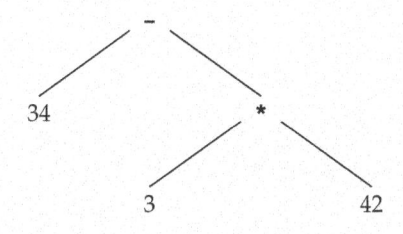

```
              *
           ┌──┴──┐
           -     42
         ┌─┴─┐
         34  3
```

e

```
              -
           ┌──┴──┐
           34    *
              ┌──┴──┐
              3    42
```

Uma gramática que gera uma cadeia com duas árvores de análise sintática distintas é denominada **gramática ambígua**. Uma gramática com essa característica representa um problema sério para um analisador sintático, pois ela não especifica com precisão a estrutura sintática de um programa (apesar de as cadeias legais – os membros da linguagem na gramática – serem determinadas completamente). De certo modo, uma gramática ambígua é como um autômato não-determinístico, em que dois caminhos separados podem aceitar a mesma cadeia. Entretanto, a ambigüidade em gramáticas não pode ser removida com a mesma facilidade que o não-determinismo em autômatos finitos, pois não há um algoritmo para fazer isso, diferentemente do que ocorre com os autômatos (a construção de subconjuntos discutida no capítulo anterior).[4]

Uma gramática ambígua deve, portanto, ser considerada uma especificação incompleta da sintaxe de uma linguagem, e como tal deve ser evitada. Felizmente, gramáticas ambíguas sempre falham nos testes que serão apresentados mais adiante para os algoritmos-padrão para análise sintática, e técnicas-padrão para tratar as ambiguidades típicas em linguagens de programação têm sido desenvolvidas.

São usados dois métodos básicos para tratar ambigüidades. Um é estabelecer uma regra que especifique em cada caso ambíguo qual árvore de análise sintática (ou árvore sintática) é a correta. Uma regra desse tipo é denominada **regra de eliminação de ambigüidade**. Sua utilidade é corrigir a ambigüidade sem alterar (e possivelmente complicar) a gramática. A desvantagem é que a estrutura sintática da linguagem não é mais determinada apenas pela gramática. A alternativa é alterar a gramática para forçar a construção da árvore de análise sintática correta, removendo dessa forma a ambigüidade. Evidentemente, em qualquer método precisamos primeiro decidir qual árvore em um caso ambíguo é a correta. Isso requer, novamente, o princípio da tradução direcionada pela sintaxe. A árvore sintática (ou de análise sintática) desejada é aquela que reflete corretamente o significado a ser aplicado para a tradução em código-objeto.

Qual das duas árvores sintáticas anteriores representa a interpretação correta da cadeia **34-3*42**? A primeira indica, com o nó de subtração filho do de multiplicação, que a expressão deve avaliar primeiro a subtração (34 – 3 = 31), e depois a multiplicação (31 * 42 = 1302). A segunda árvore, no entanto, indica que a multiplicação deve ser efetuada antes (3 * 42 = 126), e depois a subtração (34 – 126 = –92). A escolha da árvore depende de qual cálculo é considerado correto. A convenção usual da matemática determina como correta a segunda interpretação. Isso se deve à **precedência** da multiplicação sobre a subtração. Em geral, multiplicação e divisão têm precedência sobre adição e subtração.

Agora, para remover a ambigüidade de nossa gramática de expressões simples, bastaria estabelecer uma regra de eliminação de ambigüidade com as precedências relativas das três operações representadas. A solução padrão é que adição e subtração tenham a mesma precedência, e que a multiplicação tenha uma precedência maior.

Infelizmente, essa regra ainda não remove completamente a ambigüidade da gramática. Considere a cadeia **34-3-42**. Essa cadeia também admite duas árvores sintáticas possíveis:

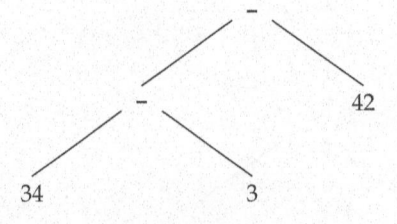

---

[4]. A situação é na realidade ainda pior, pois não existe um algoritmo para determinar se uma gramática é ou não ambígua. Ver Seção 3.2.7.

e

```
        -
       / \
     34   -
         / \
        3   42
```

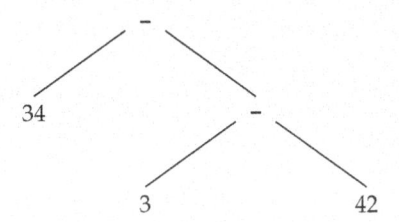

A primeira representa a computação (34 − 3) − 42 = −11, enquanto a segunda representa a computação 34 − (3 − 42) = 73. A escolha de qual é a correta é uma questão de convenção. A matemática padrão determina que a primeira é a correta. Isso se deve ao fato de a subtração ser **associativa à esquerda**, ou seja, uma série de subtrações é efetuada da esquerda para a direita.

Uma ambigüidade adicional que requer uma regra para sua eliminação é a associatividade de cada uma das operações: adição, subtração e multiplicação. É comum especificar que todas as três operações são associativas à esquerda. Isso remove as ambigüidades restantes em nossa gramática de expressões simples (embora isso só possa ser demonstrado mais adiante).

Também é possível especificar que uma operação é **não-associativa**, ou seja, uma seqüência com mais de um operador em uma expressão não é permitida. Por exemplo, poderíamos ter escrito nossa gramática de expressões simples da seguinte maneira:

$$exp \rightarrow fator\ op\ fator\ |\ fator$$
$$fator \rightarrow (exp)\ |\ \mathbf{n\acute{u}mero}$$
$$op \rightarrow +\ |\ -\ |\ *$$

Nesse caso, cadeias como **34-3-42** e mesmo **34-3*42** são agora ilegais, e devem ser escritas usando parênteses, como em **(34-3)-42** e **34-(3*42)**. **Expressões com uso completo de parênteses** não requerem especificação de associatividade nem de precedência. A gramática acima não tem ambigüidades. Evidentemente, alteramos não apenas a gramática, mas também a linguagem a ser reconhecida.

Passamos agora para métodos de reescrita de gramáticas para remoção de ambigüidades, em vez de regras que eliminam as ambigüidades. Observe que precisamos encontrar métodos que não alterem as cadeias básicas reconhecidas (como ocorreu no exemplo do uso completo de parênteses).

3.4.2 Precedência e Associatividade

Para o tratamento da precedência de operações na gramática, precisamos agrupar os operadores em classes de igual precedência, e para cada precedência precisamos escrever uma regra distinta. Por exemplo, a precedência da multiplicação sobre a adição e a subtração pode ser incluída em nossa gramática de expressões simples da seguinte maneira:

$$exp \rightarrow exp\ soma\ exp\ |\ termo$$
$$soma \rightarrow +\ |\ -$$
$$termo \rightarrow termo\ mult\ termo\ |\ fator$$
$$mult \rightarrow *$$
$$fator \rightarrow (\ exp\ )\ |\ \mathbf{n\acute{u}mero}$$

Nessa gramática, a multiplicação é agrupada sob a regra *termo*, e a adição e a subtração são agrupadas sob a regra *exp*. Como o caso base para *exp* é *termo*, isso significa que a adição e a subtração aparecerão "acima" (ou seja, mais perto da raiz) nas árvores sintática e de análise sintática, e portanto com menor precedência. Esse agrupamento de operadores em níveis distintos de precedência é padrão na especificação sintática com BNF. Ele é denominado **cascata de precedências**.

Essa última gramática para expressões aritméticas simples não especifica a associatividade dos operadores e ainda é ambígua. O motivo é que a recursão nos dois lados do operador possibilita que qualquer um dos lados case com repetições do operador em uma derivação (e, portanto, também nas árvores sintática e de análise sintática). A solução é substituir uma das recursões pelo caso base, o que força os casamentos repetidos para o lado ainda com a recursão. Assim, a substituição da regra

$$exp \rightarrow exp\ soma\ exp\ |\ termo$$

por

$$exp \rightarrow exp\ soma\ termo\ |\ termo$$

torna a adição e a subtração associativas à esquerda, e

$$exp \rightarrow termo\ soma\ exp\ |\ termo$$

as torna associativas à direita. Em outras palavras, uma regra recursiva à esquerda faz os operadores associarem à esquerda, e uma regra recursiva à direita os faz associarem à direita.

Para completar a remoção de ambigüidade nas regras BNF para nossas expressões aritméticas simples, escrevemos as regras que tornam todas as operações associativas à esquerda:

$$exp \rightarrow exp\ soma\ termo\ |\ termo$$
$$soma \rightarrow +\ |\ -$$
$$termo \rightarrow termo\ mult\ fator\ |\ fator$$
$$mult \rightarrow *$$
$$fator \rightarrow (\ exp\ )\ |\ \mathbf{n\acute{u}mero}$$

A árvore de análise sintática para a expressão **34-3*42** é

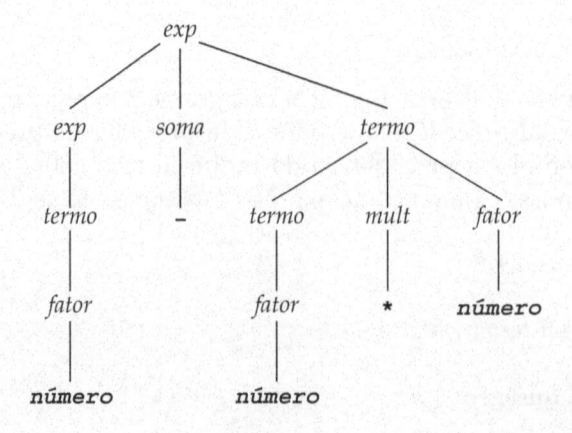

```
                    exp
         ┌───────────┼───────────┐
        exp         soma        termo
         │           │      ┌─────┼─────┐
       termo         -    termo  mult  fator
         │                  │     │     │
       fator              fator   *   número
         │                  │
      número             número
```

e a árvore de análise sintática para a expressão **34-3-42** é

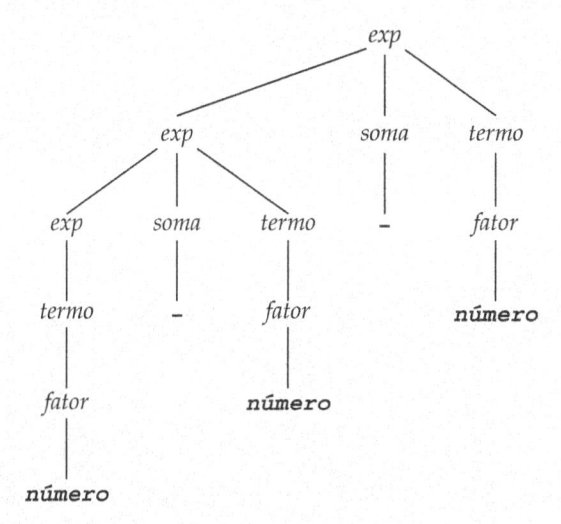

```
                    exp
           ┌─────────┼─────────┐
          exp       soma      termo
       ┌───┼───┐     │         │
      exp soma termo  -        fator
       │    │   │               │
     termo  -  fator           número
       │        │
     fator    número
       │
     número
```

Observe que as cascatas de precedência tornam as árvores de análise sintática muito mais complexas. As árvores sintáticas, entretanto, não são afetadas.

3.4.3 O problema do *Else* Pendente

Considere a gramática do Exemplo 3.4:

> *declaração* → *if-decl* | **outra**
> *if-decl* → **if** (*exp*) *declaração*
> | **if** (*exp*) *declaração* **else** *declaração*
> *exp* → **0** | **1**

Essa gramática é ambígua em decorrência do *else* opcional. Para entender melhor, considere a cadeia

         if (0) if (1) outra else outra

Essa cadeia tem duas árvores de análise sintática:

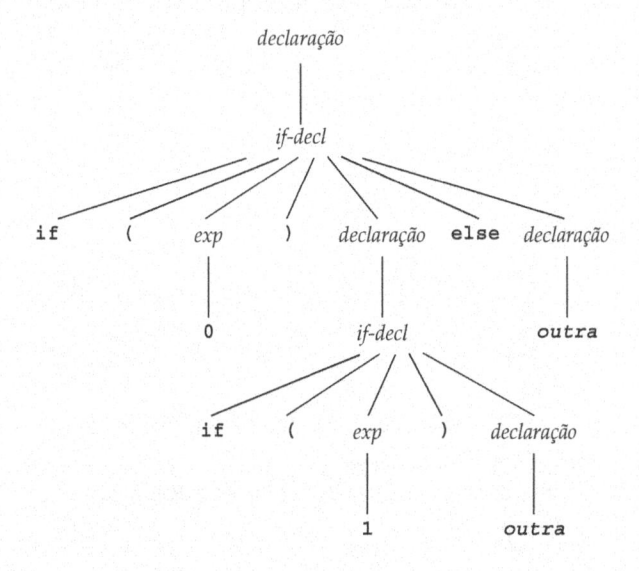

```
                declaração
                    │
                 if-decl
       ┌──────┬─────┼──────┬──────┬────────┐
      if     (  exp )  declaração else declaração
                 │         │              │
                 0      if-decl         outra
                     ┌───┬──┼──┬─────┐
                    if   ( exp )  declaração
                           │           │
                           1         outra
```

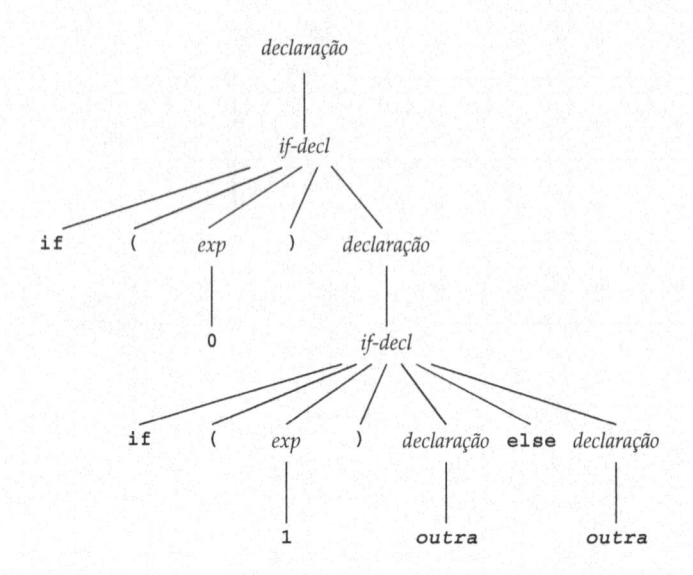

e

```
                    declaração
                        |
                     if-decl
         ╱────╱────┼────╲────╲
       if    (   exp   )   declaração
                  |              |
                  0           if-decl
                     ╱───╱───┼───┼────╲────╲
                   if   (  exp  )  declaração  else  declaração
                        |              |              |
                        1           outra          outra
```

A escolha de qual é a correta depende de querermos associar a parte *else* à primeira ou à segunda declaração *if*: a primeira árvore associa a parte *else* à primeira declaração *if*; a segunda árvore associa a parte *else* à segunda declaração *if*. Essa ambigüidade é denominada **problema do *else* pendente**. Para saber qual árvore de análise sintática é a correta, precisamos considerar as implicações para o significado da declaração *if*. Para ter uma idéia mais clara, considere o trecho de código em C a seguir

```
if (x != 0)
   if (y == 1/x) ok = TRUE;
   else z = 1/x;
```

Nesse código, se **x** é 0, um erro de divisão por zero ocorre se a parte *else* for associada à primeira declaração *if*. Assim, esse código implica (conforme sugere sua tabulação) na parte *else* ser sempre associada à declaração *if* mais próxima que ainda não tiver uma parte *else* a ela associada. Essa regra de eliminação de ambigüidade é denominada **regra do aninhamento mais próximo** para o problema do *else* pendente, e indica como correta a segunda árvore de análise sintática acima. Observe que, se quiséssemos, *poderíamos* associar a parte *else* à primeira declaração *if* com o uso de chaves { ... } em C, como em

```
if (x != 0)
   {if (y == 1/x) ok = TRUE;}
   else z = 1/x;
```

Uma solução para a ambigüidade do *else* pendente em BNF é mais difícil que as ambigüidades vistas anteriormente. Uma solução é a seguinte:

declaração → *casam-decl* | *sem-casam-decl*
casam-decl → **if** (*exp*) *casam-decl* **else** *casam-decl* | **outra**
sem-casam-decl → **if** (*exp*) *declaração*
　　　　　　　| **if** (*exp*) *casam-decl* **else** *sem-casam-decl*
exp → **0** | **1**

Isso permite apenas que *casam-decl* ocorra antes de um `else` em uma declaração *if*, o que força todas as partes *else* a casar assim que possível. Por exemplo, a árvore de análise sintática associada a nossa cadeia de exemplo agora fica assim:

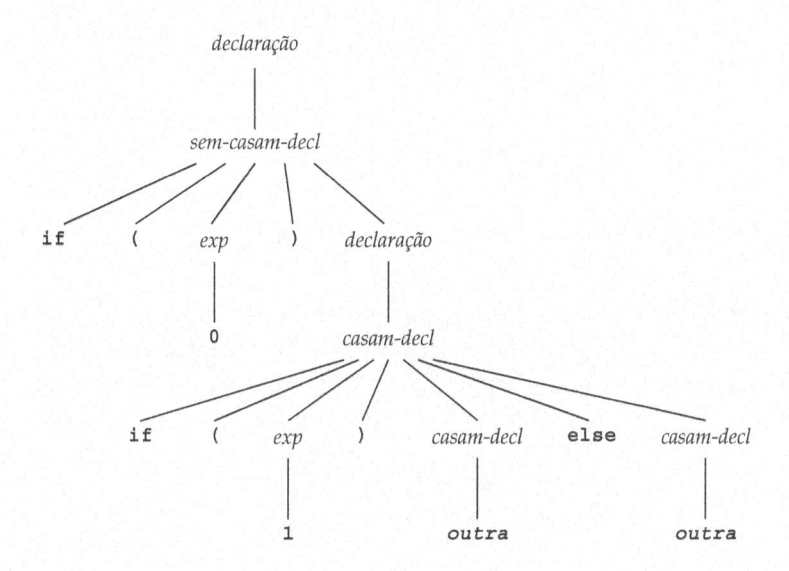

```
                            declaração
                                │
                          sem-casam-decl
             ┌──────┬──────┬────┴─────┐
            if      (  exp  )     declaração
                       │              │
                       0          casam-decl
                   ┌────┬────┬─────┬──────┬──────┐
                  if   ( exp )  casam-decl else casam-decl
                         │          │             │
                         1        outra         outra
```

e associa a parte *else* à segunda declaração *if*.

A regra do aninhamento mais próximo em BNF em geral não é construída. A opção preferida é a regra de eliminação de ambigüidade. Um motivo para isso é a complexidade acrescentada à gramática, mas a principal razão é que os métodos de análise sintática são fáceis de configurar de forma a fazer obedecer à regra do aninhamento mais próximo. (Precedência e associatividade são um pouco mais difíceis de se obter automaticamente, sem a necessidade de reescrever a gramática.)

O problema do *else* pendente tem sua origem na sintaxe de Algol60. A sintaxe pode ser projetada de forma que o problema do *else* pendente não ocorra. Uma maneira é *exigir* a presença da parte *else*, um método utilizado em LISP e outras linguagens funcionais (em que um valor precisa também ser retornado). Outra solução é utilizar uma **palavra-chave de marcação de bloco** para a declaração *if*. Entre as linguagens que utilizam essa solução, temos Algol60 e Ada. Em Ada, por exemplo, o programador escreve

```
if x /= 0 then
   if y = 1/x then ok := true;
   else z := 1/x;
   end if;
end if;
```

para associar a parte *else* à segunda declaração *if*. Alternativamente, o programador escreve

```
if x /= 0 then
   if y = 1/x then ok := true;
   end if;
else z := 1/x;
end if;
```

para associá-la à primeira declaração *if*. A BNF correspondente em Ada (um pouco simplificada) é

if-decl → **if** *condição* **then** *seq-decl* **end if**
| **if** *condição* **then** *seq-decl*
    else *seq-decl* **end if**

Assim, as duas palavras-chave **end if** marcam o bloco em Ada. Em Algol60, a palavra-chave de marcação é **fi** (**if** de trás para frente).

3.4.4 Ambigüidade Não-Essencial

Uma gramática pode, às vezes, ser ambígua e mesmo assim produzir árvores de sintaxe abstrata únicas. Considere, por exemplo, a gramática de seqüências de declarações do Exemplo 3.9, em que poderíamos escolher uma lista simples de irmãos como árvore sintática. Nesse caso, tanto uma regra gramatical recursiva à direita como uma recursiva à esquerda resultariam na mesma estrutura de árvore sintática, e poderíamos escrever a gramática de forma ambígua como

seq-decl → *seq-decl* ; *seq-decl* | *decl*
decl → **s**

e ainda assim obter árvores sintáticas únicas. Uma ambigüidade como essa poderia ser denominada **ambigüidade não-essencial**, pois a semântica associada não depende da regra de eliminação de ambigüidade que é utilizada. Uma situação similar surge com operadores binários, como adição aritmética ou concatenação de cadeias de caracteres, que representam **operações associativas** (um operador binário é associativo se $(a \cdot b) \cdot c = a \cdot (b \cdot c)$ para quaisquer valores de *a*, *b* e *c*). Nesse caso, as árvores sintáticas ainda são diferentes, mas representam o mesmo valor semântico, e não precisamos nos importar com o valor que é utilizado. Ainda assim, um algoritmo de análise sintática deverá utilizar uma regra de eliminação de ambigüidade fornecida por quem escrever o compilador.

3.5 NOTAÇÕES ESTENDIDAS: EBNF E DIAGRAMAS SINTÁTICOS

3.5.1 Notação EBNF

Construções repetitivas e opcionais são extremamente comuns em linguagens de programação, e portanto também em regras gramaticais BNF. Portanto, não deve ser surpresa que a notação BNF seja por vezes estendida com notações especiais para essas duas situações. Essas extensões compreendem uma notação que recebe o nome de **BNF estendida**, ou **EBNF**.

Considere, primeiro, o caso da repetição, como em seqüências de declarações. Já vimos que a repetição é expressa por recursão em regras gramaticais e que podemos usar recursão à esquerda ou à direita, conforme indicam as regras genéricas

$A \to A\,\alpha\,|\,\beta$ (recursiva à esquerda)

e

$A \to \alpha\,A\,|\,\beta$ (recursiva à direita)

nas quais α e β são cadeias arbitrárias de terminais e não-terminais, na primeira regra β não começa com *A* e na segunda β não termina com *A*.

Seria possível utilizar a mesma notação das expressões regulares para repetição, ou seja, o asterisco * (também chamado fecho de Kleene nas expressões regulares). Nesse caso, essas duas regras seriam escritas como regras não-recursivas

$$A \to \beta \alpha^*$$

e

$$A \to \alpha^* \beta$$

Em vez disso, EBNF utiliza chaves {...} para expressar repetição (o que torna claro qual cadeia deve ser repetida), ou seja,

$$A \to \beta\{\alpha\}$$

e

$$A \to \{\alpha\}\beta$$

para essas regras.

O problema com qualquer notação para repetição é que ela dificulta a visão de como a árvore de análise sintática deve ser construída, mas, conforme já foi visto, isso geralmente não tem importância. Considere, por exemplo, o caso das seqüências de declarações (Exemplo 3.9). Escrevemos a gramática como a seguir, em forma recursiva à direita:

$$\begin{aligned} \textit{decl-seqüência} &\to \textit{decl} \texttt{ ; } \textit{decl-seqüência} \mid \textit{decl} \\ \textit{decl} &\to \texttt{s} \end{aligned}$$

Essa regra tem a forma $A \to \alpha A \mid \beta$, em que $A = \textit{decl-seqüência}$, $\alpha = \textit{decl} \texttt{ ;}$ e $\beta = \textit{decl}$. Em EBNF, isso ficaria assim

$$\textit{decl-seqüência} \to \{ \textit{decl} \texttt{ ; } \} \textit{decl} \qquad \text{(forma recursiva à direita)}$$

Também poderíamos usar uma regra recursiva à esquerda e obter a EBNF

$$\textit{decl-seqüência} \to \textit{decl} \{ \texttt{ ; } \textit{decl} \} \qquad \text{(forma recursiva à esquerda)}$$

A segunda forma é efetivamente a mais usada (por motivos que serão discutidos no próximo capítulo).

Um problema mais significativo ocorre quando a associatividade faz diferença, nas operações binárias como subtração e divisão. Por exemplo, considere a primeira regra gramatical na gramática de expressões simples da subseção anterior:

$$\textit{exp} \to \textit{exp soma termo} \mid \textit{termo}$$

Ela tem a forma $A \to A \alpha \mid \beta$, em que $A = \textit{exp}$, $\alpha = \textit{soma termo}$ e $\beta = \textit{termo}$. Assim, essa regra em EBNF fica

$$\textit{exp} \to \textit{termo} \{ \textit{soma termo} \}$$

Precisamos agora assumir também que isso implica associatividade à esquerda, embora a regra em si não declare isso explicitamente. Poderíamos assumir que uma regra associativa à direita seria implicada por

$$exp \rightarrow \{\ termo\ soma\ \}\ termo$$

mas isso não ocorre. Em vez disso, uma regra recursiva à direita como

$$decl\text{-}seqüência \rightarrow decl\ ;\ decl\text{-}seqüência\ |\ decl$$

é vista como uma *decl* seguida por um ponto-e-vírgula opcional e *decl-seqüência*.

Construções opcionais em EBNF são indicadas por colchetes [...]. Isso é similar, em essência, à convenção para expressões regulares de colocar um ponto de interrogação após uma parte opcional, mas tem a vantagem de marcar a parte opcional sem a necessidade de parênteses. Por exemplo, as regras gramaticais para declarações *if* com partes *else* opcionais (Exemplos 3.4 e 3.6) poderiam ser escritas assim em EBNF:

$$declaração \rightarrow if\text{-}decl\ |\ \mathtt{outra}$$
$$if\text{-}decl \rightarrow \mathtt{if}\ (\ exp\ )\ declaração[\ \mathtt{else}\ \ declaração\ ]$$
$$exp \rightarrow \mathtt{0}\ |\ \mathtt{1}$$

Adicionalmente, uma regra recursiva à direita como

$$decl\text{-}seqüência \rightarrow decl\ ;\ decl\text{-}seqüência\ |\ decl$$

é escrita assim

$$decl\text{-}seqüência \rightarrow decl\ [;\ decl\text{-}seqüência]$$

(compare isso ao uso das chaves, visto anteriormente, para escrever essa regra em forma recursiva à esquerda).

Se quiséssemos escrever uma operação aritmética como adição em forma associativa à direita, poderíamos escrever

$$exp \rightarrow termo\ [soma\ exp]$$

sem usar chaves.

3.5.2 Diagramas Sintáticos

Representações gráficas visuais para regras EBNF são denominadas **diagramas sintáticos**. Esses diagramas são compostos por figuras fechadas que representam terminais e não-terminais, linhas direcionadas que representam seqüências e escolhas e rótulos não-terminais para cada diagrama, os quais representam regras gramaticais que definem não-terminais. Círculos ou formas ovais indicam os terminais, e quadrados ou retângulos indicam os não-terminais.

Como exemplo, considere a regra gramatical

$$fator \rightarrow (\ exp\ )\ |\ \mathit{número}$$

Isso é escrito como diagrama sintático da seguinte maneira:

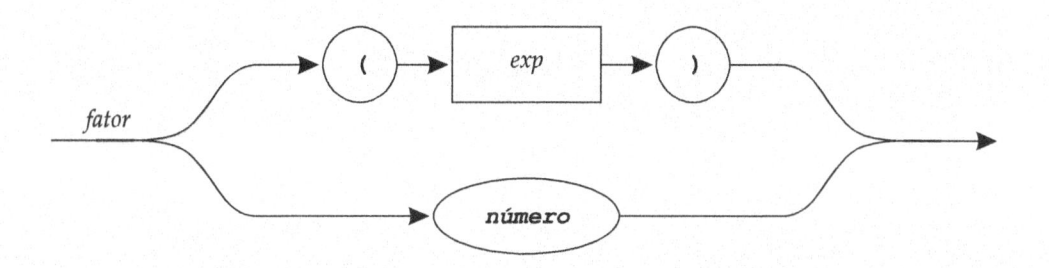

Observe que *fator* não é colocado dentro de uma figura fechada, e sim utilizado como rótulo para o diagrama sintático, o que indica que o diagrama representa a definição da estrutura daquele nome. Observe também o uso das linhas direcionadas para indicar escolhas e seqüências.

Os diagramas sintáticos são escritos para EBNF em vez de BNF, portanto precisamos de diagramas que representem repetições e construções opcionais. Dada uma repetição como

$$A \to \{ B \}$$

o diagrama sintático correspondente é, em geral, desenhado da seguinte maneira:

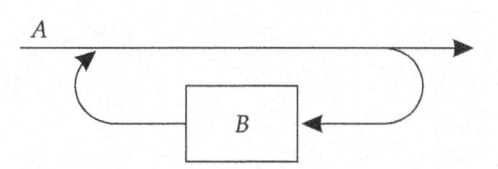

Observe que o diagrama não pode permitir o aparecimento de *B*'s. Uma construção opcional como

$$A \to [B]$$

é desenhada como

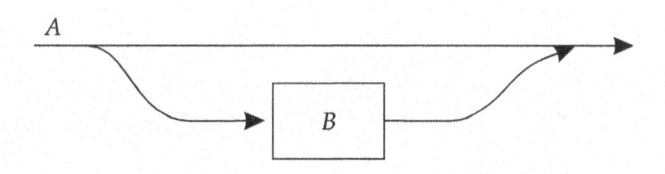

Concluímos nossa discussão sobre diagramas sintáticos com alguns exemplos baseados nos exemplos em EBNF anteriores.

Exemplo 3.10
Considere nosso exemplo de expressões aritméticas simples. Ele se apresenta, em BNF (incluindo associatividade e precedência), da seguinte maneira:

$$exp \to exp\ soma\ termo \mid termo$$
$$soma \to + \mid -$$
$$termo \to termo\ mult\ fator \mid fator$$
$$mult \to *$$
$$fator \to (\ exp\ ) \mid \mathbf{n\acute{u}mero}$$

O correspondente em EBNF é

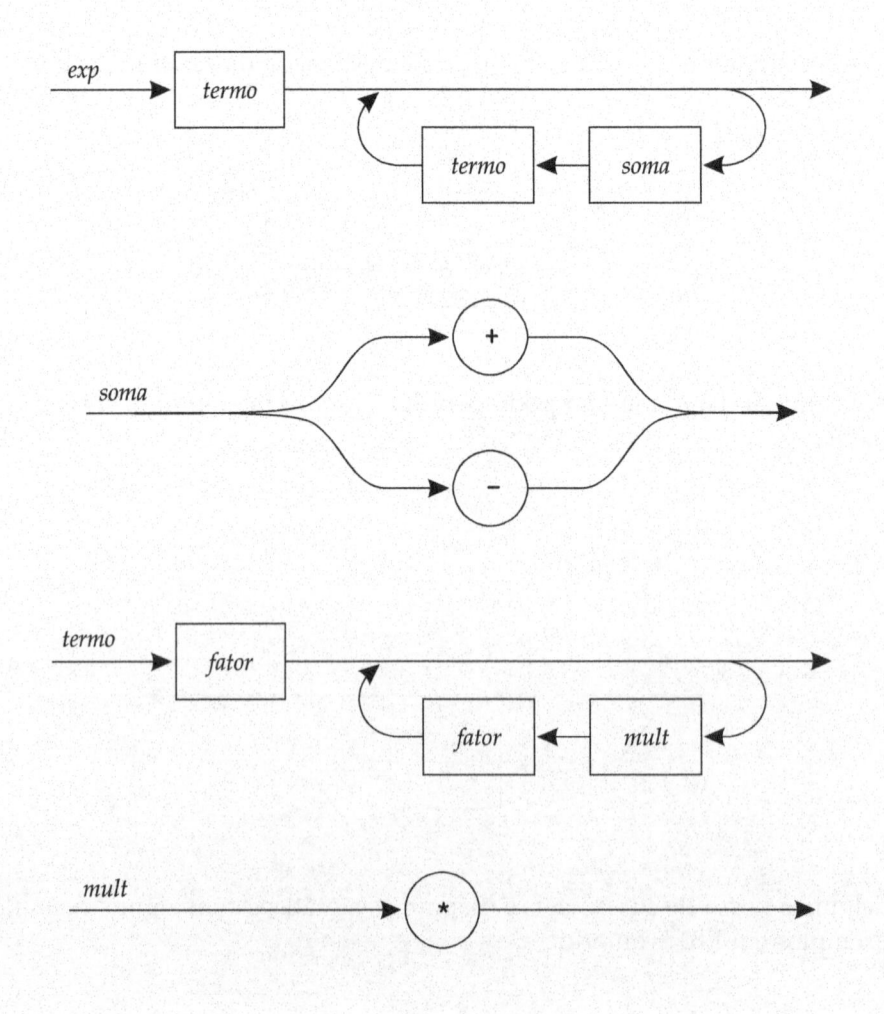

$$exp \to termo\ \{\ soma\ termo\ \}$$
$$soma \to + \mid -$$
$$termo \to fator\ \{\ mult\ fator\ \}$$
$$mult \to *$$
$$fator \to (\ exp\ ) \mid \mathbf{n\acute{u}mero}$$

Os diagramas sintáticos correspondentes são dados na Figura 3.4 (o diagrama sintático para *fator* já foi dado anteriormente).

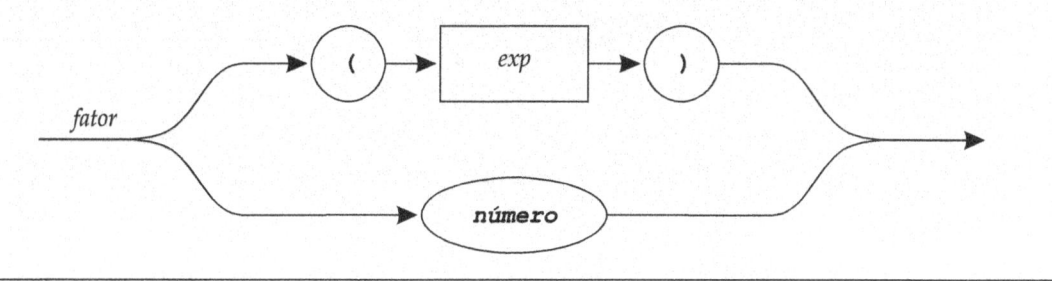

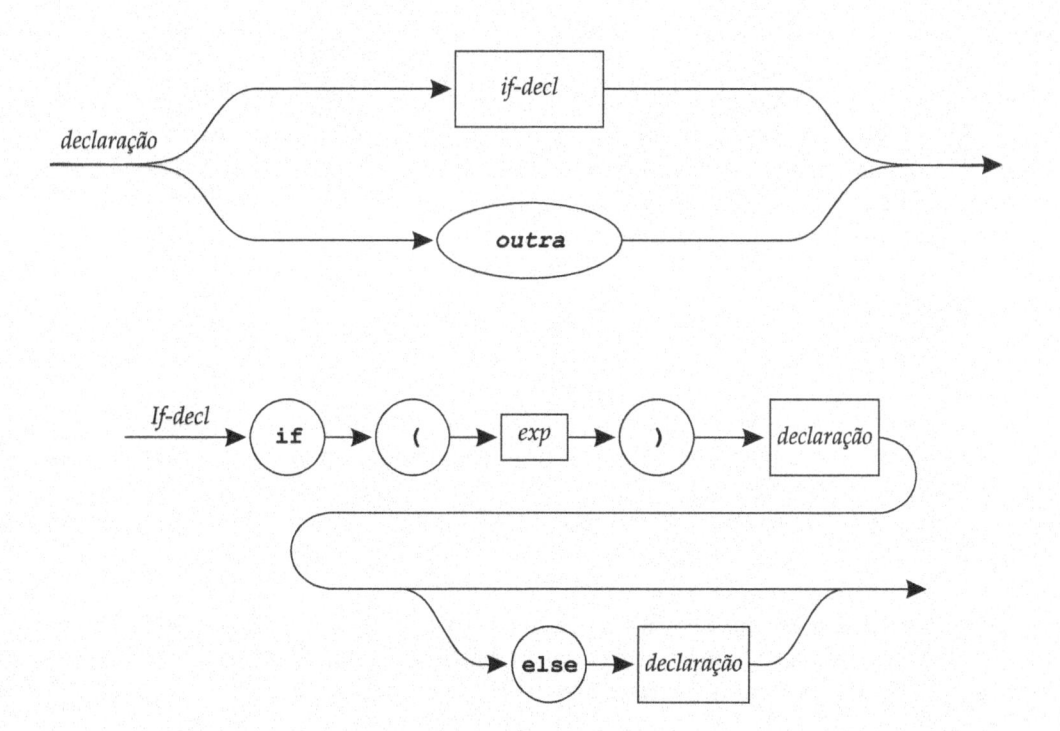

Figura 3.4 Diagramas sintáticos para a gramática do Exemplo 3.10.

Exemplo 3.11
Considere a gramática de declarações *if* simplificadas do Exemplo 3.4. Em BNF, ela fica

declaração → *if-decl* | **outra**
if-decl → **if** (*exp*) *declaração*
     | **if** (*exp*) *declaração* **else** *declaração*
exp → **0** | **1**

e em EBFN

declaração → *if-decl* | **outra**
if-decl → **if** (*exp*) *declaração* [**else** *declaração*]
exp → **0** | **1**

Os diagramas sintáticos correspondentes são dados na Figura 3.5.

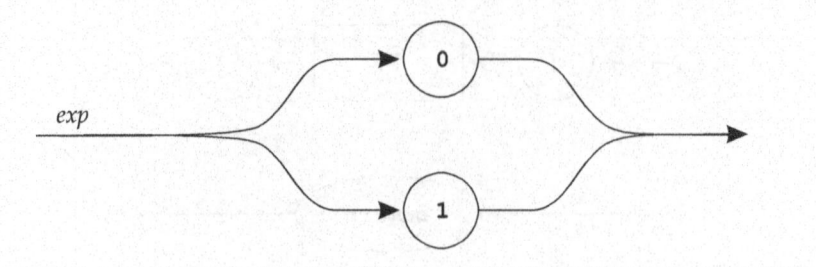

Figura 3.5 Diagramas sintáticos para a gramática do Exemplo 3.11.

3.6 PROPRIEDADES FORMAIS DE LINGUAGENS LIVRES DE CONTEXTO

3.6.1 Definição Formal de Linguagens Livres de Contexto

Apresentamos aqui, de maneira mais matemática e formal, a terminologia e as definições vistas anteriormente neste capítulo. Inicialmente, damos uma definição formal de gramática livre de contexto.

Definição

Uma **gramática livre de contexto** consiste de:
1. Um conjunto T de **terminais**.
2. Um conjunto N de **não-terminais** (disjunto de T).
3. Um conjunto P de **produções**, ou **regras gramaticais**, da forma $A \to \alpha$, em que A é um elemento de N e α é um elemento de $(T \cup N)^*$ (uma seqüência de terminais e não-terminais que pode ser vazia).
4. Um **símbolo inicial** S do conjunto N.

Seja G uma gramática como definido acima, tal que $G = (T, N, P, S)$. Um **passo de derivação** sobre G tem a forma $A\gamma \Rightarrow \alpha\beta\gamma$, em que α e γ são elementos de $(T \cup N)^*$ e $A \to \beta$ pertence a P. (A união $T \cup N$ dos conjuntos de terminais e não-terminais é por vezes denominada **conjunto de símbolos** de G, e uma cadeia α pertencente a $(T \cup N)^*$ é denominada **forma sentencial**.) A relação $\alpha \Rightarrow^* \beta$ é definida como o fecho transitivo da relação do passo de derivação $\Rightarrow$; ou seja, $\alpha \Rightarrow^* \beta$ se e somente se houver uma seqüência com 0 ou mais passos de derivação ($n \geq 0$)

$$\alpha_1 \Rightarrow \alpha_2 \Rightarrow \ldots \Rightarrow \alpha_{n-1} \Rightarrow \alpha_n$$

tais que $\alpha = \alpha_1$ e $\beta = \alpha_n$. (Se $n = 0$, então $\alpha = \beta$.) Uma **derivação** sobre a gramática G tem a forma $S \Rightarrow^* w$, em que $w \in T^*$ (ou seja, w é uma cadeia com apenas terminais, denominada **sentença**) e S é o símbolo inicial de G.

A **linguagem gerada por G**, denotada como $L(G)$, é definida como o conjunto $L(G) = \{w \in T^* \mid \text{existe uma derivação } S \Rightarrow^* w \text{ de } G\}$. Ou seja, $L(G)$ é o conjunto de sentenças deriváveis de S.

Uma **derivação à esquerda** $S \Rightarrow^*_{lm} w$ é uma derivação em que cada passo $\alpha A \gamma \Rightarrow \alpha \beta \gamma$ é tal que $\alpha \in T^*$; ou seja, α é composta apenas por terminais. Similarmente, uma **derivação à direita** é uma derivação em que cada passo $\alpha A \gamma \Rightarrow \alpha \beta \gamma$ é tal que $\gamma \in T^*$.

Uma **árvore de análise sintática** sobre a gramática G é uma árvore com a raiz rotulada e com as seguintes propriedades:

1. Cada nó é rotulado com um terminal, um não-terminal ou ε.
2. O nó-raiz é rotulado com o símbolo inicial S.
3. Cada nó-folha é rotulado com um terminal ou com ε.
4. Cada nó não-folha é rotulado com um não-terminal.
5. Se um nó com rótulo $A \in N$ tiver n filhos com rótulos $X_1, X_2, ..., X_n$ (os quais podem ser terminais ou não-terminais), então $A \to X_1 X_2 ... X_n \in P$ (uma produção da gramática).

Cada derivação leva a uma árvore de análise sintática tal que cada passo $\alpha A \gamma \Rightarrow \alpha \beta \gamma$ na derivação, com $\beta = X_1 X_2 ... X_n$ corresponde à construção de n filhos do nó rotulado com A, com rótulos $X_1, X_2, ..., X_n$. Em geral, muitas derivações podem levar à mesma árvore de análise sintática. Cada árvore de análise sintática, entretanto, tem uma derivação à esquerda e uma à direita que são únicas e que levam a ela. A derivação à esquerda corresponde ao percurso em pré-ordem da árvore de análise sintática, e a derivação à direita corresponde ao inverso de um percurso em pós-ordem da árvore de análise sintática.

Um conjunto de cadeias L é denominado **linguagem livre de contexto** se existir uma gramática livre de contexto G tal que L = L(G). Em geral, muitas gramáticas distintas geram a mesma linguagem livre de contexto, mas as cadeias na linguagem terão árvores de análise sintática distintas dependendo da gramática em uso.

Uma gramática G é **ambígua** se existir uma cadeia $w \in L(G)$ com duas árvores de análise sintática (ou derivações à esquerda, ou ainda derivações à direita) distintas.

3.6.2 Regras Gramaticais como Equações

No início desta seção, observamos que as regras gramaticais utilizam seta em vez de igualdade para representar a definição de nomes para estruturas (não-terminais), diferentemente do que ocorre nas expressões regulares, nas quais utilizamos a igualdade para definir nomes para expressões regulares.

O motivo disso é que a natureza recursiva das regras gramaticais torna as relações de definição (as regras gramaticais) distintas da igualdade, e vimos que as cadeias definidas pelas regras gramaticais resultam de derivações, nas quais um método de substituição da esquerda para a direita é usado, obedecendo ao direcionamento das setas em BNF.

Existe uma interpretação, entretanto, em que a igualdade dos lados direito e esquerdo de uma regra gramatical ainda vale, mas o processo de definição de uma linguagem que resulta disso é diferente. Essa interpretação é importante para a teoria de semântica de linguagens de programação, e vale a pena estudá-la, ainda que brevemente, para um melhor entendimento de processos recursivos como em análise sintática, apesar de os algoritmos que estudaremos para análise sintática não serem baseados nessa interpretação.

Considere, por exemplo, a seguinte regra gramatical, extraída (de forma simplificada) de nossa gramática de expressões simples:

$$exp \to exp + exp \,|\, \mathbf{número}$$

Já vimos que um não-terminal como exp define um conjunto de cadeias de terminais (que é a linguagem da gramática se o não-terminal for o símbolo inicial). Suponha que esse conjunto seja denominado **E**, e seja **N** o conjunto de números naturais (que corresponde à expressão regular *número*). Então, essa regra gramatical pode ser interpretada como a equação de conjuntos

$$E = (E + E) \cup N$$

na qual **E** + **E** é o conjunto de cadeias $\{u + v \mid u, v \in E\}$. (Não estamos *somando* as cadeias u e v. O símbolo + aqui indica concatenação.)

Essa é uma equação recursiva para o conjunto **E**. Considere como ela pode definir **E**. Primeiro, o conjunto **N** está contido em **E** (caso base), pois **E** é a união de **N** e **E** + **E**. Como **E** + **E** também está contido em **E**, então **N** + **N** está contido em **E**. Como **N** e **N** + **N** estão contidos em **E**, **N** + **N** + **N** também está, e assim por diante. Isso pode ser visto como uma construção indutiva de cadeias cada vez mais longas, e a união de todos esses conjuntos é o resultado desejado:

$$E = N \cup (N + N) \cup (N + N + N) \cup (N + N + N + N) \cup \ldots$$

De fato, pode-se demonstrar que **E** satisfaz a equação em questão. O conjunto **E** é, na verdade, o *menor* conjunto que a satisfaz. Se o lado direito da equação for visto como uma função de conjuntos de **E**, tal que definimos $f(s) = (s + s) \cup N$, então a equação para **E** passa a ser **E** = f(**E**). Em outras palavras, **E** é um **ponto fixo** da função f e (segundo nosso comentário anterior) é na verdade o menor ponto fixo. Dizemos que **E** definido dessa forma recebeu uma **semântica de ponto fixo mínimo**.

Pode ser demonstrado também que estruturas de linguagens de programação definidas recursivamente, como sintaxes, tipos de dados recursivos e funções recursivas, têm semântica de ponto fixo mínimo quando são implementadas conforme os algoritmos usuais, que serão mais bem estudados futuramente neste livro. Esse ponto é importante, porque métodos como esse podem ser utilizados no futuro para verificar a correção de compiladores. Atualmente, a demonstração de correção de compiladores raramente é desenvolvida. Em vez disso, o teste de código de compiladores garante apenas uma correção aproximada, e erros substanciais freqüentemente podem ser encontrados, mesmo em compiladores produzidos comercialmente.

3.6.3 A Hierarquia de Chomsky e os Limites da Sintaxe como Regra Livre de Contexto

Gramáticas livres de contexto em BNF ou EBNF são uma ferramenta útil e poderosa para representar a estrutura sintática de uma linguagem de programação. Mas também é importante saber o que pode ou deveria ser representado em BNF. Já vimos uma situação em que a gramática pode ser intencionalmente mantida como ambígua (o problema do *else* pendente), e assim não expressar diretamente a sintaxe completa. Outras situações podem surgir nas quais podemos tentar expressar muito na gramática, ou nas quais pode ser essencialmente impossível expressar um requisito na gramática. Nesta seção, discutiremos alguns dos casos mais comuns.

Uma questão freqüente que surge ao escrever a BNF para uma linguagem é o quanto da estrutura léxica deveria ser expresso em BNF em vez de uma descrição separada (possivelmente que use expressões regulares). A discussão anterior mostrou que as gramáticas livres de contexto podem expressar concatenação, repetição e escolha, assim como as expressões regulares. Poderíamos, entretanto, escrever nossas regras gramaticais para a construção de todas as marcas para caracteres e eliminar totalmente as expressões regulares.

Por exemplo, considere a definição de um número como uma seqüência de dígitos utilizando expressões regulares:

```
dígito = 0|1|2|3|4|5|6|7|8|9
número = dígito dígito*
```

Isso pode ser escrito utilizando BNF

$$dígito \rightarrow 0\,|\,1\,|\,2\,|\,3\,|\,4\,|\,5\,|\,6\,|\,7\,|\,8\,|\,9$$
$$número \rightarrow número\ dígito\ |\ dígito$$

Observe que a recursão na segunda regra é utilizada apenas para expressar repetição. Uma gramática com essa propriedade é denominada **gramática regular**, e as gramáticas regulares podem expressar tudo o que as expressões regulares podem. Como conseqüência, poderíamos projetar um analisador sintático para aceitar caracteres diretamente do arquivo de entrada-fonte e eliminar o sistema de varredura.

Por que isso não é uma boa idéia? Isso comprometeria a eficiência. Um analisador sintático é uma máquina mais poderosa que um sistema de varredura, mas é também menos eficiente. Ainda assim, pode ser razoável e útil incluir uma definição das marcas em BNF – a gramática, nesse caso, expressaria toda a estrutura sintática, inclusive a estrutura léxica. Evidentemente, o implementador da linguagem deveria extrair essas definições da gramática e construir com elas um sistema de varredura.

Uma situação diferente acontece com relação a **regras de contexto**, que ocorrem freqüentemente em linguagens de programação. Utilizamos o termo livre de contexto sem explicar o motivo por que essas regras são de fato "livres de contexto". O motivo simples é que os não-terminais aparecem livres à esquerda da seta em linguagens livres de contexto. Portanto, uma regra

$$A \rightarrow \alpha$$

indica que A pode ser substituída por α em *qualquer ponto*, independentemente de onde ocorra A. Em contrapartida, poderíamos informalmente definir um **contexto** como um par de cadeias (de terminais e não-terminais) β, γ, tais que uma regra se aplicaria apenas se β ocorresse antes e γ ocorresse depois do não-terminal. Isso poderia ser escrito como

$$\beta\ A\ \gamma \rightarrow \beta\ \alpha\ \gamma$$

Uma regra dessa forma, em que $\alpha \neq \varepsilon$ é denominada **regra gramatical sensível a contexto**. Gramáticas sensíveis a contexto são mais poderosas que gramáticas livres de contexto, mas também são muito mais difíceis de usar como base para um analisador sintático.

Quais requisitos em linguagens de programação exigem regras sensíveis a contexto? Exemplos típicos estão relacionados ao uso de nomes. A regra em C que requer **declaração antes do uso** é um exemplo típico. Aqui, um nome deve aparecer em uma declaração antes de ser usado em uma expressão:

```
{int x;
   ...
   ...x...
   ...
}
```

Para tentar lidar com esse requisito em BNF, precisaríamos primeiro incluir as cadeias de nomes nas regras gramaticais, em vez de incluir todos os nomes como marcas de identificador indistinguíveis entre si. Segundo, para cada nome teríamos de escrever uma regra para estabelecer sua declaração antes de um uso em potencial. Mas em muitas linguagens o comprimento de um identificador não tem restrições, assim o número de identificadores possíveis é (ao menos potencialmente) infinito. Mesmo se os nomes tivessem apenas dois caracteres de comprimento, teríamos potencialmente centenas de novas regras gramaticais. Evidentemente, essa situação é indesejável. A solução é similar à de uma regra para eliminar ambigüidades: nós simplesmente estabelecemos uma regra (declaração antes do uso) que não aparece explicitamente na gramática. Há, entretanto, uma diferença: uma regra como essa não pode ser forçada pelo próprio analisador sintático, pois ela está além do poder de expressão das regras (razoáveis) livres de contexto. Em vez disso, essa regra se torna parte da análise semântica, pois ela depende do uso da tabela de símbolos (que registra quais identificadores foram declarados).

As regras da linguagem que estão além do escopo de verificação do analisador sintático, mas que ainda podem ser verificadas pelo compilador, recebem o nome de **semântica estática** da linguagem. Isso inclui verificação de tipos (em uma linguagem com tipos estáticos) e regras como a de declaração antes do uso. Daqui para a frente, consideraremos *sintaxe* apenas as regras que possam ser expressas por regras BNF. Tudo o mais será considerado como semântica.

Existe um tipo de gramática ainda mais geral que as gramáticas sensíveis a contexto. Elas são denominadas **gramáticas irrestritas**, e têm regras gramaticais da forma $\alpha \to \beta$, em que não existem restrições sobre a forma das cadeias α e β (exceto que α não pode ser ϵ). Os quatro tipos de gramáticas – irrestrita, sensível a contexto, livre de contexto e regular – são também denominados tipo 0, tipo 1, tipo 2 e tipo 3, respectivamente. As classes de linguagens que elas constroem são também denominadas **hierarquia de Chomsky**, em homenagem a Noam Chomsky, que foi o primeiro a utilizá-las para descrever linguagens naturais. Essas gramáticas representam níveis distintos de poder computacional. De fato, as gramáticas irrestritas (ou de tipo 0) são equivalentes a máquinas de Turing, da mesma forma que as gramáticas regulares são equivalentes a autômatos finitos, e assim representam a computação mais geralmente conhecida. As gramáticas livres de contexto também têm uma máquina equivalente correspondente, denominada autômato descendente, mas não precisaremos de todo o poder dessa máquina para nossos algoritmos de análise sintática, e portanto isso não será mais discutido aqui.

Deveríamos também considerar que certos problemas computacionalmente intratáveis são associados a linguagens e gramáticas livres de contexto. Por exemplo, no tratamento de gramáticas ambíguas, seria interessante se pudéssemos construir um algoritmo para converter as gramáticas ambíguas em versões livres de ambigüidade sem alterar a linguagem subjacente. Infelizmente, sabe-se que esse problema é indecidível, ou seja, esse algoritmo não existe. Existem, na realidade, linguagens livres de contexto para as quais *não existem* gramáticas livres de ambigüidade (essas linguagens são denominadas **linguagens inerentemente ambíguas**), e mesmo o problema de determinar se uma linguagem é inerentemente ambígua é indecidível.

Felizmente, complicações como a ambigüidade inerente não surgem, como regra, em linguagens de programação, e as técnicas *ad hoc* para a remoção de ambigüidade já descritas geralmente se mostram adequadas nos casos práticos.

3.7 SINTAXE DA LINGUAGEM TINY

3.7.1 Gramática Livre de Contexto para TINY

A gramática para TINY é dada em BNF na Figura 3.6. As seguintes observações podem ser feitas com base nela. Um programa TINY é simplesmente uma seqüência de declarações. Há cinco tipos de declarações: de condição, de repetição, de leitura, de escrita e de atribuição. Elas têm uma sintaxe similar à de Pascal, exceto que as declarações de condição usam **end** para marcar blocos (a fim de eliminar a ambigüidade do *else* pendente em TINY) e as declarações de condição e de repetição admitem seqüências de declarações em seus corpos, e portanto marcadores ou pares **begin-end** não são necessários (**begin** nem é uma palavra reservada em TINY).

> *programa* → *decl-seqüência*
> *decl-seqüência* → *decl-seqüência* **;** *declaração* | *declaração*
> *declaração* → *cond-decl* | *repet-decl* | *atrib-decl* | *leit-decl* | *escr-decl*
> *cond-decl* → **if** *exp* **then** *decl-seqüência* **end**
> | **if** *exp* **then** *decl-seqüência* **else** *decl-seqüência* **end**
> *repet-decl* → **repeat** *decl-seqüência* **until** *exp*
> *atrib-decl* → **identificador :=** *exp*
> *leit-decl* → **read identificador**
> *escr-decl* → **write** *exp*
> *exp* → *exp-simples comp-op exp-simples* | *exp-simples*
> *comp-op* → **<** | **=**
> *exp-simples* → *exp-simples soma termo* | *termo*
> *soma* → **+** | **-**
> *termo* → *termo mult fator* | *fator*
> *mult* → **+** | **/**
> *fator* → **(** *exp* **)** | **número** | **identificador**

Figura 3.6   Gramática da linguagem TINY em BNF.

As declarações de entrada/saída começam com as palavras reservadas **read** e **write**. Uma declaração de leitura pode ler apenas uma variável por vez, e uma declaração de escrita pode escrever apenas uma expressão por vez.

As expressões TINY são de dois tipos: expressões booleanas que utilizam os operadores de comparação **=** e **<** e que aparecem nos testes das declarações de condição e de repetição, e expressões aritméticas (denotadas como *exp-simples* na gramática) que incluem: operações padrão com inteiros **+**, **-**, ***** e **/** (esta última é a divisão de inteiros, comumente denotada como **div**). As operações aritméticas são associativas à esquerda e têm as precedências usuais. As operações de comparação, diferentemente disso, são não-associativas: apenas uma operação de comparação é permitida por expressão sem parênteses. As operações de comparação têm também precedência menor que qualquer operação aritmética.

Os identificadores em TINY se referem a variáveis de inteiros simples. Não há variáveis estruturadas como matrizes ou registros. Também não há declarações de variáveis em TINY: uma variável é declarada implicitamente quando aparece à esquerda de uma atribuição. Há também apenas um escopo (global) – e não há procedimentos nem funções (portanto não há também ativações).

Uma observação final a respeito da gramática de TINY. Seqüências de declarações *precisam* conter ponto-e-vírgula para separar as declarações, e um ponto-evírgula após a declaração final de uma sequência é ilegal. Isso se deve à não-existência de declarações vazias em TINY (diferentemente de Pascal e C). Adicionalmente, escrevemos a regra BNF para *decl-seqüência* como recursiva à esquerda, mas na verdade a associatividade das seqüências de declarações não é importante, pois elas devem simplesmente ser executadas em ordem. Poderíamos, portanto, ter escrito a *decl-seqüência* recursiva à direita. Isso será também representado na estrutura de árvore sintática de um programa TINY, no qual as seqüências de declarações serão representadas por listas em vez de árvores. A seguir, apresentamos uma discussão sobre essa estrutura.

3.7.2 Estrutura de Árvore Sintática para o Compilador TINY

Em TINY, há dois tipos básicos de estrutura: declarações e expressões. Há cinco tipos de declaração (condição, repetição, leitura, escrita e atribuição) e três tipos de expressão (operadores, constantes e identificadores). Um nó de árvore sintática, portanto, será classificado como declaração ou expressão, e depois pelo tipo de declaração ou expressão. Um nó de árvore terá no máximo três estruturas filhas (serão três apenas no caso de declarações de condição com a parte *else*). As declarações serão colocadas em seqüência por um campo de irmã, em vez de um campo de filha.

Os atributos preservados nos nós das árvores (além dos campos já mencionados) são os seguintes: cada tipo de nó de expressão requer um atributo especial. Um nó de constante requer um campo para a constante de inteiro que ele representa. Um nó de identificador requer um campo com o nome do identificador. Um nó de operador requer um campo com o nome do operador. Nós de declarações, em geral, não requerem atributos (além da identificação do tipo de nó). Para simplificar, entretanto, no caso de declarações de atribuição e de leitura, preservaremos o nome da variável que recebe a atribuição ou leitura no próprio nó de declaração (em vez de uma expressão no nó filho).

A estrutura dos nós de árvores descrita anteriormente pode ser obtida com as declarações em C dadas na Figura 3.7, que foram extraídas da listagem de **globals.h** do Apêndice B. Observe que utilizamos uniões nessas declarações para auxiliar na conservação de espaço. Isso também auxilia na identificação dos atributos que devem acompanhar cada tipo de nó. Dois atributos adicionais, que ainda não foram mencionados, aparecem na declaração. O primeiro é o atributo de controle **lineno**, que nos possibilita escrever números de linhas do código-fonte para os erros que possam ocorrer em estágios posteriores da tradução. O segundo é o campo **type**, que será utilizado posteriormente para verificação de tipos de expressões (e apenas de expressões). Ele é declarado com o tipo enumerado **ExpType**; isso será discutido mais detalhadamente no Capítulo 6.

```
typedef enum {StmtK,ExpK} NodeKind;
typedef enum {IfK,RepeatK,AssignK,ReadK,WriteK}
             StmtKind;
typedef enum {OpK,ConstK,IdK} ExpKind;

/* ExpType é utilizado para verificação de tipos */
typedef enum {Void,Integer,Boolean} ExpType;

#define MAXCHILDREN 3

typedef struct treeNode
   { struct treeNode * child[MAXCHILDREN];
     struct treeNode * sibling;
     int lineno;
     NodeKind nodekind;
     union { StmtKind stmt; ExpKind exp;} kind;
     union { TokenType op;
             int val;
             char * name; } attr;
     ExpType type; /* para verificação de tipos de expressões */
   } TreeNode;
```

Figura 3.7 Declarações em C para um nó de árvore sintática TINY.

Queremos agora uma descrição visual da estrutura de árvore sintática, para mostrar visualmente a árvore sintática para um programa de exemplo. Para isso, utilizamos retângulos para nós de declarações e círculos ou formas ovais para nós de expressões. O tipo de declaração ou expressão será dado como um rótulo dentro da figura apropriada, junto com atributos adicionais colocados entre parênteses. Ponteiros para irmãos serão desenhados à direita dos nós, e ponteiros para filhos serão desenhados embaixo dos nós. Também indicaremos com triângulos, nos diagramas, estruturas de árvores não especificadas adicionais, com linhas pontilhadas para indicar estruturas opcionais. Uma seqüência de declarações conectadas por campos de irmãos apareceria, portanto, da seguinte maneira (subárvores em potencial são indicadas por linhas pontilhadas e triângulos):

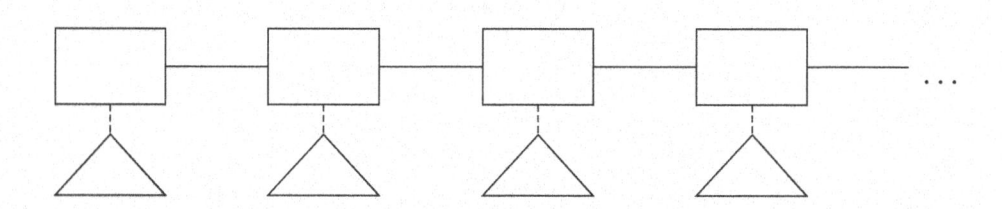

Uma declaração de condição (com potencialmente três filhas) fica assim:

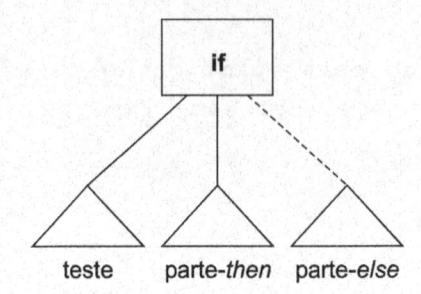

```
           if
          /|\
         / | \
        /  |  \
       /\  /\  /\
      /__\/__\/__\
     teste parte-then parte-else
```

Uma declaração de repetição terá duas filhas. A primeira é a seqüência que representa seu corpo; a segunda é a expressão de teste:

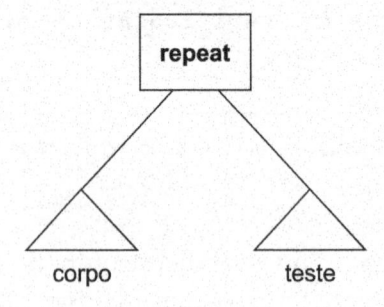

```
        repeat
         / \
        /   \
       /\   /\
      /__\ /__\
      corpo teste
```

Uma declaração de atribuição tem apenas uma filha, que representa a expressão cujo valor é atribuído (o nome da variável que recebe a atribuição fica no nó da declaração):

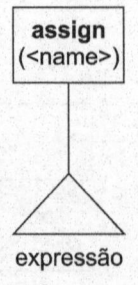

```
      assign
     (<name>)
         |
        /\
       /__\
     expressão
```

Uma declaração de escrita também tem apenas uma filha, que representa a expressão cujo valor deve ser escrito:

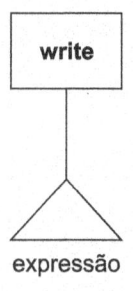

```
      write
        |
        △
    expressão
```

Uma expressão de operador tem duas filhas, que representam as expressões de operandos à esquerda e à direita:

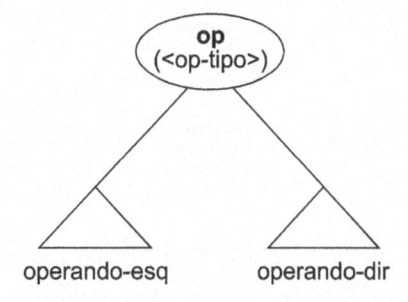

```
       op
    (<op-tipo>)
      /    \
     △      △
operando-esq  operando-dir
```

Todas as outras declarações (leitura, identificador e constante) são nós-folha.

Finalmente, estamos prontos para apresentar a árvore de um programa TINY. O programa de exemplo do Capítulo 1, que computa o fatorial de um inteiro, é repetido na Figura 3.8. Sua árvore sintática é exibida na Figura 3.9.

```
{ Exemplo de programa
  em TINY -
  fatorial
}
read x; { inteiro de entrada }
if 0 < x then { não calcula se x <= 0 }
  fact := 1;
  repeat
    fact := fact * x;
    x := x - 1
  until x = 0;
  write fact { apresenta o fatorial de x }
end
```

Figura 3.8   Programa de exemplo na linguagem TINY.

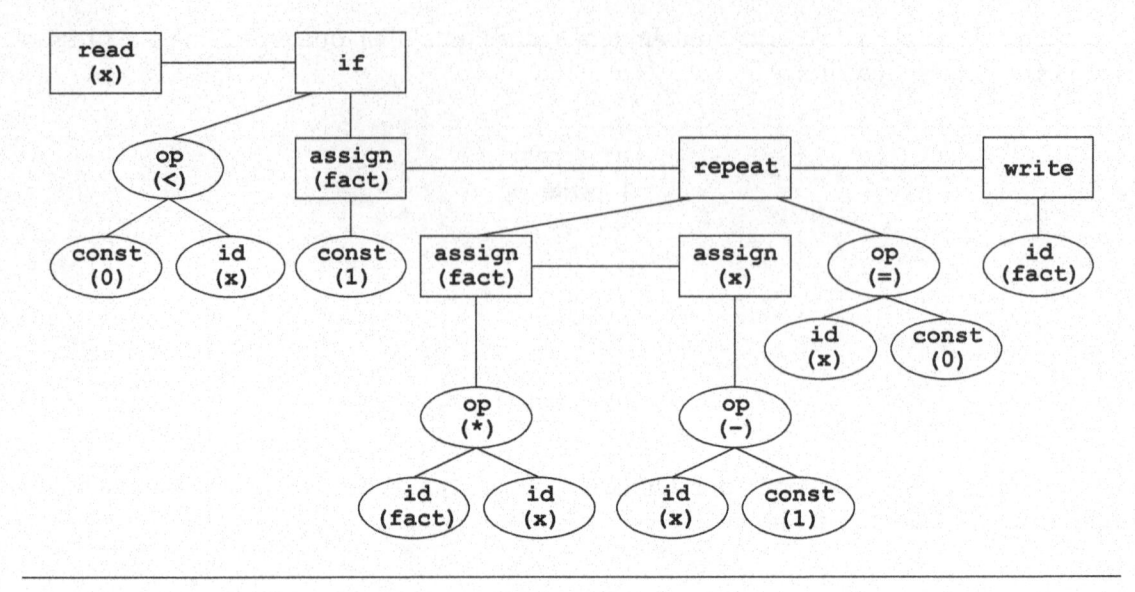

Figura 3.9 Árvore sintática para o programa TINY da Figura 3.8.

EXERCÍCIOS

3.1 (a) Escreva uma gramática sem ambigüidades que gere o conjunto de cadeias de caracteres {s; s;s; s;s;s;, ...}.
(b) Apresente derivações à esquerda e à direita para a cadeia s;s;, utilizando sua gramática.

3.2 Dada a gramática $A \to AA\,|\,(A)\,|\,\varepsilon$,
(a) Descreva a linguagem que ela gera.
(b) Mostre que ela é ambígua.

3.3 Dada a gramática

$exp \to exp\ soma\ termo\,|\,termo$
$soma \to +\,|\,-$
$termo \to termo\ mult\ fator\,|\,fator$
$mult \to *$
$fator \to (exp)\,|\,$**número**

escreva derivações à esquerda, árvores de análise sintática e árvores sintáticas para as expressões a seguir:
(a) `3+4*5-6` (b) `3*(4-5+6)` (c) `3-(4+5*6)`

3.4 A gramática a seguir gera todas as expressões regulares para o alfabeto de letras (as aspas marcam os operadores, pois a barra vertical é um operador e também um meta-símbolo):

$rexp \to rexp''\,|\,''rexp$
$\quad\,|\,rexp\ rexp$
$\quad\,|\,rexp\ ``*"$
$\quad\,|\,"\,("rexp")"$
$\quad\,|\,$**letra**

(a) Use essa gramática para apresentar uma derivação da expressão regular (ab|b)*.
(b) Mostre que essa gramática é ambígua.
(c) Reescreva essa gramática e corrija as precedências dos operadores (ver Capítulo 2).
(d) Que associatividade é imposta aos operadores binários pela sua resposta da parte (c)? Por quê?

3.5 Escreva uma gramática para expressões booleanas contendo as constantes **verd** e **falso,** os operadores **e**, **ou** e **não** e **parênteses**. O operador **ou** deve ter precedência menor que **e**, e este último deve ter precedência menor que **não**. A repetição de **não**'s deve ser permitida (como na expressão **não não verd**), e a gramática não pode ser ambígua.

3.6 Considere a gramática a seguir, que representa expressões simplificadas em LISP:

$$lexp \to átomo \,|\, lista$$
$$átomo \to \textbf{número}\,|\,\textbf{identificador}$$
$$lista \to \textbf{(}\ lexp\text{-}seq\ \textbf{)}$$
$$lexp\text{-}seq \to lexp\text{-}seq\ lexp\,|\,lexp$$

(a) Escreva derivações à esquerda e à direita para a cadeia **(a 23 (m x y))**.
(b) Desenhe uma árvore de análise sintática para a cadeia da parte (a).

3.7 (a) Escreva declarações em C para uma estrutura de árvore sintática abstrata para a gramática do Exercício 3.6.
(b) Desenhe a árvore sintática para a cadeia **(a 23 (m x y))** que resultaria de suas declarações na parte (a).

3.8 Dada a gramática a seguir

$$declaração \to if\text{-}decl\,|\,\textbf{outra}\,|\,\varepsilon$$
$$if\text{-}decl \to \textbf{if (}\ exp\ \textbf{)}\ declaração\ else\text{-}parte$$
$$else\text{-}parte \to \textbf{else}\ declaração\,|\,\varepsilon$$
$$exp \to \textbf{0}\,|\,\textbf{1}$$

(a) Desenhe uma árvore de análise sintática para a cadeia

if(0) if(1) outra else else outra

(b) Para que servem os dois **else**'s?
(c) Algum código similar é admissível em C? Explique.

3.9 (Aho, Sethi e Ullman) Mostre que a seguinte tentativa de resolução da ambigüidade de *else* pendente ainda é ambígua (compare com a solução da Seção 3.4.3):

$$declaração \to \textbf{if (}\ exp\ \textbf{)}\ declaração\,|\,casam\text{-}decl$$
$$casam\text{-}decl \to \textbf{if (}\ exp\ \textbf{)}\ casam\text{-}decl\ \textbf{else}\ declaração\,|\,\textbf{outra}$$
$$exp \to \textbf{0}\,|\,\textbf{1}$$

3.10 (a) Traduza a gramática do Exercício 3.6 em EBNF.
(b) Desenhe diagramas sintáticos para a EBNF da parte (a).

3.11 Dada a equação de conjuntos $X = (X+X) \cup N$ (N é o conjunto de números naturais; ver Seção 3.6.2).
(a) Mostre que o conjunto $E = N \cup (N + N) \cup (N + N + N) \cup (N + N + N + N) \cup \ldots$ satisfaz a equação.
(b) Mostre que, dado qualquer conjunto E' que satisfaça a equação, $E \subset E'$.

3.12 Sinais de subtração unários podem ser acrescentados de diferentes maneiras à gramática de expressões aritméticas simples do Exercício 3.3. Reveja a BNF para cada um dos casos abaixo, para que a regra apresentada seja satisfeita.

(a) No máximo um sinal unário de subtração é permitido em cada expressão, e deve aparecer no início de uma expressão; por exemplo, -2-3 é legal[5] (e o resultado é –5) e -2-(-3) também é legal, mas -2--3 é ilegal.

(b) No máximo um sinal unário de subtração é permitido antes de qualquer quantidade de parênteses à esquerda, assim -2--3 é legal, mas --2 e -2---3 não são.

(c) Uma quantidade arbitrária de sinais unários de subtração é permitida antes de números e parênteses à esquerda, portanto todas as expressões acima são legais.

3.13 Considere a simplificação a seguir da gramática do Exercício 3.6.

$$lexp \rightarrow \mathbf{n\acute{u}mero} \mid (\ op\ lexp\text{-}seq\ )$$
$$op \rightarrow +\mid -\mid *$$
$$lexp\text{-}seq \rightarrow lexp\text{-}seq\ lexp \mid lexp$$

Essa gramática pode ser vista como uma representação de expressões aritméticas de inteiros simples em forma prefixa similar a LISP. Por exemplo, a expressão 34-3*42 seria escrita nessa gramática como (- 34 (* 3 42)).

(a) Que interpretação seria dada às expressões legais (- 2 3 4) e (- 2)? E às expressões (+ 2) e (* 2)?

(b) Precedência e associatividade são problemas para essa gramática? A gramática é ambígua?

3.14 (a) Escreva declarações em C para uma estrutura de árvore sintática para a gramática do exercício anterior.

(b) Desenhe a árvore sintática para a expressão (- 34 (* 3 42)), utilizando sua resposta para a parte (a).

3.15 Foi mencionado na Seção 3.3.2 que a descrição BNF de uma árvore sintática abstrata

$$exp \rightarrow OpExp(op,exp,exp) \mid ConstExp(integer)$$
$$op \rightarrow Soma \mid Subtr \mid Mult)$$

é parecida com a declaração de tipos em algumas linguagens. Duas dessas linguagens são ML e Haskell. Este exercício é para os leitores que conhecerem uma dessas linguagens.

(a) Escreva declarações de tipos de dados que implementem a sintaxe abstrata acima.

(b) Escreva uma expressão de sintaxe abstrata para a expressão (34*(42-3)).

3.16 Reescreva a árvore sintática **typedef** do início da Seção 3.3.2, utilizando **union**.

3.17 Prove que a gramática do Exemplo 3.5 gera o conjunto de todas as cadeias de parênteses balanceados, no qual w é uma cadeia de parênteses balanceados se apresentar as seguintes duas propriedades:

1. w contém exatamente o mesmo número de parênteses à esquerda e à direita.
2. Qualquer prefixo u de w (ou seja, $w = ux$ para algum x) tem uma quantidade de parênteses à esquerda maior que ou igual à quantidade de parênteses à direita. (Dica: prove por indução no comprimento de uma derivação.)

3.18 Considere as cadeias da forma xcx, em que x é uma cadeia de a's e b's. Uma gramática livre de contexto pode ser escrita para essas cadeias? Explique sua resposta.

3.19 Em algumas linguagens (como Modula-2 e Ada), uma declaração de procedimento

---

5. Observe que o segundo sinal nessa expressão é *binário* em vez de unário.

deve terminar com uma sintaxe que inclua o nome do procedimento. Por exemplo, em Modula-2, um procedimento é declarado assim:

```
PROCEDURE P;
BEGIN
...
END P;
```

Observe o uso do nome de procedimento **P** após o **END**. Isso pode ser verificado por um analisador sintático? Explique sua resposta.

3.20 (a) Escreva uma expressão regular para gerar a mesma linguagem da gramática a seguir:

$$A \to aA \mid B \mid \varepsilon$$
$$B \to bB \mid A$$

(b) Escreva uma gramática para gerar a mesma linguagem da seguinte expressão:

```
(a|c|ba|bc)*(b|ε)
```

3.21 Uma **produção unitária** é uma escolha de regra gramatical da forma $A \to B$, na qual tanto A como B são não-terminais.
(a) Mostre que produções unitárias podem ser eliminadas sistematicamente de uma gramática, para construir uma gramática sem produções unitárias que gera a mesma linguagem que a da gramática original.
(b) Você imagina que produções unitárias apareçam com freqüência na definição de linguagens de programação? Explique sua resposta.

3.22 Uma **gramática cíclica** contém uma derivação $A \Rightarrow *$ composta por um ou mais passos para um não-terminal A.
(a) Mostre que uma gramática cíclica sem símbolos não-essenciais é ambígua. (Ver Exercício 4.16 para a definição de não-essencial).
(b) Você imagina que gramáticas para definir linguagens de programação sejam freqüentemente cíclicas? Explique sua resposta.

3.23 Reescreva a gramática TINY da Figura 3.6 em EBNF.

3.24 Considere o programa TINY a seguir

```
read x;
x := x+1;
write x
```

(a) Desenhe a árvore de análise sintática TINY.
(b) Desenhe a árvore sintática TINY.

3.25 Desenhe a árvore sintática TINY para o programa abaixo:

```
read u;
read v; {recebe dois inteiros}
if v = 0 then v := 0 {não faz nada}
else
  repeat
    temp := v;
    v := u - u/v*v;
    u := temp
  until v = 0
end;
write u {apresenta o mdc entre o valor inicial de u & v}
```

NOTAS E REFERÊNCIAS

Muito da teoria de gramáticas livres de contexto pode ser encontrado em Hopcroft e Ullman (1979), inclusive a demonstração de muitas propriedades, como a indecidibilidade da ambigüidade inerente. Essa referência contém também uma apresentação da hierarquia de Chomsky. Informações adicionais podem ser encontradas em Ginsburg (1966, 1975). Chomsky (1956, 1959) foi o responsável por boa parte da teoria inicial, aplicada ao estudo de linguagens naturais. A importância desse tópico para as linguagens de programação foi percebida posteriormente, e o primeiro uso de gramáticas livres de contexto nesse sentido foi na definição de Algol60 (Naur, 1963). A solução da Seção 3.4.3 para o problema do *else* pendente, que usa regras livres de contexto, foi copiada de Aho, Hopcroft e Ullman (1986), assim como o Exercício 3.9. A visão das gramáticas livres de contexto como equações recursivas (Seção 3.6.2) foi herdada da semântica denotacional. Para estudo desse tópico, ver Schmidt (1986).

Capítulo 4

Análise Sintática Descendente

4.1 Análise sintática descendente recursiva
4.2 Análise sintática LL(1)
4.3 Conjuntos primeiros e de seqüência
4.4 Um analisador sintático para a linguagem TINY
4.5 Recuperação de erros em analisadores sintáticos descendentes

Um algoritmo para análise sintática **descendente** analisa a cadeia de marcas de entrada pelo acompanhamento dos passos de uma derivação à esquerda. O nome "descendente" vem da forma como a árvore de análise sintática é percorrida – em pré-ordem, portanto, da raiz para as folhas (ver Seção 3.3 do Capítulo 3). Há duas formas de analisadores sintáticos descendentes: **analisadores com retrocesso** e **analisadores preditivos**. Um analisador sintático preditivo tenta prever a construção seguinte na cadeia de entrada com base em uma ou mais marcas de verificação à frente. Já um analisador sintático com retrocesso testa diferentes possibilidades de análise sintática da entrada, retrocedendo se alguma possibilidade falhar. Os analisadores com retrocesso são mais poderosos que os preditivos, mas são também mais lentos e requerem, em geral, tempo exponencial para a execução. Na prática, portanto, eles não são adequados para os compiladores. Não estudamos aqui os analisadores com retrocesso (mas a seção de Notas e Bibliografia e os exercícios trazem algumas observações e indicações sobre esse tópico).

Os dois tipos de algoritmos para análise sintática descendente estudados são os **descendentes recursivos** e os **LL(1)**. A análise sintática descendente recursiva é bastante versátil e é o método mais adequado para um analisador sintático escrito manualmente. A análise sintática LL(1) embora, na prática, não seja mais utilizada com tanta freqüência, é útil como estudo de um esquema simples com uma pilha explícita. Ela pode também servir como introdução para os algoritmos ascendentes, que são mais poderosos (mas também mais complexos) e serão vistos no próximo capítulo. A análise sintática LL(1) é útil também para formalizar alguns problemas que aparecem na análise descendente recursiva. O método de análise sintática LL(1) tem esse nome pelo seguinte: o primeiro "L" se refere ao fato de o processamento ocorrer da esquerda para a direita (esquerda, em inglês, é *left* – alguns analisadores sintáticos processavam a entrada da direita para a esquerda, mas isso é pouco comum hoje em dia). O segundo "L" se refere ao fato de o analisador acompanhar uma derivação à esquerda para a cadeia de entrada. O número 1 entre parênteses significa que ela usa apenas um símbolo da entrada para prever a direção da análise. (Podemos ter também análise sintática LL(k), com verificação à frente de k símbolos, mas apenas um símbolo para verificação à frente é o caso mais comum.)

Tanto a análise sintática descendente recursiva como a LL(1) exigem, em geral, a computação de conjuntos de verificação à frente denominados conjuntos **Primeiro** e de **Seqüência**.[1] Podemos construir analisadores sintáticos descendentes simples sem a apresentação explícita desses conjuntos, e por isso deixaremos a discussão sobre esses conjuntos para mais adiante. Inicialmente, apresentamos os algoritmos básicos. Seguiremos então para uma discussão de um analisador sintático TINY descendente recursivo, e concluiremos o capítulo com uma descrição de métodos para recuperação de erros em análise sintática descendente.

4.1 ANÁLISE SINTÁTICA DESCENDENTE RECURSIVA

4.1.1 O método descendente recursivo básico

A idéia da análise sintática descendente recursiva é extremamente simples. A regra gramatical para um A não-terminal é vista como uma definição de procedimento para reconhecer um A. O lado direito da regra gramatical para A especifica a estrutura do código para esse procedimento: a seqüência de terminais e de não-terminais em uma escolha corresponde a casamentos com a entrada e as ativações de outros procedimentos, e as escolhas correspondem a alternativas (declarações *case* e *if*) dentro do código.

Como exemplo, considere a gramática de expressões do capítulo anterior:

$$exp \rightarrow exp\ soma\ termo\ |\ termo$$
$$soma \rightarrow +\ |\ -$$
$$termo \rightarrow termo\ mult\ fator\ |\ fator$$
$$mult \rightarrow *$$
$$fator \rightarrow (\ exp\ )\ |\ \textbf{\textit{número}}$$

e considere a regra gramatical para um *fator*. Um procedimento descendente recursivo para reconhecer um *fator* (e que será ativado pelo mesmo nome) pode ser escrito em pseudocódigo da seguinte maneira:

```
procedure fator ;
begin
  case marca of
  ( : casamento( ();
      exp ;
      casamento() );
  número :
      casamento(número);
  else erro ;
  end case ;
end fator ;
```

Nesse pseudocódigo, assumimos que existe uma variável *marca* para registrar a marca seguinte da entrada (portanto, esse exemplo utiliza apenas um símbolo de verificação à

---

1. Esses conjuntos também são necessários em alguns algoritmos para análise sintática ascendente, que serão estudados no próximo capítulo.

frente). Também assumimos que existe um procedimento *casamento* que casa a marca seguinte com seu parâmetro, adianta a entrada em caso de sucesso e declara erro em caso contrário:

    procedure *casamento* (*marcaEsperada*) ;
    begin
       if *marca* = *marcaEsperada* **then**
          capturaMarca ;
       else
          erro ;
       end if ;
    end *casamento* ;

Deixamos por enquanto o procedimento *erro* sem especificação. Esse procedimento é ativado tanto por *fator* como por *casamento*. Podemos assumir que ele imprime uma mensagem de erro e termina.

Observe que nas ativações *casamento*(**(**) e *casamento*(**número**) em *fator*, as variáveis *marcaEsperada* e *marca* são a mesma coisa. Entretanto, na ativação *casamento*(**)**), não podemos assumir que a *marca* seja o fechamento à direita de parênteses, assim é necessário um teste. O código para *fator* também assume que um procedimento *exp* tenha sido definido para poder ser ativado. Em um analisador descendente recursivo para a gramática de expressões, o procedimento *exp* ativará *termo*, o procedimento termo ativará *fator* e o procedimento *fator* ativará *exp*; portanto, todos esses procedimentos precisam ter a capacidade de ativar os outros. Infelizmente, não é tão fácil escrever os procedimentos descendentes recursivos para as regras restantes na gramática de expressões como foi para *fator*, pois, como veremos, isso exige o uso de EBNF.

4.1.2 Repetição e escolha: o uso de EBNF

Considere, como um segundo exemplo, a regra gramatical (simplificada) para uma declaração *if*:

        if-decl → **if** (*exp*) *declaração*
            | **if** (*exp*) *declaração* **else** *declaração*

Isso pode ser traduzido para o procedimento

    procedure *declIf* ;
    begin
       casamento (**if**) ;
       casamento (**(**) ;
       exp ;
       casamento (**)**) ;
       declaração ;
       if *marca* = **else then**
          casamento (**else**) ;
          declaração ;
       end if ;
    end *declIf* ;

Nesse exemplo, não poderíamos distinguir de imediato as duas escolhas à direita da regra gramatical (ambas começam com a marca **if**). Podemos adiar a decisão de reconhecer a parte opcional *else* até encontrar a marca **else** na entrada. Assim, o código para a declaração *if* corresponde mais precisamente à EBNF

$$\textit{if-decl} \rightarrow \textbf{if} \textbf{ (} \textit{exp} \textbf{)} \textit{ declaração } [\textbf{ else} \textit{ declaração }]$$

que à BNF. Os colchetes da EBNF são traduzidos em um teste no código para *declIf*. A notação EBNF é projetada para espelhar o código de um analisador sintático descendente recursivo, portanto uma gramática deveria ser sempre traduzida em EBNF quando a opção é utilizar a análise descendente recursiva. Observe também que, embora essa gramática seja ambígua (ver capítulo anterior), é natural escrever um analisador sintático para casar com cada marca **else** assim que ela apareça na entrada. Isso corresponde precisamente à regra de eliminação de ambigüidade pelo aninhamento mais próximo.

Considere agora o caso de *exp* na gramática para expressões aritméticas simples em BNF:

$$exp \rightarrow exp \text{ soma termo} \mid termo$$

Se tentássemos transformar isso em um procedimento *exp* recursivo conforme nosso plano, a primeira tentativa seria ativar o próprio *exp*, o que levaria a um laço recursivo infinito. Um teste para efetuar uma escolha entre ($exp \rightarrow exp$ soma termo e $exp \rightarrow termo$) é igualmente problemático, pois tanto *exp* como *termo* podem começar com as mesmas marcas (parênteses à esquerda).

A solução é o uso da regra em EBNF

$$exp \rightarrow termo \ \{ \ soma \ termo \ \}$$

As chaves que expressam a repetição podem ser traduzidas no código para um laço, da seguinte maneira:

procedure *exp* ;
begin
   termo ;
   while *marca* = **+ or** *marca* = **− do**
     casamento (*marca*) ;
     termo ;
   end while ;
end *exp* ;

De maneira similar, a regra EBNF para *termo*:

$$termo \rightarrow fator \ \{ \ mult \ fator \ \}$$

gera o código

procedure *termo* ;
begin
   fator ;
   while *marca* = *** do**
     casamento (*marca*) ;
     fator ;
   end while ;
end *termo* ;

Foram eliminados aqui como procedimentos separados os não-terminais *soma* e *mult*, cuja única função é casar com os operadores:

soma → + | −
mult → *

Em vez disso, efetuamos os casamentos dentro de *exp* e *termo*. Uma questão sugerida por esse código é se a associatividade à esquerda induzida pelas chaves (e explícita na BNF original) pode ser preservada. Suponha, por exemplo, que queiramos escrever uma calculadora descendente recursiva para a aritmética de inteiros simples de nossa gramática. Podemos garantir que as operações sejam associativas à esquerda efetuando-as durante o ciclo do laço (assumimos agora que os procedimentos de análise sintática são funções com um inteiro como resultado de retorno):

```
function exp : inteiro ;
var temp : inteiro ;
begin
    temp := termo ;
    while marca = + or marca = − do
        case marca of
            + : casamento (+) ;
                temp := temp + termo ;
            − : casamento (−) ;
                temp := temp − termo ;
        end case ;
    end while ;
    return temp ;
end exp ;
```

e de maneira similar para *termo*. Utilizamos essas idéias para criar uma calculadora simples cujo código em C é dado na Figura 4.1. Em vez de apresentar um sistema de varredura completo, optamos por ativar **getchar** e **scanf** no lugar do procedimento **getToken**.

Esse método de transformar regras gramaticais EBNF em código é bastante poderoso, e o utilizamos para fornecer um analisador sintático completo para a linguagem TINY na Seção 4.4. Entretanto, existem algumas falhas, e é preciso certo cuidado no seqüenciamento das ações dentro do código. Um exemplo disso está no pseudocódigo acima para *exp*, no qual um casamento das operações precisou ocorrer antes das ativações repetidas de *termo* (caso contrário, *termo* veria uma operação como primeira marca, o que geraria um erro). O seguinte protocolo para preservar como corrente a variável global *marca* deve ser seguido rigidamente: *marca* deve ser ajustada antes do início da análise sintática, e *getToken* (ou equivalente) deve ser ativado imediatamente após um teste bem-sucedido de uma marca (isso é colocado dentro do procedimento *casamento* no pseudocódigo).

O mesmo cuidado deve ser tomado no seqüenciamento das ações durante a construção de uma árvore sintática. Vimos que a associatividade à esquerda em EBNF com repetição pode ser mantida para cálculos se esses cálculos forem efetuados durante a execução do laço.

```
/* Calculadora para aritmética de
   inteiros simples segundo a EBNF:

   <exp> -> <termo> { <soma> <termo> }
   <soma> -> + | -
   <termo> -> <fator> { <mult> <fator> }
   <mult> -> *
   <fator> -> ( <exp> ) | Número

   Linhas de texto fornecidas como entrada de stdin
   Imprime o resultado ou então "Error".
*/

#include <stdio.h>
#include <stdlib.h>

char token; /* variável de marca global */

/* protótipos de funções para ativações recursivas */
int exp(void);
int term(void);
int fator(void);

void error(void)
{ fprintf(stderr,"Error\n");
  exit(1);
}

void match( char expectedToken)
{ if (token==expectedToken) token = getchar();
  else error();
}

main()
{ int result;
  token = getchar(); /* carga de marca com primeiro
                        caractere para verificação à frente */
  result = exp();
  if (token=='\n') /* teste final de linha */
    printf("Result = %d\n",result);
  else error();/* caracteres indevidos na linha */
  return 0;
}
```

Figura 4.1 Calculadora descendente recursiva para aritmética de inteiros simples.

```c
int exp(void)
{ int temp = term();
  while ((token=='+')||(token=='-'))
    switch (token) {
    case '+': match('+');
              temp+=term();
              break;
    case '-': match('-');
              temp-=term();
              break;
    }
  return temp;
}

int term(void)
{ int temp = factor();
  while (token=='*') {
    match('*');
    temp*=factor();
  }
  return temp;
}

int factor(void)
{ int temp;
  if (token=='(') {
    match('(');
    temp = exp();
    match(')');
  }
  else if (isdigit(token)) {
    ungetc(token,stdin);
    scanf("%d",&temp);
    token = getchar();
  }
  else error();
  return temp;
}
```

Figura 4.1 (*continuação*) Calculadora descendente recursiva para aritmética de inteiros simples.

Entretanto, isso não mais corresponde a uma construção descendente da árvore sintática ou de análise sintática. Se considerarmos, por exemplo, a expressão **3+4+5**, cuja árvore sintática é

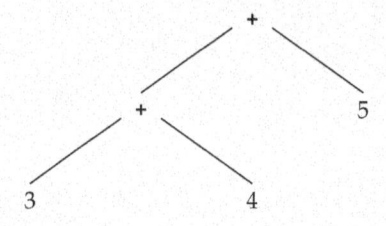

```
        +
       / \
      +   5
     / \
    3   4
```

o nó que representa a soma de 3 e 4 deve ser criado (ou processado) antes do nó-raiz (o nó que representa a soma com 5). A tradução em construção de árvore sintática gera o pseudocódigo a seguir para o procedimento *exp*:

    function *exp* : *árvoreSintática* ;
    var *temp, novatemp* : *árvoreSintática* ;
    begin
        temp := *termo* ;
        while *marca* = **+** **or** *marca* = **−** **do**
            case *marca* **of**
            + : *casamento* (**+**) ;
                novatemp := *criaNóOp*(**+**) ;
                filhoEsq(*novatemp*) := *temp* ;
                filhoDir(*novatemp*) := *termo* ;
                temp := *novatemp* ;
            − : *casamento* (**−**) ;
                novatemp := *criaNóOp*(**−**) ;
                filhoEsq(*novatemp*) := *temp* ;
                filhoDir(*novatemp*) := *termo* ;
                temp := *novatemp* ;
            end case ;
        end while ;
        return *temp* ;
    end *exp* ;

ou, de maneira mais simples,

    function *exp* : *árvoreSintática* ;
    var *temp, novatemp* : *árvoreSintática* ;
    begin
        temp := *termo* ;
        while *marca* = **+** **or** *marca* = **−** **do**
            novatemp := *criaNóOp*(*marca*) ;
            casamento (*marca*) ;
            filhoEsq(*novatemp*) := *temp* ;
            filhoDir(*novatemp*) := *termo* ;
            temp := *novatemp* ;
        end while ;
        return *temp* ;
    end *exp* ;

Nesse código, utilizamos uma nova função, *criaNóOp*, que recebe uma marca de operador como parâmetro e retorna um novo nó de árvore sintática. Também indicamos a atribuição de uma árvore sintática *p* como filho à esquerda ou à direita de uma árvore sintática *t* nas declarações *filhoEsq(t)* := *p* ou *filhoDir(t)* := *p*. O procedimento *exp*, com esse pseudocódigo, constrói a árvore sintática em vez da árvore de análise sintática. Isso se deve ao fato de uma ativação de *exp* não construir invariavelmente um novo nó da árvore; se não houver operadores, *exp* simplesmente devolve a árvore recebida da ativação inicial de *termo* como seu próprio valor. Podemos escrever também o pseudocódigo correspondente a *termo* e *fator* (ver os exercícios).

Em contraste, a árvore sintática para uma declaração *if* pode ser construída de forma estritamente descendente, com o uso de um analisador sintático descendente recursivo:

```
function declaraçãoIf : árvoreSintática ;
var temp : árvoreSintática ;
begin
   casamento (if) ;
   casamento ( ( ) ;
   temp := criaNóDecl(if) ;
   testeFilho(temp) := exp ;
   casamento ( ) ) ;
   thenFilho(temp) := declaração ;
   if  marca = else then
      casamento (else) ;
      elseFilho(temp) := declaração ;
   else
      elseFilho(temp) := nil ;
   end if ;
end declaraçãoIf ;
```

A flexibilidade da análise sintática descendente recursiva possibilita ao programador ajustar o seqüenciamento das ações, o que justifica a escolha desse método para a construção manual de analisadores sintáticos.

4.1.3 Problemas de decisão adicionais

O método descendente recursivo descrito é bastante poderoso, mas ainda é *ad hoc*. Esses métodos são adequados para construir um analisador sintático completo para linguagens pequenas e cuidadosamente projetadas (como TINY ou mesmo C). Métodos mais formais podem ser necessários em situações complexas. Diversos problemas podem surgir. Primeiro, pode ser difícil converter uma gramática originalmente apresentada em BNF para EBNF. Uma alternativa ao uso de EBNF será estudada na próxima seção, na qual é construída uma BNF transformada, que é essencialmente equivalente à EBNF. Segundo, ao formular um teste para diferenciar duas ou mais opções para regras gramaticais

$$A \rightarrow \alpha \mid \beta \mid \ldots$$

pode ser difícil decidir quando utilizar a alternativa $A \rightarrow \alpha$ e quando utilizar a alternativa $A \rightarrow \beta$, se tanto α como β iniciarem com não-terminais. Um problema de decisão como esse requer a computação dos conjuntos **Primeiros** de α e β: conjuntos de marcas que podem iniciar legalmente cada cadeia de caracteres. Os detalhes dessa computação serão formalizados na Seção 4.3. Terceiro, ao escrever o código para uma ε-produção

$$A \to \varepsilon$$

talvez seja necessário saber quais marcas podem suceder legalmente o não-terminal A, pois tais marcas indicam que A pode desaparecer apropriadamente nesse ponto da análise. Esse conjunto é denominado o conjunto de **Seqüência** de A. A computação desse conjunto também será apresentada com maior precisão na Seção 4.3.

Uma última consideração que pode requerer a computação dos conjuntos Primeiro e de Seqüência é a detecção antecipada de erros. Considere, por exemplo, o programa de calculadora da Figura 4.1. Dada a entrada `)3-2)`, o analisador sintático vem de `exp` para `termo` e, em seguida, para `fator` antes de registrar um erro, mas seria possível declarar o erro já em `exp`, pois uma expressão não aceita como primeiro caractere legal o parêntese à direita. O conjunto Primeiro de *exp* nos indicaria isso, possibilitando a detecção antecipada do erro. (Detecção e recuperação de erros serão mais detalhadas no final do capítulo.)

4.2 ANÁLISE SINTÁTICA LL(1)

4.2.1 O método básico da análise sintática LL(1)

A análise sintática LL(1) utiliza uma pilha explícita, em vez de ativações recursivas. A representação dessa pilha de forma padrão é útil para facilitar e agilizar a visualização das ações do analisador sintático LL(1). Na presente discussão introdutória, utilizamos a gramática extremamente simples que gera cadeias de parênteses balanceados:

$$S \to (S)S \mid \varepsilon$$

(ver Exemplo 3.5 no capítulo anterior).

A Tabela 4.1 mostra as ações de um analisador sintático descendente para essa gramática e a cadeia `()`. Nessa tabela, temos quatro colunas. A primeira enumera os passos para referência posterior. A segunda mostra o conteúdo da pilha de análise sintática, com o final da pilha à esquerda e o topo da pilha à direita. Indicamos o final da pilha com um cifrão. Assim, uma pilha contendo o não-terminal S em seu topo aparece como

$$\$\ S$$

e itens adicionais da pilha apareceriam à direita. A terceira coluna da Tabela 4.1 mostra a entrada. Os símbolos de entrada são apresentados da esquerda para a direita. Um cifrão marca o final da entrada (isso corresponde a uma marca de final de arquivo – EOF – gerada por um sistema de varredura). A quarta coluna da tabela apresenta uma descrição resumida da ação do analisador sintático, que altera a pilha e (possivelmente) a entrada, conforme mostra a linha seguinte na tabela.

Tabela 4.1 Ações de análise sintática de um analisador descendente.

	Pilha de análise sintática	Entrada	Ação
1	$ S	( ) $	$S \to (S) S$
2	$ S) S (	( ) $	casamento
3	$ S) S	) $	$S \to \varepsilon$
4	$ S)	) $	casamento
5	$ S	$	$S \to \varepsilon$
6	$	$	aceita

Um analisador descendente começa pela colocação do símbolo de início na pilha. Ele aceita uma cadeia de entrada se, após uma série de ações, a pilha e a entrada ficarem vazias. Assim, um esquema geral para uma análise sintática descendente bem-sucedida é

$ *SímboloInicial*   *CadeiaEntrada* $
    ...   ...
    ...   ...
$ $ aceita

No nosso exemplo, o símbolo de início é S, e a cadeia de entrada é ().

Um analisador sintático descendente substitui um não-terminal no topo da pilha por uma de suas escolhas na regra gramatical (em BNF). Isso é feito para produzir a marca corrente de entrada no topo da pilha, caso tenha casado com a marca de entrada e possa descartá-la tanto da pilha como da entrada. Essas duas ações,

a) substituir um não-terminal A no topo da pilha por uma cadeia α com base na escolha da regra gramatical $A \to \alpha$;
b) casar uma marca no topo da pilha com a marca de entrada seguinte,

são as duas ações básicas em um analisador descendente. A primeira ação poderia ser denominada **gera**; indicamos essa ação pela escolha BNF utilizada na substituição (cujo lado esquerdo precisa ser o não-terminal do topo da pilha). A segunda ação casa uma marca no topo da pilha com a próxima marca na entrada (e elimina as duas, retirando da pilha e avançando a entrada); indicamos essa ação pela palavra *casamento*. É importante observar que na ação *gera*, a cadeia de substituição α da BNF precisa ser colocada *invertida* na pilha (pois isso garante que a cadeia α virá no topo da pilha ordenada da esquerda para a direita).

Por exemplo, no passo 1 da análise sintática na Tabela 4.1, a pilha e a entrada são

$ S   ( ) $

e a regra que utilizamos para substituir S no topo da pilha é $S \to (S) S$, assim a cadeia S) S (é colocada na pilha, para obter

$ S) S (( ) $

Agora geramos o terminal seguinte de entrada, ou seja, um parêntese à esquerda, no topo da pilha, e efetuamos uma ação de *casamento* para obter a seguinte situação:

$ S) S   ) $

A lista de ações na Tabela 4.1 corresponde precisamente aos passos em uma derivação à esquerda da cadeia ():

$S \Rightarrow (S)S \quad [S \to (S) S]$
$\quad \Rightarrow ( )S \quad [S \to \varepsilon]$
$\quad \Rightarrow ( ) \quad [S \to \varepsilon]$

Isso é característico da análise sintática descendente. Se quisermos construir uma árvore de análise sintática conforme a análise se desenvolve, podemos acrescentar ações de construção de nós à medida que cada terminal ou não-terminal é colocado na pilha. Assim, o nó-raiz da árvore de análise sintática (que corresponde ao símbolo de início) é construído no começo da análise sintática. E no passo 2 da Tabela 4.1, quando S é substituído por (S) S, os nós de cada um dos quatro símbolos de substituição são construídos à medida que os símbolos são colocados na pilha e são conectados como filhos do nó de S que eles substituem na pilha. Para que isso seja eficiente, temos de modificar a pilha de forma a conter apontadores para esses nós construídos, em vez de conter simplesmente os terminais ou não-terminais. Adicionalmente, veremos como esse processo pode ser modificado para uma construção da árvore sintática em vez da árvore de análise sintática.

4.2.2 A tabela e o algoritmo da análise sintática LL(1)

Com um não-terminal A no topo da pilha, o uso do método de análise sintática descrito anteriormente exige uma escolha, baseada na marca corrente de entrada (a verificação à frente), da regra gramatical para A a ser utilizada na substituição de A na pilha. Entretanto, não é necessária nenhuma decisão quando uma marca está no topo da pilha, pois ela é ou igual à marca de entrada corrente – e nesse caso ocorre um casamento – ou diferente – e nesse caso ocorre um erro.

Podemos expressar as escolhas possíveis pela construção de uma **tabela de análise sintática LL(1)**. Essa tabela é essencialmente uma matriz bidimensional indexada por não-terminais e terminais com escolhas de produções para utilização no passo apropriado da análise (incluindo o $ para representar o final da entrada). Essa tabela é denominada $M[N,T]$. Aqui, N é o conjunto de não-terminais da gramática, T é o conjunto de terminais ou marcas (por conveniência, suprimimos o fato de que $ precisa ser adicionado a T) e M pode ser entendido como a tabela de "movimentos". Assumimos que a tabela $M[N,T]$ inicialmente está vazia. As células da tabela, que permanecem vazias após a sua construção, representam erros potenciais que podem ocorrer durante a análise sintática.

Acrescentamos escolhas de produções a essa tabela de acordo com as seguintes as regras:

1. Se $A \to \alpha$ for uma escolha de produção, e houver uma derivação $\alpha \Rightarrow^* a \beta$, na qual a é uma marca, acrescente $A \to \alpha$ à célula da tabela $M[A, a]$.
2. Se $A \to \alpha$ for uma escolha de produção, e houver derivações $\alpha \Rightarrow^* \varepsilon$ e $S \$ \Rightarrow^* \beta A a \gamma$, nas quais S é o símbolo de começo e a é uma marca (ou $), acrescente $A \to \alpha$ à célula da tabela $M[A, a]$.

A idéia por trás dessas regras é a seguinte: na regra 1, dada uma marca a na entrada, queremos selecionar uma regra $A \to \alpha$, se α puder produzir um a para casamento. Na regra 2, se A derivar a cadeia vazia (via $A \to \alpha$), e se a for uma marca que possa suceder legalmente A em uma derivação, então queremos selecionar $A \to \alpha$ para que A desapareça. Observe que ocorre um caso especial da regra 2 quando $\alpha = \varepsilon$.

Essas regras são difíceis de implementar diretamente, e na próxima seção desenvolveremos algoritmos para isso, com base nos já mencionados conjuntos Primeiro e de Seqüência. Em casos extremamente simples, entretanto, essas regras podem ser acompanhadas manualmente.

Considere, como primeiro exemplo, a gramática para parênteses balanceados da subseção anterior. Há um não-terminal (S), três marcas (parênteses à esquerda e à direita e $) e duas escolhas de produções. Como há apenas uma produção não vazia para S, que é $S \to (S) S$, todas as cadeias deriváveis de S precisam ser vazias ou começar com parênteses à esquerda, e essa escolha de produção é adicionada somente à entrada $M[S, (]$. Isso completa todos os casos da regra 1. Como $S \Rightarrow (S) S$, a regra 2 se aplica com $\alpha = \varepsilon$, $\beta = ($, $A = S$,

$a =)$, e $\gamma = S\ \$$; portanto, $S \to \varepsilon$ é adicionada a $M[S,)]$. Como $S\ \$ \Rightarrow^* S\ \$$ (a derivação vazia), então $S \to \varepsilon$ também é adicionada a $M[S, \$]$. Isso completa a construção da tabela de análise sintática LL(1) para essa gramática, que pode ser escrita assim:

M[N, T]	(	)	$
S	$S \to (S)\ S$	$S \to \varepsilon$	$S \to \varepsilon$

Para completar o algoritmo de análise sintática LL(1), essa tabela precisa de escolhas únicas para cada par não-terminal-marca. Portanto, apresentamos a seguinte definição:

Definição

Uma gramática é uma **gramática LL(1)** se a tabela de análise sintática LL(1) associada tiver no máximo uma produção em cada célula.

Uma gramática LL(1) não pode ser ambígua, pois a definição implica que uma análise sintática ambígua possa ser construída com a tabela de análise sintática LL(1). Dada uma gramática LL(1), um algoritmo de análise sintática, que utiliza a tabela LL(1), é dado na Figura 4.2. Esse algoritmo resulta precisamente nas ações descritas no exemplo da subseção anterior.

O algoritmo da Figura 4.2 requer que as células da tabela tenham no máximo uma produção, mas é possível construir regras de eliminação de ambigüidade na construção da tabela para casos ambíguos simples como o do *else* pendente, de maneira similar à descendente recursiva.

```
(* assume que $ marca o fim da pilha e da entrada *)
coloca o símbolo de começo no topo da pilha ;
while topo da pilha for ≠ $ and próxima marca for ≠ $ do
    if topo da pilha for o terminal a
        and próxima marca de entrada for = a
    then (* casamento *)
        retira da pilha ;
        avança entrada ;
    else if topo da pilha for um não-terminal A
        and próxima marca de entrada for terminal a
        and célula da tabela M[A,a] contiver a produção
            A → X₁X₂ ... Xₙ
    then (* gera *)
        retira da pilha ;
        for i := n downto 1 do
            coloca Xᵢ na pilha ;
    else erro ;
if topo da pilha for = $
    and marca seguinte na entrada for = $
then aceita
else erro ;
```

Figura 4.2 Algoritmo de análise sintática LL(1) baseado em tabela.

Considere, por exemplo, a gramática simplificada de declarações *if* (ver Exemplo 3.6 no Capítulo 3):

declaração → *if-decl* | **outra**
if-decl → **if** (*exp*) | *declaração else-parte*
else-parte → **else** *declaração* | ε
exp → **0** | **1**

A construção da tabela de análise sintática LL(1) resulta na Tabela 4.2, na qual não listamos os terminais de parênteses (nem), pois eles não levam a novas ações. (A construção dessa tabela será explicada em detalhes na próxima seção.)

Tabela 4.2 Tabela de análise sintática LL(1) para declarações *if* (ambíguas).

M[N, T]	**if**	**outra**	**else**	**0**	**1**	$
declaração	*declaração* → *if-decl*	*declaração* → **outra**				
if-decl	*if-decl* → **if** (*exp*) *declaração else-parte*					
else-parte			*else-parte* → **else** *declaração* *else-parte* → ε			*else-parte* → ε
exp				*exp* → **0**	*exp* → **1**	

Na Tabela 4.2, a célula M[*else-parte*, **else**] contém duas células, o que corresponde à ambigüidade do *else* pendente. Assim como na descendente recursiva, ao construir essa tabela, poderíamos aplicar uma regra de eliminação de ambigüidade que iria sempre preferir a regra que gera a marca corrente de verificação à frente, e assim a produção

else-parte → **else** *declaração*

seria preferida, em vez da produção *else-parte* → ε. Isso corresponde à regra de eliminação de ambigüidade do aninhamento mais próximo. Com essa modificação, a Tabela 4.2 fica sem ambigüidades, e a gramática pode ser analisada como se fosse uma gramática LL(1). Por exemplo, a Tabela 4.3 mostra as ações do algoritmo de análise sintática LL(1), dada a cadeia

    if(0) if(1) outra else outra

(Por concisão, utilizamos as seguintes simplificações: *declaração* = S, *if-decl* = I, *else-parte* = L, *exp* = E, **if** = **i**, **else** = **e**, **outra** = **o**.)

Tabela 4.3 Ações de análise sintática LL(1) para declarações *if* com a regra de eliminação de ambigüidade do aninhamento mais próximo

Pilha de análise sintática	Entrada	Ação
$ S	i(0)i(1)oeo$	$S \to I$
$ I	i(0)i(1)oeo$	$I \to i(E)SL$
$ L S) E (i	i(0)i(1)oeo$	casamento
$ L S) E (	(0)i(1)oeo$	casamento
$ L S) E	0)i(1)oeo$	$E \to 0$
$ L S) 0	0)i(1)oeo$	casamento
$ L S)	)i(1)oeo$	casamento
$ L S	i(1)oeo$	$S \to I$
$ L I	i(1)oeo$	$I \to i(E)SL$
$ L L S) E (i	i(1)oeo$	casamento
$ L L S) E (	(1)oeo$	casamento
$ L L S) E	1)oeo$	$E \to 1$
$ L L S) 1	1)oeo$	casamento
$ L L S)	)oeo$	casamento
$ L L S	oeo$	$S \to o$
$ L L o	oeo$	casamento
$ L L	eo$	$L \to eS$
$ L L e	eo$	casamento
$ L S	o$	$S \to o$
$ L o	o$	casamento
$ L	$	$L \to \varepsilon$
$	$	aceita

4.2.3 Remoção da recursão à esquerda e fatoração à esquerda

Repetição e escolha em análise sintática LL(1) apresentam problemas similares aos da análise sintática descendente recursiva, e por isso não pudemos ainda apresentar uma tabela de análise sintática LL(1) para a gramática de expressões aritméticas simples das seções anteriores. Esses problemas foram resolvidos para o caso descendente recursivo pela notação EBNF. Não podemos aplicar as mesmas idéias na análise sintática LL(1); em vez disso, precisamos reescrever a gramática em notação BNF de forma aceitável para o algoritmo de análise sintática LL(1). As duas técnicas padrão que aplicaremos são a **remoção da recursão à esquerda** e a **fatoração à esquerda**. Consideramos cada uma dessas técnicas. Deve ser enfatizado que não há garantia de que a aplicação dessas técnicas transformará a gramática em LL(1), assim como EBNF não garante a resolução de todos os problemas para escrever um analisador sintático descendente recursivo. Não obstante, são técnicas muito úteis na maioria das situações práticas, e têm a vantagem de permitir a automação de sua aplicação. Assim, assumindo um resultado bem-sucedido, um analisador sintático LL(1) pode ser gerado automaticamente por elas (ver a seção de Notas e Referências).

Remoção de recursão à esquerda A recursão à esquerda é utilizada mais comumente para operações associativas à esquerda, como na gramática de expressões simples, na qual

$$exp \to exp\ soma\ termo\ |\ termo$$

torna as operações representadas por *soma* associativas à esquerda. Esse é o caso mais simples de recursão à esquerda, com uma única escolha de produção recursiva à esquerda.

Um caso ligeiramente mais complexo ocorre quando há mais de uma escolha recursiva à esquerda, como em:

$$exp \to exp + termo \mid exp - termo \mid termo$$

Os dois casos envolvem **recursão imediata à esquerda**, na qual a recursão à esquerda ocorre apenas na produção de um único não-terminal (como *exp*). Um caso mais difícil é o da recursão à esquerda *indireta*, como nas regras

$$A \to B\,b \mid ...$$
$$B \to A\,a \mid ...$$

Regras como essas quase nunca ocorrem em gramáticas de linguagens de programação, mas incluímos uma solução para tais casos, para que o texto fique completo. Consideraremos inicialmente a recursão imediata à esquerda.

CASO 1: recursão imediata à esquerda simples
Nesse caso, a recursão à esquerda está presente apenas em regras gramaticais da forma

$$A \to A\,\alpha \mid \beta$$

na qual α e β são cadeias de terminais e de não-terminais e β não começa com A. Vimos na Seção 3.2.3 que essa regra gramatical gera cadeias da forma $\beta\alpha^n$, para $n \geq 0$. A escolha $A \to \beta$ é o caso base, e $A \to A\,\alpha$ é o caso recursivo.

A remoção da recursão à esquerda é efetuada reescrevendo-se a regra gramatical como duas regras: uma que gera β e uma que gera as repetições de α, com base em recursão à direita, em vez de recursão à esquerda:

$$A \to \beta\,A'$$
$$A' \to \alpha\,A' \mid \varepsilon$$

Exemplo 4.1
Considere novamente a regra recursiva à esquerda para a gramática de expressões simples:

$$exp \to exp\ soma\ termo \mid termo$$

Ela tem a forma $A \to A\,\alpha \mid \beta$, em que $A = exp$, $\alpha = soma\ termo$ e $B = termo$. A remoção da recursão à esquerda produz

$$exp \to termo\ exp'$$
$$exp' \to soma\ termo\ exp' \mid \varepsilon$$

CASO 2: recursão imediata à esquerda geral
Nesse caso, temos produções da forma

$$A \to A\,\alpha_1 \mid A\,\alpha_2 \mid ... \mid A\,\alpha_n \mid \beta_1 \mid \beta_2 \mid ... \mid \beta_m$$

nas quais nenhum dos $\beta_1,...,\beta_m$ começa com A. Nesse caso, a solução é similar à do caso simples, com as escolhas expandidas de forma correspondente:

$$A \to \beta_1\,A' \mid \beta_2\,A' \mid ... \mid \beta_m\,A'$$
$$A' \to \alpha_1\,A' \mid \alpha_2\,A' \mid ... \mid \alpha_n\,A' \mid \varepsilon$$

Exemplo 4.2
Considere a regra gramatical

$$exp \rightarrow exp + termo \,|\, exp - termo \,|\, termo$$

Removemos a recursão à esquerda assim:

$$exp \rightarrow termo\ exp'$$
$$exp' \rightarrow +\ termo\ exp' \,|\, -\ termo\ exp' \,|\, \varepsilon$$

CASO 3: recursão à esquerda geral

O algoritmo descrito tem garantia de funcionar somente no caso das gramáticas sem ε-produções e sem ciclos, nas quais um **ciclo** é uma derivação de pelo menos um passo com início e fim com o mesmo não-terminal: $A \Rightarrow \alpha \Rightarrow^* A$. Um ciclo quase certamente leva um analisador sintático a um laço infinito, e gramáticas com ciclos nunca aparecem em linguagens de programação. As gramáticas de linguagens de programação têm ε-produções, mas usualmente em formas muito restritas, assim esse algoritmo quase sempre funcionará também para essas gramáticas.

A operação do algoritmo ocorre pela seleção de uma ordem arbitrária para todos os não-terminais da linguagem, por exemplo, $A_1, ..., A_m$, e então pela eliminação da recursão à esquerda que não aumente o índice de cada A_i. Isso elimina todas as regras da forma $A_i \rightarrow A_j \gamma$, em que $j \leq i$. Se isso for feito para cada i de 1 a m, então todos os laços recursivos serão eliminados, pois cada passo de um laço recursivo aumenta o índice, e portanto o índice original não pode ser obtido novamente. O algoritmo é apresentado detalhadamente na Figura 4.3.

---

for $i := 1$ **to** m **do**
   for $j := 1$ **to** $i-1$ **do**
      substituir cada escolha de regra gramatical da forma $A_i \rightarrow A_j \beta$ *pela regra*
      $A_i \rightarrow \alpha_1\beta \,|\, \alpha_2\beta \,|\, ... \,|\, \alpha_k\beta$, *onde* $A_j \rightarrow \alpha_1 \,|\, \alpha_2 \,|\, ... \,|\, \alpha_k$ *é a regra corrente para* A_j

---

Figura 4.3   Algoritmo para remoção da recursão à esquerda geral.

Exemplo 4.3
Considere a gramática a seguir

$$A \rightarrow B\ a \,|\, A\ a \,|\, c$$
$$B \rightarrow B\ b \,|\, A\ b \,|\, d$$

(Tal gramática é totalmente artificial, pois essa situação não ocorre em uma linguagem de programação padrão.)

No algoritmo, consideramos que B tem um índice de valor maior que o de A (ou seja, $A_1 = A$ e $A_2 = B$). Como $n = 2$, o laço externo do algoritmo da Figura 4.3 é executado duas vezes, uma para $i = 1$ e outra para $i = 2$. Quando $i = 1$, o laço interno (com índice j) não é executado, portanto a única ação é a remoção da recursão imediata à esquerda de A. A gramática resultante é

$$A \rightarrow B\,a\,A' \mid c\,A'$$
$$A' \rightarrow a\,A' \mid \varepsilon$$
$$B \rightarrow B\,b \mid A\,b \mid d$$

Agora o laço externo é executado para $i = 2$, e o laço interno é executado apenas uma vez, com $j = 1$. Nesse caso, eliminamos a regra $B \rightarrow A$ pela substituição de A por suas escolhas na primeira regra. Assim, obtemos a gramática

$$A \rightarrow B\,a\,A' \mid c\,A'$$
$$A' \rightarrow a\,A' \mid \varepsilon$$
$$B \rightarrow B\,b \mid B\,a\,A'\,b \mid c\,A'\,b \mid d$$

Finalmente, removemos a recursão imediata à esquerda de B para obter

$$A \rightarrow B\,a\,A' \mid c\,A'$$
$$A' \rightarrow a\,A' \mid \varepsilon$$
$$B \rightarrow c\,A'\,b\,B' \mid d\,B'$$
$$B' \rightarrow b\,B' \mid a\,A'\,b\,B' \mid \varepsilon$$

Essa gramática não tem recursões à esquerda.

A remoção da recursão à esquerda não altera a linguagem reconhecida, mas altera a gramática e, portanto, também as árvores de análise sintática. Isso cria uma complicação para o analisador sintático (e para o seu projetista). Considere, por exemplo, a gramática de expressões simples utilizada até aqui como exemplo padrão. Conforme vimos, a gramática é recursiva à esquerda, para expressar a associatividade à esquerda das operações. Se removermos a recursão imediata à esquerda como no Exemplo 4.1, obteremos a gramática dada na Figura 4.4.

$$exp \rightarrow termo\ exp'$$
$$exp' \rightarrow soma\ termo\ exp' \mid \varepsilon$$
$$soma \rightarrow + \mid -$$
$$termo \rightarrow fator\ termo'$$
$$termo' \rightarrow mult\ fator\ termo' \mid \varepsilon$$
$$mult \rightarrow *$$
$$fator \rightarrow (exp) \mid \mathbf{número}$$

Figura 4.4 Gramática de expressões aritméticas simples com a recursão à esquerda removida.

Considere agora a árvore de análise sintática para a expressão **3 - 4 - 5**:

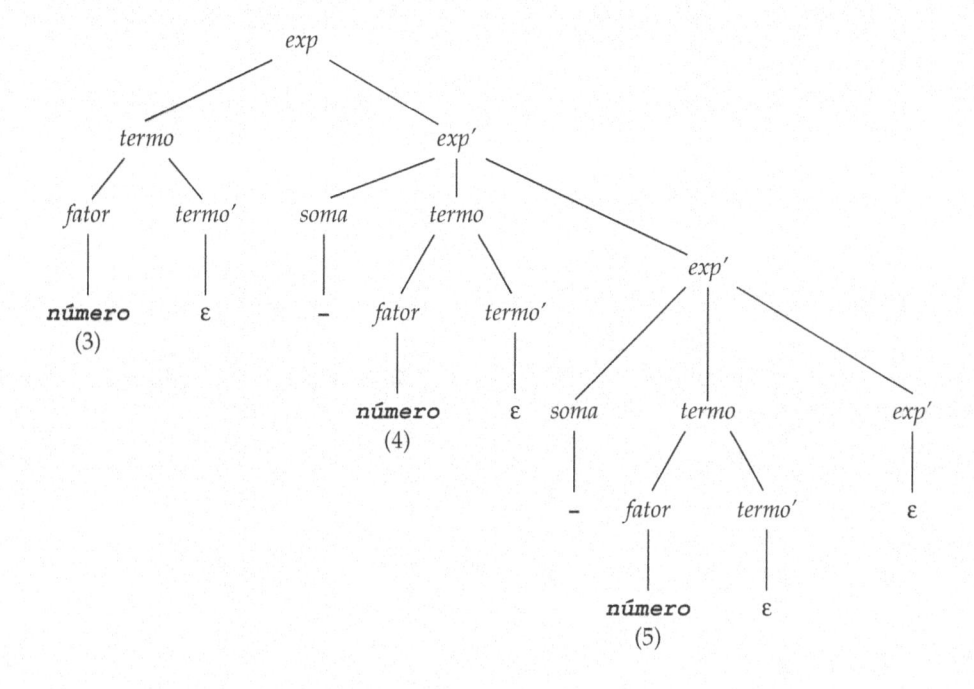

```
                            exp
                           /    \
                       termo    exp'
                       /  \    / | \
                   fator termo' soma termo
                     |     |     |   / | \
                  número   ε     -  fator termo'    exp'
                    (3)                |     |    / | \
                                    número  ε  soma termo  exp'
                                     (4)         |   / \    |
                                                 -  fator termo'  ε
                                                      |     |
                                                   número   ε
                                                    (5)
```

Essa árvore não expressa a associatividade à esquerda da subtração. Não obstante, um analisador sintático deveria construir a árvore sintática associativa à esquerda apropriada:

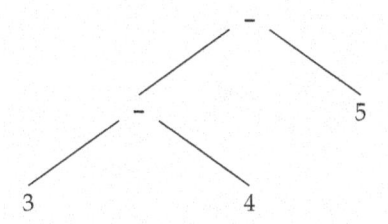

```
        -
       / \
      -   5
     / \
    3   4
```

Não é completamente trivial fazer isso utilizando a nova gramática. Considere, para melhor esclarecimento, a questão um tanto mais simples de computar o valor da expressão com base na árvore de análise sintática dada. O valor 3 precisa passar da raiz *exp* para o seu filho à direita *exp'*. O nó *exp'* precisa então subtrair 4 e passar o novo valor –1 para o *seu* filho mais à direita (outro *exp'*). Esse, por sua vez, precisa subtrair 5 e passar o valor –6 para o nó *exp'* final. Esse último nó tem apenas um filho ε e simplesmente retorna o valor –6. Esse valor sobe então pela árvore até a raiz *exp*, e é o valor final da expressão.

Considere como isso ocorre em um analisador sintático descendente recursivo. A gramática com sua recursão à esquerda removida levaria aos procedimentos *exp* e *exp'* a seguir:

procedure *exp* ;
begin
   termo ;
   exp' ;
end *exp* ;

```
procedure exp' ;
begin
  case marca of
  + : casamento (+) ;
      termo ;
      exp' ;
  - : casamento (-) ;
      termo ;
      exp' ;
  end case ;
end exp' ;
```

Para que esses procedimentos efetivamente computem o valor da expressão, nós os reescreveríamos assim:

```
function exp : inteiro ;
var temp : inteiro ;
begin
  temp : = termo ;
  return exp'(temp) ;
end exp ;

function exp' (valorAtéAqui : inteiro) : inteiro ;
begin
  if marca = + or marca = - then
    case marca of
    + : casamento (+) ;
        valorAtéAqui : = valorAtéAqui + termo ;
    - : casamento (-) ;
        valorAtéAqui : = valorAtéAqui - termo ;
    end case ;
    return exp'(valorAtéAqui) ;
  else return valorAtéAqui ;
end exp' ;
```

Observe como o procedimento *exp'* requer agora um parâmetro proveniente do procedimento *exp*. Uma situação similar ocorre se esses procedimentos retornarem uma árvore sintática (associativa à esquerda). O código fornecido na Seção 4.1 utilizou uma solução mais simples baseada em EBNF, que não requer o parâmetro adicional.

Finalmente, observamos que a nova gramática de expressões da Figura 4.4 é LL(1). A tabela de análise sintática LL(1) é dada na Tabela 4.4. Assim como as outras tabelas, retornaremos à sua construção na próxima seção.

Fatoração à esquerda A fatoração à esquerda é requerida quando duas ou mais escolhas de regras gramaticais compartilham uma cadeia de prefixo comum, como na regra

$$A \to \alpha\beta \mid \alpha\gamma$$

Tabela 4.4 Tabela de análise sintática LL(1) para a gramática da Figura 4.4.

M[N, T]	(	número	)	+	-	*	$
exp	exp → termo exp'	exp → termo exp'					
exp'			exp' → ε	exp' → soma termo exp'	exp' → soma termo exp'		exp' → ε
soma				soma → +	soma → -		
termo	termo → fator termo'	termo → fator termo'					
termo'			termo' → ε	termo' → ε	termo' → ε	termo' → mult fator termo'	termo' → ε
mult						mult → *	
fator	fator → (exp)	fator → número					

Alguns exemplos são a regra recursiva à direita para seqüências de declarações (Exemplo 3.7, Capítulo 4):

$$decl\text{-}seqüência \to decl\ ;\ decl\text{-}seqüência\ |\ decl$$
$$decl \to \mathbf{s}$$

e a versão a seguir para a declaração *if*:

$$if\text{-}decl \to \mathbf{if}\ (\ exp\ )\ declaração$$
$$|\ \mathbf{if}\ (\ exp\ )\ declaração\ \mathbf{else}\ declaração$$

Obviamente, um analisador sintático LL(1) não pode diferenciar entre as escolhas de produções em situações desse tipo. A solução nesses casos simples é "fatorar" α e reescrever a regra como duas regras

$$A \to \alpha\ A'$$
$$A' \to \beta\ |\ \gamma$$

(Se quiséssemos utilizar parênteses como meta-símbolos nas regras gramaticais, poderíamos também escrever $A \to \alpha\ (\beta\ |\ \gamma)$, exatamente como a fatoração da aritmética.) Para a fatoração funcionar adequadamente, precisamos garantir que α seja de fato a cadeia mais longa compartilhada no lado direito. Também é possível haver mais de duas opções compartilhando um prefixo. O algoritmo geral é apresentado na Figura 4.5, e aplicado em alguns exemplos. Observe que à medida que o algoritmo é executado, o número de escolhas de produções para cada não-terminal que pode compartilhar um prefixo é reduzido pelo menos um a cada passo; portanto, o algoritmo tem a garantia de terminação.

while *houver alterações na gramática* **do**
   for *cada não-terminal A* **do**
     seja α um prefixo de comprimento máximo compartilhado
       por duas ou mais escolhas de produções para A
  if α # ε **then**
    sejam $A \to a_1 \,|\, a_2 \,|\, ... \,|\, a_n$ *todas as escolhas de produções para A*
    e suponha que $a_1,...,a_k$ *compartilhem α, de forma que*
    $A \to \alpha \beta_1 \,|\, ... \,|\, \alpha \beta_k \,|\, \alpha_{k+1} \,|\, ... \,|\, \alpha_n$, β_j *não tenham*
    prefixo comum compartilhado e $\alpha_{k+1},...,\alpha_n$ *não compartilhem α*
    substituir a regra $A \to \alpha_1 \,|\, \alpha_2 \,|\, ... \,|\, \alpha_n$ *pelas regras*
    $A \to \alpha A' \,|\, \alpha_{k+1} \,|\, ... \,|\, \alpha_n$
    $A' \to \beta_1 \,|\, ... \,|\, \beta_k$

Figura 4.5   Algoritmo para fatoração à esquerda de uma gramática.

Exemplo 4.4
Considere a gramática para seqüências de declarações em forma recursiva à direita:

$$decl\text{-}seq\ddot{u}\hat{e}ncia \to decl \texttt{ ; } decl\text{-}seq\ddot{u}\hat{e}ncia \,|\, decl$$
$$decl \to \texttt{s}$$

A regra gramatical para *decl-seqüência* tem um prefixo compartilhado que pode ser fatorado à esquerda:

$$decl\text{-}seq\ddot{u}\hat{e}ncia \to decl\ decl\text{-}seq'$$
$$decl\text{-}seq' \to \texttt{ ; } decl\text{-}seq\ddot{u}\hat{e}ncia \,|\, \varepsilon$$

Observe que se tivéssemos escrito a regra *decl-seqüência* recursiva à esquerda, em vez de recursiva à direita,

$$decl\text{-}seq\ddot{u}\hat{e}ncia \to decl\text{-}seq\ddot{u}\hat{e}ncia \texttt{ ; } decl \,|\, decl$$

a remoção da recursão imediata à esquerda resultaria nas regras

$$decl\text{-}seq\ddot{u}\hat{e}ncia \to decl\ decl\text{-}seq'$$
$$decl\text{-}seq' \to \texttt{ ; } decl\ decl\text{-}seq' \,|\, \varepsilon$$

Isso é quase idêntico ao resultado obtido pela fatoração à esquerda. A substituição de *decl-seqüência* por *decl decl-seq'* na última regra torna os dois resultados idênticos.

Exemplo 4.5
Considere a gramática (parcial) a seguir para declarações *if*:

if-decl → **if (** *exp* **)** *declaração*
| **if (** *exp* **)** *declaração* **else** *declaração*

A forma fatorada à esquerda dessa gramática é

if-decl → **if (** *exp* **)** *declaração else-parte*
else-parte → **else** *declaração* | ε

Essa é precisamente a forma utilizada na Seção 4.2.2 (ver Tabela 4.2).

Exemplo 4.6
Suponha que escrevamos uma gramática de expressões aritméticas com uma operação aritmética associativa à direita em vez de à esquerda (utilizamos aqui o símbolo **+** apenas como um exemplo concreto):

exp → *termo* **+** *exp* | *termo*

Essa gramática precisa ser fatorada à esquerda, e obtemos as regras

exp → *termo exp'*
exp' → **+** *exp* | ε

Agora, seguindo adiante como no Exemplo 4.4, suponha que *termo exp'* seja substituído por *exp* na segunda regra (isso é legal, pois essa expansão ocorreria no passo seguinte da derivação). Obtemos, então,

exp → *termo exp'*
exp' → **+** *termo exp'* | ε

Isso é idêntico à gramática obtida pela remoção da recursão à esquerda da regra recursiva à esquerda. Portanto, tanto a fatoração à esquerda como a remoção da recursão à esquerda podem obscurecer a semântica da estrutura da linguagem (nesse caso, as duas obscurecem a associatividade).
Se, por exemplo, quiséssemos preservar a associatividade à direita da operação nas regras gramaticais acima (em qualquer uma das formas), precisaríamos fazer cada operação **+** ser aplicada no final em vez de no início. Deixamos para o leitor a tarefa de escrever isso para procedimentos descendentes recursivos.

Exemplo 4.7
Temos aqui um caso típico em que uma gramática de linguagem de programação não é LL(1), pois as ativações de procedimentos e as atribuições iniciam com um identificador. Apresentamos a seguinte representação para esse problema:

declaração → *atribuição-decl* | *ativação-decl* | **outra**
atribuição-decl → **identificador :=** *exp*
ativação-decl → **identificador (** *exp-list* **)**

Essa gramática não é LL(1), pois **identificador** é compartilhada como primeira marca por *atribuição-decl* e *ativação-decl*; portanto, ela poderia ser a marca de verificação à frente para as duas. Infelizmente, a gramática não pode ser fatorada à esquerda. O que precisamos fazer é primeiramente substituir *atribuição-decl* e *ativação-decl* pelos lados direitos de suas produções de definição:

$$declaração \rightarrow \textbf{identificador} := exp$$
$$|\ \textbf{identificador}\ (\ exp\text{-}lista\ )$$
$$|\ \textbf{outra}$$

A fatoração à esquerda produz

$$declaração \rightarrow \textbf{identificador}\ declaração'$$
$$|\ \textbf{outra}$$
$$declaração' \rightarrow\ := exp\ |\ (\ exp\text{-}lista\ )$$

Observe como isso obscurece a semântica de ativação e atribuição, ao separar o identificador (a variável a receber a atribuição ou o procedimento a ser ativado) da ação efetiva de ativação ou atribuição (representada por *declaração'*). Um analisador sintático LL(1) deve corrigir isso tornando o identificador visível para o passo de ativação ou atribuição (por exemplo, como um parâmetro) ou então por um ajuste da árvore sintática.

Finalmente, observamos que todos os exemplos em que aplicamos a fatoração à esquerda tornam-se, após a transformação, gramáticas LL(1). Construiremos as tabelas de análise sintática LL(1) para alguns deles na próxima seção. Os outros restantes serão deixados como exercícios.

4.2.4 Construção de árvore sintática em análise sintática LL(1)

Falta comentar como a análise sintática LL(1) pode ser adaptada para construir árvores sintáticas em vez de árvores de análise sintática. (Descrevemos na Seção 4.2.1 como as árvores de análise sintática podem ser construídas com base na pilha de análise sintática.) Vimos na seção sobre análise sintática descendente recursiva que a adaptação desse método para a construção de árvores sintáticas é relativamente simples. Entretanto, os analisadores sintáticos LL(1) são mais difíceis de adaptar. Isso se deve em parte, conforme visto, ao fato de a estrutura da árvore sintática (como a associatividade à esquerda) poder ser obscurecida pela fatoração à esquerda e pela remoção da recursão à esquerda. O principal, entretanto, é o fato de a pilha de análise sintática representar apenas estruturas previstas, em vez das estruturas efetivamente já vistas. Assim, a construção de nós da árvore sintática precisa ser adiada de quando as estruturas são colocadas na pilha para o ponto em que elas são removidas da pilha de análise sintática. Em geral, isso requer que uma pilha adicional seja utilizada para acompanhar os nós da árvore sintática, e que as marcas de "ação" sejam colocadas na pilha de análise sintática para indicar quando e quais ações na pilha da árvore deveriam ocorrer. Os analisadores sintáticos ascendentes (próximo capítulo) são mais fáceis de adaptar para a construção de árvores sintáticas com base em uma pilha de análise sintática e, portanto, são preferíveis como método de análise sintática com base em pilhas e dirigidos por tabelas. Por isso, apresentamos apenas um breve exemplo dos detalhes de como essa adaptação pode ser feita para a análise sintática LL(1).

Exemplo 4.8
Utilizaremos uma gramática de expressões reduzida, com apenas uma operação de adição. A BNF para isso é

$$E \rightarrow E + \mathbf{n} \mid \mathbf{n}$$

Isso leva a adição a ser aplicada com associatividade à esquerda. A gramática LL(1) correspondente com a recursão à esquerda removida é

$$E \rightarrow \mathbf{n}\, E'$$
$$E' \rightarrow + \mathbf{n}\, E' \mid \varepsilon$$

Mostramos agora como essa gramática pode ser utilizada para computar o valor aritmético da expressão. A construção de uma árvore sintática é similar.

Utilizaremos, para computar um valor em um resultado de expressão, uma pilha separada para armazenar os valores intermediários da computação, que denominaremos **pilha de valores**. Precisamos colocar em seqüência duas operações na pilha. A primeira operação coloca na pilha um número quando ele casa com a entrada. A segunda é a adição de dois números na pilha. A primeira pode ser efetuada pelo procedimento *casamento* (com base na marca casada). A segunda precisa entrar na seqüência da pilha de análise sintática. Isso será efetuado pela colocação de um símbolo especial na pilha de análise sintática, o qual, quando retirado da pilha, indicará que uma adição deve ser efetuada. O símbolo utilizado para isso é o (#). Esse passa agora a ser um novo símbolo para a pilha, e deve ser também adicionado à regra gramatical que casa com um +, ou seja, a regra para E':

$$E' \rightarrow + \mathbf{n}\, \#\, E' \mid \varepsilon$$

Observe que a adição deve ocorrer imediatamente *após* o número seguinte, mas antes do processamento de qualquer outro E' não-terminal. Isso garante a associatividade à esquerda. Vejamos agora como é efetuada a computação do valor da expressão **3+4+5**. Indicamos a pilha de análise sintática, a entrada e a ação como anteriormente, mas listamos a pilha de valores à direita (ela cresce para a esquerda). As ações do analisador sintático são dadas na Tabela 4.5.

Tabela 4.5 Pilha de análise sintática com ações na pilha de valores para o Exemplo 4.8.

Pilha de análise sintática	Entrada	Ação	Pilha de valores
$ E	3 + 4 + 5 $	$E \rightarrow \mathbf{n}\, E'$	$
$ E' **n**	3 + 4 + 5 $	casamento/insere	$
$ E'	+ 4 + 5 $	$E' \rightarrow + \mathbf{n}\, \#\, E'$	3 $
$ E' # **n** +	+ 4 + 5 $	casamento	3 $
$ E' # **n**	4 + 5 $	casamento/insere	3 $
$ E' #	+ 5 $	somaPilha	4 3 $
$ E'	+ 5 $	$E' \rightarrow + \mathbf{n}\, \#\, E'$	7 $
$ E' # **n** +	+ 5 $	casamento	7 $
$ E' # **n**	5 $	casamento/insere	7 $
$ E' #	$	somaPilha	5 7 $
$ E'	$	$E' \rightarrow \varepsilon$	12 $
$	$	aceita	12 $

Observe que, quando ocorre uma adição, os operandos estão em ordem inversa à da pilha de valores. Isso é típico dos esquemas de avaliação com base em pilhas.

4.3 CONJUNTOS PRIMEIROS E DE SEQÜÊNCIA

Apresentamos a seguir, para completar o algoritmo de análise sintática LL(1), um algoritmo para a construção da tabela de análise sintática LL(1). Conforme já foi indicado em diversos pontos, isso requer a computação dos conjuntos Primeiro e de Seqüência. Nesta seção, apresentaremos a definição e a construção desses conjuntos, e, em seguida, uma descrição precisa da construção de uma tabela de análise sintática LL(1). No final da seção, faremos breves considerações sobre como a construção pode ser estendida para mais de um símbolo de verificação à frente.

4.3.1 Conjuntos primeiros

Definição

Seja X um símbolo gramatical (terminal ou não-terminal) ou ε. O conjunto **Primeiro(X)** é composto por terminais, e possivelmente ε, e definido da seguinte maneira:

1. Se X for um terminal ou ε, então Primeiro(X) = {X}.
2. Se X for um não-terminal, então para cada escolha de produção $X \to X_1 X_2 ... X_n$, Primeiro(X) contém Primeiro(X_1) - {ε}. Adicionalmente, se para algum $i < n$ todos os conjuntos Primeiro(X_1),...,Primeiro(X_i) contiverem ε, então Primeiro(X) conterá Primeiro(X_{i+1}) - {ε}. Se todos os conjuntos Primeiro(X_1),..., Primeiro(X_n) contiverem ε, então Primeiro(X) também conterá ε.

Definimos **Primeiro(α)** para uma cadeia qualquer $\alpha = X_1 X_2 ... X_n$ (uma cadeia de terminais e de não-terminais) como segue. Primeiro(α) contém Primeiro(X_1) - {ε}. Para cada $i = 2,..., n$, se Primeiro(X_k) contiver ε para todo $k = 1,..., i - 1$, então Primeiro(α) conterá Primeiro(X_i) - {ε}. Finalmente, se para todo $i = 1,..., n$, Primeiro(X_i) contiver ε, então Primeiro(α) conterá ε.

Essa definição pode ser transformada facilmente em um algoritmo. O único caso difícil é a computação de Primeiro(A) para cada não-terminal A, pois o conjunto Primeiro de um terminal é trivial e o conjunto Primeiro de uma cadeia α é construído com base nos conjuntos Primeiros dos símbolos individuais em no máximo n passos, onde n é o número de símbolos em α. Apresentamos, portanto, na Figura 4.6, o pseudocódigo para o algoritmo apenas para o caso dos não-terminais.

---

for *cada não-terminal A* **do** *Primeiro(A)* := { };
while *houver alterações em algum Primeiro(A)* **do**
   for *cada escolha de produção $A \to X_1 X_2 ... X_n$* **do**
     k := 1 ; *Continue* := *true* ;
     while *Continue* = *true* **and** $k <= n$ **do**
       acrescente Primeiro(X_k) - {ε} a Primeiro(A) ;
       if ε *não pertencer a Primeiro(X_k)* **then** *Continue* := *false* ;
       $k := k + 1$;
     if *Continue* = *true* **then** *acrescente ε a Primeiro(A)* ;

Figura 4.6 Algoritmo para a computação de Primeiro(*A*) para todos os não-terminais *A*.

Também é fácil verificar como essa definição pode ser interpretada na ausência de ε-produções: simplesmente continue adicionando Primeiro(X_i) a Primeiro(A) para cada não-terminal A e escolha de produção $A \to X_1$... enquanto for possível. Em outras palavras, consideramos na Figura 4.6 apenas o caso $k=1$, e o laço *while* interno não é necessário. Esse algoritmo é apresentado separadamente na Figura 4.7. Na presença de ε-produções, a situação é mais complicada, pois precisamos também saber se ε pertence a Primeiro($X1$), e caso pertença, continuar com o mesmo processo para $X2$, e assim por diante. O processo concluirá após um número finito de passos, entretanto. Esse processo não apenas computa os terminais que podem aparecer como os primeiros símbolos em uma cadeia derivada de um não-terminal, mas também determina se um não-terminal pode derivar a cadeia vazia (ou seja, desaparecer). Esses não-terminais recebem o nome de anuláveis:

```
for cada não-terminal A do Primeiro(A) := { };
while houver alterações em algum Primeiro(A) do
    for cada escolha de produção A → X₁X₂...Xₙ do
        acrescente Primeiro(X₁) a Primeiro(A);
```

Figura 4.7   Algoritmo simplificado da Figura 4.6 na ausência de ε-produções.

Definição

Um não-terminal A é **anulável** se houver uma derivação $A \Rightarrow^* \varepsilon$.

Agora apresentamos o seguinte teorema:

Teorema

Um não-terminal A é anulável se e somente se Primeiro(A) contiver ε.

Demonstração: Mostramos que se A for anulável, então Primeiro(A) conterá ε. O contrário pode ser provado de maneira similar. Utilizamos indução no comprimento de uma derivação. Se $A \Rightarrow \varepsilon$, então deve existir uma produção $A \to \varepsilon$, e por definição Primeiro(A) conterá Primeiro(ε)={ε}. Assuma agora que isso seja verdade para as derivações de comprimento $< n$, e seja $A \Rightarrow X_1...X_k \Rightarrow^* \varepsilon$ uma derivação de comprimento n (com uma escolha de produção $A \to X_1...X_k$). Se algum X_i for terminal, ele não pode derivar ε, portanto todos os X_i precisam ser não-terminais. A existência da derivação acima implica que cada $X_i \Rightarrow^* \varepsilon$, e em menos de n passos. Assim, por indução, para cada i, Primeiro(X_i) contém ε. Finalmente, por definição, Primeiro(A) deve conter ε.

Apresentamos a seguir diversos exemplos de computação dos conjuntos Primeiros para não-terminais.

Exemplo 4.9
Considere nossa gramática de expressões de inteiros simples[2]:

$$exp \to exp\ soma\ termo\ |\ termo$$
$$soma \to +\ |\ -$$
$$termo \to termo\ mult\ fator\ |\ fator$$
$$mult \to *$$
$$fator \to (\ exp\ )\ |\ \mathbf{número}$$

Cada uma dessas escolhas é escrita separadamente, para que possamos considerá-las em ordem (elas são também enumeradas, para facilitar a identificação):

(1) $exp \to exp\ soma\ termo$
(2) $exp \to termo$
(3) $soma \to +$
(4) $soma \to -$
(5) $termo \to termo\ mult\ fator$
(6) $termo \to fator$
(7) $mult \to *$
(8) $fator \to (\ exp\ )$
(9) $fator \to \mathbf{número}$

Essa gramática não contém ε-produções; portanto, podemos utilizar o algoritmo simplificado da Figura 4.7. Também notamos que as regras recursivas à esquerda de 1 a 5 não acrescentam nada à computação dos conjuntos Primeiros.[3] Por exemplo, a regra gramatical 1 estabelece apenas que Primeiro(*exp*) deveria ser adicionado a Primeiro(*exp*). Portanto, poderíamos eliminar essas produções da computação. Nesse exemplo, entretanto, elas serão mantidas para aumentar a clareza.

Aplicamos agora o algoritmo da Figura 4.7, considerando as produções na ordem dada. A produção 1 não efetua alterações. A produção 2 adiciona o conteúdo de Primeiro(*termo*) a Primeiro(*exp*). Mas Primeiro(*termo*) está vazio, portanto essa produção também não efetua alterações. As regras 3 e 4 adicionam **+** e **-** a Primeiro(*soma*), respectivamente, portanto Primeiro(*soma*)={**+**,**-**}. A regra 5 não efetua alterações. A regra 6 adiciona Primeiro(*fator*) a Primeiro(*termo*), mas Primeiro(*fator*) também está vazio, portanto nada ocorre. A regra 7 adiciona ***** a Primeiro(*mult*), portanto Primeiro(*mult*)={*****}. A regra 8 adiciona **(** a Primeiro(*fator*), e a regra 9 adiciona **número** a Primeiro(*fator*), portanto Primeiro(*fator*) = { **(**,**número** }. Retornamos agora para a regra 1, pois ocorreram alterações. Agora, as regras de 1 a 5 não efetuam alterações (Primeiro(*termo*) continua vazio). A regra 6 adiciona Primeiro(*fator*) a Primeiro(*termo*), e Primeiro(*fator*) = { **(**,**número** }, e também Primeiro(*termo*) = { **(**,**número** }. As regras 8 e 9 não efetuam outras alterações. Novamente, precisamos voltar para a regra 1, pois um conjunto foi alterado. A regra 2 finalmente adicionará o novo conteúdo de

---

2. Essa gramática tem recursão à esquerda e não é LL(1); portanto, não poderemos construir uma tabela de análise sintática LL(1) para ela. Entretanto, é um exemplo útil para computar conjuntos Primeiros.

3. Diante de ε-produções, as regras recursivas à esquerda podem contribuir para os conjuntos Primeiros.

Primeiro(*termo*) a Primeiro(*exp*), e Primeiro(*exp*) = { **(**,**número** }. É preciso mais uma passada pelas regras gramaticais, sem alterações; portanto, após quatro passadas, computamos os seguintes conjuntos Primeiros:

$$\text{Primeiro}(exp) = \{\,\textbf{(},\,\textbf{número}\,\}$$
$$\text{Primeiro}(termo) = \{\,\textbf{(},\,\textbf{número}\,\}$$
$$\text{Primeiro}(fator) = \{\,\textbf{(},\,\textbf{número}\,\}$$
$$\text{Primeiro}(soma) = \{\textbf{+},\,\textbf{-}\}$$
$$\text{Primeiro}(mult) = \{\textbf{*}\}$$

(Observe que se tivéssemos listado as regras gramaticais para *fator* antes, poderíamos ter reduzido o número de passadas de quatro para duas.) Indicamos essa computação na Tabela 4.6, na qual apenas as alterações são registradas, nas células apropriadas. Células em branco indicam que nenhum conjunto foi alterado naquele passo. Também suprimimos a última passada, em que não ocorrem alterações.

Tabela 4.6 Computação dos conjuntos Primeiros para a gramática do Exemplo 4.9.

Regra gramatical	Passada 1	Passada 2	Passada 3
exp → *exp soma termo*			
exp → *termo*			Primeiro(*exp*) = { **(**, **número** }
soma → **+**	Primeiro(*soma*) = {**+**}		
soma → **-**	Primeiro(*soma*) = {**+**, **-**}		
termo → *termo mult fator*			
termo → *fator*		Primeiro(*termo*) = { **(**, **número** }	
mult → *****	Primeiro(*mult*) = {*****}		
fator → **(** *exp* **)**	Primeiro(*fator*) = { **(** }		
fator → **número**	Primeiro(*fator*) = { **(**, **número** }		

Exemplo 4.10
Considere a gramática (fatorada à esquerda) de declarações *if* (Exemplo 4.5):

declaração → *if-decl* | **outra**
if-decl → **if (** *exp* **)** *declaração else-parte*
else-parte → **else** *declaração* | ε
exp → **0** | **1**

Essa gramática tem uma ε-produção, mas apenas o não-terminal *else-parte* é anulável; portanto, as complicações para a computação são mínimas. Precisaremos apenas adicionar ε em um passo, e nenhum outro passo é afetado, pois nenhum inicia com um não-terminal cujo conjunto Primeiro contém ε. Isso é típico das gramáticas de linguagens de programação atuais, nas quais as ε-produções são quase sempre muito limitadas e raramente exibem a complexidade do caso geral.

Conforme efetuado anteriormente, as escolhas de regras gramaticais são escritas separadamente e enumeradas:

(1) *declaração* → *if-decl*
(2) *declaração* → **outra**
(3) *if-decl* → **if (** *exp* **)** *declaração else-parte*
(4) *else-parte* → **else** *declaração*
(5) *else-parte* → ε
(6) *exp* → **0**
(7) *exp* → **1**

Novamente, seguimos passo a passo pelas escolhas de produções, efetuando uma nova passada sempre que um conjunto Primeiro for alterado na passada anterior. A regra gramatical 1 não efetua alterações, pois Primeiro(*if-decl*) ainda está vazio. A regra 2 adiciona o terminal **outra** a Primeiro(*declaração*), portanto Primeiro(*declaração*) = {**outra**}. A regra 3 adiciona **if** a Primeiro(*if-decl*), portanto Primeiro(*if-decl*) = {**if**}. A regra 4 adiciona **else** a Primeiro(*else-parte*), portanto Primeiro(*else-parte*) = {**else**}. A regra 5 adiciona ε a Primeiro(*else-parte*), portanto Primeiro(*else-parte*) = {**else**, ε}. As regras 6 e 7 adicionam **0** e **1** a Primeiro(*exp*), portanto Primeiro(*exp*) = { **0, 1**}. A segunda passada reinicia na regra 1. Essa regra adiciona **if** a Primeiro(*declaração*), pois Primeiro(*if-decl*) contém esse terminal. Portanto, Primeiro(*declaração*) = {**if, outra**}. Nenhuma outra alteração ocorre na segunda passada, e uma terceira passada resulta em nenhuma alteração. Portanto, computamos os seguintes conjuntos Primeiros:

Primeiro(*declaração*) = {**if, outra**}
Primeiro(*if-decl*) = {**if**}
Primeiro(*else-parte*) = {**else**, ε}
Primeiro(*exp*) = {**0, 1**}

A Tabela 4.7 apresenta essa computação de maneira similar à Tabela 4.6. Como antes, a tabela mostra apenas as alterações, e a passada final (sem alterações) não é apresentada.

Tabela 4.7 Computação dos conjuntos Primeiros para a gramática do Exemplo 4.10.

Regra gramatical	Passada 1	Passada 2
declaração → *if-decl*		*Primeiro*(*declaração*) = {`if`, `outra`}
declaração → `outra`	*Primeiro*(*declaração*) = {`outra`}	
if-decl → `if` (*exp*) *declaração else-parte*	*Primeiro*(*if-decl*) = {`if`}	
else-parte → `else` *declaração*	*Primeiro*(*else-parte*) = {`else`}	
else-parte → ε	*Primeiro*(*else-parte*) = {`else`, ε}	
exp → `0`	*Primeiro*(*exp*) = {`0`}	
exp → `1`	*Primeiro*(*exp*) = {`0`, `1`}	

Exemplo 4.11

Considere a gramática a seguir para seqüências de declarações (ver Exemplo 4.4):

decl-seqüência → *decl decl-seq'*
decl-seq' → `;` *decl-seqüência* | ε
decl → `s`

Novamente, listamos as escolhas de produções separadamente:

(1) *decl-seqüência* → *decl decl-seq'*
(2) *decl-seq'* → `;` *decl-seqüência*
(3) *decl-seq'* → ε
(4) *decl* → `s`

Na primeira passada, a regra 1 não adiciona nada. As regras 2 e 3 resultam em *Primeiro*(*decl-seq'*) = {`;`, ε}. A regra 4 resulta em *Primeiro*(*decl*) = {`s`}. Na segunda passada, a regra 1 agora resulta em *Primeiro*(*decl-seqüência*) = *Primeiro*(*decl*) = {`s`}. Nenhuma outra alteração é efetuada, e uma terceira passada também não efetua novas alterações. Computamos os seguintes conjuntos Primeiros:

Primeiro(*decl-seqüência*) = {`s`}
Primeiro(*decl*) = {`s`}
Primeiro(*decl-seq'*) = {`;`, ε}

Deixamos para o leitor construir uma tabela similar às tabelas 4.6 e 4.7.

4.3.2 Conjuntos de seqüência

Definição

Dado um não-terminal A, o conjunto **Seqüência(A)**, composto por terminais e possivelmente $, é definido como segue:

1. Se A for o símbolo inicial, então $ pertence a Seqüência(A).
2. Se houver uma produção $B \to \alpha A \gamma$, então Primeiro(γ) - {ε} pertence a Seqüência(A).
3. Se houver uma produção $B \to \alpha A \gamma$ tal que ε pertença a Primeiro(γ), então Seqüência(A) contém Seqüência(B).

Examinamos primeiramente o conteúdo dessa definição, e só então apresentamos o algoritmo para a computação dos conjuntos de Seqüência resultantes. A primeira coisa a observar é que o $, usado para marcar o final da entrada, se comporta como se fosse uma marca na computação do conjunto de Seqüência. Sem isso, não teríamos um símbolo para a cadeia a ser casada. Como essa cadeia é gerada pelo símbolo inicial da gramática, o $ deve sempre ser adicionado ao conjunto de Seqüência do símbolo inicial. (Ele será o único membro do conjunto de Seqüência do símbolo inicial, se o símbolo inicial nunca aparecer à direita de uma produção.)

A segunda coisa a observar é que a "pseudomarca" vazia ε nunca é um elemento de um conjunto de Seqüência. Isso faz sentido, pois ε foi usado nos conjuntos Primeiros apenas para marcar as cadeias que podem desaparecer. Ele não pode ser efetivamente reconhecido na entrada. Os símbolos de seqüência, no entanto, sempre casarão com marcas de entrada existentes (incluindo o símbolo $, que casa com um EOF gerado pelo sistema de varredura).

Observamos também que os conjuntos de Seqüência são definidos apenas para os não-terminais, mas os conjuntos Primeiros são também definidos para terminais e para cadeias de terminais e de não-terminais. *Poderíamos* estender a definição dos conjuntos de Seqüência para cadeias de símbolos, mas isso não é necessário, pois só precisamos dos conjuntos de Seqüência de não-terminais para construir as tabelas de análise sintática LL(1).

Finalmente, observamos que a definição dos conjuntos de Seqüência funciona "à direita" das produções, e a definição dos conjuntos Primeiros funciona "à esquerda". Ou seja, uma produção $A \to \alpha$ não tem *nenhuma* informação sobre o conjunto de Seqüência de A se α não contiver A. Somente as ocorrências de A à direita de produções contribuirão para Seqüência(A). Como conseqüência, cada escolha de regra gramatical, em geral, contribuirá para os conjuntos de Seqüência de *cada* não, terminal à direita, diferentemente do caso dos conjuntos Primeiros, no qual cada escolha de regra gramatical adiciona apenas um não-terminal ao conjunto Primeiro (o que estiver à esquerda).

Dada uma regra gramatical $A \to \alpha \beta$, Seqüência(B) incluirá Seqüência(A) pelo caso (3) da definição. Isso se deve ao fato de em cada cadeia que contém A, o A poder ser substituído por αB (ou a ação da "liberdade de contexto"). Essa propriedade é, em certo sentido, o oposto da situação para os conjuntos Primeiros, em que se $A \to B \alpha$, então Primeiro(A) contém Primeiro(B) (exceto possivelmente por ε).

Na Figura 4.8 apresentamos o algoritmo para a computação dos conjuntos de Seqüência resultantes da definição. Usamos esse algoritmo para computar os conjuntos de Seqüência para as mesmas três gramáticas para as quais computamos os conjuntos Primeiros. (Da mesma forma como ocorre com os conjuntos Primeiros, a ausência de ε-produções simplifica o algoritmo. Deixaremos a simplificação para o leitor.)

> Seqüência(símbolo-inicial) := {$} ;
> for cada não-terminal A # símbolo-inicial do Seqüência(A) := { };
> while houver alterações em algum conjunto de Seqüência do
>   for cada produção $A \to X_1 X_2 ... X_n$ do
>   for each X_i que for não-terminal do
>   adicione Primeiro($X_{i+1} X_{i+2} ... X_n$) - {ε} a Seqüência(X_i)
>   (* Nota: se i=n, então $X_{i+1} X_{i+2} ... X_n = \varepsilon$ *)
>   if ε estiver em Primeiro ($X_{i+1} X_{i+2} ... X_n$) then
>   adicione Seqüência(A) a Seqüência(X_i)

Figura 4.8   Algoritmo para a computação de conjuntos de Seqüência.

Exemplo 4.12

Considere novamente a gramática de expressões simples cujos conjuntos Primeiros foram computados no Exemplo 4.9, conforme segue:

Primeiro(exp) = { (, **número** }
Primeiro(termo) = { (, **número** }
Primeiro(fator) = { (, **número** }
Primeiro(soma) = {+, - }
Primeiro(mult) = {*}

Escrevemos novamente as escolhas de produções enumeradas:

(1) $exp \to exp\ soma\ termo$
(2) $exp \to termo$
(3) $soma \to +$
(4) $soma \to -$
(5) $termo \to termo\ mult\ fator$
(6) $termo \to fator$
(7) $mult \to *$
(8) $fator \to (\ exp\ )$
(9) $fator \to$ **número**

As regras 3, 4, 7 e 9 não têm não-terminais à direita, e portanto nada acrescentam à computação dos conjuntos de Seqüência. Consideramos as outras regras em ordem. Antes de iniciar, ajustamos Seqüência(exp) = {$}; todos os outros conjuntos de Seqüência iniciam vazios.

A regra 1 afeta os conjuntos de Seqüência de três não-terminais: *exp, soma* e *termo*. Primeiro(soma) é adicionado a Seqüência(exp), portanto Seqüência(exp)={$, +, -}. O conjunto Primeiro(termo) é adicionado a Seqüência(soma), portanto Seqüência(soma) = { (, **número** }. Finalmente, Seqüência(exp) é adicionado a Seqüência(termo), portanto Seqüência(termo) = {$, +, -}.

A regra 2 novamente faz Seqüência(exp) ser adicionado a Seqüência(termo), mas isso já foi feito pela regra 1; portanto, nenhuma alteração ocorre nos conjuntos de Seqüência.

A regra 5 tem três efeitos. Primeiro(*mult*) é adicionado a Seqüência(*termo*), portanto Seqüência(*termo*) = {$, +, -, *}. Primeiro(*fator*) é adicionado a Seqüência(*mult*), portanto Seqüência(*mult*) = { (, **número**}. Finalmente, Seqüência(*termo*) é adicionado a Seqüência(*fator*), portanto Seqüência(*fator*) = {$, +, -, *}.

A regra 6 tem o mesmo efeito que o último passo da regra 5, portanto não ocorrem alterações.

Finalmente, a regra 8 adiciona Primeiro( ))= {) } a Seqüência(*exp*), portanto Seqüência(*exp*) = {$, +, -,) }.

Na segunda passada, a regra 1 adiciona) a Seqüência(*termo*) (portanto Seqüência(*termo*) = {$, +, -, *,) }), e a regra 5 adiciona) a Seqüência(*fator*), (portanto Seqüência(*fator*) = = {$, +, -, *,) }). Uma terceira passada não produz novas alterações, e o algoritmo termina. Computamos os seguintes conjuntos de Seqüência:

Seqüência(*exp*) = {$, +, -,) }
Seqüência(*soma*) = { (, **número** }
Seqüência(*termo*) = {$, +, -, *,) }
Seqüência(*mult*) = { (, **número** }
Seqüência(*fator*) = {$, +, -, *,) }

Assim como na computação dos conjuntos de Seqüência, mostramos o progresso da computação na Tabela 4.8. Como antes, omitimos a passada final nessa tabela, e apenas indicamos as alterações nos conjuntos de Seqüência quando elas ocorrem. Também omitimos as quatro escolhas de regras gramaticais que não têm possibilidade de afetar a computação. (Incluímos as duas regras *exp* → *termo* e *termo* → *fator*), pois elas têm um efeito em potencial, mesmo que não tenham efeito concreto.)

Tabela 4.8 Computação de conjuntos de Seqüência para a gramática do Exemplo 4.12.

Regra gramatical	Passada 1	Passada 2
exp → *exp soma termo*	Seqüência(*exp*) = {$, +, -} Seqüência(*soma*) = { (, **número**} Seqüência(*termo*) = {$, +, -}	Seqüência(*termo*) = {$, +, -, *,) }
exp → *termo*		
termo → *termo mult fator*	Seqüência(*termo*) = {$, +, -, *} Seqüência(*mult*) = { (, **número**} Seqüência(*fator*) = {$, +, -, *}	Seqüência(*fator*) = {$, +, -, *,) }
termo → *fator*		
fator → (*exp*)	Seqüência(*exp*) = {$, +, -,) }	

Exemplo 4.13

Considere novamente a gramática simplificada de declarações *if*, cujos conjuntos Primeiros foram computados no Exemplo 4.10:

$$\text{Primeiro}(declaração) = \{\texttt{if}, \texttt{outra}\}$$
$$\text{Primeiro}(if\text{-}decl) = \{\texttt{if}\}$$
$$\text{Primeiro}(else\text{-}parte) = \{\texttt{else}, \varepsilon\}$$
$$\text{Primeiro}(exp) = \{\texttt{0}, \texttt{1}\}$$

Repetimos aqui as escolhas de produções enumeradas:

(1) *declaração* → *if-decl*
(2) *declaração* → **outra**
(3) *if-decl* → **if (** *exp* **)** *declaração else-parte*
(4) *else-parte* → **else** *declaração*
(5) *else-parte* → ε
(6) *exp* → **0**
(7) *exp* → **1**

As regras 2, 5, 6 e 7 não têm efeito sobre a computação dos conjuntos de Seqüência, e portanto são ignoradas.

Iniciamos com Seqüência(*declaração*) = {$} e os conjuntos de Seqüência dos outros não-terminais vazios. A regra 1 adiciona Seqüência(*declaração*) a Seqüência(*if-decl*), portanto Seqüência(*if-decl*) = {$}. A regra 3 afeta os conjuntos de Seqüência de *exp*, *declaração* e *else-parte*. Primeiramente, Seqüência(*exp*) captura Primeiro()) =)}, portanto Seqüência(*exp*)={)}. A seguir, Seqüência(*declaração*) captura Primeiro(*else-parte*) - {ε}, portanto Seqüência(*declaração*)={$, **else**}. Finalmente, Seqüência(*if-decl*) é adicionado a Seqüência(*else-parte*) e a Seqüência(*declaração*) (isso porque *else-parte* pode desaparecer). A primeira adição fornece Seqüência(*else-parte*)={$}, mas a segunda não efetua alterações. Finalmente, a regra 4 adiciona Seqüência(*else-parte*) a Seqüência(*declaração*), o que também não resulta em alterações.

Na segunda passada, a regra 1 novamente adiciona Seqüência(*declaração*) a Seqüência(*if-decl*), resultando em Seqüência(*if-decl*)={$, **else**}. A regra 3 adiciona o terminal **else** a Seqüência(*else-parte*), portanto Seqüência(*else-parte*)={$, **else**}. Finalmente, a regra 4 não efetua novas alterações. A terceira passada também não resulta em alterações, e computamos os seguintes conjuntos de Seqüência:

$$\text{Seqüência}(declaração) = \{\$, \texttt{else}\}$$
$$\text{Seqüência}(if\text{-}decl) = \{\$, \texttt{else}\}$$
$$\text{Seqüência}(else\text{-}parte) = \{\$, \texttt{else}\}$$
$$\text{Seqüência}(exp) = \{)\}$$

Deixamos para o leitor a construção de uma tabela para essa computação, como no exemplo anterior.

Exemplo 4.14
Computamos os conjuntos de Seqüência para a gramática de declarações simples do Exemplo 4.11, com as escolhas de regras gramaticais:

(1) *decl-seqüência* → *decl decl-seq'*
(2) *decl-seq'* → **;** *decl-seqüência*
(3) *decl-seq'* → ε
(4) *decl* → **s**

No Exemplo 4.11, computamos os seguintes conjuntos Primeiros:

Primeiro(*decl-seqüência*) = {**s**}
Primeiro(*decl*) = {**s**}
Primeiro(*decl-seq'*) = {**;**, ε}

As regras gramaticais 3 e 4 não contribuem para a computação do conjunto de Seqüência. Iniciamos com Seqüência(*decl-seqüência*) = {$} e os outros conjuntos de Seqüência vazios. A regra 1 resulta em Seqüência(*decl*)={**;**} e Seqüência(*decl-seq'*) = {$}. A regra 2 não tem efeito. Uma segunda passada não efetua novas alterações. Assim, computamos os conjuntos de Seqüência

Seqüência(*decl-seqüência*) = {$}
Seqüência(*decl*) = {**;**}
Seqüência(*decl-seq'*) = {$}

4.3.3 Construção de tabelas de análise sintática LL(1)

Considere agora a construção original para a tabela de análise sintática LL(1), conforme a Seção 4.2.2:

1. Se $A \to \alpha$ for uma escolha de produção e houver uma derivação $\alpha \Rightarrow^* a\beta$, na qual a é uma marca, então adicione $A \to \alpha$ à tabela em $M[A, a]$.
2. Se $A \to \alpha$ for uma escolha de produção e houver uma derivação $\alpha \Rightarrow^* \varepsilon$, e também $A a \gamma$, em que S é o símbolo inicial e a é uma marca (ou $), então adicione $A \to \alpha$ à tabela em $M[A,a]$.

Claramente, a marca a na regra 1 pertence a Primeiro(α), e a marca a da regra 2 pertence a Seqüência(A). Portanto, chegamos à seguinte construção algorítmica da tabela de análise sintática LL(1):

Construção da tabela de análise sintática LL(1) $M[N,T]$
Repita os dois passos a seguir para cada não-terminal A e escolha de produção $A \to \alpha$.

1. Para cada marca a em Primeiro(α), adicione $A \to \alpha$ a $M[A, a]$.
2. Se ε pertencer a Primeiro(α), para cada elemento a de Seqüência(A) (uma marca ou $), adicione $A \to \alpha$ a $M[A, a]$.

O teorema a seguir é essencialmente uma conseqüência direta da definição de uma gramática LL(1) e da construção da tabela de análise sintática dada acima, e deixamos sua demonstração para os exercícios:

Teorema

Uma gramática em BNF é **LL(1)** se as seguintes condições forem satisfeitas:

1. Para cada produção $A \to \alpha_1 \mid \alpha_2 \mid ... \mid \alpha_n$, Primeiro($\alpha_i$) $\cap$ Primeiro(α_j) está vazio para i e j, $1 \leq i, j \leq n$, $i \neq j$.
2. Para cada não-terminal A tal que Primeiro(A) contenha ε, Primeiro(A) $\cap$ Seqüência(A) está vazio.

Apresentamos agora alguns exemplos de tabelas de análise sintática para gramáticas vistas anteriormente.

Exemplo 4.15

Considere a gramática de expressões simples utilizada anteriormente como exemplo padrão. Essa gramática, conforme apresentada originalmente (ver Exemplo 4.9), é recursiva à esquerda. Na última seção, apresentaremos uma gramática equivalente com a remoção da recursão à esquerda:

$$
\begin{aligned}
&exp \to termo\ exp' \\
&exp' \to soma\ termo\ exp' \mid \varepsilon \\
&soma \to \mathbf{+} \mid \mathbf{-} \\
&termo \to fator\ termo' \\
&termo' \to mult\ fator\ termo' \mid \varepsilon \\
&mult \to \mathbf{*} \\
&fator \to \mathbf{(}\ exp\ \mathbf{)} \mid \mathbf{número}
\end{aligned}
$$

Precisamos computar os conjuntos Primeiro e de Seqüência para os não-terminais para essa gramática. Essa computação fica para os exercícios, e apresentamos simplesmente aqui apenas o resultado:

Primeiro(*exp*) = { **(**, **número**}   Seqüência(*exp*) = {**$**, **)** }
Primeiro(*exp'*) = {**+**, **-**, ε}   Seqüência(*exp'*) = {**$**, **)** }
Primeiro(*soma*) = {**+**, **-**}   Seqüência(*soma*) = { **(**, **número**}
Primeiro(*termo*) = { **(**, **número**}   Seqüência(*termo*) = {**$**, **)**, **+**, **-**}
Primeiro(*termo'*) = {*****, ε}   Seqüência(*termo'*) = {**$**, **)**, **+**, **-**}
Primeiro(*mult*) = {*****}   Seqüência(*mult*) = { **(**, **número**}
Primeiro(*fator*) = { **(**, **número**}   Seqüência(*fator*) = {**$**, **)**, **+**, **-**, *****}

A aplicação da construção descrita da tabela de análise sintática LL(1) leva à Tabela 4.4.

Exemplo 4.16

Considere a gramática simplificada de declarações *if*

$$
\begin{aligned}
&\textit{declaração} \to \textit{if-decl} \mid \mathbf{outra} \\
&\textit{if-decl} \to \mathbf{if}\ \mathbf{(}\ exp\ \mathbf{)}\ \textit{declaração else-parte} \\
&\textit{else-parte} \to \mathbf{else}\ \textit{declaração} \mid \varepsilon \\
&exp \to \mathbf{0} \mid \mathbf{1}
\end{aligned}
$$

Os conjuntos Primeiros dessa gramática foram computados no Exemplo 4.10 e os conjuntos de Seqüência foram computados no Exemplo 4.13. Apresentamos novamente esses conjuntos a seguir:

Primeiro(*declaração*) = {**if, outra**}   Seqüência(*declaração*) = {$, **else**}
Primeiro(*if-decl*) = {**if**}   Seqüência(*if-decl*) = {$, **else**}
Primeiro(*else-parte*) = {**else**, ε}   Seqüência(*else-parte*) = {$, **else**}
Primeiro(*exp*) = {**0, 1**}   Seqüência(*exp*) = {**)**}

A construção da tabela de análise sintática LL(1) produz a Tabela 4.3.

Exemplo 4.17
Considere a gramática do Exemplo 4.4 (com fatoração à esquerda):

$$decl\text{-}seqüência \rightarrow decl\ decl\text{-}seq'$$
$$decl\text{-}seq' \rightarrow \textbf{;}\ decl\text{-}seqüência\ |\ \varepsilon$$
$$decl \rightarrow \textbf{s}$$

Essa gramática tem os seguintes conjuntos Primeiros e de Seqüência:

Primeiro(*decl-seqüência*) = {**s**}   Seqüência(*decl-seqüência*) = {$}
Primeiro(*decl*) = {**s**}   Seqüência(*decl*) = {**;**, $}
Primeiro(*decl-seq'*) = {**;**, ε}   Seqüência(*decl-seq'*) = {$}

e a tabela de análise sintática LL(1) apresentada a seguir:

M[N, T]	s	;	$
decl-seqüência	*decl-seqüência* → *decl decl-seq'*		
decl	*decl* → **s**		
decl-seq'		*decl-seq'* → **;** *decl-seqüência*	*decl-seq'* → ε

4.3.4 Extensão da verificação à frente: analisadores sintáticos LL(*k*)

O trabalho anterior pode ser estendido para k símbolos de verificação à frente. Por exemplo, podemos definir Primeiro$_k(\alpha)$ = { $w_k | \alpha \Rightarrow^* w$ }, onde w é uma cadeia de marcas e w_k = primeiras k marcas de w (ou w, se w tiver menos de k marcas). De maneira similar, podemos definir Seqüência$_k(A)$ = { $w_k | S\$ \Rightarrow^* \alpha A w$ }. Essas definições são menos "algorítmicas" que quando $k = 1$, mas podemos desenvolver algoritmos para computar esses conjuntos. A construção da tabela de análise sintática LL(k) é efetuada como anteriormente.

Entretanto, diversas complicações ocorrem na análise sintática LL(*k*). Primeiramente, a tabela de análise sintática é muito maior, pois o número de colunas cresce exponencialmente com *k*. (Até certo ponto, isso pode ser remediado por métodos de compressão.)

Segundo, a tabela não expressa todo o poder da análise sintática LL(*k*), essencialmente em razão de as cadeias de Seqüência não ocorrerem em todos os contextos. Portanto, a análise sintática utilizando a tabela que construímos é diferente da análise sintática LL(*k*), sendo denominada **análise sintática LL(*k*) forte**, ou **SLL(*k*)**. Sugerimos ao leitor consultar a seção de Notas e Bibliografia para mais informações.

Analisadores sintáticos LL(*k*) e SLL(*k*) não são comuns, em parte em decorrência da complexidade adicional, mas principalmente pelo seguinte fato: se uma gramática não for LL(1), na prática ela não deve ser LL(*k*) para nenhum *k*. Por exemplo, uma gramática com recursão à esquerda nunca é LL(*k*), independentemente do tamanho de *k*. Analisadores sintáticos descendentes recursivos, entretanto, podem utilizar seletivamente verificações à frente maiores quando necessário, e até mesmo, como já foi visto, utilizar métodos *ad hoc* para analisar gramáticas que não são LL(*k*) para qualquer *k*.

4.4 UM ANALISADOR SINTÁTICO PARA A LINGUAGEM TINY

Nesta seção, discutiremos o analisador sintático descendente recursivo completo para a linguagem TINY listada no Apêndice B. O analisador constrói uma árvore sintática conforme descrito na Seção 3.7 do capítulo anterior e, adicionalmente, imprime uma representação da árvore sintática no arquivo de listagem. O analisador utiliza EBNF conforme a Figura 4.9, correspondente à BNF do Capítulo 3, Figura 3.6.

```
programa → decl-seqüência
decl-seqüência → declaração { ; declaração }
declaração → if-decl | repeat-decl | atribuição-decl | read-decl | write-decl
if-decl → if exp then decl-seqüência [ else decl-seqüência ] end
repeat-decl → repeat decl-seqüência until exp
atribuição-decl → identificador := exp
read-decl → read identificador
write-decl → write exp
exp → simples-exp [comparação-op simples-exp]
comparação-op → < | =
simples-exp → termo { soma termo }
soma → + | -
termo → fator { mult fator }
mult → * | /
fator → ( exp ) | número | identificador
```

Figura 4.9   Gramática da linguagem TINY em EBNF.

O analisador TINY segue a estrutura de análise descendente recursiva da Seção 4.1, e é composto por dois arquivos de código, **parse.h** e **parse.c**. O arquivo **parse.h** (Apêndice B) é extremamente simples: é composto por uma única declaração

```
TreeNode * parse(void);
```

que define a rotina principal de análise sintática **parse**, a qual retorna um ponteiro para a árvore sintática construída pelo analisador sintático. O arquivo **parse.c** é dado no

Apêndice B. Ele é composto por 11 procedimentos mutuamente recursivos, os quais correspondem diretamente à gramática EBNF da Figura 4.9: um para *decl-seqüência*, um para *declaração*, um para cada um dos cinco tipos diferentes de declaração e quatro para os níveis distintos de precedência de expressões. Não-terminais de operadores não são incluídos como procedimentos, mas são reconhecidos como parte de suas expressões associadas. Não há um procedimento correspondente a *programa*, pois um programa é simplesmente uma seqüência de declarações, portanto a rotina **parse** simplesmente ativa *decl-seqüência*.

O código do analisador sintático também inclui uma variável estática **token**, que armazena a marca de verificação à frente, um procedimento **match** que busca uma marca específica, o qual ativa **getToken** se a encontra ou declara um erro em caso contrário, e um procedimento **syntaxError**, que imprime uma mensagem de erro no arquivo de listagem. O procedimento **parse** principal coloca como valor inicial em **token** a primeira marca da entrada, ativa **stmt_sequence** e verifica se atingiu o final do arquivo-fonte antes de retornar a árvore construída por **stmt_sequence**. (Se houver mais marcas após o retorno de **stmt_sequence**, isso é um erro.)

O conteúdo de cada procedimento recursivo deveria ser relativamente auto-explicativo, exceto possivelmente **stmt_sequence**, que foi escrito de forma um tanto mais complexa para melhorar o tratamento de erros; isso será explicado na discussão sobre tratamento de erros apresentada a seguir. Os procedimentos de análise sintática recursivos utilizam três procedimentos utilitários, que, para simplificar, são agrupados no arquivo **util.c** (Apêndice B), com interface **util.h** (Apêndice B). Esses procedimentos são:

1. **newStmtNode**, que recebe um parâmetro indicando o tipo de declaração e aloca um novo nó de declaração do tipo correspondente, retornando um ponteiro para o nó alocado.
2. **newExpNode**, que recebe um parâmetro indicando o tipo de expressão e aloca um novo nó de expressão do tipo correspondente, retornando um ponteiro para o nó alocado.
3. **copyString**, que recebe uma cadeia de caracteres como parâmetro, aloca espaço suficiente e copia a cadeia, retornando um ponteiro para a cópia.

O procedimento **copyString** é requerido porque a linguagem C não aloca automaticamente espaço para cadeias de caracteres, e também porque o sistema de varredura reutiliza o mesmo espaço para os valores de cadeias (ou lexemas) das marcas reconhecidas.

Um procedimento **printTree** também está incluído em **util.c**. Ele escreve uma versão linear da árvore sintática, para que possamos visualizar o resultado de uma análise sintática. Esse procedimento é ativado pelo programa principal, controlado pela variável global **traceParse**.

O procedimento **printTree** imprime informações dos nós, identificando os filhos por tabulação. A árvore pode ser reconstruída com base na tabulação. A árvore sintática do programa de exemplo TINY (ver Capítulo 3, figuras 3.8 e 3.9) impressa por **traceParse** fica como mostrado na Figura 4.10.

```
Read: x
If
  Op: <
    const: 0
    Id: x
  Assign to: fact
    const: 1
  Repeat
    Assign to: fact
      Op: *
        Id: fact
        Id: x
    Assign to: x
      Op: -
        Id: x
        const: 1
      Op: =
        Id: x
        const: 0
Write
  Id: fact
```

Figura 4.10   Sintaxe TINY exibida pelo procedimento `printTree`.

4.5 RECUPERAÇÃO DE ERROS EM ANALISADORES SINTÁTICOS DESCENDENTES

A resposta de um analisador sintático a erros é freqüentemente um fator crítico na utilidade de um compilador. O mínimo requerido é que um analisador sintático determine se um programa está ou não sintaticamente correto. Um analisador sintático que efetua apenas essa tarefa é denominado **reconhecedor**, pois apenas reconhece as cadeias da linguagem livre de contexto geradas pela gramática da linguagem de programação em questão. No mínimo, qualquer analisador sintático deve ter o comportamento de um reconhecedor – ou seja, se um programa contiver erros sintáticos, o analisador deve indicar a presença de *algum* erro, e vice-versa; se um programa não contiver erros, o analisador não deve apontar erro algum.

Além desse comportamento mínimo, um analisador sintático pode apresentar diversos níveis de respostas a erros. Geralmente, um analisador tenta dar uma mensagem significativa de erro, pelo menos para o primeiro erro encontrado, e também tenta determinar com a máxima precisão possível o local onde ocorreu o erro. Alguns analisadores sintáticos podem até mesmo tentar alguma forma de **correção de erros** (ou, mais adequadamente, **reparo de erros**), com a tentativa de inferência do programa correto com base no programa incorreto recebido. Na maioria das vezes, isso se limita aos casos mais fáceis, como, por exemplo, falta de pontuação. Alguns algoritmos podem ser aplicados para gerar um programa correto que seja, em algum sentido, o mais próximo possível do programa dado (geralmente, isso é feito com base no número de marcas que precisam ser inseridas, removidas ou modificadas). A **correção de erros por distância mínima** é normalmente muito ineficiente para ser aplicada a qualquer erro e, de qualquer maneira, resulta em reparos que, com freqüência, não correspondem ao desejado pelo programador. Por isso tudo, é raro encontrá-la em analisadores sintáticos. Os programadores de compiladores consideram suficientemente difícil gerar mensagens de erros significativas sem tentar corrigir os erros.

A maioria das técnicas para recuperação de erros é *ad hoc*, pois se aplica a linguagens específicas e a algoritmos de análise sintática também específicos, os quais contêm muitos casos especiais para situações individuais. É muito difícil identificar princípios gerais aplicáveis. Algumas considerações importantes são as seguintes:

1. Um analisador sintático deve tentar determinar a ocorrência de um erro *tão logo quanto possível*. A demora em declarar um erro pode levar à perda do local onde ocorreu o erro.
2. Após a ocorrência de um erro, o analisador deve escolher um ponto para encerrar o processo. O analisador deve sempre tentar analisar o máximo possível de código, para que o máximo de erros possa ser identificado.
3. Um analisador deve evitar o **problema da cascata de erros**, em que um erro gera uma seqüência de mensagens espúrias.
4. Um analisador deve evitar laços infinitos de erros, em que uma cascata infinita de mensagens de erro é gerada sem consumir novas entradas.

Alguns desses objetivos são conflitantes, e um programador de compiladores deve equilibrar os conflitos durante a construção de um manipulador de erros. Por exemplo, para evitar a cascata de erros e os laços infinitos, o analisador pode desconsiderar partes relevantes da entrada, o que compromete o objetivo de processar o máximo possível da entrada.

4.5.1 Recuperação de erros em analisadores descendentes recursivos

Uma forma padrão de recuperação de erros em analisadores descendentes recursivos é denominada **modo de pânico**. O nome advém do fato de que, em situações complexas, o manipulador de erros consome um número possivelmente grande de marcas, ao tentar encontrar um ponto para encerrar a análise sintática (no pior caso, ele pode consumir tudo o que restar do programa, o que é tão ruim quanto simplesmente interromper a execução após o erro). Entretanto, quando bem implementado, este pode ser um método muito bom para recuperação de erros, apesar do nome.[4] O modo de pânico tem a vantagem adicional de virtualmente garantir que o analisador sintático não entre em um laço infinito durante a recuperação de erros.

O mecanismo básico do modo de pânico é associar a cada procedimento recursivo um parâmetro adicional composto por um conjunto de **marcas de sincronização**. Com o desenrolar da análise sintática, as marcas que podem ser de sincronização são acrescentadas a esse conjunto cada vez que ocorre uma ativação. Ao encontrar um erro, o

---

4. De fato, Wirth (1976) chamou o modo de pânico de "modo sem pânico", presumivelmente visando melhorar sua imagem.

analisador **varre à frente**, descartando as marcas até que um dos conjuntos sincronizadores seja encontrado na entrada, quando então a análise é encerrada. As cascatas de erros são evitadas (até certo ponto), pois novas mensagens de erros não são geradas durante a varredura à frente.

As decisões importantes a tomar nesse método de recuperação de erros são quais marcas acrescentar ao conjunto sincronizador a cada ponto da análise. Geralmente, os conjuntos de Seqüência são candidatos importantes para serem essas marcas sincronizadoras. Os conjuntos Primeiros podem também ser utilizados para evitar que o manipulador de erros descarte marcas importantes que indicam novas construções (como declarações ou expressões). Os conjuntos Primeiros também são importantes, pois possibilitam que um analisador sintático descendente recursivo logo detecte erros, o que é sempre útil para a recuperação de erros. É importante observar que o modo de pânico funciona melhor quando o compilador "sabe" quando *não* entrar em pânico. Por exemplo, a falta de símbolos de pontuação, como ponto-e-vírgula ou vírgula, e até mesmo a falta de parênteses à direita, nem sempre deveria levar o manipulador de erros a consumir marcas. Evidentemente, é preciso cuidado para garantir que não ocorra um laço infinito.

Ilustramos a recuperação de erros por modo de pânico pela apresentação em pseudocódigo de sua implementação na calculadora descendente recursiva da Seção 4.1.2 (ver também Figura 4.1). Além dos procedimentos *casamento* e *erro*, que permanecem iguais (exceto que *erro* não mais encerra de imediato o processamento), temos dois novos procedimentos – *verificaentrada*, que efetua a verificação à frente adiantada, e *varrepara*, que é o consumidor da marca de modo de pânico:

```
procedure varrepara ( conjsincr ) ;
begin
    while not ( marca in conjsincr ∪ {$}) do
        capturaMarca ;
end varrepara ;

procedure verificaentrada ( conjprimeiro, conjseqüência ) ;
begin
    if not ( marca in conjprimeiro ) then
        error ;
        varrepara ( conjprimeiro ∪ conjseqüência ) ;
    end if ;
end ;
```

O símbolo $ aqui se refere ao final da entrada (EOF).

Esses procedimentos são utilizados como segue nos procedimentos *exp* e *fator* (que agora recebem um parâmetro *conjsincr*):

```
procedure exp ( conjsincr ) ;
begin
    verificaentrada ( { (, número }, conjsincr ) ;
    if not ( marca in conjsincr ) then
        termo ( conjsincr ) ;
```

```
        while marca = + or marca = - do
          casamento (marca) ;
          termo ( conjsincr ) ;
        end while ;
        verificaentrada ( conjsincr, { (, número }) ;
      end if ;
    end exp ;

    procedure fator ( conjsincr ) ;
    begin
      verificaentrada ( { (, número }, conjsincr ) ;
      if not ( marca in conjsincr ) then
        case marca of
        ( : casamento( () ;
           exp ( { ) } ) ;
           casamento ( ) ) ;
        número :
           casamento (número) ;
        else error;
        end case ;
        verificaentrada ( conjsincr, { (, número }) ;
      end if ;
    end fator ;
```

Observe como *verificaentrada* é ativado duas vezes em cada procedimento: uma vez para verificar se uma marca no conjunto Primeiro é a marca seguinte na entrada e uma segunda vez para verificar se uma marca no conjunto de Seqüência (ou *conjsincr*) é a marca seguinte no encerramento.

Essa forma de modo de pânico gera erros razoáveis (mensagens de erros úteis podem também ser adicionadas como parâmetros a *verificaentrada* e *erro*). Por exemplo, a cadeia de entrada **(2+-3)*4-+5** gera exatamente duas mensagens de erros (uma para o primeiro sinal de subtração e a segunda para o segundo sinal de adição).

Observamos que, em geral, *conjsincr* deve ser transmitido ao longo das ativações recursivas, com o acréscimo de novas marcas de sincronização quando necessário. No caso de *fator*, uma exceção é feita após a ocorrência de um parêntese à esquerda: *exp* é ativado com apenas o parêntese à direita no conjunto de Seqüência (*conjsincr* é descartado). Isso é típico da análise *ad hoc* que acompanha a recuperação de erros com modo de pânico. (Fizemos isso para que, por exemplo, a **(2+*)** não gerasse uma mensagem espúria no parêntese à direita.) Deixamos a análise do comportamento desse código, e sua implementação em C, para os exercícios. Infelizmente, para obter as melhores mensagens de erros e a recuperação de erros, virtualmente cada teste de marcas deve ser examinado, considerando a possibilidade de um teste mais geral, ou de um teste anterior, poder melhorar o comportamento perante erros.

4.5.2 Recuperação de erros em analisadores sintáticos LL(1)

A recuperação de erros por modo de pânico pode ser implementada em analisadores sintáticos LL(1) de maneira similar à da análise sintática descendente recursiva. Como o algoritmo é não-recursivo, uma nova pilha é necessária para armazenar os parâmetros *conjsincr*, e uma ativação de *verificaentrada* deve ser prevista pelo algoritmo antes de cada ação de geração (quando um não-terminal fica no topo da pilha).[5] Observe que a situação de erro primário ocorre com um não-terminal A no topo da pilha e a marca de entrada corrente ausente de Primeiro(A) (ou Seqüência(A), se ε pertencer a Primeiro(A)). Uma marca estar no topo da pilha e não ser a de entrada corrente não é uma ocorrência comum, pois as marcas são, em geral, colocadas na pilha apenas quando efetivamente observadas na entrada (alguns métodos de compressão de tabelas podem comprometer isso um pouco). Deixaremos para os exercícios as modificações do algoritmo de análise sintática da Figura 4.2.

Uma alternativa para o uso da pilha adicional é a construção estática dos conjuntos de marcas de sincronização, diretamente na tabela de análise sintática LL(1), juntamente com as ações correspondentes de *verificaentrada*. Dado um não-terminal A no topo da pilha e uma marca de entrada ausente de Primeiro(A) (ou de Seqüência(A), se ε pertencer a Primeiro(A)), há três alternativas possíveis:

1. Retirar A da pilha.
2. Retirar sucessivamente marcas da entrada até encontrar uma marca com a qual a análise sintática pode reiniciar.
3. Colocar um não-terminal novo na pilha.

Optamos pela alternativa 1 se a marca de entrada corrente for $ ou pertencer a Seqüência(A) e pela alternativa 2 se a marca de entrada corrente não for $ nem pertencer a Primeiro(A) ∪ Seqüência(A). A alternativa 3 é útil em situações especiais, mas raramente é apropriada (discutiremos a seguir um desses casos). Indicamos a primeira ação na tabela de análise sintática com *sai* e a segunda com *varre*. (Observe que uma ação *sai* é equivalente a uma redução por uma ε-produção.)

Com essas convenções, a tabela de análise sintática LL(1) (Tabela 4.4) fica como apresentado na Tabela 4.9. O comportamento de um analisador sintático LL(1) com base nessa tabela, dada a cadeia `(2+*)`, é mostrado na Tabela 4.10. Nela, a análise é apresentada apenas a partir do primeiro erro (quando o prefixo `2+` já casou). Também usamos as abreviações E para *exp*, E' para *exp'*, e assim por diante. Observe que há dois movimentos de erros adjacentes antes do encerramento da análise sintática. Podemos suprimir uma mensagem de erro no segundo movimento, requerendo que, após o primeiro erro, o analisador efetue um ou mais movimentos antes de gerar outra mensagem. Isso evita cascatas de mensagens de erros.

Há um problema (pelo menos) nesse método de recuperação de erros, que merece uma ação especial. Como muitas ações de erro retiram um não-terminal da pilha, esta pode ficar vazia, mesmo que ainda haja entradas para analisar. Um caso simples no exemplo dessa situação é qualquer cadeia que inicie com um parêntese à direita: isso leva E a ser retirado de imediato, e a pilha fica vazia, embora ainda reste toda a entrada para ser consumida. Uma ação possível nessa situação é inserir o símbolo inicial na pilha e varrer à frente a entrada até encontrar um símbolo no conjunto Primeiro do símbolo inicial.

---

5. As ativações de *verificaentrada* no final de um casamento, assim como no código descendente recursivo, podem também ser programadas por um símbolo especial de pilha, de maneira similar ao esquema de computação de valores da Seção 4.2.4.

Tabela 4.9 Tabela de análise sintática LL(1) (Tabela 4.4) com indicações de recuperação de erros.

M[N, T]	(	número	)	+	-	*	$
exp	exp → termo exp'	exp → termo exp'	sai	varre	varre	varre	sai
exp'	varre	varre	exp' → ε	exp' → soma termo exp'	exp' → soma termo exp'	varre	exp' → ε
soma	sai	sai	varre	soma → +	soma → -	varre	sai
termo	termo → fator termo'	termo → fator termo'	sai	sai	sai	varre	sai
termo'	varre	varre	termo' → ε	termo' → ε	termo' → ε	termo' → mult fator termo'	termo' → ε
mult	sai	sai	varre	varre	varre	mult → *	sai
fator	fator → (exp)	fator → número	sai	sai	sai	sai	sai

Tabela 4.10 Movimentos em um analisador LL(1) com base na Tabela 4.9.

Pilha de análise sintática	Entrada	Ação
$ E' T') E' T	*) $	varre (erro)
$ E' T') E' T	) $	sai (erro)
$ E' T') E'	) $	E' → ε
$ E' T')	) $	casamento
$ E' T'	$	T' → ε
$ E'	$	E' → ε
$	$	aceita

4.5.3 Recuperação de erros no analisador sintático TINY

O tratamento de erros no analisador TINY, conforme apresentado no Apêndice B, é extremamente rudimentar: apenas uma forma muito primitiva de recuperação de modo de pânico é implementada, sem os conjuntos de sincronização. O procedimento **match** simplesmente declara o erro, identificando qual marca foi encontrada que não era esperada. Adicionalmente, os procedimentos **statement** e **factor** declaram um erro quando nenhuma escolha correta é encontrada. O procedimento **parse** declara um erro se uma marca diferente do final de arquivo for encontrada após o encerramento da análise sintática. A mensagem de erro principal gerada significa "marca inesperada", que não ajuda muito o usuário. Adicionalmente, o analisador não tenta evitar cascatas de erros. Por exemplo, o programa de exemplo com um ponto-e-vírgula após a declaração *write*

```
  ...
   5: read x ;
   6: if 0 < x then
   7:     fact := 1;
   8:     repeat
   9:        fact := fact * x;
  10:        x := x - 1
  11:     until x = 0;
  12:     write fact; {<- - PONTO-E-VÍRGULA ERRADO! }
  13: end
  14:
```

provoca as *duas* mensagens de erro a seguir (quando apenas um erro ocorreu):

```
Syntax error at line 13: unexpected token -> reserved word: end
Syntax error at line 14: unexpected token -> EOF
```

O mesmo programa, com a comparação < retirada da segunda linha do código

```
  ...
   5: read x ;
   6: if 0 < x then {<- - FALTA A COMPARAÇÃO! }
   7:     fact := 1;
   8:     repeat
   9:        fact := fact * x;
  10:        x := x - 1
  11:     until x = 0;
  12:     write fact
  13: end
  14:
```

provoca *quatro* mensagens de erro:

```
Syntax error at line 6: unexpected token -> ID, name = x
Syntax error at line 6: unexpected token -> reserved word: then
Syntax error at line 6: unexpected token -> reserved word: then
Syntax error at line 7: unexpected token -> ID, name = fact
```

Em contrapartida, parte do comportamento do analisador TINY é bastante razoável. Por exemplo, um ponto-e-vírgula faltando (em vez de sobrando) gera apenas uma mensagem de erro, e o analisador segue em frente e constrói a árvore sintática correta, como se o ponto-e-vírgula estivesse lá, efetuando uma forma rudimentar de correção de erro nesse caso. Esse comportamento é resultado de dois fatos na codificação. O primeiro é que o procedimento **match** não consome uma marca, o que resulta em comportamento idêntico ao de inserir uma marca que falte. O segundo é que o procedimento **stmt_sequence** conecta tanto quanto possível da árvore sintática no caso de um erro. Em particular, foi tomado cuidado para garantir que ponteiros irmãos sejam conectados sempre que um ponteiro não nulo for encontrado (os procedimentos do analisador sintático são projetados para retornar um ponteiro de árvore sintática nulo se um erro for encontrado). Adicionalmente, a forma óbvia de escrever o corpo de **stmt_sequence** com base em EBNF

```
declaração ( ) ;
while (marca==SEMI)
{ casamento(SEMI) ;
  declaração( ) ;
}
```

é alternativamente escrita com um teste de laço mais complicado:

```
declaração ( ) ;
while ( (marca!=ENDFILE) && (marca!=END) &&
        (marca!=ELSE) && (marca!=UNTIL) )
{ casamento(SEMI) ;
  declaração ( ) ;
}
```

O leitor deve observar que as quatro marcas nesse teste negativo compõem o conjunto de Seqüência para *decl-seqüência*. Isso não é acidental, pois um teste pode buscar uma marca no conjunto Primeiro (da mesma forma como os procedimentos para *declaração* e *fator*) ou buscar uma marca *ausente* do conjunto de Seqüência. A segunda opção é particularmente eficiente para a recuperação de erros, pois se um símbolo Primeiro estiver faltando, a análise será interrompida. Deixamos para percorrer a execução do programa nos exercícios, a fim de mostrar que um ponto-e-vírgula faltando levaria o restante do programa para ser desconsiderado se **stmt_sequence** fosse escrito da primeira forma.

Finalmente, observamos que o analisador também foi escrito de forma a não entrar em laços infinitos perante erros (o leitor poderia ficar preocupado quanto a isso ao notar que **match** não consome uma marca inesperada). Isso porque, em um percurso arbitrário ao longo dos procedimentos, eventualmente podem ser encontrados ambos os casos básicos de **statement** e de **factor**, e os dois *consomem* uma marca ao gerar uma mensagem de erro.

EXERCÍCIOS

4.1 Escreva pseudocódigos para *termo* e *fator* correspondentes ao pseudocódigo para *exp* na Seção 4.1.2 que constrói uma árvore sintática para expressões aritméticas simples.

4.2 Dada a gramática $A \to (A) A | \varepsilon$, escreva pseudocódigo para analisá-la de forma descendente recursiva.

4.3 Dada a gramática

> *declaração* → *atribuição-decl* | *ativação-decl* | **outra**
> *atribuição-decl* → **identificador :=** *exp*
> *ativação-decl* → **identificador (** *exp lista* **)**

escreva o pseudocódigo para analisar essa gramática de forma descendente recursiva.

4.4 Dada a gramática

> *lexp* → **número** | **(** *op lexp-seq* **)**
> *op* → **+** | **-** | *****
> *lexp-seq* → *lexp-seq lexp* | *lexp*

escreva o pseudocódigo para computar o valor numérico de uma *lexp* de forma descendente recursiva (ver Exercício 3.13 do Capítulo 3).

4.5 Mostre as ações de um analisador LL(1) que utilize a Tabela 4.4 para reconhecer as expressões aritméticas a seguir:
   a. 3+4*5-6   b. 3*(4-5+6)   c. 3-(4+5*6)

4.6 Mostre as ações de um analisador LL(1) que utilize a tabela da Seção 4.2.2 para reconhecer as cadeias de parênteses balanceados a seguir:
   a. (( )) ( )   b. (( ) ( ))   c. ( ) (( ))

4.7 Dada a gramática $A \rightarrow (A) A | \varepsilon$
   a. Construa os conjuntos Primeiro e de Seqüência para o não-terminal A.
   b. Mostre que essa gramática é LL(1).

4.8 Considere a gramática

> *lexp* → *átomo* | *lista*
> *átomo* → **número** | **identificador**
> *lista* → **(** *lexp-seq* **)**
> *lexp-seq* → *lexp-seq lexp* | *lexp*

   a. Remova a recursão à esquerda.
   b. Construa os conjuntos Primeiro e de Seqüência para os não-terminais da gramática resultante.
   c. Mostre que a gramática resultante é LL(1).
   d. Construa a tabela de análise sintática LL(1) para a gramática resultante.
   e. Mostre as ações do analisador LL(1) correspondente, dada a cadeia de entrada
      `(a (b (2)) (c))`.

4.9 Considere a gramática a seguir (similar, mas não idêntica, à gramática do Exercício 4.8):

> *lexp* → *átomo* | *lista*
> *átomo* → **número** | **identificador**
> *lista* → **(** *lexp-seq* **)**
> *lexp-seq* → *lexp* **,** *lexp-seq* | *lexp*

   a. Fatore essa gramática à esquerda.
   b. Construa os conjuntos Primeiro e de Seqüência para os não-terminais da gramática resultante.
   c. Mostre que a gramática resultante é LL(1).
   d. Construa a tabela de análise sintática LL(1) para a gramática resultante.
   e. Mostre as ações do analisador LL(1) correspondente, dada a cadeia de entrada
      `(a, (b, (2)),(c))`.

4.10 Considere a gramática a seguir de declarações simplificadas em C:

declaração → *tipo var-lista*
tipo → `int` | `float`
var-lista → `identificador,` *var-lista* | `identificador`

  a. Fatore essa gramática à esquerda.
  b. Construa os conjuntos Primeiro e de Seqüência para os não-terminais da gramática resultante.
  c. Mostre que a gramática resultante é LL(1).
  d. Construa a tabela de análise sintática LL(1) para a gramática resultante.
  e. Mostre as ações do analisador sintático LL(1) correspondente, para a cadeia de entrada `int x,y,z`.

4.11 Uma tabela de análise sintática LL(1) como a da Tabela 4.4 tem, em geral, muitas células em branco que representam erros. Em muitos casos, todas as células em branco de uma linha podem ser substituídas por uma **entrada básica** única, o que reduz consideravelmente o tamanho da tabela. As entradas básicas em potencial ocorrem em linhas não-terminais quando um não-terminal tem uma única escolha de produção, ou quando tem uma ε-produção. Aplique essas idéias na Tabela 4.4. Quais os problemas desse esquema, se é que há algum problema?

4.12 a. Uma gramática LL(1) pode ser ambígua? Justifique sua resposta.
  b. Uma gramática ambígua pode ser LL(1)? Justifique sua resposta.
  c. Uma gramática livre de ambigüidades precisa ser LL(1)? Justifique sua resposta.

4.13 Demonstre que uma gramática recursiva à esquerda não pode ser LL(1).

4.14 Demonstre o teorema da Seção 4.3.3, que conclui uma gramática LL(1) com base em duas condições de seus conjuntos Primeiro e de Seqüência.

4.15 Defina o operador ⊕ para dois conjuntos de cadeias de marcas S_1 e S_2 da seguinte maneira: $S_1 \oplus S_2 = \{ \text{Primeiro}(xy) \mid x \in S_1, y \in S_2 \}$.
  a. Demonstre que, para quaisquer dois não-terminais *A* e *B*, Primeiro (*AB*) = = Primeiro(*A*) ⊕ Primeiro(*B*).
  b. Demonstre que as duas condições do teorema da Seção 4.3.3 podem ser substituídas pela condição única: se *A* → α e *A* → β, então (Primeiro(α) ⊕ Seqüência(*A*)) ∩ Primeiro(β) ⊕ Seqüência(*A*)) é vazio.

4.16 Um não-terminal *A* é **inútil** se não houver derivações a partir do símbolo inicial para uma cadeia de marcas contendo *A*.
  a. Apresente uma formulação matemática para essa propriedade.
  b. É comum para uma linguagem de programação conter símbolos inúteis? Justifique sua resposta.
  c. Demonstre que, se uma gramática tiver um símbolo inútil, a computação dos conjuntos Primeiro e de Seqüência dada nesse capítulo pode produzir conjuntos demasiadamente grandes para a construção de uma tabela de análise sintática LL(1).

4.17 Apresente um algoritmo para remover não-terminais inúteis (e as produções associadas) de uma gramática sem alterar a linguagem reconhecida (ver o exercício anterior).

4.18 Demonstre que o inverso do teorema da Seção 4.3.3 é verdadeiro, se uma gramática não contiver não-terminais inúteis (ver Exercício 4.16).

4.19 Apresente detalhes da computação dos conjuntos Primeiro e de Seqüência apresentados no Exemplo 4.15.

4.20 a. Construa os conjuntos Primeiro e de Seqüência para os não-terminais da gramática fatorada à esquerda do Exemplo 4.7.
  b. Construa a tabela de análise sintática LL(1) com base em seus resultados da parte (a).

4.21 Dada a gramática $A \to a\,A\,a \mid \varepsilon$
   a. Demonstre que essa gramática não é LL(1).
   b. O pseudocódigo a seguir é uma tentativa de escrever um analisador descendente recursivo para essa gramática.

   procedure A ;
   begin
       if *marca* = *a* **then**
           capturaMarca ;
           A ;
           if *marca* = *a* **then** *capturaMarca* ;
           else *error* ;
       else if *marca* <> $ **then** *erro* ;
   end A ;

   Demonstre que esse procedimento não está correto.
   c. Um analisador descendente recursivo com **retrocesso** para essa linguagem *pode* ser escrito, mas requer o uso de um procedimento *liberaMarca*, que recebe como parâmetro uma marca e a devolve para as marcas de entrada. Ele também requer que o procedimento A seja uma função booleana que devolva sucesso ou falha, tal que se A ativar a si mesma, ela pode testar o sucesso antes de consumir outra marca, e ainda se a escolha $A \to a\,A\,a$ falhar, o código possa seguir em frente para a alternativa $A \to \varepsilon$. Reescreva o pseudocódigo da parte (b) seguindo essa receita, e analise a sua operação sobre a cadeia *aaaa*$.

4.22 Na gramática TINY da Figura 4.9, uma diferenciação clara não foi feita entre expressões aritméticas e booleanas. Por exemplo, o programa TINY a seguir é sintaticamente correto:

   if 0 then write 1>0 else x := (x<1)+1 end

   Reescreva a gramática TINY para que apenas expressões booleanas (expressões que contêm operadores de comparação) sejam permitidas como teste de declarações *if* ou *repeat*, e somente expressões aritméticas sejam permitidas em declarações de atribuição e declarações *write*, ou como operandos de qualquer operador.

4.23 Acrescente os operadores booleanos **and**, **or** e **not** à gramática TINY da Figura 4.9. Garanta que eles tenham as propriedades descritas no Exercício 3.5, bem como precedência mais baixa que todos os operadores aritméticos. Garanta ainda que qualquer expressão possa ser inteira ou booleana.

4.24 As alterações à sintaxe TINY do Exercício 4.23 pioraram o problema descrito no Exercício 4.22. Reescreva a resposta ao Exercício 4.23 para distinguir rigidamente entre expressões booleanas e aritméticas, e incorpore isso à solução do Exercício 4.22.

4.25 A recuperação de erros de modo de pânico para a gramática de expressões aritméticas simples, como descrito na Seção 4.5.1, ainda tem alguns problemas. Um deles é que os laços *while* que testam operadores deveriam continuar a operar em certas circunstâncias. Por exemplo, a expressão **(2) (3)** não tem o operador entre os fatores, mas o manipulador de erros consome o segundo fator sem reiniciar a análise. Reescreva o pseudocódigo para melhorar seu comportamento nesse caso.

4.26 Analise as ações de um analisador LL(1) para a entrada **(2+-3) *4-+5**, utilizando recuperação de erros conforme dado na Tabela 4.9.

4.27 Reescreva o algoritmo de análise sintática LL(1) da Figura 4.2, para implementar a recuperação de erros de modo de pânico completa, e analise seu comportamento para a entrada `(2+-3) *4-+5`.

4.28 **a.** Analise a operação do procedimento **stmt_sequence** no analisador TINY para verificar se a árvore sintática correta é construída para o programa TINY a seguir, apesar do ponto-e-vírgula omitido:

```
x := 2
y := x + 2
```

b. Que árvore sintática é construída para o programa (incorreto) a seguir:

```
x 2
y := x + 2
```

c. Suponha que **stmt_sequence** tivesse sido escrita com base no código mais simples da Seção 4.5.3:

```
declaração ( ) ;
while (marca= =SEMI)
{ casamento (SEMI) ;
   declaração ( ) ;
}
```

Que árvores sintáticas seriam construídas para os programas das partes (a) e (b) com essa versão de **stmt_sequence**?

EXERCÍCIOS DE PROGRAMAÇÃO

4.29 Acrescente o seguinte à calculadora descendente recursiva de aritmética simples de inteiros da Figura 4.1 (verifique a correção da associatividade e da precedência):
  a. Divisão inteira com o símbolo /.
  b. Mod de inteiros com o símbolo %.
  c. Exponenciação de inteiros com o símbolo ^. (Aviso: esse operador tem precedência mais alta que a multiplicação e é associativo à direita.)
  d. Sinal de menos unário com o símbolo -. (Veja Execício 3.12)

4.30 Reescreva a calculadora descendente recursiva da Figura 4.1 para computar com números de ponto flutuante em vez de inteiros.

4.31 Reescreva a calculadora descendente recursiva da Figura 4.1 para que ela *diferencie* entre valores inteiros e de ponto flutuante, em vez de simplesmente computar tudo como inteiros ou como ponto flutuante. (Dica: um "valor" passa a ser um registro com um marcador indicando se ele é inteiro ou de ponto flutuante.)

4.32 **a.** Reescreva a calculadora descendente recursiva da Figura 4.1, para que ela retorne uma árvore sintática conforme as declarações da Seção 3.3.2.
  b. Escreva uma função que receba como parâmetro a árvore sintática produzida pelo seu código da parte (a) e retorne o valor calculado pelo percurso da árvore.

4.33 Escreva uma calculadora descendente recursiva para a aritmética de inteiros simples similar à da Figura 4.1, mas utilize a gramática da Figura 4.4.

4.34 Considere a gramática a seguir:

$$lexp \rightarrow \mathbf{número} \mid (\ op\ lexp\text{-}seq\ )$$
$$op \rightarrow + \mid - \mid *$$
$$lexp\text{-}seq \rightarrow lexp\text{-}seq\ lexp \mid lexp$$

Essa gramática pode ser entendida como a representação de expressões de aritmética de inteiros simples em forma prefixa como de LISP. Por exemplo, a expressão **34-3*42** seria escrita nessa gramática como **(- 34 (* 3 42))**.
Escreva uma calculadora descendente recursiva para as expressões dadas por essa gramática.

4.35 a. Construa uma estrutura de árvore sintática para a gramática do exercício anterior e escreva um analisador sintático descendente recursivo para ela que retorne uma árvore sintática.

b. Escreva uma função que receba como parâmetro a árvore sintática produzida por seu código da parte (a) e retorne o valor calculado pelo percurso da árvore.

4.36 a. Utilize a gramática para expressões regulares do Exercício 3.4 (já sem ambigüidades) para construir um analisador sintático descendente recursivo que leia uma expressão regular e efetue a construção de Thompson de um NFA (ver Capítulo 2).

b. Escreva um procedimento que receba uma estrutura de dados de NFA, conforme produzida pelo analisador da parte (a), e construa um DFA equivalente seguindo a construção de subconjuntos.

c. Escreva um procedimento que receba a estrutura de dados produzida por seu procedimento da parte (b) e encontre as cadeias mais longas que casem em um arquivo de texto, conforme o DFA que ele representa. (Seu programa agora tornou-se uma versão "compilada" do grep!)

4.37 Acrescente os operadores de comparação **<=** (menor que ou igual a), **>** (maior que), **>=** (maior que ou igual a) e **<>** (diferente de) ao analisador sintático TINY. (Isso requer a adição dessas marcas e a modificação do sistema de varredura, mas não deveria requerer alterações na árvore sintática.)

4.38 Incorpore suas alterações na gramática do Exercício 4.22 no analisador TINY.

4.39 Incorpore suas alterações na gramática do Exercício 4.23 no analisador TINY.

4.40 a. Reescreva o programa de calculadora descendente recursiva da Figura 4.1 para implementar a recuperação de erros de modo de pânico, conforme delineado na Seção 4.5.1.

b. Acrescente mensagens de erro úteis em seu tratamento de erros da parte (a).

4.41 Um dos motivos para o analisador TINY produzir mensagens de erro pouco informativas é que o procedimento **match** se limita a imprimir apenas a marca corrente quando ocorre um erro, em vez de imprimir a marca corrente e a marca esperada; além disso, nenhuma mensagem especial de erros é recebida pelo procedimento **match**. Reescreva esse procedimento para imprimir a marca esperada junto com a marca corrente, e também para passar uma mensagem de erro para o procedimento **syntaxError**. Isso requer que o procedimento **syntaxError** seja reescrito, e que as ativações de **match** sejam alteradas para incluir uma mensagem de erro apropriada.

4.42 Acrescente conjuntos de sincronização de marcas e de recuperação de erro de modo de pânico ao analisador TINY, conforme descrito na Seção 4.5.1.

4.43 [Wirth, (1976)] Estruturas de dados com base em diagramas sintáticos podem ser utilizadas por um analisador descendente recursivo "genérico", que pode analisar qualquer conjunto de regras gramaticais LL(1). Uma estrutura de dados adequada para isso é dada pelas declarações em C a seguir:

```
typedef struct rulerec
    { struct rulerec *next, *other;
      int isToken;
      union
      { Token name;
        struct rulerec *rule;
      } attr;
    } Rulerec;
```

O campo **next** é utilizado para indicar o próximo item na regra gramatical, e o campo **other** é utilizado para indicar as alternativas fornecidas pelo meta-símbolo |. Portanto, a estrutura de dados para a regra gramatical

$$fator \rightarrow (\ exp\ ) \mid \mathbf{\textit{número}}$$

ficaria assim

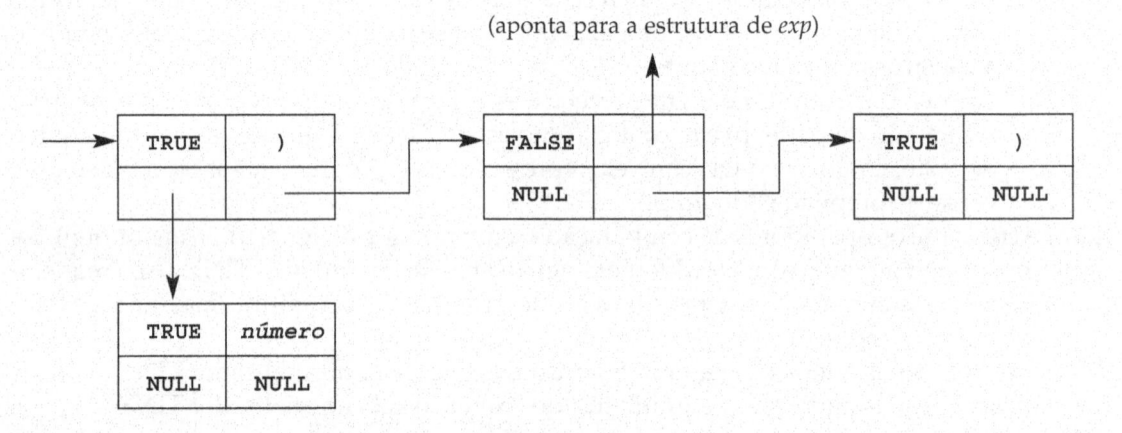

(aponta para a estrutura de *exp*)

TRUE	)

FALSE	
NULL	

TRUE	)
NULL	NULL

TRUE	*número*
NULL	NULL

na qual os campos da estrutura de registros são apresentados a seguir:

isToken	name/rule
other	next

a. Represente as estruturas de dados para as outras regras gramaticais da Figura 4.4 (Dica: você precisará de uma marca especial para representar ε dentro da estrutura de dados.)

b. Escreva um procedimento genérico de análise sintática que utilize essas estruturas de dados para reconhecer uma cadeia de entrada.

c. Escreva um gerador de análise sintática que leia regras BNF (de um arquivo ou da entrada padrão) e gere as estruturas de dados anteriores.

NOTAS E REFERÊNCIAS

A análise sintática descendente recursiva é um método padrão para a construção de analisadores sintáticos desde o início dos anos 1960, e desde a introdução das regras BNF no relatório Algol60 (Naur, 1963). Para uma descrição anterior do método, ver Hoare (1962). Analisadores sintáticos descendentes recursivos com retrocesso tornaram-se recentemente populares em linguagens funcionais fortemente tipadas e com avaliação por demanda, como Haskell e Miranda, nas quais essa forma de análise sintática descendente recursiva é denominada análise de combinadores. Para uma descrição desse método, ver Peyton Jones e Lester (1992) ou (Hutton, 1992). O uso de EBNF em conjunto com a análise sintática descendente recursiva foi popularizado por Wirth (1976).

A análise sintática LL(1) foi extensivamente estudada nos anos 1960 e início dos anos 1970. Para uma das primeiras descrições, ver Lewis e Stearns (1968). Uma resenha da análise sintática LL(k) pode ser encontrada em Fischer e LeBlanc (1991), na qual há um exemplo de gramática LL(2) que não é SLL(2). Para utilizações práticas da análise sintática LL(k), ver Parr et al. (1992).

Existem, evidentemente, diversos outros métodos para análise sintática descendente além dos dois estudados neste capítulo. Como exemplo de um método mais geral, ver Graham et al. (1980).

A recuperação de erros de modo de pânico é estudada em Wirth (1976) e em Stirling (1985). A recuperação de erros em analisadores sintáticos LL(k) é estudada em Burke e Fisher (1987). Métodos de reparo de erros mais sofisticados são estudados em Fischer e LeBlanc (1991) e em Lyon (1974).

Este capítulo não discute ferramentas automáticas para gerar analisadores descendentes, basicamente porque a ferramenta mais amplamente utilizada, Yacc, será discutida no próximo capítulo. Entretanto, existem bons geradores de análise descendente. Um deles se chama Antlr, o qual faz parte do conjunto de ferramentas para construção de compiladores de Purdue (PCCTS). Ver Parr et al. (1992) para uma descrição do Antlr. Ele tem diversas características úteis, como um mecanismo para a construção de árvores sintáticas. Para uma visão geral de um gerador de analisadores sintáticos LL(1) denominado LLGen, ver Fischer e LeBlanc (1991).

Capítulo 5

Análise Sintática Ascendente

5.1 Visão geral da análise sintática ascendente
5.2 Autômatos finitos dos itens LR(0) e análise sintática LR(0)
5.3 Análise sintática SLR(1)
5.4 Análise sintática geral LR(1) e LALR(1)
5.5 Yacc: um gerador de analisadores sintáticos LALR(1)
5.6 Geração de um analisador sintático TINY usando o Yacc
5.7 Recuperação de erros em analisadores sintáticos ascendentes

No capítulo anterior, cobrimos os algoritmos básicos de análise sintática descendente preditiva e descendente recursiva. Neste capítulo, descreveremos as principais técnicas de análise sintática ascendente e suas construções associadas. Da mesma forma como fizemos para a análise descendente, restringiremos a apresentação ao estudo dos algoritmos que utilizam no máximo um símbolo para verificação à frente, com apenas alguns comentários sobre como estender esses algoritmos.

Com base em uma terminologia similar à dos analisadores sintáticos LL(1), o algoritmo ascendente mais geral é denominado **análise sintática LR(1)** (o L indica que a entrada é processada da esquerda para a direita, o R indica que uma derivação à direita é produzida e o número 1 indica que um símbolo de verificação à frente é utilizado). Uma conseqüência do poder da análise sintática ascendente é o fato de fazer sentido estudar a **análise sintática LR(0)**, *sem* verificação à frente para tomar decisões durante a análise. (Isso é possível pelo fato de uma marca de verificação à frente poder ser examinada *após* ter aparecido na pilha de análise sintática. Nesse caso, ela não conta como verificação à frente.) Uma versão melhorada da análise LR(0) que faz uso da verificação à frente é denominada **análise sintática SLR(1)** (o S indica análise sintática LR(1) *simples*). Um método ligeiramente mais poderoso do que a análise SLR(1), mas menos complexo que a análise LR(1) geral, é denominado **análise sintática LALR(1)** (o LA indica *verificação à frente* em análise LR(1)).

Estudaremos as construções necessárias para cada um desses métodos de análise sintática nas seções seguintes. Dentre elas, veremos a construção de DFAs para itens LR(0) e LR(1); descrições dos algoritmos de análise sintática SLR(1), LR(1) e LALR(1); e a construção das tabelas de análise sintática associadas. Descreveremos também o uso do Yacc, um gerador de analisadores sintáticos LALR(1), e utilizaremos o Yacc para gerar um analisador para a linguagem TINY, que constrói as mesmas árvores sintáticas que o analisador descendente recursivo desenvolvido no capítulo anterior.

Os algoritmos de análise sintática ascendente são, de maneira geral, mais poderosos que os descendentes. (Por exemplo, a recursão à esquerda não é um problema para a análise ascendente.) Não é surpresa que as construções requeridas por esses algoritmos sejam mais complexas. Portanto, seremos bastante cuidadosos na descrição dessas construções, e utilizaremos exemplos bastante simples de gramáticas para apresentá-las. Daremos dois exemplos logo no início do capítulo, que serão utilizados ao longo deste capítulo. Também continuaremos com alguns dos exemplos recorrentes no capítulo anterior (expressões de aritmética de inteiros, declarações *if* etc.). Não desenvolveremos manualmente *todos* os algoritmos para análise sintática ascendente para a linguagem TINY completa, pois isso seria tremendamente complexo. Todos os métodos importantes ascendentes são muito complexos para codificação manual, embora sejam apropriados para geradores como o Yacc. Ainda assim, é importante entender a operação dos métodos para que o comportamento de um gerador de analisador sintático possa ser analisado adequadamente pelo projetista de compiladores. O projetista de uma linguagem de programação pode se beneficiar dessas informações, pois um gerador de analisador sintático pode identificar problemas em potencial de uma sintaxe proposta de linguagem em BNF.

Os tópicos vistos anteriormente, que serão utilizados para entender a operação dos algoritmos de análise sintática ascendente, são as propriedades de autômatos finitos e a construção de subconjuntos de um DFA a partir de um NFA (Capítulo 2, Seções 2.3 e 2.4) e as propriedades gerais das gramáticas livres de contexto, derivações e árvores de análise sintática (Capítulo 3, Seções 3.2 e 3.3). Os conjuntos de Seqüência (Capítulo 4, Seção 4.3) também serão necessários eventualmente. Iniciamos o capítulo com uma visão geral da análise sintática ascendente.

5.1 VISÃO GERAL DA ANÁLISE SINTÁTICA ASCENDENTE

Um analisador sintático ascendente usa uma pilha explícita para efetuar uma análise, de maneira similar a um analisador descendente não-recursivo. A pilha conterá tanto marcas como não-terminais, e também informações adicionais de estados, que serão discutidas posteriormente. A pilha está vazia no início da análise ascendente e conterá o símbolo inicial ao final de uma análise bem-sucedida. Um esquema para a análise sintática ascendente é, portanto,

$	*CadeiaEntrada*	$
...	...	
...	...	
$ *SímboloInicial*		$ aceita

onde a pilha de análise sintática fica à esquerda, a entrada no centro e as ações do analisador à direita (nesse caso, "aceita" é a única ação indicada).

Um analisador ascendente tem duas ações possíveis (além de "aceita"):

1. **Carrega** um terminal do topo da entrada para o topo da pilha.
2. **Reduz** uma cadeia α do topo da pilha para um não-terminal *A*, dada a escolha BNF $A \to \alpha$.

Por esse motivo, um analisador ascendente também pode ser denominado analisador **carrega-reduz**.[1] O carregar é indicado pela palavra *carrega*. O reduzir é indicado pela palavra *reduz* junto com a escolha BNF utilizada na redução.[2] Uma característica adicional

---
1. Analisadores descendentes poderiam, por essa mesma razão, ser denominados analisadores gera-casa, mas isso não é costumeiro.
2. No caso de uma redução, poderíamos simplesmente escrever a escolha BNF, como fizemos no caso da ação *gera* em análise descendente, mas é costumeiro acrescentar o *reduz*.

dos analisadores sintáticos ascendentes é que, por motivos técnicos, que serão discutidos mais adiante, as gramáticas são sempre **aumentadas** com um novo símbolo inicial. Isso significa que, se S for o símbolo inicial, um novo símbolo inicial S' é acrescentado à gramática, com uma única produção unitária para o símbolo inicial anterior:

$$S' \to S$$

Seguiremos agora de imediato para dois exemplos, e então discutiremos algumas das propriedades da análise sintática ascendente expostas por esses exemplos.

Exemplo 5.1
Considere a gramática aumentada a seguir para parênteses balanceados:

$$S' \to S$$
$$S \to (\,S\,)\,S \mid \varepsilon$$

Uma análise sintática ascendente para a cadeia ( ) com base nessa gramática é dada na Tabela 5.1.

Tabela 5.1 Ações de análise sintática de um analisador ascendente para a gramática do Exemplo 5.1.

	Pilha de análise sintática	Entrada	Ação
1	$	( ) $	carrega
2	$ (	) $	reduz $S \to \varepsilon$
3	$ (S	) $	carrega
4	$ (S)	$	reduz $S \to \varepsilon$
5	$ (S) S	$	reduz $S \to (\,S\,)\,S$
6	$ S	$	reduz $S' \to S$
7	$ S'	$	aceita

Exemplo 5.2
Considere a gramática aumentada a seguir para expressões aritméticas rudimentares (sem parênteses e com uma operação):

$$E' \to E$$
$$E \to E + n \mid n$$

Uma análise sintática ascendente da cadeia **n+n** com base nessa gramática é dada na Tabela 5.2.

Tabela 5.2 Ações de análise sintática de um analisador ascendente para a gramática do Exemplo 5.2.

	Pilha de análise sintática	Entrada	Ação
1	$	$n + n$ $	carrega
2	$ n	$+ n$ $	reduz $E \to n$
3	$ E	$+ n$ $	carrega
4	$ $E +$	n $	carrega
5	$ $E + n$	$	reduz $E \to E + n$
6	$ E	$	reduz $E' \to E$
7	$ E'	$	aceita

É mais fácil lidar com a verificação à frente nos analisadores ascendentes do que nos descendentes. Um analisador ascendente pode carregar os símbolos de entrada para a pilha até determinar que ação deve executar (assumindo que possa ser determinada uma ação a qual não exija que os símbolos sejam carregados de volta para a entrada). Entretanto, um analisador ascendente pode precisar de outros elementos da pilha, além do topo, para determinar a ação a ser executada. Por exemplo, na Tabela 5.1, a linha 5 tem S no topo da pilha, e o analisador efetua uma redução pela produção $S \to (S) S$, e a linha 6 também tem S no topo da pilha, mas o analisador efetua uma redução por $S' \to S$. Para saber se $S \to (S) S$ é válida no passo 5, precisamos analisar se a pilha contém a cadeia $(S) S$ naquele ponto. Assim, a análise ascendente requer "verificações à frente na pilha" arbitrárias. Isso é muito mais simples do que verificação à frente na entrada, pois o analisador é que constrói a pilha e pode disponibilizar mais informações. O mecanismo que utilizaremos é um autômato finito determinístico de "itens", descrito na próxima seção.

Evidentemente, a verificação do conteúdo da pilha não é suficiente para determinar de maneira única o passo seguinte na análise carrega-reduz – a marca seguinte na entrada também deve ser consultada por verificação à frente. Por exemplo, na linha 3 da Tabela 5.2, E está na pilha e ocorre uma ação de carregar, e na linha 6, E está novamente na pilha, mas ocorre uma redução por $E' \to E$. A diferença é que na linha 3 a marca seguinte na entrada é +, e na linha 6 a marca seguinte na entrada é $. Portanto, qualquer algoritmo que efetue a análise sintática deve fazer uso da marca seguinte na entrada (verificação à frente) para determinar a ação apropriada. Diferentes métodos de análise sintática carrega-reduz utilizam a verificação à frente de maneiras diferentes, o que resulta em analisadores com poder e complexidade diferentes. Antes de estudarmos os algoritmos individualmente, teceremos alguns comentários sobre como os estágios intermediários em uma análise ascendente podem ser caracterizados.

Primeiramente, observamos novamente que um analisador carrega-reduz acompanha uma derivação à direita da cadeia de entrada, mas os passos da derivação ocorrem em ordem inversa. Na Tabela 5.1, há quatro reduções, que correspondem na ordem inversa aos quatro passos da derivação à direita:

$$S' \Rightarrow S \Rightarrow (S) S \Rightarrow (S) \Rightarrow ( )$$

Na Tabela 5.2, a derivação correspondente é

$$E' \Rightarrow E \Rightarrow E + n \Rightarrow n + n$$

Cada uma das cadeias intermediárias de terminais e de não-terminais nessa derivação é denominada **forma sentencial à direita**. Cada uma dessas formas sentenciais é distribuída entre a pilha de análise sintática e a entrada durante uma análise carrega-reduz. Por exemplo, a forma sentencial à direita $E + n$, que ocorre no terceiro passo da derivação acima, se dá nos passos 3, 4 e 5 da Tabela 5.2. Se indicarmos onde está o topo da pilha a cada momento pelo símbolo $\|$ (ou seja, onde ocorre a distribuição entre a pilha e a entrada), o passo 3 da Tabela 5.2 será dado por $E \| + n$ e o passo 4 é dado por $E + \| n$. Nesse caso, a seqüência de símbolos na pilha de análise sintática é denominada **prefixo viável** da forma sentencial à direita. Portanto, E, $E +$ e $E + n$ são prefixos viáveis da forma sentencial à direita $E + n$, e a forma sentencial à direita $n + n$ tem ε e n como prefixos viáveis (passos 1 e 2 da Tabela 5.2). Observe que $n +$ não é um prefixo viável de $n + n$.

Um analisador carrega-reduz carregará terminais da entrada para a pilha até poder efetuar uma redução para obter a forma sentencial à direita seguinte. Isso ocorrerá quando a cadeia de símbolos do topo da pilha casar com o lado direito da produção utilizada na redução seguinte. Essa cadeia, juntamente com a posição na forma sentencial à direita onde ela ocorreu e a produção utilizada para a redução, é denominada **gancho** da forma sentencial à direita.[3] Por exemplo, na forma sentencial à direita $n + n$, o gancho é a cadeia composta pela marca única mais à esquerda n, juntamente com a produção $E \rightarrow n$ utilizada para reduzi-la e obter a nova forma sentencial à direita $E + n$. O gancho dessa nova forma sentencial é toda a cadeia $E + n$ (um prefixo viável), juntamente com a produção $E \rightarrow E + n$. Por vezes, em decorrência de certo abuso de notação, usaremos a cadeia como gancho.

A tarefa principal de um analisador carrega-reduz é determinar o gancho seguinte durante uma análise sintática. Observe que a cadeia de um gancho sempre forma um lado direito completo para a sua produção (a qual será utilizada na redução seguinte) e a posição à direita da cadeia do gancho corresponderá ao topo da pilha quando a redução ocorrer. Portanto, parece plausível que um analisador carrega-reduz deseje determinar suas ações com base nas posições à direita das produções. Quando essas posições atingirem o final à direita de uma produção, esta será um candidato para redução, e o gancho poderá estar no topo da pilha. Para ser o gancho, entretanto, não basta que a cadeia no topo da pilha case com o lado direito de uma produção. Se uma ε-produção estiver pronta para redução, como no Exemplo 5.1, então seu lado direito (a cadeia vazia) estará sempre no topo da pilha. Apenas ocorrerão reduções quando a cadeia resultante estiver em forma sentencial à direita. Por exemplo, no passo 3 da Tabela 5.1, uma redução por $S \rightarrow \varepsilon$ poderia ser efetuada, mas a cadeia resultante ($S S$) não estaria em forma sentencial à direita, e portanto ε não é o gancho nessa posição na forma sentencial (S).

5.2 AUTÔMATOS FINITOS DOS ITENS LR(0) E ANÁLISE SINTÁTICA LR(0)

5.2.1 Itens LR(0)

Um **item LR(0)** (ou simplesmente um **item**) de uma gramática livre de contexto é uma escolha de produção com uma posição identificada em seu lado direito. Essa posição identificada será indicada por um ponto (o qual, evidentemente, se torna um meta-símbolo, que não deve ser confundido com uma marca). Assim, se $A \rightarrow \alpha$ for uma escolha de produção, e se

---

3. Se a gramática for ambígua e existir mais de uma derivação, então poderá haver mais de um gancho na forma sentencial à direita. Se a gramática não for ambígua, os ganchos serão únicos.

β e γ forem duas cadeias quaisquer de símbolos (incluindo a cadeia vazia ε) tais que βγ = α, então $A \rightarrow \beta . \gamma$ será um item LR(0). A denominação item LR(0) se deve ao fato de as cadeias não conterem referências explícitas a verificação à frente.

Exemplo 5.3
Considere a gramática do Exemplo 5.1:

$$S' \rightarrow S$$
$$S \rightarrow (S) S | \varepsilon$$

Essa gramática tem três escolhas de produções e oito itens:

$$S' \rightarrow .S$$
$$S' \rightarrow S.$$
$$S \rightarrow .(S) S$$
$$S \rightarrow (.S) S$$
$$S \rightarrow (S.) S$$
$$S \rightarrow (S) .S$$
$$S \rightarrow (S) S.$$
$$S \rightarrow .$$

Exemplo 5.4
A gramática do Exemplo 5.2 tem os seguintes oito itens:

$$E' \rightarrow .E$$
$$E' \rightarrow E.$$
$$E \rightarrow .E + n$$
$$E \rightarrow E. + n$$
$$E \rightarrow E + .n$$
$$E \rightarrow E + n.$$
$$E \rightarrow .n$$
$$E \rightarrow n.$$

A idéia subjacente ao conceito de um item é que ele registra um passo intermediário no reconhecimento do lado direito de uma escolha específica de regra gramatical. Em particular, o item $A \rightarrow \beta . \gamma$, construído a partir da escolha de regra gramatical $A \rightarrow \alpha$ (com α = βγ), significa que β já foi vista e que pode ser possível derivar as marcas seguintes de entrada a partir de γ. Em termos da pilha de análise sintática, isso significa que β deve aparecer no topo da pilha. Um item $A \rightarrow .\alpha$ significa que podemos estar a ponto de reconhecer um A com o uso da escolha de regra gramatical $A \rightarrow \alpha$ (esses itens são denominados **itens iniciais**). Um item $A \rightarrow \alpha.$ significa que α agora está no topo da pilha e pode ser o gancho, se $A \rightarrow \alpha$ for usada para a próxima redução (esses itens recebem o nome de **itens completos**).

5.2.2 Autômatos finitos para itens

Os itens LR(0) podem ser utilizados como os estados de um autômato finito que mantém as informações sobre a pilha de análise sintática e o progresso de uma análise carrega-reduz. Iniciaremos com um autômato finito não-determinístico. Com base nesse NFA de itens

LR(0), podemos construir o DFA de conjuntos de itens LR(0) com base na construção de subconjuntos do Capítulo 2. Como veremos, também é fácil construir o DFA de conjuntos de itens LR(0) diretamente.

Quais são as transições do NFA de itens LR(0)? Considere o item $A \to \alpha \cdot \gamma$, e suponha que γ inicie com o símbolo X, que pode ser uma marca ou um não-terminal, tal que o item possa ser escrito como $A \to \alpha \cdot X\eta$. Então existe uma transição no símbolo X do estado representado por esse item para o estado representado pelo item $A \to \alpha X \cdot \eta$. Em forma gráfica, isso é escrito como

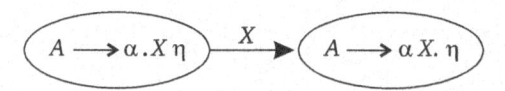

$$\boxed{A \to \alpha \cdot X\eta} \xrightarrow{X} \boxed{A \to \alpha X \cdot \eta}$$

Se X for uma marca, essa transição corresponde a carregar X da entrada para o topo da pilha durante a análise. Se X for um não-terminal, no entanto, a interpretação dessa transição é mais complexa, pois X nunca aparecerá como um símbolo de entrada. De fato, uma transição como essa ainda corresponderá a carregar X para a pilha durante a análise, mas isso só pode ocorrer durante uma redução por uma produção $X \to \beta$. Como uma redução como essa deve ser precedida pelo reconhecimento de um β, e o estado dado pelo item inicial $X \to \cdot \beta$ representa o início desse processo (o ponto indica que estamos prestes a reconhecer um β), logo para todo item $A \to \alpha \cdot X\eta$ precisamos acrescentar uma ε-transição

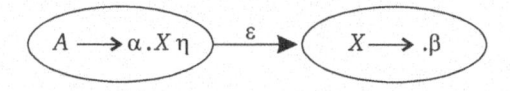

$$\boxed{A \to \alpha \cdot X\eta} \xrightarrow{\varepsilon} \boxed{X \to \cdot \beta}$$

para cada escolha de produção $X \to \beta$ de X, a qual indica que X pode ser produzida pelo reconhecimento de qualquer dos lados direitos de suas escolhas de produção.

Esses dois casos representam as únicas transições no NFA de itens LR(0). Resta discutir a escolha do estado inicial e dos estados de aceitação do NFA. O estado inicial do NFA deveria corresponder ao estado inicial do analisador sintático: a pilha está vazia, e estamos prontos para reconhecer S, onde S é o símbolo inicial da gramática. Portanto, qualquer item inicial $S \to \cdot \alpha$ construído de uma escolha de produção para S serviria como estado inicial. Infelizmente, pode haver muitas escolhas de produção como essa para S. Como podemos saber qual utilizar? Na verdade, não podemos. A solução é **aumentar** a gramática com uma produção única $S' \to S$, onde S' é um não-terminal novo. S' torna-se então o estado inicial da **gramática aumentada**, e o item inicial $S' \to \cdot S$ torna-se o estado inicial do NFA. É por isso que aumentamos as gramáticas nos exemplos anteriores.

Quais estados deveriam ser os estados de aceitação nesse NFA? Aqui, precisamos lembrar que o propósito do NFA é acompanhar o estado de uma análise sintática, e não reconhecer as cadeias, como os autômatos do Capítulo 2 são projetados para fazer. Portanto, o analisador decidirá quando aceitar, e o NFA não deve conter a informação, conseqüentemente o NFA não conterá estados de aceitação. (O NFA *terá* informações sobre aceitação, mas não na forma de um estado de aceitação. Discutiremos isso ao descrever os algoritmos de análise sintática que utilizam o autômato.)

Isso completa a descrição do NFA de itens LR(0). Vamos agora às gramáticas simples dos dois exemplos anteriores, para construir os NFAs de itens LR(0).

Exemplo 5.5
No Exemplo 5.3, listamos os oito itens LR(0) da gramática do Exemplo 5.1. O NFA, entretanto, tem oito estados; ele é apresentado na Figura 5.1. Observe que cada item na figura com um ponto antes do não-terminal S tem uma ε-transição para cada item inicial de S.

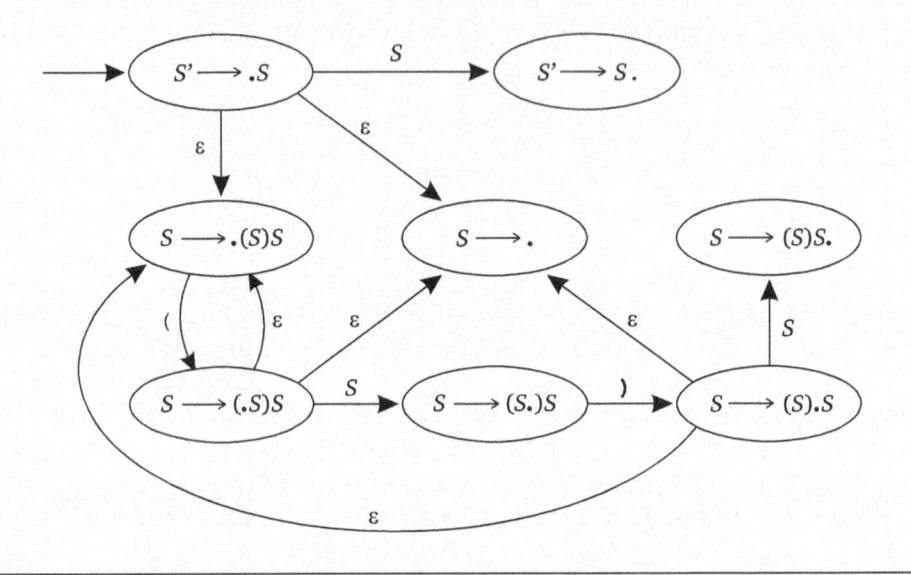

Figura 5.1   O NFA dos itens LR(0) para a gramática do Exemplo 5.5.

Exemplo 5.6
No Exemplo 5.4, listamos os itens LR(0) associados à gramática do Exemplo 5.2. O NFA de itens é apresentado na Figura 5.2. Observe que o item inicial $E \rightarrow .E + n$ tem uma ε-transição para si próprio. (Essa situação ocorrerá em todas as gramáticas com recursão imediata à esquerda.)

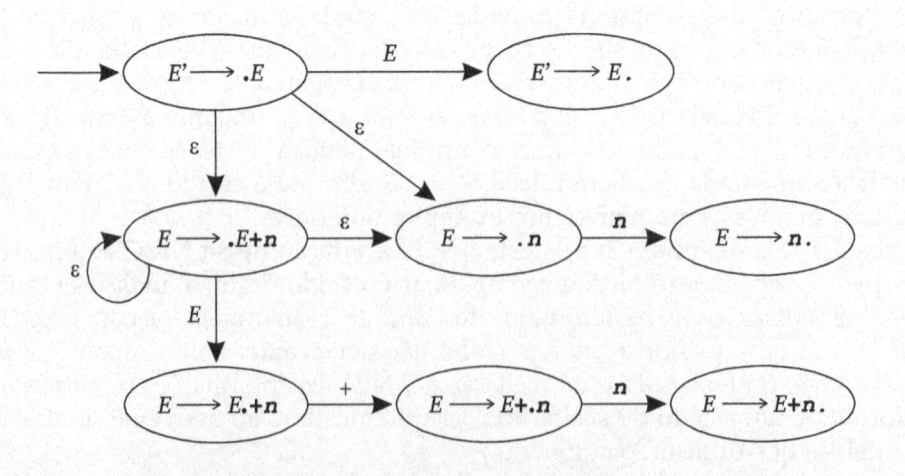

Figura 5.2   O NFA de itens LR(0) para a gramática do Exemplo 5.6.

Para completar a descrição do uso de itens para acompanhar os estados da análise sintática, precisamos construir o DFA dos conjuntos de itens correspondentes ao NFA de itens segundo a construção de subconjuntos do Capítulo 2. Seremos capazes de estabelecer o algoritmo de análise sintática LR(0). Efetuamos a construção de subconjuntos para os dois exemplos de NFAs dados anteriormente.

Exemplo 5.7
Considere o NFA da Figura 5.1. O estado inicial do DFA associado é o ε-fecho do conjunto composto pelo item $S' \to .S$, e esse é o conjunto de três itens { $S' \to .S, S \to .(S)S, S \to .$ }. Como existe uma transição de $S' \to .S$ para $S' \to S.$ em S, existe uma transição correspondente do estado inicial para o estado do DFA { $S' \to S.$ } (não há ε-transições de $S' \to S.$ para outro item). Há também uma transição em **(** do estado inicial para o estado do DFA { $S \to (.S)S, S \to .(S)S, S \to .$ } (o ε-fecho de { $S \to (.S)S$ }). O estado do DFA { $S \to (.S)S, S \to .(S)S, S \to .$ } tem transições para ele mesmo em **(** e para { $S \to (S.)S$ } em S. Esse estado tem uma transição para o estado { $S \to (S).S, S \to .(S)S, S \to .$ } em **)**. Finalmente, este último estado tem transições em **(** para o estado construído anteriormente { $S \to (.S)S, S \to .(S)S, S \to .$ } e uma transição em S para o estado { $S \to (S)S.$ }. O DFA completo é dado na Figura 5.3, em que enumeramos os estados para referência (o estado 0 é tradicionalmente o estado inicial).

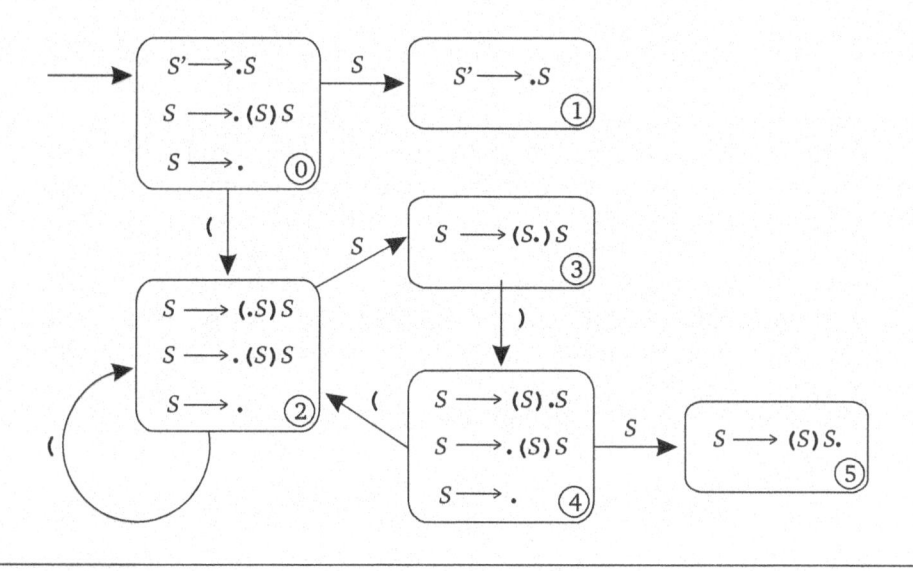

Figura 5.3 O DFA de conjuntos de itens LR(0) correspondentes ao NFA da Figura 5.1.

Exemplo 5.8
Considere o NFA da Figura 5.2. O estado inicial do DFA associado é composto pelo conjunto de três itens { $E' \to .E$, $E \to .E + n$, $E \to .n$ }. Existe uma transição do item $E' \to .E$ para o item $E' \to E.$ em E, mas existe também uma transição em E do item $E \to .E + n$ para o item $E \to E. + n$. Portanto, existe uma transição em E do estado inicial do DFA para o fecho do conjunto { $E' \to E.$, $E \to E. + n$ }. Como não há ε-transições desses itens, esse conjunto é o seu próprio ε-fecho, formando um estado completo de DFA. Não há outra transição do estado inicial, correspondente à transição no símbolo **n** de $E \to .n$ para $E \to n.$. Como não há ε-transições do item $E \to n.$, esse item é o seu próprio ε-fecho, formando o estado do DFA { $E \to n.$ }. Não

há transições desse estado, portanto as únicas transições que restam para computar são as do conjunto $\{E' \to E., E \to E.+ n\}$. Existe apenas uma transição desse conjunto correspondente à transição do item $E \to E.+ n$ para o item $E \to E +.n$ no símbolo +. O item $E \to E +.n$ também não tem ε-transições, e portanto forma um conjunto com um único elemento no DFA. Finalmente, existe uma transição em n do conjunto $\{E \to E +.n\}$ para o conjunto $\{E \to E + n.\}$. O DFA completo é dado na Figura 5.4.

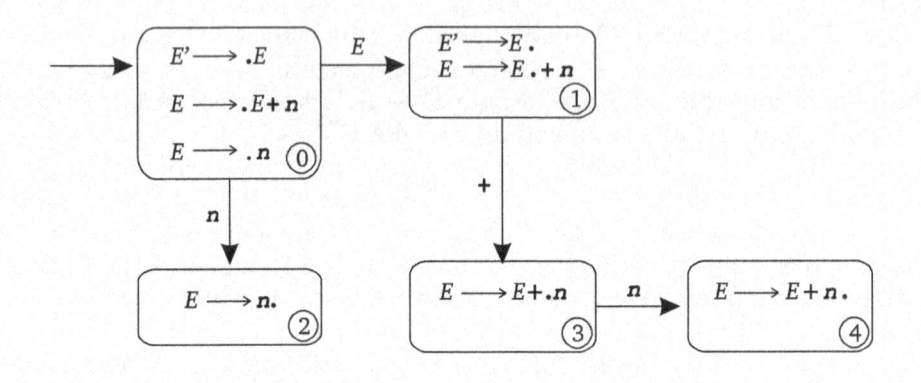

Figura 5.4 O DFA de conjuntos de itens correspondentes ao NFA da Figura 5.2.

Uma distinção é efetuada, por vezes, entre os itens na construção do DFA de conjuntos de itens LR(0), que são adicionados a um estado durante o ε-fecho, e os itens que geram o estado como alvos de transições que não são ε-transições. Os primeiros são denominados **itens de fecho**, e os últimos são denominados **itens de núcleo**. No estado 0 da Figura 5.4, $E' \to .E$ é um item de núcleo (e o único desse tipo), e $E \to .E + n$ e $E \to .n$ são itens de fecho. No estado 2 da Figura 5.3, $S \to (.S)$ S é um item de núcleo, e $S \to .(S)S$ e $S \to .$ são itens de fecho. Pela definição das ε-transições dos NFAs de itens, todos os itens de fecho são termos iniciais.

A importância da distinção entre itens de núcleo e de fecho é que, dada a gramática, os itens de núcleo determinam de forma única o estado e suas transições. Portanto, apenas os itens de núcleo precisam ser especificados para caracterizar de forma completa o DFA de conjuntos de itens. Geradores de analisadores sintáticos que constroem o DFA podem, portanto, apenas apresentar os itens de núcleo (esse é o caso, por exemplo, de Yacc).

Ocorre uma simplificação adicional se o DFA de conjuntos de itens for computado diretamente, em vez de primeiro ser computado o NFA de itens, para depois ser aplicada a construção de subconjuntos. A partir de um conjunto de itens, fica fácil determinar de imediato as ε-transições e para qual item inicial elas apontam. Portanto, os geradores de analisadores sintáticos como Yacc sempre computam o DFA diretamente da gramática, e faremos isso daqui por diante neste capítulo.

5.2.3 O algoritmo de análise sintática LR(0)

Estamos agora prontos para apresentar o algoritmo de análise sintática LR(0). Como o algoritmo depende do acompanhamento do estado corrente do DFA de conjuntos de itens, precisamos alterar a pilha de análise sintática para armazenar não apenas símbolos, mas também números de estados. Isso é feito inserindo o novo número de estado na pilha após a colocação de cada símbolo. Os estados contêm toda a informação sobre os símbolos, portanto poderíamos dispensar os símbolos propriamente ditos e registrar apenas os números dos estados na pilha. Entretanto, armazenaremos os símbolos também na pilha, por conveniência e clareza. Para iniciar a análise sintática, colocamos na pilha o marcador de fim de pilha $ e o estado inicial 0, para que no início da análise a situação possa ser representada como

Pilha de análise sintática	Entrada
$ 0	$CadeiaEntrada$ $

Suponha agora que o próximo passo seja carregar uma marca **n** para a pilha e ir para o estado 2 (isso de fato ocorrerá quando o DFA for como na Figura 5.4 e quando **n** for a marca seguinte na entrada). Isso é representado assim:

Pilha de análise sintática	Entrada
$ 0 **n** 2	Restante de $CadeiaEntrada$ $

O algoritmo de análise sintática LR(0) escolhe uma ação com base no estado corrente do DFA, que é sempre o estado no topo da pilha.

O algoritmo de análise sintática LR(0). Seja s o estado corrente (no topo da pilha de análise sintática). As ações são definidas assim:

1. Se o estado s contiver um item da forma $A \rightarrow \alpha . X \beta$, onde X é um terminal, então a ação é carregar a marca de entrada corrente para a pilha. Se essa marca for X e o estado s contiver o item $A \rightarrow \alpha . X \beta$, então o novo estado a ser colocado na pilha é o estado que contém o item $A \rightarrow \alpha X . \beta$. Se essa marca não for X para algum item no estado s da forma descrita, uma mensagem de erro é apresentada.
2. Se o estado s contiver um item completo (um item da forma $A \rightarrow \gamma .$), então a ação é reduzir pela regra $A \rightarrow \gamma$. Uma redução pela regra $S' \rightarrow S$, onde S é o estado inicial, é equivalente a aceitação, se a entrada estiver vazia, ou a erro, se não estiver. Em todos os outros casos, o novo estado é computado da maneira descrita a seguir. Remova a cadeia γ e todos os estados correspondentes da pilha (a cadeia γ deve estar no topo da pilha, de acordo com a forma como o DFA é construído). De maneira correspondente, retorne no DFA para o estado no qual iniciou a construção de γ (esse deve ser o estado exposto pela remoção de γ). Novamente, pela construção do DFA, esse estado deve conter um item da forma $B \rightarrow \alpha . A \beta$. Coloque A na pilha, e coloque (como o novo estado) o estado que contém o item $B \rightarrow \alpha A . \beta$. (Observe que isso corresponde a acompanhar a transição em A no DFA, o que é razoável, pois estamos colocando A na pilha.)

Uma gramática é denominada **gramática LR(0)** se as regras acima não contiverem ambigüidades. Isso significa que se um estado contiver um item completo $A \rightarrow \alpha .$, ele não pode conter outros itens. Se um estado contiver também um item de "carregar" $A \rightarrow \alpha . X \beta$ (em que X é um terminal), surge uma ambigüidade quanto à execução das ações (1) ou (2). Essa situação é denominada **conflito carrega-reduz**. De maneira similar, se um estado contiver outro item completo $B \rightarrow \beta .$, surge uma ambigüidade quanto a qual produção utilizar para a redução ($A \rightarrow \alpha$ ou $B \rightarrow \beta$). Essa situação é denominada **conflito reduz-reduz**. Portanto, uma gramática é

LR(0) se e somente se cada estado for um estado de carregar (um estado que contém apenas itens "carrega") ou um estado de reduzir que contém um único item completo.

Observamos que nenhuma das duas gramáticas utilizadas como exemplos são gramáticas LR(0). Na Figura 5.3, os estados 0, 2 e 4 contêm conflitos carrega-reduz para o algoritmo de análise sintática LR(0), e no DFA da Figura 5.4 o estado 1 contém um conflito carrega-reduz. Isso não é surpresa, pois quase todas as gramáticas "reais" não são LR(0). Apresentamos, entretanto, o exemplo a seguir de uma gramática LR(0).

Exemplo 5.9
Considere a gramática

$$A \to (A) \mid a$$

A gramática aumentada tem o DFA de conjuntos de itens apresentado na Figura 5.5, que é LR(0). Para ver como opera o algoritmo de análise sintática LR(0), considere a cadeia ((a)). Uma análise dessa cadeia segundo o algoritmo de análise LR(0) é dada pelos passos na Tabela 5.3. A análise começa no estado 0, que é um estado de carregar, assim a primeira marca (é carregada para a pilha. Então, como o DFA indica uma transição do estado 0 para o estado 3 no símbolo (, o estado 3 é colocado na pilha. Esse estado 3 também é um estado de carregar, portanto o (seguinte é carregado para a pilha, e a transição em (retorna para o estado 3. Uma nova ação de carregar coloca **a** na pilha, e a transição em **a** do estado 3 vai para o estado 3. Estamos agora no passo 4 na Tabela 5.3, e atingimos o primeiro estado de reduzir. Aqui o estado 2 e o símbolo **a** são retirados da pilha, retornando no processo ao estado 3. A é então colocado na pilha, e a transição A do estado 3 para o estado 4 ocorre em seguida. O estado 4 é um estado de carregar, portanto o) é carregado para a pilha e a transição em) leva a análise para o estado 5. Aqui, ocorre uma redução pela regra $A \to (A)$, retirando da pilha os estados 5, 4 e 3 e os símbolos), A e (. A análise se encontra agora no estado 3, e novamente A e o estado 4 são colocados na pilha. Novamente,) é carregado para a pilha, e o estado 5 é colocado na pilha. Outra redução por $A \to (A)$ remove a cadeia (3 A 4) 5 (em ordem inversa) da pilha, o que leva a análise para o estado 0. Agora, A é colocado na pilha e ocorre a transição A do estado 0 para o estado 1. O estado 1 é um estado de aceitação. Como a entrada agora está vazia, o algoritmo de análise sintática aceita.

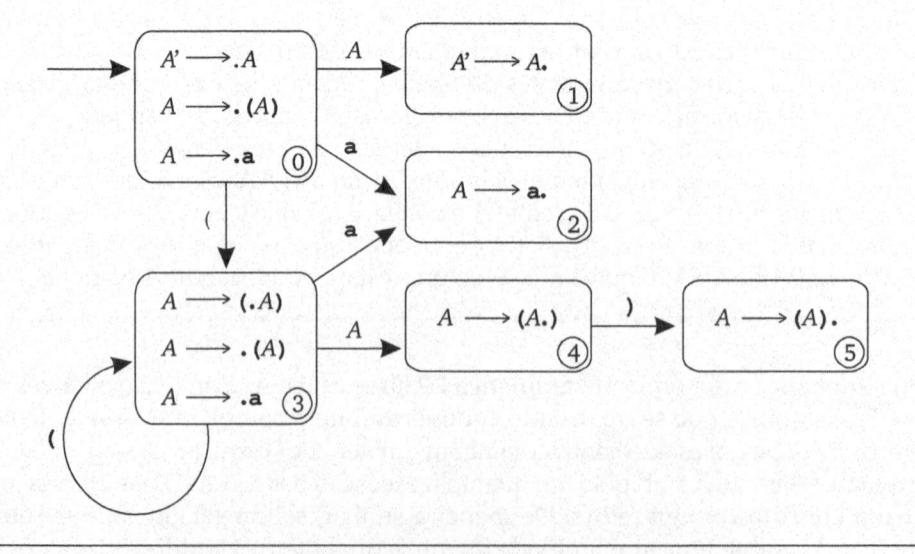

Figura 5.5 O DFA de conjuntos de itens LR(0) para o Exemplo 5.9.

Tabela 5.3 Ações de análise sintática para o Exemplo 5.9.

	Pilha de análise sintática	Entrada	Ação
1	$ 0	((a)) $	carrega
2	$ 0 (3	(a)) $	carrega
3	$ 0 (3 (3	a)) $	carrega
4	$ 0 (3 (3 a 2	)) $	reduz $A \to a$
5	$ 0 (3 (3 A 4	)) $	carrega
6	$ 0 (3 (3 A 4) 5	) $	reduz $A \to (A)$
7	$ 0 (3 A 4	) $	carrega
8	$ 0 (3 A 4) 5	$	reduz $A \to (A)$
9	$ 0 A 1	$	aceita

O DFA de conjuntos de itens e as ações especificadas pelo algoritmo de análise sintática LR(0) podem ser combinados em uma tabela de análise sintática, e a análise LR(0) torna-se um método de análise sintática baseado em tabelas. Uma organização típica para a tabela é rotular as linhas com os estados do DFA e as colunas da maneira descrita a seguir. Como os estados da análise LR(0) são de "carregar" ou de "reduzir", uma coluna é reservada para indicar isso em cada estado. No caso de um estado de "reduzir", uma coluna adicional é utilizada para indicar a escolha de regra gramatical utilizada na redução. No caso de um estado de "carregar", o símbolo carregado determina o estado seguinte (com base no DFA), e, portanto, deve haver uma coluna para cada marca, cujas entradas sejam os novos estados que entram ao carregar aquela marca. As transições em não-terminais (que são colocadas durante uma redução) representam um caso especial, pois não são vistas na entrada, embora o analisador opere como se elas tivessem sido carregadas. Portanto, um estado de "carregar" deve também ser uma coluna para cada não-terminal, e, tradicionalmente, essas colunas são apresentadas em uma parte separada da tabela, denominada seção **ir-para**.

Um exemplo de tabela de análise sintática como essa é a Tabela 5.4, que é a tabela para a gramática do Exemplo 5.9. Encorajamos o leitor a verificar que essa tabela leva às ações de análise sintática para o exemplo conforme dado na Tabela 5.3.

Tabela 5.4 Tabela de análise sintática para a gramática do Exemplo 5.9.

Estado	Ação	Regra	Entrada			Ir-para
			(	a	)	A
0	carrega		3	2		1
1	reduz	$A' \to A$				
2	reduz	$A' \to a$				
3	carrega		3	2		4
4	carrega				5	
5	reduz	$A \to (A)$				

Observamos que as células vazias nessa tabela de análise sintática representam erros. Nas situações práticas em que a recuperação de erros é necessária, precisaremos especificar precisamente qual ação deve ser tomada pelo analisador sintático para cada uma dessas células vazias. Essa discussão fica para uma seção posterior.

5.3 ANÁLISE SINTÁTICA SLR(1)

5.3.1 O algoritmo de análise sintática SLR(1)

A análise sintática LR(1) simples, ou SLR(1), utiliza o DFA de conjuntos de itens LR(0) conforme construído na seção anterior. Ela aumenta o poder da análise LR(0) de maneira significativa, pois utiliza a marca seguinte na cadeia de entrada para dirigir suas ações. Isso é feito de duas maneiras. Primeiro, ela consulta a marca de entrada *antes* de carregar, para garantir que exista uma transição apropriada no DFA. Segundo, ela utiliza o conjunto de Seqüência de um não-terminal, conforme construído na Seção 4.3, para decidir se uma redução deve ser efetuada. É surpreendente como esse uso simples da verificação à frente tem poder suficiente para analisar quase todas as construções de linguagens mais comuns.

Definição

O algoritmo de análise sintática SLR(1). Seja s o estado corrente (no topo da pilha de análise sintática). As ações são definidas assim:

1. Se o estado s contiver um item da forma $A \to \alpha \cdot X \beta$, onde X é um terminal, e X for a marca seguinte na cadeia de entrada, então a ação é carregar a marca de entrada corrente para a pilha, e o novo estado a ser colocado na pilha é o estado que contém o item $A \to \alpha X \cdot \beta$.
2. Se o estado s contiver o item completo $A \to \gamma \cdot$, e a marca seguinte na cadeia de entrada estiver em Seqüência(A), então a ação é reduzir pela regra $A \to \gamma$. Uma redução pela regra $S' \to S$, onde S é o estado inicial, é equivalente a aceitação; isso ocorrerá apenas se a marca de entrada seguinte for $.[4] Em todos os outros casos, o novo estado é computado da maneira descrita a seguir. Remova a cadeia γ e todos os estados correspondentes da pilha de análise sintática. De forma correspondente, retorne no DFA para o estado do início da construção de γ. Por construção, esse estado deve conter um item da forma $B \to \alpha \cdot A \beta$. Coloque A na pilha, e também coloque o estado que contém o item $B \to \alpha A \cdot \beta$.
3. Se a marca de entrada seguinte for tal que nenhum dos casos acima se aplique, uma mensagem de erro é apresentada.

Dizemos que uma gramática é uma **gramática SLR(1)** se a aplicação das regras de análise sintática SLR(1) acima não resultar em ambigüidade. Em particular, uma gramática é SLR(1) se e somente se, para qualquer estado s, as duas condições a seguir forem satisfeitas:

1. Para qualquer item $A \to \alpha \cdot X \beta$ em s em que X for um terminal, não existe um item completo $B \to \gamma \cdot$ em s com X em Seqüência(B).
2. Para quaisquer dois itens completos $A \to \alpha \cdot$ e $B \to \beta \cdot$ em s, Seqüência(A) $\cap$ Seqüência(B) é vazio.

---

[4]. O conjunto de Seqüência para o estado inicial aumentado S' de qualquer gramática é sempre o conjunto composto apenas por $, dado que S' aparece somente na regra gramatical $S' \to S$.

A violação da primeira condição representa um **conflito carrega-reduz**. A violação da segunda condição representa um **conflito reduz-reduz**.

Essas duas condições são similares em espírito às duas condições para a análise sintática LL(1) do capítulo anterior, exceto que, assim como nos métodos de análise carrega-reduz, as decisões sobre qual regra gramatical utilizar podem ser adiadas até o último momento, o que resulta em um analisador mais poderoso.

Uma tabela de análise sintática para SLR(1) pode também ser construída de maneira similar a LR(0), descrita na seção anterior. As diferenças são as seguintes: como um estado pode tanto carregar como reduzir em um analisador SLR(1) (dependendo da verificação à frente), cada célula na parte das entradas deve ter um rótulo "carrega" ou um rótulo "reduz", e as escolhas de regras gramaticais devem aparecer nas células rotuladas com "reduz". Isso também torna as colunas de ações e de regras desnecessárias. Como o símbolo de final da entrada $ pode também ser uma verificação à frente legal, uma nova coluna deve ser criada para esse símbolo nas entradas. Demonstramos a construção da tabela de análise sintática SLR(1) juntamente com nosso primeiro exemplo de análise sintática SLR(1).

Exemplo 5.10
Considere a gramática do Exemplo 5.8, cujo DFA de conjuntos de itens é dado na Figura 5.4. Conforme estabelecido anteriormente, essa gramática não é LR(0), mas é SLR(1). Os conjuntos de Seqüência para os não-terminais são Seqüência(E) = {$} e Seqüência($E$) = {$, +}. A tabela de análise sintática SLR(1) é dada na Tabela 5.5. Nela, uma ação de carregar é indicada pela letra s, e uma ação de reduzir pela letra r. Assim, no estado 1 com entrada +, é indicado "carregar" e uma transição para o estado 3. No estado 2 com entrada +, no entanto, é indicado "reduzir" pela produção $E \to n$. Também escrevemos "aceita" no estado 1 com entrada $, em vez de ($E' \to E$).

Tabela 5.5 Tabela de análise sintática SLR(1) para o Exemplo 5.10.

Estado	Entrada			Ir-para
	n	+	$	E
0	s2			1
1		s3	aceita	
2		r ($E \to n$)	r ($E \to n$)	
3	s4			
4		r ($E \to E + n$)	r ($E \to E + n$)	

Concluímos esse exemplo com uma análise sintática da cadeia $n + n + n$. Os passos da análise são dados na Tabela 5.6. O passo 1 inicia no estado 0 com marca de entrada n, e a tabela de análise sintática indica a ação "s2", ou seja, carregar a marca para a pilha e ir para o estado 2. Indicamos isso na Tabela 5.6 com "carrega 2". No passo 2 da figura, o analisador está no estado 2 com marca de entrada +, e a tabela indica uma redução pela regra $E \to n$. Nesse caso, o estado 2 e a marca n são retiradas da pilha, expondo o estado 0.

O símbolo E é colocado na pilha e Ir-para E passando do estado 0 para o estado 1. No passo 3, o analisador está no estado 1 com marca de entrada +, e a tabela indica "carregar" e uma transição para o estado 3. No estado 3 com entrada n, a tabela também indica "carregar" e uma transição para o estado 4. No estado 4 com entrada +, a tabela indica uma redução pela regra $E \to E + n$. Essa redução ocorre retirando da pilha a cadeia $E + n$ e seus estados associados, expondo novamente o estado 0, colocando E e levando o Ir-para ao estado 1. Os passos restantes na análise sintática são similares.

Tabela 5.6   Ações da análise sintática para o Exemplo 5.10.

	Pilha de análise sintática	Entrada	Ação
1	$ 0	$n + n + n$ $	carrega 2
2	$ 0 n 2	$+ n + n$ $	reduz $E \to n$
3	$ 0 E 1	$+ n + n$ $	carrega 3
4	$ 0 E 1 + 3	$n + n$ $	carrega 4
5	$ 0 E 1 + 3 n 4	$+ n$ $	reduz $E \to E + n$
6	$ 0 E 1	$+ n$ $	carrega 3
7	$ 0 E 1 + 3	n $	carrega 4
8	$ 0 E 1 + 3 n 4	$	reduz $E \to E + n$
9	$ 0 E 1	$	aceita

Exemplo 5.11
Considere a gramática de parênteses balanceados, cujo DFA de itens LR(0) é dado na Figura 5.3. Uma computação simples constrói Seqüência(S') = {$} e Seqüência($S$) = {$,)}. A tabela de análise sintática SLR(1) é dada na Tabela 5.7. Observe como os estados que não são LR(0) 0, 2 e 4 têm ações "carregar" e "reduzir" pela ε-produção $S \to \varepsilon$. A Tabela 5.8 apresenta os passos do algoritmo de análise sintática SLR(1) para analisar a cadeia ( ) ( ). Observe como a pilha continua a crescer até as reduções finais. Isso é característico dos analisadores sintáticos ascendentes na presença de regras recursivas à direita, como, por exemplo, $S \to (S) S$. Portanto, a recursão à direita pode provocar sobrecarga da pilha e deve, se possível, ser evitada.

Tabela 5.7   Tabela de análise sintática SLR(1) para o Exemplo 5.11.

Estado	Entrada			Ir-para
	(	)	$	S
0	s2	r ($S \to \varepsilon$)	r ($S \to \varepsilon$)	1
1			aceita	
2	s2	r ($S \to \varepsilon$)	r ($S \to \varepsilon$)	3
3		s4		
4	s2	r ($S \to \varepsilon$)	r ($S \to \varepsilon$)	5
5		r ($S \to (S) S$)	r ($S \to (S) S$)	

Tabela 5.8 Ações de análise sintática para o Exemplo 5.11.

	Pilha de análise sintática	Entrada	Ação
1	$ 0	( ) ( ) $	carrega 2
2	$ 0 (2	) ( ) $	reduz $S \to \varepsilon$
3	$ 0 (2 S 3	) ( ) $	carrega 4
4	$ 0 (2 S 3) 4	( ) $	carrega 2
5	$ 0 (2 S 3) 4 (2	) $	reduz $S \to \varepsilon$
6	$ 0 (2 S 3) 4 (2 S 3	) $	carrega 4
7	$ 0 (2 S 3) 4 (2 S 3) 4	$	reduz $S \to \varepsilon$
8	$ 0 (2 S 3) 4 (2 S 3) 4 S 5	$	reduz $S \to (S) S$
9	$ 0 (2 S 3) 4 S 5	$	reduz $S \to (S) S$
10	$ 0 S 1	$	aceita

5.3.2 Regras para eliminar ambigüidades em conflitos de análise sintática

Conflitos de análise sintática SLR(1), da mesma maneira como ocorre em todos os métodos de análise sintática carrega-reduz, podem ser de dois tipos: conflitos carrega-reduz e conflitos reduz-reduz. No caso dos conflitos carrega-reduz, existe uma regra natural para eliminar ambigüidades, que é sempre preferir carregar em vez de reduzir. A maioria dos analisadores carrega-reduz, portanto, resolve automaticamente os conflitos carrega-reduz pela preferência de carregar em vez de reduzir. O caso dos conflitos reduz-reduz é mais difícil; esses conflitos freqüentemente (mas não sempre) indicam um erro no projeto da gramática. (Exemplos de conflitos como esse serão apresentados mais adiante.) A preferência de carregar em vez de reduzir em um conflito carrega-reduz automaticamente incorpora a regra de aninhamento mais próximo para a ambigüidade do *else* pendente em declarações *if*, conforme mostrado no exemplo a seguir. Essa é uma razão para permitir a ambigüidade em uma gramática de linguagem de programação.

Exemplo 5.12
Considere a gramática de declarações *if* simplificadas utilizada nos capítulos anteriores (ver, por exemplo, o Capítulo 3, Seção 3.4.3):

$$declaração \to if\text{-}stmt \mid \textbf{other}$$
$$if\text{-}decl \to \textbf{if (} exp \textbf{)} \; declaração$$
$$\mid \textbf{if (} exp \textbf{)} \; declaração \; \textbf{else} \; declaração$$
$$exp \to \textbf{0} \mid \textbf{1}$$

Como essa gramática é ambígua, deve haver um conflito de análise sintática em algum ponto de qualquer algoritmo de análise. Para observar isso em um analisador SLR(1), simplificamos a gramática ainda mais, para que a construção do DFA de conjuntos de itens fique mais fácil. Até eliminamos totalmente a expressão de teste e escrevemos a gramática da seguinte maneira (que ainda contém a ambigüidade do *else* pendente):

$$S \to I \mid \textbf{outra}$$
$$I \to \textbf{if } S \mid \textbf{if } S \textbf{ else } S$$

O DFA de conjuntos de itens é mostrado na Figura 5.6. Para construir as ações de análise sintática SLR(1), precisamos dos conjuntos de Seqüência para *S* e *I*. Eles são

$$\text{Seqüência}(S) = \text{Seqüência}(I) = \{\$, \texttt{else}\}$$

Agora podemos ver o conflito de análise sintática provocado pelo problema do *else* pendente. Ele ocorre no estado 5 do DFA, onde o item completo $I \to \texttt{if } S.$ indica que uma redução pela regra $I \to \texttt{if } S$ deve ocorrer nas entradas **else** e $, enquanto o item $I \to \texttt{if } S.\texttt{else } S$ indica que a marca de entrada deve ser carregada em **else**. Portanto, o *else* pendente resultará em um conflito carrega-reduz na tabela de análise sintática SLR(1). Evidentemente, uma regra de eliminação de ambigüidade que prefira carregar em vez de reduzir removerá o conflito e efetuará a análise segundo a regra do aninhamento mais próximo. (Se a redução fosse preferida em vez de carregar, não haveria maneira de incluir os estados 6 ou 7 no DFA, o que resultaria em erros de análise sintática espúrios.)

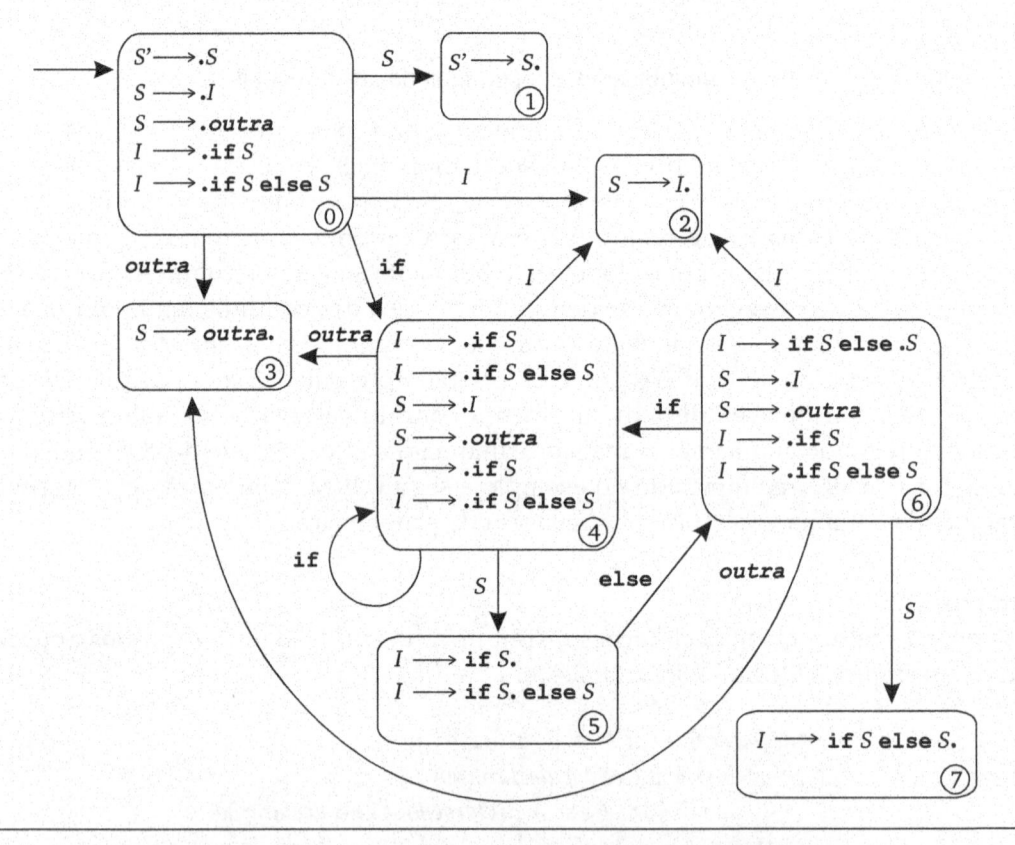

Figura 5.6   DFA de conjuntos de itens LR(0) para o Exemplo 5.12.

A tabela de análise sintática SLR(1) resultante dessa gramática é mostrada na Tabela 5.9. Nela, utilizamos um esquema de enumeração para as escolhas de regras gramaticais nas ações de redução, em vez de escrever as próprias regras. A enumeração é

(1) $S \to I$
(2) $S \to \texttt{outra}$
(3) $I \to \texttt{if } S$
(4) $I \to \texttt{if } S \texttt{ else } S$

Observe que não é necessário enumerar a produção aumentada (1) $S' \to S$, pois uma redução por essa regra corresponde à aceitação e é escrita como "aceita" na tabela.

O leitor deve ficar atento, pois os números das produções utilizados nas células "reduz" podem ser facilmente confundidos com os números de estados utilizados nas células de "carregar" e de "Ir-para". Por exemplo, na Tabela 5.9, no estado 5 a célula para a entrada `else` é s6, o que indica carregar e uma transição para o estado 6, enquanto a célula para a entrada $ é r3, o que indica reduzir pela produção de número 3 (ou seja, $I \to \texttt{if } S$).

Na Tabela 5.9, também removemos o conflito carrega-reduz, favorecendo o carregar. Sombreamos a célula na tabela que mostra onde o conflito teria ocorrido.

Tabela 5.9 Tabela de análise sintática SLR(1) para o Exemplo 5.12 (com o conflito de análise sintática removido).

Estado	Entrada				Ir-para	
	if	else	outra	$	S	I
0	s4		s3		1	2
1				aceita		
2		r1		r1		
3		r2		r2		
4	s4		s3		5	2
5		s6		r3		
6	s4		s3		7	2
7		r4		r4		

5.3.3 Limitações do poder da análise sintática SLR(1)

A análise sintática SLR(1) é uma extensão simples e eficaz da análise sintática LR(0), que é suficientemente poderosa para tratar quase todas as estruturas práticas de linguagens. Infelizmente, existem umas poucas situações em que a análise sintática SLR(1) não é poderosa o suficiente, o que nos levará a estudar os métodos ainda mais poderosos de análise sintática LR(1) geral e LALR(1). O exemplo a seguir é uma situação típica em que a análise sintática SLR(1) não é suficiente.

Exemplo 5.13
Considere as regras para declarações, extraídas e simplificadas de Pascal (uma situação similar ocorre em C):

$decl \to ativação\text{-}decl \mid atribuição\text{-}decl$
$ativação\text{-}decl \to \texttt{identificador}$
$atribuição\text{-}decl \to var \texttt{ := } exp$
$var \to var \texttt{ [} exp \texttt{] } \mid \texttt{identificador}$
$exp \to var \mid \texttt{número}$

Essa gramática modela declarações que podem ser ativações de procedimentos sem parâmetros, ou atribuições de expressões a variáveis. Observe que tanto as atribuições como as ativações de procedimentos começam com um identificador. Um analisador não pode decidir se a declaração é uma atribuição ou uma ativação até que o final da declaração ou a marca := sejam encontrados. Simplificamos essa situação para a gramática a seguir, na qual removemos as escolhas alternativas para uma variável e simplificamos as opções de declarações, sem alterar a situação básica:

$$S \rightarrow \text{id} \mid V := E$$
$$V \rightarrow \text{id}$$
$$E \rightarrow V \mid \text{n}$$

Para mostrar como essa gramática resulta em um conflito de análise sintática SLR(1), considere o estado inicial do DFA de conjuntos de itens:

$$S' \rightarrow .S$$
$$S \rightarrow .\text{id}$$
$$S \rightarrow .V := E$$
$$V \rightarrow .\text{id}$$

Esse estado tem uma transição de "carregar" em id para o estado

$$S \rightarrow \text{id}.$$
$$V \rightarrow \text{id}.$$

Agora, Seqüência(S) = {\$} e Seqüência(V) = {:=, \$} (contendo := em razão da regra $S \rightarrow V := E$, e \$ pelo fato de E poder ser um V). Portanto, o algoritmo de análise sintática SLR(1) solicita uma redução nesse estado pelas regras $S \rightarrow \text{id}$ e $V \rightarrow \text{id}$, com o símbolo de entrada \$. (Esse é um conflito reduz-reduz.) Esse conflito de análise sintática é, na verdade, um problema "esquisito", provocado pela fraqueza do método SLR(1). A redução por $V \rightarrow \text{id}$ *nunca* deveria ser efetuada nesse estado com \$ como entrada, pois uma variável nunca pode ocorrer no final de uma declaração antes da marca := ser vista e carregada.

Nas duas seções seguintes, mostramos como esse problema de análise sintática pode ser removido pelo uso de métodos mais poderosos.

5.3.4 Gramáticas SLR(k)

Assim como ocorre com outros algoritmos de análise sintática, o algoritmo SLR(1) pode ser estendido para SLR(k), onde as ações de análise sintática se baseiam em $k \geq 1$ símbolos de verificação à frente. São utilizados os conjuntos Primeiro$_k$ e Seqüência$_k$, como definidos no capítulo anterior, e o analisador SLR(k) utiliza as seguintes duas regras:

1. Se o estado s contiver um item da forma $A \rightarrow \alpha.X\beta$ (X sendo uma marca), e $Xw \in$ Primeiro$_k(X\beta)$ forem as k marcas seguintes na cadeia de entrada, então a ação é carregar a marca de entrada corrente para a pilha, e o novo estado a ser colocado na pilha é o estado que contém o item $A \rightarrow \alpha X.\beta$.
2. Se o estado s contiver o item completo $A \rightarrow \alpha.$, e $w \in$ Primeiro$_k(A)$ forem as k marcas seguintes na cadeia de entrada, então a ação é reduzir pela regra $A \rightarrow \alpha$.

A análise sintática SLR(k) é mais poderosa que a análise sintática SLR(1) quando $k > 1$, mas a um custo substancial de complexidade, pois a tabela de análise sintática cresce exponencialmente com k. As construções de linguagem típicas que não são SLR(1) são mais bem tratadas por um analisador LALR(1), pelo uso de regras padrão de eliminação de ambigüidade, ou pela reescrita da gramática. É certo que a gramática simples não-SLR(1) do Exemplo 5.13 é na verdade SLR(2), mas o problema de linguagens de programação que a originou não é SLR(k) para nenhum k.

5.4 ANÁLISE SINTÁTICA GERAL LR(1) E LALR(1)

Nesta seção, estudaremos a forma mais geral de análise sintática LR(1), por vezes denominada análise sintática LR(1) **canônica**. Esse método resolve o problema da análise SLR(1) descrito no final da seção anterior, mas ao custo de aumentar substancialmente sua complexidade. A análise sintática LR(1) geral é usualmente considerada muito complexa para ser utilizada na construção de analisadores sintáticos na maioria das situações. Felizmente, uma modificação da análise sintática LR(1) geral, denominada LALR(1) (que caracteriza a análise sintática LR com "verificação à frente"), preserva a maior parte das vantagens da análise sintática LR(1) geral e a eficiência do método SLR(1). O método LALR(1) tem sido o escolhido para geradores de analisadores sintáticos como Yacc, e será estudado mais adiante nesta seção. Entretanto, para entender esse método, precisamos antes estudar o método geral.

5.4.1 Autômatos finitos de itens LR(1)

A dificuldade com o método SLR(1) é que ele aplica verificações à frente *após* a construção do DFA de itens LR(0), uma construção que ignora as verificações à frente. O poder do método LR(1) geral é ele utilizar um DFA novo com as verificações à frente construídas em sua construção desde o começo. Esse DFA utiliza itens que são uma extensão dos itens LR(0). Eles são denominados **itens LR(1)**, pois incluem uma marca única de verificação à frente em cada item. Mais precisamente, um item LR(1) é um par composto por um item LR(0) e uma marca de verificação à frente. Escrevemos os itens LR(1) entre colchetes, da seguinte forma

$$[A \to \alpha . \beta, a]$$

onde $A \to \alpha . \beta$ é um item LR(0) e a é uma marca (a verificação à frente).

Para completar a definição do autômato usado para análise sintática LR(1) geral, precisamos definir as transições entre itens LR(1). Elas são similares às transições LR(0), exceto que também acompanham as verificações à frente. Assim como os itens LR(0), elas incluem ε-transições, e é necessário construir um DFA cujos estados sejam conjuntos de itens que sejam ε-fechos. A maior diferença entre os autômatos LR(0) e LR(1) aparece na definição das ε-transições. Apresentamos primeiro a definição do caso mais fácil (das transições que não são ε-transições), que são essencialmente idênticas às do caso LR(0).

Definição

Definição de transições LR(1) (parte 1). Dado um item LR(1) $[A \to \alpha . X \gamma, a]$, onde X é qualquer símbolo (terminal ou não-terminal), existe uma transição em X para o item $[A \to \alpha X . \gamma, a]$.

Observe que nesse caso o mesmo símbolo de verificação à frente a aparece nos dois itens. Portanto, essas transições não fazem aparecer novos símbolos de verificação à frente.

Apenas as ε-transições "criam" novos símbolos de verificação à frente, da maneira descrita a seguir.

Definição

Definição de transições LR(1) (parte 2). Dado um item LR(1) $[A \to \alpha . B \gamma, a]$, onde B é um não-terminal, existem ε-transições para itens $[B \to .\beta, b]$ para cada produção $B \to \beta$ e *cada marca b* pertencente a Primeiro(γa).

Observe como essas ε-transições acompanham o contexto em que a estrutura B deve ser reconhecida. O item $[A \to \alpha . B \gamma, a]$ indica que nesse ponto da análise sintática podemos reconhecer um B, mas *apenas se* após esse B ocorrer uma cadeia derivável da cadeia γa, e tais cadeias devem começar com uma marca pertencente a Primeiro(γa). Como a cadeia γ vem logo após B na produção $A \to \alpha B \gamma$, se a pertencer por construção a Seqüência(A), então Primeiro(γa) $\subset$ Seqüência(B), e os bs nos itens $[B \to .\beta, b]$ sempre pertencerão a Seqüência(B). O poder do método LR(1) geral resulta de o conjunto Primeiro(γa) poder ser um subconjunto *próprio* de Seqüência(B). (Um analisador SLR(1) essencialmente captura as verificações à frente b de todo o conjunto de Seqüência.) Observe também que a verificação à frente original a surge como uma das bs apenas se γ puder derivar a cadeia vazia. Na maior parte do tempo (especialmente nas situações práticas), isso apenas ocorrerá se γ for ε, e aí temos o caso especial de uma ε-transição de $[A \to \alpha . \beta, a]$ para $[B \to .\beta, a]$.

Para completar a descrição da construção do DFA de conjuntos de itens LR(1), resta especificar o estado inicial. Isso é feito como no caso LR(0), aumentando a gramática com um novo símbolo inicial S' e uma nova produção $S' \to S$ (onde S é o símbolo inicial original). Então o símbolo inicial do NFA de itens LR(1) passa a ser o item $[S' \to .S, \$]$, onde o $\$$ representa o marcador de final (e é o único símbolo em Seqüência(S')). Isso indica que começamos por reconhecer uma cadeia derivável de S, seguida do símbolo $\$$.

Analisamos agora diversos exemplos da construção do DFA de itens LR(1).

Exemplo 5.14
Considere a gramática

$$A \to (A) \mid \mathbf{a}$$

do Exemplo 5.9. Iniciamos a construção de seu DFA de conjuntos de itens LR(1) aumentando a gramática e formando o item LR(1) inicial $[A' \to .A, \$]$. O ε-fecho desse item é o estado inicial do DFA. Como após A não ocorrem símbolos nesse item (na terminologia da discussão anterior sobre transições, a cadeia γ é ε), não há ε-transições para itens $[A \to .(A), \$]$ e $[A \to .\mathbf{a}, \$]$ (ou seja, Primeiro($\gamma\$$) = $\{\$\}$, na terminologia da discussão anterior). O estado inicial (estado 0) é então o conjunto de três itens:

Estado 0: $[A' \to .A, \$]$
            $[A \to .(A), \$]$
            $[A \to .\mathbf{a}, \$]$

Partindo desse estado, existe uma transição em A para o fecho do conjunto que contém o item $[A' \to A., \$]$, e como não há transições para itens completos, esse estado contém apenas o item $[A' \to A., \$]$. Não há transições fora desse estado, e ele é enumerado estado 1:

Estado 1: $[A' \to A., \$]$

(Esse é o estado do qual o algoritmo de análise sintática LR(1) gerará ações de aceitação.)

De volta ao estado 0, há também uma transição na marca (para o fecho do conjunto composto pelo item $[A \to (.A), \$]$. Como não há ε-transições para esse item, esse fecho é não-trivial. Há ε-transições desse item para os itens $[A \to . (A),)]$ e $[A \to .\mathbf{a},)]$. Isso se deve a, no item $[A \to (.A), \$]$, A ser reconhecida no lado direito *no contexto dos parênteses*. Ou seja, a Seqüência do lado direito A é Primeiro( ) $) = {) }. Portanto, obtemos uma nova marca de verificação à frente, e o novo estado DFA é composto pelos seguintes itens:

Estado 2: $[A \to (.A), \$]$
$[A \to . (A),)]$
$[A \to .\mathbf{a},)]$

Voltamos novamente para o estado 0, onde encontramos uma última transição para o estado gerado pelo item $[A \to \mathbf{a}., \$]$. Como esse é um item completo, ele é um estado de um item:

Estado 3: $[A \to \mathbf{a}., \$]$

Retornamos agora para o estado 2. Partindo desse estado, há uma transição em A para o ε-fecho de $[A \to (A.), \$]$, que é um estado de um item:

Estado 4: $[A \to (A.), \$]$

Há também uma transição em (para o ε-fecho de $[A \to (.A),)]$. Também geramos aqui os itens de fecho $[A \to . (A),)]$ e $[A \to .\mathbf{a},)]$, pelas mesmas razões da construção do estado 2. Portanto, obtemos o novo estado:

Estado 5: $[A \to (.A),)]$
$[A \to . (A),)]$
$[A \to .\mathbf{a},)]$

Observe que esse estado é o mesmo que o estado 2, exceto pela verificação à frente do primeiro item.

Finalmente, temos uma transição na marca **a** do estado 2 para o estado 6:

Estado 6: $[A \to \mathbf{a}.,)]$

Observe novamente que isso é quase o mesmo que o estado 3, com a verificação à frente sendo a única diferença.

O estado seguinte com uma transição é o estado 4, que tem uma transição na marca) para o estado

Estado 7: $[A \to (A)., \$]$

De volta ao estado 5, temos uma transição desse estado para ele mesmo em (, uma transição em A para o estado

Estado 8: $[A \rightarrow (A.),)]$

e uma transição para o estado 6 já construído em **a**.

Finalmente, existe uma transição em) do estado 8 para

Estado 9: $[A \rightarrow (A).,)]$.

Portanto, o DFA de itens LR(1) para essa gramática tem dez estados. O DFA completo é mostrado na Figura 5.7. Ao comparar isso com o DFA de conjuntos de itens LR(0) para a mesma gramática (ver Figura 5.5), vemos que o DFA de itens LR(1) é quase duas vezes maior. Isso é normal. O número de estados LR(1) pode superar o número de estados LR(0) por um fator de 10 em situações complexas com muitas marcas de verificação à frente.

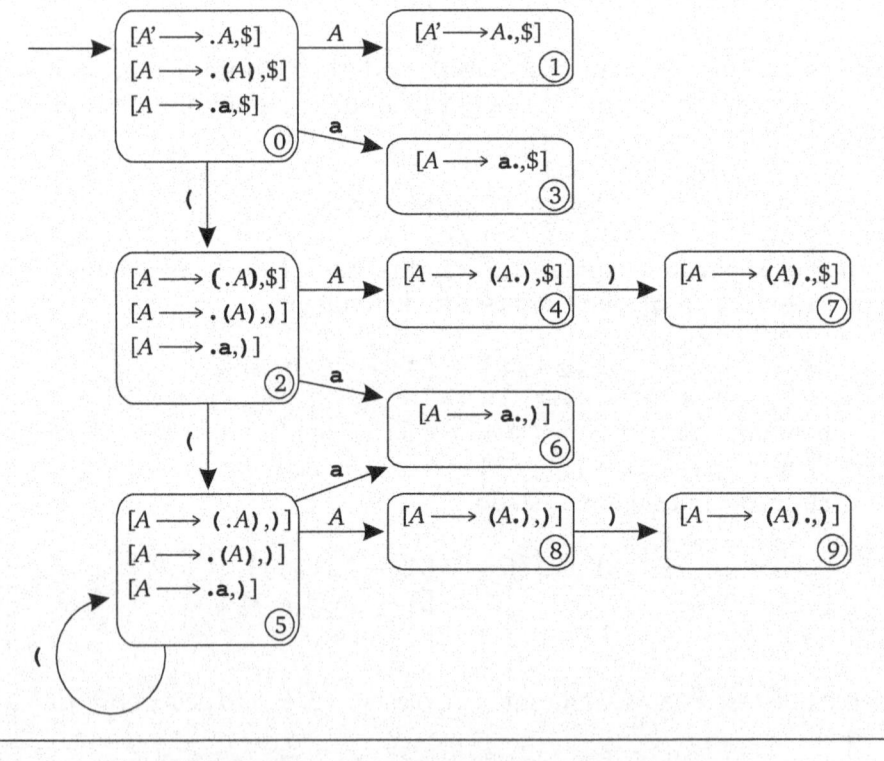

Figura 5.7   O DFA de conjuntos de itens LR(1) para o Exemplo 5.14.

5.4.2 O algoritmo de análise sintática LR(1)

Antes de considerar exemplos adicionais, precisamos completar a discussão da análise sintática LR(1) geral, pela reapresentação do algoritmo de análise sintática com base na nova construção de DFA. Isso é fácil, pois ele é simplesmente uma reapresentação do algoritmo de análise sintática SLR(1), exceto que utiliza as marcas de verificação à frente nos itens LR(1) em vez dos conjuntos de Seqüência.

O algoritmo de análise sintática LR(1) geral. Seja s o estado corrente (no topo da pilha de análise sintática). As ações são definidas da seguinte maneira:

1. Se o estado s contiver qualquer item LR(1) da forma $[A \to \alpha . X \beta, a]$, onde X é um terminal, e X for a marca seguinte na cadeia de entrada, a ação é carregar a marca de entrada corrente para a pilha, e o novo estado a ser colocado na pilha é o estado que contém o item LR(1) $[A \to \alpha X . \beta, a]$.
2. Se o estado s contiver o item completo LR(1) $[A \to \alpha ., a]$, e a marca seguinte na cadeia de entrada for a, a ação é reduzir pela regra $A \to \alpha$. Uma redução pela regra $S' \to S$, onde S é o estado inicial, é equivalente à aceitação. (Isso ocorrerá apenas se a marca de entrada seguinte for $). Em outros casos, o novo estado é computado da maneira descrita a seguir. Remova a cadeia α e todos os estados correspondentes da pilha de análise sintática. De maneira correspondente, retorne no DFA para o estado no qual a construção de α começou. Por construção, esse estado deve conter um item LR(1) da forma $[B \to \alpha . A \beta, b]$. Coloque A na pilha, e coloque o estado que contém o item $[B \to \alpha A . \beta, b]$.
3. Se a marca de entrada seguinte for tal que nenhuma das regras acima se apliquem, declare um erro.

Assim como nos métodos anteriores, dizemos que uma gramática é uma **gramática LR(1)** se a aplicação das regras gerais sobre a análise sintática LR(1) não resultarem em ambigüidade. Em particular, uma gramática é LR(1) se e somente se, para qualquer estado s, as seguintes duas condições forem satisfeitas:

1. Para qualquer item $[A \to \alpha . X \beta, a]$ pertencente a s em que X é um terminal, não existe um item pertencente a s da forma $[B \to \gamma ., X]$ (caso contrário ocorreria um conflito carrega-reduz).
2. Não há dois itens em s da forma $[A \to \alpha ., a]$ e $[B \to \beta ., a]$ (caso contrário ocorreria um conflito reduz-reduz).

Observamos também que uma tabela de análise sintática pode ser construída a partir do DFA de conjuntos de itens LR(1) que expressem o algoritmo de análise sintática LR(1) geral. Essa tabela tem exatamente a mesma forma que a tabela para os analisadores sintáticos SLR(1), conforme mostra o exemplo seguinte.

Exemplo 5.15
Damos a tabela de análise sintática LR(1) geral para a gramática do Exemplo 5.14 na Tabela 5.10. Ela pode ser construída facilmente a partir da gramática da Figura 5.7. Nessa tabela, utilizamos a seguinte enumeração para as escolhas de regras gramaticais nas ações de redução:

(1) $A \to (A)$
(2) $A \to$ **a**

Portanto, a célula r2 no estado 3 com verificação à frente $ indica uma redução pela regra $A \to$ **a**.

Como os passos na análise sintática de uma cadeia em particular na análise sintática LR(1) geral são similares aos das análises SLR(1) e LR(0), omitimos um exemplo desse tipo de análise sintática.

Tabela 5.10 Tabela de análise sintática LR(1) geral para o Exemplo 5.14.

Estado	Entrada				Ir-para
	(	a	)	$	A
0	s2	s3			1
1				aceita	
2	s5	s6			4
3				r2	
4			s7		
5	s5	s6			8
6			r2		
7				r1	
8			s9		
9			r1		

Em exemplos subseqüentes nesta seção, também omitiremos a construção explícita da tabela de análise sintática, pois ela é facilmente obtida a partir do DFA.

Na prática, quase todas as gramáticas razoáveis de linguagens de programação são LR(1), a menos que sejam ambíguas. Claro que é possível construir exemplos de gramáticas não ambíguas diferentes de LR(1), mas isso não será feito aqui (ver os Exercícios). Esses exemplos tendem a ser complicados e podem ser, em geral, evitados nas situações práticas. De fato, uma linguagem de programação raramente faz uso do poder que a análise sintática LR(1) proporciona. O exemplo que utilizamos para apresentar a análise sintática LR(1) (Exemplo 5.14) é quase uma gramática LR(0) (e, portanto, também SLR(1)).

O exemplo a seguir mostra que a análise sintática LR(1) geral resolve o problema da verificação à frente para a gramática do Exemplo 5.13, que falhou como SLR(1).

Exemplo 5.16
A gramática do Exemplo 5.13 em forma simplificada é assim:

$$S \to \mathtt{id} \,|\, V := E$$
$$V \to \mathtt{id}$$
$$E \to V \,|\, \mathtt{n}$$

Construímos o DFA de conjuntos de itens LR(1) para essa gramática. O símbolo inicial é o fecho do item $[S' \to .S, \$]$. Ele contém os itens $[S \to .\mathtt{id}, \$]$ e $[S \to .V := E, \$]$. Esse último item também gera o item de fecho $[V \to .\mathtt{id}, :=]$, pois $S \to .V := E$ indica que um V pode ser reconhecido, mas apenas se depois dele ocorrer uma marca de atribuição. Portanto, a marca := é a verificação à frente do item inicial $V \to .\mathtt{id}$. Resumindo, o estado inicial é composto pelos seguintes itens LR(1):

Estado 0: $[S' \to .S, \$]$
            $[S \to .\mathtt{id}, \$]$
            $[S \to .V := E, \$]$
            $[V \to .\mathtt{id}, :=]$

Partindo desse estado, há uma transição em S para o estado de um item

Estado 1: $[S' \to S., \$]$

e uma transição em **id** para o estado de dois itens

Estado 2: $[S \to \mathbf{id}., \$]$
$[V \to \mathbf{id}., :=]$

Há também uma transição em V do estado 0 para o estado de um item

Estado 3: $[S \to V. := E, \$]$

Partindo dos estados 1 e 2, não há transições, mas há uma transição do estado 3 em := para o fecho do item $[S \to V := . E, \$]$. Como após E não há símbolos nesse item, esse fecho inclui os itens $[E \to .V, \$]$ e $[E \to .\mathbf{n}, \$]$. Finalmente, o item $[E \to .V, \$]$ leva ao item de fecho $[V \to .\mathbf{id}, \$]$, dado que após V também não há símbolos nesse caso. (Compare isso com a situação do estado 0, onde após um V veio uma atribuição. Aqui, *não pode* ocorrer uma atribuição após V, pois uma marca de atribuição já foi encontrada.) O estado completo, então, é

Estado 4: $[S \to V := . E, \$]$
$[E \to .V, \$]$
$[E \to .\mathbf{n}, \$]$
$[V \to .\mathbf{id}, \$]$

Os estados restantes e transições são de fácil construção, e deixamos para o leitor essas construções. O DFA completo de conjuntos de itens LR(1) é mostrado na Figura 5.8.

Considere agora o estado 2. Esse foi o estado que gerou o conflito de análise sintática SLR(1). Os itens LR(1) claramente diferenciam as duas reduções com base nas suas verificações à frente: reduzir por $S \to \mathbf{id}$ em \$ e por $V \to \mathbf{id}$ em :=. Portanto, essa gramática é LR(1).

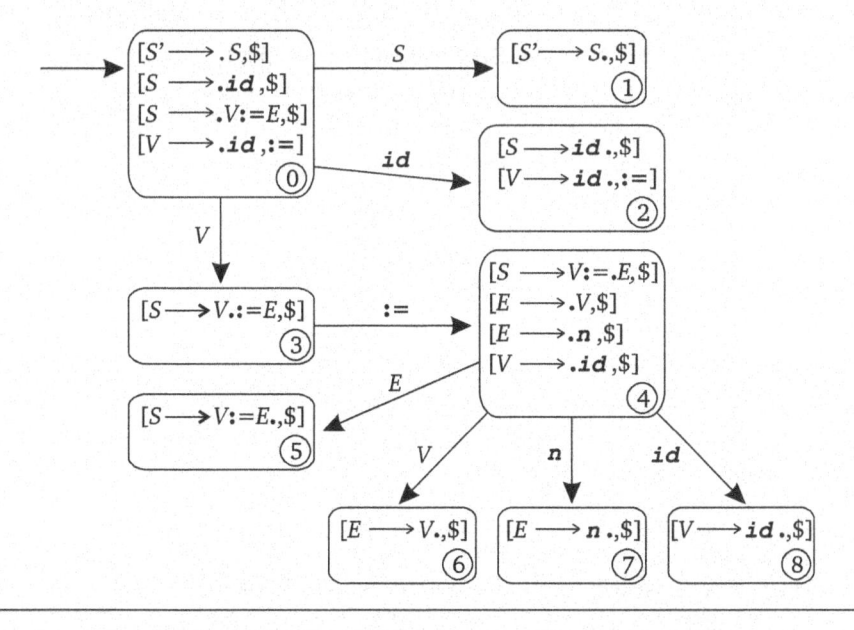

Figura 5.8 O DFA de conjuntos de itens LR(1) para o Exemplo 5.16.

5.4.3 Análise sintática LALR(1)

A análise sintática LALR(1) se baseia na observação de que, em muitos casos, o tamanho do DFA de conjuntos de itens LR(1) se deve em parte à existência de muitos estados diferentes que têm o mesmo conjunto de primeiros componentes em seus itens (os itens LR(0)) e que diferem apenas nos segundos componentes (os símbolos de verificação à frente). Por exemplo, o DFA de itens LR(1) da Figura 5.7 tem dez estados, e o DFA correspondente de itens LR(0) (Figura 5.5) tem apenas seis. Na Figura 5.7, cada estado dos pares de estados 2 e 5, 4 e 8, 7 e 9 e 3 e 6 difere do outro apenas nos componentes de verificação à frente de seus itens. Considere, por exemplo, os estados 2 e 5. Esses dois estados diferem apenas em seu primeiro item, e apenas na verificação à frente daquele item: o estado 2 tem o primeiro item $[A \rightarrow (.A), \$]$, com $ como verificação à frente, e o estado 5 tem o primeiro item $[A \rightarrow (.A),)]$, com) como verificação à frente.

O algoritmo de análise sintática LALR(1) expressa o fato de que faz sentido identificar todos esses estados e combinar suas verificações à frente. Ao fazer isso, precisamos sempre concluir com um DFA idêntico ao DFA de itens LR(0), exceto que cada estado é composto por itens com conjuntos de verificações à frente. No caso dos itens completos, esses conjuntos de verificações à frente são freqüentemente menores que os conjuntos de Seqüência correspondentes. Portanto, a análise sintática LALR(1) preserva alguns dos benefícios da análise sintática LR(1) com relação à análise sintática SLR(1), e também preserva o menor tamanho do DFA de itens LR(0).

Formalmente, o **núcleo** de um estado do DAF de itens LR(1) é o conjunto de itens LR(0) composto pelos primeiros componentes de todos os itens LR(1) no estado. Como a construção do DFA de itens LR(1) utiliza transições iguais à construção do DFA de itens LR(0), exceto por seu efeito nas partes de verificação à frente dos itens, obtemos os seguintes dois fatos, que formam a base da construção da análise sintática LALR(1).

PRIMEIRO PRINCÍPIO DA ANÁLISE SINTÁTICA LALR(1)
O núcleo de um estado do DFA de itens LR(1) é um estado do DFA de itens LR(0).

SEGUNDO PRINCÍPIO DA ANÁLISE SINTÁTICA LALR(1)
Dados dois estados s_1 e s_2 do DFA de itens LR(1) com o mesmo núcleo, suponha que exista uma transição no símbolo X de s_1 para um estado t_1. Portanto, existe também uma transição em X do estado s_2 para o estado t_2, e os estados t_1 e t_2 têm o mesmo núcleo.

Esses dois princípios, conjuntamente, permitem a nós construir o **DFA de itens LALR(1)**, construído com base no DFA de itens LR(1) pela identificação de todos os estados com o mesmo núcleo e formação da união dos símbolos de verificação à frente para cada item LR(0). Portanto, cada item LALR(1) nesse DFA terá um item LR(0) como seu primeiro componente e um conjunto de marcas de verificação à frente como seu segundo componente.[5] Nos exemplos subseqüentes, denotaremos verificações à frente múltiplas com uma / entre elas. Portanto, o item LALR(1) $[A \rightarrow \alpha.\beta, a / b / c]$ tem um conjunto de verificação à frente composto pelos símbolos a, b e c.

Apresentamos um exemplo para demonstrar essa construção.

---

[5]. DFAs de itens LR(1) poderiam também utilizar conjuntos de símbolos de verificação à frente, para representar itens múltiplos no mesmo estado que compartilha seus primeiros componentes, mas consideramos conveniente utilizar essa representação para a construção LALR(1), onde ela é mais apropriada.

Exemplo 5.17
Considere a gramática do Exemplo 5.14, cujo DFA de itens LR(1) é dado na Figura 5.7. A identificação dos estados 2 e 5, 4 e 8, 7 e 9 e 3 e 6 dá o DFA de itens LALR(1) na Figura 5.9. Nela, preservamos a enumeração dos estados 2, 3, 4 e 7, e acrescentamos verificações à frente dos estados 5, 6, 8 e 9. Conforme esperado, esse DFA é idêntico ao DFA de itens LR(0) (Figura 5.5), exceto pelas verificações à frente.

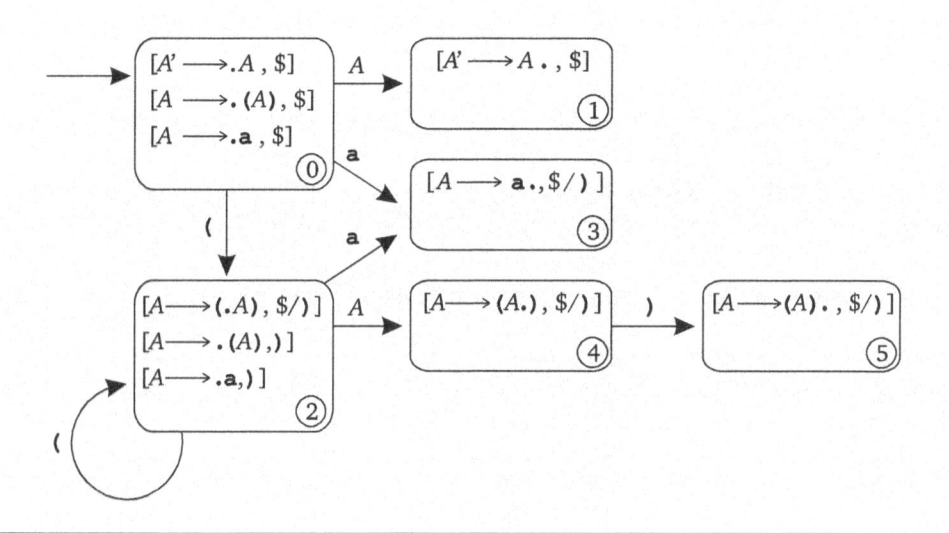

Figura 5.9 O DFA de conjuntos de itens LALR(1) para o Exemplo 5.17.

O algoritmo para a análise sintática LALR(1) que usa o DFA condensado de itens LALR(1) é idêntico ao algoritmo para análise sintática LR(1) geral descrito na seção anterior. Como antes, denominamos uma gramática de **gramática LALR(1)** se nenhum conflito de análise sintática surge no algoritmo de análise LALR(1). É possível para a construção LALR(1) criar conflitos de análise sintática que não existem na análise sintática LR(1) geral, mas isso raramente ocorre na prática. Se uma gramática for LR(1), a tabela de análise sintática LALR(1) não pode ter conflitos carrega-reduz, mas podem ocorrer conflitos reduz-reduz (ver os Exercícios). Se uma gramática for SLR(1), ela certamente será LALR(1), e os analisadores sintáticos LALR(1) freqüentemente são tão bons quanto os analisadores sintáticos LR(1) gerais para a remoção dos conflitos típicos que ocorrem em análise sintática SLR(1). Por exemplo, a gramática que não é SLR(1) do Exemplo 5.16 é LALR(1): o DFA de itens LR(1) da Figura 5.8 também é o DFA de itens LALR(1). Se, como nesse exemplo, a gramática já for LALR(1), a única conseqüência de usar a análise sintática LALR(1) em vez de LR geral é que, na presença de erros, algumas reduções espúrias podem ser efetuadas antes de declarar um erro. Por exemplo, vimos na Figura 5.9 que, dada a cadeia errônea de entrada **a)**, um analisador LALR(1) efetua a redução $A \to$ **a** antes de declarar um erro, mas um analisador LR(1) geral declarará um erro imediatamente após carregar a marca **a**.

A combinação dos estados LR(1) para formar o DFA de itens LALR(1) resolve o problema das tabelas de análise sintática muito grandes, mas ainda requer a computação de todo o DFA de itens LR(1). Pode-se computar o DFA de itens LALR(1) diretamente a partir do DFA de itens LR(0), por um processo de **propagação de verificações à frente**. Não descreveremos esse processo formalmente, mas é instrutivo ver como isso pode ser feito com relativa facilidade.

Considere o DFA LALR(1) da Figura 5.9. Iniciamos pela construção das verificações à frente, pelo acréscimo do marcador de final $ à verificação à frente do item de aumento $A' \rightarrow .A$ no estado 0. (A verificação à frente $ é identificada como **gerada espontaneamente**.) Pelas regras do ε-fecho, o $ propaga para os dois itens de fecho (após o A à direita do item de núcleo $A' \rightarrow .A$ vem a cadeia vazia). Pelas três transições a partir do estado 0, o $ propaga para os itens de núcleo dos estados 1, 3 e 2. Continuando do estado 2, os itens de fecho recebem a verificação à frente), novamente por geração espontânea (pois A à direita do item de núcleo $A \rightarrow (.A)$ vem antes de um parêntese à direita). Agora, a transição em **a** para o estado 3 leva o) a ser propagado para a verificação à frente do item naquele estado. Adicionalmente, a transição em (do estado 2 para ele mesmo leva o) a ser propagado para a verificação à frente do item de núcleo (é por isso que o item de núcleo tem $ e) em seu conjunto de verificação à frente). Agora, o conjunto de verificação à frente $/) propaga para o estado 4 e, em seguida, para o estado 7. Portanto, por esse processo, obtemos o DFA de itens LALR(1) da Figura 5.9 diretamente a partir do DFA de itens LR(0).

5.5 YACC: UM GERADOR DE ANALISADORES SINTÁTICOS LALR(1)

Um **gerador de analisadores sintáticos** é um programa que recebe como entrada uma especificação da sintaxe de uma linguagem em alguma forma, e produz como saída um procedimento de análise sintática para aquela linguagem. Historicamente, os geradores de analisadores sintáticos foram denominados **compiladores de compiladores**, pois tradicionalmente todos os passos de compilação eram efetuados como ações incluídas no analisador sintático. A visão atual é considerar o analisador como apenas uma parte do processo de compilação; assim, esse termo ficou ultrapassado. Um gerador de analisadores sintáticos amplamente utilizado que incorpora o algoritmo de análise sintática LALR(1) é denominado **Yacc** (do inglês *yet another compiler-compiler* – "mais um compilador de compiladores"). Apresentaremos uma visão geral do Yacc nesta seção, e na próxima seção utilizaremos o Yacc para desenvolver um analisador sintático para a linguagem TINY. Como há diversas implementações distintas do Yacc, assim como diversas versões de domínio público denominadas comumente **Bison**[6], existem numerosas variações nos detalhes de sua operação, que podem diferir da versão apresentada aqui.[7]

5.5.1 Fundamentos do Yacc

O Yacc recebe um arquivo de especificação (em geral com um sufixo .y) e produz um arquivo de saída composto por código C para o analisador sintático (em geral, em um arquivo denominado y.tab.c, ou ytab.c, ou mais recentemente <nome-do-arquivo>.tab.c, onde <nome-do-arquivo>.y é o arquivo de entrada). Um arquivo de especificação Yacc tem o formato básico

```
{definições}
%%
{regras}
%%
{rotinas auxiliares}
```

---

[6]. Uma versão popular, denominada Gnu Bison, é parte do software Gnu, distribuído pela Free Software Foundation – ver a seção de Notas e Referências.

[7]. Utilizamos diferentes versões para gerar os exemplos subseqüentes.

Portanto, há três seções – a seção de definições, a seção de regras e a seção de rotinas auxiliares – separadas por linhas com sinais duplos de porcentagem.

A seção de definições contém informações sobre as marcas, tipos de dados e regras gramaticais, necessárias para que o Yacc gere o analisador sintático. Ela também inclui código em C que deve ir diretamente para o arquivo de saída em seu início (basicamente, as diretivas **#include** de outros arquivos de código-fonte). Essa seção do arquivo de especificação pode ser vazia.

A seção de regras contém regras gramaticais em uma forma BNF modificada, junto com ações em código C para execução sempre que a regra gramatical associada for reconhecida (ou seja, utilizada em uma redução, segundo o algoritmo de análise sintática LALR(1)). As convenções de meta-símbolos utilizadas nas regras gramaticais são as descritas a seguir. Usualmente, a barra vertical é utilizada para alternativas (estas podem também ser escritas separadamente). A seta → utilizada para separar os lados esquerdo e direito de uma regra gramatical é substituída em Yacc por dois-pontos. Uma regra gramatical termina sempre com ponto-e-vírgula.

A terceira seção, de rotinas auxiliares, contém declarações de procedimentos e funções que podem não estar disponíveis de outra forma, que não através de arquivos **#include** e podem ser necessárias para completar o analisador sintático e/ou o compilador. Essa seção pode ser vazia, e nesse caso o segundo meta-símbolo de porcentagem dupla pode ser omitido do arquivo de especificação. Portanto, um arquivo mínimo de especificação Yacc seria composto apenas por **%%** seguidas de regras gramaticais e ações (as ações também podem não estar presentes, se nosso objetivo for simplesmente analisar a gramática, um tema tratado adiante nesta seção).

O Yacc também permite comentários no estilo de C inseridos no arquivo de especificação, em qualquer ponto onde eles não interfiram com o formato básico.

Explicaremos o conteúdo do arquivo de especificação Yacc com mais detalhes por meio de um exemplo simples. Esse exemplo é uma calculadora para expressões de aritmética de inteiros simples com a gramática

$$exp \rightarrow exp\ soma\ termo \mid termo$$
$$soma \rightarrow +\mid -$$
$$termo \rightarrow termo\ mult\ fator \mid fator$$
$$mult \rightarrow *$$
$$fator \rightarrow (\ exp\ ) \mid \mathbf{número}$$

Essa gramática foi bastante utilizada como exemplo nos capítulos anteriores. Na Seção 4.1.2, desenvolvemos um programa de calculadora descendente recursiva para essa gramática. Uma especificação Yacc completamente equivalente é dada na Figura 5.10. Discutimos o conteúdo de cada uma das três seções dessa especificação a seguir.

Na seção de definições da Figura 5.10 há dois itens. O primeiro é composto por código a ser inserido no início da saída Yacc. Esse código é composto por duas diretivas típicas **#include** e é separado de outras declarações Yacc nessa seção pelos delimitadores **%{** e **%}**. (Observe que os sinais de porcentagem vêm antes das chaves.) O segundo item na seção de definições é uma declaração da marca **NUMBER**, que representa uma seqüência de dígitos.

```
%{
#include <stdio.h>
#include <ctype.h>
%}

%token NUMBER

%%

command : exp      { printf("%d\n",$1);}
        ; /* permite imprimir o resultado */

exp     : exp '+' term {$$ = $1 + $3;}
        | exp '-' term {$$ = $1 + $3;}
        | term {$$ = $1;}
        ;

term    : term '*' factor {$$ = $1 * $3;}
        | factor {$$ = $1;}
        ;

factor      : NUMBER       {$$ = $1;}
            | '(' exp ')'        {$$ = $2;}
            ;
%%

main ()
{ return yyparse () ;
}

int yylex(void)
{   int c;
    while((c = getchar()) = = ' ');
    /* elimina os espaços em branco */
    if ( isdigit(c) ) {
       ungetc(c,stdin);
       scanf("%d",&yylval);
       return(NUMBER);
    }
    if (c = = '\n') return 0;
    /* interrompe a análise sintática */
    return(c);
}

int yyerror(char * s)
{  fprintf(stderr,"%s\n",s);
   return 0;
} /* imprime mensagem de erro */
```

Figura 5.10   Definição Yacc para um programa simples de calculadora.

Há duas formas de reconhecer marcas em Yacc. Primeiro, qualquer caractere entre aspas simples em uma regra gramatical será reconhecido como ele mesmo. Portanto, marcas com um único caractere podem ser incluídas diretamente em regras gramaticais dessa maneira, como foi feito com as marcas de operadores +, - e * na Figura 5.10 (assim como as marcas de parênteses). Segundo, as marcas simbólicas podem ser declaradas em Yacc com %token, como foi feito com a marca NUMBER na Figura 5.10. Essas marcas recebem um valor numérico pelo Yacc que não entra em conflito com qualquer valor de caractere. Tipicamente, o Yacc inicia a atribuição de valores de marcas com o número 258. O Yacc insere essas definições de marcas como declarações #define no código de saída. Portanto, no arquivo de saída possivelmente encontraríamos a linha

```
#define NUMBER 258
```

como resposta do Yacc para a declaração %token NUMBER no arquivo de especificação. O Yacc insiste em definir ele mesmo todas as marcas simbólicas, em vez de importar uma definição de outro lugar. Entretanto, pode-se especificar o valor numérico a ser atribuído para a marca, escrevendo um valor após o nome da marca na declaração de marca. Por exemplo,

```
%token NUMBER 18
```

atribui a NUMBER o valor numérico 18 (em vez de 258).

Na seção de regras da Figura 5.10, vemos as regras para os não-terminais *exp*, *term* e *factor*. Como também queremos imprimir o valor de uma expressão, temos uma regra adicional, denominada *command*, à qual associamos a ação de impressão. Como a regra para *command* vem antes das outras, *command* é o símbolo inicial da gramática. Alternativamente, poderíamos ter incluído a linha

```
%start command
```

na seção de definições, e nesse caso não precisaríamos colocar a regra para *command* antes das outras.

As ações são especificadas em Yacc como código em C (entre chaves) dentro de cada regra gramatical. Em geral, o código da ação é colocado no final de cada escolha de regra gramatical (mas antes da barra vertical ou do ponto-e-vírgula), embora também seja possível escrever **ações aninhadas** dentro de uma escolha (isso será discutido em breve). Ao escrever as ações, podemos fazer uso das **pseudovariáveis** Yacc. Quando uma regra gramatical é reconhecida, cada símbolo na regra possui um valor, que deve ser um inteiro a menos que alterado pelo programador (veremos adiante como fazer isso). Esses valores são preservados na **pilha de valores** pelo Yacc, mantida em paralelo com a pilha de análise sintática. Cada valor de símbolo na pilha pode ser referenciado fazendo uso de uma pseudovariável que inicia com $. O símbolo $$ representa o valor do não-terminal que acabou de ser reconhecido, ou seja, o símbolo à esquerda da regra gramatical. As pseudovariáveis $1, $2, $3, e assim por diante, representam os valores de cada símbolo em seqüência à direita da regra gramatical. Portanto, na Figura 5.10 a regra gramatical e a ação

```
exp     : exp '+' termo {$$ = $1 + $3;}
```

indicam que quando reconhecemos a regra *exp* → *exp* + *term*, atribuímos ao valor de *exp* à esquerda a soma dos valores de *exp* e *term* à direita.

Todos os não-terminais conseguem seus valores com essas ações fornecidas pelo usuário. As marcas também podem receber valores, mas isso é feito durante o processo de varredura. O Yacc assume que o valor de uma marca é atribuído à variável `yylval`, definida internamente pelo Yacc, e que deve receber um valor quando a marca for reconhecida. Portanto, na regra gramatical e ação

```
factor  : NUMBER {$$ = $1;}
```

o valor `$1` se refere ao valor da marca `NUMBER` atribuída anteriormente a `yylval` quando a marca foi reconhecida.

A terceira seção da Figura 5.10 (a seção de rotinas auxiliares) contém a definição de três procedimentos. O primeiro é uma definição de `main`, incluída para que a saída Yacc resultante possa ser compilada diretamente como um programa executável. O procedimento `main` ativa `yyparse`, que é o nome dado pelo Yacc para o procedimento de análise sintática produzido por ele. Esse procedimento é declarado como tendo um inteiro como valor de retorno, que é sempre 0 em caso de sucesso e 1 em caso de falha (ou seja, de ocorrer um erro e não ser efetuado um procedimento de recuperação). O procedimento gerado pelo Yacc `yyparse`, por sua vez, ativa um procedimento de varredura, que deve ter o nome de `yylex`, por compatibilidade com o gerador de sistemas de varredura Lex (ver Capítulo 2). Portanto, a especificação Yacc da Figura 5.10 também inclui uma definição para `yylex`. Nessa situação, em particular, o procedimento `yylex` é muito simples. Ele apenas precisa retornar o caractere seguinte diferente de espaço em branco, a menos que esse caractere seja um dígito, e nesse caso é preciso reconhecer a marca multicaractere única `NUMBER` e retornar seu valor na variável `yylval`. A única exceção ocorre quando a varredura atinge o final da entrada. Nesse caso, o final da entrada é indicado por um caractere de mudança de linha ('\n' em C), pois assumimos que uma expressão seja fornecida em uma única linha. O Yacc espera que o final da entrada seja sinalizado por um retorno do valor nulo 0 pelo `yylex` (novamente, isso é uma convenção compartilhada com o Lex). Finalmente, é definido um procedimento `yyerror`. O Yacc utiliza esse procedimento para imprimir uma mensagem de erro quando um erro ocorre durante a análise sintática (normalmente, o Yacc imprime a cadeia "syntax error", mas esse comportamento pode ser alterado pelo usuário).

5.5.2 Opções Yacc

Usualmente, há muitos procedimentos auxiliares usados pelo Yacc além de `yylex` e `yyerror`, os quais são freqüentemente dispostos como arquivos externos em vez de parte direta do arquivo de especificação Yacc. É fácil fazer que Yacc tenha acesso a esses procedimentos, com os arquivos de cabeçalho apropriados e diretivas `#include` na seção de definição da especificação Yacc. O mais difícil é tornar as definições específicas do Yacc disponíveis para outros arquivos. Isso é particularmente verdade nas definições de marcas, as quais, conforme foi dito, são geradas pelo próprio Yacc (em vez de importá-las), mas precisam estar disponíveis para muitas outras partes de um compilador (em particular para o sistema de varredura). Por isso, o Yacc tem uma opção de produzir automaticamente um arquivo de cabeçalho que contém essa informação, o qual pode ser incluído em quaisquer outros arquivos que precisem dessas definições. Esse arquivo de cabeçalho é usualmente denominado `y.tab.h` ou `ytab.h` e é produzido pela opção `-d`.

Por exemplo, se a especificação Yacc da Figura 5.10 pertencer ao arquivo `calc.y`, o comando

```
yacc -d calc.y
```

produzirá (além do arquivo `y.tab.c`) o arquivo `y.tab.h` (ou similar), cujo conteúdo varia, mas que normalmente inclui itens como os a seguir:

```
#ifndef YYSTYPE
#define YYSTYPE int
#endif
#define     NUMBER      258

extern YYSTYPE yylval;
```

(Descreveremos em breve com mais detalhes o significado de **YYSTYPE**.) Esse arquivo pode ser utilizado na colocação do código para **yylex** em um arquivo diferente, pela inserção da linha

```
#include y.tab.h
```

no arquivo.[8]

Uma segunda e extremamente útil opção do Yacc é a **opção verbose**, ativada pelo marcador **-v** na linha de comando. Essa opção produz mais um arquivo, denominado **y.output** (ou similar). Esse arquivo contém uma descrição textual da tabela de análise sintática LALR(1) utilizada pelo analisador sintático. A leitura desse arquivo permite que o usuário determine exatamente que ação o analisador sintático gerado pelo Yacc adotará em qualquer situação, e isso pode ser extremamente eficaz para acompanhar as ambigüidades e imprecisões de uma gramática. Uma boa idéia é executar o Yacc com essa opção apenas na gramática, antes de adicionar as ações ou procedimentos auxiliares à especificação, para garantir que o analisador gerado pelo Yacc funcione como esperado.

Como exemplo, considere a especificação Yacc da Figura 5.11. Ela é apenas um esqueleto da especificação Yacc da Figura 5.10. As duas especificações gerarão o mesmo arquivo de saída quando o Yacc for usado com a opção *verbose*:

```
yacc -v calc.y
```

```
%token NUMBER
%%
command     : exp
            ;
exp         : exp '+' term
            | exp '-' term
            | term
            ;
term        : term '*' factor
            | factor
            ;
factor      : NUMBER
            | '(' exp ')'
            ;
```

Figura 5.11 Um esqueleto de especificação Yacc para uso com a opção -v.

---

8. Versões mais antigas do Yacc podem apenas colocar as definições das marcas (e não **yylval**) em **y.tab.h**. Isso pode requerer ajustes manuais ou rearranjo do código.

Um arquivo `y.output` típico é apresentado para essa gramática na Figura 5.12.[9] Discutiremos a interpretação desse arquivo nos próximos parágrafos.

O arquivo de saída Yacc é composto por uma listagem de todos os estados no DFA, seguido por um resumo das estatísticas internas. Os estados são enumerados iniciando por 0. Para cada estado, o arquivo de saída primeiro lista os itens de núcleo (itens de fecho não são listados), depois as ações correspondentes às diversas verificações à frente, e finalmente as ações *ir-para* dos diversos não-terminais. O Yacc normalmente utiliza um caractere de sublinhado _ para marcar a posição identificada em um item, em vez do ponto que usamos neste capítulo. O Yacc utiliza o ponto para indicar uma marca de verificação à frente básica, ou de "não importa" na seção de ação de cada listagem de estado.

O Yacc começa no estado 0 com a listagem do item inicial da produção de aumento, que é sempre o único item de núcleo no estado inicial do DFA. No arquivo de saída de nosso exemplo, esse item fica assim

```
$accept : _command $end
```

Isso corresponde ao item *command'* → *.command* em nossa terminologia. O Yacc fornece ao não-terminal de aumento o nome `$accept`. Ele também lista a pseudomarca de final-de-entrada explicitamente como `$end`.

Vejamos brevemente a seção de ação do estado 0, que segue a lista de itens de núcleo:

```
NUMBER shift 5
( shift 6
. error
command goto 1
exp goto 2
term goto 3
factor goto 4
```

A lista acima especifica que o DFA carrega no estado 5 sobre a marca de verificação à frente **NUMBER**, carrega no estado 6 sobre a marca de verificação à frente (e declara um erro sobre todas as outras marcas de verificação à frente. Também são listadas quatro transições *ir-para*, para uso durante as reduções aos não-terminais dados. Essas ações são exatamente como apareceriam em uma tabela de análise sintática construída manualmente com base nos métodos desse capítulo.

Considere agora o estado 2, com listagem de saída

```
state 2
    command : exp_ (1)
    exp : exp_ + term
    exp : exp_ - term

    + shift 7
    - shift 8
    . reduce 1
```

---

[9]. Versões mais recentes do Bison produzem um formato substancialmente diferente de arquivos de saída, mas o conteúdo é essencialmente o mesmo.

```
state 0
    $accept : _command $end

    NUMBER  shift 5
    (       shift 6
    .       error

    command  goto 1
    exp      goto 2
    term     goto 3
    factor   goto 4

state 1
    $accept : command_$end

    $end  accept
    .     error

state 2
    command : exp_         (1)
    exp : exp_+ term
    exp : exp_- term

    +  shift 7
    -  shift 8
    .  reduce 1

state 3
    exp : term_            (4)
    term : term_* factor

    *  shift 9
    .  reduce 4

state 4
    term : factor_         (6)

    .  reduce 6

state 5
    factor : NUMBER_       (7)

    .  reduce 7

state 6
    factor : (_exp )

    NUMBER  shift 5
    (       shift 6
    .       error

    exp    goto 10
    term   goto 3
    factor goto 4

state 7
    exp : exp +_term

    NUMBER  shift 5
    (       shift 6
    .       error

    term   goto 11
    factor goto 4

state 8
    exp : exp -_term

    NUMBER  shift 5
    (       shift 6
    .       error

    term   goto 12
    factor goto 4

state 9
    term : term *_factor

    NUMBER  shift 5
    (       shift 6
    .       error

    factor goto 13
```

Figura 5.12 Um arquivo y.output típico gerado pela especificação Yacc da Figura 5.10, utilizando a opção verbose.

```
state 10                                state 12
    exp : exp_+ term                        exp : exp - term_       (3)
    exp : exp_- term                        term : term_* factor
    factor : ( exp_)
                                            * shift 9
    + shift 7                               . reduce 3
    - shift 8
    ) shift 14                          state 13
    . error                                 term : term * factor_   (5)

state 11                                    . reduce 5
    exp : exp + term_       (2)
    term : term_* factor                state 14
                                            factor : ( exp )_       (8)
    * shift 9
    . reduce 2                              . reduce 8

    8/127 terminals, 4/600 nonterminals
    9/300 grammar rules, 15/1000 states
    0 shift/reduce, 0 reduce/reduce conflicts reported
    9/601 working sets used
    memory: states, etc. 36/2000, parser 11/4000
    9/601 distinct lookahead sets
    6 extra closures
    18 shift entries, 1 exceptions
    8 goto entries
    4 entries saved by goto default
    Optmizer space used: input 50/2000, output 218/4000
    218 table entries, 202 zero
    maximum spread: 257, maximum offset: 43
```

Figura 5.12 *(continuação)* Um arquivo y.output típico gerado pela especificação Yacc da Figura 5.10, utilizando a opção verbose.

Aqui, o item de núcleo é um item completo, portanto ocorrerá uma redução pela escolha de produção associada na seção de ações. Para recordar o número da produção usada na redução, o Yacc lista o número após o item completo. Nesse caso, o número de produção é 1, e há uma ação **reduce 1**, que indica uma redução pela produção *command → exp*. O Yacc sempre enumera as produções na ordem que elas aparecem no arquivo de especificação. Em nosso exemplo há oito produções (uma para *command*, três para *exp*, duas para *term* e duas para *factor*).

Observe que a ação de redução nesse estado é uma ação *básica*: uma redução será efetuada sobre qualquer verificação à frente exceto + e -. Aqui, o Yacc difere de um analisador sintático LALR(1) puro (e mesmo de um analisador SLR(1)) porque não ocorre qualquer tentativa de checagem da verificação à frente em reduções (além de decidir entre diversas reduções). Um analisador Yacc geralmente fará diversas reduções em erros antes de finalmente declarar um erro (que ao final deve ser feito antes que outras ações de carregar ocorram). Isso significa que mensagens de erro podem ser menos informativas que o desejável, mas a tabela de análise sintática torna-se consideravelmente mais simples, pois menos casos ocorrem (esse ponto será discutido novamente na Seção 5.7).

Concluímos esse exemplo com a construção de uma tabela de análise sintática para o arquivo de saída Yacc, exatamente como se a tivéssemos preparado manualmente, como fizemos anteriormente. A tabela de análise sintática está na Tabela 5.11.

Tabela 5.11 Tabela de análise sintática correspondente à saída do Yacc da Figura 5.12.

Estado	Entrada							Ir-para			
	NUMBER	(	+	-	*	)	$	command	exp	term	factor
0	s5	s6						1	2	3	4
1							aceita				
2	r1	r1	s7	s8	r1	r1	r1				
3	r4	r4	r4	r4	s9	r4	r4				
4	r6	r6	r6	r6	r6	r6	r6				
5	r7	r7	r7	r7	r7	r7	r7				
6	s5	s6							10	3	4
7	s5	s6								11	4
8	s5	s6								12	4
9	s5	s6									13
10			s7	s8		s14					
11	r2	r2	r2	r2	s9	r2	r2				
12	r3	r3	r3	r3	s9	r3	r3				
13	r5	r5	r5	r5	r5	r5	r5				
14	r8	r8	r8	r8	r8	r8	r8				

5.5.3 Conflitos de análise sintática e regras de eliminação de ambigüidade

Um dos usos importantes da opção *verbose* é a investigação de conflitos de análise sintática, que o Yacc registra no arquivo `y.output`. O Yacc tem regras internas para eliminar ambigüidades, que possibilitam a produção de um analisador mesmo na presença de conflitos de análise sintática (portanto, mesmo para gramáticas ambíguas). Freqüentemente, essas regras para eliminar ambigüidades atuam corretamente, mas às vezes elas erram. Um exame do arquivo `y.output` possibilita ao usuário determinar quais são os conflitos, e se o analisador produzido pelo Yacc os resolverá corretamente.

No exemplo da Figura 5.10 não ocorrem conflitos, e o Yacc apresentou esse fato no resumo que está no final do arquivo de saída:

```
0 shift/reduce, 0 reduce/reduce conflicts reported
```

Um exemplo mais interessante é a gramática com a ambigüidade do *else* pendente do Exemplo 5.12. Na Tabela 5.9, apresentamos a tabela de análise sintática SLR(1) para essa gramática, com o conflito carrega-reduz no estado 5 removido pela precedência de carregar sobre reduzir (isso corresponde à regra de eliminação de ambigüidade do aninhamento mais próximo). O Yacc registra a ambigüidade exatamente nos mesmos termos, e resolve a ambigüidade com a mesma regra. A tabela de análise sintática registrada pelo Yacc é idêntica à Tabela 5.9, exceto pelas reduções básicas inseridas pelo Yacc nas células de erro. Por exemplo, o Yacc registra as ações do estado 5 como mostrado a seguir no arquivo **y.output** (as marcas foram definidas em caixa alta no arquivo de especificação para evitar conflitos com as palavras reservadas de C):

```
5: shift/reduce conflict (shift 6, red'n 3) on ELSE
state 5
    I : IF S_ (3)
    I : IF S_ELSE S

    ELSE shift 6
    . reduce 3
```

Nas informações de resumo, o Yacc também registra o único conflito carrega-reduz:

```
1 shift/reduce, 0 reduce/reduce conflicts reported
```

No caso de um conflito reduz-reduz, o Yacc elimina a ambigüidade pela precedência de redução pela regra gramatical que aparece primeiro no arquivo de especificação. É mais provável que isso seja um erro na gramática, embora também possa resultar em um analisador sintático correto. Apresentamos a seguir um exemplo simples.

Exemplo 5.18
Considere a gramática a seguir:

$$S \to A \mid B$$
$$A \to a$$
$$B \to a$$

Essa gramática é ambígua, pois a única cadeia legal *a* tem as duas derivações $S \Rightarrow A \Rightarrow a$ e $S \Rightarrow B \Rightarrow a$. O arquivo **y.output** completo para essa gramática está na Figura 5.13. Observe o conflito reduz-reduz no estado 4, resolvido pela precedência da regra $A \to a$ sobre a regra $B \to a$. O resultado é que a última regra nunca é usada em uma redução (o que claramente indica um problema com a gramática), e o Yacc registra esse fato no final com a linha

```
Rule not reduced:  B : a
```

```
state 0
     $accept :  _S $end

     a    shift 4
     .    error

     S    goto 1
     A    goto 2
     B    goto 3

state 1
     $accept : S_$end

     $end accept
     .    error

state 2
     S : A_  (1)

     .    reduce 1

state 3
     S : B_  (2)

     .    reduce 2

4: reduce/reduce conflict (red'ns 3 and 4 ) on $end
state 4
     A : a_  (3)
     B : a_  (4)

     .    reduce 3

Rule not reduced: B : a

3/127 terminals, 3/600 nonterminals
5/300 grammar rules, 5/1000 states
0 shift/reduce, 1 reduce/reduce conflicts reported
...
```

Figura 5.13   Arquivo de saída Yacc para a gramática do Exemplo 5.18.

O Yacc tem, além da regra já mencionada para eliminar ambigüidades, diversos mecanismos *ad hoc* para a especificação da precedência de operadores e associatividade separadamente para uma gramática originalmente ambígua. Isso tem muitas vantagens. Primeiro, a gramática não precisa conter construções explícitas para especificar associatividade e precedência, significando que a gramática pode ser mais curta e mais simples. Segundo, a tabela associada de análise sintática pode também ser menor, e o analisador pode ser mais eficiente.

Considere, por exemplo, a especificação Yacc da Figura 5.14. Nela, a gramática é escrita de forma ambígua sem precedência ou associatividade de operadores. A precedência e a associatividade são especificadas na seção de definições com as linhas

```
%left '+' '-'
%left '*'
```

Essas linhas indicam ao Yacc que os operadores + e − têm a mesma precedência e são associativos à esquerda, e que o operador * é associativo à esquerda e tem precedência maior que + e − (pois ele vem por último nas declarações). As outras especificações de operadores possíveis no Yacc são **%right** e **%nonassoc** ("nonassoc" indica que operadores repetidos não são permitidos no mesmo nível).

```
%{
#include <stdio.h>
#include <ctype.h>
%}

%token NUMBER

%left '+' '-'
%left '*'

%%

command : exp          { printf("%d\n",$1);}
        ;

exp     : NUMBER         {$$ = $1;}
        | exp '+' exp    {$$ = $1 + $3;}
        | exp '-' exp    {$$ = $1 - $3;}
        | exp '*' exp    {$$ = $1 * $3;}
        | '(' exp ')'    {$$ = $2;}
        ;

%%
/* declarações de procedimentos auxiliares conforme a Figura 5.10 */
```

Figura 5.14   Especificação Yacc para uma calculadora simples com gramática ambígua e regras de precedência e associatividade para operadores.

5.5.4 Acompanhamento da execução de um analisador sintático Yacc

Além da opção *verbose* que exibe a tabela de análise sintática no arquivo **y.output**, também pode-se fazer um analisador gerado pelo Yacc imprimir um acompanhamento de sua execução, inclusive com uma descrição da pilha de análise sintática e das ações do analisador sintático, similares às descrições fornecidas anteriormente neste capítulo. Isso é feito pela compilação de **y.tab.c** com o símbolo **YYDEBUG** definido como 1 (por exemplo, pela colocação da linha "**#define YYDEBUG 1**" no início do arquivo de especificação Yacc, logo depois das declarações #include) e pelo ajuste da variável inteira Yacc **yydebug** para 1 no ponto em que são requeridas as informações de acompanhamento. Por exemplo, o acréscimo das linhas a seguir no início do procedimento **main** da Figura 5.10

```
extern int yydebug;
yydebug = 1;
```

leva o analisador a produzir uma saída semelhante à da Figura 5.15, com a expressão **2+3** como entrada. Convidamos o leitor a construir manualmente o acompanhamento das ações do analisador sintático com base na Tabela 5.11 e comparar o resultado com essa saída.

```
Starting parse
Entering state 0
Input: 2+3
Next token is NUMBER
Shifting token NUMBER, Entering state 5
Reducing via rule 7, NUMBER -> factor
state stack now 0
Entering state 4
Reducing via rule 6, factor -> term
state stack now 0
Entering state 3
Next token is '+'
Reducing via rule 4, term -> exp
state stack now 0
Entering state 2
Next token is '+'
Shifting token '+', Entering state 7
Next token is NUMBER
Shifting token NUMBER, Entering state 5
Reducing via rule 7, NUMBER -> factor
state stack now 0 2 7
Entering state 4
Reducing via rule 6, factor -> term
state stack now 0 2 7
Entering state 11
Now at end of input.
Reducing via rule 2, exp '+' term -> exp
state stack now 0
Entering state 2
Now at end of input.
Reducing via rule 1, exp -> command
5
state stack now 0
Entering state 1
now at end of input.
```

Figura 5.15   Saída do acompanhamento fazendo uso de **yydebug** para o analisador Yacc gerado pela Figura 5.10, com a entrada 2+3.

5.5.5 Tipos de valores arbitrários em Yacc

Na Figura 5.10, especificamos as ações de uma calculadora por meio das pseudovariáveis associadas a cada símbolo gramatical em uma regra. Por exemplo, escrevemos **$$ = $1 + $3** para ajustar o valor de uma expressão como a soma dos valores de suas duas sub-expressões (nas posições 1 e 3 no lado direito da regra gramatical *exp → exp + term*). Isso funciona bem com valores inteiros, pois o tipo básico em Yacc para esses valores é sempre inteiro. Entretanto, isso é inadequado se, por exemplo, quisermos uma calculadora para computar valores de ponto flutuante. Nesse caso, precisamos incluir uma redefinição do tipo de valor das pseudovariáveis Yacc no arquivo de especificação. Esse tipo de dado é sempre definido em Yacc pelo símbolo de pré-processador em C **YYSTYPE**. A redefinição desse símbolo alterará de maneira apropriada o tipo da pilha de valores Yacc. Portanto, se quisermos uma calculadora para computar valores de ponto flutuante, precisaremos adicionar a linha

```
#define YYSTYPE double
```

entre as chaves **%{...%}** na seção de definições do arquivo de especificação Yacc.

Em situações mais complicadas, podemos precisar de valores distintos para diferentes regras gramaticais. Por exemplo, suponha que desejemos separar o reconhecimento de uma seleção de operadores da regra que computa com base nesses operadores, como nas regras

exp → exp soma termo | termo
soma → + | -

(Essas são as regras originais da gramática de expressões, as quais alteramos para o reconhecimento direto de operadores nas regras para *exp* na Figura 5.10.) Agora, *soma* deve retornar o operador (um caractere), mas *exp* deve retornar o valor computado (por exemplo, um **double**), e esses dois tipos de dados são diferentes. O que precisamos fazer é definir **YYSTYPE** como a união de **double** e **char**. Há duas maneiras de fazer isso. Uma é declarar a união diretamente na especificação Yacc, com uma declaração **%union**:

```
%union { double val;
   char op; }
```

Agora, o Yacc deve ser informado sobre o tipo de retorno de cada não-terminal, e isso é feito pela diretiva **%type** na seção de definições:

```
%type < val > exp term factor
%type < op > addop mulop
```

Observe como os nomes dos campos de união aparecem entre símbolos **<** e **>** na declaração Yacc **%type**. Portanto, a especificação Yacc da Figura 5.10 seria alterada para começar assim (deixamos os detalhes para os exercícios):

```
...
%token NUMBER

%union { double val;
        char op; }

%type <val> exp term factor NUMBER
```

```
%type <op> addop mulop

%%
command : exp    { printf("%d\n",$1);}
        ;
exp : exp op term { switch ($2) {
                    case '+' : $$ = $1 + $3; break;
                    case '-' : $$ = $1 + $3; break;
                    }
                  }
    | term {$$ = $1;}
    ;
op : '+' { $$ = '+'; }
   | '-' { $$ = '-'; }
   ;
```

A segunda alternativa é definir um novo tipo de dados em um arquivo *include* separado (por exemplo, um arquivo de cabeçalho) e, em seguida, definir **YYSTYPE** como sendo desse tipo. Nesse caso, os valores apropriados devem ser construídos manualmente no código de ações associado. Um exemplo disso é o analisador sintático TINY da próxima seção.

5.5.6 Ações embutidas no Yacc

Por vezes, é preciso executar um código antes do reconhecimento completo de uma escolha de regra gramatical durante a análise sintática. Por exemplo, considere o caso das declarações simples:

decl → *tipo var-lista*
tipo → **int** | **float**
var-lista → *var-lista* **,** **id** | **id**

Gostaríamos, ao reconhecer uma *var-lista*, de marcar cada identificador de variável com o tipo corrente (inteiro ou ponto flutuante). Isso pode ser feito em Yacc da seguinte maneira:

```
decl : type { current_type = $1; }
       var_list
     ;
type : INT { $$ = INT_TYPE; }
     | FLOAT { $$ = FLOAT_TYPE; }
     ;
var_list : var_list ',' ID
           { setType(tokenString,current_type);}
         | ID
           { setType(tokenString,current_type);}
         ;
```

Observe como **current_type** (que deve ser declarado como uma variável estática na seção de declarações) é ajustado por uma ação embutida antes do reconhecimento das variáveis na regra **decl**. Exemplos adicionais de ações embutidas serão vistos nas próximas seções.

O Yacc interpreta uma ação embutida

```
A : B {/* ação embutida */} C ;
```

como sendo equivalente à criação de um novo não-terminal que reserva um espaço e uma ε-produção para esse não-terminal que, quando reduzida, efetua a ação embutida:

```
A : B E C ;
E : {/* ação embutida */} ;
```

Para finalizar esta seção, resumimos na Tabela 5.12 os mecanismos de definição e nomes internos Yacc previamente discutidos.

Tabela 5.12 Nomes internos e mecanismos de definição Yacc

Nome interno Yaac	Significado/Uso
y.tab.c	Nome do arquivo de saída Yacc
y.tab.h	Arquivo de cabeçalho gerado pelo Yacc que contém as definições de marcas
yyparse	Rotina de análise sintática Yacc
yylval	Valor da marca corrente na pilha
yyerror	Impressora de mensagens de erro definida pelo usuário e utilizada pelo Yacc
error	Pseudomarca de erro Yacc
yyerrok	Procedimento que reinicia o analisador depois de um erro
yychar	Contém a marca de verificação à frente que provocou um erro
YYSTYPE	Símbolo de pré-processador que define o tipo de valor da pilha de análise sintática
yydebug	Variável que, se ajustada pelo usuário para 1, leva à geração de informação em tempo de execução sobre as ações do analisador sintático
Mecanismo de definição Yacc	Significado/Uso
%token	Define os símbolos pré-processadores de marcas
%start	Define o símbolo não-terminal inicial
%union	Define uma união **YYSTYPE**, com a permissão de valores de tipos distintos na pilha do analisador sintático
%type	Define o tipo diferenciado de união retornado por um símbolo
%left %right %nonassoc	Define a associatividade e precedência (por posição) dos operadores

5.6 GERAÇÃO DE UM ANALISADOR SINTÁTICO TINY USANDO O YACC

A sintaxe do TINY foi apresentada na Seção 3.7, e um analisador sintático construído manualmente foi descrito na Seção 4.4; o leitor deve consultar essas descrições. Aqui descreveremos o arquivo de especificação Yacc **tiny.y**, juntamente com as alterações requeridas nas definições globais **globals.h** (tomamos certas providências para minimizar as alterações em outros arquivos, e isso também será discutido). O arquivo **tiny.y** completo está listado no Apêndice B.

Começamos com uma discussão da seção de definições da especificação Yacc de TINY. O uso do marcador **YYPARSER** será descrito adiante. Há quatro arquivos **#include**, que representam a informação requerida pelo Yacc de outros pontos no programa. A seção de definições tem outras quatro declarações. A primeira é uma definição de **YYSTYPE**, que define os valores retornados pelos procedimentos de análise sintática do Yacc como sendo ponteiros para estruturas de nós (em **globals.h**, encontramos inclusive a própria definição de **TreeNode**). Isso possibilita ao analisador sintático Yacc construir uma árvore sintática. A segunda declaração é de uma variável estática global **savedName**, utilizada para armazenar temporariamente as cadeias de identificadores que devem ser inseridas em nós de árvores ainda não construídos quando as cadeias são atingidas na entrada (em TINY isso é necessário somente nas atribuições). A variável **savedLineNo** é usada pelo mesmo motivo, para que os números das linhas de código-fonte apropriados sejam associados com os identificadores. Finalmente, **savedTree** é usada para armazenar temporariamente a árvore sintática produzida pelo procedimento **yyparse** (esse procedimento somente pode retornar um marcador de inteiros).

Seguiremos agora para uma discussão das ações associadas com cada regra gramatical de TINY (essas regras são ligeiras variações da gramática BNF apresentada no Capítulo 3, Figura 3.6). Na maioria dos casos, essas ações representam a construção da árvore sintática correspondente à árvore de análise sintática naquele ponto. Mais especificamente, novos nós devem ser alocados por ativações a **newStmtNode** e **newExpNode** do pacote **util** (eles foram descritos na Seção 4.4), e os nós filhos apropriados desse novo nó de árvore devem receber atribuições. Por exemplo, as ações correspondentes em TINY a **write_stmt** são as seguintes:

```
write_stmt : WRITE exp
                { $$ = newStmtNode(WriteK);
                  $$->child[0] = $2;
                }
           ;
```

A primeira instrução ativa **newStmtNode** e atribui seu valor de retorno a **write_stmt**. Ela, em seguida, atribui o valor previamente construído de **exp** (a pseudovariável Yacc **$2**, que aponta para o nó da árvore da expressão a ser impressa) como sendo o primeiro filho do nó da árvore da declaração de escrita. O código de ação para outras declarações e expressões é bastante similar.

As ações para **program**, **stmt_seq** e **assign_stmt** lidam com problemas menores, relativos a cada uma dessas construções. No caso da regra gramatical para **program**, a ação associada é

```
{ savedTree = $1; }
```

Isso atribui a árvore construída por `stmt_seq` à variável estática `savedTree`. Isso é requerido para que a árvore sintática possa posteriormente ser retornada pelo procedimento `parse`.

No caso de `assign_stmt`, já mencionamos que precisamos armazenar a cadeia de identificador da variável que é o alvo da atribuição, para que ela esteja disponível quando o nó for construído (assim como o seu número de linha para verificação posterior). Isso é feito com base nas variáveis estáticas `savedName` e `savedLineNo`:

```
assign_stmt : ID { savedName = copyString(tokenString);
            savedLineNo = lineno; }
        ASSIGN exp
        { $$ = newStmtNode(AssignK);
          $$->child[0] = $4;
          $$->attr.name = savedName;
          $$->lineno = saveLineNo;
        }
    ;
```

A cadeia de identificador e o número de linha devem ser gravados como uma ação embutida antes do reconhecimento da marca `ASSIGN`, pois à medida que novas marcas são casadas, os valores de `tokenString` e `lineno` são alterados pelo sistema de varredura. Ainda assim, o novo nó para a atribuição não pode ser construído por completo antes do reconhecimento de `exp`. Daí a necessidade de `savedName` e de `savedLineNo`. (O uso do procedimento auxiliar `copyString` evita o compartilhamento de memória para essas cadeias. Observe também que o valor `exp` é referenciado como `$4`. Isso se deve ao fato de o Yacc contar as ações embutidas como locais adicionais à direita das regras gramaticais – ver a discussão na seção anterior.)

No caso de `stmt_seq`, o problema é que as declarações são encadeadas em uma árvore sintática TINY com ponteiros irmãos, em vez de ponteiros filhos. Como a regra para seqüências de declarações é recursiva à esquerda, isso requer que o código capture a lista de irmãos já construída da sublista à esquerda, para anexar a declaração corrente no final. Isso é ineficiente e pode ser evitado pela reescrita da regra como recursiva à direita, mas essa solução tem outro problema, pois a pilha de análise sintática cresce muito à medida que as seqüências de declarações são processadas.

Finalmente, a seção de procedimentos auxiliares da especificação Yacc contém a definição de três procedimentos, `yyerror`, `yylex` e `parse`. O procedimento `parse`, que é ativado pelo programa principal, ativa o procedimento de análise sintática definido pelo Yacc `yyparse` e retorna a árvore sintática gravada. O procedimento `yylex` é requerido porque o Yacc assume que esse seja o nome do procedimento de varredura, e ele foi definido externamente como `getToken`. Escrevemos essa definição para que o analisador gerado pelo Yacc funcionasse com o compilador TINY minimizando as alterações em outros arquivos de código. Poderíamos preferir efetuar as alterações apropriadas no sistema de varredura e eliminar essa definição, particularmente se a versão Lex do sistema de varredura for utilizada. O procedimento `yyerror` é ativado pelo Yacc quando ocorre um erro; ele imprime informações úteis, como o número da linha, no arquivo de listagem. Ele utiliza uma variável interna do Yacc denominada `yychar`, que contém o número da marca que provocou o erro.

Falta descrever as alterações nos outros arquivos do analisador Yacc requeridas pelo uso do Yacc para produzir o analisador sintático. Conforme já observamos, procuramos minimizar essas alterações, e confinamos todas as alterações ao arquivo **globals.h**. O arquivo revisado está listado no Apêndice B. O problema básico é que o arquivo de cabeçalho gerado pelo Yacc, que contém as definições de marcas, deve ser incluído na maioria dos outros arquivos de código, mas não pode ser incluído diretamente no analisador gerado pelo Yacc, pois isso repetiria as definições internas. A solução é começar a seção de declarações Yacc pela definição de um marcador **YYPARSER**, que será incluído no analisador sintático Yacc e indicará quando o compilador C estará dentro do analisador. Utilizamos esse marcador para incluir seletivamente o arquivo de cabeçalho gerado pelo Yacc **y.tab.h** dentro de **globals.h**.

Um segundo problema ocorre com a marca **ENDFILE**, que é gerada pelo sistema de varredura para indicar o final do arquivo de entrada. O Yacc assume que essa marca sempre tem o valor 0. Portanto, fornecemos uma definição direta dessa marca e a incluímos na seção compilada seletivamente controlada por **YYPARSER**, pois ela não é internamente requerida pelo Yacc.

A alteração final no arquivo **globals.h** é a redefinição de **TokenType** para ser um sinônimo de **int** (linha 4252), pois as marcas Yacc têm todas valores inteiros. Isso evita substituições desnecessárias do tipo enumerado anterior **TokenType** em outros arquivos.

5.7 RECUPERAÇÃO DE ERROS EM ANALISADORES SINTÁTICOS ASCENDENTES

5.7.1 Detecção de erros em análise sintática ascendente

Um analisador sintático ascendente detectará um erro quando um espaço em branco (ou erro) for detectado na tabela de análise sintática. Obviamente, faz sentido que os erros sejam detectados assim que possível, pois as mensagens de erro podem dessa forma ser mais específicas e informativas. Portanto, uma tabela de análise sintática deveria ter tantas células em branco quanto possível.

Infelizmente, isso entra em conflito com um outro objetivo igualmente importante: a redução do tamanho da tabela de análise sintática. Já vimos (Tabela 5.11) que o Yacc preenche tantas células da tabela quanto possível com reduções básicas, para que um grande número de reduções possa ocorrer na pilha de análise sintática antes da declaração de um erro. Isso obscurece a fonte precisa do erro e pode levar a mensagens de erro pouco informativas.

Uma característica adicional da análise sintática ascendente é que o poder do algoritmo específico utilizado pode afetar a capacidade de o analisador detectar erros rapidamente. Por exemplo, um analisador LR(1) pode detectar erros mais rapidamente que um analisador LALR(1) ou um analisador SLR(1), os quais, em contrapartida, podem detectar erros mais rapidamente que um analisador LR(0). Como um exemplo simples, compare a tabela de análise sintática LR(0) da Tabela 5.4 com a tabela LR(1) da Tabela 5.10 para a mesma gramática. Dada a cadeia de entrada incorreta (**a**$, a tabela LR(1) da Tabela 5.10 carregará (e **a** para a pilha e passará para o estado 6. No estado 6, não há células para $, portanto será registrado um erro. Do outro lado, o algoritmo LR(0) (bem como o algoritmo SLR(1)), reduzirá por $A \rightarrow \mathbf{a}$ antes de descobrir a falta de parênteses balanceados. De maneira similar, dada a cadeia incorreta **a)**$, o analisador geral LR(1) carregará **a** e declarará um erro a partir do estado 3 para o parêntese à direita, mas o analisador LR(0) novamente reduzirá por $A \rightarrow \mathbf{a}$ antes de declarar o erro. Evidentemente, qualquer analisador ascendente sempre registrará o erro em algum ponto, depois de possivelmente algumas reduções "errôneas". Nenhum desses analisadores sintáticos carregará uma marca com erro.

5.7.2 Recuperação de erros de modo de pânico

Assim como na análise sintática descendente, é possível conseguir uma recuperação de erros razoavelmente boa para os analisadores ascendentes, pela remoção cuidadosa de símbolos da pilha de análise sintática, da entrada ou de ambas. Assim como nos analisadores LL(1), há três ações possíveis alternativas:

1. Retirar um estado da pilha.
2. Retirar sucessivamente marcas da entrada até encontrar uma que possa reiniciar a análise.
3. Colocar um novo estado na pilha.

Um método particularmente eficaz para escolher qual ação efetuar na ocorrência de um erro é o seguinte:

1. Retire estados da pilha de análise sintática até encontrar um com entradas Ir-para não vazias.
2. Se houver uma ação legal na marca de entrada corrente de um dos estados Ir-para, coloque esse estado na pilha e reinicie a análise sintática. Se houver mais de um estado com essas características, dê preferência a carregar em vez de reduzir. Dentre as ações de reduzir, prefira uma cujos não-terminais associados sejam menos gerais.
3. Se não houver uma ação legal na marca de entrada corrente de um dos estados Ir-para, avance a entrada até uma ação legal ou o final da entrada.

Essas regras têm o efeito de forçar o reconhecimento de uma construção que estivesse no processo de ser reconhecida no momento da ocorrência de um erro, e reiniciar a análise imediatamente após esse ponto. A recuperação de erros que utiliza regras como essas poderia ser denominada recuperação de erros de **modo de pânico**, pois ela é similar ao modo de erro descendente descrito na Seção 4.5.

Infelizmente, essas regras podem resultar em um laço infinito, pois o passo 2 coloca novos estados na pilha. Nesse caso, existem diversas soluções possíveis. Uma delas é insistir em carregar de um estado Ir-para no passo 2, mas isso pode ser muito restritivo. Outra solução é, se a operação legal seguinte for uma redução, ajustar um marcador que leve o analisador sintático a acompanhar a seqüência de estados durante as reduções seguintes, e caso o mesmo erro volte a ocorrer, retirar os estados da pilha até a remoção do estado original em que ocorreu o erro, e recomeçar do passo 1. Se, em qualquer ponto, ocorrer uma ação de carregar, o analisador volta o marcador para o estado inicial e continua com uma análise sintática normal.

Exemplo 5.19

Considere a gramática de expressões aritméticas simples cuja tabela de análise sintática Yacc é dada pela Tabela 5.11. Considere agora a entrada errônea (2+*). A análise sintática segue normalmente até encontrar o *. Nesse ponto, o modo de pânico causaria a execução das seguintes ações na pilha de análise sintática:

Pilha de análise sintática	Entrada	Ação
...	...	...
$0 (6 E 10+7	*)$	erro: coloque T, ir-para 11
$0 (6 E 10+7 T 11	*)$	carregue 9
$0 (6 E 10+7 T 11 * 9	)$	erro: coloque F, ir-para 13
$0 (6 E 10+7 T 11 * 9 F 13	)$	reduza $T \to T * F$
...	...	...

No primeiro erro, o analisador está no estado 7, que tem os estados legais Ir-para 11 e 4. Como o estado 11 tem um carregar na marca de entrada seguinte *, esse Ir-para é preferido, e a marca é carregada. Naquele ponto, o analisador está no estado 9, com um parêntese à direita na entrada. Isso é outro erro. No estado 9 há uma única entrada Ir-para (para o estado 11), e o estado 11 tem uma ação legal em) (que é uma redução). A análise sintática segue normalmente até sua conclusão.

5.7.3 Recuperação de erros em Yacc

Uma alternativa para o modo de pânico são as **produções de erros**. Uma produção de erro contém a pseudomarca **erro** no seu lado direito. Uma produção de erro marca um contexto no qual as marcas errôneas podem ser removidas até encontrar marcas apropriadas de sincronização, quando a análise pode ser reiniciada. As produções de erros permitem que o programador marque manualmente os não-terminais cujas entradas Ir-para devem ser usadas para recuperação de erros.

As produções de erros são o método principal disponível no Yacc para recuperação de erros. O comportamento de um analisador Yacc na presença de erros e sua manipulação de produções de erros acontecem da maneira descrita a seguir.

1. Quando o analisador detecta um erro durante uma análise sintática (ou seja, encontra uma célula vazia na tabela de análise sintática), ele retira estados da pilha de análise sintática até atingir um estado em que a pseudomarca de **erro** seja uma verificação à frente legal. O efeito é descartar as entradas à esquerda do erro e assumir que a entrada contém a pseudomarca de **erro**. Se não houver produções de erro, **erro** nunca será uma verificação à frente legal para carregar, e a pilha do analisador será esvaziada, o que levará a abortar a análise diante do primeiro erro. (Esse é o comportamento do analisador gerado pela entrada Yacc da Figura 5.10.)
2. Quando o analisador encontra um estado na pilha em que **erro** é uma verificação à frente legal, ele continua normalmente com ações de carregar e reduzir. O efeito é como se **erro** tivesse sido visto na entrada, seguido pela verificação à frente original (ou seja, a verificação que provocou o erro). Se desejado, a macro Yacc **yyclearin** pode ser utilizada para descartar a marca que provocou o erro, e para usar a marca seguinte como próxima verificação à frente (após o **erro**).
3. Se, após a ocorrência de um erro, o analisador descobre novos erros, as marcas de entrada que causam o erro são descartadas silenciosamente, até que três marcas sucessivas sejam legalmente carregadas para a pilha de análise sintática. Durante esse período, o analisador está em "estado de erro". Esse comportamento é projetado para evitar cascatas de mensagens de erros provocadas por um mesmo erro. Mas isso pode resultar em grande parte do fato de a entrada ser descartada antes do analisador sair do estado de erro (assim como no modo de pânico). O programador do compilador pode sobrepujar esse comportamento com a macro Yacc **yyerrok**, que remove o analisador do estado de erro, de forma que nenhuma entrada seja descartada sem uma nova recuperação de erros.

Descrevemos alguns exemplos simples desse comportamento, com base na entrada Yacc da Figura 5.10.

Exemplo 5.20
Considere a substituição a seguir para a regra para *command* na Figura 5.10:

```
command : exp      { printf("%d\n",$1);}
        | error    { yyerror("incorrect expression"); }
        ;
```

Considere também a entrada errônea **2++3**. A análise dessa cadeia segue normalmente até atingir o errôneo segundo **+**. Naquele ponto, a análise recebe a seguinte pilha e entrada (utilizamos a Tabela 5.11 para isso, embora a adição da produção de erro resulte em uma tabela de análise sintática ligeiramente diferente):

PILHA DE ANÁLISE SINTÁTICA	ENTRADA
$0 *exp* 2 + 7	+3$

O analisador passa agora para o "estado" de erro (gerando uma mensagem de erro, como por exemplo "erro de sintaxe") e passa a retirar estados da pilha, até encontrar o estado 0. Nesse ponto, a produção de erro para *command* fornece **erro** como uma verificação à frente legal, que é carregada para a pilha, e imediatamente reduzida para *command*, o que leva a ação associada a ser executada (a qual imprime a mensagem "incorrect expression" acima). A situação resultante agora é:

PILHA DE ANÁLISE SINTÁTICA	ENTRADA
$0 *command* 1	+3$

Nesse ponto, a única verificação à frente legal é o final da entrada (indicado por $ aqui, que corresponde ao retorno de 0 por **yylex**), e o analisador removerá as marcas remanescentes de entrada **+3** antes de encerrar o processamento (ainda em "estado de erro"). Portanto, a adição da produção de erro tem essencialmente o mesmo efeito que a versão na Figura 5.10, exceto que agora podemos fornecer nossas próprias mensagens de erros.

Um mecanismo de erros ainda melhor permitiria ao usuário refornecer a linha logo após a entrada errônea. Nesse caso, uma marca de sincronização é requerida, e o fim de linha é a única razoável. Portanto, o sistema de varredura deve ser modificado para retornar o caractere de mudança de linha (em vez de 0), e com essa modificação podemos escrever (mas veja o Exercício 5.32):

```
command : exp '\n'      { printf("%d\n",$1), exit(0);}
        | error '\n'
            { yyerrok;
              printf("reenter expression: "); }
          command
        ;
```

Esse código tem o efeito de, na ocorrência de um erro, fazer que o analisador ignore todas as marcas até a mudança de linha, quando ele executará a ação representada por **yyerrok** e a declaração **printf**. Em seguida, ele tentará reconhecer outro *command*. A ativação de **yyerrok** é requerida para cancelar o "estado de erro" depois de encontrar a mudança de linha, pois, caso contrário, se ocorrer um novo erro logo após a mudança de linha, o Yacc silenciosamente removerá marcas até encontrar uma seqüência de três marcas corretas.

Exemplo 5.21
Considere o que aconteceria se uma produção de erros fosse adicionada à definição Yacc da Figura 5.10:

```
factor  :  NUMBER        {$$ = $1;}
        |  '(' exp ')'   {$$ = $2;}
        |  error {$$ = 0;}
        ;
```

Considere primeiramente a entrada errônea **2++3** do exemplo anterior. (Continuamos a utilizar a Tabela 5.11, embora a produção de erro adicional resulte em uma tabela ligeiramente diferente.) Da mesma forma como ocorreu anteriormente, o analisador atingirá o seguinte ponto:

PILHA DE ANÁLISE SINTÁTICA	ENTRADA
$0 *exp* 2 + 7	+3$

Agora, a produção de erro para *factor* garantirá que **erro** seja uma verificação à frente legal no estado 7, que será carregado imediatamente para a pilha e reduzido por *factor*, provocando o retorno do valor 0. Agora, o analisador terá atingido o seguinte ponto:

PILHA DE ANÁLISE SINTÁTICA	ENTRADA
$0 *exp* 2 + 7 *factor* 4	+3$

Essa situação é normal, e o analisador continuará a execução normalmente até o final. O efeito é interpretar a entrada como **2+0+3** – o zero entre os dois símbolos **+** está ali porque foi ali que a pseudomarca de **erro** foi inserida, e pela ação para a produção de erro, **erro** é visto como equivalente a um fator de valor 0.

Considere agora a entrada errônea **2 3** (ou seja, dois números sem um operador entre eles). Aqui, o analisador atinge a posição

PILHA DE ANÁLISE SINTÁTICA	ENTRADA
$0 *exp* 2	3$

Nesse ponto (se a regra para *command* não tiver sido alterada), o analisador (erroneamente) reduzirá pela regra *command* → *exp* (e imprimirá o valor 2), mesmo se um número não for símbolo de seqüência legal para *command*. O analisador atinge, portanto, a posição

PILHA DE ANÁLISE SINTÁTICA	ENTRADA
$0 *command* 1	3$

Agora um erro é detectado, e o estado 1 é retirado da pilha, expondo o estado 0. Nesse ponto, a produção de erro para *factor* permite que **erro** seja uma verificação à frente legal para o estado zero, e **erro** é carregado para a pilha, o que resulta em outra cascata de reduções e a impressão do valor zero (o valor retornado pela produção de erro). Agora o analisador voltou para a mesma posição, com o número **3** ainda na entrada! Felizmente, o analisador já está em "estado de erro" e não carregará novamente o **erro**, mas descarta o número **3**, expondo a verificação à frente correta para o estado 1, quando o analisador encerra o processamento.[10] O

---

[10]. Algumas versões do Yacc retiram mais uma vez um elemento da pilha antes de apagar qualquer entrada. Isso pode resultar em um comportamento ainda mais complicado. Veja os Exercícios.

resultado é que o analisador imprime o seguinte (repetimos a entrada do usuário na primeira linha):

```
> 2 3
2
syntax error
incorrect expression
0
```

Esse comportamento dá uma idéia das dificuldades de uma boa recuperação de erros em Yacc. (Ver os exercícios para mais exemplos.)

5.7.4 Recuperação de erros em TINY

O arquivo de especificação Yacc `tiny.y` no Apêndice B contém duas produções de erros, uma para `stmt` e outra para `factor`, cujas ações associadas são retornar a árvore sintática nula. Essas produções de erros proporcionam um nível de manipulação de erros similar ao do analisador TINY descendente recursivo do capítulo anterior, exceto que não é efetuada nenhuma tentativa de construir uma árvore sintática significativa na presença de erros. Adicionalmente, essas produções de erros não proporcionam qualquer sincronização especial para o reinício da análise, portanto, na presença de erros múltiplos, muitas marcas podem ser desconsideradas.

EXERCÍCIOS

5.1 Considere a gramática a seguir

$$E \to (L) \mid \mathbf{a}$$
$$L \to L , E \mid E$$

a. Construa o DFA de itens LR(0) para essa gramática.
b. Construa a tabela de análise sintática SLR(1).
c. Mostre a pilha de análise sintática e as ações de um analisador SLR(1) para a cadeia de entrada `((a),a,(a,a))`.
d. Essa gramática é LR(0)? Se não for, identifique o conflito LR(0). Se for, construa a tabela de análise sintática LR(0), e explique como uma análise sintática pode diferir de uma análise SLR(1).

5.2 Considere a gramática do exercício anterior.
a. Construa o DFA de itens LR(1) para essa gramática.
b. Construa a tabela de análise sintática LR(1) geral.
c. Construa o DFA de itens LALR(1) para essa gramática.
d. Construa a tabela de análise sintática LALR(1).
e. Descreva as diferenças que podem ocorrer entre as ações de um analisador LR(1) geral e um analisador LALR(1).

5.3 Considere a gramática a seguir:

$$S \rightarrow S \ (\ S \ ) \ | \ \varepsilon$$

  a. Construa o DFA de itens LR(0) para essa gramática.
  b. Construa a tabela de análise sintática SLR(1).
  c. Escreva a pilha de análise sintática e as ações para um analisador SLR(1) para a cadeia de entrada `(()())`.
  d. Essa gramática é LR(0)? Se não for, identifique o conflito LR(0). Se for, construa a tabela de análise sintática LR(0), e explique como uma análise sintática pode diferir de uma análise SLR(1).

5.4 Considere a gramática do exercício anterior.
  a. Construa o DFA de itens LR(1) para essa gramática.
  b. Construa a tabela de análise sintática LR(1) geral.
  c. Construa o DFA de itens LALR(1) para essa gramática.
  d. Construa a tabela de análise sintática LALR(1).
  e. Descreva as diferenças que podem ocorrer entre as ações de um analisador LR(1) geral e um analisador LALR(1).

5.5 Considere a gramática de seqüências de declarações simplificadas a seguir:

$$\begin{aligned} decl\text{-}seq\ddot{u}\hat{e}ncia &\rightarrow decl\text{-}seq\ddot{u}\hat{e}ncia \ \texttt{;} \ decl \ | \ decl \\ decl &\rightarrow \texttt{s} \end{aligned}$$

  a. Construa o DFA de itens LR(0) para essa gramática.
  b. Construa a tabela de análise sintática SLR(1).
  c. Escreva a pilha de análise sintática e as ações para um analisador SLR(1) para a cadeia de entrada `s;s;s`.
  d. Essa gramática é LR(0)? Se não for, identifique o conflito LR(0). Se for, construa a tabela de análise sintática LR(0), e explique como uma análise sintática pode diferir de uma análise SLR(1).

5.6 Considere a gramática do exercício anterior.
  a. Construa o DFA de itens LR(1) para essa gramática.
  b. Construa a tabela de análise sintática LR(1) geral.
  c. Construa o DFA de itens LALR(1) para essa gramática.
  d. Construa a tabela de análise sintática LALR(1).
  e. Descreva as diferenças que podem ocorrer entre as ações de um analisador LR(1) geral e um analisador LALR(1).

5.7 Considere a gramática a seguir:

$$\begin{aligned} E &\rightarrow (\ L \ ) \ | \ \texttt{a} \\ L &\rightarrow E \ L \ | \ E \end{aligned}$$

  a. Construa o DFA de itens LR(0) para essa gramática.
  b. Construa a tabela de análise sintática SLR(1).
  c. Escreva a pilha de análise sintática e as ações para um analisador SLR(1) para a cadeia de entrada `((a)a(a a))`.
  d. Construa o DFA de itens LALR(1) pela propagação de verificações à frente pelo DFA de itens LR(0).
  e. Construa a tabela de análise sintática LALR(1).

5.8 Considere a gramática a seguir

   declaração → *tipo var-lista*
   tipo → `int` | `float`
   var-lista → `identificador`, *var-lista* | `identificador`

   a. Reescreva a gramática em uma forma mais adequada para a análise sintática ascendente.
   b. Construa o DFA de itens LR(0) para a gramática reescrita.
   c. Construa a tabela de análise sintática SLR(1) para a gramática reescrita.
   d. Escreva a pilha de análise sintática e as ações para um analisador SLR(1) para a cadeia de entrada `int x,y,z`, utilizando a tabela do item (c).
   e. Construa o DFA de itens LALR(1) pela propagação de verificações à frente pelo DFA de itens LR(0) do item (b).
   f. Construa a tabela de análise sintática LALR(1) para a gramática reescrita.

5.9 Apresente uma descrição formal do algoritmo para construir o DFA de itens LALR(1) pela propagação de verificações à frente pelo DFA de itens LR(0). (Esse algoritmo foi descrito informalmente na Seção 5.4.3.)

5.10 Todas as pilhas de análise sintática desse capítulo incluíram os números dos estados e os símbolos gramaticais (para aumentar a clareza). Entretanto, a pilha só precisa dos números dos estados – as marcas e não-terminais não precisam ser armazenados na pilha. Apresente o algoritmo de análise sintática SLR(1) com apenas os números dos estados armazenados na pilha.

5.11 a. Mostre que a gramática a seguir não é LR(1):

$$A \to a A a \mid \varepsilon$$

   b. Essa gramática é ambígua? Justifique sua resposta.

5.12 Mostre que a gramática a seguir é LR(1) mas não é LALR(1):

$$S \to a A d \mid b B d \mid a B e \mid b A e$$
$$A \to c$$
$$B \to c$$

5.13 Mostre que uma gramática LR(1) que não seja LALR(1) precisa ter somente conflitos reduz-reduz.

5.14 Mostre que um prefixo de uma forma sentencial à direita é um prefixo viável se e somente se ele não se estender além do gancho.

5.15 Pode existir uma gramática SLR(1) que não seja LALR(1)? Justifique sua resposta.

5.16 Mostre que um analisador sintático LR(1) geral não efetuará reduções antes da declaração de um erro, caso a marca de entrada seguinte não possa ser carregada.

5.17 Um analisador SLR(1) pode efetuar mais ou menos reduções que um analisador LALR(1) antes de declarar de um erro? Justifique sua resposta.

5.18 A gramática ambígua a seguir gera as mesmas cadeias que a gramática do Exercício 5.3 (ou seja, todas as cadeias de parênteses aninhados):

$$A \to AA \mid (A) \mid \varepsilon$$

Um analisador gerado pelo Yacc poderá utilizar essa gramática para reconhecer todas as cadeias legais? Justifique sua resposta.

5.19 Dado um estado com duas reduções possíveis (em verificações à frente distintas), o Yacc escolherá uma delas como sua ação básica. Apresente a regra utilizada pelo Yacc para efetuar essa escolha. (Dica: utilize a gramática do Exemplo 5.16 para teste.)

5.20 Suponha que sejam removidas as especificações de associatividade e precedência dos operadores na especificação Yacc da Figura 5.14 (tornando, portanto, a gramática ambígua). Apresente a associatividade e as precedências que resultam do uso das regras de eliminação de ambigüidade do Yacc.

5.21 Conforme observado na nota de rodapé da Seção 5.7.3, alguns analisadores Yacc retiram novamente um item da pilha de análise sintática antes de descartar a entrada em "estado de erro". Explique o comportamento de um analisador como esse para a especificação Yacc do Exemplo 5.21, dada a entrada errônea **2 3**.

5.22 **a.** Acompanhe o comportamento de um mecanismo de recuperação de erro de modo de pânico como o descrito na Seção 5.7.2, com base na Tabela 5.11 e na cadeia **(*2**.
    b. Sugira uma melhoria para o comportamento do item (a).

5.23 Suponha que a regra para **command** na especificação Yacc da calculadora da Figura 5.10 seja substituída pela regra a seguir para um não-terminal inicial **list**:

```
list    :    list '\n' {exit(0);}
        |    list exp '\n' {printf("%d\n",$2);}
        |    list error '\n' {yyerrok;}
        ;
```

e o procedimento **yylex** na figura tenha a linha

```
if (c = = '\n') return 0;
```

apagada.

    a. Explique as diferenças de comportamento entre essa versão da calculadora e a da Figura 5.10.
    b. Explique o motivo da ocorrência de **yyerrok** na última linha dessa regra. Dê um exemplo que mostre o que aconteceria sem isso.

5.24 **a.** Suponha que a regra para **command** na especificação Yacc da calculadora da Figura 5.10 seja substituída pela regra a seguir:

```
command : exp {printf("%d\n",$1);}
        | exp error {printf("%d\n",$1);}
        ;
```

Explique precisamente o comportamento do analisador Yacc, dada a entrada **2 3**.

    b. Suponha que a regra para **comm** na especificação Yacc da calculadora da Figura 5.10 seja substituída pela regra a seguir:

```
command : exp {printf("%d\n",$1);}
        | error{printf("%d\n",$2);}
        ;
```

Explique precisamente o comportamento do analisador Yacc, dada a entrada **2 3**.

5.25 Suponha que a produção de erros Yacc do Exemplo 5.21 seja substituída pela regra a seguir:

```
factor  : NUMBER        {$$ = $1;}
        | '(' exp ')'   {$$ = $2;}
        | error {yyerrok; $$ = 0;}
        ;
```

   a. Explique o comportamento do analisador Yacc dada a entrada errônea **2++3**.
   b. Explique o comportamento do analisador Yacc dada a entrada errônea **2 3**.

5.26 Compare a recuperação de erros do analisador TINY gerado pelo Yacc com o analisador descendente recursivo do capítulo anterior, com base nos programas de teste da Seção 4.5.3. Explique as diferenças de comportamento.

EXERCÍCIOS DE PROGRAMAÇÃO

5.27 Reescreva a especificação Yacc da Figura 5.10, para utilizar as regras gramaticais a seguir (em vez de `scanf`) para calcular o valor de um número (e, portanto, eliminar a marca **NUMBER**):

número → número dígito | dígito
dígito → 0 | 1 | 2 | 3 | 4 | 5 | 6 | 7 | 8 | 9

5.28 Acrescente os seguintes itens à especificação da calculadora de inteiros Yacc da Figura 5.10 (certifique-se de que ela tenha a precedência e a associatividade corretas):
   a. Divisão de inteiros com o símbolo **/**.
   b. Resto da divisão com o símbolo **%**.
   c. Exponenciação de inteiros com o símbolo **^**. (Aviso: esse operador tem precedência acima da multiplicação e é associativo à direita.)
   d. Sinal de menos unário com o símbolo **-**. (Ver Exercício 3.12.)

5.29 Refaça a especificação da calculadora Yacc da Figura 5.10, para que ela aceite números de ponto flutuante (e efetue cálculos de ponto flutuante).

5.30 Reescreva a especificação da calculadora Yacc da Figura 5.10 para que ela *diferencie* valores inteiros e de ponto flutuante, em vez de simplesmente computar tudo como inteiros ou como ponto flutuante. (Dica: um "valor" agora é um registro com um marcador que indica se ele é inteiro ou de ponto flutuante.)

5.31 a. Reescreva a especificação da calculadora Yacc da Figura 5.10 para que ela retorne uma árvore sintática segundo as declarações da Seção 3.3.2.
   b. Escreva uma função que receba como parâmetro a árvore sintática produzida pelo seu código do item (a) e retorne o valor calculado percorrendo a árvore.

5.32 A técnica simples de recuperação de erros sugerida para o programa da calculadora da Seção 5.7.3 tem um problema, pois pode levar à sobrecarga da pilha depois de muitos erros. Elimine esse problema.

5.33 Reescreva a especificação da calculadora Yacc da Figura 5.10 e acrescente as mensagens úteis de erros a seguir:

"parênteses faltando à direita", gerada pela cadeia (2+3

"parênteses faltando à esquerda", gerada pela cadeia 2+3)

"operador faltando", gerada pela cadeia 2 3

"operando faltando", gerada pela cadeia (2+)

5.34 A gramática a seguir representa expressões aritméticas simples em notação prefixa similar à de LISP:

$$lexp \rightarrow \textbf{número} \mid (\ op\ lexp\text{-}seq\ )$$
$$op \rightarrow + \mid - \mid *$$
$$lexp\text{-}seq \rightarrow lexp\text{-}seq\ lexp \mid lexp$$

Por exemplo, a expressão (* (-2) 3 4) tem como valor –24. Escreva uma especificação Yacc para um programa que compute e imprima o valor de expressões nessa sintaxe. (Dica: Isso requer que a gramática seja reescrita, bem como seja utilizado um mecanismo para passar o operador para *lexp-seq*.)

5.35 A gramática (ambígua) a seguir representa as expressões regulares simples discutidas no Capítulo 2:

$$rexp \rightarrow rexp" \mid "rexp$$
$$\mid rexp\ rexp$$
$$\mid rexp\ "*"$$
$$\mid "("\ rexp\ ")"$$
$$\mid \textbf{letra}$$

a. Escreva um esqueleto de especificação Yacc (ou seja, uma especificação sem ações) que expresse para essas operações a associatividade e a precedência corretas.

b. Estenda sua especificação do item (a) para incluir todas as ações e procedimentos auxiliares necessários para produzir um "compilador de expressões regulares", ou seja, um programa que receba uma expressão regular como entrada e gere um programa em C que, quando compilado, busque uma cadeia de entrada para a primeira ocorrência de uma subcadeia que case com a expressão regular. (Dica: uma tabela, ou matriz bidimensional, pode ser usada para representar os estados e transições do NFA associado. Esse NFA pode ser simulado por uma fila para os estados armazenados. Somente a tabela precisa ser gerada pelas ações Yacc; o resto do código será sempre o mesmo. Ver Capítulo 2.)

5.36 Reescreva a especificação Yacc para TINY (Apêndice B) de forma mais compacta, de uma das maneiras a seguir:

a. utilizando uma gramática ambígua para expressões (com as regras de eliminação de ambigüidade Yacc para precedência e associatividade), ou

b. juntando o reconhecimento dos operadores em uma única regra, como em

$$exp \rightarrow exp\ op\ termo \mid \ldots$$
$$op \rightarrow + \mid - \mid \ldots$$

e usando a declaração Yacc %**union** (a qual permite que *op* retorne o operador, e *exp* e outros não-terminais retornem ponteiros para os nós da árvore).

5.37 Acrescente os operadores de comparação <= (menor que ou igual a), > (maior que), >= (maior que ou igual a) e <> (diferente de) à especificação Yacc do analisador sintático TINY. (Isso requer a adição dessas marcas e a alteração correspondente do sistema de varredura, mas não deveria requerer uma alteração da árvore sintática.)
5.38 Acrescente os operadores booleanos **and, or** e **not** à especificação Yacc para o analisador sintático TINY. Dê a eles as propriedades descritas no Exercício 3.5, bem como precedência mais baixa que a de todos os operadores aritméticos. Verifique que qualquer expressão possa ser ou booleana ou inteira.
5.39 Reescreva a especificação Yacc para o analisador TINY, para melhorar sua recuperação de erros.

NOTAS E REFERÊNCIAS

A análise sintática LR geral foi inventada por Knuth (1965), mas foi considerada impraticável até as técnicas SLR e LALR serem desenvolvidas por DeRemer (1969, 1971). Seguimos a sabedoria tradicional, a qual indica que os analisadores sintáticos LR(1) são demasiadamente complicados para usos práticos. Na verdade, é possível construir analisadores sintáticos LR(1) fazendo uso de técnicas de junção de estados mais delicadas que as da análise LALR(1) (Pager, 1977). Não obstante, o poder adicionado é raramente utilizado. Um estudo mais profundo da teoria das técnicas de análise sintática LR pode ser encontrado em Aho e Ullman (1972).

O Yacc foi desenvolvido por Steve Johnson, nos laboratórios da AT&T, em meados dos anos 1970, e faz parte da maioria das implementações de Unix (Johnson, 1975). Ele foi utilizado para desenvolver o compilador Portable C (Johnson, 1978) e muitos outros compiladores. O Bison foi desenvolvido por Richard Stallman e outros; o Gnu Bison faz parte da distribuição de software Gnu, da Free Software Foundation, e está disponível em muitos endereços da Internet. Um exemplo de uso do Yacc para o desenvolvimento de um programa de calculadora poderoso e ainda assim compacto é dado em Kernighan e Pike (1984). Um estudo aprofundado do uso do Yacc pode ser encontrado em Schreiner e Friedman (1985).

As técnicas de recuperação de erros LR são estudadas em Graham, Haley e Joy (1979); Penello e DeRemer (1978); e Burke e Fisher (1987). Uma técnica de correção de erros é descrita em Fischer e LeBlanc (1991). As idéias básicas da técnica de modo de pânico encontradas na Seção 5.7.2 são atribuídas por Fischer e LeBlanc a James (1972).

Capítulo 6

Análise Semântica

6.1 Atributos e gramáticas de atributos
6.2 Algoritmos para computação de atributos
6.3 A tabela de símbolos
6.4 Tipos de dados e verificação de tipos
6.5 Analisador semântico para a linguagem TINY

Neste capítulo, estudamos a fase do compilador que computa as informações adicionais necessárias para a compilação quando a estrutura sintática do programa já é conhecida. Essa fase recebe o nome de análise semântica, pois requer a computação de informações que estão além da capacidade das gramáticas livres de contexto e dos algoritmos padrão de análise sintática. Portanto, essas informações não podem ser consideradas sintaxe.[1] A informação computada também está fortemente relacionada com o significado, ou seja, a semântica, do programa traduzido. Como a análise efetuada por um compilador é por definição estática (ela ocorre antes da execução), essa análise semântica também é denominada **análise semântica estática**. Em uma linguagem típica com tipos estáticos, como C, a análise semântica requer a construção de uma tabela de símbolos para acompanhar o significado dos nomes estabelecidos nas declarações e efetuar inferência e verificação de tipos em expressões e declarações, de forma a determinar sua correção pelas regras de tipos da linguagem.

    A análise semântica pode ser dividida em duas categorias. A primeira é a análise de um programa requerida pelas regras da linguagem de programação, para verificar sua correção e garantir sua execução. O quanto precisa ocorrer dessa análise requerida pela definição da linguagem varia tremendamente de linguagem para linguagem. Nas linguagens com orientação dinâmica, como LISP e Smalltalk, pode não existir uma análise semântica estática, e em linguagens como Ada existem requisitos fortes que um programa deve cumprir para ser executável. Outras linguagens ficam entre esses dois extremos (Pascal, por exemplo, não é tão estrita em seus requisitos estáticos quanto Ada e C, mas não é tão liberal quanto LISP).

    A segunda categoria de análise semântica é aquela efetuada por um compilador para melhorar a eficiência de execução do programa traduzido. Esse tipo de análise é, em geral, incluído nas discussões sobre "otimização", ou técnicas de melhoria de código. Estudaremos alguns desses métodos no capítulo sobre geração de código, enquanto neste capítulo nosso foco são as análises comuns requeridas por uma definição de linguagem para correção. As técnicas estudadas aqui se aplicam às duas situações. As duas categorias não são mutuamente exclusivas, pois os requisitos de correção, como a verificação estática de tipos, também permitem

---

1. Esse ponto foi discutido em detalhes na Seção 3.6.3 do Capítulo 3.

que um compilador gere código mais eficiente. Adicionalmente, os requisitos de correção discutidos aqui nunca podem determinar a correção completa de um programa, mas apenas um tipo de correção parcial. Esses requisitos também são úteis por proporcionar ao programador informações que aumentam a segurança e a robustez do programa.

A análise semântica estática requer a **descrição** das análises a efetuar e a **implementação** dessas análises, com base em algoritmos apropriados. Nesse ponto, ela é similar às análises léxica e sintática. Na análise sintática, por exemplo, utilizamos gramáticas livres de contexto em forma de Backus-Naur (BNF) para descrever a sintaxe e diversos algoritmos de análise sintática descendente e ascendente para implementar a sintaxe. Na análise semântica, a situação não é tão clara, em parte por não existir um método padrão (como BNF) para especificar a semântica estática de uma linguagem e em parte pelo fato de a quantidade e tipos de análise estática semântica variarem tanto de uma linguagem para outra. Um método para descrever a análise semântica, freqüentemente utilizado com sucesso por construtores de compiladores, é identificar **atributos**, ou propriedades, de entidades da linguagem que precisem ser computadas e escrever **equações de atributos**, ou **regras semânticas**, que expressem como a computação desses atributos se relaciona com as regras gramaticais da linguagem. Esse conjunto de atributos e equações é denominado **gramática de atributos**. Essas gramáticas de atributos são mais úteis para linguagens que obedeçam ao princípio da **semântica dirigida pela sintaxe**, o qual determina que o conteúdo semântico de um programa deve ser fortemente relacionado com sua sintaxe. Todas as linguagens modernas seguem essa propriedade. Infelizmente, o construtor de um compilador deve, em geral, construir uma gramática de atributos manualmente a partir do manual da linguagem, pois ela raramente é fornecida pelo projetista da linguagem. Ainda pior, a construção de uma gramática de atributos pode ser desnecessariamente complicada justamente por sua aderência à estrutura sintática explícita da linguagem. Uma base muito melhor para a expressão das computações semânticas é a sintaxe abstrata, conforme representada por uma árvore de sintaxe abstrata. Mas a especificação da sintaxe abstrata é também, em geral, deixada para o construtor do compilador em vez do projetista da linguagem.

Os algoritmos para implementar a análise semântica também não são tão claramente expressos como os algoritmos para a análise sintática. Novamente, isso se deve em parte aos mesmos problemas mencionados anteriormente, relacionados com a especificação da análise semântica. Existe, entretanto, um problema adicional provocado pela duração da análise no processo de compilação. Se a análise semântica puder ser interrompida até completar toda a análise sintática (e a construção de uma árvore de sintaxe abstrata), a tarefa de implementar a análise semântica se torna consideravelmente mais fácil, e é composta essencialmente pela especificação de uma ordem para percorrer a árvore sintática, juntamente com as computações a efetuar cada vez que um nó for encontrado durante esse percurso.

Isso, entretanto, implica que o compilador seja de múltiplas passadas. Se, no entanto, o compilador precisar efetuar todas essas operações em uma única passada (inclusive a geração de código), a implementação da análise semântica torna-se um processo *ad hoc* de encontrar uma ordem correta e um método para computar as informações semânticas (assumindo que isto exista). Felizmente, a prática moderna permite cada vez mais a utilização, pelo construtor do compilador, de passadas múltiplas para simplificar os processos de análise semântica e de geração de código.

Apesar do estado relativamente desordenado da análise semântica, ela é extremamente útil no estudo das gramáticas de atributos e das questões de especificação, pois amplia a capacidade de escrever com clareza e concisão e sem erros o código para a análise semântica, além de permitir um melhor entendimento desse código.

O capítulo começa, portanto, com um estudo dos atributos e gramáticas de atributos. Ele segue com as técnicas para implementar as computações especificadas por uma gramática de atributos, incluindo a inferência da ordem das computações e dos percursos de árvores. Duas seções subseqüentes concentram-se nas áreas principais da análise semântica: tabelas de símbolos e verificação de tipos. A última seção descreve um analisador semântico para a linguagem de programação TINY apresentada anteriormente.

Diferente dos capítulos anteriores, este capítulo não contém a descrição de um **gerador de analisadores semânticos** nem uma ferramenta geral para a construção de analisadores semânticos. Algumas ferramentas como essa foram construídas, mas nenhuma atingiu as condições de uso e disponibilidade de Lex e Yacc. Na seção de Notas e Referências, no final do capítulo, mencionamos algumas dessas ferramentas e fornecemos referências bibliográficas para o leitor interessado.

6.1 ATRIBUTOS E GRAMÁTICAS DE ATRIBUTOS

Um **atributo** é qualquer propriedade de uma construção de linguagem de programação. Os atributos podem variar imensamente em seu conteúdo e complexidade, e particularmente no momento em que, durante a tradução/execução, eles podem ser determinados. Alguns exemplos típicos de atributos são:

- Tipo de dados de uma variável
- Valor de uma expressão
- Localização de uma variável na memória
- Código-objeto de um procedimento
- Quantidade de dígitos significativos em um número

Os atributos podem ser fixados antes do processo de compilação (ou mesmo da construção de um compilador). Por exemplo, a quantidade de dígitos significativos em um número pode ser fixa (ou pelo menos ter um valor mínimo) pela definição de uma linguagem. Os atributos podem também ser determinados somente durante a execução de um programa, como o valor de uma expressão (que não seja constante) ou a localização de uma estrutura de dados alocada dinamicamente. O processo de computar um atributo e associar o seu valor computado com a construção da linguagem em questão recebe o nome de **amarração** do atributo. O momento durante a compilação/execução em que ocorre a amarração de um atributo é denominado **tempo de amarração**. Os tempos de amarração de diferentes atributos variam, e o mesmo atributo pode ter tempos de amarração diferentes dependendo da linguagem. Os atributos que podem ser amarrados antes da execução são denominados **estáticos**, e os atributos que só podem ser amarrados durante a execução são denominados **dinâmicos**. Um construtor de compiladores, evidentemente, tem interesse nos atributos estáticos amarrados durante a tradução.

Considere a lista de atributos acima. Discutimos a seguir o tempo de amarração e sua significância para a compilação e em cada um desses atributos.

- Em uma linguagem com tipos estáticos como C ou Pascal, o tipo de dados de uma variável ou expressão é um atributo importante durante a compilação. Um **verificador de tipos** é um analisador semântico que computa o atributo de tipo de dados de todas as entidades da linguagem para as quais os tipos de dados foram definidos e verifica se esses tipos estão de acordo com as regras de tipos da linguagem. Em uma linguagem como C ou Pascal, um verificador de tipos é uma parte importante da análise semântica. Em uma linguagem como LISP, entretanto, os tipos de dados são dinâmicos, e um compilador LISP precisa gerar código para computar os tipos e efetuar a verificação dinâmica de tipos durante a execução do programa.

- Os valores de expressões são em geral dinâmicos, e um compilador gerará código para computar os seus valores durante a execução. Entretanto, algumas expressões podem ser constantes (por exemplo, 3 + 4 * 5), e um analisador semântico pode preferir avaliá-las durante a compilação (esse processo é denominado **empacotamento constante**).
- A alocação de uma variável pode ser estática ou dinâmica, dependendo da linguagem e das propriedades da variável. Por exemplo, em FORTRAN77 todas as variáveis são alocadas estaticamente, e em LISP todas as variáveis são alocadas dinamicamente. C e Pascal têm uma mistura de alocação de variáveis estáticas e dinâmicas. Um compilador, em geral, não efetuará as computações associadas à alocação de variáveis até a geração de código, pois essas computações dependem do ambiente de execução e, por vezes, dos detalhes da máquina-alvo. (O próximo capítulo trata desse assunto com mais detalhes.)
- O código-objeto de um procedimento é claramente um atributo estático. O gerador de código de um compilador tem como única função computar esse atributo.
- A quantidade de dígitos significativos em um número é um atributo freqüentemente não tratado explicitamente durante a compilação. Ele fica implícito na forma como o construtor do compilador implementa as representações de valores, e isto é considerado, em geral, parte do ambiente de execução, discutido no próximo capítulo. Entretanto, até mesmo o sistema de varredura pode precisar do número de dígitos significativos permitidos para traduzir corretamente as constantes.

Conforme vemos com esses exemplos, as computações de atributos variam muito. Quando elas aparecem explicitamente em um compilador, podem ocorrer em qualquer ponto da compilação: embora associemos a computação de atributos mais fortemente à análise semântica, tanto a varredura como a análise sintática podem precisar de informações dos atributos, e algumas das análises semânticas podem ser requeridas durante a análise sintática. Neste capítulo, nosso foco são as computações típicas que ocorrem antes da geração de código e depois da análise sintática (mas veja a Seção 6.2.5 para informações sobre a análise semântica durante a análise sintática). A análise de atributos que se aplica diretamente à geração de código será discutida no Capítulo 8.

6.1.1 Gramáticas de atributos

Na **semântica dirigida pela sintaxe**, os atributos são diretamente associados aos símbolos gramaticais da linguagem (os terminais e não-terminais).[2] Se X for um símbolo gramatical e a for um atributo associado a X, escrevemos $X.a$ para o valor de a associado a X. Essa notação faz lembrar o designante de campo de registros de Pascal, ou (de forma equivalente) uma operação de membro de estrutura de C. Uma forma típica de implementação dos cálculos de atributos é a colocação de valores de atributos nos nós de uma árvore sintática com base em campos de registro (ou membros de estrutura). Isso será visto com mais detalhes na próxima seção.

Dada uma coleção de atributos $a_1, ..., a_k$, o princípio da semântica dirigida pela sintaxe implica que para cada regra gramatical $X_0 \rightarrow X_1 X_2 ... X_n$ (onde X_0 é um não-terminal e os

---

[2]. A semântica dirigida pela sintaxe poderia também ser denominada **sintaxe dirigida pela semântica**, pois na maioria das linguagens a sintaxe é projetada tendo em mente a semântica (final) das construções.

outros X_i são símbolos arbitrários), os valores dos atributos $X_i.a_j$ de cada símbolo gramatical X_i são relacionados aos valores dos atributos dos outros símbolos na regra. Se o mesmo símbolo X_i aparecer mais de uma vez na regra gramatical, cada ocorrência deve ser diferenciada das outras com índices apropriados, para que os valores de atributos de ocorrências diferentes possam ser diferenciados. Cada relação é especificada por uma **equação de atributos** ou **regra semântica**[3] da forma

$$X_i.a_j = f_{ij}(X_0.a_1, ..., X_0.a_k, X_1.a_1, ..., X_1.a_k, ..., X_n.a_1, ..., X_n.a_k)$$

onde f_{ij} é uma função matemática de seus argumentos. Uma **gramática de atributos** para os atributos $a_1, ..., a_k$ é a coleção dessas equações para todas as regras gramaticais da linguagem.

Nesse grau de generalidade, as gramáticas de atributos podem parecer extremamente complexas. Na prática, as funções f_{ij} são, em geral, bastante simples. É raro, também, que os atributos dependam de um número muito grande de outros atributos, e portanto eles podem ser divididos em conjuntos independentes pequenos, em que cada conjunto caracteriza os atributos interdependentes, e as gramáticas de atributos podem ser escritas em separado para cada conjunto.

Tipicamente, as gramáticas de atributos são escritas em forma de tabelas, com cada regra gramatical listada junto com o conjunto de equações de atributos, ou regras semânticas associadas, da seguinte maneira:[4]

Regra gramatical	Regras semânticas
Regra 1	Equações de atributos associadas
.	.
.	.
.	.
Regra n	Equações de atributos associadas

Seguimos agora para diversos exemplos.

Exemplo 6.1
Considere a gramática simples a seguir para números sem sinal:

$$número \rightarrow número\ dígito\ |\ dígito$$
$$dígito \rightarrow 0\ |\ 1\ |\ 2\ |\ 3\ |\ 4\ |\ 5\ |\ 6\ |\ 7\ |\ 8\ |\ 9$$

---
3. Mais adiante veremos as regras semânticas sendo mais gerais que as equações de atributos. Por ora, o leitor pode considerá-las idênticas.
4. Sempre utilizaremos o nome "regras semânticas" nessas tabelas, em vez de "equações de atributos", permitindo assim uma interpretação mais geral dessas regras semânticas mais adiante.

O atributo mais significativo de um número é o seu valor, que recebe o nome *val*. Cada dígito tem um valor que é diretamente computável com base no dígito que ele representa. Por exemplo, a regra gramatical *dígito* → **0** indica que *dígito* tem valor 0 nesse caso. Isso pode ser expresso pela equação de atributo *dígito.val* = 0, e associamos essa equação à regra *dígito* → **0**. Adicionalmente, cada número tem um valor baseado nos dígitos que ele contém. Se um número for derivado com base na regra

$$número \rightarrow dígito$$

o número conterá apenas um dígito, e o seu valor será o valor de seu dígito. A equação de atributo que expressa esse fato é

$$número.val = dígito.val$$

Se um número contiver mais de um dígito, ele será derivado utilizando a regra gramatical

$$número \rightarrow número\ dígito$$

e devemos expressar a relação entre o valor do símbolo à esquerda da regra gramatical e os valores dos símbolos à direita. Observe que as duas ocorrências de *número* na regra gramatical devem ser diferenciadas, pois o *número* à direita terá um valor diferente daquele do *número* à esquerda. Diferenciamos esses valores com índices, e a regra fica assim:

$$número_1 \rightarrow número_2\ dígito$$

Considere agora um número como **34**. Uma derivação (à esquerda) desse número é a seguinte: *número* ⇒ *número dígito* ⇒ *dígito dígito* ⇒ **3** *dígito* ⇒ **34**. Considere o uso da regra gramatical $número_1$ → $número_2$ *dígito* no primeiro passo dessa derivação. O não-terminal $número_2$ corresponde ao dígito **3**, e *dígito* corresponde ao dígito **4**. Os valores de cada um são 3 e 4, respectivamente. Para obter o valor de $número_1$ (ou seja, 34), precisamos multiplicar o valor de $número_2$ por 10 e somar ao valor de *dígito*: 34 = 3 * 10 + 4. Em outras palavras, carregamos o 3 uma casa decimal para a esquerda e somamos ao 4, o que corresponde à equação de atributo

$$número_1.val = número_2.val * 10 + dígito.val$$

Uma gramática de atributos completa para o atributo *val* é dada na Tabela 6.1.

O significado das equações de atributos para uma cadeia em particular pode ser visualizado pela árvore de análise sintática para a cadeia. Por exemplo, a árvore de análise sintática para o número **345** é dada na Figura 6.1. Nela, o cálculo correspondente à equação de atributos apropriada é mostrado abaixo de cada nó interior. Para os algoritmos computarem os valores dos atributos, é importante enxergar as equações de atributos como computações na árvore de análise sintática, conforme veremos na próxima seção.[5]

Tanto na Tabela 6.1 como na Figura 6.1, enfatizamos a diferença entre a representação sintática de um dígito e o valor, ou conteúdo semântico, do dígito fazendo uso de fontes distintas. Por exemplo, na regra gramatical *dígito* → **0**, o dígito **0** é uma marca ou caractere, enquanto *dígito.val* = 0 indica que o dígito tem o valor numérico 0.

Tabela 6.1   Gramática de atributos para o Exemplo 6.1.

Regra gramatical	Regras semânticas
número$_1$ → *número*$_2$ *dígito*	*número*$_1$.*val* = *número*$_2$.*val* * 10 + *dígito.val*
número → *dígito*	*número.val* = *dígito.val*
dígito → **0**	*dígito.val* = 0
dígito → **1**	*dígito.val* = 1
dígito → **2**	*dígito.val* = 2
dígito → **3**	*dígito.val* = 3
dígito → **4**	*dígito.val* = 4
dígito → **5**	*dígito.val* = 5
dígito → **6**	*dígito.val* = 6
dígito → **7**	*dígito.val* = 7
dígito → **8**	*dígito.val* = 8
dígito → **9**	*dígito.val* = 9

```
                         número
                   (val = 34 * 10 + 5 = 345)
                   /                        \
              número                       dígito
         (val = 3 * 10 + 4 = 34)          (val = 5)
          /              \                    |
      número           dígito                 5
     (val = 3)        (val = 4)
         |                |
      dígito              4
     (val = 3)
         |
         3
```

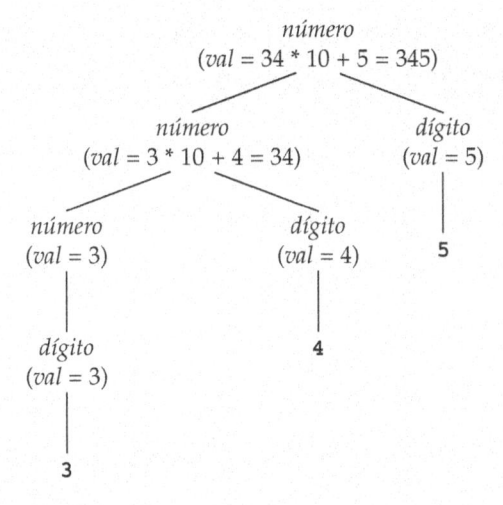

Figura 6.1   Árvore de análise sintática que mostra as computações de atributos para o Exemplo 6.1.

---

[5]. Os números são reconhecidos como marcas pelo sistema de varredura, e seus valores numéricos são facilmente computados ao mesmo tempo. Ao fazer isso, entretanto, o sistema de varredura provavelmente utilizará de maneira implícita as equações de atributos aqui especificadas.

Exemplo 6.2
Considere a gramática a seguir para expressões de aritmética de inteiros simples:

$$exp \rightarrow exp + termo \mid exp - termo \mid termo$$
$$termo \rightarrow termo * fator \mid fator$$
$$fator \rightarrow (exp) \mid \mathbf{número}$$

Essa gramática é uma versão ligeiramente modificada da gramática de expressões simples estudada extensivamente nos capítulos anteriores. O atributo principal de *exp* (ou *termo* ou *fator*) é o seu valor numérico, que denotamos como *val*. As equações de atributos para o atributo *val* são apresentadas na Tabela 6.2.

Tabela 6.2 Gramática de atributos para o Exemplo 6.2.

Regra gramatical	Regras semânticas
$exp_1 \rightarrow exp_2 + termo$	$exp_1.val = exp_2.val + termo.val$
$exp_1 \rightarrow exp_2 - termo$	$exp_1.val = exp_2.val - termo.val$
$exp \rightarrow termo$	$exp.val = termo.val$
$termo_1 \rightarrow termo_2 * fator$	$termo_1.val = termo_2.val * fator.val$
$termo \rightarrow fator$	$termo.val = fator.val$
$fator \rightarrow (exp)$	$fator.val = exp.val$
$fator \rightarrow \mathbf{número}$	$fator.val = \mathbf{número}.val$

Essas equações expressam as relações entre a sintaxe das expressões e a semântica das computações aritméticas a serem efetuadas. Observe, por exemplo, a diferença entre o símbolo sintático **+** (uma marca) na regra gramatical

$$exp_1 \rightarrow exp_2 + termo$$

e a operação aritmética de adição + efetuada na equação

$$exp_1.val = exp_2.val + termo.val$$

Observe também que não existem equações com **número**.*val* à esquerda. Conforme veremos na próxima seção, isso implica que **número**.*val* será computada antes de qualquer análise semântica a qual use essa gramática de atributos (por exemplo, pelo sistema de varredura). Alternativamente, se quisermos que esse valor esteja explícito na gramática de atributos, precisamos acrescentar regras gramaticais e equações de atributos à gramática de atributos (por exemplo, as equações do Exemplo 6.1).

Também podemos expressar as computações resultantes dessa gramática de atributos com equações vinculadas aos nós em uma árvore de análise sintática, como no Exemplo 6.1. Por exemplo, dada a expressão `(34-3)*42`, podemos expressar a semântica do seu valor na árvore de análise sintática conforme mostra a Figura 6.2.

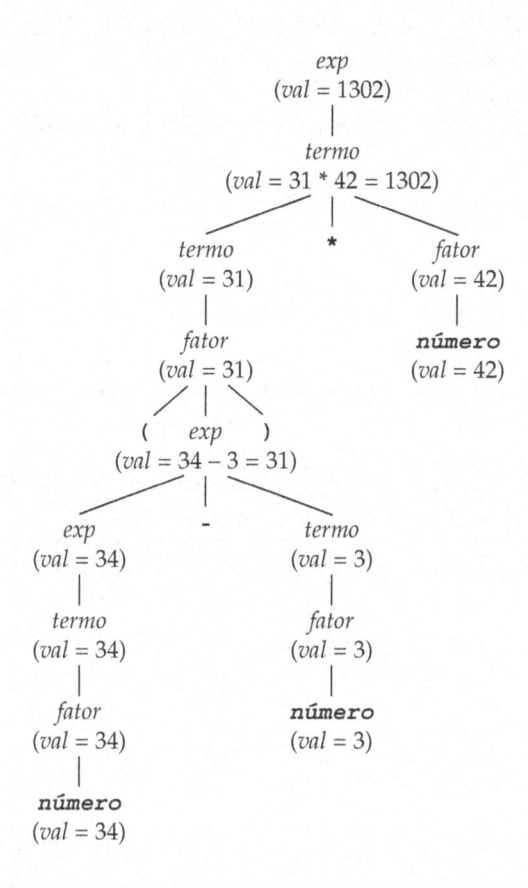

$$
\begin{array}{c}
exp \\
(val = 1302) \\
| \\
termo \\
(val = 31 * 42 = 1302)
\end{array}
$$

```
                    exp
                (val = 1302)
                     |
                   termo
              (val = 31 * 42 = 1302)
                 /    |    \
              termo   *    fator
           (val = 31)    (val = 42)
               |              |
             fator         número
          (val = 31)      (val = 42)
           /  |  \
          (  exp  )
         (val = 34 - 3 = 31)
           /    |    \
         exp    -    termo
      (val = 34)   (val = 3)
          |           |
        termo       fator
      (val = 34)   (val = 3)
          |           |
        fator      número
      (val = 34)   (val = 3)
          |
        número
      (val = 34)
```

Figura 6.2 Árvore de análise sintática para (34-3)*42, que mostra as computações do atributo *val* para a gramática de atributos do Exemplo 6.2.

Exemplo 6.3

Considere a seguinte gramática simples de declarações de variáveis como na sintaxe de C:

decl → *tipo var-lista*
tipo → **int** | **float**
var-lista → **id,** *var-lista* | **id**

Queremos definir um atributo de tipo de dados para as variáveis sugeridas pelos identificadores em uma declaração e escrever as equações que expressem como o atributo de tipo de dados se relaciona com o tipo da declaração. Isso é feito com a construção de uma gramática de atributos para um atributo *dtipo* (utilizamos o nome *dtipo* para diferenciar do atributo para o não-terminal *tipo*). A gramática de atributos para *dtipo* é mostrada na Tabela 6.3. As seguintes observações são feitas a respeito das equações de atributos naquela figura.

Primeiro, os valores de *dtipo* pertencem ao conjunto {*inteiro, real*}, o que corresponde às marcas **int** e **float**. O não-terminal *tipo* tem um *dtipo* dado pela marca que ele representa. Esse *dtipo* corresponde ao *dtipo* de toda a *var-lista*, pelas equações associadas à regra gramatical para *decl*. Cada **id** na lista tem esse mesmo *dtipo*, pelas equações associadas a *var-lista*. Observe que não há uma equação que envolva o *dtipo* do não-terminal *decl*. Uma *decl* não precisa ter um *dtipo* – não é necessário que o valor de um atributo seja especificado para todos os símbolos gramaticais.

Assim como anteriormente, as equações de atributos podem ser exibidas em uma árvore de análise sintática. Um exemplo é apresentado na Figura 6.3.

Tabela 6.3   Gramática de atributos para o Exemplo 6.3

Regra gramatical	Regras semânticas
decl → *tipo var-lista*	*var-lista.dtipo* = *tipo.dtipo*
tipo → **int**	*tipo.dtipo* = *integer*
tipo → **float**	*tipo.dtipo* = *real*
var-lista$_1$ → **id**, *var-lista*$_2$	**id**.*dtipo* = *var-lista*$_1$.*dtipo*
	var-lista$_2$.*dtipo* = *var-lista*$_1$.*dtipo*
var-lista → **id**	**id**.*dtipo* = *var-lista.dtipo*

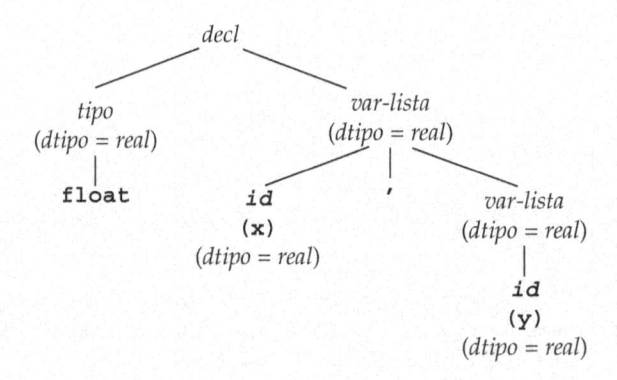

```
                        decl
                       /    \
                   tipo      var-lista
              (dtipo = real)  (dtipo = real)
                   |          /    |    \
                float       id     ,    var-lista
                            (x)         (dtipo = real)
                       (dtipo = real)         |
                                              id
                                              (y)
                                        (dtipo = real)
```

Figura 6.3   Árvore de análise sintática para a cadeia **float x,y**, que mostra o atributo *dtipo* conforme especificado pela gramática de atributos da Tabela 6.3.

Nos exemplos até aqui, havia apenas um atributo. As gramáticas de atributos podem envolver diversos atributos interdependentes. O próximo exemplo é uma situação simples na qual ocorrem atributos interdependentes.

Exemplo 6.4
Considere uma modificação da gramática de números do Exemplo 6.1, na qual os números podem ser decimais ou octais. Suponha que isso seja indicado por um sufixo de um caractere **o** (para octais) ou **d** (para decimais). Conseqüentemente, teremos a seguinte gramática:

$$\begin{aligned}
&\textit{base-num} \rightarrow \textit{num basecar} \\
&\textit{basecar} \rightarrow \texttt{o} \mid \texttt{d} \\
&\textit{num} \rightarrow \textit{num dígito} \mid \textit{dígito} \\
&\textit{dígito} \rightarrow 0 \mid 1 \mid 2 \mid 3 \mid 4 \mid 5 \mid 6 \mid 7 \mid 8 \mid 9
\end{aligned}$$

Nesse caso, *num* e *dígito* requerem um novo atributo *base*, utilizado para computar o atributo *val*. A gramática de atributos para *base* e *val* é mostrada na Tabela 6.4.

Tabela 6.4 Gramática de atributos para o Exemplo 6.4.

Regra gramatical	Regras semânticas
base-num → num basecar	base-num.val = num.val num.base = basecar.base
basecar → o	basecar.base = 8
basecar → d	basecar.base = 10

num_1 → num_2 dígito	num_1.val =
	  if dígito.val = erro **or** num_2.val = erro
	  then erro
	  else num_2.val * num_1.base + dígito.val
	num_2.base = num_1.base
	dígito.base = num_1.base

num → dígito	num.val = dígito.val dígito.base = num.base
dígito → 0	dígito.val = 0
dígito → 1	dígito.val = 1
...	...
dígito → 7	dígito.val = 7
dígito → 8	dígito.val = **if** dígito.base = 8 **then** erro **else** 8
dígito → 9	dígito.val = **if** dígito.base = 8 **then** erro **else** 9

Duas novas características deveriam ser notadas nessa gramática de atributos. Primeiro, a gramática BNF não elimina a combinação errônea dos dígitos (não octais) **8** e **9** com sufixo **o**. Por exemplo, a cadeia **189o** é sintaticamente correta segundo a BNF acima, mas não pode receber nenhum valor. Portanto, um novo valor de *erro* é requerido para esses casos. Adicionalmente, a gramática de atributos precisa expressar o fato de que a inclusão de **8** ou **9** em um número com sufixo **o** resulta em um valor de *erro*. A forma mais fácil de fazer isso é utilizar uma expressão **if-then-else** nas funções das equações de atributos apropriadas. Por exemplo, a equação

num_1.val =
  if dígito.val = erro **or** num_2.val = erro
  then erro
  else num_2.val * num_1.base + dígito.val

correspondente à regra gramatical num_1 → num_2 dígito expressa o fato de que se num_2.val ou dígito.val forem *erro* logo num_1.val também precisa ser *erro*, e somente se isso não ocorrer, num_1.val será dado pela fórmula num_2.val * num_1.base + dígito.val.

Para concluir esse exemplo, novamente mostramos os cálculos de atributos em uma árvore de análise sintática. Na Figura 6.4 temos uma árvore de análise sintática para o número **345o**, juntamente com os valores de atributos computados segundo a gramática de atributos da Tabela 6.4.

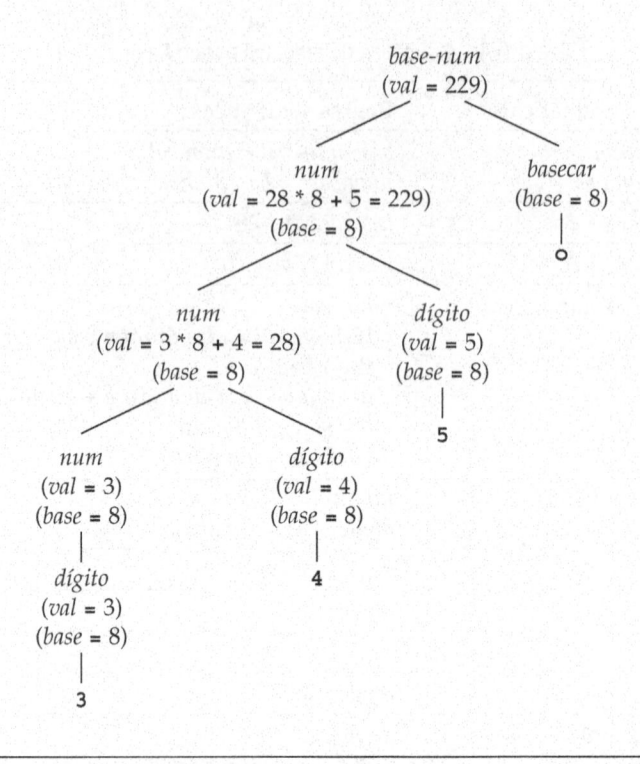

```
                    base-num
                    (val = 229)
                   /          \
              num              basecar
    (val = 28 * 8 + 5 = 229)   (base = 8)
         (base = 8)                |
         /        \                0
       num         dígito
  (val = 3*8+4=28) (val = 5)
    (base = 8)    (base = 8)
      /    \          |
    num    dígito     5
 (val = 3) (val = 4)
 (base = 8)(base = 8)
    |          |
  dígito       4
 (val = 3)
 (base = 8)
    |
    3
```

Figura 6.4   Árvore de análise sintática que mostra as computações de atributos para o Exemplo 6.4.

6.1.2   Simplificações e extensões das gramáticas de atributos

O uso de uma expressão **if-then-else** estende os tipos de expressões úteis que podem aparecer em uma equação de atributos. A coleção de expressões permitidas em uma equação de atributos é denominada **metalinguagem** para a gramática de atributos. Em geral, queremos uma metalinguagem cujo significado seja suficientemente claro para evitar o surgimento de confusão a respeito de sua própria semântica. Também queremos uma metalinguagem próxima de uma linguagem de programação existente, pois, conforme veremos em breve, queremos que as equações de atributos sejam código executável em um analisador semântico. Neste livro, utilizamos uma metalinguagem limitada a expressões aritméticas, lógicas e de alguns poucos tipos adicionais, juntamente com uma expressão **if-then-else**, e ocasionalmente uma expressão **case** ou uma expressão **switch**.

Uma característica adicional útil para a especificação de equações de atributos é o acréscimo na metalinguagem do uso de funções cujas definições possam ser dadas em outro lugar. Por exemplo, nas gramáticas para números, escrevemos até aqui equações de atributos para cada uma das escolhas de *dígito*. Em vez disso, poderíamos adotar uma convenção mais concisa ao escrever a regra gramatical para *dígito* como *dígito* → **D** (onde **D** deve ser entendido como um dos dígitos) e, em seguida, escrever a equação de atributos correspondente como

$$dígito.val = numval(\mathbf{D})$$

Aqui, *numval* é uma função cuja definição deve ser especificada em outro lugar, como um suplemento da gramática de atributos. Por exemplo, poderíamos dar a definição a seguir para *numval* em C:

```
int numval(char D)
{ return (int)D - (int)'0';}
```

Uma simplificação adicional que pode ser útil para especificar as gramáticas de atributos é o uso de uma forma ambígua, porém mais simples, da gramática original. Como assume-se que o analisador sintático já foi construído, toda a ambigüidade terá sido tratada naquele estágio, e a gramática de atributos pode ser baseada livremente nas construções ambíguas, sem implicar ambigüidade nos atributos resultantes. Por exemplo, a gramática de expressões aritméticas do Exemplo 6.2 tem a forma a seguir, que é mais simples, mas que também é ambígua:

$$exp \rightarrow exp + exp \,|\, exp - exp \,|\, exp * exp \,|\, (exp) \,|\, \textbf{número}$$

Com base nessa gramática, o atributo *val* pode ser definido pela Tabela 6.5 (compare isso com a Tabela 6.2).

Tabela 6.5   Definição do atributo *val* para uma expressão com base em uma gramática ambígua.

Regra gramatical	Regras semânticas
$exp_1 \rightarrow exp_2 + exp_3$	$exp_1.val = exp_2.val + exp_3.val$
$exp_1 \rightarrow exp_2 - exp_3$	$exp_1.val = exp_2.val - exp_3.val$
$exp_1 \rightarrow exp_2 * exp_3$	$exp_1.val = exp_2.val * exp_3.val$
$exp_1 \rightarrow (exp_2)$	$exp_1.val = exp_2.val$
$exp \rightarrow \textbf{número}$	$exp.val = \textbf{número}.val$

Uma simplificação pode também ser efetuada na exibição dos valores de atributos, com uma árvore de sintaxe abstrata em vez de uma árvore de análise sintática. Uma árvore de sintaxe abstrata deve sempre ter estrutura suficiente para que a semântica definida por uma gramática de atributos possa ser expressa. Por exemplo, a expressão **(34-3)*42**, cuja árvore de análise sintática e atributos *val* foram mostrados na Figura 6.2, pode ter sua semântica completamente expressa pela árvore de sintaxe abstrata da Figura 6.5.

Conforme esperado, a árvore sintática pode ser especificada por uma gramática de atributos, conforme mostra o exemplo a seguir.

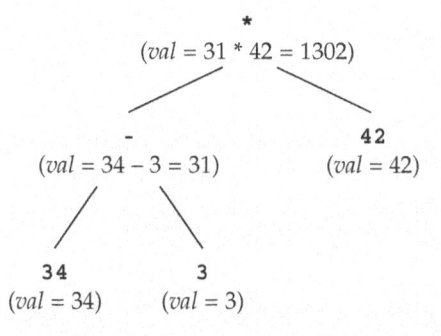

```
            *
      (val = 31 * 42 = 1302)
         /        \
        -          42
  (val = 34 - 3 = 31)  (val = 42)
     /      \
    34       3
  (val = 34) (val = 3)
```

Figura 6.5   Árvore de sintaxe abstrata para **(34-3)*42**, que mostra as computações de atributos de *val* para a gramática de atributos da Tabela 6.2 ou da Tabela 6.5.

Exemplo 6.5
Dada a gramática para expressões de aritmética de inteiros simples do Exemplo 6.2, podemos definir uma árvore de sintaxe abstrata para expressões pela gramática de atributos mostrada na Tabela 6.6. Nessa gramática de atributos, utilizamos duas funções auxiliares denominadas *mkOpNode* e *mkNumNode*. A função *mkOpNode* recebe três parâmetros (uma marca de operador e duas árvores sintáticas) e constrói um novo nó de árvore cujo marcador de operador é o primeiro parâmetro, e cujos filhos são o segundo e o terceiro parâmetros. A função *mkNumNode* recebe um parâmetro (um valor numérico) e constrói um nó folha que representa um número com aquele valor. Na Tabela 6.6, escrevemos o valor numérico como **número**.*lexval*, para indicar que ele é construído pelo sistema de varredura. Este poderia ser o valor numérico do número ou sua representação em cadeia de caracteres, dependendo da implementação. (Compare a equação na Tabela 6.6 com a construção descendente recursiva da árvore sintática TINY no Apêndice B.)

Tabela 6.6 Gramática de atributos para árvores de sintaxe abstrata de expressões de aritmética de inteiros simples.

Regra gramatical	Regras semânticas
$exp_1 \rightarrow exp_2 + termo$	$exp_1.\text{árvore} = mkOpNode(\text{+}, exp_2.\text{árvore}, termo.\text{árvore})$
$exp_1 \rightarrow exp_2 - termo$	$exp_1.\text{árvore} = mkOpNode(\text{-}, exp_2.\text{árvore}, termo.\text{árvore})$
$exp \rightarrow termo$	$exp.\text{árvore} = termo.\text{árvore}$
$termo_1 \rightarrow termo_2 * fator$	$termo_1.\text{árvore} = mkOpNode(\text{*}, termo_2.\text{árvore}, fator.\text{árvore})$
$termo \rightarrow fator$	$termo.\text{árvore} = fator.\text{árvore}$
$fator \rightarrow (exp)$	$fator.\text{árvore} = exp.\text{árvore}$
$fator \rightarrow \textbf{número}$	$fator.\text{árvore} = mkNumNode(\textbf{número}.lexval)$

Uma questão central para a especificação dos atributos com base em gramáticas de atributos é: como podemos ter a certeza de que uma gramática de atributos em particular é consistente e completa, ou seja, define de forma única os atributos dados? A resposta simples é que até aqui não podemos. Essa questão é similar a determinar se uma gramática é ambígua. Na prática, os algoritmos de análise sintática são o que determina a adequabilidade de uma gramática, e uma situação similar ocorre no caso de gramáticas de atributos. Portanto, os métodos algorítmicos para a computação de atributos estudados na próxima seção determinarão se uma gramática de atributos é adequada para definir os valores de atributos.

6.2 ALGORITMOS PARA COMPUTAÇÃO DE ATRIBUTOS

Nesta seção, estudaremos as formas que podem ser usadas em uma gramática de atributos como base para um compilador computar e utilizar os atributos definidos pelas equações da gramática de atributos. Basicamente, isto leva a transformar a equação de atributos em regras de computação. Portanto, a equação de atributos

$$X_i.a_j = f_{ij}(X_0.a_1, ..., X_0.a_k, X_1.a_1, ..., X_1.a_k, ..., X_n.a_1, ..., X_n.a_k)$$

é vista como uma atribuição do valor da expressão funcional à direita ao atributo $X_i.a_j$. Para que isso ocorra, os valores de todos os atributos à direita já devem existir. Esse requisito pode ser ignorado na especificação das gramáticas de atributos, onde as equações podem ser escritas em ordem arbitrária sem afetar a sua validade. O problema da implementação de um algoritmo que corresponda a uma gramática de atributos é composto primariamente por encontrar uma ordem para a avaliação e atribuição dos atributos que garantem a todos os valores de atributos utilizados em cada computação sua disponibilidade ao efetuar cada computação. As equações de atributos indicam as restrições de ordem na computação dos atributos, e a primeira tarefa é explicitar as restrições de ordem, com grafos direcionados que representem essas restrições. Esses grafos direcionados são denominados grafos de dependência.

6.2.1 Grafos de dependência e ordem de avaliação

Dada uma gramática de atributos, cada escolha de regra gramatical tem um **grafo de dependências associado**. Esse grafo tem um nó rotulado para cada atributo $X_i.a_j$ de cada símbolo na regra gramatical, e para cada equação de atributos

$$X_i.a_j = f_{ij}(..., X_m.a_k, ...)$$

associada à regra gramatical existe um arco de cada nó $X_m.a_k$ à direita do nó $X_i.a_j$ (que expressa a dependência entre $X_i.a_j$ e $X_m.a_k$). Dada uma cadeia legal na linguagem gerada pela gramática livre de contexto, o **grafo de dependências** da cadeia é a união dos grafos de dependências das escolhas de regras gramaticais que representam cada nó (não-folha) da árvore de análise sintática da cadeia.

Ao desenhar o grafo de dependências de cada regra gramatical ou cadeia, os nós associados a cada símbolo X são apresentados em um grupo, para que as dependências possam ser vistas como estruturadas em torno de uma árvore de análise sintática.

Exemplo 6.6
Considere a gramática do Exemplo 6.1, em que a gramática de atributos é mostrada pela Tabela 6.1. Há apenas um atributo, *val*; portanto, para cada símbolo há apenas um nó em cada grafo de dependências, que corresponde ao seu atributo *val*. A escolha de regra gramatical $número_1 \rightarrow número_2\ dígito$ tem a equação de atributos associada única

$$número_1.val = número_2.val * 10 + dígito.val$$

O grafo de dependências para essa escolha de regra gramatical é

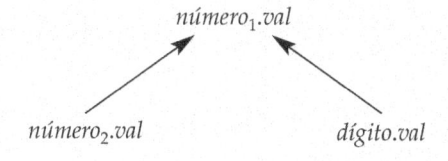

$$número_1.val$$

$$número_2.val \qquad dígito.val$$

(Nos próximos grafos de dependências, omitiremos os índices para símbolos repetidos, pois a representação gráfica diferencia com clareza as ocorrências distintas como nós distintos.)

De maneira similar, o grafo de dependências para a regra gramatical *número* → *dígito* com a equação de atributos *número.val* = *dígito.val* é

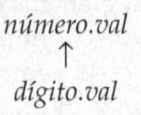

número.val
↑
dígito.val

Para as regras gramaticais restantes de forma *dígito* → **D**, os grafos de dependências são triviais (ou seja, sem arcos), pois *dígito.val* é computado diretamente do lado direito da regra.

Finalmente, a cadeia **345** tem o grafo de dependências a seguir, que corresponde à sua árvore de análise sintática (ver Figura 6.1):

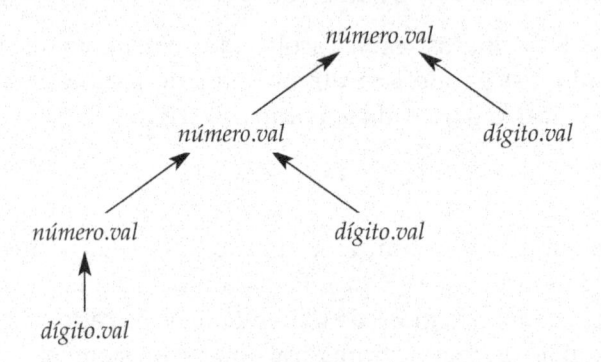

número.val
↗   ↖
número.val   *dígito.val*
↗   ↖
número.val   *dígito.val*
↑
dígito.val

Exemplo 6.7

Considere a gramática do Exemplo 6.3, com a gramática de atributos para o atributo *dtipo* apresentada na Tabela 6.3. Nesse exemplo, a regra gramatical *var-lista*$_1$ → **id,** *var-lista*$_2$ tem as equações de atributos associadas

$$\mathbf{id}.dtipo = var\text{-}lista_1.dtipo$$
$$var\text{-}lista_2.dtipo = var\text{-}lista_1.dtipo$$

e o grafo de dependências

var-lista.dtipo
↙   ↘
id.*dtipo*   *var-lista.dtipo*

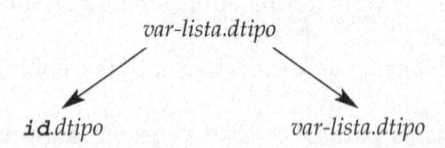

De maneira similar, a regra gramatical *var-lista* → **id** tem como grafo de dependências

var-lista.dtipo
↓
id.*dtipo*

As duas regras *tipo* → **int** e *tipo* → **float** têm grafos de dependências triviais.

Finalmente, a regra *decl* → *tipo var-lista* com a equação associada *var-lista.dtipo* = *tipo.dtipo* tem como grafo de dependências

tipo.dtipo ⟶ *var-lista.dtipo*

Nesse caso, como *decl* não está diretamente envolvida no grafo de dependências, não fica completamente claro qual regra gramatical está associada a esse grafo. Por esse motivo (e alguns outros motivos que serão discutidos mais adiante), freqüentemente desenhamos o grafo de dependências superposto a um segmento da árvore de análise sintática que corresponde à regra gramatical. Portanto, o grafo de dependências anterior pode ser desenhado como

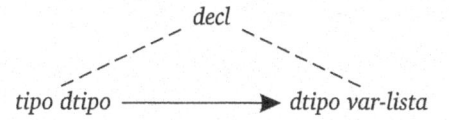

$$decl$$
$$tipo\ dtipo \longrightarrow dtipo\ var\text{-}lista$$

e isso deixa mais claro a qual regra gramatical a dependência é associada. Observe, também, que ao desenharmos os nós da árvore de análise sintática, suprimimos a notação de pontos para os atributos e representamos os atributos de cada nó escritos junto a cada nó associado. Portanto, o primeiro grafo de dependências nesse exemplo pode também ser escrito como

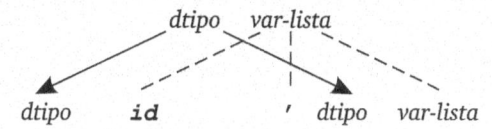

$$dtipo\quad var\text{-}lista$$
$$dtipo\quad \mathtt{id} \qquad ,\quad dtipo\quad var\text{-}lista$$

Finalmente, o grafo de dependências para a cadeia `float x,y` é

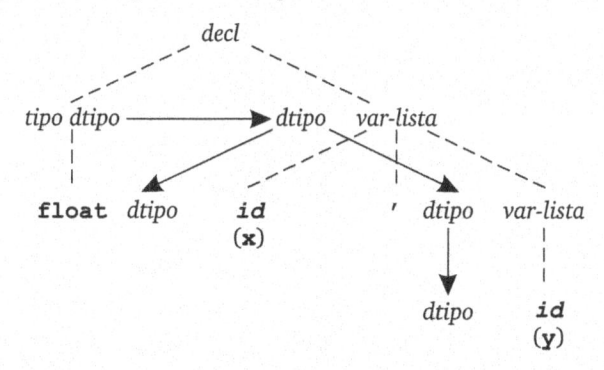

$$decl$$
$$tipo\ dtipo \longrightarrow dtipo\quad var\text{-}lista$$
$$\mathtt{float}\quad dtipo\quad \mathtt{id}\ (\mathtt{x}) \qquad ,\quad dtipo\quad var\text{-}lista$$
$$dtipo\quad \mathtt{id}\ (\mathtt{y})$$

Exemplo 6.8
Considere a gramática de números com base do Exemplo 6.4 com a gramática de atributos para os atributos *base* e *val* na Tabela 6.4. Desenharemos os grafos de dependências para as quatro regras gramaticais

$$\begin{aligned}&base\text{-}num \to num\ basecar\\&num \to num\ dígito\\&num \to dígito\\&dígito \to 9\end{aligned}$$

e para a cadeia `345o`, cuja árvore de análise sintática está na Figura 6.4.

Iniciamos com o grafo de dependências para a regra gramatical *base-num → num basecar*:

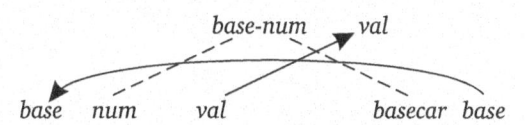

$$base\text{-}num\quad val$$
$$base\quad num\quad val\qquad basecar\quad base$$

Esse grafo expressa as dependências das duas equações associadas *base-num.val = num.val* e *num.base = basecar.base*.

Desenhamos a seguir o grafo de dependências que corresponde à regra gramatical $num \to num\ dígito$:

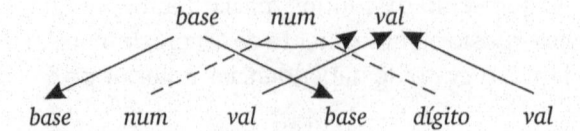

Esse grafo expressa as dependências das três equações de atributos

$num_1.val =$
  if $dígito.val = erro$ **or** $num_2.val = erro$
  then $erro$
  else $num_2.val * num_1.base + dígito.val$
$num_2.base = num_1.base$
$dígito.base = num_1.base$

O grafo de dependências para a regra gramatical $num \to dígito$ é similar:

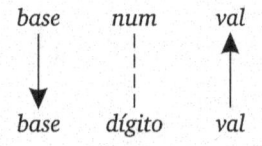

Finalmente, desenhamos o grafo de dependências para a regra gramatical $dígito \to 9$:

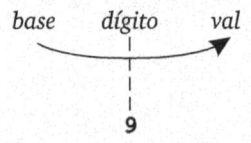

Esse grafo expressa a dependência criada pela equação $dígito.val =$ **if** $dígito.base = 8$ **then** $erro$ **else** 9, ou seja, que $dígito.val$ depende de $dígito.base$ (ele é parte do teste na expressão **if**). Falta desenhar o grafo de dependências para a cadeia **3450**, o qual está na Figura 6.6.

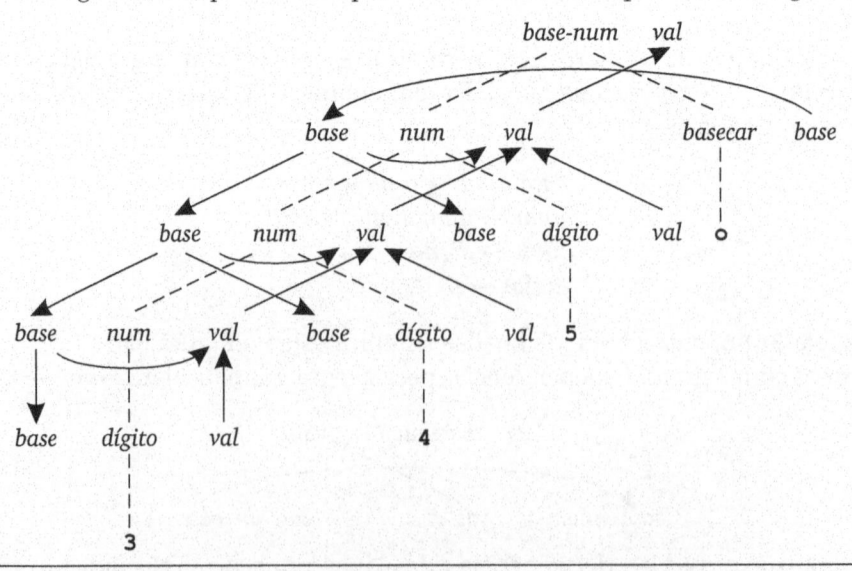

Figura 6.6   Grafo de dependências para a cadeia 3450 (Exemplo 6.8).

Suponha agora que desejemos formular um algoritmo para computar os atributos de uma gramática de atributos utilizando as equações de atributos como regras de computação. Dada uma cadeia específica de marcas para traduzir, o grafo de dependências da árvore de análise sintática da cadeia fornece um conjunto de restrições de ordem para o algoritmo computar os atributos daquela cadeia. Qualquer algoritmo deve computar o atributo em cada nó no grafo de dependências *antes* de tentar computar qualquer atributo sucessor. Uma ordem de percurso do grafo de dependências que obedeça a essa restrição é denominada **ordenação topológica**, e uma condição necessária e suficiente bem conhecida para a existência de uma ordenação topológica é que o grafo seja **acíclico**. O grafo é, em seguida, denominado **grafo direcionado acíclico**, ou **DAG**.

Exemplo 6.9
O grafo de dependências da Figura 6.6 é um DAG. Na Figura 6.7, enumeramos os nós do grafo (e apagamos a árvore de análise sintática para facilitar a visualização). Uma ordenação topológica é dada para a ordem dos nós em que eles estão enumerados. Outra ordenação topológica é dada pela ordem

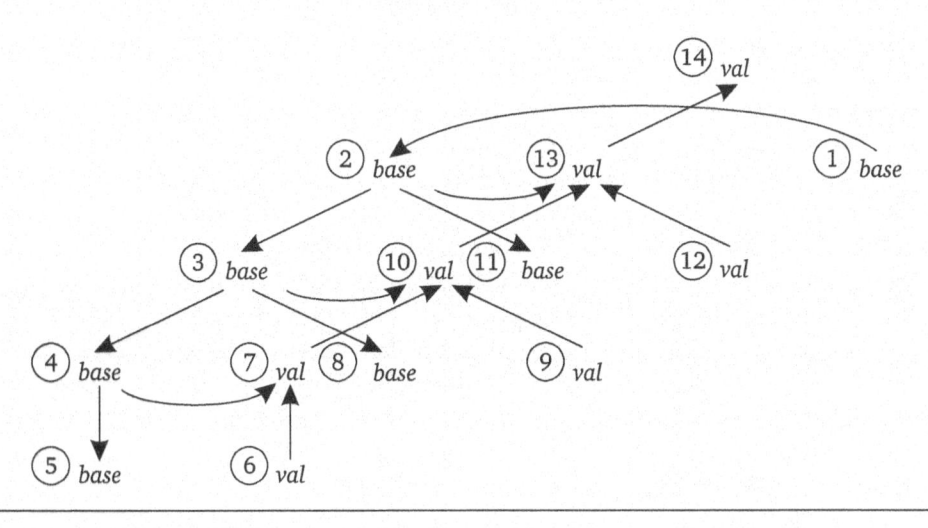

$$12 \quad 6 \quad 9 \quad 1 \quad 2 \quad 11 \quad 3 \quad 8 \quad 4 \quad 5 \quad 7 \quad 10 \quad 13 \quad 14$$

Figura 6.7   Grafo de dependências para a cadeia **345o** (Exemplo 6.9).

Uma questão que surge no uso de uma ordenação topológica do grafo de dependências para computar os valores de atributos é como esses valores se encontram nas raízes do grafo (uma **raiz** de um grafo é um nó sem predecessores). Na Figura 6.7, os nós 1, 6, 9 e 12 são raízes do grafo.[6] Os valores de atributos nesses nós não dependem de outros atributos e, portanto, precisam ser computados com base em informação disponível diretamente. Essa informação está freqüentemente na forma de marcas que são filhas dos nós correspondentes da árvore de análise sintática. Na Figura 6.7, por exemplo, o *val* do nó 6 depende da marca **3**, que é filha do nó *dígito* ao qual *val* corresponde (ver Figura 6.6). Portanto, o valor do

---

6. Uma raiz do grafo de dependência não deve ser confundida com a raiz da árvore de análise sintática.

atributo no nó 6 é 3. Todos esses valores de raízes precisam ser computados antes da computação de qualquer outro valor de atributo. Essas computações são freqüentemente efetuadas pelo sistema de varredura ou pelo analisador sintático.

Um algoritmo para a análise de atributos pode se basear na construção do grafo de dependências durante a compilação e em uma ordenação topológica subseqüente do grafo construído para determinar uma ordem de avaliação dos atributos. Como a construção do grafo de dependências se baseia na árvore de análise sintática específica durante a compilação, esse método é, por vezes, denominado **método de árvore de análise sintática**. Ele é capaz de avaliar os atributos em qualquer gramática de atributos que seja **não circular**, ou seja, uma gramática de atributos para a qual *qualquer* grafo de dependências possível seja acíclico.

Existem diversos problemas relacionados a esse método. Primeiro, existe a complexidade adicional requerida pela construção durante a compilação do grafo de dependências. Segundo, apesar de esse método poder determinar se um grafo de dependências é acíclico durante a compilação, em geral, é inadequado esperar a compilação para descobrir uma circularidade, pois ela certamente representa um erro na gramática de atributos original. Em vez disso, uma gramática de atributos deveria ser testada previamente quanto à ausência de circularidades. Existe um algoritmo para isso (veja a seção de Notas e Referências), mas ele é exponencial em tempo. Evidentemente, esse algoritmo precisa ser executado apenas uma vez, durante a construção do compilador, e portanto este não é um argumento tão forte contra o algoritmo (pelo menos no que diz respeito à construção do compilador). A complexidade dessa abordagem é um argumento mais convincente.

A alternativa adotada em praticamente todos os compiladores para a abordagem acima na avaliação dos atributos é o projetista analisar a gramática de atributos e fixar uma ordem para a avaliação desses atributos durante a construção do compilador. Embora esse método ainda use a árvore de análise sintática como guia para a avaliação dos atributos, o método é denominado **método baseado em regras**, pois depende de uma análise das equações de atributos, ou regras semânticas. As gramáticas de atributos para as quais uma ordem de avaliação de atributos pode ser determinada durante a construção do compilador formam uma classe menos geral que a classe de todas as gramáticas de atributos não circulares, mas na prática todas as gramáticas de atributos razoáveis apresentam essa propriedade. Elas são, às vezes, denominadas gramáticas de atributos **fortemente não circulares**. Seguimos agora para uma discussão dos algoritmos baseados em regras para essa classe de gramáticas de atributos, após o exemplo a seguir.

Exemplo 6.10
Considere novamente os grafos de dependências do Exemplo 6.8 e as ordenações topológicas do grafo de dependências discutidas no Exemplo 6.9 (ver Figura 6.7). Apesar de os nós 6, 9 e 12 da Figura 6.7 serem raízes do DAG, e portanto poderem ocorrer todos no começo de uma ordenação topológica, em um método baseado em regras isso não é possível. O motivo é que qualquer *val* pode depender da *base* de seu nó *dígito* associado, se a marca correspondente for **8** ou **9**. Por exemplo, o grafo de dependências para *dígito* → **9** é

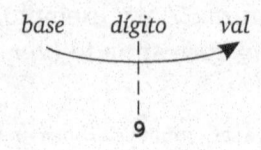

base   *dígito*   *val*
            |
            9

Portanto, na Figura 6.7, o nó 6 poderia ter dependido do nó 5, o nó 9 poderia ter dependido do nó 8 e o nó 12 poderia ter dependido do nó 11. Em um método baseado em regras, esses nós teriam a restrição de serem avaliados depois dos nós de que eles poderiam potencialmente depender. Portanto, uma ordem de avaliação que avaliasse o nó 12 primeiro (ver Exemplo 6.9), embora correta para a árvore específica da Figura 6.7, não seria uma ordem válida para um algoritmo baseado em regras, pois violaria a ordem para outras árvores de análise sintática.

6.2.2 Atributos sintetizados e herdados

A avaliação de atributos baseada em regras depende de um percurso explícito ou implícito da árvore sintática ou da análise sintática. Diversos tipos de percursos têm poder diferente em termos dos tipos de dependências de atributos que podem ser manipulados. Para estudar essas diferenças, precisamos antes classificar os atributos por seus tipos de dependências. O tipo mais simples é o de atributos sintetizados, definido a seguir.

Definição

Um atributo é **sintetizado** se todas as suas dependências apontarem de filho para pai na árvore de análise sintática. De modo equivalente, um atributo a é sintetizado se, dada uma regra gramatical $A \to X_1 X_2 \ldots X_n$, a única equação de atributos associada com um a à esquerda tiver a forma

$$A.a = f(X_1.a_1, \ldots, X_1.a_k, \ldots, X_n.a_1, \ldots, X_n.a_k)$$

Uma gramática de atributos em que todos os atributos são sintetizados é denominada **gramática S-atribuída**.

Já vimos diversos exemplos de atributos sintetizados e de gramáticas S-atribuídas. O atributo *val* de números no Exemplo 6.1 é sintetizado (veja os grafos de dependências no Exemplo 6.6), assim como o atributo *val* das expressões de aritmética de inteiros simples no Exemplo 6.2.

Se uma árvore sintática ou de análise sintática foi construída por um analisador sintático, os valores de atributos de uma gramática S-atribuída podem ser computados por um único percurso ascendente, ou em pós-ordem, da árvore. Isso pode ser expresso pelo pseudocódigo para um avaliador recursivo em pós-ordem a seguir:

    procedure *Pós-Eval* (*T*: *nó-árvore*);
    begin
        for *cada filho C de T* **do**
            Pós-Eval (*C*);
        compute cada atributo sintetizado de T;
    end;

Exemplo 6.11
Considere a gramática de atributos do Exemplo 6.2 para expressões aritméticas simples, com o atributo sintetizado *val*. Dada a estrutura a seguir para uma árvore sintática (como a da Figura 6.5)

```
typedef enum {Plus,Minus,Times} OpKind;
typedef enum {OpKind,ConstKind} ExpKind;
typedef struct streenode
    { ExpKind kind;
    OpKind op;
    struct streenode *lchild,*rchild;
      int val;
    } STreeNode;
typedef STreeNode *SyntaxTree;
```

o pseudocódigo Pós-Eval seria traduzido para o código C da Figura 6.8 para um percurso da esquerda para a direita.

```
void postEval(SyntaxTree t)
{ int temp;
  if (t->kind == OpKind)
  { postEval(t->lchild);
    postEval(t->rchild);
    switch (t->op)
    { case Plus:
        t->val = t->lchild->val + t->rchild->val;
        break;
      case Minus:
        t->val = t->lchild->val - t->rchild->val;
        break;
      case Times:
        t->val = t->lchild->val * t->rchild->val;
        break;
    } /* end switch */
  } /* end if */
} /* end postEval */
```

Figura 6.8   Código C para o avaliador de atributos em pós-ordem do Exemplo 6.11.

Evidentemente, nem todos os atributos são sintetizados.

Definição

Um atributo que não é sintetizado é denominado atributo **herdado**.

Entre os exemplos já vistos de atributos herdados, temos o atributo *dtipo* do Exemplo 6.3 e o atributo *base* do Exemplo 6.4. Os atributos herdados têm dependências que fluem de pai para filhos na árvore de análise sintática (o que explica o nome) ou entre irmãos. As Figuras 6.9(a) e (b) ilustram os dois tipos básicos de dependência de atributos herdados. Os dois tipos de dependência ocorrem no Exemplo 6.7 para o atributo *dtipo*. O motivo de classificar os dois como herdados é que, nos algoritmos para a computação de atributos herdados, a herança entre irmãos é freqüentemente implementada de modo que os valores de atributos passam entre os irmãos *através* do pai. Isso é necessário se os arcos da árvore sintática apontarem apenas de pai para filho (e um filho, portanto, não puder acessar diretamente o seu pai ou os seus irmãos). Em contrapartida, se algumas estruturas em uma árvore sintática forem implementadas através de ponteiros de irmãos, a herança entre irmãos pode ser efetuada diretamente, conforme mostrado na Figura 6.9(c).

(a) Herança de pai para filhos

(b) Herança entre irmãos

(c) Herança entre irmãos através de ponteiros entre irmãos

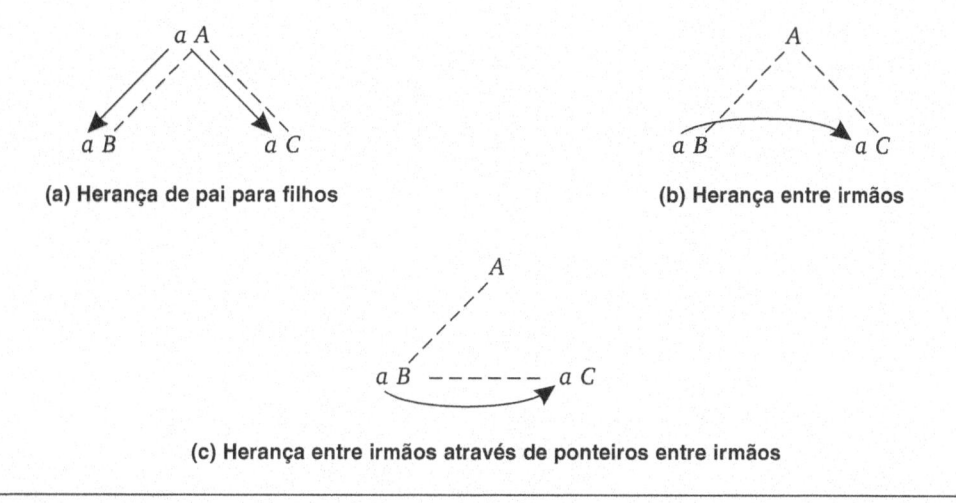

Figura 6.9   Tipos diferentes de dependências herdadas.

Analisemos agora os métodos algorítmicos para avaliar atributos herdados. Estes podem ser computados por um percurso em pré-ordem, ou pela combinação de pré-ordem e *in*-ordem para percorrer a árvore sintática ou de análise sintática. Isso pode ser representado esquematicamente pelo pseudocódigo a seguir:

    procedure *Pré-Eval* (*T*: *nó-árvore*);
    begin
        for *cada filho C de T* **do**
            compute cada atributo herdado de C;
            Pré-Eval (*C*);
    end;

Diferentemente dos atributos sintetizados, a ordem da computação dos atributos herdados dos filhos é importante, pois os atributos herdados podem ter dependências entre os atributos dos filhos. A ordem em que cada filho C de T no pseudocódigo acima é visitado deve, portanto, obedecer aos requisitos das dependências. Nos próximos dois exemplos, demonstramos isso para os atributos herdados *dtipo* e *base* dos exemplos anteriores.

Exemplo 6.12
Considere a gramática do Exemplo 6.3, que tem o atributo herdado *dtipo* e cujos grafos de dependências são apresentados no Exemplo 6.7 (veja a gramática de atributos na Tabela 6.3). Primeiro, assumimos que uma árvore de análise sintática já foi explicitamente construída para a gramática, a qual repetimos a seguir para facilitar a leitura:

$$decl \to tipo\ var\text{-}lista$$
$$tipo \to \mathtt{int} \mid \mathtt{float}$$
$$var\text{-}lista \to \mathtt{id},\ var\text{-}lista \mid \mathtt{id}$$

O pseudocódigo para um procedimento recursivo que compute o atributo *dtipo* em todos os nós requeridos é o seguinte:

procedure *AvalTipo* (*T*: *nó-árvore*);
begin
  case *tipo-nó de T* **of**
  decl:
    AvalTipo (*tipo filho de T*);
    Atribui dtipo de tipo filho de T a var-lista filho de T;
    AvalTipo (*var-lista filho de T*);
  tipo:
    if *filho de T* = **int then** *T.dtipo* := *inteiro*
    else *T.dtipo* := *real*;
  var-lista:
    atribui T.dtipo a primeiro filho de T;
    if *terceiro filho de T não é nil* **then**
      atribui T.dtipo a terceiro filho;
      AvalTipo (*terceiro filho de T*);
  end case;
end *AvalTipo*;

Observe a mistura de pré-ordem e *in*-ordem, dependendo do tipo distinto de nó processado. Por exemplo, um nó *decl* requer que o *dtipo* de seu primeiro filho seja computado primeiro, e depois atribuído ao segundo filho antes da ativação recursiva de *AvalTipo* naquele filho; esse processo é *in*-ordem. Um nó *var-lista*, no entanto, atribui *dtipo* aos seus filhos antes de qualquer ativação recursiva; isso é um processo pré-ordem.

Na Figura 6.10, mostramos a árvore de análise sintática para a cadeia `float x,y` juntamente com o grafo de dependências para o atributo *dtipo*, e enumeramos os nós na ordem de computação de *dtipo*, segundo o pseudocódigo acima.

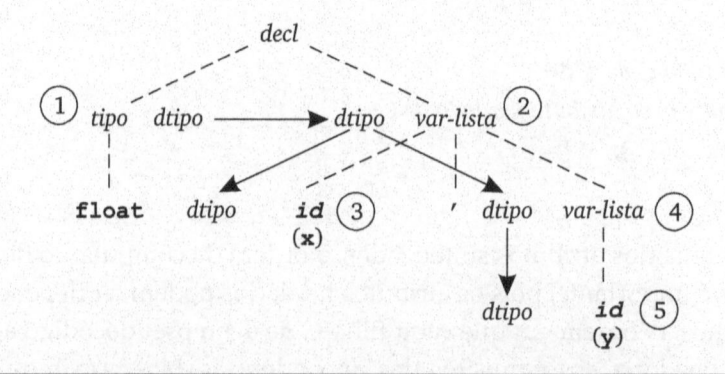

Figura 6.10 Árvore de análise sintática que mostra a ordem de percurso para o Exemplo 6.12.

Para dar uma forma completamente concreta para esse exemplo, vamos converter o pseudocódigo anterior em C. Em vez de utilizar uma árvore de análise sintática explícita, vamos assumir que uma árvore sintática foi construída, na qual *var-lista* é representada por uma lista de nós **id** irmãos. Uma cadeia de declaração como **float x,y** teria, nesse caso, a árvore sintática (compare isso com a Figura 6.10)

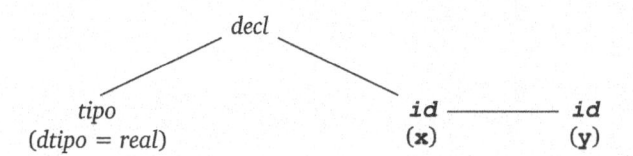

```
              decl
             /    \
          tipo    id ——— id
      (dtipo = real) (x)    (y)
```

e a ordem de avaliação dos filhos no nó *decl* seria da esquerda para a direita (primeiro o nó *tipo*, depois o nó **x**, e finalmente o nó **y**). Observe que nessa árvore já incluímos o *dtipo* do nó *tipo*; assumimos que ele tenha sido pré-computado durante a análise sintática.

A estrutura de árvore sintática é mostrada pelas declarações C a seguir:

```c
typedef enum {decl,type,id} nodekind;
typedef enum {integer,real} typekind;
typedef struct treeNode
  { nodekind kind;
    struct treeNode
      * lchild, * rchild, * sibling;
    typekind dtype;
    /* para nós tipo e id */
    char * name;
    /* apenas para nós id */
  } * SyntaxTree;
```

O procedimento *AvalTipo* tem agora o código C correspondente:

```c
void evalType (SyntaxTree t)
{ switch (t->kind)
    { case decl:
        t->rchild->dtype = t->lchild->dtype;
        evalType(t->rchild);
        break;
      case id:
        if (t->sibling != NULL)
        { t->sibling->dtype = t->dtype;
          evalType(t->sibling);
        }
        break;
    } /* fim do switch */
} /* fim de AvalTipo */
```

Esse código pode ser simplificado para o procedimento não recursivo a seguir, que opera totalmente no nível do nó-raiz (**decl**):

```
void evalType (SyntaxTree t)
{ if (t->kind == decl)
   { SyntaxTree p = t->rchild;
     p->dtype = t->lchild->dtype;
     while (p->sibling != NULL)
     { p->sibling->dtype = p->dtype;
       p = p->sibling;
     }
   } /* end if */
} /* end evalType */
```

Exemplo 6.13
Considere a gramática do Exemplo 6.4, que tem o atributo herdado *base* (os grafos de dependências estão no Exemplo 6.8). Repetimos a seguir a gramática daquele exemplo:

$$base\text{-}num \rightarrow num\ basecar$$
$$basecar \rightarrow \mathbf{o} \mid \mathbf{d}$$
$$num \rightarrow num\ dígito \mid dígito$$
$$dígito \rightarrow \mathbf{0} \mid \mathbf{1} \mid \mathbf{2} \mid \mathbf{3} \mid \mathbf{4} \mid \mathbf{5} \mid \mathbf{6} \mid \mathbf{7} \mid \mathbf{8} \mid \mathbf{9}$$

Essa gramática tem duas características. Primeiro, há dois atributos, o atributo sintetizado *val* e o atributo herdado *base*, do qual *val* depende. Segundo, o atributo *base* é herdado do filho direito para o filho esquerdo de um *base-num* (ou seja, de *basecar* para *num*). Portanto, nesse caso, precisamos avaliar os filhos de um *base-num* da direita para a esquerda, em vez de da esquerda para a direita. Apresentamos a seguir o pseudocódigo para um procedimento *AvalComBase*, que computa tanto *base* como *val*. Nesse caso, *base* é computada em pré-ordem e *val* em pós-ordem durante uma única passada (a questão dos múltiplos atributos e passadas é discutida mais adiante). O pseudocódigo é conforme segue (veja a gramática de atributos na Tabela 6.4):

    procedure *AvalComBase* (*T: árvore-nó*);
    begin
        case *nó-tipo de T* **of**
        base-num:
            AvalComBase (*filho à direita de T*);
            atribui *base* de *filho à direita de T* a *base* de *filho à esquerda*;
            AvalComBase (*filho à esquerda de T*);
            atribui *val* de *filho à esquerda de T* a *T.val*;
        num:
            atribui *T.base* a *base* do *filho à esquerda de T*;
            AvalComBase (*filho à esquerda de T*);
            if *filho à direita de T não é nil* **then**
                atribui *T.base* a *base* do *filho à direita de T*;
                AvalComBase (*filho à direita de T*);

```
        if vals de filhos à esquerda e à direita ≠ erro then
            T.val := T.base*(val de filho à esquerda) + val de filho à direita
        else T.val := erro;
    else T.val := val de filho à esquerda;
    basecar:
        if filho de T = o then T.base := 8
        else T.base := 10;
    dígito:
        if T.base = 8 and filho de T = 8 or 9 then T.val := erro
        else T.val := numval ( filho de T );
    end case;
end AvalComBase;
```

Deixamos para os exercícios a construção das declarações em C para uma árvore sintática apropriada e uma tradução do pseudocódigo de *AvalComBase* em código C.

Nas gramáticas de atributos com combinações de atributos sintetizados e herdados, se os atributos sintetizados dependerem dos atributos herdados (bem como de outros atributos sintetizados), mas os atributos herdados não dependerem de qualquer atributo sintetizado, é possível computar todos os atributos em uma passada única pela árvore sintática ou de análise sintática. O exemplo anterior é uma boa amostra de como isso é efetuado, e a ordem de avaliação pode ser resumida pela combinação dos procedimentos *Pós-Eval* e *Pré-Eval*:

```
procedure CombinaEval ( T: nó-árvore );
begin
    for cada filho C de T do
        compute cada atributo herdado de C;
        CombinaEval ( C );
    compute cada atributo sintetizado de T;
end;
```

As situações em que os atributos herdados dependem dos atributos sintetizados são mais complexas e exigem mais de uma passada pela árvore sintática ou de análise sintática, conforme mostra o próximo exemplo.

Exemplo 6.14
Considere a versão simples a seguir de uma gramática de expressões:

$$exp \rightarrow exp \:/\: exp \:|\: \texttt{num} \:|\: \texttt{num.num}$$

Essa gramática tem uma única operação, a divisão, indicada pela marca **/**. Ela tem também duas versões de números: números inteiros compostos por seqüências de dígitos, os quais indicamos pela marca **num**, e números de ponto flutuante, que indicamos pela marca **num.num**. A idéia dessa gramática é que as operações podem ser interpretadas de maneiras distintas, dependendo se são de ponto flutuante ou estritamente de inteiros. A divisão, em particular, é bem diferente, dependendo de permitirmos ou não frações. No caso de não as permitirmos, a divisão é freqüentemente denotada como **div**, e o valor de **5/4** é 5 **div** 4 = 1. Se desejarmos a divisão de ponto flutuante, **5/4** terá como valor 1.2.

Suponha agora que uma linguagem de programação exija que as expressões mistas sejam promovidas para ponto flutuante, e que as operações apropriadas sejam utilizadas em sua semântica. Portanto, o significado da expressão **5/2/2.0** (assumindo a associatividade à esquerda da divisão) é 1.25, e o significado de **5/2/2** é 1.[7] A descrição dessa semântica requer três atributos: um atributo booleano sintetizado *éFlut*, que indica se alguma parte de uma expressão tem valor de ponto flutuante; um atributo herdado *etipo*, com dois valores *int* e *float*, que fornece o tipo de cada subexpressão e que depende de *éFlut*; e finalmente o *val* computado de cada subexpressão, que depende do *etipo* herdado. Essa situação também requer que a expressão do topo seja identificada (para que saibamos que não há outras subexpressões para considerar). Isso é feito pela extensão da gramática com um símbolo inicial:

$$S \to exp$$

As equações de atributos são dadas na Tabela 6.7. Nessas equações para a regra gramatical *exp* → **num**, utilizamos *Flut*(**num**.*val*) para indicar uma função que converta o valor inteiro **num**.*val* para valor de ponto flutuante. Também utilizamos **/** para divisão de ponto flutuante e **div** para divisão inteira.

Os atributos *éFlut*, *etipo* e *val* nesse exemplo podem ser computados pelas duas passadas pela árvore sintática ou de análise sintática. A primeira passada computa o atributo sintetizado *éFlut* por um percurso em pós-ordem. A segunda passada computa o atributo herdado *etipo* e o atributo sintetizado *val* em um percurso combinado em pré-ordem e pós-ordem. Deixamos a descrição dessas passadas e as computações de atributos correspondentes para a expressão 5/2/2.0 para os exercícios, bem como a construção do pseudocódigo ou código C para efetuar as passadas sucessivas pela árvore sintática.

Tabela 6.7 Gramática de atributos para o Exemplo 6.14.

Regra gramatical	Regras semânticas
$S \to exp$	$exp.etipo =$ 　　**if** $exp.éFlut$ **then** *float* **else** *int* $S.val = exp.val$
$exp_1 \to exp_2 \text{ / } exp_3$	$exp_1.éFlut =$ 　　$exp_2.éFlut$ **or** $exp_3.éFlut$ $exp_2.etipo = exp_1.etipo$ $exp_3.etipo = exp_1.etipo$ $exp_1.val =$ 　　**if** $exp_1.etipo = int$ 　　**then** $exp_2.val$ **div** $exp_3.val$ 　　**else** $exp_2.val \text{ / } exp_3.val$
$exp \to \mathbf{num}$	$exp.éFlut =$ **false** $exp.val =$ 　　**if** $exp.etipo = int$ **then** $\mathbf{num}.val$ 　　**else** $Float(\mathbf{num}.val)$
$exp \to \mathbf{num.num}$	$exp.éFlut =$ **true** $exp.val = \mathbf{num.num}.val$

---

[7]. Essa regra não é a mesma utilizada em C. Por exemplo, o valor de **5/2/2.0** é 1.0 em C, em vez de 1.25.

6.2.3 Atributos como parâmetros e valores de retorno

Freqüentemente, durante a computação de atributos, o uso de parâmetros e valores retornados de funções é uma forma adequada para a comunicação de valores de atributos, em substituição ao seu armazenamento em campos de uma estrutura de registro de árvore sintática. Isso é particularmente verdade se muitos dos valores de atributos forem iguais ou utilizados apenas temporariamente para computar outros valores de atributos. Nesse caso, não é muito razoável utilizar espaço da árvore sintática para armazenar valores de atributos em cada nó. Um procedimento único para percorrer a árvore recursivamente, que compute os atributos herdados em pré-ordem e os atributos sintetizados em pós-ordem, pode efetivamente transmitir os valores de atributos herdados como parâmetros de ativações recursivas para os filhos e receber os valores dos atributos sintetizados como valores de retorno das mesmas ativações. Diversos exemplos disso já ocorreram nos capítulos anteriores. Em particular, a computação do valor sintetizado de uma expressão aritmética pode ser efetuado por um procedimento de análise sintática recursivo que retorne o valor da expressão corrente. De maneira similar, a árvore sintática como um atributo sintetizado deve ser computada pelo valor retornado durante a análise sintática, pois enquanto ele não tiver sido construído, nenhuma estrutura de dados terá sido construída para que ela possa ser gravada como atributo.

Em situações mais complexas, por exemplo quando mais de um atributo sintetizado precisar ser retornado, pode ser preciso utilizar uma estrutura de registros ou união como valor de retorno, ou, caso contrário, o procedimento recursivo pode ser quebrado em diversos procedimentos para tratar dos diferentes casos. Isso é ilustrado com um exemplo.

Exemplo 6.15
Considere o procedimento recursivo *AvalComBase* do Exemplo 6.13. Nesse procedimento, o atributo *base* de um número é computado somente uma vez e depois utilizado para todas as computações subseqüentes do atributo *val*. De maneira similar, o atributo *val* de uma parte do número é utilizado apenas como um valor temporário na computação do valor do número completo. É razoável transformar *base* em um parâmetro (como um atributo herdado) e *val* em um valor de retorno. O procedimento *AvalComBase* modificado fica assim:

> **function** *AvalComBase* (*T*: *nó-árvore*; *base*: *inteiro*): *inteiro*;
> **var** *temp, temp2*: *inteiro*;
> **begin**
>   **case** *nó-tipo de T* **of**
>   *base-num*:
>   *temp* := *AvalComBase* (*filho à direita de T*);
>   **return** *AvalComBase* (*filho à esquerda de T, temp*);
>   *num*:
>   *temp* := *AvalComBase* (*filho à esquerda de T, base*);
>   **if** *filho à direita de T não é nil* **then**
>   *temp2* := *AvalComBase* (*filho à direita de T, base*);
>   **if** *temp* ≠ *erro* **and** *temp2* ≠ *erro* **then**
>   **return** *base*temp + temp2*
>   **else return** *erro*;
>   **else return** *temp*;

basecar:
　　　　if *filho de T* = o **then return** 8
　　　　else return 10;
　　dígito:
　　　　if *base* = 8 **and** *filho de T* = 8 ou 9 **then return** *erro*
　　　　else return *numval* (*filho de T*);
　　end case;
end *AvalComBase*;

Evidentemente, isso funciona somente porque o atributo *base* e o atributo *val* têm o mesmo tipo de dados *inteiro*, pois em um caso *AvalComBase* retorna o atributo *base* (quando o nó da árvore de análise sintática é um nó *basecar*), e nos outros casos *AvalComBase* retorna o atributo *val*. É também um tanto irregular que a primeira ativação de *AvalComBase* (no nó raiz *base_num* da árvore de análise sintática) deva receber um valor *base*, mesmo que ele ainda não exista, o qual é ignorado posteriormente. Por exemplo, para iniciar a computação, seria necessária uma ativação como

$$AvalComBase(nó\text{-}raiz,0);$$

com um valor artificial 0. Seria mais racional, portanto, diferenciar três casos – o caso *base_num*, o caso *basecar* e o caso *num* e *dígito* – e escrever três procedimentos separados para cada caso. O pseudocódigo ficaria, portanto, da seguinte maneira:

function *AvalBaseNum* (*T*: *nó-árvore*): *inteiro*;
(* *ativado apenas no nó raiz* *)
begin
　　return *AvalNum* (*filho à esquerda de T*, *AvalBase*(*filho à direita de T*));
end *AvalBaseNum*;

function *AvalBase* (*T*: *nó-árvore*): *inteiro*;
(* *ativado apenas no nó basecar* *)
begin
　　if *filho de T* = o **then return** 8
　　else return 10;
end *AvalBase*;

function *AvalNum* (*T*: *nó-árvore*; *base*: *inteiro*): *inteiro*;
var *temp, temp2*: *inteiro*;
begin
　　case *nó-tipo de T* **of**
　　num:
　　　　temp := *AvalComBase* (*filho à esquerda de T, base*);
　　　　if *filho à direita de T não é nil* **then**
　　　　　　temp2 := *AvalComBase* (*filho à direita de T, base*);
　　　　　　if *temp* ≠ *erro* **and** *temp2* ≠ *erro* **then**
　　　　　　　　return *base*temp* + *temp2*
　　　　　　else return *erro*;
　　　　else return *temp*;
　　dígito:
　　　　if *base* = 8 **and** *filho de T* = 8 ou 9 **then return** *erro*
　　　　else return *numval* (*filho de T*);
　　end case;
end *AvalNum*;

6.2.4 Uso de estruturas de dados externas para armazenamento de valores de atributos

Nos casos em que os valores de atributos não se prestam facilmente ao método dos parâmetros e valores de retorno (o que é particularmente verdade quando os valores de atributos têm estruturas significativas e podem ser requeridos em pontos arbitrários da tradução), pode ainda não ser razoável armazenar os valores de atributos em nós da árvore sintática. Nesses casos, estruturas de dados como tabelas, grafos e outras podem ser úteis para produzir o comportamento correto e a acessibilidade aos valores de atributos. A própria gramática de atributos pode ser modificada para refletir essa necessidade, pela substituição das equações de atributos (que representam atribuições de valores de atributos) por ativações de procedimentos que representem operações nas estruturas de dados apropriadas, utilizadas para manter os valores dos atributos. As regras semânticas resultantes não mais representam uma gramática de atributos, mas ainda são úteis para descrever a semântica dos atributos, desde que a operação dos procedimentos fique clara.

Exemplo 6.16
Considere o exemplo anterior, com o procedimento *AvalComBase* utilizando parâmetros e valores de retorno. Como o atributo *base*, uma vez ajustado, permanece fixo durante toda a computação de valores, podemos utilizar uma variável não local para armazenar seu valor em vez de passá-lo como parâmetro. (Se *base* não fosse fixo, isso seria arriscado ou mesmo incorreto em um processo recursivo.) Portanto, podemos alterar o pseudocódigo para *AvalComBase* da seguinte maneira:

```
function AvalComBase ( T: nó-árvore ): inteiro;
var temp, temp2: inteiro;
begin
    case nó-tipo de T of
    base-num:
        AjustaBase ( filho à direita de T );
        return AvalComBase ( filho à esquerda de T );
    num:
        temp := AvalComBase ( filho à esquerda de T );
        if filho à direita de T não é nil then
            temp2 := AvalComBase ( filho à direita de T );
            if temp ≠ erro and temp2 ≠ erro then
                return base*temp + temp2
            else return erro;
        else return temp;
    dígito:
        if base = 8 and filho de T = 8 ou 9 then return erro
        else return numval ( filho de T );
    end case;
end AvalComBase;

procedure AjustaBase ( T: nó-árvore );
begin
    if filho de T = o then base := 8
    else base := 10;
end AjustaBase;
```

Separamos aqui o processo de atribuição para a variável não local *base*, no procedimento *AjustaBase*, que é ativado apenas em um nó *basecar*. O resto do código de *AvalComBase* se refere simplesmente à *base* diretamente, sem passá-lo como parâmetro.

Podemos também alterar as regras semânticas, para refletir o uso da variável não local *base*. Nesse caso, as regras ficariam conforme descrito a seguir, onde utilizamos atribuições para indicar explicitamente o ajuste da variável não local *base*:

Regra gramatical	Regras semânticas
base-num → *num basecar*	*base-num.val = num.val*
basecar → o	*base* := 8
basexar → d	*base* := 10
num_1 → num_2 *dígito*	$num_1.val =$ **if** *dígito.val = erro* **or** $num_2.val = erro$ **then** *erro* **else** $num_2.val * base + dígito.val$
etc.	etc.

Agora, *base* não é mais um atributo no sentido utilizado até aqui, e as regras semânticas não mais formam uma gramática de atributos. Ainda assim, se *base* for uma variável com as propriedades apropriadas, essas regras ainda definirão adequadamente a semântica de *base-num* para quem implementa o compilador.

Um dos principais exemplos de estrutura de dados externa à árvore sintática é a **tabela de símbolos**, que armazena atributos associados a constantes declaradas, variáveis e procedimentos em um programa. Uma tabela de símbolos é uma estrutura de dados de dicionário com operações como *inserir, verificar* e *remover*. Na próxima seção, discutiremos questões relativas à tabela de símbolos em linguagens de programação típicas. Nesta seção, ficaremos apenas com o exemplo simples a seguir.

Exemplo 6.17
Considere a gramática de atributos de declarações simples da Tabela 6.3 e o procedimento de avaliação de atributos para essa gramática de atributos apresentado no Exemplo 6.12. Tipicamente, a informação nas declarações é inserida em uma tabela de símbolos com base nos identificadores declarados como chaves e armazenada ali para verificação posterior, durante a tradução de outras partes do programa. Vamos, portanto, assumir para essa gramática de atributos que exista uma tabela de símbolos, a qual armazenará o nome do identificador, juntamente com os seus tipos de dados declarados, e que os pares nome-tipo de dados serão inseridos na tabela de símbolos por meio de um procedimento *inserir*, declarado assim:

procedure *inserir* (*nome***:** *cadeia de caracteres***;** *dtipo***:** *tipo*)**;**

Portanto, em vez de armazenar o tipo de dados para cada variável na árvore sintática, nós o inserimos na tabela de símbolos com esse procedimento. Como cada declaração tem apenas um tipo associado, podemos utilizar uma variável não local para armazenar a constante *dtipo* de cada declaração durante o processamento. As regras semânticas resultantes são as seguintes:

Regra gramatical	Regras semânticas
decl → *tipo var-lista*	
tipo → **int**	*dtipo* = *inteiro*
tipo → **float**	*dtipo* = *real*
var-lista$_1$ → **id**, *var-lista$_2$*	*inserir*(**id**.*nome*, *dtipo*)
var-lista → **id**	*inserir*(**id**.*nome*, *dtipo*)

Utilizamos, nas ativações de *inserir*, **id**.*nome* para a cadeia de identificador, a qual assumimos que seja computada pelo sistema de varredura ou de análise sintática. Essas regras semânticas são bastante diferentes da gramática de atributos correspondente; a regra gramatical para *decl* não tem qualquer regra semântica. As dependências não são tão claramente expressas, embora fique claro que as regras *tipo* devam ser processadas antes das regras *var-lista* associadas, pois as ativações de *inserir* dependem de *dtipo*, que é ajustado nas regras *tipo*.

O pseudocódigo correspondente para um procedimento de avaliação de atributos *AvalTipo* é apresentado a seguir (compare esse pseudocódigo com o código do Exemplo 6.12):

    procedure *AvalTipo* (*T*: *nó-árvore*);
    begin
        case *tipo-nó de T* **of**
        decl:
            AvalTipo (*tipo filho de T*);
            AvalTipo (*var-lista filha de T*);
        tipo:
            if *filho de T* = **int** **then** *dtipo* := *inteiro*
            else *dtipo* := *real*;
        var-lista:
            inserir(*nome do primeiro filho de T*, *dtipo*)
            if *terceiro filho de T não é nil* **then**
                AvalTipo (*terceiro filho de T*);
        end case;
    end *AvalTipo*;

6.2.5 Computação de atributos durante a análise sintática

Uma questão natural é quanto dos atributos pode ser computado durante o estágio de análise sintática, sem esperar para efetuar novas passadas pelo código-fonte por percursos recursivos da árvore sintática. Isso é particularmente importante para a árvore sintática, um atributo sintetizado que deve ser construído durante a análise sintática, para poder ser utilizado na análise semântica. Historicamente, a possibilidade de computar todos os atributos durante a análise sintática foi ainda de maior interesse, em razão do quanto se enfatizava a capacidade de um compilador efetuar a tradução com uma passada. Hoje em dia, isso é menos importante, assim não apresentaremos uma análise exaustiva de todas as técnicas especiais já desenvolvidas. Entretanto, uma visão geral básica das idéias e requisitos merece ser apresentada.

A escolha dos atributos para as computações sucessivas durante uma análise sintática depende fortemente do poder e das propriedades do método utilizado para a análise sintática. Uma restrição importante advém do fato de todos os principais métodos de análise sintática processarem o programa de entrada da esquerda para a direita (algo que é indicado pelo primeiro L nas técnicas de análise sintática LL e LR estudadas nos dois capítulos anteriores – a letra "L" se refere ao termo em inglês *left*, que significa esquerda). Isso é equivalente a exigir que os atributos possam ser avaliados por um percurso pela árvore de análise sintática da esquerda para a direita. Para os atributos sintetizados isso não é uma restrição, pois os filhos de um nó podem ser processados em uma ordem arbitrária, e em particular da esquerda para a direita. Para os atributos herdados, entretanto, isso implica não existir dependências "para trás" no grafo de dependências (ou seja, dependências que apontem da direita para a esquerda na árvore de análise sintática). Por exemplo, a gramática de atributos do Exemplo 6.4 viola essa propriedade, pois *base-num* tem sua base dada pelo sufixo **o** ou **d**, e o atributo *val* não pode ser computado até que o sufixo seja visto e processado no final da cadeia. As gramáticas de atributos que *satisfazem* essa propriedade são denominadas L-atribuídas (da esquerda para a direita), e apresentamos a definição a seguir.

Definição

Uma gramática de atributos para os atributos $a_1, ..., a_k$ é **L-atribuída** se, para cada atributo herdado a_j e cada regra gramatical

$$X_0 \to X_1 X_2 ... X_n$$

as equações associadas para a_j forem todas da forma

$$X_i.a_j = f_{ij}(X_0.a_1, ..., X_0.a_k, X_1.a_1, ..., X_1.a_k, ..., X_{i-1}.a_1, ..., X_{i-1}.a_k)$$

Em outras palavras, se o valor de a_j em X_i puder apenas depender dos atributos dos símbolos $X_0, ..., X_{i-1}$ que ocorram à esquerda de X_i na regra gramatical.

Como um caso especial, já notamos que uma gramática S-atribuída é L-atribuída.

Dada uma gramática L-atribuída em que os atributos herdados não dependem dos atributos sintetizados, um analisador sintático descendente recursivo pode avaliar todos os atributos pela transformação dos atributos herdados em parâmetros e dos atributos sintetizados em valores de retorno, conforme descrito anteriormente. Infelizmente, os analisadores LR, como por exemplo um analisador LALR(1) gerado pelo Yacc, são bons para a manipulação basicamente de atributos sintetizados. O motivo disso, ironicamente, é o grande poder dos analisadores LR quando comparados com os analisadores LL. Os atributos somente se tornam computáveis quando a regra gramatical utilizada em uma derivação se torna conhecida, pois somente nesse caso as equações para a computação de atributos são determinadas. Os analisadores LR, entretanto, não precisam decidir qual regra gramatical utilizar em uma derivação enquanto o lado direito de uma regra gramatical não estiver totalmente formado. Isso dificulta a disponibilidade dos atributos herdados, a menos que suas propriedades permaneçam fixas para todas as escolhas possíveis do lado direito. Discutimos brevemente o uso da pilha de análise sintática para a computação dos atributos nos casos mais comuns, com aplicações ao Yacc. Algumas fontes para técnicas mais complexas são mencionadas na seção de Notas e Referências.

Computação de atributos sintetizados durante a análise sintática LR Esse é um caso fácil para um analisador LR. Um analisador LR em geral terá uma **pilha de valores** em que os atributos sintetizados serão armazenados (possivelmente como uniões ou estruturas, se houver mais de um atributo para cada símbolo gramatical). A pilha de valores será manipulada em paralelo com a pilha de análise sintática, e os novos valores serão computados segundo as equações de atributos cada vez que algo for carregado ou reduzido na pilha de análise sintática. Ilustramos isso na Tabela 6.8 para a gramática de atributos da Tabela 6.5, que é a versão ambígua da gramática de expressões aritméticas simples. Por simplicidade, utilizamos uma notação abreviada para a gramática e ignoramos alguns dos detalhes de um algoritmo de análise sintática LR na tabela. Em particular, não indicamos os números de estados, não mostramos o símbolo estendido de início, e não expressamos as regras implícitas de eliminação de ambigüidades. A tabela contém duas novas colunas, além das ações usuais de análise sintática: a pilha de valores e as ações semânticas. As ações semânticas indicam como as computações ocorrem na pilha de valores, assim como as reduções ocorrem na pilha de análise sintática. (As ações de carregar são vistas como colocações de valores de marcas tanto na pilha de análise sintática como na pilha de valores, embora isso possa diferir em analisadores específicos.)

Como exemplo de ação semântica, considere o passo 10 na Tabela 6.8. A pilha de valores contém os valores inteiros 12 e 5, separados pela marca +, com 5 no topo da pilha. A ação de análise sintática é reduzir por $E \rightarrow E + E$, e a ação semântica correspondente da Tabela 6.5 é computar segundo a equação $E_1.val = E_2.val + E_3.val$. As ações correspondentes na pilha de valores são as seguintes (em pseudocódigo):

retire t3	{ seleciona $E_3.val$ da pilha de valores }
retire	{ descarta a marca + }
retire t2	{ seleciona $E_2.val$ da pilha de valores }
t1 = t2 + t3	{ soma }
coloque t1	{ coloca o resultado de volta na pilha de valores }

Em Yacc, a situação representada pela redução no passo 10 seria escrita como a regra

```
E : E + E { $$ = $1 + $3; }
```

Aqui, as pseudovariáveis `$i` representam posições à direita da regra que estão sendo reduzidas e convertidas para posições da pilha de valores, pela contagem invertida a partir da direita. Portanto, `$3`, que corresponde ao **E** mais à direita, deve ser encontrado no topo da pilha, e `$1` deve ser encontrado duas posições a seguir.

Tabela 6.8 Ações semânticas e análise sintática para a expressão 3*4+5 durante uma análise sintática LR.

	Pilha de análise sintática	Entrada	Ação de análise sintática	Pilha de valores	Ação semântica
1	$	3*4+5 $	carrega	$	
2	$ n	*4+5 $	reduz $E \to n$	$ n	$E.val = n.val$
3	$ E	*4+5 $	carrega	$ 3	
4	$ E *	4+5 $	carrega	$ 3 *	
5	$ E * n	+5 $	reduz $E \to n$	$ 3 * n	$E.val = n.val$
6	$ E * E	+5 $	reduz $E \to E * E$	$ 3 * 4	$E_1.val = E_2.val * E_3.val$
7	$ E	+5 $	carrega	$ 12	
8	$ E +	5 $	carrega	$ 12 +	
9	$ E + n	$	carrega $E \to n$	$ 12 + n	$E.val = n.val$
10	$ E + E	$	reduz $E \to E + E$	$ 12 + 5	$E_1.val = E_2.val + E_3.val$
11	$ E	$		$ 17	

Herança de um atributo sintetizado computado previamente durante a análise sintática LR Em razão da estratégia da esquerda para a direita da análise sintática LR, uma ação associada a um não-terminal à direita de uma regra pode fazer uso de atributos sintetizados dos símbolos à sua esquerda na regra, pois esses valores já foram colocados na pilha de valores. Para ilustrar brevemente isso, considere a escolha de produção $A \to B C$, e suponha que C tenha um atributo herdado i que dependa de alguma maneira do atributo sintetizado s de B: $C.i = f(B.s)$. O valor de $C.i$ pode ser armazenado em uma variável antes do reconhecimento de C, pela introdução de uma ε-produção entre B e C que ordene o armazenamento no topo da pilha de valores:

Regra gramatical	Regras semânticas
$A \to B D C$	
$B \to ...$	{ computa $B.s$ }
$D \to \varepsilon$	$gravado\_i = f(valpilha[topo])$
$C \to ...$	{ agora $gravado\_i$ fica disponível }

Em Yacc, esse processo fica ainda mais fácil, pois a ε-produção não precisa ser introduzida explicitamente. Em vez disso, a ação de armazenamento do atributo computado é simplesmente escrita no lugar da regra na ordem em que ela deve ocorrer:

```
A : B { saved_i = f($1); } C ;
```

(Aqui, a pseudovariável **$1** se refere ao valor de **B**, que fica no topo da pilha onde a ação é executada.) Essas ações embutidas no Yacc foram estudadas na Seção 5.5.6 do capítulo anterior.

Uma alternativa para essa estratégia está disponível quando a posição de um atributo sintetizado computado anteriormente na pilha de valores pode ser sempre previsto. Nesse caso, o valor não precisa ser copiado em uma variável, e pode ser acessado diretamente na pilha de valores. Considere, por exemplo, a gramática L-atribuída a seguir com um atributo *dtipo* herdado:

Regra gramatical	Regras semânticas
decl → *tipo var-lista*	*var-lista.dtipo* = *tipo.dtipo*
tipo → **int**	*tipo.dtipo* = *inteiro*
tipo → **float**	*tipo.dtipo* = *real*
var-lista$_1$ → *var-lista*$_2$, **id**	*inserir*(**id**.*nome*, *var-lista*$_1$.*dtipo*)
	var-lista$_2$.*dtipo* = *var-lista*$_1$.*dtipo*
var-lista → **id**	*inserir*(**id**.*nome*, *var-lista.dtipo*)

Nesse caso, o atributo *dtipo*, que é um atributo sintetizado para o não-terminal *tipo*, pode ser computado na pilha de valores imediatamente antes do reconhecimento do primeiro *var-lista*. Portanto, quando cada regra para *var-lista* é reduzida, *dtipo* pode ser encontrado em uma posição fixa na pilha de valores, pela contagem invertida a partir do topo: quando *var-lista* → **id** é reduzida, *dtipo* fica logo abaixo do topo da pilha, e quando *var-lista*$_1$ → *var-lista*$_2$,**id** é reduzida, *dtipo* fica três posições abaixo do topo da pilha. Podemos implementar isso em um analisador LR pela eliminação das duas **regras de cópia** para *dtipo* na gramática de atributos acima e pelo acesso direto à pilha de valores:

Regra gramatical	Regras semânticas
decl → *tipo var-lista*	
tipo → **int**	*tipo.dtipo* = *inteiro*
tipo → **float**	*tipo.dtipo* = *real*
var-lista$_1$ → *var-lista*$_2$, **id**	*inserir*(**id**.*nome*, *valpilha*[*topo*–3])
var-lista → **id**	*inserir*(**id**.*nome*, *valpilha*[*topo*–1])

(Observe que, como *var-lista* não tem atributos *dtipo* sintetizados, o analisador precisa colocar um valor padrão na pilha para preservar a colocação apropriada na pilha.)

Esse método tem diversos problemas. Primeiro, ele exige que o programador acesse diretamente a pilha de valores durante a análise sintática, o que pode ser arriscado em analisadores sintáticos gerados automaticamente. O Yacc, por exemplo, não tem uma convenção para pseudovariáveis para o acesso à pilha de valores abaixo da regra corrente reconhecida, como seria necessário pelo método acima. Portanto, para implementar esse esquema em Yacc, seria necessário escrever um código especializado. O segundo problema é que essa técnica somente funciona se a posição do atributo computado anteriormente for previsível pela gramática. Se, por exemplo, a gramática de declarações anterior fosse escrita de forma que *var-lista* fosse recursiva à direita (conforme fizemos no Exemplo 6.17), uma quantidade arbitrária de **id**s poderia surgir na pilha, e a posição de *dtipo* na pilha seria desconhecida.

A melhor técnica para lidar com os atributos herdados em análise sintática LR é o uso de estruturas de dados externas, como uma tabela de símbolos ou variáveis não locais, para armazenar os valores dos atributos herdados, e acrescentar ε-produções (ou ações embutidas como em Yacc) para que possam ocorrer alterações nessas estruturas de dados nos momentos apropriados. Por exemplo, uma solução para o problema do *dtipo* abordado anteriormente pode ser encontrada na discussão sobre ações embutidas em Yacc (Seção 5.5.6).

Devemos lembrar, entretanto, que mesmo esse método não é livre de falhas: o acréscimo de ε-produções à gramática pode trazer conflitos de análise sintática, e uma gramática LALR(1) pode se tornar uma gramática que não é LR(k) para nenhum valor de k (ver Exercício 6.15 e a seção de Notas e Referências). Mas isso raramente ocorre em casos práticos.

6.2.6 A dependência entre a computação de atributos e a sintaxe

O último tópico desta seção trata da forte dependência entre as propriedades dos atributos e a estrutura da gramática. Pode ocorrer que alterações na gramática as quais não alteram as cadeias legais da linguagem tornem a computação de atributos mais simples ou mais complexa. Temos o seguinte:

Teorema

(Knuth, 1968). Dada uma gramática de atributos, todos os atributos herdados podem ser transformados em atributos sintetizados por meio de modificações apropriadas da gramática, sem alterar a linguagem dessa gramática.

Apresentamos a seguir um exemplo de como um atributo herdado pode ser transformado em atributo sintetizado por meio de modificações da gramática.

Exemplo 6.18
Considere a gramática de declarações simples dos exemplos anteriores:

$$decl \rightarrow tipo\ var\text{-}lista$$
$$tipo \rightarrow \texttt{int} \mid \texttt{float}$$
$$var\text{-}lista \rightarrow \texttt{id},\ var\text{-}lista \mid \texttt{id}$$

O atributo *dtipo* da gramática de atributos da Tabela 6.3 é herdado. Se, entretanto, a gramática for reescrita conforme a seguir,

$$decl \rightarrow var\text{-}lista\ \texttt{id}$$
$$var\text{-}lista \rightarrow var\text{-}lista\ \texttt{id},\ \mid tipo$$
$$tipo \rightarrow \texttt{int} \mid \texttt{float}$$

então as mesmas cadeias serão aceitas, mas o atributo *dtipo* passará a ser sintetizado, segundo a gramática de atributos segue,

Regra gramatical	Regras semânticas
$decl \rightarrow var\text{-}lista\ \texttt{id}$	$\texttt{id}.dtipo = var\text{-}lista.dtipo$
$var\text{-}lista_1 \rightarrow var\text{-}lista_2\ \texttt{id},$	$var\text{-}lista_1.dtipo = var\text{-}lista_2.dtipo$
	$\texttt{id}.dtipo = var\text{-}lista_1.dtipo$
$var\text{-}lista \rightarrow tipo$	$var\text{-}lista.dtipo = tipo.dtipo$
$tipo \rightarrow \texttt{int}$	$tipo.dtipo = inteiro$
$tipo \rightarrow \texttt{float}$	$tipo.dtipo = real$

Ilustramos como essa alteração na gramática afeta a árvore de análise sintática e a computação do atributo *dtipo* na Figura 6.11, que mostra a árvore de análise sintática para a cadeia `float x,y`, juntamente com os valores de atributos e dependências. Tais dependências entre os dois valores `id`.*dtipo* e os valores do pai ou do irmão são desenhadas com linhas tracejadas na figura. Essas dependências parecem ser violações do fato de não ocorrerem atributos herdados nessa gramática de atributos, mas na verdade essas dependências são sempre nas folhas da árvore de análise sintática (ou seja, não recursivas), e podem ser atingidas por operações nos nós pais apropriados. Portanto, essas dependências não são vistas como heranças.

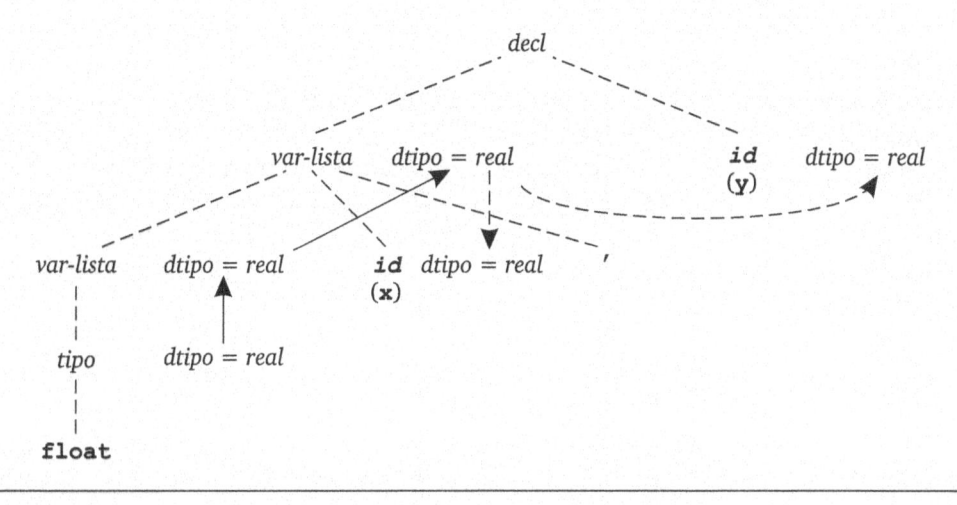

Figura 6.11 Árvore de análise sintática para a cadeia `float x,y`, que mostra o atributo *dtipo* como especificado pela gramática de atributos do Exemplo 6.18.

Esse teorema é menos útil do que pode parecer. A alteração da gramática para transformar os atributos herdados em atributos sintetizados freqüentemente torna a gramática e as regras semânticas muito mais complexas e difíceis de entender. Essa, portanto, não é uma forma recomendada para lidar com os problemas de computação de atributos herdados. Em contrapartida, se uma computação de atributos parecer difícil e pouco natural, isso pode ser em decorrência de a gramática ter sido definida de forma inadequada para a sua computação, e uma alteração na gramática pode ser útil.

6.3 A TABELA DE SÍMBOLOS

A tabela de símbolos é o principal atributo herdado em um compilador e, depois da árvore sintática, a principal estrutura de dados também. Embora tenhamos, com poucas exceções, adiado uma discussão sobre a tabela de símbolos até esse ponto, onde ela se ajusta melhor à estrutura conceitual da fase de análise semântica, o leitor deve observar que nos compiladores práticos a tabela de símbolos está, com freqüência, intimamente relacionada com o analisador sintático ou mesmo com o sistema de varredura, e qualquer um desses dois pode precisar fornecer informações diretamente para a tabela de símbolos ou consultá-la para resolver ambigüidades (como exemplo em C, ver o Exercício 6.22). Ainda assim, em uma linguagem cuidadosamente projetada como Ada ou Pascal, é possível e até mesmo razoável que as operações na tabela de símbolos sejam deixadas de lado até o final da análise sintática, quando sabemos se o programa traduzido está sintaticamente correto. Isso foi feito, por exemplo, no compilador TINY, cuja tabela de símbolos será estudada mais adiante neste capítulo.

As principais operações na tabela de símbolos são *inserir, verificar* e *remover*; outras operações podem também ser requeridas. A operação *inserir* é utilizada para armazenar informações fornecidas pelas declarações de nomes durante o processamento dessas declarações. A operação *verificar* é requerida para recuperar a informação associada a um nome quando o nome é utilizado no código associado. A operação *remover* é requerida para remover a informação fornecida por uma declaração quando essa declaração não mais se aplicar.[8] As propriedades dessas operações são determinadas pelas regras da linguagem de programação traduzida. Em particular, qual informação deve ser armazenada na tabela de símbolos é função da estrutura e objetivo das declarações. Normalmente, isso inclui informações sobre tipos de dados, região de aplicabilidade (escopo, a ser discutido mais adiante) e localização final na memória.

Nesta seção, discutiremos inicialmente a organização da estrutura de dados da tabela de símbolos, visando rapidez e facilidade de acesso. Posteriormente, descreveremos alguns requisitos típicos de linguagens e os efeitos que eles produzem na operação da tabela de símbolos. Finalmente, apresentaremos um exemplo estendido do uso de uma tabela de símbolos com uma gramática de atributos.

6.3.1 A estrutura da tabela de símbolos

A tabela de símbolos em um compilador é uma estrutura de dados típica de dicionário. A eficiência das três operações básicas *inserir, verificar* e *remover* varia de acordo com a organização da estrutura de dados. A análise dessa eficiência para diferentes organizações e a investigação de boas estratégias de organização é um dos principais tópicos de um curso de estruturas de dados. Portanto, não trataremos desse assunto com muitos detalhes neste texto, mas indicaremos ao leitor que quiser mais informações as fontes apropriadas na seção de Notas e Referências no final do capítulo. Apresentaremos uma visão geral, aqui, das estruturas de dados mais úteis para essas tabelas na construção de compiladores.

Implementações típicas de estruturas de dicionários são listas lineares, diversas estruturas de árvores de busca (árvores de busca binárias, árvores AVL, árvores B) e tabelas de *hashing*. As listas lineares são uma boa estrutura de dados básica para implementações fáceis e diretas das três operações básicas, com uma operação *inserir* de tempo constante (que sempre insere no começo ou no final) e operações *verificar* e *remover* de tempo linear no tamanho da lista. Isso pode ser bom o suficiente para a implementação de um compilador em que a velocidade de compilação não seja tão essencial, como por exemplo compiladores experimentais ou protótipos, ou um interpretador para programas muito pequenos. As estruturas de árvores de busca são menos úteis para a tabela de símbolos, em parte por não apresentarem boa eficiência no melhor caso, mas também em razão da complexidade da operação *remover*. A tabela de *hashing* freqüentemente é a melhor opção para a implementação da tabela de símbolos, pois todas as três operações podem ser efetuadas em tempo quase constante, e é a mais utilizada na prática. Aqui, portanto, discutimos o caso da tabela de *hashing* com um pouco mais de detalhes.

---

8. Em vez de destruir essa informação, uma operação *remover* provavelmente a tornará invisível, pelo armazenamento em outro local ou por uma desativação.

Uma tabela de *hashing* é uma matriz, cujas células são denominadas **repositórios**, indexada por um intervalo de inteiros, em geral de 0 até o tamanho da tabela menos um. Uma **função de *hashing*** transforma a chave de busca (nesse caso, o nome do identificador, composto por uma cadeia de caracteres) em um valor de *hashing* inteiro dentro do intervalo de índices, e o item correspondente à chave de busca é armazenado no repositório naquele índice. A função de *hashing* deve distribuir os índices de chaves de forma tão uniforme quanto possível pelo intervalo, pois as **colisões** de *hashing* (quando duas chaves são mapeadas para o mesmo índice pela função de *hashing*) provocam uma degradação de desempenho nas operações *verificar* e *remover*. A função de *hashing* também deve operar em tempo constante, ou pelo menos em tempo linear no tamanho da chave (isso leva a tempo constante se existir um limite superior para o tamanho da chave). As funções de *hashing* serão investigadas um pouco mais adiante.

Uma questão importante é como uma tabela de *hashing* lida com as colisões (isto é denominado **resolução de colisões**). Um método aloca o espaço estritamente necessário para um único item em cada repositório e resolve as colisões pela inserção de novos itens em repositórios sucessivos (denominado, às vezes, **endereçamento aberto**). Nesse caso, o conteúdo da tabela de *hashing* é limitado pelo tamanho da matriz utilizada para a tabela e, à medida que a matriz é preenchida, as colisões se tornam cada vez mais freqüentes, o que provoca uma degradação significativa no desempenho. Um problema adicional com esse método, pelo menos para a construção de compiladores, é a dificuldade em implementar uma operação *remover*, e as remoções não melhoram o desempenho subseqüente da tabela.

Talvez o melhor esquema para a construção de compiladores seja a alternativa para o endereçamento aberto, denominada **encadeamento separado**. Nesse método, cada repositório é uma lista linear, e as colisões são resolvidas pela inserção do novo item na lista do repositório. A Figura 6.12 mostra um exemplo simples desse esquema, com uma tabela de *hashing* de tamanho 5 (muito pequena para situações realistas, utilizada aqui apenas para fins de demonstração). Nessa tabela, assumimos que quatro identificadores foram inseridos (`i`, `j`, `tamanho` e `temp`) e que `tamanho` e `j` têm o mesmo valor de *hashing* (que é o valor 1). Na figura mostramos `tamanho` antes de `j` na lista do repositório de número 1; a ordem dos itens na lista depende da ordem de inserção e de como a lista é mantida. Um método comum é sempre inserir no começo da lista, para que `tamanho` seja inserido antes de `j` por esse método.

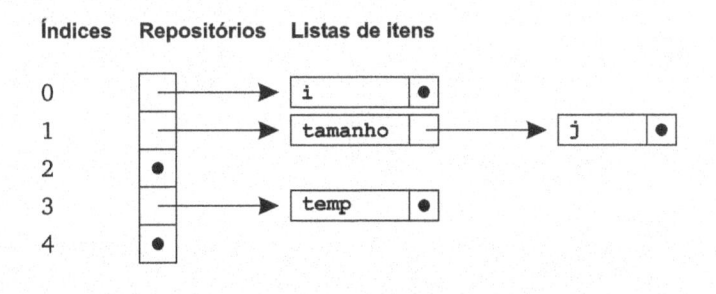

```
Índices   Repositórios   Listas de itens

   0         ┌──┐──────▶ ┌─────────┬─●┐
             ├──┤        └─────────┴──┘
             │  │
   1         ├──┤──────▶ ┌─────────┬──┤──────▶ ┌───┬─●┐
             ├──┤        │ tamanho │  │        │ j │  │
   2         │ ●│        └─────────┴──┘        └───┴──┘
             ├──┤
   3         ├──┤──────▶ ┌─────────┬─●┐
             ├──┤        │  temp   │  │
             │  │        └─────────┴──┘
   4         │ ●│
             └──┘
```

Figura 6.12   Tabela de *hashing* com encadeamento separado para mostrar a resolução de colisões.

A Figura 6.12 também mostra as listas em cada repositório implementadas como listas ligadas (os pontos indicam ponteiros para *nil*). Elas podem ser alocadas pela alocação dinâmica de ponteiros da linguagem de implementação do compilador, ou serem alocadas manualmente de uma matriz de espaços dentro do próprio compilador.

Uma questão a ser respondida pelo programador do compilador é quão grande precisa ser a matriz inicial de repositórios. Em geral, esse tamanho será fixado durante a construção do compilador.[9] Os tamanhos típicos variam de algumas centenas até cerca de mil. Se for utilizada alocação dinâmica para as células existentes, até mesmo pequenas matrizes permitirão a compilação de programas bastante grandes, mas o tempo de compilação será maior. De qualquer maneira, o tamanho da matriz de repositórios deve ser um número primo, pois isso melhora o comportamento das funções mais típicas de *hashing*. Por exemplo, para uma matriz de repositórios de tamanho 200, o tamanho efetivo deveria ser 211 em vez de 200 (pois 211 é o menor número primo maior que 200).

Passamos agora para uma descrição de funções comuns de *hashing*. Uma função de *hashing*, para uso em uma implementação de tabela de símbolos, converte uma cadeia de caracteres (o nome do identificador) em um inteiro no intervalo 0..*tamanho* − 1. Normalmente, isso é feito em um processo de três passos. Primeiro, cada caractere na cadeia é convertido em um inteiro não negativo. Portanto, os inteiros são combinados para formar um único inteiro. Finalmente, o inteiro resultante é ajustado para o intervalo 0..*tamanho* − 1.

A conversão de cada caractere em um inteiro não negativo é, em geral, efetuada com base em algum mecanismo pré-construído da linguagem de implementação do compilador. Por exemplo, a função `ord` de Pascal converte um caractere em um inteiro, usualmente o seu valor ASCII. De maneira similar, a linguagem C automaticamente converterá um caractere em um inteiro se ela for utilizada em uma expressão aritmética ou atribuída a uma variável inteira.

O ajuste de um inteiro não negativo para o intervalo 0..*tamanho* − 1 também é efetuado facilmente com a função **módulo** da matemática, que devolve o resto da divisão de *tamanho* pelo número. Essa função é denominada `mod` em Pascal e `%` em C. Ao usar esse método, é importante que *tamanho* seja um número primo. Caso contrário, um conjunto de inteiros aleatoriamente distribuídos pode ter seus valores ajustados de forma não tão aleatória dentro do intervalo 0..*tamanho* − 1.

O implementador da tabela de *hashing* deve ainda escolher um método para a combinação dos valores diferentes de inteiros dos caracteres como um único inteiro não negativo. Um método simples é ignorar muitos dos caracteres e juntar somente os valores dos primeiros caracteres, ou o do primeiro caractere, do último e do caractere central. Isso é inadequado para um compilador, pois os programadores tendem a atribuir nomes de variáveis em grupos, como `temp1`, `temp2`, ou `m1tmp`, `m2tmp` e assim por diante e esse método provoca colisões freqüentes entre esses nomes. Portanto, o método escolhido deve utilizar todos os caracteres de cada nome. Outro método popular mas inadequado é simplesmente somar os valores de todos os caracteres. Ele faz que todas as permutações dos mesmos caracteres, por exemplo `tempx` e `xtemp`, provoquem colisões.

Uma boa solução para esses problemas é utilizar repetidamente um número constante α como fator multiplicativo para a adição do valor do caractere seguinte. Portanto, se c_i for o valor numérico do *i*-ésimo caractere, e h_i for o valor de *hashing* parcial computado no *i*-ésimo passo, os h_is serão computados segundo as fórmulas recursivas $h_0 = 0$, e $h_{i+1} = \alpha h_i + c_i$, com o último valor de *hashing* computado como $h = h_n$ **mod** *tamanho*, onde *n* é o número de caracteres no nome que está passando pelo processo de *hashing*. Isso é equivalente à fórmula

$$h = (\alpha^{n-1}c_1 + \alpha^{n-2}c_2 + \cdots + \alpha c_{n-1} + c_n) \textbf{ mod } tamanho = \left(\sum_{i=1}^{n} \alpha^{n-i} c_i \right) \textbf{ mod } tamanho$$

---

9. Existem métodos para aumentar o tamanho da matriz (e alterar a função de *hashing*) durante o uso, caso a tabela de *hashing* se torne muito grande, mas eles são complexos e raramente utilizados.

A escolha de α nessa fórmula tem, evidentemente, efeito significativo no resultado. Uma escolha razoável para α é alguma potência de dois, como por exemplo 16 ou 128, para que a multiplicação possa ser executada como uma transposição. Por exemplo, se α = 128, a cadeia de caracteres é vista como um número na base 128, assumindo que os valores dos caracteres c_i sejam todos menores que 128 (o que é verdade para os caracteres ASCII). Outras possibilidades mencionadas na literatura são diversos números primos (veja a seção de Notas e Referências).

Por vezes, pode ocorrer um problema de sobrecarga na fórmula para h, especialmente para valores grandes de α em máquinas com inteiros de dois bytes. Se os valores de inteiros forem utilizados para computações, a sobrecarga pode resultar em valores negativos (em representação de complemento de dois), o que pode provocar erros de execução. Nesse caso, pode-se obter o mesmo efeito com a operação **mod** dentro do laço de adição. Um código em C de exemplo para uma função de *hashing h* que faz isso utilizando a fórmula anterior e um valor de 16 para α (uma transposição de *bits* de 4, pois 16 = 2^4) é apresentado na Figura 6.13.

```
#define SIZE ...
#define SHIFT 4

int hash ( char * key )
{ int temp = 0;
  int i = 0;
  while (key[i] != '\0')
  { temp = ((temp << SHIFT) + key[i]) % SIZE;
    ++i;
  }
  return temp;
}
```

Figura 6.13 Função de *hashing* para uma tabela de símbolos.

6.3.2 Declarações

O comportamento de uma tabela de símbolos depende fortemente das propriedades das declarações da linguagem traduzida. Por exemplo, a forma como as operações *inserir* e *remover* manipulam a tabela de símbolos, quando essas operações devem ser ativadas e quais atributos devem ser inseridos na tabela, tudo isso varia muito de linguagem para linguagem. Até mesmo o momento durante a tradução/execução em que a tabela de símbolos pode ser construída, e por quanto tempo essa tabela deve existir, pode variar muito entre as diferentes linguagens. Nesta seção, indicamos alguns tópicos relacionados com as declarações que afetam o comportamento e a implementação da tabela de símbolos.

Existem quatro tipos básicos de declarações, que ocorrem freqüentemente nas linguagens de programação: declarações de constantes, declarações de tipos, declarações de variáveis e declarações de procedimentos e funções.

As **declarações de constantes** são como as declarações **cons** da linguagem C:

```
const int SIZE = 199;
```

(C também tem um mecanismo `#define` para a criação de constantes, mas esse mecanismo é tratado pelo pré-processador em vez do compilador.)

As **declarações de tipos** incluem declarações de tipos, em Pascal, conforme a seguir:

```
type Table = array [1..SIZE] of Entry;
```

e em C como as declarações **struct** e **union**, como em:

```
struct Entry
{ char * name;
  int count;
  struct Entry * next;
};
```

Essa declaração define um tipo de estrutura denominado **Entry**. A linguagem C também tem um mecanismo `typedef` para a declaração de nomes substitutos para tipos

```
typedef struct Entry * EntryPtr;
```

As **declarações de variáveis** são as mais comuns. Por exemplo, em FORTRAN temos a seguinte declaração:

```
integer a,b(100)
```

e em C:

```
int a,b[100];
```

Finalmente, temos as **declarações de procedimentos e funções**, como a função em C definida na Figura 6.13. Elas são simplesmente declarações de constantes do tipo procedimento/função, mas são geralmente separadas nas definições das linguagens em decorrência de sua natureza especial. Essas declarações são **explícitas**, pois uma construção especial na linguagem é utilizada para as declarações. Também podem ocorrer declarações **implícitas**, em que as declarações são vinculadas a instruções executáveis sem indicação explícita. As linguagens FORTRAN e BASIC, por exemplo, admitem o uso de variáveis sem a declaração explícita. Nas declarações implícitas, existem convenções para fornecer a informação que seria fornecida pela declaração explícita. Por exemplo, em FORTRAN existe a convenção de que as variáveis cujos nomes iniciam com as letras entre I e N são inteiros, a menos que ocorra uma declaração explícita, e as outras variáveis são automaticamente reais. As declarações implícitas também podem ser denominadas **declarações pelo uso**, pois o primeiro uso de uma variável que não foi declarada explicitamente pode ser entendido como se contivesse sua declaração implícita.

Freqüentemente, é mais fácil utilizar uma tabela de símbolos para os nomes de todos os diferentes tipos de declarações, em particular quando a linguagem proíbe o uso de um mesmo nome em tipos diferentes de declarações. Ocasionalmente, pode ser mais fácil utilizar uma tabela separada de símbolos para cada tipo de declaração, para que, por exemplo, todas as declarações de tipos ocorrem em uma tabela de símbolos e todas as declarações de variáveis ocorrem em outra. Em certas linguagens, particularmente nas linguagens derivadas de Algol, como C, Pascal e Ada, podemos preferir associar tabelas de símbolos separadas a regiões diferentes de um programa (como, por exemplo, um procedimento) e ligá-las segundo as regras semânticas da linguagem (isso será discutido com mais detalhes adiante).

Os atributos vinculados a um nome por uma declaração variam com o tipo de declaração. As declarações de constantes associam valores a nomes; por vezes, as declarações de constantes recebem o nome de **vinculações de nomes** por esse motivo. Os valores que podem ser associados a nomes determinam como o compilador tratará esses valores. Por exemplo, em Pascal e em Modula-2, os valores em uma declaração de constante precisam ser estáticos, e portanto computáveis pelo compilador. O compilador pode, em seguida, utilizar a tabela de símbolos para substituir os nomes de constantes pelos seus valores durante a compilação. Outras linguagens, como C e Ada, permitem que as constantes sejam dinâmicas – ou seja, computáveis apenas durante a execução. Essas constantes devem ser tratadas como variáveis, pois o código deve ser gerado para computar seus valores durante a execução. Entretanto, essas constantes são de **atribuição única**: quando seus valores são determinados, eles não podem mais mudar. As declarações de constantes podem também implícita ou explicitamente vincular tipos de dados a nomes. Em Pascal, por exemplo, os tipos de dados de constantes são determinados implicitamente por seus valores (estáticos), e em C eles são dados explicitamente, como nas declarações de variáveis.

As declarações de tipos vinculam nomes a tipos recentemente construídos, e podem também criar nomes substitutos para tipos com nomes já existentes. Os nomes de tipos, em geral, são utilizados juntamente com um algoritmo de equivalência de tipos que efetua a verificação dos tipos de um programa segundo as regras da linguagem. Devotamos uma seção mais adiante neste capítulo para a verificação de tipos, e por isso não discutiremos mais esse item neste ponto.

As declarações de variáveis vinculam mais freqüentemente nomes a tipos de dados, como em C

```
Table symtab;
```

que vincula o tipo de dados representado pelo nome `Table` à variável de nome `symtab`. As declarações de variáveis podem também vincular implicitamente outros atributos. Um desses atributos, que tem um efeito importante na tabela de símbolos, é o **escopo** de uma declaração ou da região do programa onde a declaração se aplica (ou seja, onde as variáveis definidas pela declaração são acessíveis). O escopo é, em geral, resultante da posição da declaração dentro do programa, mas ele pode também ser afetado por notações sintáticas explícitas e por interações com outras declarações. O escopo pode também ser propriedade das declarações de constantes, tipos e procedimentos. As regras de escopo serão discutidas com mais detalhes adiante.

Um atributo de variáveis relacionado com o escopo que também é vinculado implícita ou explicitamente por uma declaração é a alocação de memória para a variável declarada, e a **duração** na execução da alocação (o que é, por vezes, denominado **tempo de vida** da declaração). Por exemplo, em C, todas as variáveis cujas declarações são externas a funções são alocadas **estaticamente** (ou seja, antes do início da execução), e portanto têm duração igual ao tempo total de execução do programa, e as variáveis declaradas dentro das funções são alocadas apenas para a duração de cada ativação da função (o que é denominado alocação **automática**). Em C, também é possível que a duração de uma declaração dentro de uma função seja alterada de automática para estática com a palavra chave `static` na declaração, como em

```
int count(void)
{ static int counter = 0;
  return ++counter;
}
```

A função `count` tem uma variável local estática `counter` que retém o seu valor de uma ativação para outra, de forma que `count` retorne como seu valor o número corrente de vezes que ela foi ativada.

Em C também ocorre a diferenciação entre as declarações utilizadas para controlar a alocação de memória e as declarações utilizadas para verificar tipos. Em C, qualquer declaração de variável que comece com a palavra-chave `extern` não é utilizada em alocação. Portanto, se a função anterior fosse escrita

```
int count(void)
{ extern int counter;
  return ++counter;
}
```

a variável `counter` precisaria ser alocada (e receber o valor inicial) em outro ponto do programa. A linguagem C identifica as declarações que alocam memória como **definições**, e reserva o nome "declaração" para as declarações que não alocam memória. Portanto, uma declaração que comece com a palavra-chave `extern` não é uma definição, mas uma declaração padrão de uma variável, como

```
int x;
```

é uma definição. Em C, pode haver muitas declarações da mesma variável, mas apenas uma definição.

As estratégias de alocação de memória, como a verificação de tipos, formam uma área complexa e importante do projeto de compiladores, que faz parte da estrutura do **ambiente de execução**. Devotamos todo o capítulo seguinte ao estudo de ambientes, e por isso não estudaremos mais a alocação neste ponto. Em vez disso, seguiremos com uma análise do escopo e das estratégias para a manutenção de escopos em uma tabela de símbolos.

6.3.3 Regras de escopo e estrutura de blocos

As regras de escopo em linguagens de programação variam muito, mas existem diversas regras comuns a muitas linguagens. Nesta seção, discutiremos duas dessas regras, a declaração antes do uso e a regra do aninhamento mais próximo para a estrutura de blocos.

Declaração antes do uso é uma regra comum, utilizada em C e em Pascal, a qual exige que um nome seja declarado no texto de um programa antes de qualquer referência a ele. A declaração antes do uso possibilita que a tabela de símbolos seja construída durante a análise sintática e que as verificações na tabela sejam efetuadas assim que uma referência a um nome seja encontrada no código; se a verificação falhar, ocorrerá uma violação da declaração antes do uso, e o compilador gerará uma mensagem de erro apropriada. Portanto, a declaração antes do uso permite a compilação de uma passada. Algumas linguagens não exigem a declaração antes do uso (por exemplo, Modula-2), e nessas linguagens uma passada separada para a construção da tabela de símbolos é requerida; não é possível efetuar a compilação de uma passada.

A **estrutura de blocos** é uma propriedade comum das linguagens modernas. Um **bloco** em uma linguagem de programação é qualquer construção que possa conter declarações. Por exemplo, em Pascal, os blocos são o programa principal e as declarações de procedimento/função. Em C, os blocos são as unidades de compilação (ou seja, os arquivos de código), as declarações de procedimento/função e as declarações compostas (com seqüências de declarações entre chaves {...}). Estruturas e uniões em C (registros em Pascal) também podem ser vistas como blocos, pois contêm declarações de campos. De maneira similar, as declarações de classes em linguagens de programação orientadas a objetos são blocos. Uma linguagem é **estruturada em blocos** se permitir o aninhamento de blocos dentro de blocos e se o escopo das declarações em um bloco for limitado àquele bloco e aos blocos nele contidos, segundo a **regra do aninhamento mais próximo**: dadas diversas declarações diferentes para o mesmo nome, a declaração que se aplica a uma referência é aquela no bloco de aninhamento mais próximo à referência.

Para ilustrar como a estrutura de blocos e a regra do aninhamento mais próximo afetam a tabela de símbolos, considere o fragmento de código C da Figura 6.14. Nesse código, há cinco blocos. Primeiro, há o bloco do código, que contém as declarações das variáveis inteiras **i** e **j** e a função **f**. Segundo, há a própria declaração de **f**, que contém a declaração do parâmetro **tamanho**. Terceiro, há a declaração composta do corpo de **f**, que contém as declarações das variáveis de caracteres **i** e **temp**. (A declaração de função e seu corpo associado podem ser alternadamente vistos como representação de um único bloco.) Quarto, há a declaração composta que contém a declaração **double j**. Finalmente, há a declaração composta que contém a declaração **char * j**. Dentro da função **f** há declarações únicas das variáveis **tamanho** e **temp** na tabela de símbolos, e todos os usos desses nomes se referem a essas declarações. No caso do nome **i**, há uma declaração local de **i** como **char** dentro da declaração composta de **i** como **int** no código de bloco de arquivo que o envolve. (O **int i** não local tem um **buraco de escopo** dentro de **f**.) De maneira similar, as declarações de **j** nas duas declarações compostas subseqüentes dentro de **f** se sobrepõem à declaração não local de **j** como um **int** dentro dos respectivos blocos. Em cada caso, as declarações originais de **i** e **j** serão recuperadas quando os blocos das declarações locais forem abandonados.

```
int i,j;

int f(int tamanho)
{ char i, temp;
  ...
  { double j;
    ...
  }
  ...
  { char * j;
    ...
  }
}
```

Figura 6.14   Fragmento de código em C que ilustra os escopos aninhados.

Em muitas linguagens, como Pascal e Ada (mas não C), os procedimentos e funções também podem ser aninhados. Esse é um fator complicador para o ambiente de execução dessas linguagens (estudado no próximo capítulo), mas não apresenta complicações particulares para os escopos aninhados. Por exemplo, o código Pascal da Figura 6.15 contém os procedimentos aninhados g e h, mas apresenta essencialmente a mesma estrutura da tabela de símbolos do código C da Figura 6.14 (exceto, evidentemente, pelos nomes adicionais g e h).

```
program Ex;
var i,j: integer;

function f(tamanho: integer): integer;
var i,temp: char;

   procedure g;
   var j: real;
   begin
     ...
   end;

   procedure h;
   var j: ^char;
   begin
     ...
   end;
begin (* f *)
  ...
end;

begin (* programa principal *)
  ...
end.
```

Figura 6.15 Fragmento de código em Pascal que ilustra os escopos aninhados.

Para implementar os escopos aninhados e a regra do aninhamento mais próximo, a operação na tabela de símbolos *inserir* não pode escrever por cima de declarações anteriores, mas deve ocultá-las temporariamente, para que a operação *verificar* encontre apenas a declaração inserida mais recentemente para um nome. De maneira similar, a operação *remover* não pode remover todas as declarações que correspondam a um nome, mas apenas a mais recente, expondo declarações anteriores. Portanto, a construção da tabela de símbolos pode seguir adiante com operações *inserir* para todos os nomes declarados ao entrar em cada bloco e com operações *remover* correspondentes para os mesmos nomes ao sair de cada bloco. Em outras palavras, a tabela de símbolos se comporta como uma pilha durante o processamento de escopos aninhados.

Para ver como essa estrutura pode ser mantida na prática, considere a implementação de tabela de *hashing* de uma tabela de símbolos descrita anteriormente. Se fizermos hipóteses simplificadoras similares às da Figura 6.12, portanto, após as declarações do corpo do procedimento f na Figura 6.14 serem processadas, a tabela de símbolos pode ficar como na Figura 6.16(a). Durante o processamento da segunda declaração composta dentro do corpo de **f** (a que contém a declaração **char * j**), a tabela de símbolos ficaria como na Figura 6.16(b). Finalmente, depois de o bloco da função **f** ser abandonado, a tabela de símbolos ficaria como na Figura 6.16(c). Observe como, para cada nome, as listas ligadas em cada repositório se comportam como uma pilha para as diferentes declarações daquele nome.

Índices   Repositórios   Listas de itens

0 → i (char) → i (int) •
1 → tamanho (int) → j (int) •
2 •
3 → temp (char) •
4 → f (função) •

(a) Após o processamento das declarações do corpo de f

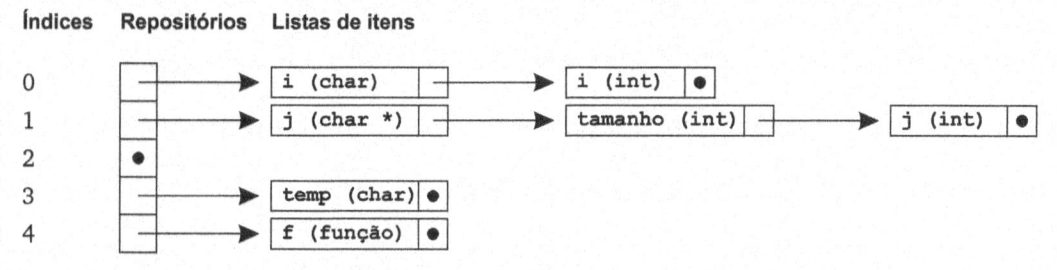

Índices   Repositórios   Listas de itens

0 → i (char) → i (int) •
1 → j (char *) → tamanho (int) → j (int) •
2 •
3 → temp (char) •
4 → f (função) •

(b) Após o processamento da declaração da segunda declaração composta aninhada dentro do corpo de f

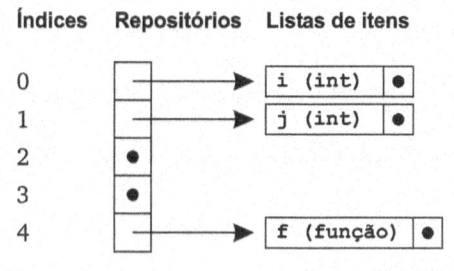

Índices   Repositórios   Listas de itens

0 → i (int) •
1 → j (int) •
2 •
3 •
4 → f (função) •

(c) Após abandonar o corpo de f (e apagar suas declarações)

Figura 6.16   Conteúdo da tabela de símbolos em diversos pontos do código da Figura 6.14.

Existem diversas alternativas para essa implementação de escopos aninhados. Uma solução é a construção de uma nova tabela de símbolos para cada escopo e a vinculação dessas tabelas do escopo mais interno para o mais externo, de modo que a operação *verificar* continue automaticamente a busca em uma tabela mais externa se não conseguir encontrar um nome na tabela corrente. Abandonar o escopo, nesse caso, requer menor esforço, pois as declarações não precisam ser reprocessadas com operações *remover*. Em vez disso, a tabela toda de símbolos que corresponde ao escopo pode ser mostrada na Figura 6.17. Naquela figura há três tabelas, uma para cada escopo, ligadas da mais interna para a mais externa. Abandonar um escopo requer simplesmente o reajuste do ponteiro de acesso (indicado à esquerda) para o escopo externo seguinte.

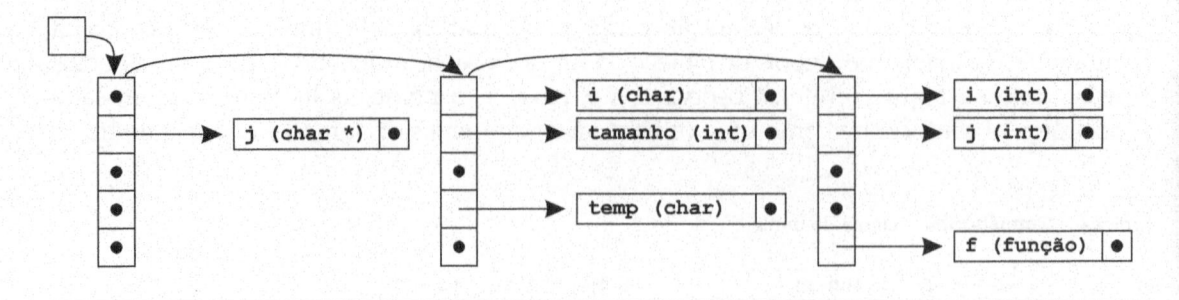

Figura 6.17 Estrutura de tabela de símbolos que corresponde à Figura 6.16(b), fazendo uso de tabelas separadas para cada escopo.

Processamento e computação de atributos adicionais também podem ser requeridos durante a construção da tabela de símbolos, dependendo da linguagem e dos detalhes de operação do compilador. Um exemplo é a exigência em Ada de um nome não local ser também visível de um buraco de escopo, onde ele pode ser referenciado com uma notação similar à seleção de campos de registros, utilizando o nome associado ao escopo em que o nome não local for declarado. Por exemplo, no código em Pascal da Figura 6.15, dentro da função **f** a variável inteira global **i** em Ada seria ainda visível, assim como a variável **Ex.i** (o nome do programa identifica o escopo global). Portanto, pode fazer sentido, para a construção de uma tabela de símbolos, a identificação de cada escopo por um nome e o prefixo de cada nome declarado dentro de um escopo com os nomes acumulados de seus escopos aninhados. Portanto, todas as ocorrências do nome **j** na Figura 6.15 seriam diferenciados como **Ex.j**, **Ex.f.g.j** e **Ex.f.h.j**. Adicionalmente, ou alternativamente, pode ser preciso atribuir um **nível de aninhamento** ou **profundidade de aninhamento** a cada escopo e registrar em cada célula da tabela de símbolos o nível de aninhamento de cada nome. Na Figura 6.15, o escopo global do programa tem nível de aninhamento 0, as declarações de **f** (seus parâmetros e variáveis locais) têm nível de aninhamento 1, e as declarações locais tanto de **g** como de **h** têm nível de aninhamento 2.

Um mecanismo similar à característica descrita acima de seleção de escopo de Ada é o **operador de resolução de escopo ::** de C++. Esse operador permite que o escopo de uma declaração de classe seja acessado de fora da declaração. Isso pode ser usado para completar a definição das funções membro de fora da declaração de classe:

```
class A
{ ... int f();...}; // f é função membro

A::f() // essa é a definição de f em A
{ ... }
```

Classes, procedimentos (em Ada) e estruturas de registros podem ser todas vistas como representações de nomes de escopos, e o conjunto de declarações locais pode ser visto como um atributo. Nas situações em que esses escopos podem ser referenciados externamente, pode ser vantajoso construir uma tabela de símbolos separada para cada escopo (como na Figura 6.17).

Discutimos até aqui a regra de escopo padrão que obedece a estrutura textual do programa. Ela recebe, às vezes, o nome de **escopo léxico** ou **escopo estático** (pois a tabela de símbolos é construída estaticamente). Uma regra de escopo alternativa, utilizada em algumas linguagens dinamicamente orientadas (versões mais antigas de LISP, SNOBOL e algumas linguagens de consultas a bancos de dados) é o **escopo dinâmico**. Essa regra requer que a aplicação dos escopos aninhados siga um caminho de execução, em vez da apresentação textual do programa. Um exemplo simples que mostra a diferença entre as duas regras é o código em C da Figura 6.18. Esse código imprime 1 se for usada a regra de escopo padrão de C, pois o escopo da variável i no nível do arquivo se estende para o procedimento f. Se for usado o escopo dinâmico, o programa imprime 2, pois f é ativado de main, e main contém uma declaração de i (com valor 2) que se estende para f se utilizarmos a seqüência de ativações para resolver as referências não locais. O escopo dinâmico requer que a tabela de símbolos seja construída durante a execução pelo uso de *inserir* e *remover* à medida que se entra e sai dos escopos durante a execução. Portanto, o uso do escopo dinâmico requer que a tabela de símbolos passe a ser parte do ambiente e que o código seja gerado por um compilador para mantê-lo, em vez de a tabela de símbolos ser construída diretamente (e estaticamente) pelo compilador. O escopo dinâmico também compromete a legibilidade dos programas, pois referências não locais não podem ser resolvidas sem a simulação da execução do programa. Finalmente, o escopo dinâmico é incompatível com a verificação de tipos estática, pois os tipos de dados das variáveis deve ser mantido pela tabela de símbolos. (Observe o problema que ocorre no código da Figura 6.18 se o i dentro de main for declarado como double.) Portanto, o escopo dinâmico é raramente utilizado nas linguagens modernas, e não o discutiremos mais.

```
#include <stdio.h>

int i = 1;

void f(void)
{ printf("%d\n",i);}

void main(void)
{ int i = 2;
  f();
  return 0;
}
```

Figura 6.18   Código C que ilustra a diferença entre escopos estático e dinâmico.

Finalmente, devemos observar que a operação *remover* foi mostrada na Figura 6.16 para eliminar totalmente as declarações da tabela de símbolos. Pode ser preciso preservar as declarações na tabela (ou pelo menos não retirá-las da memória), pois outras partes do compilador podem precisar se referir a elas posteriormente. Se estas precisarem ser preservadas na tabela de símbolos, a operação *remover* precisaria simplesmente marcá-las como inativas, e *verificar* as desconsideraria ao percorrer a tabela.

6.3.4 Interação em declarações de mesmo nível

Há mais um ponto relacionado com o escopo da interação entre as declarações em um mesmo nível de aninhamento (ou seja, associadas a um mesmo bloco). Elas podem variar com o tipo de declaração, e com a linguagem traduzida. Um requisito típico em muitas linguagens (C, Pascal, Ada) é que não pode ocorrer reutilização do mesmo nome em declarações de mesmo nível. Portanto, em C, as seguintes declarações consecutivas levam a um erro de compilação:

```
typedef int i;
int i;
```

Um compilador deve efetuar, para verificar esse requisito, um *verificar* antes de cada *inserir* e determinar com base em algum mecanismo (nível de aninhamento, por exemplo) se declarações preexistentes com o mesmo nome estão no mesmo nível.

Uma questão mais difícil é quanta informação está disponível para declarações a respeito umas das outras em um mesmo nível na seqüência. Por exemplo, considere o fragmento de código em C

```
int i = 1;

void f(void)
{ int i = 2, j = i+1;
   ...
}
...
```

A questão é se o j dentro do f é inicializado com o valor 2 ou 3, ou seja, se a declaração local ou a declaração não local para i é a utilizada. Pode parecer natural que a declaração mais recente – a local – seja utilizada, pela regra do aninhamento mais próximo. É assim que funciona a linguagem C. Entretanto, isso pressupõe que cada declaração seja adicionada à tabela de símbolos à medida que for processada, o que é denominado **declaração seqüencial**. Em vez disso, todas as declarações podem ser processadas "simultaneamente" e adicionadas ao mesmo tempo à tabela de símbolos no final da seção de declarações. Nesse caso, todos os nomes nas expressões dentro das declarações referenciariam as declarações anteriores, em vez das novas declarações processadas. Essa estrutura de declarações é denominada **declaração colateral**, e algumas linguagens funcionais, como ML e Scheme, têm uma estrutura de declarações como essa. Essa regra para declarações requer que as declarações não sejam adicionadas de imediato à tabela de símbolos existente, mas em vez disso sejam acumuladas em uma nova tabela (ou estrutura temporária), e adicionadas à tabela existente após todas as declarações terem sido processadas.

Finalmente, há o caso da estrutura de **declaração recursiva**, em que as declarações podem se auto-referenciar ou referenciar outras declarações. Isso é particularmente necessário para declarações de procedimentos/funções, nas quais grupos de funções mutuamente recursivas são freqüentes (por exemplo, em um analisador sintático descendente recursivo). Em sua forma mais simples, uma função recursiva ativa a si mesma, como no código em C para uma função que computa o máximo divisor comum de dois inteiros:

```
int gcd(int n, int m)
{ if (m ==0) return n;
   else return gcd(m,n % m);
}
```

Para que isso seja compilado corretamente, o compilador deve adicionar o nome de função **gcd** à tabela de símbolos *antes* de processar o corpo da função. Caso contrário, o nome **gcd** não será encontrado (ou não terá o significado correto) quando a ativação recursiva for encontrada. Em casos mais complexos de um grupo de funções mutuamente recursivas, como no fragmento de código em C

```
void f(void)
{...g() ...}

void g(void)
{...f() ...}
```

a simples adição de cada função à tabela de símbolos antes do processamento do seu corpo não é suficiente. O fragmento de código em C acima produzirá um erro de compilação no momento da ativação de **g** dentro de **f**. Em C, esse problema é removido pela adição de uma declaração de **protótipo de função** para **g** antes da declaração de **f**:

```
void g(void); /* declaração de protótipo
                            de função */

void f(void)
{...g() ...}

void g(void)
{...f() ...}
```

Essa declaração pode ser vista como um **modificador de escopo**, que estende o escopo do nome **g** para incluir **f**. Portanto, o compilador adiciona **g** à tabela de símbolos quando a (primeira) declaração de protótipo para **g** for alcançada (juntamente com o seu próprio atributo de escopo posicional). Evidentemente, o corpo de **g** não existe até que a declaração (ou definição) principal de **g** seja alcançada. Todos os tipos dos protótipos de **g** devem ser verificados para garantir que tenham estrutura idêntica.

Existem diversas soluções para o problema da recursão mútua. Por exemplo, em Pascal uma declaração **forward** estende o escopo de um procedimento/função. Em Modula-2, a regra de escopo para os procedimentos e funções (e variáveis) estende os seus escopos para incluir todo o bloco de suas declarações, para que elas sejam natural e mutuamente recursivas e para que não seja preciso qualquer outro mecanismo adicional da linguagem. Isso requer um passo de processamento em que todos os procedimentos e funções sejam adicionados à tabela de símbolos antes do processamento de seus corpos. Declarações mutuamente recursivas similares também ocorrem em diversas outras linguagens.

6.3.5 Exemplo estendido de gramática de atributos que utiliza uma tabela de símbolos

Queremos agora considerar um exemplo o qual demonstre diversas propriedades de declarações já descritas bem como desenvolva uma gramática de atributos que torne essas propriedades explícitas no comportamento da tabela de símbolos. A gramática utilizada para esse exemplo é uma condensação da gramática de expressões aritméticas simples, juntamente com uma extensão que envolve declarações:

$$S \to exp$$
$$exp \to (\ exp\ ) \mid exp + exp \mid \textbf{id} \mid \textbf{num} \mid \textbf{let}\ dec\text{-}lista\ \textbf{in}\ exp$$
$$dec\text{-}lista \to dec\text{-}lista\ \textbf{,}\ decl \mid decl$$
$$decl \to \textbf{id} = exp$$

Essa gramática contém um símbolo inicial S no topo, pois a gramática de atributos contém atributos herdados que solicitarão valores iniciais na raiz da árvore sintática. A gramática contém apenas uma operação (adição, com a marca +), o que a simplifica. Ela também é ambígua, e assumimos que um analisador sintático já construiu uma árvore sintática ou resolveu as ambigüidades (deixamos para os exercícios a construção de uma gramática equivalente sem ambigüidades). Incluímos parênteses para que possamos escrever expressões sem ambigüidades nessa gramática se quisermos. Assumimos, como nos exemplos anteriores similares, que **num** e **id** são marcas cuja estrutura é determinada por um sistema de varredura (**num** pode ser uma seqüência de dígitos e **id** uma seqüência de caracteres, por exemplo).

O novo item na gramática que envolve declarações é a **expressão** *let*:

$$exp \to \textbf{let}\ dec\text{-}lista\ \textbf{in}\ exp$$

Em uma expressão *let*, as declarações são compostas por uma seqüência de declarações separadas por vírgulas, da forma **id** = *exp*. Por exemplo,

```
let x = 2+1, y = 3+4 in x + y
```

Informalmente, a semântica de uma expressão *let* é a seguinte: as declarações após a marca **let** estabelecem os nomes para expressões, os quais, quando aparecem na *exp* após a marca **in**, substituem os valores das expressões que eles representam. (O *exp* é o **corpo** da expressão *let*.) O valor da expressão *let* é o valor do seu corpo, que é computado pela substituição de cada nome nas declarações pelo valor do *exp* correspondente, e a seguir pela computação do valor do corpo segundo as regras da aritmética. Assim, no exemplo anterior, **x** substitui o valor 3 (o valor de **2+1**) e **y** substitui o valor 7 (o valor de **3+4**). Em outras palavras, a expressão *let* tem como valor 10 (= o valor de **x+y** quando **x** tem valor 3 e **y** tem valor 7).

Com base nessa semântica, vemos que as declarações dentro de uma expressão *let* representam um tipo de declaração (ou vinculação) constante e que as expressões *let* representam os blocos dessa linguagem. Para completar a discussão informal da semântica dessas expressões, precisamos descrever as regras de escopo e as interações das declarações nas expressões *let*. Observe que a gramática possibilita aninhamentos arbitrários das expressões *let* como, por exemplo, na expressão

```
let x = 2, y = 3 in
   (let x = x+1, y=(let z=3 in x+y+z)
    in (x+y)
   )
```

Estabelecemos as seguintes regras de escopo para as declarações das expressões *let*. Primeiro, não pode haver redeclaração do mesmo nome dentro da mesma expressão *let*. Assim, uma expressão da forma

```
let x=2,x=3 in x+1
```

é ilegal e resulta em erro. Segundo, se um nome não estiver declarado em uma expressão de contorno *let*, ocorre também um erro. Portanto, a expressão

```
let x=2 in x+y
```

é errônea. Terceiro, o escopo de cada declaração em uma expressão *let* se estende pelo corpo de *let* segundo a regra do aninhamento mais próximo para a estrutura de blocos. Portanto, o valor da expressão

```
let x=2 in (let x=3 in x)
```

é 3, e não 2 (pois o **x** no *let* interno se refere à declaração **x=3**, e não à declaração **x=2**).

Finalmente, definimos a interação das declarações em uma lista de declarações no mesmo *let* como seqüencial, ou seja, cada declaração utiliza as declarações anteriores para resolver nomes em sua própria expressão. Portanto, na expressão

```
let x=2,y=x+1 in (let x=x+y,y=x+y in y)
```

o primeiro **y** tem valor 3 (com a declaração anterior de **x**), o segundo **x** tem valor 5 (com as declarações de contorno *let*), e o segundo **y** tem valor 8 (com a declaração de contorno de **y** e o valor do **x** declarado logo antes). Portanto, a expressão completa tem valor 8. Convidamos o leitor a computar de maneira similar o valor da expressão *let* com aninhamento triplo da página anterior.

Queremos agora desenvolver equações de atributos que utilizem uma tabela de símbolos para acompanhar as declarações nas expressões *let* as quais expressem as regras de escopo e as interações descritas anteriormente. Por simplicidade, apenas usamos a tabela de símbolos para determinar se uma expressão é errônea. Não escreveremos equações para computar o valor das expressões, o que fica como exercício. Em vez disso, computamos o atributo booleano sintetizado *err* que tem como valor **true** se a expressão for errônea e **false** se for correta, segundo as regras previamente estabelecidas. Para isso, precisamos de um atributo herdado *simtab*, que representa a tabela de símbolos, e de um atributo herdado *nivelaninh*, para determinar se duas declarações estão dentro do mesmo bloco *let*. O valor de *nivelaninh* é um inteiro não negativo que expressa o nível corrente de aninhamento dos blocos *let*. Ele tem como valor inicial o valor 0 no nível mais externo.

O atributo *simtab* solicitará operações típicas de tabela de símbolos. Como queremos escrever as equações de atributos, expressamos as operações de tabela de símbolos de forma livre de efeitos colaterais, com a operação *inserir* que recebe como parâmetro uma tabela de símbolos e retorna uma nova tabela de símbolos com a nova informação acrescentada, mas a tabela de símbolos original permanece inalterada. Portanto, *inserir(s, n, l)* retorna uma nova tabela de símbolos que contém toda a informação da tabela de símbolos *s* e que adicionalmente associa o nome *n* ao nível de aninhamento *l*, sem alterar *s*. (Como isso é para determinar apenas a correção, não é necessário associar um valor a *n*, apenas um nível de aninhamento.) Visto que essa notação garante que podemos recuperar a tabela de símbolos original *s*, uma operação *remover* explícita não é necessária. Finalmente, para testar os dois critérios que devem ser satisfeitos para a correção (todos os nomes que aparecem em expressões foram previamente declarados e não ocorrem redeclarações em um mesmo nível), precisamos ser capazes de testar a presença de um nome em uma tabela de símbolos, e também de recuperar o nível de aninhamento associado a um nome que está presente. Isso é feito com as duas operações *estáem(s,n)*, que retorna um valor booleano dependendo se *n* é uma tabela de símbolos *s*, e *verificar(s,n)*, que retorna um valor inteiro que fornece o nível de aninhamento da declaração mais recente de *n*, se existir, ou –1 se *n* não estiver na tabela de símbolos *s* (isso nos possibilita expressar equações com *verificar* sem antes ter efetuado uma operação *estáem*). Finalmente, precisamos ter uma notação para uma tabela de símbolos inicial sem células; ela é denotada *tabelavazia*.

Com essas operações e convenções para tabelas de símbolos, dirigimo-nos agora a escrever as equações de atributos para os três atributos *simtab*, *nivelaninh* e *err* de expressões. A gramática de atributos completa é apresentada na Tabela 6.9.

Tabela 6.9 Gramática de atributos para expressões com blocos *let*.

Regra gramatical	Regras semânticas
$S \to exp$	$exp.simtab = tabelavazia$ $exp.nivelaninh = 0$ $S.err = exp.err$
$exp_1 \to exp_2 + exp_3$	$exp_2.simtab = exp_1.simtab$ $exp_3.simtab = exp_1.simtab$ $exp_2.nivelaninh = exp_1.nivelaninh$ $exp_3.nivelaninh = exp_1.nivelaninh$ $exp_1.err = exp_2.err$ **or** $exp_3.err$
$exp_1 \to (exp_2)$	$exp_2.simtab = exp_1.simtab$ $exp_2.nivelaninh = exp_1.nivelaninh$ $exp_1.err = exp_2.err$
$exp \to \mathtt{id}$	$exp.err = $ **not** $estáem(exp.simtab.\mathtt{id}.nome)$
$exp \to \mathtt{num}$	$exp.err = $ **false**
$exp_1 \to \mathtt{let}\ dec\text{-}lista\ \mathtt{in}\ exp_2$	$dec\text{-}lista.enttab = exp_1.simtab$ $dec\text{-}lista.nivelaninh = exp_1.nivelaninh + 1$ $exp_2.simtab = dec\text{-}lista.saitab$ $exp_2.nivelaninh = dec\text{-}lista.nivelaninh$ $exp_1.err = (decl\text{-}lista.saitab = errtab)$ **or** $exp_2.err$
$dec\text{-}lista_1 \to dec\text{-}lista_2\mathtt{,}\ decl$	$dec\text{-}lista_2.enttab = dec\text{-}lista_1.enttab$ $dec\text{-}lista_2.nivelaninh = dec\text{-}lista_1.nivelaninh$ $decl.enttab = dec\text{-}lista_2.saitab$ $decl.nivelaninh = dec\text{-}lista_2.nivelaninh$ $dec\text{-}lista_1.saitab = decl.saitab$
$dec\text{-}lista \to decl$	$decl\text{-}enttab = dec\text{-}lista.enttab$ $decl.nivelaninh = dec\text{-}lista.nivelaninh$ $dec\text{-}lista.saitab = decl.saitab$

$decl \to \mathtt{id} = exp$	$exp.simtab = decl.enttab$
	$exp.nivelaninh = decl.nivelaninh$
	$decl.saitab = $
	    if $(decl.enttab = errtab)$ **or** $exp.err$
	    then *errtab*
	    else if $(verificar(decl.enttab,\mathtt{id}.nome) =$
	        $decl.nivelaninh)$
	    then *errtab*
	    else $insert(decl.enttab,\mathtt{id}.nome, decl.nivelaninh)$

No nível mais alto, atribuímos os valores dos dois atributos herdados e liberamos o valor do atributo sintetizado. Portanto, a regra gramatical $S \rightarrow exp$ tem as três equações de atributos associadas

$$exp.simtab = tabelavazia$$
$$exp.nivelaninh = 0$$
$$S.err = exp.err$$

Regras similares são observadas para a regra gramatical $exp \rightarrow (exp)$.

Para a regra $exp_1 \rightarrow exp_2 + exp_3$ (como usual, enumeramos os não-terminais nas equações de atributos), as regras seguintes expressam o fato de as expressões à direita herdarem os atributos *simtab* e *nivelaninh* da expressão à esquerda e a expressão à esquerda conter um erro se pelo menos uma das expressões à direita contiverem um erro:

$$exp_2.simtab = exp_1.simtab$$
$$exp_3.simtab = exp_1.simtab$$
$$exp_2.nivelaninh = exp_1.nivelaninh$$
$$exp_3.nivelaninh = exp_1.nivelaninh$$
$$exp_1.err = exp_2.err \textbf{ or } exp_3.err$$

A regra $exp \rightarrow \texttt{id}$ produz um erro somente se o nome do **id** não puder ser encontrado na tabela de símbolos corrente (denotamos como **id**.*nome* o nome do identificador e assumimos que ele é computado pelo sistema de varredura ou pelo analisador sintático), assim a equação de atributos associada é

$$exp.err = \textbf{not } estáem(exp.simtab, \texttt{id}.nome)$$

A regra $exp \rightarrow \texttt{num}$, no entanto, nunca pode produzir um erro, portanto a equação de atributos é

$$exp.err = \textbf{false}$$

Discutimos, a seguir, as expressões *let*, com a regra gramatical

$$exp_1 \rightarrow \texttt{let } dec\text{-}lista \texttt{ in } exp_2$$

e as regras associadas para declarações. Na regra para as expressões *let*, *decl-lista* é composta por diversas declarações que devem ser acrescentadas à tabela de símbolos corrente. Expressamos isso pela associação de duas tabelas de símbolos separadas com *decl-lista*: a tabela de chegada *enttab*, herdada de exp_1, e a tabela de saída *saitab*, que contém as novas declarações (assim como as antigas) e deve ser transmitida para exp_2. Como as novas declarações podem conter erros (como, por exemplo, a redeclaração de nomes), precisamos expressar isso pela permissão de passar uma tabela de símbolos especial *errtab* de uma *dec-lista*. Finalmente, a expressão *let* tem um erro somente se *dec-lista* contiver um erro (e nesse caso *saitab* é *errtab*) ou se o corpo exp_2 da expressão *let* contiver um erro. As equações de atributos são

$$dec\text{-}lista.enttab = exp_1.simtab$$
$$dec\text{-}lista.nivelaninh = exp_1.nivelaninh + 1$$
$$exp_2.simtab = dec\text{-}lista.saitab$$
$$exp_2.nivelaninh = dec\text{-}lista.nivelaninh$$
$$exp_1.err = (decl\text{-}lista.saitab = errtab) \textbf{ or } exp_2.err$$

Observe que o nível de aninhamento também aumentou em um, assim que o bloco *let* foi visitado.

Resta desenvolver equações para as listas de declarações e para declarações individuais. Uma lista de declarações deve, pela regra seqüencial de declarações, acumular declarações individuais à medida que prossegue o processamento da lista. Portanto, dada a regra

$$dec\text{-}lista_1 \rightarrow dec\text{-}lista_2 \text{ , } decl$$

a *saitab* de *dec-lista$_2$* é transmitida como *enttab* para *decl*, o que fornece a *decl* acesso às declarações anteriores a ela na lista. No caso de uma declaração única (*dec-lista* → *decl*), a herança e abandono padrão são efetuados. As equações completas estão na Tabela 6.9.

Finalmente, discutimos o caso de uma declaração individual

$$decl \rightarrow \mathbf{id} = exp$$

Nesse caso, a *decl.enttab* herdada é transmitida de imediato para *exp* (pois as declarações nessa linguagem não são recursivas, portanto *exp* deveria encontrar apenas declarações anteriores ao nome desse **id**, em vez da corrente). Se não houver erros, **id**.*nome* será inserida na tabela com o nível de aninhamento corrente, e isso será passado de volta como o *saitab* sintetizado da declaração. Podem ocorrer erros de três maneiras. Primeiro, um erro pode já ter ocorrido em uma declaração anterior, e nesse caso *decl.enttab* é igual a *errtab*; esse *errtab* deve ser passado adiante como *saitab*. Segundo, um erro pode ocorrer dentro de *exp*; isso é indicado por *exp.err* e, se for verdade, deve também levar *saitab* a ser *errtab*. Terceiro, a declaração pode ser uma redeclaração de um nome no mesmo nível de aninhamento. Isso precisa ser verificado com *verificar*, e esse erro deve também ser registrado forçando *saitab* a ser *errtab*. (Observe que se *verificar* falhar ao buscar **id**.*nome*, ela retornará −1, que nunca casa com o nível corrente de aninhamento, portanto nenhum erro será gerado.) A equação completa para *decl.saitab* é dada na Tabela 6.9.

Isso encerra nossa discussão sobre equações de atributos.

6.4 TIPOS DE DADOS E VERIFICAÇÃO DE TIPOS

Uma das principais tarefas de um compilador é computar e manter a informação sobre tipos de dados (**inferência de tipos**) e utilizar essa informação para garantir que cada parte de um programa faça sentido para as regras de tipos da linguagem (**verificação de tipos**). Em geral, essas duas tarefas são fortemente relacionadas, efetuadas em conjunto e denominadas simplesmente verificação de tipos. As informações sobre os tipos de dados podem ser estáticas, dinâmicas ou uma mistura das duas. Em muitos dialetos de LISP, as informações sobre tipos são totalmente dinâmicas. Em linguagens como essa, um compilador precisa gerar código para efetuar inferência de tipos e verificação de tipos durante a execução. Em linguagens mais tradicionais como Pascal, C e Ada, as informações sobre tipos são basicamente estáticas, e utilizadas como o principal mecanismo para verificar a correção de um programa antes da execução. As informações estáticas sobre tipos também são utilizadas para determinar a quantidade de memória requerida para alocação de cada variável e a forma de acesso da memória, e isso pode ser utilizado para simplificar o ambiente de execução. Nesta seção, apenas trataremos da verificação de tipos estáticos.

As informações sobre tipos de dados podem ocorrer em um programa de diversas formas diferentes. Teoricamente, um **tipo de dados** é um conjunto de valores ou, mais precisamente, um conjunto de valores com certas operações sobre esses valores. Por exemplo, o tipo de dados `integer` em uma linguagem de programação indica um subconjunto dos inteiros matemáticos, juntamente com operações aritméticas, como + e *, fornecidas pela definição da linguagem. No reino prático da construção de compiladores, esses conjuntos são, em geral, descritos por uma **expressão de tipos**, que é um nome de tipo, como `integer`, ou uma expressão estruturada, como `array [1..10] of real`, cujas operações são geralmente assumidas ou inferidas. As expressões de tipos podem ocorrer em diversos pontos de um programa. Entre elas, temos declarações de variáveis, como

```
var x: array [1..10] of real;
```

que associa um tipo a um nome de variável, e declarações de tipos, como

```
type RealArray = array [1..10] of real;
```

que define um novo nome de tipo para uso em declarações subseqüentes de tipos ou variáveis. Essas informações de tipos são **explícitas**. Também é possível que as informações de tipos sejam **implícitas**, como, por exemplo, na declaração de constante em Pascal

```
const greeting = "Hello!";
```

onde o tipo de `greeting` é implicitamente `array [1..6] of char`, segundo as regras de Pascal.

Informações sobre tipos, explícitas ou implícitas, contidas em declarações são mantidas na tabela de símbolos e recuperadas pelo verificador de tipos sem que os nomes associados sejam referenciados. Novos tipos são, em seguida, inferidos a partir desses tipos e associados aos nós apropriados na árvore sintática. Por exemplo, na expressão

```
a[i]
```

os tipos de dados dos nomes `a` e `i` são capturados da tabela de símbolos. Se `a` tiver tipo `array [1..10] of real` e `i` tiver tipo `integer`, a subexpressão `a[i]` será determinada como correta quanto aos tipos e terá tipo `real`. (Saber se `i` tem um valor entre 1 e 10 é uma questão de **verificação de intervalo**, que não é determinável estaticamente.)

A forma como os tipos de dados são representados por um compilador, a forma como uma tabela de símbolos mantém as informações sobre tipos e as regras utilizadas por um verificador de tipos para inferir tipos, tudo isso depende dos tipos de expressão de tipos disponíveis em uma linguagem e das regras de tipos da linguagem que governam o uso dessas expressões de tipos.

6.4.1 Expressões de tipos e construtores de tipos

Uma linguagem de programação sempre contém diversos tipos pré-construídos, com nomes como `int` e `double`. Esses tipos **predefinidos** correspondem a tipos de dados numéricos fornecidos internamente por diversas arquiteturas de máquinas, e cujas operações já existem como instruções de máquina, ou a tipos elementares como `boolean` ou `char`, cujo comportamento é fácil de implementar. Esses tipos de dados são os **tipos simples**, pois seus valores não apresentam uma estrutura interna explícita. Uma representação típica para inteiros é a forma de complemento de dois em dois ou quatro bytes. Uma representação típica para números reais, ou de ponto flutuante, são quatro ou oito bytes, com um bit para o sinal, um campo de expoente e um campo de fração (ou mantissa). Uma representação típica para caracteres é com códigos ASCII de um byte, e para valores booleanos é um byte, de onde apenas o bit menos significativo é usado (1 = verdadeiro, 0 = falso). Por vezes, uma linguagem irá impor certas restrições sobre como esses tipos predefinidos serão implementados. Por exemplo, o padrão da linguagem C requer que um tipo de ponto flutuante **double** tenha pelo menos dez dígitos decimais de precisão.

Um tipo predefinido interessante na linguagem C é o tipo **void**. Esse tipo não tem valores, e, portanto, representa o conjunto vazio. Ele é usado para demonstrar uma função que não retorna valores (ou seja, um procedimento), bem como um ponteiro que (ainda) não aponta para um tipo conhecido.

Em algumas linguagens, pode-se definir novos tipos simples. Alguns exemplos típicos são os **tipos de intervalo** e os **tipos enumerados**. Por exemplo, em Pascal, o intervalo de inteiros de 0 a 9 pode ser declarado como

```
type Digit = 0..9;
```

e um tipo enumerado composto pelos nomes **red**, **green** e **blue** pode ser declarado em C como

```
typedef enum {red,green,blue} Color;
```

As implementações tanto de intervalos como de enumerações poderiam ser efetuadas ou com base em inteiros ou com uma quantidade menor de memória suficiente para representar todos os valores.

Dado um conjunto de tipos predefinidos, novos tipos de dados podem ser criados com os **construtores de tipos**, como **array** e **record** ou **struct**. Esses construtores podem ser vistos como funções que tomam tipos existentes como parâmetro e retornam novos tipos com uma estrutura que depende do construtor. Esses tipos são freqüentemente denominados **tipos estruturados**. Em sua classificação, é importante entender a natureza do conjunto de valores representados pelo tipo. Freqüentemente, um construtor de tipos corresponderá a uma operação de conjuntos sobre os conjuntos subjacentes de valores de seus parâmetros. Isso é ilustrado pela listagem dos construtores mais comuns e por sua comparação com operações sobre conjuntos.

Matriz O construtor de tipo matriz recebe dois parâmetros de tipos, um é o **tipo do índice** e o outro é o **tipo do componente**, e produz um novo tipo matriz. Na sintaxe de Pascal, escrevemos

> **array** [*tipo índice*] **of** *tipo componente*

Por exemplo, a expressão de tipos em Pascal

```
array [Color] of char;
```

cria um tipo matriz cujo tipo de índice é **Color** e o tipo de componente é **char**. Freqüentemente, há restrições sobre os tipos que podem ocorrer como tipos de índice. Por exemplo, em Pascal, um tipo de índice é limitado aos **tipos ordinais**: tipos para os quais cada valor tem um predecessor e um sucessor imediatos. Esses tipos incluem os intervalos de inteiros e de caracteres e os tipos enumerados. Em C, diferentemente disso, apenas os intervalos de inteiros começando em 0 são permitidos, e apenas o tamanho é especificado no lugar do tipo do índice. Não existe uma palavra-chave que corresponda a **array** em C – os tipos matriz são declarados simplesmente por um sufixo de intervalo entre colchetes. Não existe, portanto, um equivalente direto em C para a expressão de tipos em Pascal, mas a declaração em C

```
typedef char Ar[3];
```

define um tipo **Ar** que tem uma estrutura de tipos equivalente à expressão anterior (assumimos que **Color** tenha três valores).

Uma matriz representa valores que são seqüências de valores do tipo do componente, indexados pelos valores do tipo do índice. Em outras palavras, se *tipo índice* tiver o conjunto de valores *I* e *tipo componente* tiver o conjunto de valores *C*, o conjunto de valores correspondente ao tipo **array**[*tipo índice*] **of** *tipo componente* é o conjunto de seqüências finitas de elementos de *C* indexados pelos elementos de *I*, ou, em termos matemáticos, o conjunto de funções $I \to C$. As operações associadas aos valores do tipo matriz são compostas pela única operação de indexação, que pode ser usada para atribuir valores aos componentes ou capturar os valores de componentes: **x := a[red]** ou **a[blue] := y**.

Comumente, as matrizes são alocadas de forma contígua e dos menores para os maiores índices, para permitir o uso de cálculos automáticos de ajustes dos índices durante a execução. A quantidade de memória requerida é *n*tamanho*, onde *n* é o número de valores do tipo do índice e *tamanho* é a quantidade de memória requerida para um valor do tipo do componente. Portanto, uma variável do tipo **array [0..9] of integer** requer 40 bytes de armazenamento se cada inteiro ocupar 4 bytes.

Uma complicação na declaração de matrizes são as **matrizes multidimensionais**. Elas podem freqüentemente ser declaradas com aplicações repetidas do construtor de tipo matriz, como em

```
array [0..9] of array [Color] of integer;
```

ou em uma versão mais breve em que os conjuntos de índices são colocados juntos:

```
array [0..9,Color] of integer;
```

Os índices no primeiro caso aparecem como **a[1][red]**, e no segundo caso como **a[1,red]**. Um problema com os índices múltiplos é que a seqüência de valores pode ser organizada de maneiras diferentes na memória, dependendo se o primeiro índice é usado antes e depois do segundo índice, ou vice-versa. A indexação no primeiro índice resulta em uma seqüência na memória da seguinte maneira: **a[0,red]**, **a[1,red]**, **a[2,red]**, ..., **a[9,red]**, **a[0,blue]**, **a[1,blue]**, ..., e assim por diante (essa forma é denominada **determinada pela coluna**); e a indexação no segundo índice resulta em uma ordenação na memória assim: **a[0,red]**, **a[0,blue]**, **a[0,green]**, **a[1,red]**, **a[1,blue]**, **a[1,green]**, ..., e assim por diante (essa forma é denominada **determinada pela linha**). Se a versão repetida da declaração de matrizes multidimensionais for equivalente à versão breve (ou seja, **a[0,red] = a[0][red]**), a forma determinada pela linha deve ser utilizada, pois os diferentes índices podem ser adicionados separadamente: **a[0]** deve ter tipo **array [Color] of integer** e se referir a uma porção contígua de memória. A linguagem FORTRAN, em que não existe indexação parcial para matrizes multidimensionais, tem sido implementada tradicionalmente em forma determinada pela coluna.

Ocasionalmente, uma linguagem permitirá o uso de uma matriz com intervalo de índices não especificado. Uma **matriz de índices abertos** é especialmente útil na declaração de parâmetros de tipo matriz para funções, a fim de que as funções possam manipular matrizes de diferentes tipos. Por exemplo, a declaração em C

```
void sort (int a[], int first, int last)
```

pode ser usada para definir um procedimento de ordenação para funcionar em matrizes **a** de qualquer tamanho. (Evidentemente, algum método deve ser utilizado para determinar o tamanho efetivo no momento da ativação. Neste exemplo, os outros parâmetros fazem isso.)

Registro Um construtor de tipos **registro** ou **estrutura** recebe uma lista de nomes e tipos associados e constrói um novo tipo, como em C

```
struct
{ double r;
  int i;
}
```

A diferença entre os registros e as matrizes é que componentes de tipos distintos podem ser combinados em um registro (em uma matriz, todos os componentes precisam ter o mesmo tipo) e os nomes (em vez de índices) são utilizados para acessar os diferentes componentes. Os valores de um tipo registro correspondem ao produto cartesiano dos valores dos tipos de seus componentes, exceto que os nomes são usados para acessar os componentes, em vez de posições. Por exemplo, o registro dado acima corresponde ao produto cartesiano $R \times I$, onde R é o conjunto correspondente ao tipo **double** e I é o conjunto correspondente ao tipo **int**. Mais precisamente, o registro corresponde ao produto cartesiano $(\mathbf{r} \times R) \times (\mathbf{i} \times I)$, onde os nomes **r** e **i** identificam os componentes. Esses nomes são utilizados, em geral, com uma **notação de pontos** para selecionar os componentes correspondentes em expressões. Portanto, se **x** for uma variável do tipo de registro dado, **x.r** se refere ao seu primeiro componente e **x.i** ao segundo.

Algumas linguagens têm construtores de tipos para produtos cartesianos puros. Uma dessas linguagens é a ML, onde **int*real** é a notação para o produto cartesiano dos inteiros e reais. Os valores de tipo **int*real** são escritos como tuplas, como por exemplo **(2,3.14)**, e os componentes são acessados pelas funções de projeção **fst** e **snd**: **fst(2,3.14) = 2** e **snd(2,3.14) = 3.14**.

O método de implementação padrão para um registro ou produto cartesiano é a alocação seqüencial de memória, com um bloco de memória para cada tipo de componente. Portanto, se um número real solicitar quatro bytes e um inteiro dois bytes, a estrutura de registro anterior exigirá seis bytes para armazenamento, alocados da seguinte maneira:

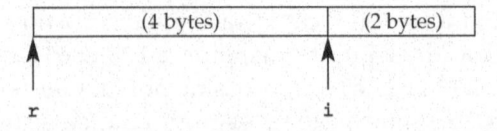

```
| (4 bytes) | (2 bytes) |
      ↑           ↑
      r           i
```

União Um tipo de união corresponde à operação de união de conjuntos. Ela está presente diretamente em C com a declaração **union**, como a declaração

```
union
{ double r;
  int i;
}
```

que define um tipo união dos números reais e inteiros. Estritamente falando, essa é uma **união disjunta**, pois cada valor é visto como um real ou um inteiro, mas nunca os dois.

A escolha da interpretação desejada fica clara pelo nome do componente utilizado para acessar o valor: se **x** for uma variável do tipo de união anterior **x.r** indica o valor de **x** como um número real e **x.i** indica o valor de **x** como um inteiro. Matematicamente, essa união é definida por $(\mathbf{r} \times R) \cup (\mathbf{i} \times I)$.

O método de implementação padrão para uma união é a alocação de memória em paralelo para cada componente, a fim de que a memória para cada tipo de componente se sobreponha às outras. Assim, se um número real solicitar quatro bytes e um inteiro solicitar dois bytes, a estrutura de união dada acima irá requerer apenas quatro bytes para armazenamento (o maior valor dentre os seus componentes), e essa memória será alocada da seguinte maneira:

```
r  |       (4 bytes)       |
i  | (2 bytes) |
```

Essa implementação requer que a união seja interpretada como disjunta, pois a representação de um inteiro não coincidirá com sua representação como real. Se não houver como o programador diferenciar os valores, essa união levará a erros na interpretação dos dados, e também criará uma forma de evitar o verificador de tipos. Por exemplo, em C, se **x** for uma variável com o tipo de união dado, logo

```
x.r = 2.0;
printf("%d",x.i);
```

não provocará um erro de compilação, mas também não imprimirá o valor 2, mas sim um valor errôneo.

Essa insegurança dos tipos de união tem sido tratada em diversos projetos de linguagens. Em Pascal, por exemplo, um tipo de união é declarado com um **registro variante**, em que os valores de um tipo ordinal são registrados em um componente **discriminante** e utilizados para diferenciar os valores desejados. Portanto, o tipo de união anterior pode ser escrito em Pascal como

```
record case isReal: boolean of
   true:(r: real);
   false:(i: integer);
end;
```

Agora, uma variável **x** desse tipo tem três componentes: **x.isReal** (um valor booleano), **x.r** e **x.i**, e o campo **isReal** é alocado em um espaço separado na memória, sem sobreposição. Ao atribuir um valor real como **x.r := 2.0**, deve também ser efetuada a atribuição **x.isReal := true**. Na verdade, esse mecanismo é relativamente inútil (ao menos para a verificação de tipos pelo compilador), pois o discriminante pode receber sua atribuição separadamente dos valores discriminados. A linguagem Pascal permite que o componente discriminante (mas não o uso de seus valores para diferenciar casos) seja eliminado pela remoção de seu nome na declaração, como em

```
record case boolean of
   true:(r: real);
   false:(i: integer);
end;
```

que não aloca mais espaço na memória para o discriminante. Portanto, os compiladores Pascal quase nunca tentam utilizar o discriminante como uma verificação de legalidade. Em

Ada, no entanto, existe um mecanismo similar, mas também ocorre a necessidade de, sempre que um componente de união recebe uma atribuição, o discriminante também receber uma atribuição simultânea de um valor que pode ter sua legalidade verificada.

Uma abordagem diferente é a das linguagens funcionais, como ML. Nessa linguagem, um tipo de união é definido por uma barra vertical, que indica a união, e por nomes dados para cada componente para discriminá-los, como em

```
IsReal of real | IsInteger of int
```

Agora, os nomes `IsReal` e `IsInteger` também devem ser usados sempre que um valor desse tipo for usado, como em (`IsReal 2.0`) ou (`IsInteger 2`). Os nomes `IsReal` e `IsInteger` são denominados **construtores de valores**, pois "constroem" os valores desse tipo. Nenhum erro de interpretação pode ocorrer, pois eles precisam ser sempre utilizados nas referências aos valores desses tipos.

Ponteiro Um tipo de ponteiro é composto por valores que são referências a valores de outro tipo. Portanto, um valor de tipo ponteiro é um endereço de memória que armazena um valor de seu tipo básico. Os tipos de ponteiros são freqüentemente considerados tipos numéricos, pois podemos efetuar operações aritméticas com eles, como a soma de deslocamentos e a multiplicação por fatores de escala. Mas, na realidade, eles não são tipos simples, pois são construídos a partir de tipos existentes, pela aplicação de um construtor de tipo ponteiro. Não existe, também, uma operação de conjuntos padrão que corresponda diretamente ao construtor de tipo ponteiro, da forma como um produto cartesiano corresponde ao construtor de registros. Portanto, os tipos de ponteiros ocupam uma posição especial em um sistema de tipos.

Em Pascal, o caractere ^ corresponde ao construtor de tipo ponteiro, e a expressão de tipo `^integer` indica um "ponteiro para inteiros". Em C, uma expressão de tipo equivalente é `int*`. A operação básica padrão em um valor de tipo ponteiro é a operação de **derreferenciação**. Por exemplo, em Pascal, o ^ indica o operador de derreferenciação (bem como o construtor de tipo ponteiro), e se `p` for uma variável de tipo `^integer`, `p^` será o valor derreferenciado de `p` e terá tipo `integer`. Uma regra similar vale para C, onde * derreferencia uma variável de ponteiro e é escrito `*p`.

Os tipos de ponteiros são úteis para descrever tipos recursivos, o que será discutido mais adiante. O construtor de tipo ponteiro é mais freqüentemente aplicado a tipos de registros.

Os tipos de ponteiros recebem espaço segundo o tamanho de endereço da máquina-alvo. Em geral, são quatro, ou por vezes oito, bytes. Ainda, a arquitetura de uma máquina força um esquema de alocação mais complexo. Em PCs que utilizam DOS, por exemplo, ocorre uma diferenciação entre ponteiros **near** (para endereços dentro de um segmento, com tamanho de dois bytes) e **far** (para endereços fora de um segmento, com tamanho de quatro bytes).

Função Já observamos que uma matriz pode ser vista como uma função de seu conjunto de índices para o seu conjunto de componentes. Muitas linguagens (mas não Pascal nem Ada) têm uma capacidade mais geral para descrever tipos de funções. Por exemplo, em Modula-2 a declaração

```
VAR f: PROCEDURE (INTEGER): INTEGER;
```

declara a variável `f` como tendo o tipo função (ou procedimento) de parâmetro inteiro e resultado inteiro. Em notação matemática, esse conjunto seria descrito como o conjunto de funções {$f: I \to I$}, onde I é o conjunto de inteiros. Na linguagem ML, esse mesmo tipo seria escrito como `int -> int`. A linguagem C também tem tipos de funções, mas eles precisam ser denotados como "ponteiro para função", com uma notação um tanto incômoda. Por exemplo, a declaração em Modula-2 anterior seria escrita em C como

```
int (*f) (int);
```

Os tipos de funções recebem espaço segundo o tamanho de endereço da máquina-alvo. Dependendo da linguagem e da organização do ambiente de execução, um tipo de função pode requerer espaço apenas para um ponteiro para código (que aponta para o código que implementa a função) ou para um ponteiro para código e para ambiente (que aponta para uma localização no ambiente de execução). O ponteiro para ambiente será discutido no próximo capítulo.

Classe A maioria das linguagens orientadas a objetos tem uma declaração de classe similar à de registros, exceto que inclui a definição de operações, denominadas **métodos** ou **funções membro**. As declarações de classes podem ou não criar novos tipos em uma linguagem orientada a objetos (em C++ isso é efetuado). Mesmo nesse caso, as declarações de classes não são *apenas* tipos, pois elas permitem o uso de características além do sistema de tipos, como herança e vinculação dinâmica.[10] Essas últimas propriedades podem ser mantidas em estruturas de dados separadas, como a **hierarquia de classes** (um grafo direcionado acíclico), que implementa a herança, e a **tabela de métodos virtual**, que implementa a vinculação dinâmica. Essas estruturas serão discutidas novamente no próximo capítulo.

6.4.2 Nomes de tipos, declarações de tipos e tipos recursivos

Linguagens com um conjunto rico de construtores de tipos, em geral, também têm um mecanismo para que um programador atribua nomes a expressões de tipos. Essas **declarações de tipos** (por vezes denominadas **definições de tipos**) incluem o mecanismo `typedef` de C e as definições de tipos de Pascal. Por exemplo, o código em C

```
typedef struct
    { double r;
      int i;
    } RealIntRec;
```

define o nome `RealIntRec` como um nome para o tipo de registro construído pela expressão de tipo `struct` que o precede. Na linguagem ML, uma declaração similar (mas sem os nomes de campos) é

```
type RealIntRec = real*int;
```

---

10. Em algumas linguagens, como em C++, a herança é refletida no sistema de tipos, pois as subclasses são vistas como **subtipos** (um tipo S é um subtipo de um tipo T se todos os seus valores puderem ser vistos como valores de T, ou, em terminologia de conjuntos, se $S \subset T$).

A linguagem C tem um mecanismo adicional para nomes de tipos, em que um nome pode ser associado diretamente a um construtor **struct** ou **union**, sem utilizar **typedef** diretamente. Por exemplo, o código em C

```
struct RealIntRec
  { double r;
    int i;
  };
```

também declara um nome de tipo **RealIntRec**, mas deve ser usado com o nome de construtor **struct** em declarações de variáveis:

```
struct RealIntRec x; /* declara x como var
                        de tipo RealIntRec */
```

As declarações de tipos levam os nomes de tipos declarados a serem fornecidos na tabela de símbolos, assim como as declarações de variáveis levam os nomes de variáveis a serem fornecidos nessas tabelas. Uma questão é se os nomes de tipos podem ser reutilizados como nomes de variáveis. Em geral, isso não é permitido (exceto quando a permissão se dá pelo escopo das regras de aninhamento). A linguagem C tem uma pequena exceção a essa regra, pois os nomes associados às declarações **struct** ou **union** podem ser reutilizados como nomes **typedef**:

```
struct RealIntRec
     { double r;
       int i;
     };
typedef struct RealIntRec RealIntRec;
/* uma declaração legal ! */
```

Isso pode ser feito considerando o nome de tipo introduzido pela declaração **struct** como a cadeia completa "**struct RealIntRec**", diferente do nome de tipo **RealIntRec** introduzido pelo **typedef**.

Nomes de tipos são associados a atributos na tabela de símbolos de maneira similar a declarações de variáveis. Esses atributos incluem o escopo (que pode ser inerente à estrutura da tabela de símbolos) e a expressão de tipos correspondente ao nome do tipo. Como os nomes de tipos podem aparecer em expressões de tipos, surgem questões quanto ao uso recursivo dos nomes de tipos que são similares à definição recursiva de funções, discutida na seção anterior. Esses **tipos de dados recursivos** são extremamente importantes nas linguagens de programação modernas e incluem listas, árvores e muitas outras estruturas.

As linguagens se dividem em dois grupos gerais pela manipulação dos tipos recursivos. O primeiro grupo é composto pelas linguagens que permitem o uso direto da recursão nas declarações de tipos. Uma dessas linguagens é ML. Em ML, por exemplo, uma árvore de busca binária contendo inteiros pode ser declarada como

```
datatype intBST = Nil | Node of int*intBST*intBST
```

Isso pode ser visto como uma definição de **intBST** como a união do valor **Nil** com o produto cartesiano dos inteiros com duas cópias de **intBST** (uma para a subárvore à esquerda e uma para a subárvore à direita). Uma declaração em C equivalente (em forma ligeiramente alterada) é

```
struct intBST
{ int isNull;
  int val;
  struct intBST left,right;
};
```

Essa declaração, entretanto, gerará uma mensagem de erro em C, provocada pelo uso recursivo do nome de tipo **intBST**. O problema é que essas declarações não determinam a quantidade de memória necessária para alocar uma variável do tipo **intBST**. A classe de linguagens, como ML, que podem aceitar essas declarações são as linguagens que não requerem essa informação antes da execução, ou seja, as linguagens com alocação e liberação automáticas de memória. Esse gerenciamento de memória faz parte do ambiente de execução e será discutido no próximo capítulo. A linguagem C não tem esse mecanismo, e portanto precisa tornar ilegal esse tipo de declaração recursiva de tipos. C é uma representante do segundo grupo de linguagens – aquelas que não permitem o uso direto de recursão na declaração de tipos.

A solução para essas linguagens é permitir a recursão, apenas **indiretamente**, pelos ponteiros. Uma declaração correta para **intBST** em C é

```
struct intBST
{ int val;
  struct intBST *left,*right;
};
typedef struct intBST * intBST;
```

ou

```
typedef struct intBST * intBST;
struct intBST
{ int val;
  intBST left,right;
};
```

(Em C, as declarações recursivas exigem o uso da forma **struct** ou **union** para a declaração do nome de tipo recursivo.) Nessas declarações, a memória requerida para cada tipo é computável diretamente pelo compilador, mas o espaço para os valores precisa ser alocado manualmente pelo programador por meio do uso de procedimentos de alocação como **malloc**.

6.4.3 Equivalência de tipos

Dadas as expressões possíveis de tipos de uma linguagem, um verificador de tipos deve freqüentemente responder se duas expressões de tipos representam o mesmo tipo. Essa é a questão da **equivalência de tipos**. Existem muitas maneiras possíveis para a equivalência de tipos ser definida por uma linguagem. Nesta seção, discutiremos brevemente apenas as formas mais comuns de equivalência. Representamos a equivalência de tipos de um analisador semântico de um compilador, ou seja, uma função

function *tipoIgual* (*t1,t2* **:** *TipoExp*) **:** *Booleano*;

que recebe duas expressões de tipos e retorna *verdade*, se elas representarem o mesmo tipo segundo as regras de equivalência de tipos da linguagem e *falso* em caso contrário. Daremos diversas descrições diferentes em pseudocódigo dessa função para diferentes algoritmos de equivalência de tipos.

Uma questão que se relaciona diretamente com a descrição dos algoritmos de equivalência de tipos é a forma como as expressões de tipos são representadas no compilador. Um método simples é usar a representação de árvore sintática, que facilita a tradução direta da sintaxe em declarações para a representação interna dos tipos. Como exemplo concreto dessas representações, considere a gramática para expressões de tipos e declarações de variáveis mostrada na Figura 6.19. Versões simples de muitas das estruturas de tipos discutidas aparecem aqui. Não há, entretanto, qualquer declaração de tipos que possibilite a associação de novos nomes de tipos a expressões de tipos (e, portanto, tipos recursivos não são permitidos, apesar da presença dos tipos de ponteiro). Queremos descrever uma estrutura possível de árvore sintática para expressões de tipos correspondentes às regras gramaticais daquela figura.

Considere, primeiro, a expressão de tipos

```
record
  x: pointer to real;
  y: array [10] of int
end
```

Essa expressão pode ser representada pela árvore sintática

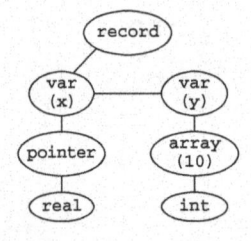

Aqui, os nós filhos do registro são representados como uma lista de irmãos, pois o número de componentes de um registro é arbitrário. Observe que os nós representativos de tipos simples formam as folhas da árvore.

var-decls → *var-decls* **;** *var-decl* | *var-decl*
var-decl → **id :** *tipo-exp*
tipo-exp → *tipo simples* | *tipo estruturado*
tipo simples → **int** | **bool** | **real** | **char** | **void**
tipo estruturado → **array [num] of** *tipo-exp* |
　　　　　　　　　　record *var-decls* **end** |
　　　　　　　　　　union *var-decls* **end** |
　　　　　　　　　　pointer to *tipo-exp* |
　　　　　　　　　　proc (*tipo-exps* **)** *tipo-exp*
tipo-exps → *tipo-exps* **,** *tipo-exp* | *tipo-exp*

Figura 6.19　Uma gramática simples para expressões de tipos.

De maneira similar, a expressão de tipos

```
proc(bool,union a:real; b:char end,int):void
```

pode ser representada pela árvore sintática

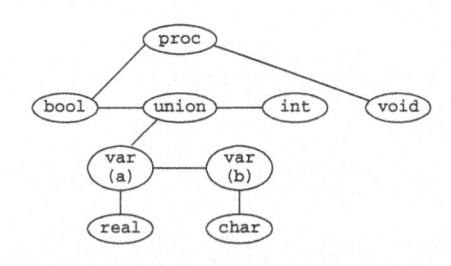

```
            proc
     ┌───────┼──────┬──────┐
   bool   union    int   void
          ┌───┴───┐
         var     var
         (a)     (b)
          │       │
         real   char
```

Observe que os tipos de parâmetros são dados também como uma lista de irmãos, e o tipo do resultado (**void**, nesse exemplo) é diferenciado como filho direto de **proc**.

O primeiro tipo de equivalência de tipos descrito, e o único disponível na ausência de nomes para tipos, é a **equivalência estrutural**. Segundo essa visão da equivalência, dois tipos são iguais se e somente se tiverem a mesma estrutura. Se as árvores sintáticas forem usadas para representar os tipos, essa regra determina que dois tipos são equivalentes se e somente se tiverem árvores sintáticas de estrutura idêntica. Um exemplo de como a equivalência estrutural é verificada na prática é visto na Figura 6.20 que dá uma descrição em pseudocódigo da função *tipoIgual* para a equivalência estrutural das duas expressões de tipos dadas pela gramática da Figura 6.19, com base na estrutura de árvore sintática descrita anteriormente.

Observamos pelo pseudocódigo da Figura 6.20 que essa versão da equivalência estrutural implica que duas matrizes não são equivalentes a menos que tenham o mesmo tamanho e tipo de componente, e que dois registros não são equivalentes a menos que tenham os mesmos componentes com os mesmos nomes e na mesma ordem. Pode acontecer de diferentes escolhas serem efetuadas em um algoritmo de equivalência estrutural. Por exemplo, o tamanho da matriz poderia ser ignorado para determinar a equivalência e, também, seria possível permitir que os componentes de uma estrutura ou união ocorressem em ordens distintas.

Uma equivalência de tipos muito mais restritiva poderá ser definida quando novos nomes de tipos para expressões de tipos puderem ser declarados em uma declaração de tipos. Na Figura 6.21, modificamos a gramática da Figura 6.19 para incluir as declarações de tipos, e também restringimos as declarações de variáveis e subexpressões de tipos para tipos simples e nomes de tipos. Com essas declarações, não podemos mais escrever

```
record
   x: pointer to real;
   y: array [10] of int
end
```

que precisa ser substituído por

```
t1 = pointer to real;
t2 = array [10] of int;
t3 = record
        x: t1;
        y: t2
end
```

```
function tipoIgual ( t1, t2:TipoExp ) : Booleano;
var temp : Booleano ;
    p1, p2 : TipoExp ;
begin
    if t1 e t2 são de tipos simples then return t1 = t2
    else if t1.tipo = matriz and t2.tipo = matriz then
        return t1.tamanho = t2.tamanho and tipoIgual ( t1.filho1, t2.filho1 )
    else if t1.tipo = registro and t2.tipo = registro
        or t1.tipo = união and t2.tipo = união then
    begin
        p1 := t1.tipo1 ;
        p2 := t2.tipo1 ;
        temp := verdade ;
        while temp and p1 ≠ nil and p2 ≠ nil do
            if p1.nome ≠ p2.nome then
                temp := falso
            else if not tipoIgual ( p1.filho1, p2.filho1 )
                then temp := falso
            else begin
                p1 := p1.irmão ;
                p2 := p2.irmão ;
            end;
        return temp and p1 = nil and p2 = nil ;
    end
    else if t1.tipo = ponteiro and t2.tipo = ponteiro then
        return tipoIgual ( t1.filho1, t2.filho1 )
    else if t1.tipo = proc and t2.tipo = proc then
    begin
        p1 := t1.filho1 ;
        p2 := t2.filho1 ;
        temp := verdade ;
        while temp and p1 ≠ nil and p2 ≠ nil do
            if not tipoIgual ( p1.filho1, p2.filho1 )
                then temp := falso
            else begin
                p1 := p1.irmão ;
                p2 := p2.irmão ;
            end;
        return temp and p1 = nil and p2 = nil
            and tipoIgual ( t1.filho2, t2.filho2 )
    end
    else return falso ;
end ; (* tipoIgual *)
```

Figura 6.20 Pseudocódigo para uma função *tipoIgual* que testa a equivalência estrutural de expressões de tipos da gramática da Figura 6.19.

var-decls → *var-decls* ; *var-decl* | *var-decl*
var-decl → **id** : *exp tipo simples*
tipo-decls → *tipo-decls* ; *tipo-decl* | *tipo-decl*
tipo-decl → **id** = *tipo-exp*
tipo-exp → *exp tipo simples* | *tipo estruturado*
exp tipo simples → *tipo simples* | **id**
tipo simples → **int** | **bool** | **real** | **char** | **void**
tipo estruturado → **array [num] of** *exp tipo simples* |
                 record *var-decls* **end** |
                 union *var-decls* **end** |
                 pointer to *exp tipo simples* |
                 proc (*tipo-exps* **)** *exp tipo simples*
tipo-exps → *tipo-exps* , *exp tipo simples* | *exp tipo simples*

Figura 6.21   Expressões de tipos com declarações de tipos.

Podemos agora definir a equivalência de tipos com base nos nomes dos tipos, e essa forma de equivalência é denominada **equivalência de nomes**: duas expressões de tipos são equivalentes se e somente se forem o mesmo tipo simples ou o mesmo nome de tipo. Esse tipo de equivalência de tipos é muito forte, pois dadas as declarações de tipos

```
t1 = int;
t2 = int
```

os tipos **t1** e **t2** não são equivalentes (pois têm nomes distintos) e também não são equivalentes a **int**. A equivalência de nomes pura é muito fácil de implementar, pois uma função *tipoIgual* pode ser escrita em poucas linhas:

function *tipoIgual* (*t1*, *t2* : *TipoExp*) : *Booleano*;
var *temp* : *Booleano* ;
   p1, *p2* : *TipoExp* ;
begin
   if *t1 e t2 são de tipo simples* **then**
      return *t1 = t2*
   else if *t1 e t2 são nomes de tipos* **then**
      return *t1 = t2*
   else return *falso* ;
end;

As expressões de tipos correspondentes aos nomes de tipos devem ser colocadas na tabela de símbolos, para possibilitar o cálculo da memória necessária para alocação de espaço de armazenamento e para verificar a validade de operações como derreferenciação de ponteiros e seleção de componentes.

Uma dificuldade na equivalência de nomes ocorre quando expressões de tipos, que não são tipos simples nem nomes de tipos, são permitidas em declarações de variáveis ou como subexpressões de expressões de tipos. Nesses casos, uma expressão de tipos não deve ter nomes explícitos fornecidos, e um compilador deverá gerar um nome interno para a expressão de tipos que seja diferente de todos os outros nomes. Por exemplo, dadas as declarações de variáveis

```
x: array [10] of int;
y: array [10] of int;
```

as variáveis **x** e **y** recebem nomes de tipos distintos (e únicos) que correspondem à expressão de tipos **array [10] of int**.

A equivalência estrutural pode ser mantida na presença de nomes de tipos. Nesse caso, quando um nome for encontrado, sua expressão de tipos correspondente deve ser capturada da tabela de símbolos. Isso pode ser efetuado adicionando o caso a seguir ao código da Figura 6.20.

else if *t1 e t2 são nomes de tipos* **then**
  return *tipoIgual*(*capturaTipoExp*(*t1*), *capturaTipoExp*(*t2*))

onde *capturaTipoExp* é uma operação da tabela de símbolos que devolve a estrutura da expressão de tipos associada ao seu parâmetro (que deve ser um nome de tipo). Isso requer que cada nome de tipo seja inserido na tabela de símbolos com uma expressão de tipos que represente sua estrutura, ou pelo menos que encadeie os nomes de tipos resultantes das declarações de tipos, como em

```
t2 = t1;
```

que leva de volta a uma estrutura de tipos na tabela de símbolos.

A implementação da equivalência estrutural deve ser efetuada com cuidado quando as referências recursivas aos tipos for possível, pois o algoritmo aqui descrito pode resultar em laços infinitos. Isso pode ser evitado pela modificação do comportamento da ativação de *tipoIgual*(*t1,t2*) quando *t1* e *t2* forem nomes de tipos, para incluir o caso de serem potencialmente iguais. Nesse caso, se a função *tipoIgual* voltar para o mesmo ponto, pode ser declarado sucesso. Considere, por exemplo, as declarações de tipos

```
t1 = record
        x: int;
        t: pointer to t2;
      end;
t2 = record
        x: int;
        t: pointer to t1;
      end;
```

Com a ativação *tipoIgual*(*t1,t2*), a função *tipoIgual* assumirá que *t1* e *t2* são potencialmente iguais. Nesse caso, as estruturas tanto de *t1* como de *t2* serão capturadas, e o algoritmo prosseguirá com sucesso até a ativação de *tipoIgual*(*t2,t1*) para analisar os tipos filhos das declarações de ponteiros. Essa ativação retornará de imediato *verdade*, pelo fato de a hipótese de igualdade potencial ser feita na ativação original. Em geral, esse algoritmo exigirá hipóteses sucessivas de os pares de nomes de tipos poderem ser iguais e acumulará as hipóteses em uma lista. O algoritmo precisa falhar ou responder com sucesso (ou seja, ele não pode entrar em um laço infinito), pois existe apenas um número finito de nomes de tipos em qualquer programa dado. Deixamos os detalhes das modificações no pseudocódigo de *tipoIgual* como exercício (ver também a seção de Notas e Referências).

Uma variação final da equivalência de tipos é uma versão mais fraca da equivalência de nomes utilizada em Pascal e em C, denominada **equivalência de declarações**. Nesse método, as declarações de tipos como

```
t2 = t1;
```

são interpretadas como determinantes de **nomes substitutos** para os tipos, em vez de novos tipos (como ocorre na equivalência de nomes). Assim, dadas as declarações

```
t1 = int;
t2 = int
```

tanto `t1` como `t2` são equivalentes a `int` (ou seja, são apenas nomes substitutos para o nome de tipo `int`). Nessa versão da equivalência de tipos, cada nome de tipo é equivalente a algum nome básico de tipo, que é um nome predefinido ou dado por uma expressão de tipos resultante da aplicação de um construtor de tipos. Por exemplo, dadas as declarações

```
t1 = array [10] of int;
t2 = array [10] of int;
t3 = t1;
```

os nomes de tipos `t1` e `t3` são equivalentes pela equivalência de declarações, mas não são equivalentes a `t2`.

Para implementar a equivalência de declarações, uma nova operação *capturaNomeBaseTipo* deve ser fornecida pela tabela de símbolos, que captura o nome básico do tipo em vez da expressão de tipos associada. Um nome de tipo pode ser diferenciado na tabela de símbolos como um nome básico de tipos se for um tipo predefinido ou dado por uma expressão de tipos que não seja simplesmente outro nome de tipo. Observe que a equivalência de declarações, assim como a equivalência de nomes, resolve o problema dos laços infinitos na verificação dos tipos recursivos, pois dois nomes básicos de tipos podem ser equivalentes em declarações apenas se tiverem o mesmo nome.

A linguagem Pascal utiliza uniformemente a equivalência de declarações, e C utiliza a equivalência de declarações para estruturas e uniões e a equivalência estrutural para ponteiros e matrizes.

Uma linguagem pode, ocasionalmente, permitir a escolha entre equivalências estrutural, de declarações ou de nomes, quando diferentes declarações de tipos forem utilizadas para formas distintas de equivalência. Por exemplo, a linguagem ML permite que nomes de tipos sejam declarados como nomes substitutos por meio da palavra reservada `type`, como na declaração

```
type RealIntRec = real*int;
```

que declara `RealIntRec` como um nome substituto para o produto cartesiano `real*int`. Em contrapartida, a declaração `datatype` cria um tipo completamente novo, como na declaração

```
datatype intBST = Nil | Node of int*intBST*intBST
```

Observe que uma declaração **datatype** deve também conter nomes de construtores de valores (**Nil** e **Node** na declaração dada), o que não ocorre com uma declaração **type**. Isso permite diferenciar os valores do novo tipo dos valores de tipos existentes. Portanto, dada a declaração

```
datatype NewRealInt = Prod of real*int;
```

o valor (**2.7,10**) é de tipo **RealIntRec** ou **real*int**, e o valor **Prod(2.7,10)** é de tipo **NewRealInt** (mas não **real*int**).

6.4.4 Inferência e verificação de tipos

Seguimos agora com a descrição de um verificador de tipos para uma linguagem simples em termos de ações semânticas, com base em uma representação de tipos e em uma operação *tipoIgual*, conforme discutido nas seções anteriores. A linguagem utilizada tem a gramática mostrada na Figura 6.22, que inclui um pequeno subconjunto das expressões de tipos da Figura 6.19, com uma pequena quantidade de expressões e declarações adicionais. Também assumimos a disponibilidade de uma tabela de símbolos que contém nomes de variáveis e tipos associados, com as operações *inserir*, que insere um nome e um tipo na tabela, e *verificar*, que devolve o tipo associado a um nome. Não especificaremos as propriedades dessas operações na gramática de atributos. Discutiremos em separado as regras de inferência e verificação de tipos para cada tipo de construção de linguagem. A lista completa de ações semânticas é apresentada na Tabela 6.10. Essas ações não são dadas em forma pura de gramática de atributos, e utilizamos o símbolo := em vez da igualdade nas regras da Tabela 6.10 para indicar isso.

programa → *var-decls* **;** *decls*
var-decls → *var-decls* **;** *var-decl* | *var-decl*
var-decl → **id : *tipo-exp***
tipo-exp → **int** | **bool** | **array [num] of** *tipo-exp*
decls → *decls* **;** *decl* | *decl*
decl → **if** *exp* **then** *decl* | **id :=** *exp*

Figura 6.22 Uma gramática simples para ilustrar a verificação de tipos.

Declarações As declarações levam o tipo de um identificador a ser inserido na tabela de símbolos. Portanto, a regra gramatical

var-decl → **id :** *tipo-exp*

tem a ação semântica associada

inserir(**id**.*nome*, *tipo-exp*.*tipo*)

que insere um identificador na tabela de símbolos e associa um tipo a ele. O tipo associado nessa inserção é construído segundo as regras gramaticais para *tipo-exp*.

Tabela 6.10 Gramática de atributos para verificação de tipos da gramática simples da Figura 6.22

Regra gramatical	Regras semânticas
var-decl → **id** : *tipo-exp*	*inserir*(**id**.*nome*, *tipo-exp*.*tipo*)
tipo-exp → **int**	*tipo-exp*.*tipo* := *inteiro*
tipo-exp → **bool**	*tipo-exp*.*tipo* := *booleano*
tipo-exp$_1$ → **array** [**num**] **of** *tipo-exp*$_2$	*tipo-exp*$_1$.*tipo* := *criaTipoNó*(*matriz*, **num**.*tamanho*, *tipo-exp*$_2$.*tipo*)
decl → **if** *exp* **then** *decl*	**if not** *tipoIgual*(*exp*.*tipo*, *booleano*) **then** *tipo-erro*(*decl*)
decl → **id** := *exp*	**if not** *tipoIgual*(*verificar*(**id**.*nome*), *exp*.*tipo*) **then** *tipo-erro*(*decl*)
exp$_1$ → *exp*$_2$ + *exp*$_3$	**if not** (*tipoIgual*(*exp*$_2$.*tipo*, *inteiro*) **and** *tipoIgual*(*exp*$_3$.*tipo*, *inteiro*)) **then** *tipo-erro*(*exp*$_1$) ; *exp*$_1$.*tipo* := *inteiro*
exp$_1$ → *exp*$_2$ **or** *exp*$_3$	**if not** (*tipoIgual*(*exp*$_2$.*tipo*, *booleano*) **and** *tipoIgual*(*exp*$_3$.*tipo*, *booleano*)) **then** *tipo-erro*(*exp*$_1$) ; *exp*$_1$.*tipo* := *booleano*
exp$_1$ → *exp*$_2$ [*exp*$_3$]	**if** *éTipoMatriz*(*exp*$_2$.*tipo*) **and** *tipoIgual*(*exp*$_3$.*tipo*, *inteiro*) **then** *exp*$_1$.*tipo* := *exp*$_2$.*tipo*.*filho1* **else** *tipo-erro*(*exp*$_1$)
exp → **num**	*exp*.*tipo* := *inteiro*
exp → **true**	*exp*.*tipo* := *booleano*
exp → **false**	*exp*.*tipo* := *booleano*
exp → **id**	*exp*.*tipo* := *verificar*(**id**.*nome*)

Os tipos têm por hipótese uma estrutura de árvore, assim o tipo estruturado **array** na gramática da Figura 6.22 corresponde à ação semântica

$$criaTipoNó(matriz, tamanho, tipo)$$

que constrói um nó de tipo

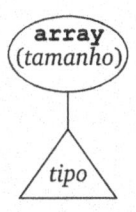

onde o filho do nó da matriz é a árvore de tipos dada pelo parâmetro *tipo*. Os tipos simples *inteiro* e *booleano* são por hipótese construídos como nós folha padrão nessa representação de árvore.

Declarações As declarações não têm tipos, mas as subestruturas precisarão ser verificadas quanto à correção de tipos. Algumas situações típicas são mostradas nas duas regras de declarações da gramática do exemplo, a declaração *if* e a declaração de atribuição. No caso da declaração *if*, a expressão condicional deve ter tipo booleano. Isso é indicado pela regra

if not *tipoIgual(exp.tipo, booleano)* **then** *tipo-erro(decl)*

onde *tipo-erro* indica um mecanismo de registro de erros cujo comportamento será descrito a seguir.

No caso da declaração de atribuição, o requisito é a variável que recebe a atribuição ter tipo igual ao da expressão cujo valor ela receberá. Isso depende do algoritmo de equivalência de tipos expresso na função *tipoIgual*.

Expressões Expressões constantes, como números e os valores booleanos **true** e **false**, têm tipos implicitamente definidos *inteiro* e *booleano*. Os nomes de variáveis têm seus tipos determinados por uma ação *verificar* na tabela de símbolos. Outras expressões são formadas por operadores, como o operador aritmético **+**, o operador booleano **or** e o operador de índices **[]**. Em cada caso, as subexpressões devem ter o tipo correto para a operação indicada. No caso dos índices, isso é indicado pela regra

if *éTipoMatriz(exp_2.tipo)*
    and *tipoIgual(exp_3.tipo, inteiro)*
then exp_1.*tipo* := exp_2.*tipo.filho1* **else** *tipo-erro(exp_1)*

Aqui, a função *éTipoMatriz* testa se o seu parâmetro é uma matriz, ou seja, se a representação em árvore do tipo tem um nó-raiz que representa o construtor do tipo matriz. O tipo da expressão de índice resultante é o tipo básico da matriz, que é o tipo representado pelo (primeiro) filho do nó-raiz na representação de árvore de um tipo matriz, e isso é indicado por exp_2.*tipo.filho1*.

Resta descrever o comportamento de um verificador de tipos na presença de erros, conforme indicado pelo procedimento *tipo-erro* nas regras semânticas da Tabela 6.10. As questões fundamentais são quando gerar uma mensagem de erro e como continuar a verificar os tipos na presença de erros. Uma mensagem de erro *não* deveria ser gerada cada vez que um erro de tipos ocorre; caso contrário, um único erro poderia provocar uma cascata de erros impressos (o que também pode acontecer com os erros de análise sintática). Em vez disso, se o procedimento *tipo-erro* puder determinar que um erro de tipos já ocorreu antes em algum ponto, a geração de uma mensagem de erro deveria ser suprimida. Isso pode ser indicado por um tipo de erro interno especial (que pode ser representado por uma árvore de tipo nulo). Se *tipoErro* encontrar esse tipo de erro em uma subestrutura, nenhuma mensagem de erro será gerada. Ao mesmo tempo, se um erro de tipos também indicar que o tipo de uma estrutura não puder ser determinado, o verificador de tipos pode utilizar o tipo de erro como seu tipo (desconhecido). Por exemplo, nas regras semânticas da Tabela 6.10, dada uma expressão indexada $exp_1 \rightarrow exp_2$ [exp_3], se exp_2 não for do tipo matriz, exp_1 não poderá receber um tipo válido, e não ocorrerá atribuição de um tipo nas ações semânticas. Isso assume que os campos de tipos receberam algum tipo de erro como valor inicial. No caso das operações **+** e **or**, no entanto, mesmo na presença de um erro de tipos, pode-se assumir a hipótese de que o resultado deve ser inteiro ou booleano, e as regras da Tabela 6.10 utilizam esse fato para atribuir um tipo ao resultado.

6.4.5 Tópicos adicionais em verificação de tipos

Nesta subseção, discutiremos brevemente algumas das extensões mais comuns dos algoritmos de verificação de tipos.

Sobrecarga Um operador é **sobrecarregado** se o mesmo nome de operador for usado para duas operações distintas. Um exemplo comum de sobrecarga é o caso dos operadores aritméticos, que freqüentemente representam operações em diferentes valores numéricos. Por exemplo, `2+3` representa a adição inteira, mas `2.1+3.0` representa a adição de ponto flutuante, que deve ser internamente representada por uma instrução ou conjunto de instruções diferentes. Essa sobrecarga pode ser estendida para funções e procedimentos definidos pelo usuário, onde o mesmo nome poderia ser usado para operações relacionadas, mas definidas por parâmetros de tipos distintos. Por exemplo, poderíamos desejar definir um procedimento de valor máximo tanto para inteiros como para reais:

```
procedure max (x,y: integer): integer;
procedure max (x,y: real): real;
```

Em Pascal e em C, isso é ilegal, pois representa uma redeclaração de mesmo nome com o mesmo escopo. Entretanto, em Ada e C++, essa declaração é legal, pois o verificador de tipos pode decidir qual procedimento **max** deve ser usado com base nos tipos dos parâmetros. Esse uso da verificação de tipos para eliminar a ambigüidade dos múltiplos significados dos nomes pode ser implementado de diferentes maneiras, dependendo das regras da linguagem. Uma forma seria estender o procedimento *verificar* da tabela de símbolos com parâmetros de tipos, o que permite à tabela de símbolos encontrar o casamento correto. Uma solução diferente é a tabela de símbolos manter os conjuntos de tipos possíveis para nomes e devolver o conjunto para o verificador de tipos eliminar a ambigüidade. Isso é útil em situações mais complexas, nas quais um único tipo não pode ser determinado de imediato.

Conversão e coação de tipos Uma extensão comum das regras de tipos de uma linguagem é permitir expressões aritméticas de tipos misturados, como `2.1+3`, onde um número real e um inteiro são somados. Nesses casos, deve ser determinado um tipo comum, que seja compatível com todos os tipos das subexpressões, e as operações devem ser aplicadas para converter os valores nas representações apropriadas durante a execução e antes de aplicar o operador. Por exemplo, na expressão `2.1+3`, o valor inteiro `3` deve ser convertido para ponto flutuante antes da adição, e a expressão resultante terá tipo de ponto flutuante. Existem duas abordagens para uma linguagem no caso dessas conversões. Em Modula-2, por exemplo, é exigido que o programador indique uma função de conversão, e o exemplo anterior seria escrito como `2.1+FLOAT(3)`, caso contrário ocorreria um erro de tipos. A outra possibilidade (utilizada na linguagem C) é o verificador de tipos efetuar a operação de conversão automaticamente, com base nos tipos das subexpressões. Essa conversão automática é denominada **coação** a qual pode ser expressa implicitamente pelo verificador de tipos, e o tipo inferido de uma expressão é alterado para o tipo de uma subexpressão, como em

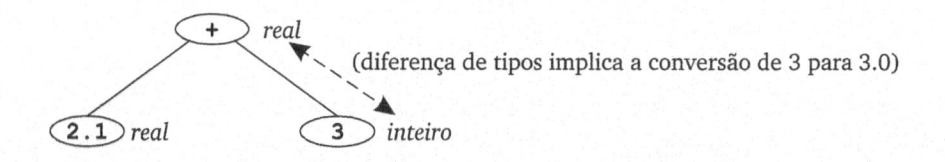

```
        + ) real
       / \         ◄----  (diferença de tipos implica a conversão de 3 para 3.0)
  2.1) real   3 ) inteiro
```

Isso exige que um gerador de código examine mais adiante os tipos das expressões, para determinar se uma conversão deve ser aplicada. Alternativamente, a conversão pode ser indicada explicitamente pelo verificador de tipos, que insere um nó de conversão na árvore sintática, como em

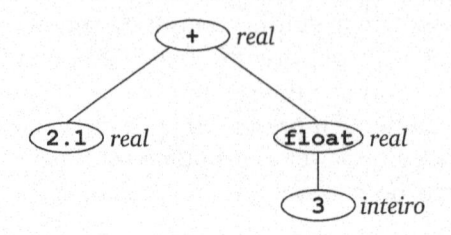

```
        + ) real
       / \
 2.1 )real  float ) real
              |
              3 ) inteiro
```

As conversões e coações de tipos também se aplicam a atribuições, como em

    r = i;

em C, onde, se **r** for **double** e **i** for **int**, coage o valor de **i** para **double** antes de armazená-lo como valor de **r**. Essas atribuições podem perder informações durante a conversão, como ocorreria se a atribuição fosse efetuada na direção oposta (o que também é legal em C):

    i = r;

Uma situação similar ocorre nas linguagens orientadas a objetos, onde a atribuição de objetos de subclasses a objetos de superclasses é, em geral, permitida (com uma perda correspondente de informações). Por exemplo, em C++, se **A** for uma classe e **B** uma subclasse, e se **x** for um **A** e **y** for um **B**, a atribuição **x=y** é permitida, mas não vice-versa. (Isso é denominado **princípio dos subtipos**.)

Tipos polimórficos Uma linguagem é **polimórfica** se permitir construções na linguagem com mais de um tipo. Até aqui, discutimos a verificação de tipos para uma linguagem essencialmente **monomórfica**, ou seja, em que todos os nomes e expressões tenham necessariamente tipos únicos. Um relaxamento desse monomorfismo é a sobrecarga. Entretanto, a sobrecarga, embora seja uma forma de polimorfismo, se aplica apenas nas situações em que diversas declarações separadas se aplicam a um mesmo nome. Uma situação diferente ocorre quando uma única declaração se aplica a qualquer tipo. Por exemplo, um procedimento que troca os valores de duas variáveis poderia, em princípio, ser aplicado a variáveis de qualquer tipo (desde que elas tenham o mesmo tipo):

    procedure swap (var x,y:qualquer-tipo);

O tipo desse procedimento **swap** é denominado **parametrizado** pelo tipo *qualquer-tipo*, e *qualquer-tipo* é considerado uma **variável de tipo**, que pode assumir qualquer tipo. Poderíamos expressar o tipo desse procedimento como

procedimento(var qualquer-tipo, var qualquer-tipo): void

onde cada ocorrência de *qualquer-tipo* se refere ao mesmo tipo (que não foi especificado). Esse tipo é, na verdade, um **padrão de tipos** ou **esquema de tipos**, em vez de um tipo propriamente dito, e um verificador de tipos deve em cada situação de uso de **swap** determinar um tipo que case com esse padrão ou declarar um erro de tipos. Por exemplo, dado o código

```
var x,y: integer;
    a,b: char;
. . .
swap(x,y);
swap(a,b);
swap(a,x);
```

na ativação **swap(x,y)**, o procedimento **swap** é "especializado" do seu padrão de tipos polimórfico para o tipo (monomórfico)

procedimento(var inteiro, var inteiro): void

e na ativação **swap(a,b)** ele é especializado para o tipo

procedimento(var char, var char): void

Em contrapartida, na ativação **swap(a,x)**, o procedimento **swap** deveria ter o tipo

procedimento(var char, var inteiro): void

e esse tipo não pode ser gerado pelo padrão de **swap** com a substituição da variável de tipo *qualquer-tipo*. Os algoritmos de verificação de tipos existem para essa verificação geral de tipos polimórficos, mais notavelmente nas linguagens funcionais modernas como ML, mas requerem técnicas sofisticadas de casamento de padrões que não estudaremos aqui. (Ver a seção de Notas e Referências.)

6.5 ANALISADOR SEMÂNTICO PARA A LINGUAGEM TINY

Nesta seção, desenvolvemos o código para um analisador semântico para a linguagem TINY, com base nos analisadores sintáticos para TINY que construímos nos capítulos anteriores. A sintaxe de TINY e a estrutura da árvore sintática em que baseamos o analisador semântico foi descrita na Seção 3.7.

A linguagem TINY é extremamente simples quanto aos requisitos de semântica estática, e o analisador refletirá essa simplicidade. Não existem declarações explícitas em TINY, e não existem constantes com nomes, tipos de dados nem procedimentos: os nomes podem se referir apenas a variáveis. Estas são declaradas implicitamente pelo uso, e todas as variáveis têm tipo de dados inteiro. Também não ocorrem escopos aninhados, de forma que um nome de variável tem o mesmo significado ao longo de um programa, e a tabela de símbolos não precisa preservar informações de escopo.

A verificação de tipos também é extremamente simples em TINY. Há apenas dois tipos simples: inteiro e booleano. Os únicos valores booleanos são os que resultam da comparação de dois valores inteiros. Como não há operadores ou variáveis booleanas, um valor booleano só pode aparecer na expressão de teste de uma declaração *if* ou *repeat*, e não como o operando de um operador ou o valor de uma atribuição. Finalmente, um valor booleano não pode ser a saída de uma declaração *write*.

Separamos a discussão do código para o analisador semântico de TINY em duas partes. Primeiro, discutimos a estrutura da tabela de símbolos e suas operações associadas. Depois, descrevemos a operação do analisador semântico, incluindo a construção da tabela de símbolos e a verificação de tipos.

6.5.1 Uma tabela de símbolos para TINY

Precisamos, durante o projeto da tabela de símbolos para o analisador semântico TINY, primeiro determinar a informação necessária para a tabela. Em casos típicos, essa informação inclui tipos de dados e escopos. Como TINY não tem informações de escopo, e como todas as variáveis têm tipo de dados inteiro, uma tabela de símbolos TINY não precisa conter essas informações. Durante a geração de código, entretanto, as variáveis deverão ser alocadas na memória, e como não há declarações na árvore sintática, a tabela de símbolos será o local lógico para armazenar as posições da memória. Por ora, as posições podem ser vistas simplesmente como índices inteiros incrementados cada vez que uma nova variável é encontrada. Para tornar a tabela de símbolos mais interessante e útil, também a utilizamos para gerar uma lista de referências cruzadas dos números de linhas nas quais as variáveis são acessadas.

Como exemplo das informações que serão geradas pela tabela de símbolos, considere o programa TINY do exemplo a seguir (com as linhas enumeradas):

```
1: { Programa de exemplo
2:     na linguagem TINY --
3:     computa o fatorial
4: }
5: read x; { entrada de inteiro }
6: if 0 < x then { não computa se x < = 0 }
7:     fact := 1;
8:     repeat
9:         fact := fact * x;
10:        x := x - 1
11:    until x = 0;
12:    write fact { saída do fatorial de x }
13: end
```

Após gerar a tabela de símbolos para esse programa, o analisador semântico apresentará (com **TraceAnalyze = TRUE**) a informação a seguir no arquivo de listagem:

```
Symbol table:

Variable Name    Location    Line Numbers
---------------------------------------------------
x                0           5    6    9    10   10   11
fact             1           7    9    9    12
```

Observe que referências múltiplas na mesma linha geram múltiplas células para aquela linha na tabela de símbolos.

O código para a tabela de símbolos está contido nos arquivos **symtab.h** e **symtab.c** listados no Apêndice B.

A estrutura usada para a tabela de símbolos é a tabela de *hashing* encadeada separadamente conforme descrito na Seção 6.3.1, e a função de *hashing* é aquela mostrada na Figura 6.13. Como não existe informação de escopo, não há necessidade de uma operação *remover*, e a operação *inserir* precisa apenas do número da linha e da posição como parâmetros, além do identificador. As duas outras operações necessárias são um procedimento para imprimir as informações sumarizadas mostradas anteriormente do arquivo de listagem, e uma operação *verificar* que captura os números das posições da tabela (o que é requerido mais adiante pelo gerador de código, e também pelo construtor da tabela de símbolos para verificar se uma variável já foi vista). Portanto, o arquivo de cabeçalho **symtab.h** contém as declarações a seguir:

```
void st_insert( char * name, int lineno, int loc );
int st_lookup ( char * name );
void printSymTab(FILE * listing);
```

Como existe apenas uma tabela de símbolos, sua estrutura não precisa ser declarada no arquivo de cabeçalho nem aparecer como parâmetro desses procedimentos.

O código de implementação associada em **symtab.c** utiliza uma lista ligada alocada dinamicamente cujo nome de tipo é **LineList** (linhas 1236-1239), para armazenar os números das linhas associadas a cada registro identificador na tabela de *hashing*. Os registros identificadores são armazenados em uma lista de repositórios cujo nome de tipo é **BucketList**. O procedimento **st_insert** acrescenta novos registros identificadores à frente de cada lista de repositórios, mas os números das linhas são adicionados no final de cada lista de números de linhas, para preservar a ordem numérica. (A eficiência de **st_insert** poderia ser melhorada pelo uso de uma lista circular, ou com ponteiros para a frente e para trás na lista de números de linhas; ver os Exercícios.)

6.5.2 Analisador semântico para TINY

A semântica estática de TINY compartilha com muitas linguagens de programação padrão as propriedades de a tabela de símbolos ser um atributo herdado, e o tipo de dados de uma atribuição ser um atributo sintetizado. Portanto, a tabela de símbolos pode ser construída por um percurso em pré-ordem da árvore sintática, e a verificação de tipos pode ser efetuada por um percurso em pós-ordem. Esses dois percursos poderiam ser facilmente combinados em um único percurso, mas para melhor explicar as diferenças entre as operações nos dois passos de processamento, nós os separamos em passadas distintas pela árvore sintática. Portanto, a interface do analisador semântico com o resto do compilador, que colocamos no arquivo **analyze.h** (Apêndice B, linhas 1350-1370), é composta por dois procedimentos, dados pelas declarações

```
void buildSymtab(TreeNode *);
void typeCheck(TreeNode *);
```

O primeiro procedimento efetua um percurso em pré-ordem da árvore sintática e ativa o procedimento da tabela de símbolos **st_insert** quando encontra identificadores de variáveis na árvore. Após completar o percurso, ele ativa **printSymTab** para imprimir a informação armazenada no arquivo de listagem. O segundo procedimento efetua um percurso em pós-ordem da árvore sintática, e insere tipos de dados nos nós da árvore à medida que eles são computados, registrando erros de verificação de tipos no arquivo de listagem.

O código para esses procedimentos e os seus procedimentos auxiliares está no arquivo **analyze.c** (Apêndice B, linhas 1400-1558).

Para enfatizar as técnicas de percurso de árvores padrão utilizadas, implementamos tanto **buildSymtab** como **typeCheck** com a mesma função de percurso genérica **traverse**, que recebe dois procedimentos (e uma árvore sintática) como parâmetros, um para processamento em pré-ordem de cada nó e outro para processamento em pós-ordem:

```
static void traverse( TreeNode * t,
            void (* preProc) (TreeNode *),
            void (* postProc) (TreeNode *) )
{ if (t != NULL)
  { preProc(t);
    { int i;
      for (i=0; i < MAXCHILDREN; i++)
        traverse(t->child[i],preProc,postProc);
    }
    postProc(t);
    traverse(t->sibling,preProc,postProc);
  }
}
```

Com esse procedimento, para obter um percurso em pré-ordem, precisamos definir um procedimento para processamento em pré-ordem e passá-lo a **traverse** como **preproc**, e passar um procedimento "não-faça-nada" como **postproc**. No caso da tabela de símbolos TINY, o processador em pré-ordem é denominado **insertNode**, pois efetua inserções na tabela de símbolos. O procedimento "não-faça-nada" é denominado **nullProc**, e é definido com um corpo vazio. O percurso em pré-ordem que constrói a tabela de símbolos é obtido com a ativação

```
traverse(syntaxTree,insertNode,nullProc);
```

dentro do procedimento **buildSymtab** (linhas 1488-1494). De maneira similar, o percurso em pós-ordem requerido por **typeCheck** (linhas 1556-1558) pode ser obtido com a ativação

```
traverse(syntaxTree,nullProc,checkNode);
```

onde **checkNode** é um procedimento definido de maneira apropriada, que computa e verifica o tipo de cada nó. Falta descrever a operação dos procedimentos **insertNode** e **checkNode**.

O procedimento **insertNode** (linhas 1447-1483) precisa determinar quando inserir um identificador (junto com seu número de linha e localização) na tabela de símbolos, com base no tipo de nó da árvore sintática recebido por seu parâmetro (um ponteiro para um nó de árvore sintática). No caso de nós de declarações, os únicos que contêm referências a variáveis são nós de atribuição e de leitura, nos quais o nome da variável que recebe a atribuição ou a leitura está contido no campo **attr.name** do nó. No caso de nós de expressões, os únicos nós de interesse são os de identificadores, nos quais novamente o nome é armazenado em `attr.name`. Portanto, nesses três pontos, o procedimento `insertNode` contém uma ativação

```
st_insert(t->attr.name,t->lineno,location++);
```

se a variável ainda não tiver sido vista (a qual armazena e incrementa o contador de localização e o número de linha) e

```
st_insert(t->attr.name,t->lineno,0);
```

se a variável já estiver na tabela de símbolos (a qual armazena o número de linha, mas não a localização).

Finalmente, após a tabela de símbolos ter sido construída, `buildSymtab` ativa `printSymTab` para escrever as informações de números de linhas no arquivo de listagem, controlado pela marca `TraceAnalyze` (ajustada em `main.c`).

O procedimento `checkNode` da passada de verificação de tipos tem duas tarefas. Primeiro, ele precisa determinar se, com base nos tipos dos nós filhos, ocorre um erro de tipos. Segundo, ele precisa inferir um tipo para o nó corrente (se ele tiver um tipo) e atribuir esse tipo a um novo campo no nó da árvore. Esse campo é denominado o campo **type** em **TreeNode** (definido em `globals.h`; ver o Apêndice B, linha 216). Como apenas os nós de expressões têm tipos, essa inferência de tipos ocorre apenas para nós de expressões. Em TINY, há apenas dois tipos, inteiro e booleano, e esses tipos são definidos em um tipo enumerado nas declarações globais (ver Apêndice B, linha 203):

```
typedef enum {Void,Integer,Boolean} ExpType;
```

Aqui, o tipo **Void** é um tipo "sem tipo" utilizado apenas como valor inicial e para verificação de erros. Quando ocorre um erro, o procedimento `checkNode` ativa o procedimento `typeError`, que imprime uma mensagem de erro no arquivo de listagem, com base no nó corrente.

Falta catalogar as ações de `checkNode`. No caso de um nó de expressões, o nó é uma folha (uma constante ou um identificador, de tipos **ConstK** ou **IdK**) ou um nó de operador (de tipo **OpK**). No caso de um nó folha, o tipo é sempre **Integer** (e não ocorre verificação de tipos). No caso de um nó de operador, as duas subexpressões filhas devem ser de tipo **Integer** (e os seus tipos já terão sido computados, pois estará ocorrendo um percurso em pós-ordem). O tipo do nó **OpK** é, em seguida, determinado com base no operador (independentemente da ocorrência de um erro de tipos): se o operador for de comparação (< ou =), o tipo será **Boolean**; caso contrário, será **Integer**.

No caso de um nó de declaração, não ocorre inferência de tipos, mas em todos os casos, exceto um, deve ocorrer alguma verificação de tipos. Esse caso é o de uma declaração **ReadK**, onde a variável lida deve automaticamente ser de tipo **Integer**, e nesse caso não há necessidade de verificação de tipos. Todos os outros quatro tipos de declarações exigem alguma forma de verificação de tipos: **IfK** e **RepeatK** exigem que as expressões de teste sejam verificadas para garantir que tenham tipo **Boolean** (linhas 1527-1530 e 1539-1542), e **WriteK** e **AssignK** exigem (linhas 1531-1538) que as expressões escritas ou atribuídas não sejam booleanas (pois as variáveis podem armazenar somente valores inteiros, e apenas os valores inteiros podem ser escritos):

```
x := 1 < 2; { error - Boolean value
              cannot be assigned }
write 1 = 2; { also an error }
```

EXERCÍCIOS

6.1 Escreva uma gramática de atributos para o valor inteiro de um número dado pela gramática a seguir:

$$número \rightarrow dígito\ número\ |\ dígito$$
$$dígito \rightarrow 0\ |\ 1\ |\ 2\ |\ 3\ |\ 4\ |\ 5\ |\ 6\ |\ 7\ |\ 8\ |\ 9$$

6.2 Escreva uma gramática de atributos para o valor de ponto flutuante de um número decimal dado pela gramática a seguir. (Dica: use um atributo *contagem* para contar o número de dígitos à direita do ponto decimal.)

$$dnum \rightarrow num.num$$
$$num \rightarrow num\ dígito\ |\ dígito$$
$$dígito \rightarrow 0\ |\ 1\ |\ 2\ |\ 3\ |\ 4\ |\ 5\ |\ 6\ |\ 7\ |\ 8\ |\ 9$$

6.3 A gramática para números decimais do exercício anterior pode ser reescrita para que *contagem* não seja um atributo necessário (e as equações que usam expoentes sejam evitadas). Reescreva a gramática para fazer isso e apresente uma nova gramática de atributos para o valor de *dnum*.

6.4 Considere uma gramática de expressões preparada para um analisador preditivo com a recursão à esquerda removida:

$$exp \rightarrow termo\ exp'$$
$$exp' \rightarrow +\ termo\ exp'\ |\ \text{-}termo\ exp'\ |\ \varepsilon$$
$$termo \rightarrow fator\ termo'$$
$$termo' \rightarrow *\ fator\ termo'\ |\ \varepsilon$$
$$fator \rightarrow (\ exp\ )\ |\ \mathtt{number}$$

Escreva uma gramática de atributos para o valor de uma expressão dada por essa gramática.

6.5 Reescreva a gramática de atributos da Tabela 6.2 para computar um atributo de cadeia *pós-fixo* em vez de *val*, que contenha a forma pós-fixa da expressão de inteiros simples. Por exemplo, o atributo *pós-fixo* para `(34-3)*42` é "34 3 – 42 + *". Você pode assumir a existência de um operador de concatenação || e de um atributo **número**.*cadeiaval*.

6.6 Considere a gramática a seguir para árvores binárias de inteiros (em forma linearizada):

$$bárvore \rightarrow (\ \mathtt{number}\ bárvore\ bárvore\ )\ |\ \mathtt{nil}$$

Escreva uma gramática de atributos para verificar se uma árvore binária está ordenada, ou seja, se os valores dos números da primeira subárvore são ≤ o valor do número corrente e os valores dos números da segunda subárvore são ≥ o valor do número corrente. Por exemplo, `(2 (1 nil nil) (3 nil nil))` está ordenada, mas `(1 (2 nil nil) (3 nil nil))` não está.

6.7 Considere a gramática a seguir para declarações simples em Pascal:

$$decl \rightarrow var\text{-}lista : tipo$$
$$var\text{-}lista \rightarrow var\text{-}lista, \mathtt{id}\ |\ \mathtt{id}$$
$$tipo \rightarrow \mathtt{integer}\ |\ \mathtt{real}$$

Escreva uma gramática de atributos para o tipo de uma variável.

6.8 Considere a gramática do Exercício 6.7. Reescreva a gramática para que o tipo de uma variável possa ser definido como um atributo puramente sintetizado e apresente uma nova gramática de atributos para o tipo que tenha essa propriedade.

6.9 Reescreva a gramática e a gramática de atributos do Exemplo 6.4 para que o valor de um *base-num* seja computado com base apenas nos atributos sintetizados.

6.10 a. Construa os grafos de dependências correspondentes a cada regra gramatical do Exemplo 6.14, e para a expressão `5/2/2.0`.

b. Descreva as duas passadas exigidas para computar os atributos na árvore sintática de `5/2/2.0`, incluindo uma ordem possível em que os nós poderiam ser visitados e os valores de atributos computados a cada ponto.

c. Escreva o pseudocódigo para os procedimentos que efetuariam as computações descritas na parte (b).

6.11 Construa os grafos de dependências para cada regra gramatical da gramática de atributos do Exercício 6.4 e para a cadeia `3*(4+5)*6`.

6.12 Construa os grafos de dependências correspondentes a cada regra gramatical da gramática de atributos do Exercício 6.7 e construa o grafo de dependências para a declaração `x,y,z:real`.

6.13 Considere a gramática de atributos a seguir:

Regra gramatical	Regras semânticas
$S \rightarrow A\ B\ C$	$B.u = S.u$
	$A.u = B.v + C.v$
	$S.v = A.v$
$A \rightarrow a$	$A.v = 2 * A.u$
$B \rightarrow b$	$B.v = B.u$
$C \rightarrow c$	$C.v = 1$

a. Construa a árvore de análise sintática para a cadeia *abc* (a única cadeia na linguagem) e construa o grafo de dependências para os atributos associados. Descreva uma ordem correta para a avaliação dos atributos.

b. Suponha que $S.u$ receba o valor 3 antes do início da avaliação. Qual será o valor de $S.v$ quando a avaliação terminar?

c. Suponha que as equações de atributos sejam modificadas conforme segue:

Regra gramatical	Regras semânticas
$S \rightarrow A\ B\ C$	$B.u = S.u$
	$C.u = A.v$
	$A.u = B.v + C.v$
	$S.v = A.v$
$A \rightarrow a$	$A.v = 2 * A.u$
$B \rightarrow b$	$B.v = B.u$
$C \rightarrow c$	$C.v = C.u - 2$

Qual o valor de $S.v$ após a avaliação dos atributos, se $S.u = 3$ antes do início da avaliação?

6.14 Mostre que, dada a gramática de atributos,

Regra gramatical	Regras semânticas
decl → tipo var-lista	var-lista.dtipo = tipo.dtipo
tipo → **int**	tipo.dtipo = inteiro
tipo → **float**	tipo.dtipo = real
var-lista₁ → **id**, var-lista₂	**id**.dtipo = var-lista₁.dtipo
	var-lista₂.dtipo = var-lista₁.dtipo
var-lista → **id**	**id**.dtipo = var-lista.dtipo

se o atributo *tipo.dtipo* permanecer na pilha de valores durante uma análise sintática LR, esse valor não poderá ser encontrado em uma posição fixa na pilha quando ocorrer uma redução pela regra *var-lista* → **id**.

6.15 a. Mostre que a gramática $B \to B\ b\ |\ a$ é SLR(1), mas a gramática

$$B \to A\ B\ b\ |\ a$$
$$A \to \varepsilon$$

(construída a partir da gramática anterior com a adição de uma ε-produção simples) não é LR(k) para nenhum valor de k.

b. Dada a gramática da parte (a) (com a ε-produção), quais cadeias seriam aceitas por um analisador sintático gerado pelo Yacc?

c. Essa situação ocorre durante a análise semântica de uma linguagem de programação "real"? Justifique sua resposta.

6.16 Reescreva a gramática de expressões da Seção 6.3.5 como uma gramática livre de ambigüidades, de modo que as expressões escritas naquela seção continuem legais e reescreva a gramática de atributos da Tabela 6.9 para essa nova gramática.

6.17 Reescreva a gramática de atributos da Tabela 6.9 fazendo uso de declarações colaterais em vez de declarações seqüenciais.

6.18 Escreva uma gramática de atributos para computar o valor de cada expressão para a gramática de expressões da Seção 6.3.5.

6.19 Modifique o pseudocódigo para a função *tipoIgual* da Figura 6.20 a fim de incorporar nomes de tipos e o algoritmo sugerido para a determinação de equivalência estrutural dos tipos recursivos conforme descrito na Seção 6.4.3.

6.20 Considere a gramática de expressões (ambígua) a seguir:

$$exp \to exp + exp\ |\ exp - exp\ |\ exp * exp\ |\ exp\ /\ exp$$
$$|\ (\ exp\ )\ |\ \mathtt{num}\ |\ \mathtt{num.num}$$

Suponha que as regras de C sejam obedecidas para computar o valor de cada expressão: se duas subexpressões forem de tipo misturado, a subexpressão inteira será convertida para ponto flutuante, e o operador de ponto flutuante será aplicado. Escreva uma gramática de atributos para converter essas expressões em expressões legais em Modula-2: as conversões de inteiros para ponto flutuante são expressas pela aplicação da função **FLOAT**, e o operador de divisão / é considerado como **div** se os dois operandos forem inteiros.

6.21 Considere a seguinte extensão da gramática da Figura 6.22, para incluir declarações de funções e ativações:

> *programa* → *var-decls* ; *fun-decls* ; *decls*
> *var-decls* → *var-decls* ; *var-decl* | *var-decl*
> *var-decl* → `id` : *tipo-exp*
> *tipo-exp* → `int` | `bool` | `array` `[num]` `of` *tipo-exp*
> *fun-decls* → `fun` `id` (*var-decls*) : *tipo-exp* ; *corpo*
> *corpo* → *exp*
> *decls* → *decls* ; *decl* | *decl*
> *decls* → `if` *exp* `then` *decl* | `id` := *exp*
> *exp* → *exp* + *exp* | *exp* `or` *exp* | *exp* [*exp*] | `id` (*exps*)
> | `num` | `true` | `false` | `id`
> *exps* → *exps* , *exp* | *exp*

a. Construa uma estrutura de subárvore adequada para as novas estruturas de tipos de funções e escreva uma função *tipoIgual* para dois tipos de funções.
b. Escreva regras semânticas para a verificação de tipos das declarações e ativações de funções (representadas pela regra *exp* → `id`(*exps*)), similar às regras da Tabela 6.10.

6.22 Considere a ambigüidade a seguir nas expressões em C. Dada a expressão

```
(A)-x
```

se `x` for uma variável inteira e `A` for definida em `typedef` como equivalente a `double`, essa expressão leva o valor de `-x` a ser `double`. Se `A` for uma variável inteira, no entanto, isso computa a diferença inteira das duas variáveis.
a. Descreva como o analisador sintático poderia usar a tabela de símbolos para eliminar essa ambigüidade.
b. Descreva como o sistema de varredura poderia usar a tabela de símbolos para eliminar essa ambigüidade.

6.23 Escreva uma gramática de atributos correspondente às restrições de tipos forçadas pelo verificador de tipos TINY.

6.24 Escreva uma gramática de atributos para a construção da tabela de símbolos do analisador semântico TINY.

EXERCÍCIOS DE PROGRAMAÇÃO

6.25 Escreva declarações em C para uma árvore sintática para os números de base do Exemplo 6.4; use essas declarações para traduzir o pseudocódigo *AvalComBase* do Exemplo 6.13 em código C.

6.26 a. Reescreva o avaliador descendente recursivo da Figura 4.1 para imprimir a tradução pós-fixa em vez do valor de uma expressão.
b. Reescreva o avaliador descendente recursivo para imprimir tanto o valor como a tradução pós-fixa.

6.27 a. Reescreva a especificação Yacc da Figura 5.10 para uma calculadora de inteiros simples poder imprimir uma tradução pós-fixa em vez do valor (ver Exercício 6.5).
b. Reescreva a especificação Yacc para poder imprimir o valor *e* a tradução pós-fixa.

6.28 Escreva uma especificação Yacc para imprimir a tradução Modula-2 de uma expressão dada para a gramática do Exercício 6.20.

6.29 Escreva uma especificação Yacc para um programa que computará o valor de uma expressão com blocos *let* (Tabela 6.9). (Você pode abreviar as marcas `let` e `in` como caracteres únicos e restringir também os identificadores, ou usar Lex para gerar um sistema de varredura apropriado.)

6.30 Escreva especificações Yacc e Lex de um programa para verificar os tipos da linguagem cuja gramática é mostrada na Figura 6.22.

6.31 Reescreva a implementação da tabela de símbolos para o analisador semântico TINY, para adicionar um ponteiro para o final da estrutura de dados `LineList` e melhorar a eficiência da operação `insert`.

6.32 Reescreva o analisador semântico TINY para que ele efetue apenas uma passada pela árvore sintática.

6.33 O analisador semântico TINY não tenta garantir que uma variável tenha recebido atribuição antes do uso. Portanto, o código TINY a seguir é considerado semanticamente correto:

```
y := 2+x;
x := 3;
```

Reescreva o analisador TINY para que ele efetue verificações "razoáveis" de atribuição de variáveis antes do uso em uma expressão. O que impede essas verificações de serem completas?

6.34 a. Reescreva o analisador semântico TINY para permitir que valores booleanos sejam armazenados em variáveis. Isso exigirá que as variáveis tenham tipos de dados booleano ou inteiro na tabela de símbolos e que a verificação de tipos inclua uma verificação da tabela de símbolos. A correção dos tipos de um programa TINY precisa incluir a exigência de que todas as atribuições (e usos) de uma variável sejam consistentes com seus tipos de dados.
b. Escreva uma gramática de atributos para o verificador de tipos TINY modificado segundo a parte (a).

NOTAS E REFERÊNCIAS

O trabalho principal dos primórdios das gramáticas de atributos é Knuth (1968). Estudos cuidadosos do uso das gramáticas de atributos na construção de compiladores podem ser encontrados em Lorho (1984). O uso das gramáticas de atributos para a especificação formal da semântica de linguagens de programação é estudado em Slonneger e Kurtz (1995), em que uma gramática de atributos completa é dada para a semântica estática de uma linguagem similar a TINY. Algumas propriedades matemáticas adicionais das gramáticas de atributos podem ser encontradas em Mayoh (1981). Um teste de não-circularidade pode ser encontrado em Jazayeri et al. (1975).

A questão da avaliação dos atributos durante a análise sintática é estudada com mais detalhes em Fischer e LeBlanc (1991). As condições que garantem a sua realização durante uma análise sintática LR aparecem em Jones (1980). A questão de manter determinística a análise sintática LR durante a adição de novas ε-produções para escalonar ações (como em Yacc) é estudada em Purdom e Brown (1980).

As estruturas de dados para implementar a tabela de símbolos, incluindo as tabelas de *hashing* e as respectivas análises de eficiência, podem ser encontradas em diversos textos: ver, por exemplo, Aho et al. (1983) ou Cormen et al. (1990). Um estudo cuidadoso da escolha de uma função de *hashing* aparece em Knuth (1973).

Sistemas de tipos, correção de tipos e inferência de tipos formam um dos principais campos de estudos da teoria da computação, com aplicações em muitas linguagens. Para uma revisão geral tradicional, ver Louden (1993). Para um estudo mais aprofundado, ver Cardelli e Wegner (1985). C e Ada usam formas mistas de equivalência de tipos, similares à equivalência de declarações de Pascal, que são difíceis de descrever sucintamente. Linguagens mais antigas, como FORTRAN77, Algol60 e Algol68, utilizam equivalência estrutural. Linguagens funcionais modernas como ML e Haskell utilizam equivalência de nomes estrita, com sinônimos de tipos no lugar da equivalência estrutural. O algoritmo para equivalência estrutural descrito na Seção 6.4.3 pode ser encontrado em Koster (1969); uma aplicação moderna de um algoritmo similar está em Amadio e Cardelli (1993). Sistemas de tipos polimórficos e algoritmos de inferência de tipos são descritos em Peyton Jones (1987) e Reade (1989). A versão de inferência de tipos polimórficos usada em ML e Haskell é denominada **inferência de tipos de Hindley-Milner** (Hindley, 1969; Milner, 1978).

Neste capítulo, não descrevemos ferramentas para a construção automática de avaliadores de atributos, pois nenhuma está em uso mais geral (diferentemente do que ocorre com os sistemas de varredura e de análise sintática Lex e Yacc). Algumas ferramentas interessantes, baseadas em gramáticas de atributos, são LINGUIST (Farrow, 1984) e GAG (Kastens et al., 1982). Uma ferramenta madura para a geração de editores sensíveis a contexto com base em gramáticas de atributos é o Synthesizer Generator (Reps e Teitelbaum, 1989). Entre as coisas interessantes que podem ser feitas com essa ferramenta, está a construção de um editor de linguagem que forneça automaticamente as declarações de variáveis com base no uso.

Capítulo 7

Ambientes de Execução

7.1 Organização de memória durante a execução de programas
7.2 Ambientes de execução totalmente estáticos
7.3 Ambientes de execução baseados em pilhas
7.4 Memória dinâmica
7.5 Mecanismos para passagem de parâmetros
7.6 Ambiente de execução para a linguagem TINY

Nos capítulos anteriores, estudamos as fases de um compilador referentes à análise estática da linguagem-fonte. Essas fases foram a varredura, a análise sintática e a análise semântica estática. Essa análise depende apenas das propriedades da linguagem-fonte – que é completamente independente da linguagem-alvo (de montagem ou de máquina) e das propriedades da máquina-alvo e de seu sistema operacional.

Neste e no próximo capítulo, estudaremos como um compilador gera código executável. Isso pode requerer uma análise adicional, como a efetuada por um otimizador, e parte disso pode ser independente da máquina. (A maior parte da geração de código depende dos detalhes da máquina-alvo.) As características gerais da geração de código, não obstante, permanecem constantes para uma ampla variedade de arquiteturas. Isso é particularmente verdadeiro para o **ambiente de execução**, que é a estrutura de registros e de memória do computador-alvo, utilizada para o gerenciamento de memória e para a manutenção da informação requerida que guia o processo de execução. Quase todas as linguagens de programação usam um entre três tipos de ambiente de execução, cuja estrutura essencial não depende dos detalhes específicos da máquina-alvo. Esses três tipos de ambiente são o **ambiente totalmente estático** característico de FORTRAN77; o **ambiente baseado em pilhas** de linguagens, como C, C++, Pascal e Ada; e o **ambiente totalmente dinâmico** das linguagens funcionais, como LISP. Também é possível construir híbridos desses três.

No presente capítulo, discutiremos cada um dos três tipos de ambientes, juntamente com as características das linguagens que determinam quais ambientes são adequados e quais devem ser suas propriedades. Isso inclui questões de escopo e alocação, a natureza das ativações de procedimentos e os mecanismos de passagem de parâmetros. Aqui, o foco será a estrutura geral do ambiente, e no próximo capítulo o foco será o código necessário para a manutenção do ambiente. É importante lembrar que um compilador pode manter um ambiente em ordem apenas de modo indireto, pois ele deve gerar código para efetuar as operações necessárias de manutenção durante a execução do programa. Isso difere do caso dos interpretadores, que têm uma tarefa mais fácil para executar, pois eles podem manter o ambiente em ordem diretamente com suas próprias estruturas de dados.

A primeira seção deste capítulo contém uma discussão das características gerais de todos os ambientes de execução e sua relação com a arquitetura da máquina-alvo. As duas seções seguintes discutem os ambientes estático e baseado em pilhas e apresentam exemplos de operação durante a execução. Como o ambiente baseado em pilhas é o mais comum, são apresentados detalhes adicionais sobre as variações e a estrutura de um sistema baseado em pilhas. Uma seção subseqüente discute a memória dinâmica, ambientes totalmente dinâmicos e ambientes orientados a objetos. Em seguida, é apresentada uma discussão do efeito de diversas técnicas de passagem de parâmetros sobre a operação de um ambiente. O capítulo é encerrado com uma breve descrição do ambiente simples requerido para implementar a linguagem TINY.

7.1 ORGANIZAÇÃO DE MEMÓRIA DURANTE A EXECUÇÃO DE PROGRAMAS

A memória de um computador típico é dividida em uma área de registros e uma memória mais lenta de acesso endereçável não seqüencial (RAM). A área RAM pode ser subdividida em uma área de código e uma área de dados. Na maioria das linguagens compiladas, não é possível efetuar alterações na área de código durante a execução, e as áreas de código e de dados podem ser vistas como conceitualmente separadas. Além disso, como a área de código é fixada antes da execução, todos os endereços de código são computáveis durante a compilação, e a área de código pode ser visualizada da seguinte maneira:

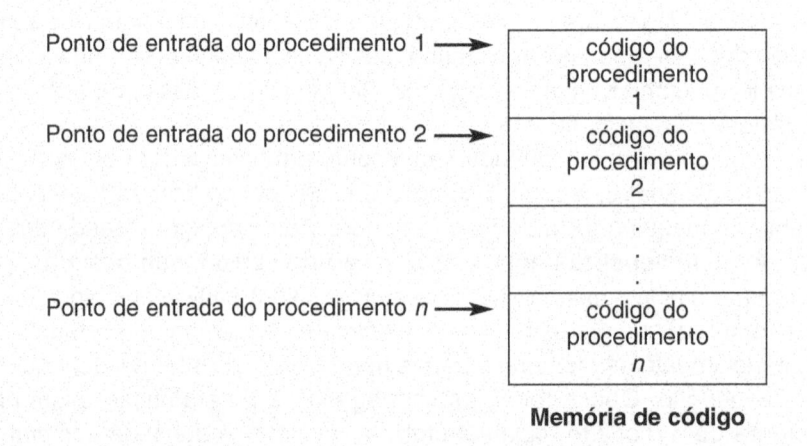

```
Ponto de entrada do procedimento 1  ──▶  │ código do      │
                                          │ procedimento   │
                                          │ 1              │

Ponto de entrada do procedimento 2  ──▶  │ código do      │
                                          │ procedimento   │
                                          │ 2              │
                                                .
                                                .
                                                .
Ponto de entrada do procedimento n  ──▶  │ código do      │
                                          │ procedimento   │
                                          │ n              │
```

Memória de código

Em particular, o ponto de entrada de cada procedimento e função é conhecido durante a compilação.[1] O mesmo não pode ser dito da alocação de dados, pois apenas uma pequena parte desses dados pode receber localizações fixas na memória antes do início da execução. Boa parte deste capítulo lidará com alocação não fixa, ou dinâmica, de memória.

Há *uma* classe de dados que pode receber endereços fixos na memória antes da execução: os dados globais e/ou estáticos de um programa. (Em FORTRAN77, diferentemente da maioria

---

1. O mais provável é que o código seja carregado em uma área na memória determinada no começo da execução e, portanto, não é perfeitamente previsível. Entretanto, todos os endereços são automaticamente computados por transposição a partir de um endereço de carga básico fixo, para que o princípio dos endereços fixos permaneça o mesmo. Por vezes, o programador de um compilador deve tomar cuidado ao gerar **código realocável**, em que saltos, ativações e referências sejam efetuados de maneira relativa a alguma **base**; em geral, um registro. Exemplos disso serão dados no próximo capítulo.

das linguagens, todos os dados se enquadram nessa categoria.) Esses dados são, em geral, alocados em separado dentro de uma área fixa de forma similar ao código. Em Pascal, as variáveis globais são dessa classe, assim como as variáveis externas e estáticas em C.

Uma questão referente à organização da área de globais/estáticos diz respeito às constantes determinadas durante a compilação. Entre elas, temos as declarações **const** de C e Pascal e os valores literais usados no código, como, por exemplo, a cadeia **"Hello %d\n"** e o valor inteiro 12345 na declaração em C

```
printf("Hello %d\n",12345);
```

Constantes pequenas de tempo de execução como 0 e 1 são, em geral, inseridas diretamente no código pelo compilador, e não recebem alocação de espaço de dados. Não é necessário também alocar espaço na área de dados globais para funções e procedimentos globais, pois seus pontos de entrada são conhecidos pelo compilador e podem ser inseridos diretamente no código. Entretanto, valores inteiros grandes, valores de ponto flutuante e especialmente literais de cadeias de caracteres recebem uma alocação de memória na área global/estática, são armazenados uma vez no início da execução e capturados de suas localizações pelo código executável. (Os literais de cadeias de caracteres em C são vistos como ponteiros, os quais precisam ser armazenados dessa maneira.)

A área de memória utilizada para a alocação de dados dinâmicos pode ser organizada de diversas formas. Uma organização típica divide essa memória em uma área de **pilha** e uma área de *heap*, com a área de pilha usada para dados cuja alocação ocorre de forma LIFO (último a entrar é o primeiro a sair – do inglês *last in, first out*) e a área de *heap* usada para alocação dinâmica que não obedece ao protocolo LIFO (por exemplo, a alocação de ponteiros em C).[2] Freqüentemente, a arquitetura da máquina-alvo incluirá uma pilha de processador, e essa pilha possibilita o uso do processador para ativações de procedimentos e de seus respectivos retornos (esse é o mecanismo principal que usa a alocação de memória com base em pilhas). Por vezes, um compilador precisa da alocação explícita da pilha do processador em um ponto apropriado da memória.

Uma organização geral do armazenamento de execução que tem todas as categorias de memória descritas poderia ter a seguinte forma:

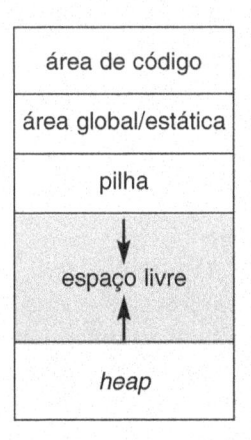

área de código
área global/estática
pilha
↓ espaço livre ↑
heap

---

2. Deve ser observado que o *heap* é, em geral, uma área de memória linear simples. Ela recebe o nome de *heap* por motivos históricos, e não tem relação com a estrutura de dados de *heap* usada em algoritmos, por exemplo, o algoritmo de ordenação *heap-sort*.

As setas indicam a direção de crescimento da pilha e do *heap*. Tradicionalmente, a pilha cresce para baixo na memória, e seu topo fica na parte inferior da figura. O *heap* é similar à pilha, mas não é uma estrutura LIFO, e seu crescimento e encolhimento são mais complicados que o indicado pelas setas (ver Seção 7.4). Em algumas organizações, a pilha e o *heap* são alocados em seções separadas da memória, em vez de ocupar a mesma área.

Uma unidade de alocação de memória importante é o **registro de ativação de procedimentos**, que contém memória alocada para os dados locais de um procedimento ou função na medida em que é ativado. Um registro de ativação deve conter, no mínimo, as seguintes seções:

espaço para argumentos (parâmetros)
espaço para registrar informações, entre elas o endereço de retorno
espaço para dados locais
espaço para temporários locais

Enfatizamos aqui (e da mesma forma nas próximas seções) que isso apenas ilustra a organização geral de um registro de ativação. Detalhes específicos, como a ordem dos dados que ele contém, dependerão da arquitetura da máquina-alvo, das propriedades da linguagem compilada e até mesmo das preferências pessoais de quem escreve o compilador.

Algumas partes de um registro de ativação devem ter o mesmo tamanho para todos os procedimentos – o espaço para registro de informações, por exemplo. Outras partes, como o espaço para argumentos e os dados locais, devem permanecer fixas para cada procedimento individual, embora variem de um procedimento para outro. Algumas partes do registro de ativação podem também ser alocadas automaticamente pelo processador nas ativações dos procedimentos (o armazenamento dos endereços de retorno, por exemplo). Outras partes (como o espaço temporário local) podem precisar ser alocadas explicitamente pelas instruções geradas pelo compilador. Dependendo da linguagem, os registros de ativação podem ser alocados na área estática (FORTRAN77), na área de pilhas (C, Pascal) ou na área de *heap* (LISP). Quando os registros de ativação forem mantidos na pilha, eles serão denominados **quadros de pilhas**.

Os registros de processadores também fazem parte da estrutura do ambiente de execução. Os registros podem ser usados para armazenar valores temporários, variáveis locais ou mesmo variáveis globais. Quando um processador tiver muitos registros, como nos processadores RISC mais recentes, toda a área estática e os registros de ativação poderão ser armazenados totalmente nos registros. Os processadores também têm registros de uso específico para acompanhar a execução, como o **contador de programa (pc)** e o **ponteiro de pilhas (sp)** da maioria das arquiteturas. Pode haver, ainda, registros projetados especificamente para acompanhar a ativação de procedimentos. Exemplos típicos de registros como esses são o **ponteiro de quadros (fp)**, que aponta para o registro de ativação corrente, e o

ponteiro de argumentos (ap), que aponta para a área do registro de ativação reservada para argumentos (valores de parâmetros).[3]

Uma parte particularmente importante do projeto de um ambiente de execução é a determinação da seqüência de operações que devem ocorrer quando um procedimento ou função for ativado. Essas operações podem incluir a alocação de memória para o registro de ativações, a computação e o armazenamento dos argumentos, e o armazenamento e o ajuste dos registros requeridos para efetivar a ativação. Essas operações são, em geral, identificadas como **seqüência de ativação**. As operações adicionais requeridas quando um procedimento ou função retorna, como a colocação do valor de retorno onde ele pode ser acessado pelo ativador, o reajuste dos registros e possivelmente a liberação da memória de registros de ativação, são comumente consideradas parte da seqüência de ativação. Se necessário, identificaremos a parte da seqüência de ativação efetuada durante a ativação como **seqüência de ativação** e a parte efetuada durante o retorno como **seqüência de retorno**.

Alguns aspectos importantes do projeto da seqüência de ativação são (1) como dividir as operações da seqüência de ativação entre o ativador e o ativado (ou seja, quanto do código da seqüência de ativação deve ocorrer no ponto de ativação e quanto deve ocorrer no início do código de cada procedimento) e (2) quanto confiar no processador para ativações, em vez de gerar código explicitamente para cada passo da seqüência de ativação. O ponto (1) é uma questão particularmente difícil, pois é, em geral, mais fácil gerar código da seqüência de ativação no ponto da chamada do que dentro do que é ativado, mas isso leva o tamanho do código gerado a crescer, pois o mesmo código precisa ser duplicado em cada ponto de ativação. Essas questões serão tratadas mais detalhadamente adiante.

No mínimo, o ativador fica responsável por computar os argumentos e colocá-los em pontos onde eles possam ser encontrados pelo ativado (possivelmente, de modo direto no registro de ativação do ativado). Além disso, o estado da máquina no ponto de ativação, incluindo o endereço de retorno e, possivelmente, os registros que estiverem sendo usados, precisa ser gravado pelo ativador, pelo ativado ou ainda parcialmente por ambos. Finalmente, qualquer informação de registro adicional deve também ser ajustada, novamente de alguma forma possivelmente cooperativa entre ativador e ativado.

7.2 AMBIENTES DE EXECUÇÃO TOTALMENTE ESTÁTICOS

O tipo mais simples de ambiente de execução é aquele em que todos os dados são estáticos, permanecendo fixos na memória durante toda a execução do programa. Um ambiente como esse pode ser usado para implementar uma linguagem em que não há ponteiros ou alocação dinâmica, e na qual os procedimentos não possam ser ativados recursivamente. O exemplo padrão de linguagem com essas características é FORTRAN77.

Em um ambiente totalmente estático, não apenas as variáveis globais, mas *todas* as variáveis são alocadas estaticamente. Assim, cada procedimento tem um único registro de ativação, alocado estaticamente antes da execução. Todas as variáveis, sejam elas locais ou globais, podem ser acessadas diretamente pelos endereços fixos, e toda a memória de programa pode ser visualizada da seguinte maneira:

---

3. Esses nomes advêm da arquitetura VAX, mas nomes similares ocorrem em outras arquiteturas.

```
┌─────────────────────────────────────┐
│  código para procedimento principal │
├─────────────────────────────────────┤
│    código para procedimento 1       │
├─────────────────────────────────────┤      Área de
│               ...                   │      código
├─────────────────────────────────────┤
│    código para procedimento n       │
├─────────────────────────────────────┤
│      área de dados globais          │
├─────────────────────────────────────┤
│     registro de ativação para       │
│      procedimento principal         │
├─────────────────────────────────────┤      Área de
│     registro de ativação para       │      dados
│         procedimento 1              │
├─────────────────────────────────────┤
│               ...                   │
├─────────────────────────────────────┤
│     registro de ativação para       │
│         procedimento n              │
└─────────────────────────────────────┘
```

Em um ambiente como esse, ocorre relativamente pouca sobrecarga de informação de acompanhamento para preservar cada registro de ativação, e nenhuma informação adicional do ambiente (além de possivelmente o endereço de retorno) precisa ser preservada em um registro de ativação. A seqüência de ativação para esse ambiente também é particularmente simples. Quando um procedimento é ativado, cada argumento é computado e armazenado em seu ponto de parâmetro apropriado na ativação do procedimento correspondente. O endereço de retorno no código do ativador é gravado, e ocorre um salto para o começo do código do procedimento ativado. No retorno, um salto simples é efetuado para o endereço de retorno.[4]

Exemplo 7.1
Como exemplo concreto desse tipo de ambiente, considere o programa FORTRAN77 da Figura 7.1. Esse programa tem um procedimento principal e um único procedimento adicional **QUADMEAN**.[5] Existe uma única variável global dada pela declaração **COMMON MAXSIZE** tanto no procedimento principal como em **QUADMEAN**.[6]

---

4. Na maioria das arquiteturas, um salto de sub-rotina automaticamente grava o endereço de retorno; esse endereço também é automaticamente recuperado quando uma instrução de retorno é executada.
5. Ignoramos a função de biblioteca **SQRT**, que é ativada por **QUADMEAN** e é vinculada ao programa antes da execução.
6. FORTRAN77 permite que as variáveis COMMON tenham nomes distintos em procedimentos distintos, embora se refiram ao mesmo ponto na memória. Daqui por diante, neste exemplo, ignoraremos essas complexidades adicionais.

```
        PROGRAM TEST
        COMMON MAXSIZE
        INTEGER MAXSIZE
        REAL TABLE(10),TEMP
        MAXSIZE = 10
        READ *, TABLE(1),TABLE(2),TABLE(3)
        CALL QUADMEAN(TABLE,3,TEMP)
        PRINT *, TEMP
        END

        SUBROUTINE QUADMEAN(A,SIZE,QMEAN)
        COMMON MAXSIZE
        INTEGER MAXSIZE,SIZE
        REAL A(SIZE),QMEAN, TEMP
        INTEGER K
        TEMP = 0.0
        IF ((SIZE.GT.MAXSIZE).OR. (SIZE.LT.1)) GOTO 99
        DO 10 K = 1,SIZE
           TEMP = TEMP + A(K)*A(K)
10      CONTINUE
99      QMEAN = SQRT (TEMP/SIZE)
        RETURN
        END
```

Figura 7.1   Um programa de exemplo FORTRAN77.

Mostramos um ambiente de execução para esse programa na Figura 7.2, ignorando a possível diferença de tamanho entre valores inteiros e de ponto flutuante na memória.[7] Nessa figura, as setas indicam os valores que os parâmetros **A**, **SIZE** e **QMEAN** do procedimento **QUADMEAN** recebem na ativação pelo procedimento principal. Em FORTRAN77, os valores de parâmetros são implicitamente referências de memória, assim as localizações dos argumentos da ativação (**TABLE**, 3 e **TEMP**) são copiadas nas localizações de parâmetros de **QUADMEAN**. Isso tem diversas conseqüências. Primeiro, uma derreferenciação adicional é requerida para acessar os valores dos parâmetros. Segundo, os parâmetros de tipo matriz não precisam ser realocados e copiados (assim, o parâmetro de tipo matriz **A** em **QUADMEAN** recebe apenas um espaço, que aponta para a localização base de **TABLE** da ativação). Terceiro, os argumentos constantes, como o valor 3 na ativação, precisam ser armazenados em um ponto da memória, e esse ponto deve ser usado durante a ativação. (Os mecanismos de passagem de parâmetros serão discutidos mais detalhadamente na Seção 7.5.)

Há mais um aspecto na Figura 7.2 que requer explicação, isto é, a localização sem nome alocada no final do registro de ativação de **QUADMEAN**. Essa localização é um ponto de "rascunho" usado para armazenar valores temporários durante a computação de expressões aritméticas. Há duas computações em **QUADMEAN** nas quais isso pode ser requerido. A primeira é a computação de **TEMP + A(K)*A(K)** no laço, e a segunda é a computação de

---

[7]. Novamente, enfatizamos que os detalhes são apenas ilustrativos. Diferentes implementações podem ser substancialmente diferentes da apresentada aqui.

TEMP/SIZE como parâmetro na ativação de SQRT. Já discutimos a necessidade de alocar espaço para os valores dos parâmetros (embora a convenção para ativar uma função de biblioteca possa ser diferente). O motivo de precisar de uma posição de memória temporária para a computação de laços é que cada operação aritmética deve ser aplicada em um único passo, para que A(K)*A(K) seja computada e adicionada ao valor de TEMP no passo seguinte. Se não houver registros suficientes disponíveis para esse valor temporário, ou se for efetuada uma ativação que exija o armazenamento desse valor, o valor será armazenado no registro de ativação antes de completar a computação. Um compilador pode sempre prever se isso será necessário durante a execução bem como providenciar a alocação da quantidade (e tamanho) de posições temporárias.

```
Área global                          MAXSIZE

                                     TABLE   (1)
Registro de ativação                         (2)
do procedimento                              ...
principal                                    (10)

                                     TEMP

                                     3

                                     A

                                     SIZE

                                     QMEAN

Registro de ativação                 endereço de retorno
do procedimento
QUADMEAN                             TEMP

                                     K
```

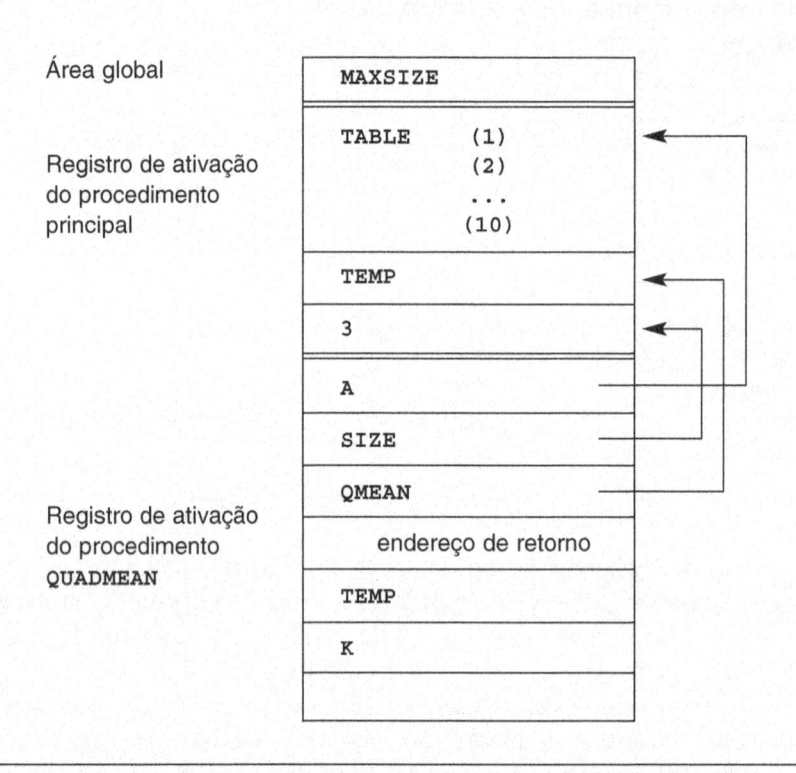

Figura 7.2   Um ambiente de execução para o programa da Figura 7.1.

7.3 AMBIENTES DE EXECUÇÃO BASEADOS EM PILHAS

Em uma linguagem que permita ativações recursivas, e na qual as variáveis locais recebam novas posições a cada ativação, os registros de ativação não podem ser alocados estaticamente. Em vez disso, eles devem ser alocados com base em pilhas, com cada novo registro de ativação alocado no topo da pilha quando uma nova ativação de procedimento ocorrer (uma **colocação na pilha** do registro de ativação). A **pilha de registros de ativação** (também chamada de **pilha de execução** ou **pilha de ativação**) cresce e diminui segundo as ativações ocorridas no programa em execução. Cada procedimento pode ter diversos registros distintos de ativação na pilha de ativação ao mesmo tempo, cada um deles representando uma ativação distinta. Esse ambiente requer uma estratégia de controle e acesso a variáveis mais complexa que um ambiente totalmente estático. Em particular, informações adicionais de controle devem ser mantidas nos registros de ativação, e a seqüência de ativação deve também incluir os passos necessários para ajustar e manter a informação adicional. A correção de um ambiente baseado em pilhas e a quantidade de informação de controle requerida dependem fortemente das propriedades da linguagem compilada. Nesta seção, consideraremos a organização dos ambientes baseados em pilhas em ordem crescente de complexidade, classificados segundo as propriedades das linguagens envolvidas.

7.3.1 Ambientes baseados em pilhas sem procedimentos locais

Em uma linguagem na qual todos os procedimentos são globais (como a linguagem C), um ambiente baseado em pilhas requer duas coisas: a manutenção de um ponteiro para o registro de ativação corrente, que permita acesso a variáveis locais, e um registro da posição ou do tamanho do registro de ativação imediatamente anterior (o registro de ativação do ativador), para permitir que o registro de ativação seja recuperado (e a ativação corrente seja descartada) quando a ativação corrente for encerrada. O ponteiro para a ativação corrente é normalmente denominado **ponteiro de quadro**, ou **fp**, e é, em geral, gravado em um registro (freqüentemente denominado também fp). A informação sobre a ativação anterior é geralmente preservada na ativação corrente como um ponteiro para o registro de ativação anterior e identificada como **vinculação de controle** ou **vinculação dinâmica** (*dinâmica* porque aponta para o registro de ativação do ativador durante a execução). Por vezes, esse ponteiro é denominado **fp velho**, pois representa o valor anterior do fp. Esse ponteiro tipicamente é preservado em algum ponto no meio da pilha, entre a área de parâmetros e a área de variáveis locais, e aponta para o ponto da vinculação de controle do registro de ativação anterior. Além disso, pode haver também um **ponteiro de pilha**, ou **sp**, que sempre aponta para a última posição alocada na pilha de ativação (esse ponteiro, às vezes, recebe o nome de **topo da pilha**, ou **tos**).

Consideremos alguns exemplos.

Exemplo 7.2
Considere a implementação recursiva simples do algoritmo de Euclides para computar o máximo divisor comum de dois inteiros não negativos, cujo código (em C) é dado na Figura 7.3.

```
#include <stdio.h>

int x,y;

int gcd( int u, int v)
{ if (v == 0) return u;
  else return gcd(v,u % v);
}

main ( )
{ scanf("%d%d",&x,&y);
  printf("%d\n",gcd(x,y));
  return 0;
}
```

Figura 7.3   Código em C para o Exemplo 7.2.

Suponha que o usuário forneça os valores 15 e 10 para esse programa, para que **main** efetue inicialmente a ativação **gcd(15,10)**. Essa ativação resulta em uma segunda ativação recursiva **gcd(10,5)** (já que 15 % 10 = 5), e esta resulta em uma terceira ativação **gcd(5,0)** (já que 10 % 5 = 0), que retorna o valor 5. Durante a terceira ativação, o ambiente de execução pode ser visualizado na Figura 7.4. Observe como cada ativação de **gcd** acrescenta um novo registro de ativação com exatamente o mesmo tamanho no topo da pilha, e em cada novo registro de ativação, a vinculação de controle aponta para a vinculação de controle do registro de ativação anterior. Observe também que o fp aponta para a vinculação de controle do registro de ativação corrente, assim, na ativação seguinte, o fp corrente passa a ser a vinculação de controle do registro de ativação seguinte.

```
                    ┌──────────────────┐
                    │ x: 15            │   Área global/estática
                    │ y: 10            │
                    ├──────────────────┤
                    │                  │   Registro de ativação de
                 ┌─▶│                  │   main
                 │  ├──────────────────┤
                 │  │ u: 15            │
                 │  │ v: 10            │   Registro de ativação da
                 │  │ vinculação de controle │ primeira ativação de gcd
                 └──┤ endereço de retorno │
                 ┌─▶├──────────────────┤
                 │  │ u: 10            │
                 │  │ v: 5             │   Registro de ativação da
                 │  │ vinculação de controle │ segunda ativação de gcd
                 └──┤ endereço de retorno │
                 ┌─▶├──────────────────┤
                 │  │ u: 5             │
                 │  │ v: 0             │   Registro de ativação da
                 │  │ vinculação de controle │ terceira ativação de gcd
          fp ────┴──┤ endereço de retorno │
          sp ──────▶├──────────────────┤
                    │ espaço livre     │   │ Direção do crescimento
                    │                  │   ▼ da pilha
                    └──────────────────┘
```

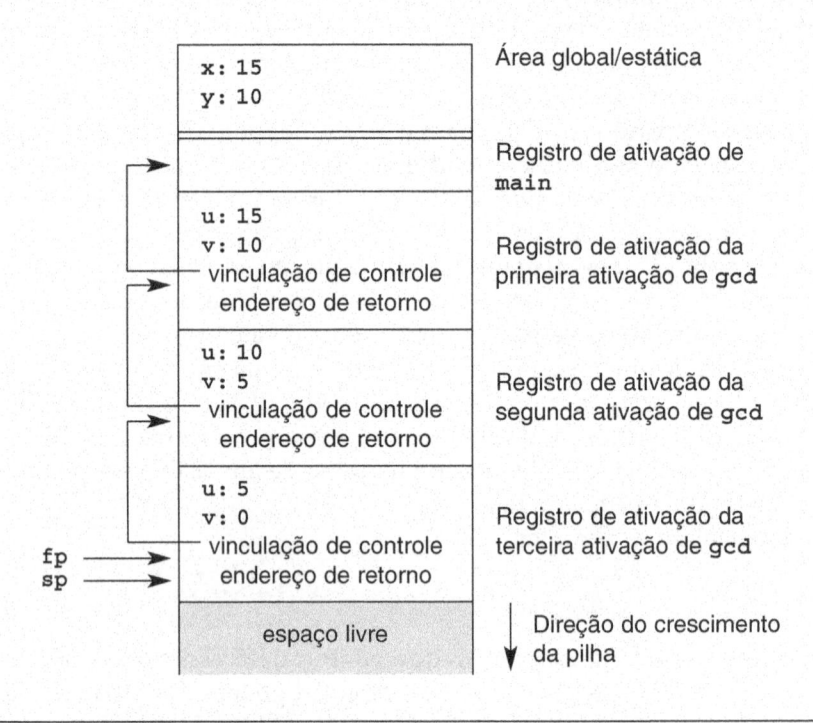

Figura 7.4   Ambiente baseado em pilhas para o Exemplo 7.2.

Após a ativação final de **gcd**, cada ativação é removida da pilha, para que quando a declaração **printf** for executada em **main**, apenas o registro de ativação de **main** e a área global/estática restem no ambiente. (Mostramos o registro de ativação de **main** como vazio. Na verdade, ele conteria informações que seriam utilizadas para transferir o controle de volta para o sistema operacional.)

Finalmente, observemos que não há necessidade de espaço no ativador para os valores dos argumentos nas ativações de **gcd** (diferentemente do que ocorre com a constante 3 no ambiente FORTRAN77 da Figura 7.2), pois a linguagem C utiliza parâmetros de valores. Esse ponto será discutido com mais detalhes na Seção 7.5.

Exemplo 7.3
Considere o código em C da Figura 7.5. Esse código contém variáveis que serão utilizadas para ilustrar outros pontos mais adiante nesta seção, mas sua operação básica é a seguinte:

```
int x = 2;

void g(int); /* protótipo */

void f(int n)
{ static int x = 1;
   g(n);
   x--;
}

void g(int m)
{ int y = m-1;
   if (y > 0)
   { f(y);
      x--;
      g(y);
   }
}

main ( )
{ g(x);
   return 0;
}
```

Figura 7.5   Programa em C para o Exemplo 7.3.

a primeira ativação em **main** é de **g(2)** (já que **x** tem como valor 2 naquele ponto). Nessa ativação, **m** passa a valer 2 e **y** passa a valer 1. Nesse ponto, **g** ativa **f(1)**, e **f** ativa **g(1)**. Nessa ativação de **g**, o valor de **m** passa a ser 1 e o de **y** passa a ser 0; não ocorrem novas ativações. O ambiente de execução nesse ponto (durante a segunda ativação de **g**) é apresentado na Figura 7.6(a).

Agora, as ativações de **g** e **f** são encerradas (e **f** decrementa sua variável estática local **x** antes de retornar), seus registros de ativação são retirados da pilha e o controle é devolvido para o ponto logo abaixo da ativação de **f** na primeira ativação de **g**. Agora, **g** decrementa a variável externa **x** e ativa novamente **g(1)**, que fornece o valor 2 a **m** e 1 a **y**, o que resulta no ambiente de execução apresentado na Figura 7.6(b). Depois disso, não ocorrem novas ativações, os registros de ativação restantes são retirados da pilha, e o programa é encerrado.

Observe como, na Figura 7.6(b), o registro de ativação da terceira ativação de **g** ocupa a área de memória anteriormente ocupada pelo registro de ativação de **f** (e escreve por cima dela). Observe também que a variável estática **x** em **f** não pode ser alocada em um registro de ativação de **f**, pois ela precisa durar por todas as ativações de **f**. Portanto, ela deve ser alocada na área global/estática, juntamente com a variável externa **x**, apesar de não ser uma variável global. Não ocorre confusão com a variável externa **x**, pois a tabela de símbolos as diferencia e determina a variável correta para ser acessada em cada ponto do programa.

(a)
```
x: 2
x (from f): 1          Área global/estática
─────────────────
                       Registro de ativação de
                       main
─────────────────
m: 2
vinculação de controle Registro de ativação da
endereço de retorno    ativação de g
y: 1
─────────────────
n: 1
vinculação de controle Registro de ativação da
endereço de retorno    ativação de f
─────────────────
m: 1
vinculação de controle Registro de ativação da
endereço de retorno    ativação de g
y: 0
─────────────────
espaço livre
```

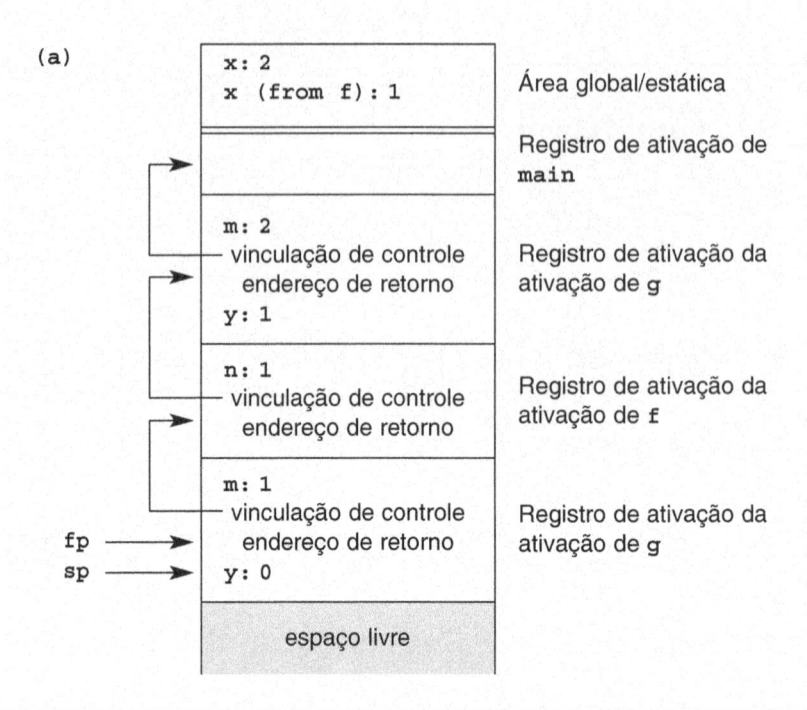

Figura 7.6 (a) Ambiente de execução do programa da Figura 7.5 durante a segunda ativação de g.

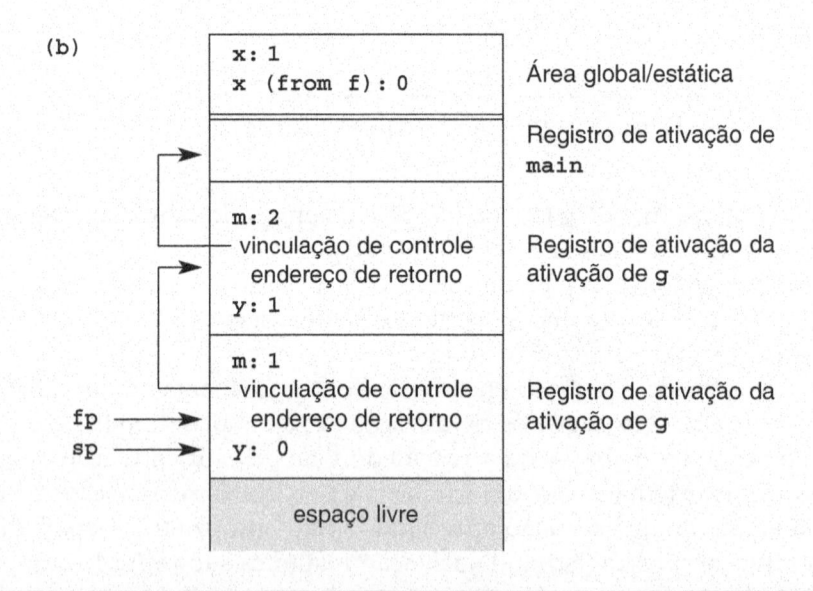

(b)
```
x: 1
x (from f): 0          Área global/estática
─────────────────
                       Registro de ativação de
                       main
─────────────────
m: 2
vinculação de controle Registro de ativação da
endereço de retorno    ativação de g
y: 1
─────────────────
m: 1
vinculação de controle Registro de ativação da
endereço de retorno    ativação de g
y: 0
─────────────────
espaço livre
```

(b) Ambiente de execução do programa da Figura 7.5 durante a terceira ativação de g.

Uma ferramenta útil para a análise de estruturas de ativação complexas em um programa é a **árvore de ativação**: cada registro de ativação se torna um nó nessa árvore, e os descendentes de cada nó representam todas as ativações efetuadas durante a ativação que corresponde àquele nó. Por exemplo, a árvore de ativação do programa da Figura 7.3 é linear e está apresentada (para os valores de entrada 15 e 10) na Figura 7.7(a), e a árvore de ativação do programa da Figura 7.5 está apresentada na Figura 7.7(b). Observe que os ambientes mostrados nas Figuras 7.4 e 7.6 representam os ambientes durante as ativações representadas pelas folhas das árvores de ativação. Em geral, a pilha dos registros de ativação no início de uma ativação em particular tem uma estrutura equivalente ao caminho do nó correspondente na árvore de ativação até a raiz.

Acesso a Nomes Em um ambiente baseado em pilhas, os parâmetros e variáveis locais não podem ser acessados por endereços fixos, como ocorre em um ambiente totalmente estático. Em vez

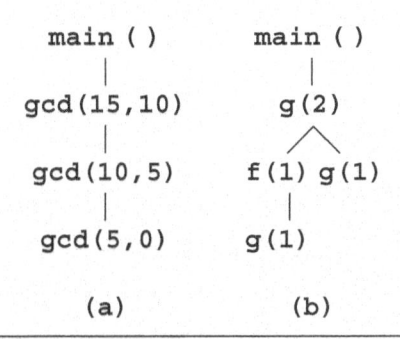

```
        main ( )              main ( )
           |                     |
        gcd(15,10)              g(2)
           |                    / \
        gcd(10,5)            f(1) g(1)
           |                     |
        gcd(5,0)               g(1)

          (a)                   (b)
```

Figura 7.7   Árvores de ativação para os programas das Figuras 7.3 e 7.5.

disso, eles precisam ser encontrados por deslocamentos a partir do ponteiro de quadro corrente. Na maioria das linguagens, o deslocamento para cada declaração local ainda é computável estaticamente pelo compilador, pois as declarações de um procedimento são fixadas durante a compilação, e a quantidade de memória alocada para cada declaração é fixada por seu tipo de dados.

Considere o procedimento **g** no programa em C da Figura 7.5 (veja também os ambientes de execução na Figura 7.6). Cada registro de ativação de **g** tem exatamente a mesma forma, e o parâmetro **m** e a variável local **y** estão sempre exatamente na mesma posição relativa no registro de ativação. Se essas distâncias forem denominadas **mDeslocamento** e **yDeslocamento**, durante qualquer ativação de **g**, teremos o ambiente a seguir:

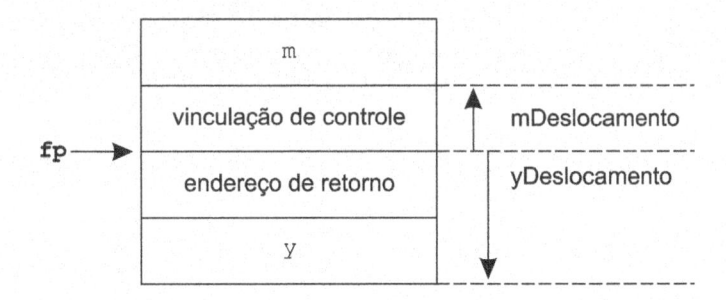

```
              ┌─────────────────────────┐
              │           m             │
              ├─────────────────────────┤ ↑
              │  vinculação de controle │ │  mDeslocamento
      fp ───► ├─────────────────────────┤ │ ─ ─ ─ ─ ─ ─ ─
              │   endereço de retorno   │ │  yDeslocamento
              ├─────────────────────────┤ │
              │           y             │ ↓
              └─────────────────────────┘
```

Tanto **m** como **y** podem ser acessados com base em seus deslocamentos fixos a partir de fp. Por exemplo, como situação concreta, assuma que a pilha de execução cresça dos endereços de memória maiores para os menores, que as variáveis inteiras exijam 2 bytes para armazenamento e que os endereços exijam 4 bytes. Com a organização apresentada de um registro de ativação, temos **mDeslocamento** = +4 e **yDeslocamento** = −6, e as referências a **m** e **y** podem ser escritas em código de máquina (assumindo as convenções de montagem padrão) como **4(fp)** e **-6(fp)**, respectivamente.

Matrizes e estruturas locais não são mais difíceis de alocar e computar endereços que as variáveis simples, conforme demonstrado pelo exemplo simples a seguir.

Exemplo 7.4
Considere o procedimento em C

```
void f(int x, char c)
{ int a[10];
  double y;
  ...
}
```

O registro de ativação para uma ativação de **f** seria

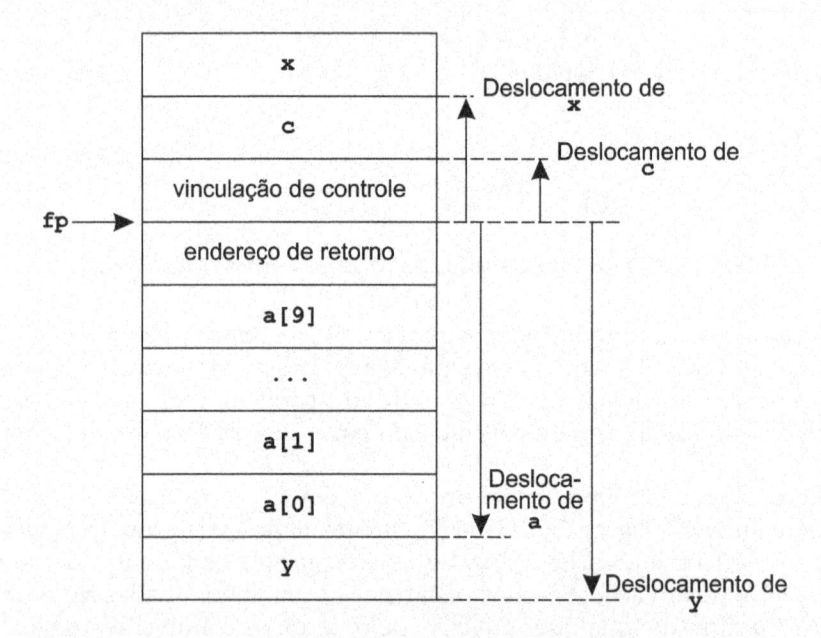

```
         ┌──────────────────────┐
         │          x           │ ── Deslocamento de x
         ├──────────────────────┤
         │          c           │ ── Deslocamento de c
         ├──────────────────────┤
         │ vinculação de controle│
  fp ──▶ ├──────────────────────┤
         │  endereço de retorno  │
         ├──────────────────────┤
         │         a[9]         │
         ├──────────────────────┤
         │         ...          │
         ├──────────────────────┤
         │         a[1]         │
         ├──────────────────────┤
         │         a[0]         │ ── Deslocamento de a
         ├──────────────────────┤
         │          y           │ ── Deslocamento de y
         └──────────────────────┘
```

e, assumindo 2 bytes para inteiros, 4 bytes para endereços, 1 byte para caracteres e 8 bytes para ponto flutuante com precisão dupla, teríamos os valores de deslocamento a seguir (novamente assumimos uma direção negativa de crescimento da pilha), que são todos computáveis durante a compilação:

Nome	Deslocamento
x	+5
c	+4
a	−24
y	−32

Agora um acesso de **a[i]** requer a computação do endereço

    (-24+2*i) (fp)

(aqui, o fator de 2 no produto **2*i** é o **fator de escala** que resulta da hipótese de que valores inteiros ocupam dois bytes). Esse acesso à memória, dependendo da posição de **i** e da arquitetura, poderia exigir uma única instrução.

Nomes estáticos e não locais nesse ambiente não podem ser acessados da mesma maneira que os nomes locais. No caso considerado aqui – linguagens sem procedimentos locais – todos os não-locais são globais e portanto estáticos. Assim, na Figura 7.6, a variável C externa (global) **x** tem uma posição fixa estática, e portanto pode ser acessada diretamente (com base no deslocamento a partir de um ponteiro de base além de fp). A variável local estática **x** de **f** é acessada exatamente da mesma maneira. Observe que esse mecanismo implementa o escopo estático (ou léxico) descrito no capítulo anterior. Para escopo dinâmico, um mecanismo de acesso mais complexo deve ser utilizado (o qual será descrito adiante nesta seção).

A Seqüência de Ativação A seqüência de ativação é composta aproximadamente pelos passos a seguir.[8] Quando um procedimento for ativado,

1. Compute os argumentos e os armazene nas posições corretas no novo registro de ativação do procedimento (colocá-los na pilha de execução em ordem produzirá esse efeito).
2. Armazene (coloque na pilha) o fp e a vinculação de controle no novo registro de ativação.
3. Modifique o fp para que ele aponte para o começo do novo registro de ativação (se houver um sp, a cópia do sp no fp nesse ponto produzirá esse efeito).
4. Armazene o endereço de retorno no novo registro de ativação (se necessário).
5. Efetue um salto para o código do procedimento ativado.

Ao encerrar um procedimento,

1. Copie o fp no sp.
2. Carregue a vinculação de controle no fp.
3. Efetue um salto para o endereço de retorno.
4. Altere o sp para retirar da pilha os argumentos.

Exemplo 7.5
Considere a situação imediatamente anterior à última ativação de **g** na Figura 7.6(b):

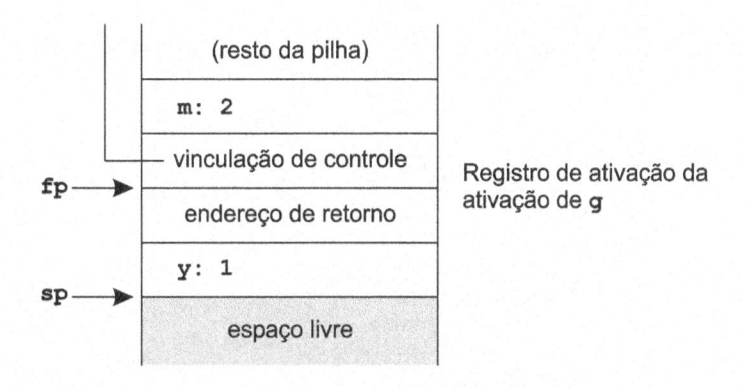

```
           |  (resto da pilha)        |
           |--------------------------|
           |  m: 2                    |
           |--------------------------|
           |— vinculação de controle  |   Registro de ativação da
   fp ──→  |--------------------------|   ativação de g
           |  endereço de retorno     |
           |--------------------------|
           |  y: 1                    |
   sp ──→  |--------------------------|
           |  espaço livre            |
```

---

8. Essa descrição ignora a gravação dos registros. Ela também ignora a necessidade de um valor de retorno ser colocado em uma posição disponível.

Quando a nova ativação de g for efetuada, primeiro o valor do parâmetro m será colocado na pilha de execução:

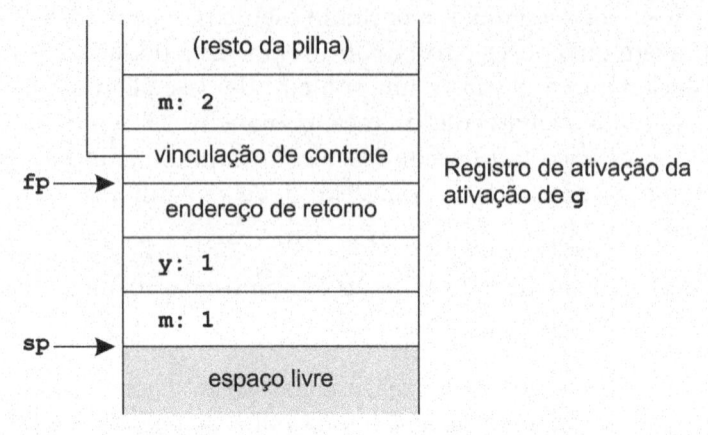

```
                    (resto da pilha)
                    m: 2
                    vinculação de controle
        fp →                                  Registro de ativação da
                    endereço de retorno       ativação de g
                    y: 1
                    m: 1
        sp →
                    espaço livre
```

O fp é, em seguida, colocado na pilha:

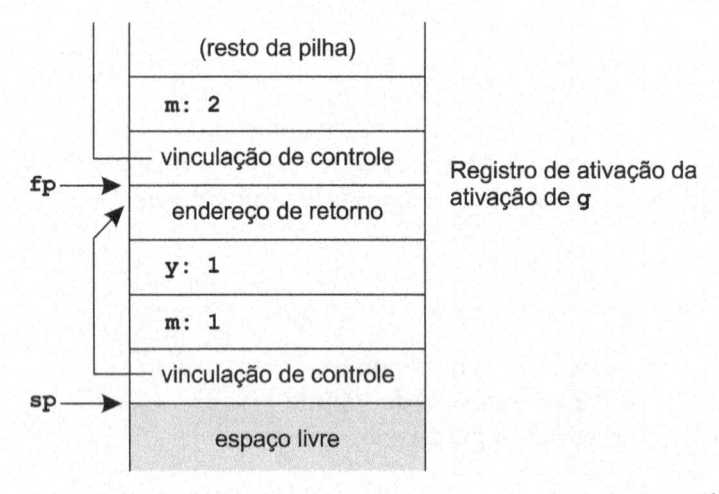

```
                    (resto da pilha)
                    m: 2
                    vinculação de controle
        fp →                                  Registro de ativação da
                    endereço de retorno       ativação de g
                    y: 1
                    m: 1
                    vinculação de controle
        sp →
                    espaço livre
```

Agora, o sp é copiado no fp, o endereço de retorno é colocado na pilha e é efetuado o salto para a nova ativação de g:

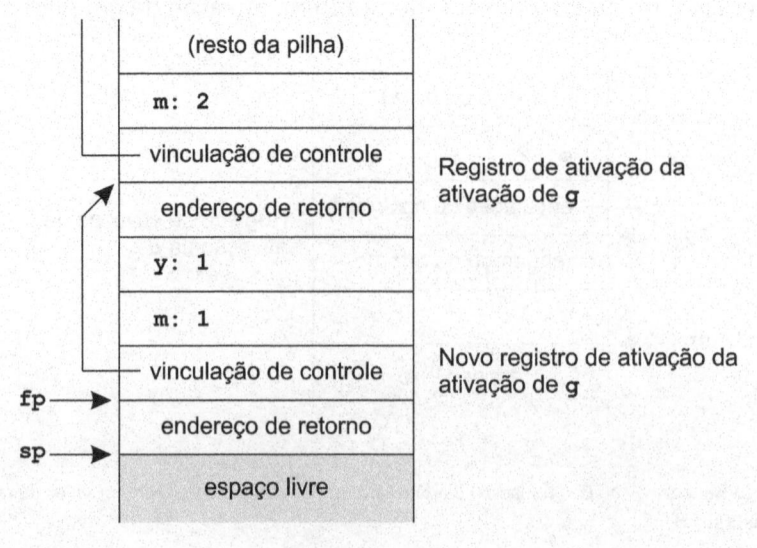

```
                    (resto da pilha)
                    m: 2
                    vinculação de controle
                                              Registro de ativação da
                    endereço de retorno       ativação de g
                    y: 1
                    m: 1
                    vinculação de controle    Novo registro de ativação da
        fp →                                  ativação de g
                    endereço de retorno
        sp →
                    espaço livre
```

Finalmente, **g** aloca e fornece o valor inicial ao novo **y** na pilha, para completar a construção do novo registro de ativação:

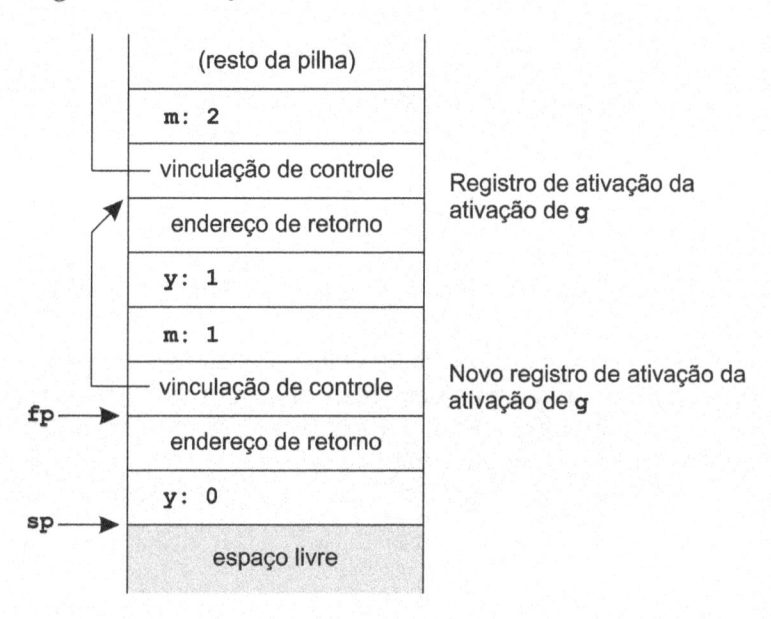

```
                (resto da pilha)
                m: 2
              ┌ vinculação de controle
              │                           Registro de ativação da
              │ endereço de retorno       ativação de g
              │ y: 1
              │ m: 1
              └ vinculação de controle
   fp ───►                                Novo registro de ativação da
                endereço de retorno       ativação de g
                y: 0
   sp ───►
                espaço livre
```

Dados de Comprimento Variável Até aqui, descrevemos uma situação em que todos os dados, locais ou globais, podem ser encontrados em pontos fixos ou a partir de deslocamentos fixos com base em fp, que podem ser computados pelo compilador. Por vezes, um compilador precisa considerar a possibilidade de os dados variarem, tanto na quantidade de objetos de dados como no tamanho de cada objeto. Dois exemplos que podem ocorrer em linguagens com suporte a ambientes baseados em pilhas são: (1) a quantidade de argumentos em uma ativação pode variar de uma ativação para outra, e (2) o tamanho de um parâmetro de tipo matriz ou de uma variável local de tipo matriz pode variar de uma ativação para outra.

Um exemplo típico da situação 1 é a função `printf` em C, na qual o número de argumentos é determinado pela cadeia de formato passada como primeiro argumento. Assim,

```
printf("%d%s%c",n,prompt,ch);
```

tem quatro argumentos (incluindo a cadeia de formato `"%d%s%c"`), e

```
printf("Hello, world\n");
```

tem apenas um argumento. Os compiladores em C tratam essa situação com a colocação dos argumentos de uma ativação **em ordem inversa** na pilha de execução. O primeiro parâmetro (que indica o código para `printf` quantos parâmetros adicionais existem) é sempre colocado em um ponto com deslocamento fixo de fp na implementação descrita acima (que é +4, com base nas hipóteses do exemplo anterior). Outra opção é usar um mecanismo pré-processador como o ap (ponteiro de argumentos) das arquiteturas Vax. Essa e outras possibilidades serão consideradas mais profundamente nos exercícios.

Um exemplo da situação 2 é a **matriz sem restrições** de Ada:

```
type Int_Vector is
     array(INTEGER range <>) of INTEGER;

procedure Sum (low,high: INTEGER;
                  A: Int_Vector) return INTEGER
is
    temp: Int_Array (low..high);
begin
   ...
end Sum;
```

(Observe a variável local **temp**, que também tem tamanho não definido *a priori*.) Um método típico para essa situação é o uso de um nível adicional de não direcionamento para os dados de comprimento variável, que armazena um ponteiro para os dados existentes em uma posição que pode ser prevista durante a compilação, e efetua a alocação no topo da pilha de execução de modo que possa ser gerenciada pelo sp durante a execução.

Exemplo 7.6
Dado o procedimento em Ada **Sum** como definido anteriormente, e assumindo a mesma organização para o ambiente assumida anteriormente,[9] poderíamos implementar um registro de ativação para **Sum** da seguinte maneira (esse diagrama mostra, de forma concreta, uma ativação de **Sum** com uma matriz de tamanho 10):

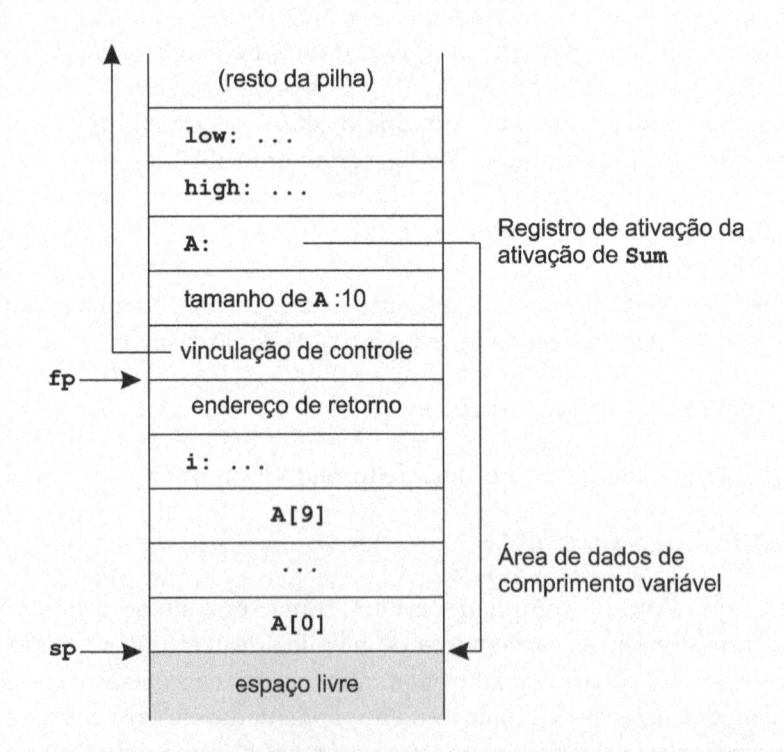

(resto da pilha)	
low: ...	
high: ...	
A:	Registro de ativação da ativação de Sum
tamanho de A :10	
vinculação de controle	
endereço de retorno	(fp →)
i: ...	
A[9]	
...	Área de dados de comprimento variável
A[0]	
espaço livre	(sp →)

---
9. Na verdade, isso não é suficiente para Ada, que permite procedimentos aninhados; veja a discussão adiante nesta seção.

Agora, por exemplo, o acesso a `A[i]` pode ser conseguido pela computação de

`@6 (fp) +2*i`

onde o `@` indica o não-direcionamento, e novamente assumimos dois bytes para inteiros e quatro bytes para endereços.

Observe que, na implementação descrita no exemplo anterior, o ativador deve conhecer o tamanho de qualquer registro de ativação de `Sum`. O tamanho da parte de parâmetros e da parte de controle é conhecido pelo compilador no ponto da ativação (pois os tamanhos dos argumentos podem ser contados, e a parte do controle é igual para todos os procedimentos), mas o tamanho da parte das variáveis locais não é, em geral, conhecido no ponto da ativação. Assim, essa implementação exige que o compilador pré-compute um atributo de tamanho variável local para cada procedimento e o armazene na tabela de símbolos para uso posterior. Variáveis locais de comprimento variável podem ser tratadas de modo similar.

Deve ser observado que as matrizes em C não pertencem a essa classe de dados de comprimento variável. As matrizes em C são ponteiros; portanto, os parâmetros de tipo matriz são passados por referência em C e não são alocados localmente (ainda, não incluem informações de tamanho).

Temporários Locais e Declarações Aninhadas Existem duas complicações adicionais para o ambiente de execução baseado em pilhas básico: os temporários locais e as declarações aninhadas.

Os temporários locais são resultados parciais de computações que precisam ser gravados ao longo das ativações dos procedimentos. Considere, por exemplo, a expressão em C

`x[i] = (i + j)*(i/k + f(j))`

Durante uma avaliação da esquerda para a direita dessa expressão, três resultados parciais precisam ser gravados ao longo da ativação de `f`: o endereço de `x[i]` (para a atribuição pendente), a soma `i+j` (multiplicação pendente) e o quociente `i/k` (soma pendente com o resultado da ativação `f(j)`). Esses resultados parciais poderiam ser computados em registros, gravados e recuperados segundo algum mecanismo de gerenciamento de registros, ou então armazenados como temporários na pilha de execução antes da ativação de `f`. Neste último caso, a pilha de execução poderia ficar como segue no ponto imediatamente anterior à ativação de `f`:

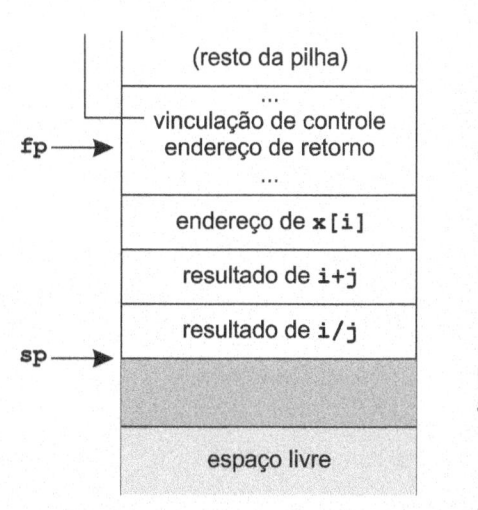

	(resto da pilha)	
	...	
fp →	vinculação de controle endereço de retorno	Registro de ativação do procedimento que contém a expressão
	...	
	endereço de `x[i]`	
	resultado de `i+j`	Pilha de temporários
sp →	resultado de `i/j`	
	(espaço livre)	Novo registro de ativação da ativação de `f` (a ser criado)
	espaço livre	

Nessa situação, a seqüência de ativação descrita anteriormente que usa o sp funciona sem alterações. Alternativamente, o compilador pode também computar facilmente a posição do topo da pilha com base em fp (na ausência de dados de comprimento variável), pois a quantidade de temporários requerida é definida durante a compilação.

Declarações aninhadas apresentam um problema similar. Considere o código em C

```
void p ( int x, double y)
{ char a;
  int i;
  ...
A:{  double x;
     int j;
     ...
  }
  ...
B:{  char * a;
     int k;
     ...
  }
  ...
}
```

Nesse código há dois blocos (também denominados *declarações compostas*), rotulados como **A** e **B**, aninhados dentro do corpo do procedimento **p**, cada um com duas declarações locais cujo escopo se estende apenas pelo bloco em que eles se encontram (ou seja, até o fechamento das chaves). As declarações locais de cada um desses blocos não precisam ser alocadas até que o bloco seja fornecido, e as declarações do bloco **A** e do bloco **B** não precisam ser alocadas simultaneamente. Um compilador *poderia* tratar um bloco simplesmente como um procedimento e criar um novo registro de ativação cada vez que iniciasse um bloco e descartá-lo cada vez que terminasse o bloco. Entretanto, isso seria ineficiente, pois esses blocos são muito mais simples do que procedimentos: o bloco não tem parâmetros nem endereços de retorno, e é sempre executado de imediato, em vez de ser ativado por outro ponto. Um método mais simples é o tratamento das declarações nos blocos aninhados como se fossem expressões temporárias, com alocação na pilha ao entrar no bloco e retirada ao sair dele.

Por exemplo, imediatamente após iniciar o bloco **A** no código em C do exemplo dado anteriormente, a pilha de execução ficaria assim:

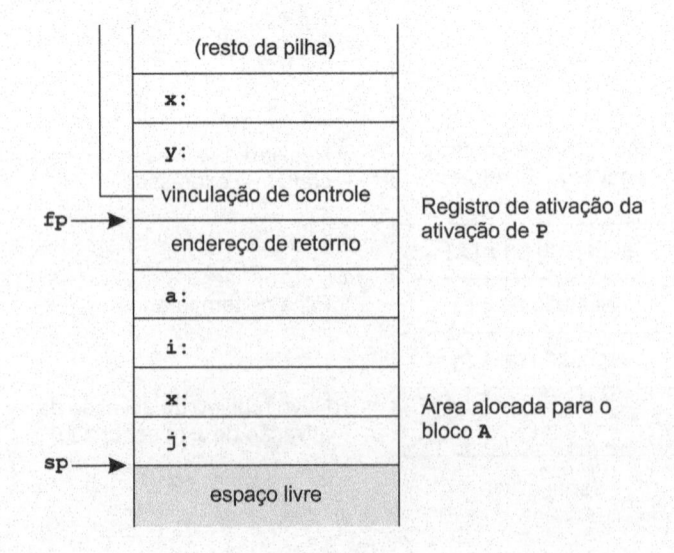

(resto da pilha)	
x:	
y:	
vinculação de controle	Registro de ativação da ativação de **P**
endereço de retorno	
a:	
i:	
x:	Área alocada para o bloco **A**
j:	
espaço livre	

(fp → vinculação de controle; sp → j:)

e imediatamente após iniciar o bloco **B** ela ficaria assim:

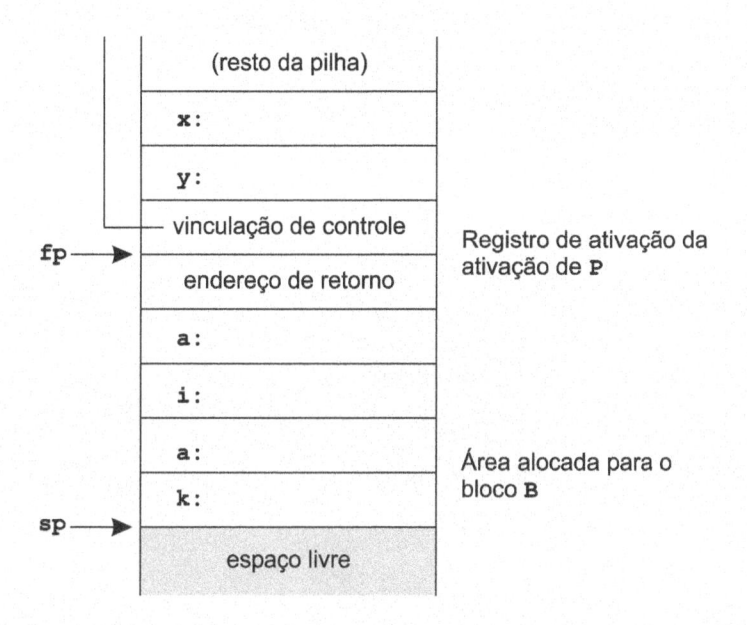

```
           |                          |
           |   (resto da pilha)       |
           |--------------------------|
           |   x:                     |
           |--------------------------|
           |   y:                     |
           |--------------------------|
        ┌──┤   vinculação de controle |
 fp ──→ │  |--------------------------|   Registro de ativação da
           |   endereço de retorno    |   ativação de P
           |--------------------------|
           |   a:                     |
           |--------------------------|
           |   i:                     |
           |--------------------------|
           |   a:                     |
           |--------------------------|   Área alocada para o
           |   k:                     |   bloco B
 sp ──→    |--------------------------|
           |   espaço livre           |
           |                          |
```

Essa implementação requer cuidado para alocar declarações aninhadas de modo que os ajustes a partir de fp do bloco de procedimento externo sejam computáveis durante a compilação. Em particular, esses dados devem ser alocados antes de quaisquer dados de comprimento variável. Por exemplo, no código dado acima, a variável **j** local ao bloco **A** teria ajuste −17 do fp de **p** (assumindo novamente 2 bytes para inteiros, 4 bytes para endereços, 8 bytes para reais de ponto flutuante e 1 byte para caracteres), e **k** no bloco **B** teria ajuste −13.

7.3.2 Ambientes baseados em pilhas com procedimentos locais

Se forem permitidas na linguagem compilada declarações de procedimentos locais, o ambiente de execução que descrevemos não será suficiente, pois não foram previstas referências não locais e não globais.

Considere, por exemplo, o código em Pascal da Figura 7.8 (um programa similar poderia ter sido escrito em Ada). Durante a ativação de **q**, o ambiente de execução ficaria como na Figura 7.9. Com base na regra de escopo estático padrão, qualquer menção a **n** dentro de **q** deve se referir à variável inteira local **n** de **p**. Como podemos ver na Figura 7.9, esse **n** não pode ser encontrado fazendo uso das informações de controle do ambiente de execução vistas até aqui.

Seria possível encontrar **n** por meio das vinculações de controle, se aceitássemos o escopo dinâmico. Observando a Figura 7.9, vemos que o **n** no registro de ativação de **r** poderia ser encontrado por meio da vinculação de controle, e se **r** não tivesse qualquer declaração de **n**, o **n** de **p** poderia ser encontrado por meio de uma segunda vinculação de controle (esse processo recebe o nome de **encadeamento**, um método que encontraremos novamente mais adiante). Infelizmente, isso não só implementa o escopo dinâmico, mas os ajustes para encontrar **n** podem variar com diferentes ativações (note que o **n** em **r** tem um ajuste diferente do **n** em **p**). Assim, nessa implementação, as tabelas de símbolos locais para cada procedimento devem ser preservadas durante a execução para permitir que um identificador seja encontrado em cada registro de ativação, para verificação de existência e para determinação do ajuste. Isso é uma complicação adicional significativa para o ambiente de execução.

```
program nonLocalRef;

procedure p;
var n: integer;

  procedure q;
  begin
    (* uma referência a n é agora
       não local e não global *)
  end; (* q *)

  procedure r(n: integer);
  begin
    q;
  end; (* r *)

begin (* p *)
  n := 1;
  r(2);
end; (* p *)

begin (* main *)
  p;
end.
```

Figura 7.8   Programa em Pascal que mostra referências não locais e não globais.

	Registro de ativação de programa principal
vinculação de controle endereço de retorno n: 1	Registro de ativação de ativação de p
n: 2 vinculação de controle endereço de retorno	Registro de ativação de ativação de r
vinculação de controle endereço de retorno	Registro de ativação de ativação de q
espaço livre	

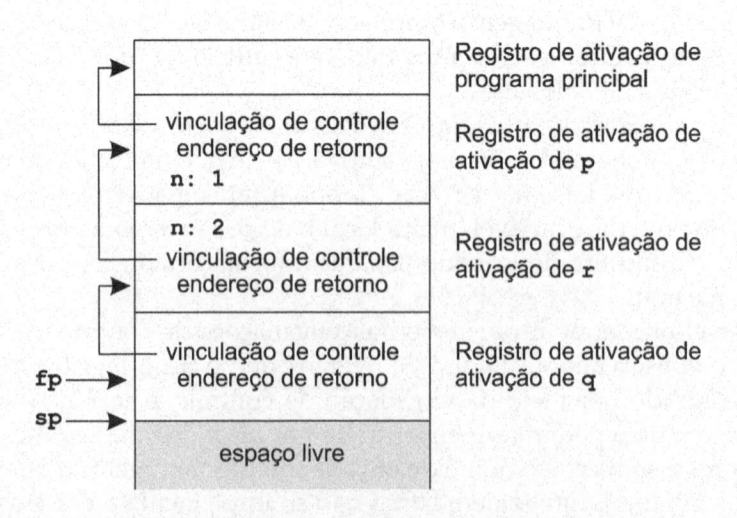

fp → , sp →

Figura 7.9   Pilha de execução para o programa da Figura 7.8.

A solução para esse problema, que também implementa o escopo estático, é acrescentar uma informação adicional de controle denominada **vinculação de acesso** para cada registro de ativação. A vinculação de acesso é similar à vinculação de controle, exceto que ela aponta para o registro de ativação que representa o *ambiente de definição* do procedimento, em vez do ambiente de ativação. Por essa razão, a vinculação de acesso é, por vezes, denominada **vinculação estática**, embora não seja um valor ocorrido durante a compilação.[10]

A Figura 7.10 mostra a pilha de execução da Figura 7.9, modificada para incluir as vinculações de acesso. Nesse novo ambiente, as vinculações de acesso dos registros de ativação tanto de r como de q apontam para o registro de ativação de p, pois r e q são declarados dentro de p. Uma referência não local a n dentro de q levará a vinculação de acesso a ser seguida, onde n será encontrado com ajuste fixo, pois ele sempre será um registro de ativação de p. Tipicamente, isso pode ser conseguido no código pela carga da vinculação de acesso em um registro e o acesso a n pelo ajuste a partir desse registro (que agora funciona como o fp). Por exemplo, com as convenções de tamanhos descritas anteriormente, se o registro r for usado como vinculação de acesso, o n dentro de p poderá ser acessado como −6(r) depois de ter sido carregado com o valor 4(fp) (a vinculação de acesso tem ajuste +4 a partir de fp na Figura 7.10).

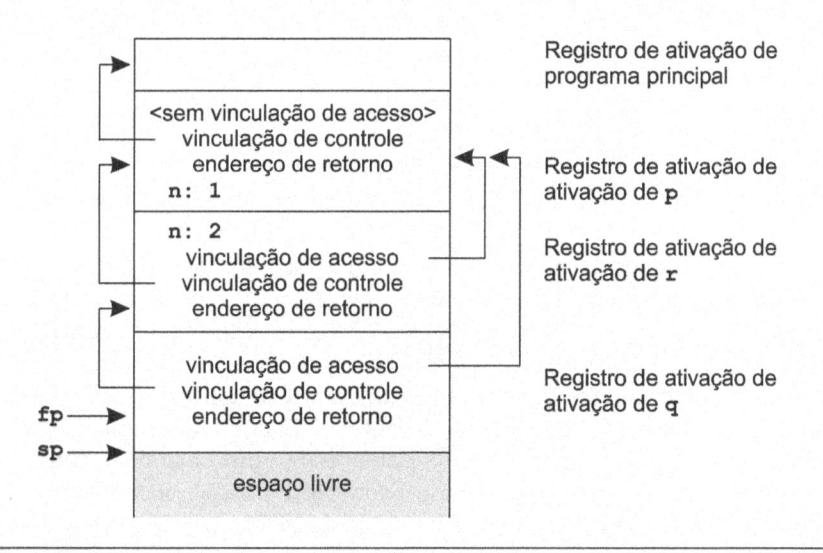

Figura 7.10   Pilha de ativação para o programa da Figura 7.8 com vinculações de acesso.

Observe que o registro de ativação do procedimento p não contém vinculações de acesso, conforme indicado no comentário entre "<...>" no ponto onde ele ocorreria. Isso se deve a p ser um procedimento global, assim qualquer referência não local dentro de p deve ser uma referência global acessada pelo mecanismo de referência global. Portanto, não há necessidade de uma vinculação de acesso. (Uma vinculação de acesso vazia ou arbitrária pode ser inserida simplesmente por consistência com relação aos outros procedimentos.)

O caso descrito até aqui é a situação mais simples de todas, no qual as referências não locais são para uma declaração no escopo mais externo. Também pode ocorrer que referências não locais indiquem declarações em escopos mais distantes. Considere, por exemplo, o código na Figura 7.11.

---

10. O procedimento de definição é evidentemente conhecido, mas não o ponto exato onde se encontra seu registro de ativação.

```
program chain;

procedure p;
var x: integer;

  procedure q;
    procedure r;
    begin
      x := 2;
      ...
      if ... then p;
    end; (* r *)
  begin
    r;
  end; (* q *)

begin
  q;
end; (* p *)

begin (* main *)
  p;
end.
```

Figura 7.11 Código em Pascal que demonstra o encadeamento de acesso.

Nesse código, o procedimento r é declarado no procedimento q, que por sua vez é declarado no procedimento p. Assim, a atribuição de x dentro de r, que se refere ao x de p, deve percorrer dois níveis de escopo para encontrar x. A Figura 7.12 mostra a pilha de execução após a (primeira) ativação de r (pode ocorrer mais de uma ativação de r, pois r pode ativar p recursivamente). Nesse ambiente, x deve ser atingido por meio de *duas* vinculações de acesso, um processo denominado **encadeamento de acesso**. O encadeamento de acesso é implementado pela captura repetida da vinculação de acesso, com base na vinculação capturada anteriormente como se ela fosse o fp. Como exemplo concreto, x na Figura 7.12 pode ser acessado (usando as convenções de tamanhos anteriores) da seguinte maneira:

Carregue 4(fp) no registro r.

Carregue 4(r) no registro r.

Agora acesse x como −6(r).

Para que o método de encadeamento de acesso funcione, o compilador deve ser capaz de determinar quantos níveis de aninhamento encadear antes de acessar localmente o nome. Isso exige que o compilador pré-compute um atributo de **nível de aninhamento** para cada declaração. Em geral, o escopo mais externo (o nível do programa principal em Pascal ou o escopo externo em C) recebe o nível de aninhamento 0, e cada vez que uma função ou procedimento é iniciado (durante a compilação), o nível de aninhamento é incrementado de 1, e decrementado do mesmo valor na saída. Por exemplo, no código da Figura 7.11, o procedimento p recebe nível de aninhamento 0, pois ele é global; a variável x recebe nível de aninhamento 1, pois o nível de aninhamento é incrementado ao iniciar p; o procedimento q também recebe nível de aninhamento 1, pois ele é local a p; e o procedimento r recebe nível de aninhamento 2, pois o nível de aninhamento é novamente incrementado quando q é iniciado. Finalmente, dentro de r o nível de aninhamento é novamente incrementado para 3.

```
                                             Registro de ativação de
                                             programa principal
           <sem vinculação de acesso>
           vinculação de controle
           endereço de retorno           ◄──  Registro de ativação de
           x:...                              ativação de p

           vinculação de acesso
           vinculação de controle             Registro de ativação de
           endereço de retorno           ◄──  ativação de q

           vinculação de acesso
           vinculação de controle             Registro de ativação de
    fp──►  endereço de retorno                ativação de r
    sp──►
           espaço livre
```

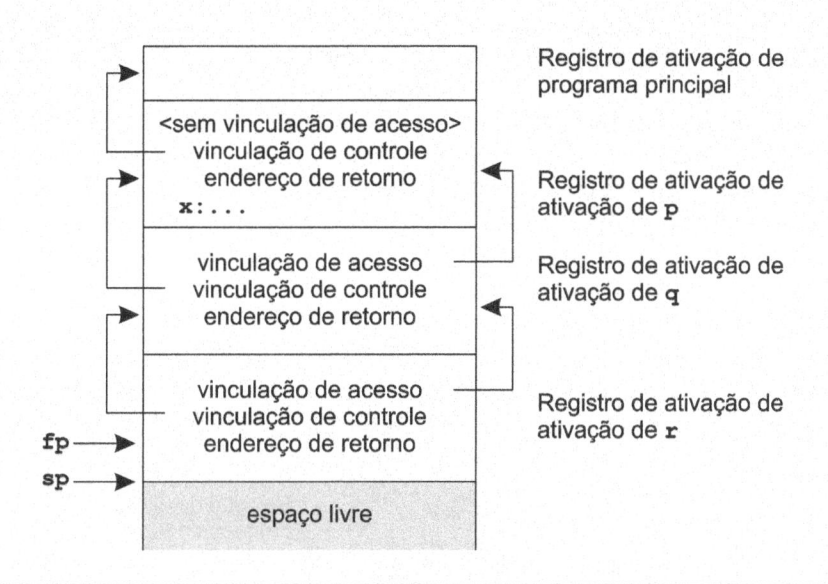

Figura 7.12   Pilha de execução após a primeira ativação de r no código da Figura 7.11.

Agora, a quantidade necessária de encadeamentos para acessar um nome não local pode ser determinada pela comparação do nível de aninhamento no ponto de acesso com o nível de aninhamento da declaração do nome; o número de vinculações de acesso seguidas é a diferença entre esses dois níveis de aninhamento. Por exemplo, na situação anterior, a atribuição de **x** ocorre no nível de aninhamento 3, e **x** tem nível de aninhamento 1; portanto, duas vinculações de acesso devem ser seguidas. Em geral, se a diferença dos níveis de aninhamento for *m*, o código que precisa ser gerado para o encadeamento de acesso deve ter *m* cargas em um registro r, a primeira usando o fp e as seguintes usando r.

O encadeamento de acesso pode parecer um método ineficiente para o acesso variável, pois uma longa seqüência de instruções precisa ser executada para cada referência não local com uma diferença grande de aninhamentos. Na prática, entretanto, os níveis de aninhamento raramente são maiores que dois ou três, e a maioria das referências não locais é para variáveis globais (nível de aninhamento 0), que podem continuar a ser acessadas pelos métodos diretos discutidos anteriormente. Existe um método para implementar vinculações de acesso em uma tabela indexada pelo nível de aninhamento que não provoca a sobrecarga de execução do encadeamento. A estrutura de dados utilizada para esse método é denominada **monitor**. Sua estrutura e uso são tratados nos exercícios.

A Seqüência de Ativação As alterações requeridas na seqüência de ativação para implementar as vinculações de acesso são relativamente simples. Na implementação mostrada, durante uma ativação a vinculação de acesso deve ser colocada na pilha de execução imediatamente antes do fp, e após a saída, o sp deve ser ajustado por uma quantidade extra para remover a vinculação de acesso e os argumentos.

O único problema é encontrar a vinculação de acesso de um procedimento durante uma ativação. Isso pode ser conseguido com a informação do nível de aninhamento (de durante a compilação) associada à declaração do procedimento ativado. Tudo o que é preciso fazer é gerar um encadeamento de acesso, como se fôssemos acessar uma variável no mesmo nível de aninhamento do procedimento ativado. O endereço computado será o apropriado para a vinculação de acesso. Evidentemente, se o procedimento for local (se a diferença nos níveis de aninhamento for 0), a vinculação de acesso e a vinculação de controle serão iguais (e iguais ao fp no ponto da ativação).

Considere, por exemplo, a ativação de q de dentro de r na Figura 7.8. Dentro de r, o nível de aninhamento é 2, e a declaração de q tem nível de aninhamento 1 (pois q é local a p e dentro de p o nível de aninhamento é 1). Assim, um passo de acesso é necessário para computar a vinculação de acesso de q, e na Figura 7.10 a vinculação de acesso de q aponta para o registro de ativação de p (e é a mesma vinculação de acesso de r).

Observe que mesmo na presença de ativações múltiplas do ambiente de definição, esse processo computará a vinculação de acesso correta, pois a computação será efetuada durante a execução (com base nos níveis de aninhamento da compilação), e não durante a compilação. Por exemplo, dado o código da Figura 7.11, a pilha de execução após a *segunda* ativação de r (assumindo uma ativação recursiva de p) ficaria como na Figura 7.13. Nessa figura, r tem dois registros de ativação distintos, com duas vinculações de acesso distintas, que apontam para registros de ativação de q diferentes, os quais representam ambientes de definição diferentes para r.

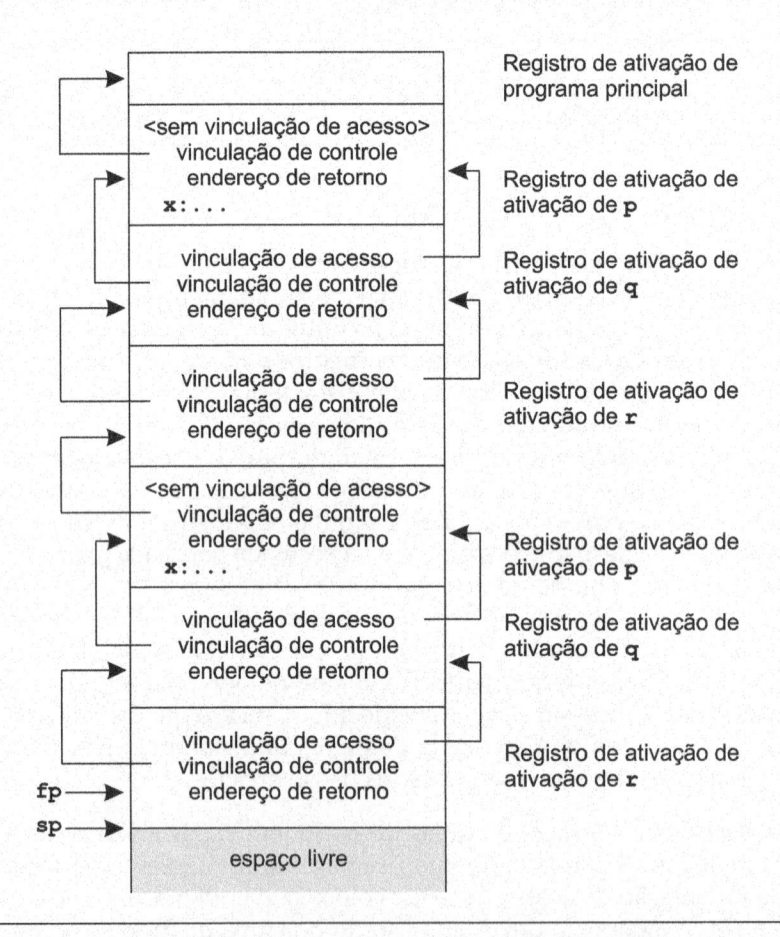

Figura 7.13   Pilha de execução após a segunda ativação de r no código da Figura 7.11.

7.3.3 Ambientes baseados em pilhas com parâmetros de procedimentos

Em algumas linguagens, não apenas são permitidos procedimentos locais, mas também os procedimentos podem ser passados como parâmetros. Em uma linguagem assim, quando um procedimento que foi passado como parâmetro for ativado, será impossível para o compilador gerar código para computar a vinculação de acesso durante a ativação, conforme descrito na seção anterior. Em vez disso, a vinculação de acesso para um procedimento deve ser pré-computada e passada junto com um ponteiro para o código do procedimento quando ele for passado como parâmetro. Assim, um valor de parâmetro de procedimento não pode mais ser visto como um simples ponteiro para código, mas deve também incluir um ponteiro de acesso que defina o ambiente em que as referências não locais serão resolvidas. Esse par de ponteiros – um ponteiro de código e um ponteiro de vinculação de acesso, ou um **ponteiro de instrução** e um **ponteiro de ambiente** – representa o valor de um parâmetro de procedimento ou função. O par é comumente denominado **fechamento** (pois a vinculação de acesso "fecha" os "buracos" provocados por referências não locais).[11] Denotaremos os fechamentos como <ip, ep>, onde ip se refere ao ponteiro de instrução (ponteiro de código ou ponto de entrada) do procedimento, e ep se refere ao ponteiro de ambiente (vinculação de acesso) do procedimento.

Exemplo 7.7
Considere o programa em Standard Pascal da Figura 7.14, que tem um procedimento **p**, com um parâmetro **a** que também é um procedimento. Após a ativação de **p** em **q**, em que o procedimento local **r** de **q** é passado para **p**, a ativação de **a** dentro de **p** ativa **r**, e essa ativação deve ainda encontrar a variável não local **x** na ativação de **q**. Quando **p** é ativado, **a** é construído como um fechamento <ip, ep>, onde ip é um ponteiro para o código de **r** e ep é uma cópia do fp no ponto de ativação (ou seja, aponta para o ambiente de ativação de **q** em que **r** é definido). O valor do ep de **a** é indicado pela linha pontilhada na Figura 7.15, que representa o ambiente imediatamente após a ativação de **p** em **q**. Quando **a** for ativado dentro de **p**, o ep de **a** será utilizado como uma vinculação estática em seu registro de ativação, conforme indicado na Figura 7.16.

```
program closureEx(output);

procedure p(procedure a);
begin
   a;
end;

procedure q;
var x:integer;

     procedure r;
     begin
        writeln(x);
     end;

begin
   x := 2;
   p(r);
end; (* q *)

begin (* main *)
   q;
end.
```

Figura 7.14 Código em Standard Pascal com um procedimento como parâmetro.

---

11. Esse termo tem sua origem no lambda-cálculo e não deve ser confundido com a operação de fecho (de Kleene) das expressões regulares ou com o ε-fechamento de um conjunto de estados de um NFA.

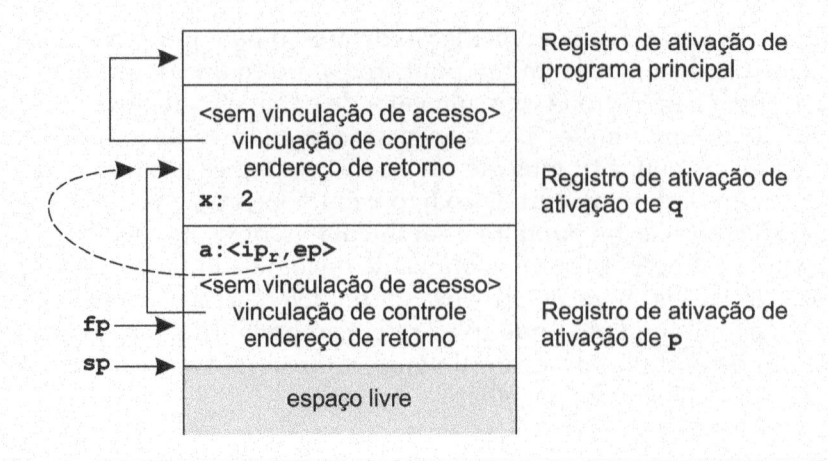

```
                                              Registro de ativação de
                                              programa principal
          <sem vinculação de acesso>
           vinculação de controle
           endereço de retorno            Registro de ativação de
           x: 2                           ativação de q

           a:<ip_r,ep>
           <sem vinculação de acesso>
           vinculação de controle         Registro de ativação de
    fp →   endereço de retorno            ativação de p
    sp →
           espaço livre
```

Figura 7.15   Pilha de execução imediatamente após a ativação de p no código da Figura 7.14.

```
                                              Registro de ativação de
                                              programa principal

           <sem vinculação de acesso>
           vinculação de controle
           endereço de retorno            Registro de ativação de
           x: 2                           ativação de q

           a:<ip_r,ep>
           <sem vinculação de acesso>
           vinculação de controle         Registro de ativação de
           endereço de retorno            ativação de p

           vinculação de acesso
    fp →   vinculação de controle         Registro de ativação de
           endereço de retorno            ativação de a
    sp →
           espaço livre
```

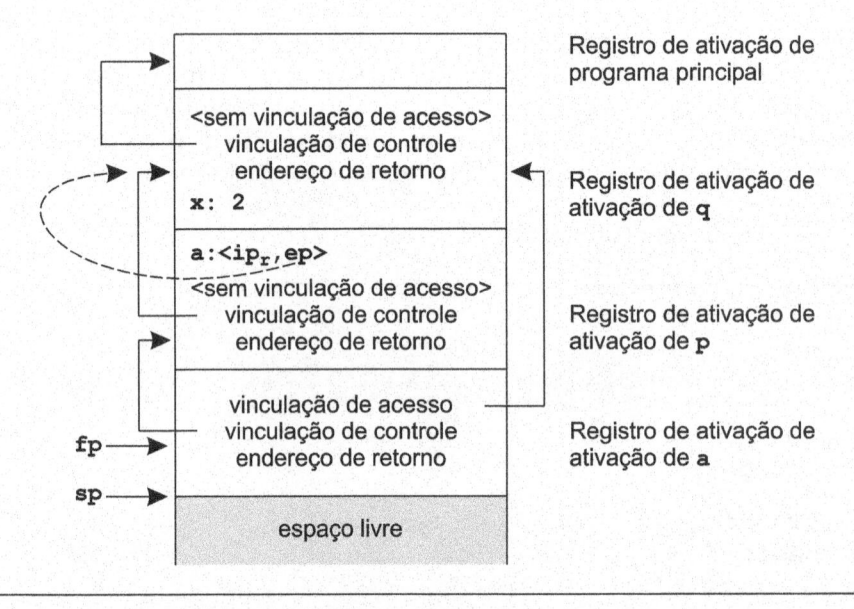

Figura 7.16   Pilha de execução imediatamente após a ativação de a no código da Figura 7.14.

A seqüência de ativação em um ambiente como o descrito deve diferenciar, com clareza, procedimentos comuns e procedimentos que são parâmetros. Um procedimento comum é ativado, como anteriormente, pela captura da vinculação de acesso fazendo uso do nível de aninhamento do procedimento e saltando diretamente para o código do procedimento (que é conhecido durante a compilação). Um procedimento que é parâmetro, no entanto, já tem a vinculação de acesso disponível, armazenada no registro de ativação local, que deve ser capturada e inserida no novo registro de ativação. O ponto no código para o procedimento, entretanto, não é conhecido diretamente pelo compilador; uma ativação indireta precisa ser efetuada pelo ip armazenado no registro de ativação corrente.

O programador de um compilador pode, por simplicidade ou uniformidade, evitar essa diferenciação entre os procedimentos comuns e os procedimentos que são parâmetros, mantendo todos os procedimentos como fechos no ambiente. Quanto mais geral for uma linguagem em seu tratamento de procedimentos, mais razoável se torna essa abordagem. Por exemplo, se forem permitidas variáveis para procedimentos, ou se os valores de procedimentos puderem ser computados dinamicamente, a representação <ip, ep> de procedimentos se tornará um requisito para essas situações. A Figura 7.17 mostra como ficaria o ambiente da Figura 7.16 se todos os valores de procedimentos fossem armazenados no ambiente como fechos.

```
                        ┌─────────────────────────┐
                        │ p:<ip_p,_>              │  Área global/estática
                        │ q:<ip_q,_>              │
                        ├─────────────────────────┤  Registro de ativação de
                        │                         │  programa principal
                        ├─────────────────────────┤
                    ┌──▶│ <sem vinculação de acesso>│
                        │   vinculação de controle│
                        │   endereço de retorno   │◀── Registro de ativação de
                        │ x: 2                    │    ativação de q
                        │ r:<ip_r,ep_r>           │
                        ├─────────────────────────┤
                        │ a:<ip_r,ep_r>           │
                        │ <sem vinculação de acesso>│
                        │   vinculação de controle│    Registro de ativação de
                        │   endereço de retorno   │    ativação de p
                        ├─────────────────────────┤
                        │   vinculação de acesso  │
                        │   vinculação de controle│    Registro de ativação de
                    fp─▶│   endereço de retorno   │    ativação de a
                        ├─────────────────────────┤
                    sp─▶│     espaço livre        │
                        └─────────────────────────┘
```

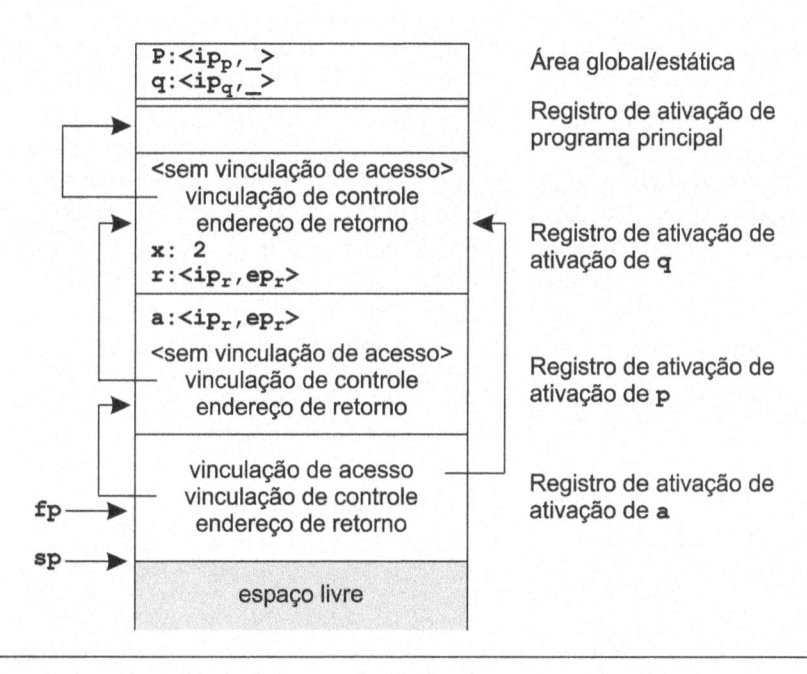

Figura 7.17 Pilha de execução imediatamente após a ativação de a no código da Figura 7.14, com todos os procedimentos armazenados como fechos no ambiente.

Para finalizar, observamos que C, Modula-2 e Ada evitam as complicações descritas nesta subseção: C não tem procedimentos locais (embora tenha variáveis e parâmetros que podem ser procedimentos); Modula-2 tem uma regra especial que restringe os valores dos parâmetros e variáveis de procedimentos para procedimentos globais; e Ada não tem parâmetros ou variáveis de procedimentos.

7.4 MEMÓRIA DINÂMICA

7.4.1 Ambientes de execução totalmente dinâmicos

Os ambientes de execução baseados em pilhas discutidos na seção anterior são as formas mais comuns de ambientes entre as linguagens imperativas padrão, como C, Pascal e Ada. Esses ambientes, entretanto, têm limitações. Em particular, em uma linguagem em que a referência a uma variável local em um procedimento pode ser retornada para o ativador, implícita ou explicitamente, um ambiente baseado em pilhas resultará em uma **referência pendente** no encerramento do procedimento, pois o registro de ativação do procedimento será retirado da pilha. O exemplo mais simples dessa situação é quando o endereço de uma variável local é retornado, como, por exemplo, no código em C:

```
int * dangle(void)
{ int x ;
  return &x; }
```

Uma atribuição **addr = dangle( )** leva **addr** a indicar um ponto desprotegido na pilha de ativação, cujo valor pode ser alterado arbitrariamente por ativações subseqüentes de qualquer procedimento. Em C esse problema é contornado pela consideração desse programa como errôneo (embora nenhum compilador gere uma mensagem de erro). Em outras palavras, a semântica de C se fundamenta no ambiente baseado em pilhas.

Um exemplo um pouco mais complexo de referência pendente ocorre se uma função local puder ser retornada por uma ativação. Por exemplo, se em C fossem permitidas definições de funções locais, o código da Figura 7.18 resultaria em uma referência pendente indireta para o parâmetro **x** de **g**, que pode ser acessado pela ativação de **f** após o encerramento de **g**. Em C esse problema é evitado pela proibição dos procedimentos locais. Outras linguagens, como Modula-2, que têm procedimentos locais, variáveis, parâmetros e valores de retorno de procedimentos, precisam de uma regra especial que classifique tais programas como errôneos. (Em Modula-2, a regra é que apenas os procedimentos globais podem ser argumentos ou valores de retorno – uma restrição rigorosa comparada até mesmo com parâmetros de procedimentos de Pascal.)

```
typedef int (* proc)(void);

proc g(int x)
{ int f(void) /* função local ilegal */
  { return x; }
  return f; }

main( )
{ proc c;
  c = g(2);
  printf{"%d\n",c()); /* deveria imprimir 2 */
  return 0;
}
```

Figura 7.18 Pseudocódigo em C que mostra uma referência pendente provocada pelo retorno de uma função local.

Há uma classe significativa de linguagens, entretanto, na qual essas regras são inaceitáveis: as linguagens de programação funcionais, como LISP e ML. Um princípio essencial de projeto de uma linguagem funcional é que as funções sejam tão gerais quanto possível, o que significa que as funções devem poder ser definidas localmente, passadas como parâmetros e retornadas como resultados. Assim, para essa classe de linguagens, um ambiente de execução baseado em pilhas é inadequado, e uma forma mais geral de ambiente é exigida. Denominamos tais ambientes **totalmente dinâmicos**, pois eles podem retirar os registros de ativação apenas quando todas as referências a eles tiverem desaparecido, e isso exige que os registros de ativação sejam liberados dinamicamente em instantes arbitrários durante a execução. Um ambiente de execução totalmente dinâmico é significativamente mais complicado do que um ambiente baseado em pilhas, pois requer o acompanhamento das referências durante a execução e a capacidade de encontrar e liberar áreas inacessíveis de memória em instantes arbitrários durante a execução (esse processo é denominado **coleta de lixo**).

Apesar da complexidade adicional desse tipo de ambiente, a estrutura básica de um registro de ativação continua igual: é preciso alocar espaço para parâmetros e novas variáveis, e ainda são necessárias as vinculações de controle e de acesso. Quando o controle retorna para o ativador (e a vinculação de controle é usada para recuperar o ambiente anterior), o registro de ativação abandonado permanece na memória para ser liberado posteriormente. Portanto, toda a complexidade adicional desse ambiente pode ser encapsulada em um gerenciador de memória que substitua as operações na pilha de execução por rotinas mais gerais de alocação e de liberação.

Discutimos algumas questões de projeto desse gerenciador de memória adiante nesta seção.

7.4.2 Memória dinâmica em linguagens orientadas a objetos

As linguagens orientadas a objetos exigem mecanismos especiais no ambiente de execução para implementar suas características próprias: objetos, métodos, herança e vinculação dinâmica. Nesta subseção, apresentaremos brevemente as técnicas de implementação dessas características. Assumimos que o leitor tem familiaridade com a terminologia e conceitos básicos da orientação a objetos.[12]

As linguagens orientadas a objetos variam muito em seus requisitos para o ambiente de execução. Smalltalk e C++ são bons representantes dos extremos: Smalltalk requer um ambiente totalmente dinâmico similar ao de LISP, enquanto o esforço de projeto em C++ foi para preservar o ambiente baseado em pilhas de C, sem exigir o gerenciamento dinâmico automático de memória. Nessas duas linguagens, um objeto na memória pode ser visto como um cruzamento entre uma estrutura de registros tradicional e um registro de ativação, em que as variáveis de instâncias (membros de dados) são os campos do registro. Essa estrutura é diferente de um registro tradicional na forma como são acessados os métodos e características herdadas.

Um mecanismo simples para a implementação de objetos seria o código de inicialização copiar todas as características herdadas (e métodos) correntes diretamente na estrutura de registros (com os métodos como ponteiros de código). Isso, entretanto, consumiria muito espaço. Uma alternativa é preservar uma descrição completa da estrutura de classes na memória em cada ponto durante a execução, com a herança mantida por ponteiros de superclasses, e todos os ponteiros de métodos preservados como campos na estrutura de classes (isso recebe o nome de **grafo de heranças**). Cada objeto preserva, juntamente com os campos para as variáveis de instâncias, um ponteiro para sua classe de definição, por meio do qual todos os métodos (tanto os locais como os herdados) são identificados. Desse modo, os ponteiros de métodos são gravados apenas uma vez (na estrutura de classes) e não são copiados na memória para cada objeto. Esse mecanismo também implementa herança e vinculação dinâmica, pois os métodos são encontrados por uma busca pela hierarquia de classes. A desvantagem é que, enquanto as variáveis de instâncias podem ter deslocamentos previsíveis (assim como as variáveis locais em um ambiente padrão), os métodos não podem, o que exige que eles sejam mantidos pelo nome em uma estrutura de tabela de símbolos com recursos de busca. Ainda assim, essa estrutura é razoável para uma linguagem altamente dinâmica como Smalltalk, na qual as alterações em uma estrutura de classes podem ocorrer durante a execução.

---

12. A discussão a seguir também assume apenas herança simples. Herança múltipla é tratada em alguns dos trabalhos citados na seção de Notas e Referências.

Uma alternativa para gravar toda a estrutura de classes no ambiente é computar a lista de ponteiros de código para métodos disponíveis de cada classe, e armazenar isso em memória (estática) como uma **tabela de função virtual** (na terminologia de C++). Isso tem a vantagem de poder ser organizado para que cada método tenha um deslocamento previsível, e de modo que percorrer uma hierarquia de classes não exija mais uma seqüência de verificações em uma tabela. Agora, cada objeto contém um ponteiro para a tabela de função virtual apropriada, em vez de para uma estrutura de classes. (O ponto indicado por esse ponteiro também precisa ter um deslocamento previsível.) Essa simplificação funciona apenas se a estrutura de classes for fixada antes da execução. É esse o método usado em C++.

Exemplo 7.8
Considere as declarações de classe em C++ a seguir:

```
class A
{ public:
  double x,y;
  void f( );
  virtual void g( );
};

class B: public A
{ public:
  double z;
  void f( );
  virtual void h( );
};
```

um objeto de classe A apareceria na memória (com sua tabela de função virtual) assim:

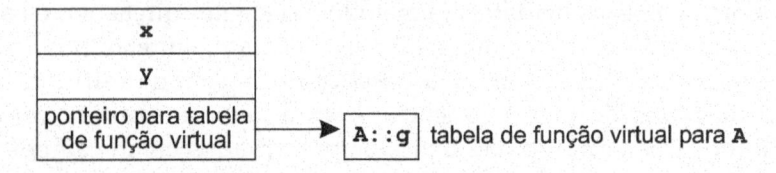

```
| x |
| y |
| ponteiro para tabela de função virtual | → | A::g | tabela de função virtual para A
```

e um objeto de classe B apareceria assim:

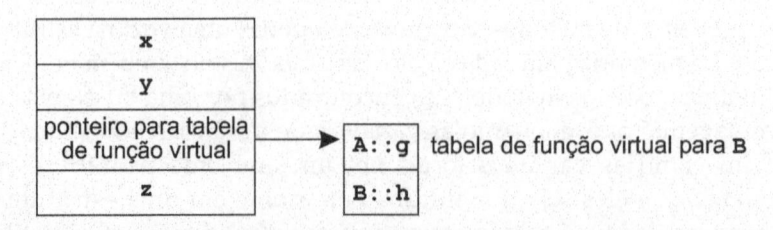

```
| x |
| y |
| ponteiro para tabela de função virtual | → | A::g | tabela de função virtual para B
| z |                                       | B::h |
```

Observe como o ponteiro para função virtual, uma vez adicionado à estrutura do objeto, permanece em um ponto fixo, de modo que seu deslocamento é conhecido antes da execução. Observe também que a função f não obedece à vinculação dinâmica em C++ (pois ela não é declarada como "virtual"), e portanto não aparece na tabela de função virtual (e em nenhum outro ponto do ambiente); uma ativação de f é resolvida durante a compilação.

7.4.3 Gerenciamento de *heap*

Na Seção 7.4.1, discutimos a necessidade de um ambiente de execução mais dinâmico que o ambiente baseado em pilhas usado na maioria das linguagens compiladas para dar suporte a funções gerais. Na maioria das linguagens, entretanto, mesmo um ambiente baseado em pilhas requer recursos dinâmicos para tratar a alocação e a liberação de ponteiros. A estrutura de dados que manipula essa alocação é denominada *heap*, e é, em geral, alocada como um bloco linear de memória, a fim de que possa crescer, se necessário, com mínima interferência sobre a pilha. (Na Seção 7.1, mostramos o *heap* em um bloco de memória no extremo oposto da área da pilha.)

Até aqui, concentramo-nos na organização dos registros de ativação e na pilha de execução. Nesta seção, queremos descrever como o *heap* pode ser gerenciado, e como as operações de *heap* podem ser estendidas para o tipo de alocação dinâmica exigida pelas linguagens com recursos de funções gerais.

Um *heap* tem duas operações associadas, *alocar* e *liberar*. A operação *alocar* recebe um parâmetro de tamanho (explícita ou implicitamente), usualmente em bytes, e retorna um ponteiro para um bloco de memória de tamanho correto, ou um ponteiro nulo se não existir tal bloco. A operação *liberar* recebe um ponteiro para um bloco alocado de memória e o marca como novamente livre. (A operação *liberar* deve também ser capaz de descobrir o tamanho do bloco a ser liberado, implicitamente ou com base em um parâmetro explícito.) Essas duas operações existem com nomes distintos em muitas linguagens: elas são denominadas **new** e **dispose** em Pascal, e **new** e **delete** em C++. A linguagem C tem diversas versões dessas operações, mas as básicas são **malloc** e **free**, que fazem parte da biblioteca padrão (**stdlib.h**), onde têm essencialmente as declarações a seguir:

    void * malloc (unsigned nbytes);
    void free (void * ap);

Essas declarações serão usadas como base para nossa descrição do gerenciamento de *heap*.

Um método padrão para a manutenção do *heap* e implementação dessas funções é o uso de uma lista ligada circular de blocos livres, de onde a memória é retirada por **malloc** e devolvida por **free**. Isso tem como vantagem a simplicidade, mas também tem seus defeitos. Um é que a operação **free** não pode indicar se seu argumento de ponteiro está efetivamente apontando um bloco legítimo alocado anteriormente por **malloc**. Se o usuário passar um ponteiro inválido, o *heap* pode fácil e rapidamente ser corrompido. Um segundo e muito menos sério defeito é o necessário cuidado para **coalescer** blocos retornados para a lista livre com seus blocos adjacentes, para resultar em um bloco livre de tamanho máximo. Sem isso, o *heap* pode rapidamente ficar **fragmentado**, ou seja, dividido em diversos blocos pequenos, e a alocação de um bloco maior pode falhar, apesar de haver espaço total suficiente para essa alocação. (A fragmentação também pode ocorrer mesmo com o coalescimento.)

Oferecemos aqui uma implementação ligeiramente diferente de **malloc** e de **free**, que usa uma estrutura de dados de lista ligada circular para acompanhamento dos blocos alocados e livres (sendo assim mais difícil de ser corrompida) e que ainda tem a vantagem de construir blocos autocoalescidos. O código é mostrado na Figura 7.19.

Esse código usa uma matriz alocada estaticamente de tamanho **MEMSIZE** como *heap*, mas uma ativação do sistema operacional também poderia ser usada para alocar o *heap*. Definimos um tipo de dados **Header** para preservar informações de controle de cada bloco de memória e definimos a matriz de *heap* com elementos de tipo **Header**, para que as informações de controle possam ser facilmente preservadas nos próprios blocos de memória. O tipo **Header** contém três informações: um ponteiro para o bloco seguinte na lista, o tamanho do espaço corrente alocado (que vem a seguir na memória) e o tamanho do espaço livre subseqüente (se houver). Assim, cada bloco na lista tem a forma

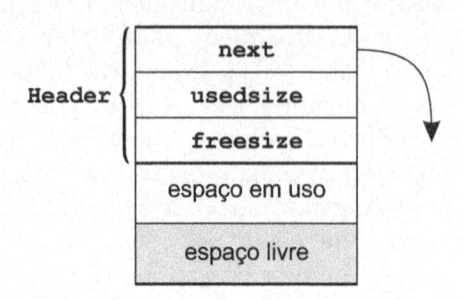

```
           ┌─ next
Header  ───┤  usedsize
           └─ freesize
              espaço em uso
              espaço livre
```

A definição de tipo **Header** na Figura 7.19 também usa uma declaração **union** e um tipo de dados **Align** (que determinamos como **double** no código). Isso é para alinhar os elementos de memória em uma localização com quantidade razoável de bytes e, dependendo do sistema, pode ou não ser necessário. Essa complicação pode ser ignorada nas descrições subseqüentes.

O único elemento de dados exigido para as operações de *heap* é um ponteiro para um dos blocos da lista ligada circular. Esse ponteiro é denominado **memptr** e sempre aponta para um bloco com algum espaço livre (em geral, o último espaço alocado ou liberado). Ele tem como valor inicial **NULL**, mas na primeira ativação de **malloc** é executado o código de inicialização, que ajusta **memptr** para o início da matriz de *heap* e fornece o valor inicial do cabeçalho na matriz:

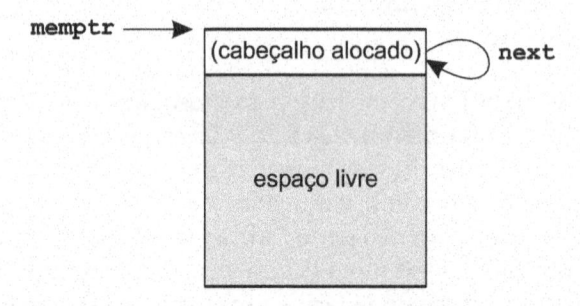

```
memptr ──▶ (cabeçalho alocado) ⟲ next
           espaço livre
```

O cabeçalho inicial alocado na primeira ativação de **malloc** nunca será liberado. Há agora um bloco na lista, e o código restante de **malloc** percorre a lista e retorna um novo bloco a partir do primeiro bloco com espaço livre suficiente (esse é um algoritmo de **primeiro ajuste**). Assim, após, por exemplo, três ativações de **malloc**, a lista ficará assim:

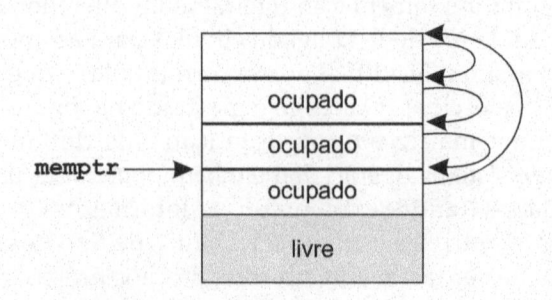

```
              ocupado
              ocupado
memptr ──▶    ocupado
              livre
```

```c
#define NULL 0
#define MEMSIZE 8096 /* alterar para tamanhos diferentes */

typedef double Align;
typedef union header
  { struct  { union header *next;
              unsigned usedsize;
              unsigned freesize;
            } s;
    Align a;
  } Header;

static Header mem[MEMSIZE];
static Header *memptr = NULL;

void *malloc(unsigned nbytes)
{ Header *p, *newp;
  unsigned nunits;
  nunits = (nbytes+sizeof(Header)-1)/sizeof(Header) + 1;
  if (memptr == NULL)
  { memptr->s.next = memptr = mem;
    memptr->s.usedsize = 1;
    memptr->s.freesize = MEMSIZE-1;
  }
  for(p=memptr;
     (p->s.next!=memptr) && (p->s.freesize<nunits);
     p=p->s.next);
  if (p->s.freesize < nunits) return NULL;
  /* nenhum bloco grande o suficiente */
  newp = p+p->s.usedsize;
  newp->s.usedsize = nunits;
  newp->s.freesize = p->s.freesize - nunits;
  newp->s.next =  p->s.next;
  p->s.freesize = 0;
  p->s.next = newp;
  memptr = newp;
  return (void *) (newp+1);
}

void free(void *ap)
{ Header *bp, *p, *prev;
  bp = (Header *) ap - 1;
  for (prev=memptr,p=memptr->s.next;
       (p!=bp) && (p!=memptr); prev=p,p=p->s.next);
  if (p!=bp) return;
  /* lista corrompida, nada a fazer */
  prev->s.freesize += p->s.usedsize + p->s.freesize;
  prev->s.next = p->s.next;
  memptr = prev;
}
```

Figura 7.19   Código em C para manter um *heap* de memória contígua com uma lista de ponteiros para blocos ocupados e livres.

Observe que, como os blocos são alocados em seqüência, um novo bloco é criado a cada vez, e o espaço livre que sobra do bloco anterior é levado com ele (assim, o espaço livre do bloco alocado tem sempre **freesize** ajustado para 0). Adicionalmente, **memptr** obedece à construção dos novos blocos, e assim sempre aponta para um bloco com algum espaço livre. Observe também que **malloc** sempre incrementa o ponteiro para o bloco recentemente criado, para que o cabeçalho seja protegido de escrita pelo programa cliente (enquanto forem usados apenas deslocamentos positivos na memória retornada).

Considere agora o código para o procedimento **free**. Ele primeiro decrementa o ponteiro passado pelo usuário para identificar o cabeçalho do bloco. A seguir, ele percorre a lista em busca de um ponteiro idêntico a esse, protegendo dessa forma a lista, e ainda permitindo que o ponteiro para o bloco anterior seja computado. Quando encontrado, o bloco é removido da lista, e tanto o seu espaço ocupado como o livre são adicionados ao espaço livre do bloco anterior, com o coalescimento automático do espaço livre. Observe que **memptr** é sempre ajustado a fim de apontar para o bloco que contém a memória liberada.

Como exemplo, suponha que o bloco do meio dos três blocos usados no diagrama anterior seja liberado. Nesse caso, o *heap* e sua lista de blocos associada ficariam assim:

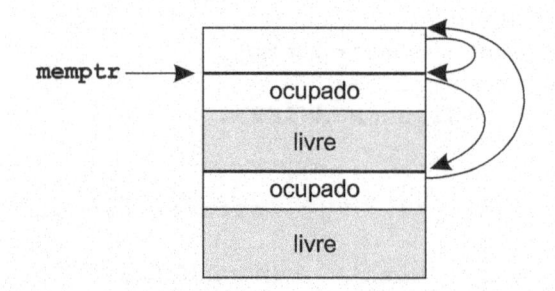

7.4.4 Gerenciamento automático do *heap*

O uso de **malloc** e **free** para a alocação e liberação dinâmica dos ponteiros é um método **manual** de gerenciamento de *heap*, pois o programador precisa escrever ativações explícitas para alocar e liberar memória. Contrastando com isso, a pilha de execução é gerenciada **automaticamente** pela seqüência de ativações. Em uma linguagem que exija um ambiente de execução totalmente dinâmico, o *heap* deve ser gerenciado de maneira automática. Infelizmente, embora as ativações de **malloc** possam ser facilmente programadas a cada ativação de procedimento, as ativações de **free** não podem ser programadas na saída de forma similar, pois os registros de ativação devem persistir até que todas as referências tenham desaparecido. Logo, o gerenciamento automático de memória requer a recuperação do espaço de armazenamento previamente alocado mas não mais em uso, possivelmente muito após ter sido alocado, e sem uma ativação explícita de **free**. Esse processo se chama **coleta de lixo**.

O reconhecimento de quando um bloco de armazenamento não é mais referenciado direta ou indiretamente pelos ponteiros é uma tarefa muito mais difícil do que a manutenção de uma lista de blocos de armazenamento de *heap*. A técnica padrão é efetuar a coleta de lixo de **marcar e varrer**.[13] Nesse método, a memória não é liberada até ocorrer uma ativação de

---

13. Uma alternativa mais simples denominada **contagem de referências** também é usada. Ver a seção de Notas e Referências.

`malloc`, e nesse ponto um coletor de lixo é ativado, o qual busca toda a área de armazenamento que possa ser referenciada e libera todo o armazenamento sem referências. Isso ocorre em duas passadas. A primeira passada percorre todos os ponteiros recursivamente, iniciando com todos os valores de ponteiros correntemente acessíveis, e marca cada bloco alcançado de armazenamento. Esse processo requer um bit adicional de armazenamento para a marcação. Uma segunda passada varre a memória linearmente, devolvendo os blocos sem marcas para a memória livre. Esse processo, em geral, encontra memória livre contígua suficiente para satisfazer uma série de novas requisições, mas pode ocorrer de a memória estar tão fragmentada que a solicitação de um bloco grande de memória ainda falhe, mesmo após a coleta de lixo. Portanto, a coleta de lixo precisa efetuar também a **compactação de memória** pelo transporte de todo o espaço alocado para um extremo do *heap*, deixando no outro extremo apenas um grande bloco de espaço livre contíguo. Esse processo deve também atualizar todas as referências às áreas na memória transportadas dentro do programa em execução.

A coleta de lixo de marcar e varrer tem diversos problemas: ela exige armazenamento adicional (para as marcas), e as duas passadas pela memória provocam um atraso significativo no processamento, que pode chegar a alguns segundos, cada vez que o coletor de lixo é ativado – o que pode ocorrer em intervalos de poucos minutos. Isso é claramente inaceitável para muitas aplicações com resposta interativa ou imediata.

Uma melhoria no controle pode ser feita com a divisão da memória disponível em duas metades e a alocação do armazenamento apenas para uma metade por vez. Conseqüentemente, durante a passada das marcações, todos os blocos atingidos são copiados de imediato para a segunda metade do armazenamento sem uso. Isso significa que não há necessidade do bit adicional de marcação, e apenas uma passada é exigida. A compactação também é efetuada automaticamente. Após copiar todos os blocos atingíveis na área em uso, as metades em uso e fora de uso da memória são trocadas, e o processo continua. Esse método é denominado coleta de lixo **parar-e-copiar**, ou de **dois espaços**. Infelizmente, ele melhora muito pouco os atrasos de processamento durante a recuperação de armazenamento.

Recentemente, foi inventado um método que reduz de maneira significativa o atraso. Ele se chama **coleta de lixo gerativa**, e adiciona uma área de armazenamento permanente ao esquema de recuperação do parágrafo anterior. Os objetos alocados que sobrevivem o suficiente são simplesmente copiados para o espaço permanente e nunca são retirados durante recuperações subseqüentes de armazenamento. Isso significa que o coletor de lixo precisa buscar apenas uma seção muito pequena de memória para as alocações de armazenamento mais novas, e a duração dessa busca é reduzida para uma fração de segundo. Evidentemente, a memória permanente ainda pode ser exaurida com armazenamento inatingível, mas isso é um problema muito menos severo do que o anterior, pois o armazenamento temporário tende a desaparecer rapidamente, e o armazenamento que permanece alocado por algum tempo tende a persistir de qualquer forma. Esse processo funciona muito bem, especialmente com um sistema de memória virtual.

Indicamos ao leitor as referências relacionadas na seção de Notas e Referências para detalhes a respeito desse e de outros métodos para a coleta de lixo.

7.5 MECANISMOS PARA PASSAGEM DE PARÂMETROS

Vimos como, em uma ativação de parâmetros, esses parâmetros correspondem a pontos no registro de ativação, que são preenchidos com os argumentos, ou valores de parâmetros, pelo ativador, antes de saltar para o código do procedimento ativado. Assim, para o código do procedimento ativado, um parâmetro representa um valor puramente formal para o qual não existe código associado, mas que serve apenas para estabelecer um ponto no registro de ativação, onde o código pode encontrar seu valor final, o qual existirá apenas quando uma ativação ocorrer. O processo de construção desses valores recebe o nome de **amarração** entre os parâmetros e argumentos. A interpretação dos valores dos argumentos pelo código do procedimento depende dos **mecanismos de passagem de parâmetros** adotados pela linguagem-fonte. Conforme já observado, FORTRAN77 adota um mecanismo que amarra os parâmetros a localizações em vez de valores, e C considera todos os argumentos como valores. Outras linguagens, como C++, Pascal e Ada, permitem escolher o mecanismo de passagem de parâmetros.

Nesta seção, discutiremos os dois mecanismos de passagem de parâmetros mais comuns – a **passagem por valor** e a **passagem por referência** (por vezes também identificados como ativação por valor e ativação por referência) – e dois métodos adicionais importantes, **passagem por valor-resultado** e **passagem por nome** (também denominada **avaliação atrasada**). Algumas variações ainda serão discutidas nos exercícios.

Uma questão não considerada pelo mecanismo de passagem de parâmetros é a ordem de avaliação dos argumentos. Na maioria das situações, essa ordem não é importante para a execução de um programa, e qualquer ordem de avaliação gerará os mesmos resultados. Nesse caso, por eficiência ou outros motivos, um compilador pode variar a ordem de avaliação dos argumentos. Muitas linguagens, entretanto, permitem que argumentos sejam acrescentados às ativações, o que provoca efeitos colaterais (alterações na memória). Por exemplo, a ativação de função em C

```
f(++x,x);
```

provoca uma alteração no valor de **x**, e diferentes ordens de avaliação geram resultados diferentes. Nessa linguagem, uma ordem de avaliação padrão, como por exemplo da esquerda para a direita, pode ser especificada, ou isso pode ser deixado para o programador do compilador; nesse caso, o resultado de uma ativação pode variar entre implementações da linguagem. Os compiladores C normalmente avaliam seus argumentos da direita para a esquerda, em vez de da esquerda para a direita. Isso possibilita uma quantidade variável de argumentos (como na função `printf`), conforme discutido na Seção 7.3.1.

7.5.1 Passagem por valor

Nesse mecanismo, os argumentos são expressões avaliadas durante a ativação, e seus valores são os valores dos parâmetros durante a execução do procedimento. Esse é o único mecanismo de passagem de parâmetros em C e é o mecanismo básico em Pascal e em Ada (Ada também possibilita que esses parâmetros sejam especificados explicitamente como parâmetros `in`).

Em sua forma mais simples, isso significa que os parâmetros de valores se comportam como valores constantes durante a execução de um procedimento, e a passagem por valor pode ser interpretada como a substituição de todos os parâmetros no corpo de um procedimento pelos valores dos argumentos. Essa forma de passagem por valor é usada por Ada, na qual esses parâmetros não podem receber atribuições nem ser usados como variáveis locais. Uma forma mais geral é adotada em C e em Pascal, nas quais os parâmetros de valores são vistos essencialmente como variáveis locais com valores iniciais, que podem ser usadas como variáveis ordinárias, mas as alterações de seus valores não provocam alterações não locais.

Em uma linguagem como C, que oferece apenas passagem por valor, é impossível escrever diretamente um procedimento que produza seu efeito pela alteração de seus parâmetros. Por exemplo, a função `inc2` em C a seguir não produz o efeito desejado:

```
void inc2( int x)
/* incorreto! */
{ ++x;++x; }
```

Teoricamente, é possível, com a generalidade apropriada das funções, efetuar todas as computações pelo retorno dos valores apropriados em vez da alteração dos valores dos parâmetros, mas linguagens como C em geral oferecem um método para usar a passagem por valor de forma a produzir alterações não locais. Em C, isso ocorre pela passagem do endereço em vez do valor (o que leva à alteração do tipo de dados do parâmetro):

```
void inc2( int* x)
/* correto */
{ ++(*x);++(*x); }
```

Para agora incrementar uma variável **y**, essa função precisa ser ativada como `inc2(&y)`, pois o endereço de **y** e não o seu valor é solicitado.

Esse método funciona particularmente bem em C para matrizes, pois elas são ponteiros implícitos, e assim a passagem por valor possibilita que os elementos individuais da matriz sejam alterados:

```
void init(int x[],int size)
/* funciona bem quando ativado
   como init(a), sendo a uma matriz */
{ int i;
    for(i=0;i<tamanho;++i) x[i]=0;
}
```

A passagem por valor não exige esforço especial por parte do compilador. Ela é facilmente implementada pelo entendimento mais simples da computação de argumentos e da construção da ativação de registros.

7.5.2 Passagem por referência

Na passagem por referência, os argumentos devem (em princípio) ser variáveis com localizações alocadas. Em vez de passar o valor de uma variável, a passagem por referência passa a localização da variável, e o parâmetro se torna um **nome substituto** para o argumento. Qualquer alteração no parâmetro ocorre também no argumento. Em FORTRAN77, a passagem por referência é o único mecanismo de passagem de parâmetros. Em Pascal, a passagem por referência é efetuada com o uso da palavra-chave **var** e em C++ com o uso do símbolo especial **&** na declaração do parâmetro:

```
void inc2( int & x)
/* parâmetro de referência em C++ */
{ ++x;++x; }
```

Essa função pode agora ser ativada sem uso especial do operador de endereço: `inc2(y)` funciona corretamente.

A passagem por referência exige que o compilador compute o endereço do argumento (e ele deve ter esse endereço), o qual é armazenado no registro de ativação corrente. O compilador deve também transformar acessos locais a um parâmetro de referência em acessos indiretos, pois o "valor" local é na verdade o endereço no ambiente.

Em linguagens como FORTRAN77, na qual existe apenas a passagem por referência, em geral é oferecida uma solução para argumentos que são valores sem endereços. Em vez de a ativação

```
p(2+3)
```

ser ilegal em FORTRAN77, um compilador deve "inventar" um endereço para a expressão 2+3, computar o valor nesse endereço e, em seguida, passar o endereço para a ativação. Geralmente, isso é feito pela criação de um endereço temporário no registro de ativação do ativador (em FORTRAN77, isso será estático). Um exemplo disso é o Exemplo 7.1, no qual o valor 3 é passado como argumento pela criação de um endereço de memória no registro de ativação do procedimento principal.

Um aspecto da passagem por referência é que ela não requer uma cópia do valor passado, diferentemente da passagem por valor. Isso pode por vezes ser significativo, quando o valor copiado é uma estrutura grande (ou uma matriz em uma linguagem diferente de C ou C++). Nesse caso, pode ser importante passar um argumento por referência, mas proibir alterações no valor do argumento, o que possibilita a passagem por valor sem a sobrecarga da cópia do valor. Essa opção é oferecida em C++, em que pode ser escrita a ativação a seguir:

```
void f ( const MuchData & x)
```

onde **MuchData** é um tipo de dado com uma estrutura grande. Isso ainda é passagem por referência, mas o compilador deve também efetuar uma verificação estática confirmando que **x** nunca aparece à esquerda de uma atribuição, ou pode, em caso contrário, ser alterado.[14]

7.5.3 Passagem por valor-resultado

Esse mecanismo proporciona resultado similar à passagem por referência, exceto que não é criado um nome substituto: o valor do argumento é copiado e usado no procedimento, e o valor final do parâmetro é copiado de volta no local do argumento quando o procedimento é encerrado. Esse método é conhecido como copiar-dentro, copiar-fora – ou copiar-recuperar. Esse é o mecanismo do parâmetro **in out** em Ada. (Ada também tem um parâmetro **out** simples, que não tem valor inicial passado; ele poderia ser denominado passagem por resultado.)

A passagem por valor-resultado só é diferente da passagem por referência pela presença do nome substituto. Por exemplo, no código a seguir (em sintaxe de C),

```
void p (int x, int y)
{ ++x;
  ++y;
}
```

---

14. Isso não pode ser sempre efetuado de forma completamente segura.

```
main()
{ int a = 1;
  p(a,a);
  return 0;
}
```

o valor de **a** é 3 após a ativação de p se for usada a passagem por referência, e é 2 se for usada a passagem por valor-resultado.

Questões não especificadas por esse mecanismo, e possivelmente diferentes em variadas linguagens ou implementações, são a ordem da cópia de retorno dos resultados para os argumentos e se as localizações dos argumentos são calculadas apenas na entrada e armazenadas ou se são recalculadas na saída.

Ada tem uma questão adicional: sua definição estabelece que os parâmetros **in out** podem, na verdade, ser implementados como passagem por referência, e qualquer computação que possa ser diferente com os dois mecanismos (o que envolveria um nome substituto) é um erro.

Do ponto de vista do programador do compilador, a passagem por valor-resultado exige diversas modificações na estrutura básica da pilha de execução e na seqüência de ativação. Primeiro, o registro de ativação não pode ser liberado pelo ativado, pois os valores (locais) copiados devem estar disponíveis para o ativador. Segundo, o ativador deve colocar os endereços dos argumentos na pilha como temporários antes de iniciar a construção do novo registro de ativação ou recomputar esses endereços no retorno do procedimento ativado.

7.5.4 Passagem por nome

Esse é o mecanismo de passagem de parâmetros mais complexo de todos. Ele também recebe o nome de **avaliação atrasada**, pois a idéia da passagem por nome é que o argumento não é avaliado antes de seu uso (como parâmetro) no programa ativado. Assim, o nome do argumento, ou sua representação textual no ponto de ativação, substitui o nome do parâmetro correspondente. Como exemplo, no código

```
void p(int x)
{ ++x; }
```

se uma ativação como p(a[i]) for efetuada, o efeito é a avaliação de ++(a[i]). Assim, se i fosse alterado antes do uso de **x** dentro de **p**, o resultado seria diferente da passagem por referência ou por valor-resultado. Por exemplo, no código (em sintaxe de C),

```
int i;
int a[10];

void p(int x)
{ ++i;
  ++x;
}
```

```
    main( )
    ( i = 1;
      a[1] = 1;
      a[2] = 2;
      p(a[i]);
      return = 0;
    }
```

o resultado da ativação de **p** é que **a[2]** é ajustado para 3 e **a[1]** permanece inalterado.

A interpretação da passagem por nome é a seguinte. O texto de um argumento no ponto de ativação é visto como uma função, a qual é avaliada cada vez que um nome de parâmetro correspondente for atingido no código do procedimento ativado. Entretanto, o argumento será sempre avaliado no ambiente do ativador, e o procedimento será executado em seu ambiente de definição.

A passagem por nome foi oferecida como um mecanismo de passagem de parâmetro (juntamente com sua passagem por valor) na linguagem Algol60, mas se tornou impopular por diversas razões. Primeiro, ela pode gerar resultados surpreendentes e pouco intuitivos na presença de efeitos colaterais (conforme mostrado no exemplo anterior). Segundo, é difícil de implementar, pois cada argumento precisa ser transformado em essencialmente um procedimento (por vezes denominado **suspensão**), que precisa ser ativado sempre que um argumento for avaliado. Terceiro, ele é ineficiente, pois não apenas transforma uma avaliação de argumento simples em uma ativação de procedimento, mas também pode fazer ocorrerem múltiplas avaliações. Uma variação desse mecanismo, denominada **avaliação por demanda**, ficou recentemente popular nas linguagens puramente funcionais, em que a reavaliação é evitada pela **memorização** da suspensão com o valor computado na primeira ativação. A avaliação por demanda pode produzir uma implementação *mais* eficiente, pois um argumento que nunca é usado também nunca é avaliado. Linguagens que oferecem a avaliação por demanda como mecanismo de passagem de parâmetros são **Miranda** e **Haskell**. Sugerimos ao leitor consultar a seção de Notas e Referências para informações adicionais.

7.6 AMBIENTE DE EXECUÇÃO PARA A LINGUAGEM TINY

Nesta seção final do capítulo, descrevemos a estrutura de um ambiente de execução para a linguagem TINY, nosso exemplo executável de uma linguagem pequena e simples para compilação. Isso é feito aqui de forma independente de máquina, e o leitor encontrará no próximo capítulo um exemplo de implementação em uma máquina específica.

O ambiente requerido por TINY é significativamente mais simples do que os ambientes discutidos neste capítulo. TINY não tem procedimentos, e todas as suas variáveis são globais, assim não existe necessidade de uma pilha de registros de ativação, e o único armazenamento necessário é dos temporários durante a avaliação de expressões (até mesmo isso poderia ser estático, como em FORTRAN77 – ver os Exercícios).

Um esquema simples para um ambiente TINY é colocar as variáveis em endereços absolutos no final da memória do programa, e alocar a pilha temporária no início da memória. Assim, dado um programa que utilizou, por exemplo, quatro variáveis **x**, **y**, **z** e **w**, essas variáveis obteriam os endereços absolutos de 0 a 3 no final da memória, e em um ponto da execução onde três temporários são armazenados, o ambiente de execução ficaria assim:

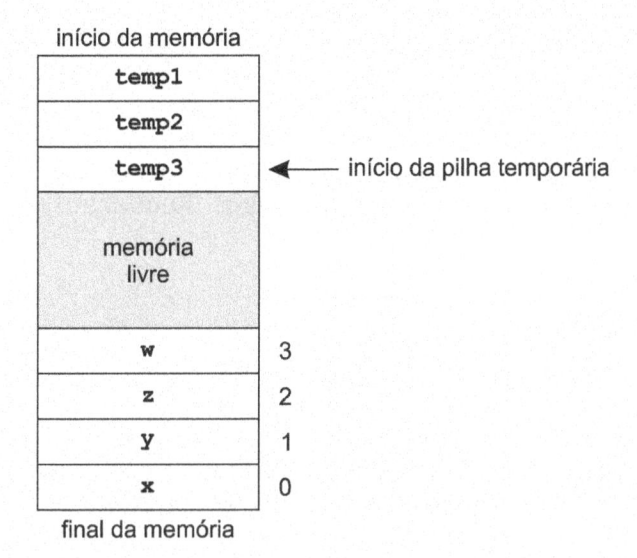

```
        início da memória
        ┌─────────────┐
        │    temp1    │
        ├─────────────┤
        │    temp2    │
        ├─────────────┤
        │    temp3    │  ◄──── início da pilha temporária
        ├─────────────┤
        │             │
        │   memória   │
        │    livre    │
        │             │
        ├─────────────┤
        │      w      │  3
        ├─────────────┤
        │      z      │  2
        ├─────────────┤
        │      y      │  1
        ├─────────────┤
        │      x      │  0
        └─────────────┘
         final da memória
```

Dependendo da arquitetura, podemos precisar de alguns registros de controle a fim de apontar para o final e/ou início da memória, usar esses endereços "absolutos" das variáveis como deslocamentos do ponteiro do final e usar o ponteiro do início da memória como ponteiro do "início da pilha temporária" ou computar deslocamentos dos temporários a partir de um ponteiro de início fixo. Também seria possível usar a pilha do processador como pilha temporária.

Para implementar esse ambiente de execução, a tabela de símbolos no compilador TINY precisa, conforme descrito no último capítulo, manter os endereços das variáveis na memória. Isso é feito com um parâmetro de localização na função **st_insert** e com a inclusão de uma função **st_lookup** que recupera a localização de uma variável (Apêndice B, linha 1166 e 1171):

```
void st_insert ( char * name, int lineno, inc loc );
int st_lookup ( char * name );
```

O analisador semântico deve, por sua vez, atribuir endereços a variáveis quando elas forem encontradas pela primeira vez. Isso é feito pela manutenção de um contador de localizações de memória estática que recebe como valor inicial o primeiro endereço (Apêndice B, linha 1413):

```
static int location = 0;
```

Cada vez que uma variável for encontrada (em uma declaração de leitura, uma atribuição ou uma expressão identificadora), o analisador semântico executa o código (Apêndice B, linha 1454):

```
if (st_lookup(t->attr.name) == -1)
   st_insert(t->attr.name,t->lineno,location++);
else
   st_insert(t->attr.name,t->lineno,0);
```

Quando **st_lookup** retorna –1, a variável ainda não está na tabela.

Nesse caso, uma nova localização é gravada, e o contador de localizações é incrementado. Caso contrário, a variável já está na tabela, e a tabela de símbolos ignora o parâmetro de localização (e escrevemos zero como localização padrão).

Isso trata da alocação das variáveis com nomes em um programa TINY; a alocação das variáveis temporárias no início da memória, bem como as operações requeridas para manter essa alocação, ficarão por conta do gerador de código, discutido no próximo capítulo.

EXERCÍCIOS

7.1 Apresente uma organização possível para o ambiente de execução do programa em FORTRAN77 a seguir, similar ao da Figura 7.2. Verifique que foram incluídos ponteiros de memória conforme existiriam durante a ativação de **AVE**.

```
         REAL A(SIZE),AVE
         INTEGER N, I
    10   READ *, N
         IF (N.LE.0.OR.N.GT.SIZE) GOTO 99
         READ *,(A(I),I=1,N)
         PRINT *, 'AVE = ',AVE(A,N)
         GOTO 10
    99   CONTINUE
         END
         REAL FUNCTION AVE(B,N)
         INTEGER I, N
         REAL B(N),SUM
         SUM = 0.0
         DO 20  I=1,N
    20   SUM=SUM+B(I)
         AVE = SUM/N
         END
```

7.2 Apresente uma organização possível para o ambiente de execução para o programa em C a seguir, similar ao da Figura 7.4.
   a. Após entrar no bloco **A** na função **f**.
   b. Após entrar no bloco **B** na função **g**.

```
int a[10];
char * s = "hello";

int f(int i, int b[])
{ int j=i;
   A:{  int i=j;
        char c = b[i];
        ...
     }
   return 0;
}
```

```
        void g(char * s)
        { char c = s[0];
          B:{ int a[5];
              ...
            }
        }
        main( )
        { int x=1;
          x = f(x,a);
          g(s);
          return 0;
        }
```

7.3 Apresente uma organização possível para o ambiente de execução para o programa em C da Figura 4.1 após a segunda ativação de **factor**, com a cadeia de entrada (2).

7.4 Apresente a pilha de registros de ativação para o programa em Pascal a seguir; mostre as vinculações de controle e de acesso, após a segunda ativação do procedimento **c**. Descreva como a variável **x** é acessada dentro de **c**.

```
        program env;

        procedure a;
        var x: integer;

           procedure b;
              procedure c;
              begin
                 x := 2;
                 b;
              end;
           begin (* b *)
                c;
           end;
        begin (* a *)
           b;
        end;

        begin (* main *)
           a;
        end.
```

7.5 Apresente a pilha de registros de ativação para o programa em Pascal a seguir:
   a. Após a ativação de **a** na primeira ativação de **p**.
   b. Após a ativação de **a** na segunda ativação de **p**.

c. O que o programa imprime e por quê?

```
program closureEx(output);
var x: integer;

procedure one;
begin
  writeln(x);
end;

procedure p(procedure a);
begin
  a;
end;

procedure q;
var x: integer;
    procedure two;
    begin
      writeln(x);
    end;

begin
  x := 2;
  p(one);
  p(two);
end; (* q *)

begin (* main *)
  x := 1;
  q;
end.
```

7.6 Considere o programa em Pascal a seguir. Assumindo uma entrada de usuário composta pelos três números 1, 2, 0, apresente a pilha de registros de ativação quando o número 1 for impresso pela primeira vez. Inclua todas as vinculações de controle e de acesso, e todos os parâmetros e variáveis globais, e assuma que todos os procedimentos sejam armazenados no ambiente como fechos.

```
program procenv(input,output);

procedure dolist (procedure print);
var x: integer;
  procedure newprint;
  begin
    print;
    writeln(x);
  end;
```

```
begin (* dolist *)
  readln(x);
  if x = 0 then begin
    print;
    print;
  end
  else dolist(newprint);
end; (* dolist *)

procedure null;
begin
end;

begin (* main *)
  dolist(null);
end.
```

7.7 Um compilador FORTRAN77, para alocação completamente estática, precisa estimar a quantidade máxima de temporários requerida para a computação de qualquer expressão em um programa. Crie um método para estimar a quantidade necessária de temporários para computar uma expressão, percorrendo a árvore de expressões. Assuma que as expressões sejam avaliadas da esquerda para a direita e que cada subexpressão à esquerda precise ser gravada em um temporário.

7.8 Nas linguagens que permitem quantidade variável de argumentos em ativações de procedimentos, uma forma de determinar o primeiro argumento é computar os argumentos em ordem invertida, conforme descrito na Seção 7.3.1.

    a. Uma alternativa para a computação dos argumentos na ordem inversa seria reorganizar o registro de ativação para que o primeiro argumento ficasse disponível mesmo na presença de argumentos variáveis. Descreva essa organização do registro de ativação e a seqüência de ativação que seria requerida por ela.

    b. Outra alternativa para a computação dos argumentos na ordem inversa é usar um terceiro ponteiro (além de sp e fp), que é em geral denominado ap (ponteiro de argumento). Descreva uma estrutura de registros de ativação que use um ap para identificar o primeiro argumento e a seqüência de ativação requerida.

7.9 O texto descreve como tratar parâmetros de comprimento variável (como matrizes abertas) que são passados por valor (ver o Exemplo 7.6) e estabelece que uma solução similar funciona para variáveis locais de comprimento variável. Entretanto, existe um problema quando parâmetros de comprimento variável *e* variáveis locais estão presentes. Descreva o problema e uma solução, com base no procedimento de exemplo em Ada a seguir:

```
type IntAr is Array(Integer range <>) of Integer;
...
procedure f(x: IntAr; n:Integer) is
y: Array(1..n) of Integer;
i: Integer;
begin
   ...
end f;
```

7.10 Uma alternativa para o encadeamento de acessos em uma linguagem com procedimentos locais é manter as vinculações de acesso em uma matriz fora da pilha, indexada pelo nível de aninhamento. Essa matriz é denominada **exibição**. Por exemplo, a pilha de execução da Figura 7.12 ficaria assim com uma exibição

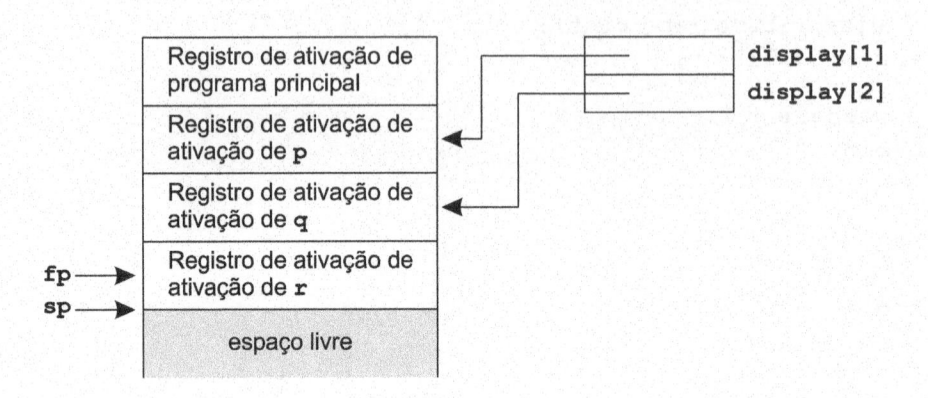

```
                ┌─────────────────────────┐
                │ Registro de ativação de │◄──────┐  ┌──┐
                │ programa principal      │       │  │  │── display[1]
                ├─────────────────────────┤       │  │  │── display[2]
                │ Registro de ativação de │◄──┐   │  └──┘
                │ ativação de p           │   │   │
                ├─────────────────────────┤   │   │
                │ Registro de ativação de │◄──┼───┘
                │ ativação de q           │   │
                ├─────────────────────────┤   │
         fp──►  │ Registro de ativação de │   │
         sp──►  │ ativação de r           │
                ├─────────────────────────┤
                │ espaço livre            │
                └─────────────────────────┘
```

e a pilha de ativação da Figura 7.13 ficaria assim:

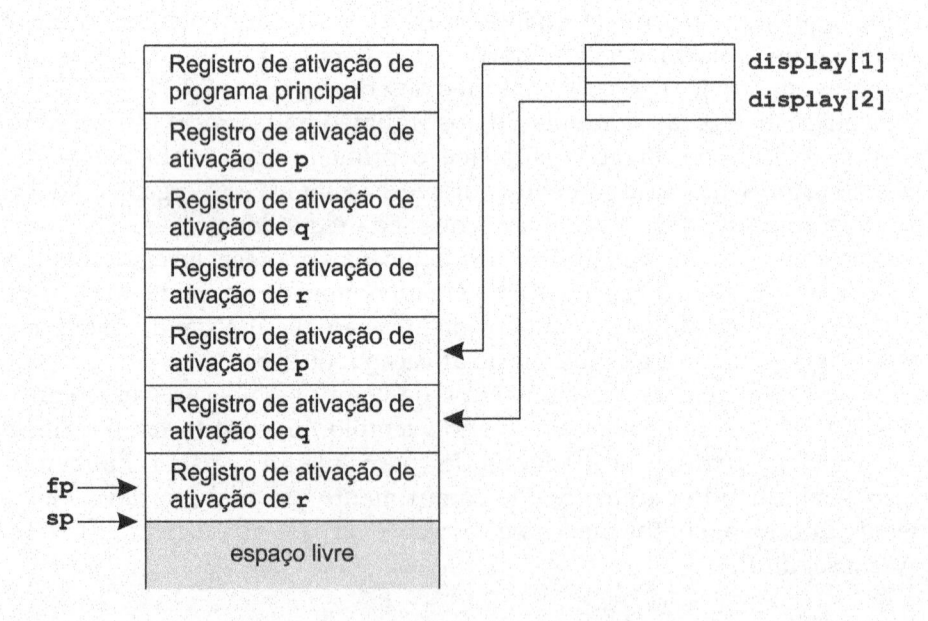

```
                ┌─────────────────────────┐
                │ Registro de ativação de │◄──────┐  ┌──┐
                │ programa principal      │       │  │  │── display[1]
                ├─────────────────────────┤       │  │  │── display[2]
                │ Registro de ativação de │       │  └──┘
                │ ativação de p           │       │
                ├─────────────────────────┤       │
                │ Registro de ativação de │       │
                │ ativação de q           │       │
                ├─────────────────────────┤       │
                │ Registro de ativação de │       │
                │ ativação de r           │       │
                ├─────────────────────────┤       │
                │ Registro de ativação de │◄──────┘
                │ ativação de p           │
                ├─────────────────────────┤
                │ Registro de ativação de │◄──┐
                │ ativação de q           │
                ├─────────────────────────┤
         fp──►  │ Registro de ativação de │
         sp──►  │ ativação de r           │
                ├─────────────────────────┤
                │ espaço livre            │
                └─────────────────────────┘
```

a. Descreva como a exibição pode melhorar a eficiência das referências não locais de procedimentos profundamente aninhados.
b. Refaça o Exercício 7.4 usando uma exibição.
c. Descreva a seqüência de ativação necessária para implementar uma exibição.
d. Existe um problema no uso da exibição em uma linguagem com parâmetros de procedimentos. Descreva o problema com base no Exercício 7.5.

7.11 Considere o procedimento em C a seguir:

```
void f ( char c, char s[10], double r )
{ int * x;
  int y[5];
  ...
}
```

a. Com base nas convenções de passagem de parâmetros padrão de C, e assumindo como tamanhos de dados integer = 2 bytes, char = 1 byte, double = 8 bytes, endereço = 4 bytes, determine os deslocamentos a partir de fp para os seguintes casos, com base na estrutura de registros de ativação descritas neste capítulo: (1) c, (2) s[7], (3) y[2].
b. Repita o item (a) assumindo que todos os parâmetros sejam passados por valor (inclusive as matrizes).
c. Repita o item (a) assumindo que todos os parâmetros sejam passados por referência.

7.12 Execute o programa em C a seguir e explique sua saída em termos do ambiente de execução:

```
#include <stdio.h>

void g(void)
{ {int x;
  printf("%d\n",x);
  x = 3;}
  {int y;
  printf("%d\n",y);}
}

int* f(void)
{ int x;
  printf("%d\n",x);
  return &x;
}

void main( )
{ int *p;
  p = f( );
  *p = 1;
  f( );
  g( );
}
```

7.13 Apresente o estado dos objetos na memória para as classes em C++ a seguir, juntamente com as tabelas de função virtual conforme descritas na Seção 7.4.2:

```
class A
{ public:
  int a;
  virtual void f( );
  virtual void g( );
};
```

```
        class B : public A
        { public:
          int b;
          virtual void f( );
          void h( );
        };
        class C : public B
        { public:
          int c;
          virtual void g( );
        }
```

7.14 Uma tabela de função virtual em uma linguagem orientada a objetos preserva o percurso pelo grafo de heranças em busca de um método, mas isso tem um custo. Explique esse custo.

7.15 Apresente a saída do programa a seguir (escrito em C) com base nos quatro métodos de passagem de parâmetros discutidos na Seção 7.5:

```
        #include <stdio.h>
        int i=0;

        void p(int x, int y)
        { x += 1;
          i += 1;
          y += 1;
        }

        main( )
        { int a[2]={1,1};
          p(a[i],a[i]);
          printf("%d %d\n",a[0],a[1]);
          return 0;
        }
```

7.16 Apresente a saída do programa a seguir (escrito em C) com base nos quatro métodos de passagem de parâmetros discutidos na Seção 7.5:

```
        #include <stdio.h>
        int i=0;

        void swap(int x, int y)
        { x = x + y;
          y = x - y;
          x = x - y;
        }
```

```
main ( )
{   int a[3] = {1,2,0};
    swap(i,a[i]);
    printf("%d %d %d %d\n",i,a[0],a[1],a[2]);
    return 0;
}
```

7.17 Suponha que a sub-rotina em FORTRAN77 P seja declarada assim

```
SUBROUTINE P(A)
INTEGER A
PRINT *, A
A = A + 1
RETURN
END
```

e ativada pelo programa principal assim:

```
CALL P(1)
```

Em alguns sistemas FORTRAN77, isso provocará um erro de execução. Em outros, não ocorrerá erro de execução, mas se a sub-rotina for ativada novamente com 1 como argumento, ela poderá imprimir o valor 2. Explique como os dois comportamentos poderiam ocorrer em termos do ambiente de execução.

7.18 Uma variação da passagem por nome é a **passagem por texto**, em que os argumentos são avaliados com atraso, assim como na passagem por nome, mas cada argumento é avaliado no ambiente do procedimento ativado em vez do ambiente ativador.
   a. Mostre que a passagem por texto pode apresentar resultados diferentes da passagem por nome.
   b. Descreva uma organização de ambiente de execução e uma seqüência de ativação que poderiam ser usados para implementar a passagem por texto.

EXERCÍCIOS DE PROGRAMAÇÃO

7.19 Conforme descrito na Seção 7.5, a passagem por nome, ou avaliação atrasada, pode ser vista como o empacotamento de um argumento em um corpo de função (ou suspensão), que é ativado cada vez que aparecer um parâmetro no código. Reescreva o código em C do Exercício 7.16, para implementar os parâmetros da função **swap** dessa forma, e verifique que o resultado é equivalente à passagem por nome.

7.20 a. Conforme descrito na Seção 7.5.4, uma melhoria de eficiência na passagem por nome pode ser conseguida pela memorização do valor de um argumento na primeira vez que ele for avaliado. Reescreva seu código do exercício anterior para implementar a memorização; compare os resultados com os daquele exercício.
   b. A memorização pode gerar resultados diferentes da passagem por nome. Explique como isso pode ocorrer.

7.21 A compactação (Seção 7.4.4) pode ser efetuada em um passo separado da coleta de lixo e executada por `malloc` se uma requisição de memória falhar, em razão da falta de um bloco suficientemente grande.
   a. Reescreva o procedimento `malloc` da Seção 7.4.3 e inclua um passo de compactação.
   b. A compactação exige que a localização do espaço alocado anteriormente seja alterada, e isso significa que um programa precisa acompanhar as alterações. Descreva como usar uma tabela de ponteiros para blocos de memória a fim de resolver esse problema; e reescreva o seu código da parte (a) para incluir isso.

NOTAS E REFERÊNCIAS

O ambiente totalmente estático de FORTRAN77 (e versões anteriores de FORTRAN) representa uma abordagem natural e simples para projetar o ambiente e é similar aos ambientes dos montadores. Os ambientes baseados em pilhas ficaram populares com a inclusão da recursão em linguagens como Algol60 (Naur, 1963). Randell e Russell (1964) descrevem em detalhes um dos primeiros ambientes baseados em pilhas para Algol60. A organização do registro de ativação e de seqüência de ativações para alguns compiladores C é descrita em Johnson e Ritchie (1981). O uso de uma exibição em vez do encadeamento de acessos (Exercício 7.10) é descrito em detalhes em Fischer e LeBlanc (1991), incluindo os problemas de seu uso em uma linguagem com parâmetros de procedimentos.

O gerenciamento de memória dinâmico é discutido em diversos livros sobre estruturas de dados, como Aho et al. (1983). Uma revisão geral recente e útil é dada em Drozdek e Simon (1995). O código para implementar `malloc` e `free` que é similar, mas ligeiramente menos sofisticado que o código apresentado na Seção 7.4.3, aparece em Kernighan e Ritchie (1988). O projeto de uma estrutura de *heap* para uso na compilação é discutido em Fraser e Hanson (1995).

Uma visão geral da coleta de lixo pode ser encontrada em Wilson (1992) ou em Cohen (1981). Um coletor de lixo e um ambiente de execução gerativos para a linguagem funcional ML são descritos em Appel (1992). O compilador da linguagem funcional Gofer (Jones, 1984) contém coletores de lixo de marcar e varrer e de dois espaços.

Em Budd (1987) há uma descrição de um ambiente totalmente dinâmico para um pequeno sistema Smalltalk, que inclui o uso do grafo de heranças e um coletor de lixo com contagem de referências. O uso de uma tabela de função virtual em C++ é descrito em Ellis e Stroustrup (1990), juntamente com extensões para tratar a herança múltipla.

Exemplos adicionais de técnicas de passagem de parâmetros podem ser encontradas em Louden (1993), no qual uma descrição da avaliação por demanda pode também ser encontrada. Técnicas de implementação para a avaliação por demanda podem ser encontradas em Peyton Jones (1987).

Capítulo 8

Geração de Código

8.1 Código intermediário e estruturas de dados para geração de código
8.2 Técnicas básicas para geração de código
8.3 Geração de código para referências a estruturas de dados
8.4 Geração de código para declarações de controle e expressões lógicas
8.5 Geração de código para chamadas de procedimentos e funções
8.6 Geração de código em compiladores comerciais: dois estudos de casos
8.7 TM: uma máquina-alvo simples
8.8 Gerador de código para a linguagem TINY
8.9 Revisão das técnicas de otimização de código
8.10 Otimizações simples para o gerador de código TINY

Neste capítulo, consideraremos a tarefa final de um compilador, que é gerar código executável para uma máquina-alvo, o qual deve ser uma representação fiel da semântica do código-fonte. A geração de código é a fase mais complexa de um compilador, pois depende não apenas das características da linguagem-fonte, mas também de informações detalhadas da arquitetura-alvo, da estrutura do ambiente de execução e do sistema operacional da máquina-alvo. A geração de código envolve também, normalmente, tentativas de **otimizar**, ou melhorar, a velocidade e/ou tamanho do código-alvo, com a coleta de informações adicionais sobre o programa-fonte e o ajuste do código gerado para fazer uso das características específicas da máquina-alvo, como registradores, modos de endereçamento, encadeamento e memória de armazenamento intermediário.

Em razão da complexidade da geração de código, um compilador tipicamente quebra essa fase em vários passos, que usam diversas estruturas de dados intermediárias, e freqüentemente requerem alguma forma de código abstrato, denominado **código intermediário**. Um compilador pode também não chegar a gerar código executável, mas em vez disso desenvolver alguma forma de código de montagem que precise ser processado por um montador, um vinculador e um carregador, os quais podem ser fornecidos pelo sistema operacional ou juntamente com o compilador. Neste capítulo, iremos nos deter apenas nos conceitos básicos da geração de código intermediário e de montagem, que podem ter muitas características em comum.

Ignoramos a questão do processamento adicional do código de montagem em código executável, que pode ser tratado de forma mais adequada em textos sobre linguagens de montagem ou sobre programação de sistemas.

Na primeira seção deste capítulo, revisaremos duas formas populares de código intermediário, o código de três endereços e o P-código, e discutiremos algumas de suas propriedades. Na segunda seção, descreveremos os algoritmos básicos para gerar código intermediário ou de montagem. Nas seções subseqüentes, serão discutidas as técnicas de geração de código para diversas características de linguagens, incluindo expressões, declarações de atribuição e de fluxo de controle, como as declarações *if* e *while* e ativações de procedimentos/funções. Após essas seções, teremos estudos de casos do código produzido para essas características por dois compiladores comerciais: o compilador Borland C para a arquitetura 80×86 e o compilador Sun C para a arquitetura Sparc RISC.

Em uma seção subseqüente, aplicaremos as técnicas estudadas nas seções anteriores para desenvolver um gerador de código de montagem para a linguagem TINY. Como a geração de código com esse nível de detalhamento requer uma máquina-alvo, discutiremos primeiramente uma arquitetura-alvo simples e um simulador de máquina denominado TM, para o qual uma listagem-fonte é apresentada no Apêndice C. Nesta etapa, o gerador de código completo para TINY será descrito. Finalmente, apresentaremos um resumo das técnicas padrão para melhoria de código, ou otimização, e descreveremos como algumas das técnicas mais simples podem ser incorporadas no gerador de código TINY.

8.1 CÓDIGO INTERMEDIÁRIO E ESTRUTURAS DE DADOS PARA GERAÇÃO DE CÓDIGO

Uma estrutura de dados que represente o programa-fonte durante a tradução é denominada **representação intermediária**, ou **IR**. Neste texto, utilizamos até aqui uma árvore sintática abstrata como IR principal. Além da IR, a estrutura de dados principal usada durante a tradução é a tabela de símbolos, apresentada no Capítulo 6.

Apesar de a árvore sintática abstrata ser uma representação perfeitamente adequada do código-fonte, mesmo para a geração de código (conforme será visto em uma seção adiante), ela em nada se assemelha ao código-alvo, em particular em sua representação das construções de fluxo de controle, na qual o código-alvo como o código de máquina ou de montagem utiliza saltos em vez de construções de alto nível, como as declarações *if* e *while*. Portanto, o programador de um compilador pode preferir gerar uma nova forma de representação intermediária, a partir da árvore sintática, que se assemelhe melhor ao código-alvo ou substitua a árvore sintática por essa representação intermediária, e em seguida gerar o código-alvo a partir dessa nova representação. Essa representação intermediária semelhante ao código-alvo é denominada **código intermediário**.

O código intermediário pode assumir muitas formas – existem quase tantos estilos de código intermediário quanto compiladores. Todos, entretanto, representam alguma forma de **linearização** da árvore sintática, ou seja, uma representação da árvore sintática em forma seqüencial. O código intermediário pode ser de nível muito alto e representar todas as operações de forma quase tão abstrata quanto uma árvore sintática, ou de nível mais próximo do código-alvo. Ele pode ou não usar informações detalhadas sobre a máquina-alvo e o ambiente de execução, como o tamanho dos tipos de dados, as localizações das variáveis e a disponibilidade de registradores. Ele pode ou não incorporar todas as informações contidas na tabela de símbolos, como escopos, níveis de aninhamento e ajustes das variáveis. Se incorporar, a geração do código-alvo pode se basear puramente no código intermediário; se não incorporar, o compilador deve preservar a tabela de símbolos para a geração do código-alvo.

O código intermediário é particularmente útil quando o objetivo do compilador é produzir código extremamente eficiente, pois isso requer uma quantidade significativa de análise das propriedades do código-alvo, o que é facilitado pelo uso do código intermediário. Em particular, estruturas de dados adicionais que incorporem informações da análise detalhada posterior à análise sintática podem ser geradas com facilidade a partir do código intermediário, embora não seja impossível fazer isso diretamente a partir da árvore sintática.

O código intermediário pode também ser útil para facilitar o redirecionamento de um compilador para outros alvos: se o código intermediário for relativamente independente da máquina-alvo, gerar código para uma máquina-alvo diferente exigirá apenas que o tradutor do código intermediário para o código-alvo seja reescrito, o que em geral é mais fácil do que reescrever todo o gerador de código.

Nesta seção, estudaremos duas formas populares de código intermediário: **código de três endereços** e **P-código**. As duas assumem diversas formas distintas, e nosso estudo aqui se concentrará apenas em suas características gerais em vez de apresentar uma descrição detalhada de uma versão de cada forma. Descrições detalhadas podem ser encontradas na literatura descrita na seção de Notas e Referências, no final do capítulo.

8.1.1 Código de três endereços

A instrução mais básica do código de três endereços é projetada para representar a avaliação de expressões aritméticas, e tem a seguinte forma geral:

```
x = y op z
```

Essa instrução expressa a aplicação do operador *op* aos valores de **y** e **z** e a atribuição desse valor como novo valor de **x**. Aqui, *op* pode ser um operador aritmético como **+** ou **-**, ou algum outro operador que possa operar sobre os valores de **y** e **z**.

O nome "código de três endereços" advém dessa forma de instrução, pois em geral cada um dos nomes **x**, **y** e **z** representa um endereço na memória. Observe, entretanto, que o uso do endereço de **x** difere do uso dos endereços de **y** e **z**, e que **y** e **z** (mas não **x**) podem representar constantes ou literais sem endereços na execução.

Para ver como as seqüências de código de três endereços dessa forma podem representar a computação de uma expressão, considere a expressão aritmética

```
2*a+(b-3)
```

com a árvore sintática

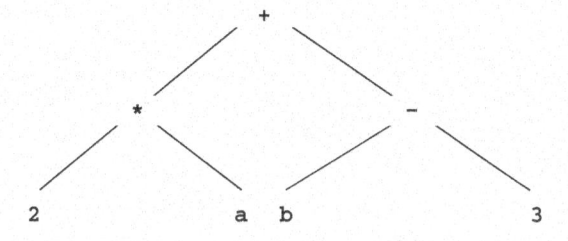

O código de três endereços correspondente é

```
t1 = 2 * a
t2 = b - 3
t3 = t1 + t2
```

O código de três endereços requer que o compilador gere nomes para os temporários, que denominamos nesse exemplo **t1**, **t2** e **t3**. Esses temporários correspondem aos nós interiores da árvore sintática e representam seus valores computados, com o temporário final (**t3**, nesse exemplo) representando o valor da raiz.[1] A forma como esses temporários devem ser alocados na memória não é especificada por esse código: em geral, eles são

---

[1]. Os nomes **t1**, **t2** e assim por diante são apenas representantes do estilo geral de código. Os nomes temporários no código de três endereços devem ser diferentes de todos os nomes que poderiam ser usados no código-fonte, se os nomes do código-fonte se misturarem a eles, como aqui.

atribuídos a registradores, mas podem também ser mantidos em registros de ativação (ver a discussão sobre a pilha temporária no capítulo anterior).

O código de três endereços dado anteriormente representa uma linearização da esquerda para a direita da árvore sintática, pois o código correspondente à avaliação da subárvore à esquerda da raiz é listada em primeiro lugar. Um compilador pode preferir uma ordem diferente sob certas circunstâncias. Simplesmente observamos aqui que pode ocorrer uma outra ordem para esse código de três endereços, por exemplo (com um significado distinto para os temporários),

```
t1 = b - 3
t2 = 2 * a
t3 = t2 + t1
```

Claramente, a forma única de código de três endereços que mostramos não é suficiente para representar todas as características até mesmo da menor linguagem de programação possível. Por exemplo, operadores unários como a negação requerem uma variação do código de três endereços que contenha apenas dois endereços, como em

```
t2 = - t1
```

Para acomodar todas as construções de uma linguagem de programação padrão, será preciso variar a forma do código de três endereços para cada construção. Se uma linguagem contiver características pouco usuais, pode ser necessário inventar novas formas de código de três endereços para expressar essas características. Essa é uma das razões por que não existe uma forma padrão para o código de três endereços (do mesmo modo como não existe uma forma padrão para as árvores sintáticas).

Nas próximas seções deste capítulo, trataremos individualmente algumas construções comuns de linguagens de programação, para mostrar como elas em geral são traduzidas como código de três endereços. Entretanto, para dar uma idéia do que esperar, apresentamos aqui um exemplo completo da linguagem TINY introduzida anteriormente.

Considere o programa de exemplo em TINY da Seção 1.7 (Capítulo 1), que computa o máximo divisor comum de dois inteiros, o qual reapresentamos na Figura 8.1. Um código de três endereços de exemplo para esse programa é dado na Figura 8.2. Esse código contém diversas formas diferentes de código de três endereços. Primeiro, as operações internas de entrada e saída de dados **read** e **write** foram traduzidas diretamente como instruções de um endereço.

```
{ Programa de exemplo
  na linguagem TINY --
  computa o fatorial
}
read x; { inteiro de entrada }
if 0 < x then { não computa se x <= 0 }
  fact := 1;
  repeat
    fact := fact * x;
    x := x - 1
  until x = 0;
  write fact { fatorial de x como saída }
end
```

Figura 8.1 Exemplo de programa em TINY.

```
read x
t1 = x > 0
if_false t1 goto L1
fact = 1
label L2
t2 = fact * x
fact = t2
t3 = x - 1
x = t3
t4 = x == 0
if_false t4 goto L2
write fact
label L1
halt
```

Figura 8.2 Código de três endereços para o programa em TINY da Figura 8.1.

Segundo, existe uma instrução de salto condicional `if_false` usada para traduzir as declarações *if* e *repeat* e que contém dois endereços: o valor condicional a ser testado e o endereço de código para onde deve ocorrer o salto. As posições dos endereços de salto são também indicadas por instruções `label` (de um endereço). Dependendo das estruturas de dados usadas para implementar o código de três endereços, essas instruções `label` podem ser desnecessárias. Terceiro, uma instrução `halt` (sem endereços) serve para marcar o final do código.

Finalmente, observamos que as atribuições no código-fonte resultam na geração de **instruções de cópia** da forma

```
x = y
```

Por exemplo, a declaração de exemplo do programa

```
fact := fact * x;
```

é traduzida nas seguintes instruções de código de três endereços

```
t2 = fact * x
fact = t2
```

embora uma instrução de três endereços fosse suficiente. Isso se deve a razões técnicas que serão explicadas na Seção 8.2.

8.1.2 Estruturas de dados para a implementação do código de três endereços

O código de três endereços normalmente não é implementado em forma textual como escrevemos aqui (embora isso seja possível). Em vez disso, cada instrução de três endereços é implementada como uma estrutura de registros com diversos campos, e a seqüência de instruções de três endereços é implementada como uma matriz ou lista ligada, que pode ser armazenada na memória ou escrita e lida a partir de arquivos temporários quando necessário.

A implementação mais comum do código de três endereços é feita essencialmente como apresentado, significando que são necessários quatro campos: um para a operação e três para os endereços. Para as instruções que usam menos que três endereços, um ou mais desses campos de endereços recebe um valor nulo ou "vazio"; a escolha dos campos depende da implementação. Como são necessários quatro campos, essa representação do código de três endereços é denominada **quádrupla**. Uma possível implementação quádrupla do código de três endereços da Figura 8.2 é dada na Figura 8.3, onde as quádruplas foram escritas em notação matemática de "tupla".

Os **typedef**s em C que podem implementar as quádruplas da Figura 8.3 são dados na Figura 8.4. Nessas definições, um endereço pode ser apenas uma constante inteira ou uma cadeia de caracteres (que representa o nome de um temporário ou variável). Como são usados nomes, esses nomes precisam ser colocados em uma tabela de símbolos, e serão necessárias buscas na tabela durante o processamento. Uma alternativa para a manutenção dos nomes nas quádruplas são ponteiros para células da tabela de símbolos. Isso evita a necessidade de buscas adicionais e é particularmente vantajoso em linguagens com escopos aninhados, nas quais informações adicionais de escopo além do nome são requeridas para uma busca. Se forem inseridas na tabela de símbolos também constantes, não há necessidade de união no tipo de dados **Address**.

Uma implementação diferente do código de três endereços são as instruções para representar os temporários. Isso reduz a necessidade dos campos de endereços de três para dois, pois em uma instrução de três endereços contendo todos os três endereços, o endereço-alvo é sempre um temporário.[2] Essa implementação do código de três endereços recebe o nome de **tripla**. Ela requer que cada instrução de três endereços seja referenciável, como um índice de uma matriz ou como um ponteiro de uma lista ligada. Como exemplo, uma representação abstrata de uma implementação do código de três endereços da Figura 8.2 como triplas é dada na Figura 8.5.

```
(rd,x,_,_)
(gt,x,0,t1)
(if_f,t1,L1,_)
(asn,1,fact,_)
(lab,L2,_,_)
(mul,fact,x,t2)
(asn,t2,fact,_)
(sub,x,1,t3)
(asn,t3,x,_)
(eq,x,0,t4)
(if_f,t4,L2,_)
(wri,fact,_,_)
(lab,L1,_,_)
(halt,_,_,_)
```

Figura 8.3 Implementação em quádruplas para o código de três endereços da Figura 8.2.

---

2. Isso não é uma verdade universal para o código de três endereços, mas pode ser garantido por implementação. Isso é verdade, por exemplo, para o código da Figura 8.2 (veja também a Figura 8.3).

```
typedef enum {rd,gt,if_f,asn,lab,mul,
              sub,eq,wri,halt,...} OpKind;
typedef enum {Empty,IntConst,String} AddrKind;
typedef struct
        { AddrKind kind;
          union
          { int val;
            char * name;
          } contents;
        } Address;
typedef struct
        { OpKind op;
          Address addr1, addr2, addr3;
        } Quad;
```

Figura 8.4 Código em C que define as estruturas de dados possíveis para as quádruplas da Figura 8.3.

Nessa figura, usamos um sistema de enumeração que corresponderia aos índices de matriz para representar as triplas. As referências de triplas são também diferenciadas das constantes pela sua colocação entre parênteses. Na Figura 8.5, eliminamos as instruções `label` e as substituímos por referências aos índices das triplas.

As triplas são uma maneira eficiente de representar o código de três endereços, pois o espaço é reduzido e o compilador não precisa gerar nomes para os temporários. Entretanto, as triplas têm uma grande desvantagem, pois, se forem representadas como índices de matriz, qualquer movimentação de suas posições se torna difícil. Uma representação com listas ligadas, do outro lado, não apresenta essa dificuldade. Questões adicionais a respeito de triplas e o código em C apropriado para a definição de triplas são deixados para os exercícios.

```
(0)     (rd,x,_)
(1)     (gt,x,0)
(2)     (if_f,(1),(11))
(3)     (asn,1,fact)
(4)     (mul,fact,x)
(5)     (asn,(4),fact)
(6)     (sub,x,1)
(7)     (asn,(6),x)
(8)     (eq,x,0)
(9)     (if_f,(8),(4))
(10)    (wri,fact,_)
(11)    (halt,_,_)
```

Figura 8.5 Uma representação do código de três endereços da Figura 8.2 como triplas.

8.1.3 P-código

O P-código iniciou sua história como um código de montagem-alvo padrão produzido pelos compiladores Pascal dos anos 1970 e início dos anos 1980. Ele foi projetado como código de uma máquina hipotética baseada em pilhas, denominada **P-máquina**, para a qual foi escrito um interpretador para diversas máquinas reais. A idéia era facilitar a transportabilidade dos compiladores Pascal, ao exigir que apenas o interpretador da P-máquina fosse reescrito para uma nova plataforma. O P-código se mostrou útil também como código intermediário, e diversas extensões e modificações têm sido usadas em diversos compiladores de código nativo, a maioria para linguagens derivadas de Pascal.

Como o P-código foi projetado para ser executado diretamente, ele contém uma descrição implícita de um ambiente de execução específico, que inclui os tamanhos de dados, bem como diversas informações específicas da P-máquina, que devem ser conhecidas para que um programa em P-código seja compreensível. Para evitar esse detalhe, descreveremos aqui uma versão abstrata simplificada do P-código, apropriada para a apresentação. As descrições das diversas versões de P-código propriamente dito podem ser encontradas em diversas referências listadas no final do capítulo.

Para nossos propósitos, a P-máquina é composta por uma memória de código, uma memória de dados não especificada para variáveis com nomes e uma pilha para dados temporários, juntamente com os registradores necessários para manter a pilha e para dar suporte à execução.

Como primeiro exemplo de P-código, considere a expressão

```
2*a+(b-3)
```

usada na Seção 8.1.1, cuja árvore sintática aparece naquela mesma seção. Nossa versão de P-código para essa expressão é apresentada a seguir:

```
ldc 2    ; carrega constante 2
lod a    ; carrega valor da variável a
mpi      ; multiplicação de inteiros
lod b    ; carrega valor da variável b
ldc 3    ; carrega constante 3
sbi      ; subtração de inteiros
adi      ; adição de inteiros
```

Essas instruções devem ser vistas como representações das seguintes operações na P-máquina: primeiro, **ldc 2** coloca o valor 2 na pilha temporária. A seguir, **lod a** coloca o valor da variável **a** na pilha. A instrução **mpi** retira esses dois valores da pilha, multiplica-os (em ordem inversa) e coloca o resultado na pilha. As duas instruções seguintes (**lod b** e **ldc 3**) colocam o valor de **b** e a constante 3 na pilha (há agora três valores na pilha). A instrução **sbi** retira os dois valores do topo da pilha, subtrai o primeiro do segundo e coloca o resultado na pilha. Finalmente, a instrução **adi** retira os dois valores restantes da pilha, soma-os, e coloca o resultado na pilha. O código se encerra com um único valor na pilha, que representa o resultado da computação.

Como segundo exemplo introdutório, considere a declaração de atribuição a seguir

```
x := y + 1
```

Ela corresponde às seguintes instruções de P-código:

```
lda x    ; carrega endereço de x
lod y    ; carrega valor de y
ldc 1    ; carrega constante 1
adi      ; adição
sto      ; armazena topo no endereço
         ; abaixo do topo & retira os dois
```

Observe como esse código computa o endereço de **x** primeiro, e depois o valor da expressão a ser atribuída a **x**, e finalmente executa um comando **sto**, que exige dois valores no topo da pilha temporária: o valor a ser armazenado e, abaixo dele, o endereço na memória de variáveis onde ele deve ser armazenado. A instrução **sto** também retira esses dois valores da pilha (e deixa a pilha vazia nesse exemplo). O P-código, portanto, diferencia o armazenamento de endereços (**lda**) dos valores ordinários (**lod**), correspondendo à diferença entre o uso de **x** à esquerda e o uso de **y** à direita da atribuição **x:=y+1**.

Como último exemplo de P-código nesta seção, apresentaremos uma tradução de P-código na Figura 8.6 para o programa em TINY da Figura 8.1, juntamente com comentários que descrevem cada operação.

O P-código na Figura 8.6 contém diversas instruções em P-código novas. Primeiramente, as instruções **rdi** e **wri** (sem parâmetros) implementam as declarações de inteiros **read** e **write** internas à TINY. A instrução em P-código **rdi** requer que o endereço da variável cujo valor deve ser lido esteja no topo da pilha, e esse endereço é retirado da pilha como parte da instrução. A instrução **wri** requer que o valor a ser escrito esteja no topo da pilha, e esse valor é retirado da pilha como parte da instrução. Outras instruções em P-código que aparecem na Figura 8.6 e não foram ainda discutidas são a instrução **lab**, que define a posição de um nome de rótulo; a instrução **fjp** ("salto falso"), que exige um valor booleano no topo da pilha (que é retirado); a instrução **sbi** (subtração de inteiros), cuja operação é similar a outras instruções aritméticas; e as operações de comparação **grt** ("maior que") e **equ** ("igual a"), que exigem dois valores inteiros no topo da pilha (os quais são retirados), e coloca na pilha os seus resultados booleanos. Finalmente, a instrução **stp** ("parada") corresponde à instrução **halt** do código de três endereços anterior.

```
lda x       ; carrega endereço de x
rdi         ; lê um inteiro, armazena no
            ; endereço no topo da pilha (& o retira)
lod x       ; carrega o valor de x
ldc 0       ; carrega a constante 0
grt         ; retira da pilha e compara os dois valores do topo
            ; coloca na pilha o resultado booleano
fjp L1      ; retira o valor booleano, salta para L1 se falso
lda fact    ; carrega endereço de fact
ldc 1       ; carrega constante 1
sto         ; retira dois valores, armazena primeiro
            ; em endereço representado pelo segundo
lab L2      ; definição do rótulo L2
lda fact    ; carrega endereço de fact
lod fact    ; carrega valor de fact
lod x       ; carrega valor de x
mpi         ; multiplica
sto         ; armazena topo em endereço do segundo & retira
lda x       ; carrega endereço de x
lod x       ; carrega valor de x
ldc 1       ; carrega constante 1
sbi         ; subtrai
sto         ; armazena (como no caso anterior)
lod x       ; carrega valor de x
ldc 0       ; carrega constante de 0
equ         ; teste de igualdade
fjp L2      ; salta para L2 se falso
lod fact    ; carrega valor de fact
wri         ; escreve topo da pilha & retira
lab L1      ; definição do rótulo L1
stp
```

Figura 8.6 P-código para o programa em TINY da Figura 8.1.

Comparação do P-código com o código de três endereços O P-código é em muitos aspectos mais próximo do código de máquina que o código de três endereços. As instruções de P-código também exigem menos endereços: todas as instruções vistas são de "um endereço" ou "nenhum endereço". Do outro lado, o P-código é menos compacto que o código de três endereços em termos de quantidade de instruções, e não é "auto-suficiente", pois as instruções operam implicitamente em uma pilha (e os endereços da pilha implícita são os endereços "omitidos"). A vantagem da pilha é que ela contém todos os valores temporários necessários em cada ponto do código, e o compilador não precisa atribuir nomes a qualquer um deles, como ocorre no código de três endereços.

Implementação do P-código Historicamente, o P-código tem sido gerado como um arquivo de texto, mas as descrições anteriores de implementações de estruturas de dados internas para o código de três endereços (quádruplas e triplas) também funcionarão com modificações apropriadas para o P-código.

8.2 TÉCNICAS BÁSICAS PARA GERAÇÃO DE CÓDIGO

Nesta seção, discutiremos as abordagens básicas para gerar código em geral, e nas seções subseqüentes trataremos a geração de código para construções individuais das linguagens.

8.2.1 Código intermediário ou código-alvo como atributo sintetizado

A geração de código intermediário (ou geração direta de código-alvo sem código intermediário) pode ser vista como uma computação de atributos similar a muitos dos problemas de atributos estudados no Capítulo 6. Se o código gerado for visto como um atributo de cadeia de caracteres (em que as instruções são separadas por caracteres de mudança de linha), esse código passa a ser um atributo sintetizado que pode ser definido com base em uma gramática de atributos e gerado diretamente durante a análise sintática ou por um percurso em pós-ordem da árvore sintática.

Para melhor visualizar como tanto o código de três endereços como o P-código podem ser definidos como atributos sintetizados, considere a gramática a seguir, que representa um pequeno subconjunto das expressões em C:

$exp \rightarrow \mathtt{id} = exp \,|\, aexp$
$aexp \rightarrow aexp + fator \,|\, fator$
$fator \rightarrow (exp) \,|\, \mathtt{num} \,|\, \mathtt{id}$

Essa gramática contém apenas duas operações, atribuição (com o símbolo =) e adição (com o símbolo +).[3] A marca **id** representa um identificador simples, e a marca **num** representa uma seqüência simples de dígitos, que por sua vez representam um inteiro. As duas marcas têm um atributo pré-computado *strval*, que é o valor da cadeia, ou lexema, da marca (por exemplo, "42" para um **num** ou "xtemp" para um **id**).

P-código Consideramos primeiramente o caso da geração de P-código, pois a gramática de atributos é mais simples, já que não existe a necessidade de gerar nomes para temporários. Entretanto, a existência das atribuições embutidas é uma complicação adicional. Nessa

---

3. A atribuição nesse exemplo tem a seguinte semântica: **x** = **e** armazena o valor de **e** em **x** e tem como valor resultante o mesmo valor de **e**.

situação, queremos preservar o valor armazenado como o valor resultante de uma expressão de atribuição, mas a instrução padrão de P-código **sto** é destrutiva, pois o valor atribuído é perdido. (Aqui, o P-código mostra suas origens do Pascal, em que não existem atribuições embutidas.) Resolvemos esse problema com a introdução de uma instrução de **armazenamento não destrutivo stn** em nosso P-código, a qual, assim como a instrução **sto**, assume um valor no topo da pilha e um endereço depois dele; **stn** armazena o valor no endereço mas preserva esse valor no topo da pilha enquanto descarta o endereço. Com essa nova instrução, uma gramática de atributos para um atributo de cadeia em P-código é dada na Tabela 8.1. Nessa figura, usamos o nome de atributo *pcod* para a cadeia de P-código. Também usamos duas notações diferentes para a concatenação de cadeias: ++ quando as instruções devem ser concatenadas como mudanças de linhas inseridas entre elas e || quando uma única instrução for construída e um espaço for inserido.

Deixamos para o leitor acompanhar a computação do atributo *pcod* em exemplos individuais e demonstrar que, por exemplo, a expressão **(x=x+3)+4** tem como atributo *pcod*

```
lda x
lod x
ldc 3
adi
stn
ldc 4
adi
```

Tabela 8.1 Gramática de atributos do P-código como um atributo de cadeia sintetizado

Regra Gramatical	Regras Semânticas
$exp_1 \to \text{id} = exp_2$	$exp_1.pcod = $ "lda" $|| $ id.$strval$ ++ $exp_2.pcod$ ++ "stn"
$exp \to aexp$	$exp.pcod = aexp.pcod$
$aexp_1 \to aexp_2 + fator$	$aexp_1.pcod = aexp_2.pcod$ ++ $fator.pcod$ ++ "adi"
$aexp \to fator$	$aexp.pcod = fator.pcod$
$fator \to (exp)$	$fator.pcod = exp.pcod$
$fator \to \text{num}$	$fator.pcod = $ "ldc" $\|\|$ num.$strval$
$fator \to \text{id}$	$fator.pcod = $ "lod" $\|\|$ id.$strval$

Código de três endereços Uma gramática de atributos para código de três endereços na gramática de expressões simples acima é dada na Tabela 8.2, na qual denominamos o atributo de código *tacode* e, assim como na Tabela 8.1, usamos ++ para a concatenação de cadeias com inserção de mudanças de linhas e || para concatenação de cadeias com espaços. Diferentemente do P-código, o código de três endereços requer que nomes temporários sejam gerados para resultados intermediários em expressões, e isso requer que a gramática de atributos inclua um novo atributo *nome* para cada nó. Esse atributo também é sintetizado, mas para que os nós interiores recebam nomes temporários novos, usamos uma função *newtemp*( ), que deve gerar uma seqüência de nomes temporários **t1, t2, t3,** ... (um novo nome é retornado cada vez que *newtemp*( ) for ativada). Nesse exemplo muito simples, apenas nós que correspondam ao operador + exigem novos nomes temporários: a operação de atribuição simplesmente usa o nome da expressão à direita.

Observe na Tabela 8.2 que, no caso das produções unitárias *exp → aexp* e *aexp → fator*, o atributo *nome* e o atributo *tacode* passam de filho para pai, e que no caso dos nós de operador interiores, os novos atributos *nome* são gerados antes dos *tacode* associados. Observe também que, nas produções de folhas *fator →* **num** e *fator →* **id**, o valor de cadeia da marca é usado como *fator.nome* e que (diferentemente do P-código), não é gerado nenhum código de três endereços nesses nós (usamos **""** para representar a cadeia vazia).

Tabela 8.2   Gramática de atributos para o código de três endereços como atributo de cadeia sintetizado

Regra Gramatical	Regras Semânticas
$exp_1 →$ **id** $= exp_2$	$exp_1 .name = exp_2 .name$ $exp_1.tacode = exp_2 .tacode ++$ **id**.$strval \mid\mid ''='' \mid\mid exp_2 .name$
$exp → aexp$	$exp .name = aexp .name$ $exp .tacode = aexp .tacode$

$aexp_1 → aexp_2 + fator$	$aexp_1 .name = newtemp( )$
	$aexp_1 .tacode =$
	    $aexp_2 .tacode ++ fator .tacode$
	    $++ aexp_1 .name \mid\mid ''='' \mid\mid aexp_2 .name$
	        $\mid\mid ''+'' \mid\mid fator .name$

$aexp → fator$	$aexp .name = fator .name$ $aexp .tacode = fator .tacode$
$fator → (exp)$	$fator .name = exp .name$ $fator .tacode = exp .tacode$
$fator →$ **num**	$fator .name =$ **num**.$strval$ $fator .tacode =$ **""**
$fator →$ **id**	$fator .name =$ **id**.$strval$ $fator .tacode =$ **""**

Deixamos novamente para o leitor demonstrar que, dadas as equações de atributos da Tabela 8.2, a expressão **(x=x+3)+4** tem como atributo *tacode*

```
t1 = x + 3
x = t1
t2 = t1 + 4
```

(Assumindo que *newtemp*( ) seja ativada em pós-ordem e gere nomes temporários começando por **t1**.) Observe como a atribuição **x=x+3** gera duas instruções de três endereços utilizando um temporário. Isso é consequência de a avaliação de atributos sempre criar um temporário para cada subexpressão, incluindo os lados direitos das atribuições.

A geração de código vista como computação de um atributo de cadeia sintetizado é útil para apresentar com clareza as relações entre as seqüências de código de diferentes partes da árvore sintática e para comparar diferentes métodos de geração de código, mas não é prática como técnica para geração efetiva de código, por diversas razões. Primeiramente, o uso da concatenação de cadeias provoca uma grande quantidade de cópias de cadeias e desperdício de memória (a menos que os operadores de concatenação sejam altamente sofisticados). Segundo, é em geral muito mais desejável gerar pequenos trechos de código à medida que ocorre a geração de código e gravar esses trechos em um arquivo ou então inseri-los em uma estrutura de dados (como, por exemplo, uma matriz de quádruplas), e isso exige ações semânticas que não aderem à síntese padrão de atributos em pós-ordem. Finalmente, embora seja útil ver o código como puramente sintetizado, a geração de código em geral depende grandemente dos atributos herdados, e isso complica muito as gramáticas de atributos. Por essa razão, não nos preocupamos aqui em escrever código (nem mesmo pseudocódigo) para implementar as gramáticas de atributos dos exemplos anteriores (mas veja os exercícios). Em vez disso, na próxima subseção, consideraremos técnicas mais diretas de geração de código.

8.2.2 Prática da geração de código

As técnicas padrão de geração de código requerem modificações das buscas em pós-ordem da árvore sintática decorrentes das gramáticas de atributos dos exemplos anteriores ou ações equivalentes durante uma análise sintática se uma árvore sintática não for gerada explicitamente. O algoritmo básico pode ser descrito pelo procedimento recursivo a seguir (para os nós da árvore com no máximo dois filhos, mas isso pode ser facilmente estendido para mais filhos):

> **procedure** *genCod* (*T: nó-árvore*);
> **begin**
>   **if** *T não é nulo* **then**
>   *gere código de preparação para T;*
>   *genCod(filho à esquerda de T);*
>   *gere código de preparação para T;*
>   *genCod(filho à direita de T);*
>   *gere código para implementação de T;*
> **end;**

Observe que esse procedimento de percurso recursivo tem não apenas um componente de pós-ordem (geração de código para implementação da ação de T), mas também componentes de pré-ordem e de *in*-ordem (geração do código de preparação para os filhos à esquerda e à direita de T). Em geral, cada ação representada por *T* exigirá uma versão ligeiramente diferente do código de preparação em pré-ordem e em *in*-ordem.

Para ver em detalhe como o procedimento *genCod* pode ser construído em um exemplo específico, considere a gramática para expressões aritméticas simples que usamos nesta seção. As definições em C para uma árvore sintática abstrata para essa gramática podem ser dadas conforme a seguir (compare isso com o Capítulo 3):

```
typedef enum {Plus,Assign} Optype;
typedef enum {OpKind,ConstKind,IdKind} NodeKind;
typedef struct streenode
    { Nodekind kind;
      Optype op; /* usado com OpKind */
      struct streenode *lchild,*rchild;
      int val; /* usado com ConstKind */
      char * strval;
        /* usado para identificadores e números */
    } STreeNode;
typedef STreeNode *SyntaxTree;
```

Com essas definições, uma árvore sintática para a expressão (x=x+3)+4 pode ser dada conforme a seguir:

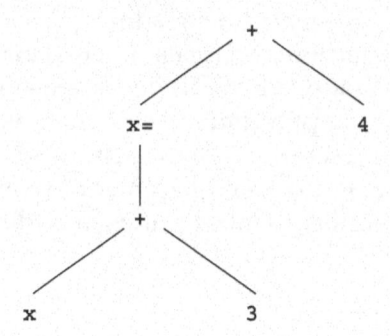

```
            +
           / \
          /   \
         x=    4
         |
         +
        / \
       x   3
```

Observe que o nó de atribuição contém o identificador que recebe a atribuição (no campo **strval**), assim um nó de atribuição tem apenas um único filho (a expressão atribuída).[4]

Com base nessa estrutura para uma árvore sintática, podemos escrever um procedimento *genCod* para gerar P-código conforme dado na Figura 8.7. Os seguintes comentários podem ser feitos a respeito do código dessa figura: primeiramente, o código usa a função padrão de C **sprintf** para concatenar cadeias no temporário local **codestr**. Segundo, o procedimento **emitCode** é ativado para gerar uma única linha de P-código, em uma estrutura de dados ou em um arquivo de saída; os detalhes não são mostrados. Finalmente, os dois casos de operadores (**Plus** e **Assign**) exigem duas ordens diferentes de percurso: **Plus** exige apenas processamento em pós-ordem, e **Assign** exige processamento em pré-ordem e em pós-ordem. Assim, as ativações recursivas não podem ser escritas da mesma forma para todos os casos.

Para mostrar que a geração de código pode ser efetuada durante uma análise sintática (sem a geração de uma árvore sintática), apesar da variação requerida na ordem de percurso, mostramos um arquivo de especificação em Yacc na Figura 8.8 que corresponde diretamente ao código da Figura 8.7. (Observe como a combinação de pré-ordem e pós-ordem no processamento das atribuições se traduz em seções de ações divididas na especificação em Yacc.)

Deixamos para o leitor escrever um procedimento *genCod* e uma especificação em Yacc para a geração do código de três endereços conforme especificado na gramática de atributos da Tabela 8.2.

```
void genCode( SyntaxTree t)
{ char codestr[CODESIZE];
  /* CODESIZE = comprimento máx de 1 linha de P-código */
  if (t != NULL)
  { switch (t->kind)
    { case OpKind:
      switch (t->op)
      { case Plus:
        genCode(t->lchild);
        genCode(t->rchild);
        emitCode("adi");
        break;
```

Figura 8.7 Implementação de um procedimento para geração de código para o P-código correspondente à gramática de atributos da Tabela 8.1.

---

4. Também armazenamos números como cadeias de caracteres no campo **strval** nesse exemplo.

```
            case Assign:
              sprintf(codestr,"%s %s",
                              "lda",t->strval);
              emitCode(codestr);
              genCode(t->lchild);
              emitCode("stn");
              break;
            default:
              emitCode("Error");
              break;
          }
          break;
        case ConstKind;
          sprintf(codestr,"%s %s","ldc",t->strval);
          emitCode(codestr);
          break;
        case IdKind:
          sprintf(codestr, "%s %s","lod",t->strval);
          emitCode(codestr);
          break;
        default:
          emitCode("Error");
          break;
      }
    }
}
```

Figura 8.7 *(continuação)*   Implementação de um procedimento para geração de código para o P-código correspondente à gramática de atributos da Tabela 8.1.

```
%{
#define YYSTYPE char *
    /* força o Yacc a usar cadeias como valores */

/* código adicional ... */
%}

%token NUM ID

%%

exp     : ID
          { sprintf(codestr,"%s %s","lda", $1);
            emitCode(codestr); }
          '=' exp
          { emitCode("stn"); }
        | aexp
        ;
```

Figura 8.8   Especificação em Yacc para geração de código para o P-código segundo a gramática de atributos da Tabela 8.1.

```
aexp      : aexp '+' factor {emitCode("adi");}
          | factor
          ;

factor    : '(' exp ')'
          | NUM        { sprintf(codestr,"%s %s","ldc",$1);
                         emitCode(codestr); }
          | ID         { sprintf(codestr,"%s %s","lod",$1);
                         emitCode(codestr); }
          ;

%%
/* funções auxiliares ... */
```

Figura 8.8 *(continuação)*   Especificação em Yacc para geração de código para o P-código segundo a gramática de atributos da Tabela 8.1.

8.2.3 Geração de código-alvo a partir de código intermediário

Se um compilador gerar código intermediário diretamente durante a análise sintática ou a partir de uma árvore sintática, deve ocorrer uma passada adicional pelo código intermediário para gerar o código-alvo final (em geral, após algum processamento adicional do código intermediário). Esse passo pode ser bastante complexo, especialmente se o código intermediário for altamente simbólico e contiver pouca ou nenhuma informação sobre a máquina-alvo ou o ambiente de execução. Nesse caso, a passada final da geração de código deve fornecer todas as localizações das variáveis e dos temporários, além do código necessário para manter o ambiente de execução. Uma questão particularmente importante é a alocação adequada dos registradores e a manutenção das informações sobre o uso dos registradores (ou seja, quais registradores estão disponíveis e quais contêm valores conhecidos). Deixaremos uma discussão detalhada das questões de alocação para adiante neste capítulo. Discutiremos a seguir apenas técnicas gerais para esse processo.

Normalmente, a geração de código a partir de código intermediário requer uma das ou as duas seguintes técnicas padrão: expansão de macros e simulação estática. A **expansão de macros** requer a substituição de cada tipo de instrução de código intermediário por uma seqüência equivalente de instruções de código-alvo. Isso exige que o compilador acompanhe as decisões sobre localizações e particularidades de código em estruturas de dados separadas e que os procedimentos de macros variem a seqüência de código conforme solicitado pelos tipos específicos de dados que ocorrem na instrução de código intermediário. Assim, esse passo pode ser significativamente mais complexo do que as formas simples de expansão de macros disponíveis no pré-processador de C ou nos montadores de macros. A **simulação estática** requer uma simulação direta dos efeitos do código intermediário e a geração de código-alvo correspondente a esses efeitos. Ela também requer estruturas de dados adicionais – e pode variar de formas muito simples de acompanhamento usadas em combinação com a expansão de macros até a altamente sofisticada **interpretação abstrata** (que acompanha os valores algebricamente à medida que eles são computados).

Podemos entender melhor os detalhes dessas técnicas se considerarmos o problema de traduzir de P-código para o código de três endereços e vice-versa. Considere a pequena gramática de expressões usada como exemplo executável nesta seção e considere a expressão (x=x+3)+4 cujas traduções em P-código e código de três endereços foram dadas na seção 8.2.1. Consideramos primeiramente a tradução do P-código para essa expressão:

```
lda x
lod x
ldc 3
adi
stn
ldc 4
adi
```

no código correspondente de três endereços:

```
t1 = x + 3
x = t1
t2 = t1 + 4
```

Isso exige uma simulação estática da pilha da P-máquina para determinar os equivalentes de três endereços para o código dado. Isso é feito com uma estrutura de dados de pilha durante a tradução. Após as primeiras instruções de P-código, nenhuma instrução de três endereços é gerada, mas a pilha da P-máquina é modificada para refletir as cargas, e a pilha fica assim:

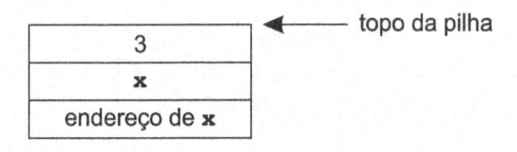

3	← topo da pilha
x
endereço de x

Agora, quando é processada a operação **adi**, a instrução de três endereços

```
t1 = x + 3
```

é gerada, e a pilha é alterada para

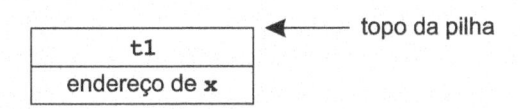

t1	← topo da pilha
endereço de x

A instrução **stn** gera a instrução de três endereços

```
x = t1
```

e a pilha é alterada para

t1	← topo da pilha

A instrução seguinte coloca a constante 4 na pilha:

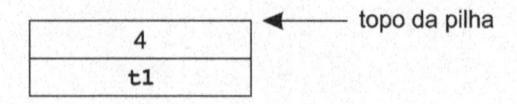

```
┌──────────┐  ← topo da pilha
│    4     │
├──────────┤
│    t1    │
└──────────┘
```

Finalmente, a instrução **adi** gera a instrução de três endereços

    t2 = t1 + 4

e a pilha é alterada para

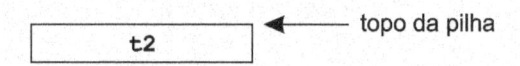

```
┌──────────┐  ← topo da pilha
│    t2    │
└──────────┘
```

Isso completa a simulação estática e a tradução.

Consideramos agora o caso da tradução do código de três endereços para o P-código. Isso pode ser feito pela expansão simples de macros, se ignorarmos a complicação adicional dos nomes temporários. Assim, uma instrução de três endereços

    a = b + c

pode sempre ser traduzida para a seqüência em P-código

```
lda a
lod b ; or ldc b if b is a const
lod c ; or ldc c if c is a const
adi
sto
```

Isso resulta na tradução (um tanto insatisfatória) a seguir do código de três endereços em P-código:

```
lda t1
lod x
ldc 3
adi
sto
lda x
lod t1
sto
lda t2
lod t1
ldc 4
adi
sto
```

Se quisermos eliminar os temporários adicionais, devemos usar um esquema mais sofisticado que a expansão de macros pura. Uma possibilidade é gerar uma nova árvore a partir do código de três endereços, indicando o efeito do código pela rotulação dos nós da árvore com o operador de cada instrução e o nome que recebe a atribuição. Isso pode ser visto como uma forma de simulação estática, e a árvore resultante para o código de três endereços anterior é

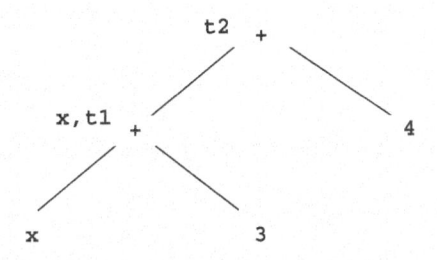

```
          t2 +
            / \
       x,t1+   \
          / \   4
         x   3
```

Observe como a instrução de três endereços

    x = t1

não leva à criação de nós adicionais nessa árvore, mas leva o nó de nome **t1** a adquirir o nome adicional **x**. Essa árvore é similar, mas não idêntica, à árvore sintática da expressão original.[5] O P-código pode ser gerado dessa árvore de maneira muito similar à geração de P-código de uma árvore sintática, conforme descrito anteriormente, mas com os temporários eliminados e as atribuições ocorrendo apenas em nomes permanentes de nós interiores. Assim, na árvore de exemplo, apenas **x** recebe uma atribuição, os nomes **t1** e **t2** nunca são usados no P-código gerado, e o valor correspondente ao nó-raiz (de nome **t2**) fica para a pilha da P-máquina. Isso resulta em precisamente a mesma geração de P-código de antes, desde que usemos **stn** em vez de **sto** para efetuar armazenamentos. Encorajamos o leitor a escrever pseudocódigo ou código em C para efetuar esse processo.

8.3 GERAÇÃO DE CÓDIGO PARA REFERÊNCIAS A ESTRUTURAS DE DADOS

8.3.1 Cálculos de endereços

Nas seções anteriores, vimos como o código intermediário pode ser gerado a partir de expressões aritméticas simples e atribuições. Nesses exemplos, todos os valores básicos eram constantes ou variáveis simples (variáveis de programas como **x**, ou temporários como **t1**). As variáveis simples foram identificadas apenas por nome – a tradução para o código-alvo exige que esses nomes sejam substituídos pelos endereços efetivos que poderiam ser registradores, endereços absolutos de memória (para globais) ou deslocamentos de registros de ativação (para locais, possivelmente incluindo um nível de aninhamento). Esses endereços podem ser inseridos quando o código intermediário for gerado ou após a geração de código (e nesse caso a tabela de símbolos mantém os endereços).

Há muitas situações, entretanto, que exigem cálculos de endereços para localizar o endereço em questão, e esses cálculos devem ser expressos diretamente, mesmo no código intermediário. Esses cálculos ocorrem na indexação de matrizes, nos campos de registros e

---

5. Essa árvore é um caso especial de uma construção mais geral denominada **DAG de um bloco básico**, descrita na Seção 8.9.3.

nas referências de ponteiros. Cada um desses casos será discutido separadamente. Primeiramente, precisamos descrever extensões do código de três endereços e P-código que nos permitam expressar esses cálculos de endereços.

Código de três endereços para cálculos de endereços No código de três endereços, não existe tanta necessidade de novas operações – as operações aritméticas usuais podem ser usadas para computar endereços – mas sim de formas de indicar os modos de endereçamento "endereço de" e "indireto". Em nossa versão do código de três endereços, usaremos a notação equivalente em C "&" e "*" para indicar esses modos de endereçamento. Por exemplo, suponha que desejemos armazenar o valor constante 2 no endereço da variável **x** mais 10 bytes. Isso seria expresso em código de três endereços assim:

```
t1 = &x + 10
*t1 = 2
```

A implementação desses novos modos de endereçamento exige que a estrutura de dados para o código de três endereços contenha um novo campo ou campos. Por exemplo, a estrutura de dados de quádrupla da Figura 8.4 pode ser estendida para um campo `AddrMode` enumerado com valores possíveis `None`, `Address` e `Indirect`.

P-código para cálculos de endereços Em P-código, é comum acrescentar novas instruções para expressar novos modos de endereçamento (pois há menos endereços explícitos para atribuir os modos de endereçamento). As duas instruções que acrescentaremos são as seguintes:

1. **ind** ("carga indireta"), que recebe como parâmetro um deslocamento inteiro, assume que um endereço está no topo da pilha, adiciona o deslocamento ao endereço e substitui o endereço na pilha pelo valor no local resultante:

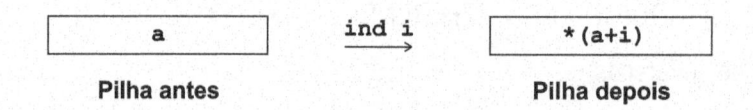

$$
\boxed{a} \quad \xrightarrow{\text{ind } i} \quad \boxed{*(a+i)}
$$

    Pilha antes   **Pilha depois**

2. **ixa** ("endereço indexado"), que recebe como parâmetro um fator de escala inteiro, assume um deslocamento no topo da pilha e um endereço de base logo abaixo, multiplica o deslocamento pelo fator de escala, adiciona ao endereço de base, retira os dois (deslocamento e base) da pilha e coloca na pilha o endereço resultante:

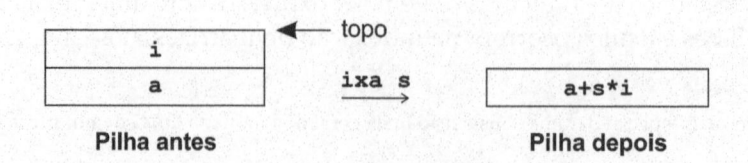

$$
\begin{array}{|c|} \hline i \\ \hline a \\ \hline \end{array} \xleftarrow{\text{topo}} \quad \xrightarrow{\text{ixa } s} \quad \boxed{a+s*i}
$$

    Pilha antes   **Pilha depois**

Essas duas instruções em P-código, juntamente com a instrução **lda** (que carrega endereço) apresentada anteriormente, nos permitirão efetuar os mesmos cálculos de endereços e referências que os modos de endereçamento para o código de três endereços.[6] Por exemplo, o problema anterior (que armazena o valor constante 2 no endereço da variável **x** mais 10 bytes) pode agora ser resolvido em P-código assim:

```
lda x
ldc 10
ixa 1
ldc 2
sto
```

Discutiremos agora as matrizes, os registros e os ponteiros, e em seguida a geração de código-alvo e um exemplo estendido.

8.3.2 Referências de matrizes

Uma referência de matriz requer a indexação de uma variável de matriz por uma expressão para obter uma referência ou valor de um elemento único da matriz, como no código em C

```
int a[SIZE]; int i,j;
...
a[i+1] = a[j*2] + 3;
```

Nessa atribuição, a indexação de **a** pela expressão **i+1** produz um endereço (o alvo da atribuição), e a indexação de **a** pela expressão **j*2** produz o valor no endereço computado pelo tipo de elemento de **a** (no caso, **int**). Como as matrizes são armazenadas seqüencialmente na memória, cada endereço deve ser computado a partir do **endereço de base** de **a** (seu endereço de partida na memória) e de um deslocamento que dependa linearmente do valor do índice. Quando se deseja o valor em vez do endereço, um passo adicional precisa ser gerado para capturar o valor no endereço computado.

O deslocamento é computado a partir do valor do índice da seguinte maneira: primeiramente, deve ser efetuado um ajuste no valor do índice se o intervalo de índices não começar por zero (isso pode ocorrer em linguagens como Pascal e Ada, mas não em C). Segundo, o valor de índice ajustado deve ser multiplicado por um **fator de escala**, que é igual ao tamanho de cada elemento da matriz na memória. Finalmente, o índice ajustado resultante é somado ao endereço de base para obter o endereço final do elemento da matriz.

Por exemplo, o endereço da referência da matriz em C **a[i+1]** é[7]

```
a + (i + 1) * sizeof(int)
```

De maneira geral, o endereço de um elemento de matriz **a**[*t*] em qualquer linguagem é

$$endereço\_base(\mathbf{a}) + (t - limite\_inferior(\mathbf{a})) * tamanho\_elemento(\mathbf{a})$$

---

6. A instrução **ixa** poderia ser simulada por operações aritméticas, exceto que em P-código essas operações têm tipos (**adi** = multiplicação apenas de inteiros), e por isso não podem ser aplicadas a endereços. Não enfatizamos as restrições de tipos do P-código, pois isso exige parâmetros adicionais que, para simplificar, suprimimos.

7. Em C, o nome de uma matriz (como **a** nessa expressão) denota o seu endereço de base.

Passamos agora para as formas de expressar esse cálculo de endereço em código de três endereços e em P-código. Para fazer isso em notação independente da máquina-alvo, assumimos que o "endereço" de uma variável de matriz é o seu endereço de base. Assim, se **a** for uma variável de matriz, **&a** no código de três endereços será o mesmo que *endereço_base*(**a**), e em P-código

```
lda a
```

carrega o endereço de base de **a** na pilha da P-máquina. Como um cálculo de referência de matriz depende do tamanho do tipo de dados do elemento na máquina-alvo também usamos a expressão **elem_size(a)** para o tamanho do elemento da matriz **a** na máquina-alvo.[8] Como esse valor é estático (assumindo que os tipos sejam estáticos), essa expressão será substituída por uma constante durante a compilação.

Código de três endereços para referências a matrizes Uma forma possível de expressar referências a matrizes no código de três endereços é introduzir duas novas operações, uma que captura o valor de um elemento de matriz

```
t2 = a[t1]
```

e uma que atribui um valor ao endereço de um elemento de matriz

```
a[t2] = t1
```

(Elas poderiam receber os símbolos = [] e [] =.) Com essa terminologia, não é necessário expressar a computação do endereço (e as dependências de máquina como o tamanho do elemento desaparecem nessa notação). Por exemplo, a declaração em código-fonte

```
a[i+1] = a[j*2] + 3;
```

seria traduzida nas instruções de três endereços

```
t1 = j * 2
t2 = a[t1]
t3 = t2 + 3
t4 = i + 1
a[t4] = t3
```

Entretanto, ainda é preciso introduzir modos de endereçamento conforme descritos anteriormente no tratamento das referências a campos de registros e ponteiros; portanto, faz sentido tratar todas essas computações de endereços de maneira uniforme. Assim, podemos também escrever diretamente as computações de endereços de um elemento de matriz em código de três endereços. Por exemplo, a atribuição

```
t2 = a[t1]
```

---

8. Isso poderia ser uma função fornecida pela tabela de símbolos.

pode também ser escrita (usando os temporários adicionais t3 e t4)

```
t3 = t1 * elem_size(a)
t4 = &a + t3
t2 = *t4
```

e a atribuição

```
a[t2] = t1
```

pode ser escrita como

```
t3 = t2 * elem_size(a)
t4 = &a + t3
*t4 = 1
```

Finalmente, como um exemplo mais complexo, a declaração em código-fonte

```
a[i+1] = a[j*2] + 3;
```

é traduzida para as instruções de três endereços

```
t1 = j * 2
t2 = t1 * elem_size(a)
t3 = &a + t2
t4 = *t3
t5 = t4 + 3
t6 = i + 1
t7 = t6 * elem_size(a)
t8 = &a + t7
*t8 = t5
```

P-código para referências de matrizes Conforme descrito anteriormente, usamos as novas instruções de endereços **ind** e **ixa**. A instrução **ixa** foi construída precisamente para os cálculos de endereços de matrizes, e a instrução **ind** é usada para carregar o valor de um endereço computado previamente (ou seja, para implementar uma carga indireta). A referência de matriz

```
t2 = a[t1]
```

é escrita em P-código como

```
lda t2
lda a
lod t1
ixa elem_size(a)
ind 0
sto
```

e a atribuição de matriz

```
a[t2] = t1
```

é escrita em P-código como

```
lda a
lod t2
ixa elem_size(a)
lod t1
sto
```

Finalmente, o exemplo anterior mais complexo

```
a[i+1] = a[j*2] + 3;
```

é traduzido para as instruções em P-código a seguir:

```
lda a
lod i
ldc 1
adi
ixa elem_size(a)
lda a
lod j
ldc 2
mpi
ixa elem_size(a)
ind 0
ldc 3
adi
sto
```

Um procedimento de geração de código com referências a matriz   Mostramos aqui como as referências de matriz podem ser geradas por um procedimento de geração de código. Usamos o exemplo do subconjunto de expressões em C da seção anterior, aumentado por uma operação de indexação. A nova gramática que usamos é a seguinte:

exp → *subs* = *exp* | *aexp*
aexp → *aexp* + *fator* | *fator*
fator → (*exp*) | **num** | *subs*
subs → **id** | **id** [*exp*]

Observe que o alvo de uma atribuição pode agora ser uma variável simples ou uma variável indexada (ambas incluídas no não-terminal *subs*). Usamos a mesma estrutura de dados para a árvore sintática de antes (ver as declarações na seção 8.2.2), exceto que há uma operação adicional **Subs** para a indexação:

```
typedef enum {Plus,Assign,Subs} Optype;
/* outras declarações inalteradas */
```

Como uma expressão de indexação pode agora ficar à esquerda de uma atribuição, não é possível armazenar o nome da variável-alvo no próprio nó de atribuição (como pode não existir esse nome). Os nós de atribuição, em vez disso, agora têm dois filhos semelhantes aos nós de adição – o filho à esquerda deve ser um identificador ou uma expressão de indexação. Os índices podem ser aplicados apenas a identificadores, assim armazenamos o nome da variável de matriz nos nós de índices. Dessa forma, a árvore sintática para a expressão

(a[i+1]=2)+a[j]

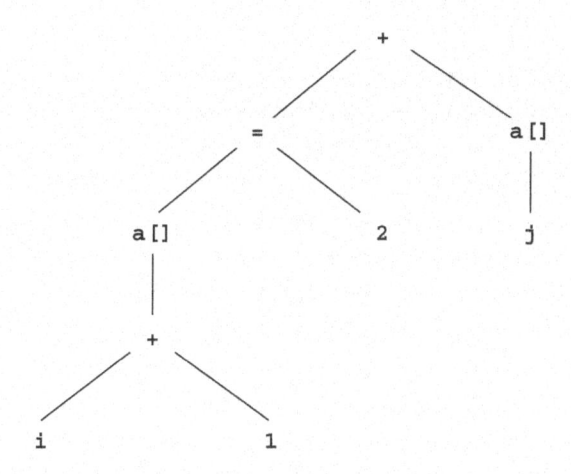

é

```
              +
             / \
            =   a[]
           / \   |
         a[]  2  j
          |
          +
         / \
        i   1
```

Um procedimento de geração de código que gera P-código para essas árvores sintáticas é dado na Figura 8.9 (compare com a Figura 8.7). A principal diferença entre esse código e o código da Figura 8.7 é a necessidade de um atributo herdado **isAddr** que diferencie uma expressão indexada ou identificador à esquerda de uma atribuição à direita. Se **isAddr** for ajustado para **TRUE**, o *endereço* da expressão deve ser retornado; caso contrário, o *valor* deve ser retornado. Deixamos para o leitor verificar que esse procedimento gera o P-código a seguir para a expressão (a[i+1]=2)+a[j]:

```
lda a
lod i
ldc 1
adi
ixa elem_size(a)
ldc 2
stn
lda a
lod j
ixa elem_size(a)
ind 0
adi
```

Deixamos também para o leitor a construção de um gerador de código do código de três endereços para essa gramática (ver os Exercícios).

```c
void genCode( SyntaxTree t, int isAddr)
{ char codestr[CODESIZE];
  /* CODESIZE = comprimento máx de 1 linha de P-código */
  if (t != NULL)
  { switch (t->kind)
     { case OpKind:
        switch (t->op)
        { case Plus:
             if (isAddr) emitCode("Error");
             else { genCode(t->lchild,FALSE);
                    genCode(t->rchild,FALSE);
                    emitCode("adi");}
             break;
          case Assign:
             genCode(t->lchild,TRUE);
             genCode(t->rchild,FALSE);
             emitCode("stn");
             break;
          case Subs:
             sprintf(codestr,"%s %s","lda",t->strval);
             emitCode(codestr);
             genCode(t->lchild,FALSE);
             sprintf(codestr,"%s%s%s",
                "ixa elem_size(",t->strval,")");
             emitCode(codestr);
             if (!isAddr) emitCode("ind 0");
             break;
          default:
             emitCode("Error");
             break;
        }
        break;
      case ConstKind:
           if (isAddr) emitCode("Error");
           else
           { sprintf(codestr,"%s %s", "ldc",t->strval);
             emitCode(codestr);
           }
           break;
      case IdKind:
           if (isAddr)
              sprintf(codestr,"%s %s","lda",t->strval);
           else
              sprintf(codestr,"%s %s","lod",t->strval);
           emitCode(codestr);
           break;
      default:
           emitCode("Error");
           break;
    }
  }
}
```

Figura 8.9 Implementação de um procedimento de geração de código para o P-código que corresponde à gramática de expressões anterior.

Matrizes multidimensionais Um fator complicador para a computação de endereços de matrizes é a existência, na maioria das linguagens, de matrizes com múltiplas dimensões. Por exemplo, em C, uma matriz de duas dimensões (com tamanhos diferentes de índices) pode ser declarada como

```
int a[15][10];
```

Essas matrizes podem ser indexadas parcialmente, levando a matrizes de dimensões menores, ou totalmente indexadas, levando a um valor de elemento com tipo correspondente ao da matriz. Por exemplo, com a declaração acima de **a** em C, a expressão **a[i]** indexa parcialmente **a**, levando a uma matriz unidimensional de inteiros, e a expressão **a[i][j]** indexa totalmente **a** e leva a um valor de tipo inteiro. O endereço de uma variável de tipo matriz parcial ou totalmente indexada pode ser computado com a aplicação recursiva das técnicas descritas acima para o caso unidimensional.

8.3.3 Estrutura de registros e referências de ponteiros

A computação do endereço de um campo de registro ou estrutura apresenta um problema similar ao da computação de um endereço de matriz indexada. Primeiramente, o endereço de base da variável de estrutura é computado; em seguida, o deslocamento (em geral fixo) do campo com nome é encontrado, e os dois são adicionados para obter o endereço resultante. Considere, por exemplo, as declarações em C

```
typedef struct rec
  { int i;
    char c;
    int j;
  } Rec;
...
Rec x;
```

Normalmente, a variável **x** é alocada na memória conforme mostra o desenho a seguir, e cada campo (**i**, **c** e **j**) tem um deslocamento a partir do endereço de base de **x** (que pode também ser um deslocamento dentro de um registro de ativação):

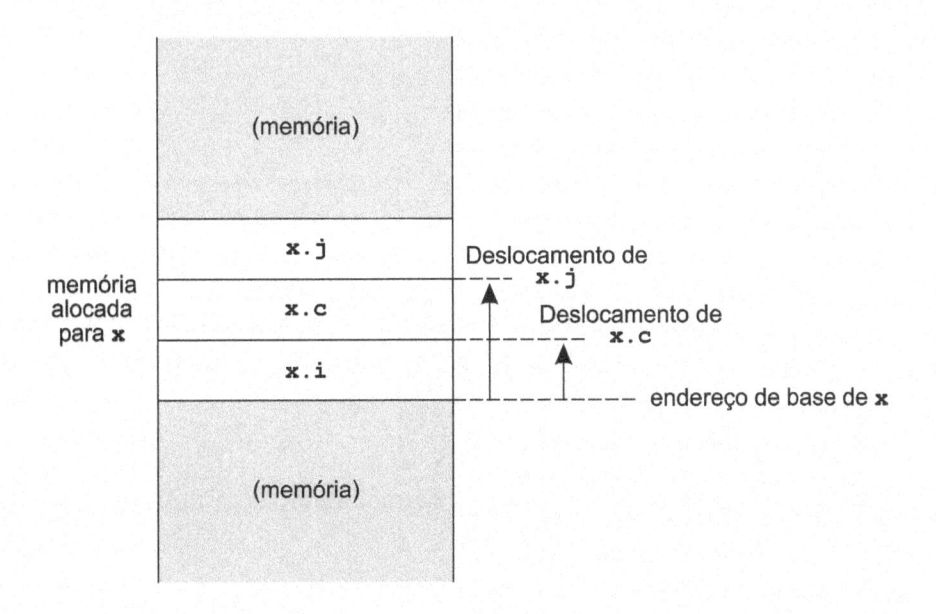

Observe que os campos são alocados linearmente (em geral, do endereço mais baixo para o mais alto), que o deslocamento de cada campo é uma constante, e que o primeiro campo (**x.i**) tem deslocamento zero. Observe também que os deslocamentos dos campos dependem dos tamanhos dos diferentes tipos de dados na máquina-alvo, mas não é usado nenhum fator de escala, como ocorre com as matrizes.

Para escrever código intermediário independente de alvo para as computações dos endereços de campos para estruturas de registros, precisamos introduzir uma nova função que retorne o deslocamento de um campo, dada uma variável de estrutura e um nome de campo. Essa função recebe o nome de `field_offset`, e é escrita com dois parâmetros, o primeiro é o nome da variável e o segundo é o nome do campo. Desse modo, (**x,j**) retorna o deslocamento de **x.j**. Assim como em outras funções similares, essa função pode ser fornecida pela tabela de símbolos. De qualquer modo, essa quantidade é obtida durante a compilação, e o código intermediário gerado conterá casos particulares de ativações de `field_offset` substituídos por constantes.

As estruturas de registros são tipicamente utilizadas em conjunto com ponteiros e memória dinâmica, para implementar estruturas de dados dinâmicas como listas e árvores. Assim, também descrevemos como os ponteiros interagem com as computações dos endereços de campos. Um ponteiro, considerando a presente discussão, simplesmente estabelece um nível adicional de referência indireta; ignoramos as questões de alocação envolvidas na criação dos valores de ponteiros (elas foram discutidas no capítulo anterior).

Código de três endereços para referências a estruturas e ponteiros

Considere, primeiramente, o código de três endereços para a computação dos endereços de campos: para computar o endereço de **x.j** em um **t1** temporário, usamos a instrução de três endereços

```
t1 = &x + field_offset(x,j)
```

Uma atribuição de campo como a declaração em C

```
x.j = x.i;
```

pode ser traduzida no código de três endereços

```
t1 = &x + field_offset(x,j)
t2 = &x + field_offset(x,i)
*t1 = *t2
```

Agora, consideremos os ponteiros. Suponha, por exemplo, que **x** seja declarada como um ponteiro para um inteiro, por exemplo, pela declaração em C

```
int * x;
```

Suponha agora que **i** seja uma variável inteira normal. Então, a atribuição em C

```
*x = i;
```

pode ser trivialmente traduzida na instrução de três endereços

    *x = i

e a atribuição

    i = *x;

na instrução de três endereços

    i = *x

Para ver como a referência indireta dos ponteiros interage com as computações de endereços de campos, considere o exemplo a seguir de uma estrutura de dados de árvore e uma declaração de variável em C:

    typedef struct treeNode
      { int val;
        struct treeNode * lchild, * rchild;
      } TreeNode;
    ...
    TreeNode *p;

Considere agora duas atribuições típicas

    p->lchild = p;
    p = p->rchild;

Essas declarações são traduzidas no código de três endereços

    t1 = p + field_offset(*p,lchild)
    *t1 = p
    t2 = p + field_offset(*p,rchild)
    p = *t2

P-código para referências a estruturas e ponteiros Dada a declaração de **x** do início desta discussão, uma computação simples do endereço de **x.j** pode ser efetuada para P-código assim:

    lda x
    lod field_offset(x,j)
    ixa 1

A atribuição

    x.j = x.i;

pode ser traduzida no P-código

```
lda x
lod field_offset(x,j)
ixa 1
lda x
ind field_offset(x,i)
sto
```

Observe como a instrução **ind** é usada para capturar o valor de **x.i** sem antes computar seu endereço completo.

No caso dos ponteiros (com **x** declarado como **int***), a atribuição

```
*x = i;
```

é traduzida no P-código

```
lod x
lod i
sto
```

e a atribuição

```
i = *x;
```

é traduzida no P-código

```
lda i
lod x
ind o
sto
```

Concluímos com o P-código para as atribuições

```
p->lchild = p;
p = p->rchild;
```

(ver a declaração de **p** anterior). Isso é traduzido no seguinte P-código:

```
lod p
lod field_offset(*p,lchild)
ixa 1
lod p
sto
lda p
lod p
ind field_offset(*p,rchild)
sto
```

Deixamos para os exercícios os detalhes de um procedimento para geração de código que gerará essas seqüências de código em código de três endereços ou em P-código.

8.4 GERAÇÃO DE CÓDIGO PARA DECLARAÇÕES DE CONTROLE E EXPRESSÕES LÓGICAS

Nesta seção, descreveremos a geração de código para diversas formas de declaração de controle. As principais são as declarações estruturadas *if* e *while*, que analisaremos em detalhes na primeira parte desta seção. Também incluímos nessa descrição o uso da declaração *break* (como em C), mas não discutimos controle de nível mais baixo, como a declaração *goto*, pois isso pode ser implementado diretamente com facilidade em código-alvo ou intermediário. Outras formas de controle estruturado, como a declaração *repeat* (ou *do-while*), a declaração *for* e a declaração *case* (ou *switch*), ficam para os exercícios. Uma técnica de implementação adicional útil para a declaração *switch*, denominada **tabela de saltos**, também será descrita em um exercício.

A geração de código intermediário para declarações de controle, em código de três endereços e em P-código, requer a geração de **rótulos**, de maneira similar à geração de nomes temporários em código de três endereços, mas com indicação de endereços no código-alvo para onde ocorrem os saltos. Se os rótulos forem eliminados na geração do código-alvo, surgirá um problema, pois os saltos para os pontos do código ainda desconhecidos precisam ser **ajustados retroativamente**; isto será discutido na próxima parte desta seção.

Expressões lógicas (ou booleanas), usadas como testes de controle e que podem também ser usadas independentemente como dados, serão discutidas a seguir, em particular no que se refere à **avaliação de curto-circuito**, no que elas diferem das expressões aritméticas.

Finalmente, nesta seção, apresentaremos um exemplo de procedimento de geração de P-código para declarações *if* e *while*.

8.4.1 Geração de código para declarações *if* e *while*

Consideramos as seguintes duas formas de declarações *if* e *while*, similares em diversas linguagens (e apresentadas aqui em sintaxe de C):

if-decl → **if (** *exp* **)** *decl* | **if (** *exp* **)** *decl* **else** *decl*
while-decl → **while (** *exp* **)** *decl*

O maior problema para gerar código nessas declarações é traduzir as características de controle estruturado em uma forma equivalente "sem estrutura" com saltos, que pode ser implementada diretamente. Os compiladores geram código para essas declarações em uma forma padrão que permite o uso eficiente de um subconjunto dos saltos possíveis considerando uma arquitetura-alvo. As organizações possíveis para cada uma dessas declarações são mostradas nas Figuras 8.10 e 8.11. (A Figura 8.10 mostra uma parte *else* – o caso FALSO –, mas isso é opcional conforme a regra gramatical dada anteriormente; a organização mostrada pode facilmente ser alterada para a ausência da parte *else*.) Em cada uma dessas organizações, há apenas dois tipos de saltos – saltos incondicionais e saltos nos quais a condição é falsa –; o caso verdadeiro é sempre um caso de "seguir adiante" que não requer saltos. Isso reduz a quantidade de saltos que o compilador precisa gerar. Isso também indica que apenas duas instruções de salto são exigidas no código intermediário. Os saltos de falso já apareceram no código de três endereços da Figura 8.2 (como uma instrução **if_false..goto**) e no P-código da Figura 8.6 (como uma instrução **fjp**). Falta introduzir

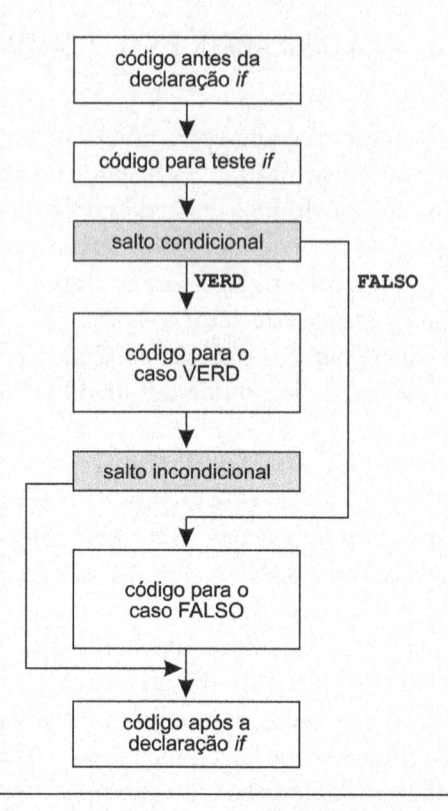

Figura 8.10 Organização típica de código para uma declaração *if*.

os saltos incondicionais, que escreveremos simplesmente como instruções `goto` no código de três endereços e como `ujp` (salto incondicional) em P-código.

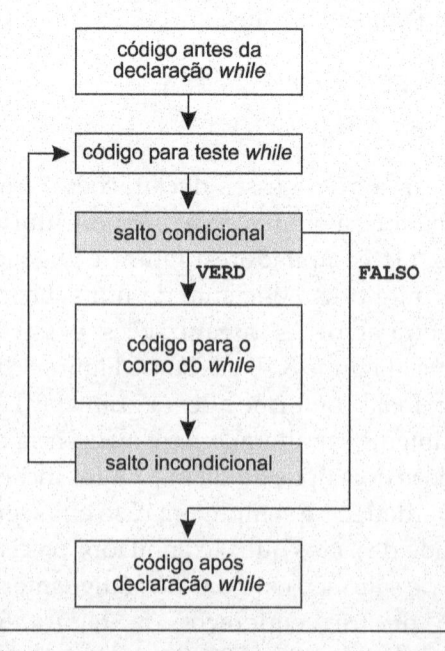

Figura 8.11 Organização típica de código para uma declaração *while*.

Código de três endereços para declarações de controle Assumimos que o gerador de código gera uma seqüência de rótulos com nomes como **L1**, **L2** e assim por diante. Para a declaração

    if (*E*) *S1* else *S2*

o padrão de código a seguir é gerado:

```
<código para avaliar E para t1>
if_false t1 goto L1
<código para S1>
goto L2
label L1
<código para S2>
label L2
```

De maneira similar, uma declaração *while* da forma

    while (*E*) *S*

produziria o padrão de código de três endereços a seguir:

```
label L1
<código para avaliar E para t1>
if_false t1 goto L2
<código para S>
goto L1
label L2
```

P-código para declarações de controle Para a declaração

    if (*E*) *S1* else *S2*

o padrão de P-código a seguir é gerado:

```
<código para avaliar E>
fpj L1
<código para S1>
ujp L2
lab L1
<código para S2>
lab L2
```

e para a declaração

    while (*E*) *S*

o padrão de P-código a seguir é gerado:

```
lab L1
<código para avaliar E>
fpj L2
<código para S>
ujp L1
lab L2
```

Observe que todas essas seqüências de código (tanto em código de três endereços como em P-código) terminam com uma declaração de rótulo. Poderíamos denominar esse rótulo como o **rótulo de saída** da declaração de controle. Muitas linguagens contêm uma construção que permite a saída de laços de pontos arbitrários dentro do corpo do laço. Em C, por exemplo, existe a declaração **break** (que também pode ser usada dentro de declarações *switch*). Nessas linguagens, o rótulo de saída deve estar disponível para todas as rotinas de geração de código que possam ser ativadas de dentro do corpo de um laço, para que, se uma declaração de saída como um *break* for encontrada, possa ser gerado um salto para o rótulo de saída. Isso transforma o rótulo de saída em um atributo herdado durante a geração de código, que pode ser armazenado em uma pilha ou passado como parâmetro para as rotinas apropriadas de geração de código. Mais detalhes, bem como exemplos de outras situações nas quais isso pode ocorrer, serão apresentados adiante nesta seção.

8.4.2 Geração de rótulos e ajuste retroativo

Uma característica da geração de código para declarações de controle que pode provocar problemas durante a geração de código-alvo é o fato de que, em alguns casos, os saltos para um rótulo podem ser gerados antes da definição do próprio rótulo. Durante a geração do código intermediário, surgem poucos problemas, pois uma rotina para gerar código pode simplesmente ativar o procedimento de geração de rótulos quando um rótulo for exigido a fim de gerar um salto para adiante e gravar o nome do rótulo (localmente ou em uma pilha) até determinar sua localização. Durante a geração do código-alvo, os rótulos podem ser simplesmente passados para um montador se for gerado código de montagem, mas se o código gerado for executável, esses rótulos precisam ser resolvidos como localizações absolutas ou relativas.

Um método padrão que gere esses saltos para adiante está em deixar um espaço em branco no código em que o salto deve ocorrer ou gerar uma instrução provisória de salto para uma localização fictícia. Quando o salto é determinado, a localização é usada para **ajustar retroativamente** o código que ficou faltando. Isso requer que o código gerado fique armazenado em um repositório na memória, para que o ajuste retroativo possa ocorrer durante o processo, ou que o código seja escrito em um arquivo temporário e, em seguida, refornecido e ajustado retroativamente quando for preciso. Em qualquer um dos casos, os ajustes retroativos podem ser armazenados em uma pilha que age como repositório ou mantidos localmente em procedimentos recursivos.

Durante o processo de ajuste retroativo, um problema adicional pode ocorrer, pois muitas arquiteturas têm dois tipos de saltos, um salto curto, ou ramificação (dentro de, por exemplo, 128 bytes de código), e um salto longo que exige mais espaço de código. Nesse caso, um gerador de código pode inserir instruções **nop** para encurtar os saltos ou efetuar diversas passadas para condensar o código.

8.4.3 Geração de código de expressões lógicas

Até aqui não dissemos nada sobre a geração de código para as expressões lógicas ou booleanas usadas como testes em declarações de controle. Se o código intermediário tiver um tipo de dados booleano e operações lógicas como **and** e **or**, o valor de uma expressão booleana pode ser computado em código intermediário exatamente da mesma forma que uma expressão aritmética. Esse é o caso para o P-código, e o código intermediário pode ser projetado de maneira similar. Entretanto, mesmo nesse caso, a tradução em código-alvo geralmente requer que valores booleanos sejam representados aritmeticamente, pois a maioria das arquiteturas não apresenta um tipo de dados booleano interno. A forma padrão para isso é representar o valor booleano **falso** como zero e o **verdadeiro** como 1. Nesse caso, os operadores de *bits* padrão **and** e **or** podem ser usados para computar os valores de uma expressão booleana na maioria das arquiteturas. Isso exige que o resultado das operações de comparação como < sejam normalizados para zero ou 1. Em algumas arquiteturas, isso exige que zero ou 1 sejam carregados explicitamente, pois o operador de comparação apenas ajusta um código de condição. Nesse caso, os saltos condicionais precisam ser gerados para carregar o valor apropriado.

Um uso adicional dos saltos é requerido se as operações lógicas forem um **curto-circuito**, como ocorre em C. Uma operação lógica é um curto-circuito se não puder avaliar o seu segundo argumento. Por exemplo, se a for uma expressão booleana computada como falsa, a expressão booleana a **and** b pode ser determinada de imediato como falsa sem avaliar b. De maneira similar, se a for verdadeira, então a **or** b pode ser determinada como verdadeira sem avaliar b. As operações de curto-circuito são extremamente úteis para o codificador, pois a avaliação da segunda expressão provocaria um erro se um operador não fosse de curto-circuito. Por exemplo, é comum escrever em C

```
if ((p!=NULL) && (p->val==0)) ...
```

onde a avaliação de `p->val`, quando `p` for nulo, provocaria um erro de memória.

Operadores booleanos de curto-circuito são similares a declarações *if*, exceto que retornam valores e freqüentemente são definidos com base em **expressões *if*** como

a **and** b ≡ **if** a **then** b **else false**

e

a **or** b ≡ **if** a **then true else** b

Para gerar código que garanta a avaliação da segunda subexpressão apenas quando necessário, precisamos usar saltos exatamente da mesma maneira que no código para as declarações *if*. Por exemplo, o P-código de curto-circuito para a expressão em C `(x!=0)&&(y==x)` é:

```
lod x
ldc 0
neq
fpj L1
lod y
lod x
equ
ujp L2
lab L1
lod FALSE
lab L2
```

8.4.4 Um exemplo de procedimento de geração de código para declarações *if* e *while*

Nesta seção, apresentaremos um procedimento para geração de código para declarações de controle com base na gramática simplificada a seguir:

decl → *if-decl* | *while-decl* | **break** | **other**
if-decl → **if** (*exp*) *decl* | **if** (*exp*) *decl* **else** *decl*
while-decl → **while** (*exp*) *decl*
exp → **true** | **false**

Para simplificar, essa gramática usa a marca **other** para representar declarações fora da gramática (como, por exemplo, a declaração de atribuição). Ela também inclui apenas as expressões booleanas constantes **true** e **false**. Ela inclui ainda uma declaração **break** para mostrar como ela pode ser implementada usando um rótulo herdado passado como parâmetro.

As declarações em C a seguir podem ser usadas para implementar uma árvore sintática abstrata para essa gramática:

```
typedef enum {ExpKind, IfKind,
        WhileKind,BreakKind,OtherKind} NodeKind;
typedef struct streenode
        { NodeKind kind;
          struct streenode * child[3];
          int val; /* usada com ExpKind */
        } STreeNode;
typedef STreeNode *SyntaxTree;
```

Nessa estrutura de árvore sintática, um nó pode ter até três filhos (um nó *if* com uma parte *else*), e os nós de expressões são constantes com valor verdadeiro ou falso (armazenados em um campo **val** como 1 ou zero). Por exemplo, a declaração

    if(true)while(true)if(false)break else other

tem como árvore sintática

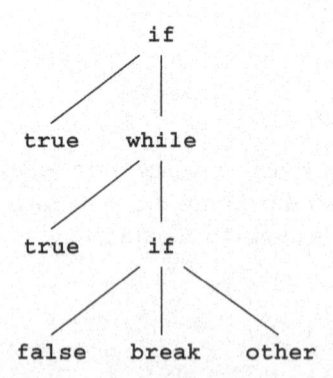

```
                  if
                 / |
              true while
                    |
                    if
                   /|\
               false break other
```

onde mostramos apenas os filhos não nulos de cada nó.[9] Usando os **typedef**s dados e a estrutura correspondente de árvore sintática, um procedimento de geração de código que gera P-código é dado na Figura 8.12. Os comentários a seguir podem ser feitos a respeito desse código.

---

[9]. A ambigüidade do *else* pendente nessa gramática é resolvida pela regra padrão do "aninhamento mais próximo", conforme mostrado na árvore sintática.

```c
void genCode( SyntaxTree t, char * label)
{ char codestr[CODESIZE];
  char * lab1, * lab2;
  if (t != NULL) switch (t->kind)
  { case ExpKind:
    if (t->val==0) emitCode("ldc false");
    else emitCode("ldc true");
    break;
  case ifKind:
    genCode(t->child[0],label);
    lab1 = genLabel();
    sprintf(codestr,"%s %s", "fjp",lab1);
    emitCode(codestr);
    genCode(t->child[1],label);
    if (t->child[2] != NULL)
    { lab2 = genLabel();
      sprintf(codestr,"%s %s", "ujp",lab2);
      emitCode(codestr);}
    sprintf(codestr,"%s %s",  "lab",lab1);
    emitCode(codestr);
    if (t->child[2] != NULL)
    { genCode(t->child[2],label);
      sprintf(codestr,"%s %s", "lab",lab2);
      emitCode(codestr);}
    break;
  case WhileKind:
    lab1 = genLabel();
    sprintf(codestr,"%s %s", "lab",lab1);
    emitCode(codestr);
    genCode(t->child[0],label);
    lab2 = genLabel();
    sprintf(codestr,"%s %s", "fjp",lab2);
    emitCode(codestr);
    genCode(t->child[1],lab2);
    sprintf(codestr,"%s  %s", "ujp",lab1);
    emitCode(codestr);
    sprintf(codestr,"%s %s", "lab",lab2);
    emitCode(codestr);
    break;
  case BreakKind:
    sprintf(codestr,"%s %s", "ujp",label);
    emitCode(codestr);
    break;
  case OtherKind:
    emitCode("Other");
    break;
  default:
    emitCode("Error");
    break;
  }
}
```

Figura 8.12   Procedimento de geração de P-código para declarações *if* e *while*.

Primeiramente, o código assume, como antes, a existência de um procedimento **emitCode** (esse procedimento poderia simplesmente imprimir a cadeia que recebe). O código também assume a existência de um procedimento **genLabel** sem parâmetros que retorna os nomes de rótulos na seqüência **L1**, **L2**, **L3** e assim por diante.

O procedimento **genCode** aqui tem um parâmetro **label** adicional, requerido para gerar um salto absoluto para uma declaração *break*. Esse parâmetro é alterado apenas na ativação recursiva que processa o corpo de uma declaração *while*. Assim, uma declaração *break* sempre provocará um salto para fora da declaração *while* mais internamente aninhada. (A ativação inicial de **genCode** pode usar uma cadeia vazia como o parâmetro **label**, e qualquer declaração *break* encontrada fora de uma declaração *while* gerará um salto para um rótulo vazio, e portanto um erro.)

Observe também como as variáveis locais **lab1** e **lab2** são usadas para armazenar os nomes de rótulos para os quais ainda há saltos e/ou definições pendentes.

Finalmente, como uma declaração *other* não corresponde a código algum, esse procedimento simplesmente gera nesse caso a instrução "**Other**" que não pertence ao P-código.

Deixamos para o leitor acompanhar a operação do procedimento da Figura 8.12 e mostrar que para a declaração

    if(true)while(true)if(false)break else other

é gerada a seqüência de código

    ldc true
    fjp L1
    lab L2
    ldc true
    fjp L3
    ldc false
    fjp L4
    ujp L3
    ujp L5
    lab L4
    Other
    lab L5
    ujp L2
    lab L3
    lab L1

8.5 GERAÇÃO DE CÓDIGO PARA CHAMADAS DE PROCEDIMENTOS E FUNÇÕES

As ativações de procedimentos e funções são o último mecanismo de linguagem que discutiremos em termos gerais neste capítulo. A complexidade da descrição do código intermediário e do código-alvo para esse mecanismo é aumentada, de forma mais significativa que para outros mecanismos das linguagens, em decorrência de diferentes máquinas-alvo usarem mecanismos consideravelmente distintos para as ativações e também em razão de as ativações dependerem da organização do ambiente de execução. Assim, é difícil obter uma representação de código intermediário que seja suficientemente geral para ser usada em qualquer arquitetura-alvo ou ambiente de execução.

8.5.1 Código intermediário para procedimentos e funções

Os requisitos para as representações de código intermediário de ativações de funções podem ser descritos, em termos gerais, da seguinte maneira. Primeiramente, existem *dois* mecanismos que precisam ser descritos: a **definição** de uma função/procedimento (também chamada de **declaração**) e a **ativação** da função/procedimento.[10] Uma definição cria um nome de função, parâmetros e código, mas a função não é executada naquele ponto. Uma ativação cria os valores para os parâmetros (os **argumentos** da ativação) e efetua um salto para o código da função, que é executada e retorna um valor. O ambiente de execução em que ocorre a execução não é conhecido quando o código da função é criado apenas em sua estrutura geral. Esse ambiente de execução é construído parcialmente pelo ativador e parcialmente pelo código da função ativada; essa divisão de responsabilidades faz parte da **seqüência de ativação**, estudada no capítulo anterior.

O código intermediário para uma definição precisa conter uma instrução que marque o início, ou **ponto de entrada**, do código para a função, e uma instrução que marque o final, ou **ponto de retorno**, da função. Esquematicamente, isso pode ser escrito assim:

    Instrução de entrada
    <código para o corpo da função>
    Instrução de retorno

De maneira similar, uma ativação de função precisa de uma instrução para indicar o início da computação dos argumentos (em preparação para a ativação) e de uma instrução de ativação que indique o ponto em que os argumentos foram construídos e para onde pode ser efetuado o salto para o código da função:

    Instrução de argumento de início da computação
    <código para computar os argumentos>
    Instrução de ativação

Diferentes versões do código intermediário têm versões significativamente diferentes das instruções de marcação, particularmente com respeito à quantidade de informação sobre o ambiente, os parâmetros e a função que faz parte de cada instrução. Exemplos típicos dessas informações são a quantidade, o tamanho e a localização dos parâmetros; o tamanho da pilha; o tamanho das variáveis locais e do espaço temporário; e diversas indicações de uso de registradores pela função ativada. Como sempre, apresentaremos código intermediário com uma quantidade mínima de informação nas instruções, considerando que qualquer informação necessária possa ser mantida em separado em uma célula de tabela de símbolos para o procedimento.

Código de três endereços para procedimentos e funções Em código de três endereços, a instrução de entrada precisa dar um nome para o ponto de entrada do procedimento, similar à instrução `label`; portanto, ela é uma instrução de um endereço, que denominaremos simplesmente `entry`. De maneira similar, denominaremos a instrução de retorno `return`. Essa instrução também é de um endereço: ela precisa dar o nome do valor de retorno, se houver algum.

---

10. Neste texto, adotamos a visão de que as funções e os procedimentos representam essencialmente o mesmo mecanismo, e para todos os fins, nesta seção, funções e procedimentos serão considerados a mesma coisa. A diferença, evidentemente, é que uma função precisa disponibilizar um valor de retorno para o ativador ao encerrar o processamento, e o ativador precisa ser capaz de encontrar esse valor de retorno.

Por exemplo, considere a definição de função em C

```
int f(int x, int y)
{ return x+y+1; }
```

Isso é traduzido no código de três endereços a seguir:

```
entry f
t1 = x + y
t2 = t1 + 1
return t2
```

No caso de uma ativação, precisamos de três instruções distintas de três endereços: uma para indicar o início da computação de argumentos, que denominaremos **begin_args** (e que é uma instrução com zero endereços); uma instrução usada repetidamente para especificar os nomes dos valores de argumentos, que denominaremos **arg** (e que precisa incluir o endereço, ou nome, do valor de argumento); e finalmente a instrução de ativação, que denotaremos simplesmente como **call**, que também é uma instrução de um endereço (o nome ou ponto de entrada da função ativada precisa ser fornecido).

Por exemplo, suponha que a função **f** seja definida em C como no exemplo anterior. Conseqüentemente, a ativação

```
f(2+3,4)
```

é traduzida para o código de três endereços

```
begin_args
t1 = 2 + 3
arg t1
arg 4
call f
```

Listamos aqui os argumentos da esquerda para a direita. A ordem poderia, evidentemente, ser diferente. (Ver a Seção 7.3.1.)

P-código para procedimentos e funções A instrução de entrada em P-código é **ent**, e a instrução de retorno é **ret**. Assim, a definição anterior da função em C **f** é traduzida no P-código

```
ent f
lod x
lod y
adi
ldc 1
adi
ret
```

Observe que a instrução **ret** não requer um parâmetro para indicar o valor de retorno: assume-se que o valor de retorno fica no topo da pilha da P-máquina no retorno.

As instruções de P-código para uma ativação são a instrução **mst** e a instrução **cup**. A instrução **mst** – "marca pilha" – corresponde à instrução de três endereços **begin_args**. O motivo do nome "marca pilha" é que o código-alvo gerado por essa instrução ajusta o registro de ativação para a nova ativação na pilha, ou seja, os primeiros passos na seqüência de ativação. Isso em geral significa, entre outras coisas, que é preciso alocar ou "marcar" espaço na pilha para esses itens como argumentos. A instrução de P-código **cup** é a instrução de "ativar procedimento de usuário", e corresponde diretamente à instrução **call** do código de três endereços. O motivo desse nome é que o P-código diferencia entre dois tipos de ativação: **cup** e **csp** – "ativar procedimento padrão". Um procedimento padrão é um procedimento "interno" exigido pela definição da linguagem, como por exemplo os procedimentos **sin** ou **abs** de Pascal (C não tem procedimentos internos desse tipo). As ativações dos procedimentos internos podem usar conhecimento específico sobre sua operação para melhorar a eficiência da ativação (ou mesmo eliminá-la). Não consideraremos mais a operação **csp** neste texto.

Observe que não introduzimos uma instrução de P-código equivalente ao código de três endereços para a instrução **arg**. Em vez disso, todos os valores de argumentos aparecem na pilha (na ordem apropriada) quando é encontrada a instrução **cup**. Isso pode resultar em uma ordem ligeiramente diferente para a seqüência de ativação que a correspondente ao código de três endereços (ver os Exercícios).

Nosso exemplo de uma ativação em C (a ativação **f(2+3,4)** para a função **f** descrita anteriormente) agora é traduzida no P-código a seguir:

```
mst
ldc 2
ldc 3
adi
ldc 4
cup f
```

(Novamente, computamos os argumentos da esquerda para a direita.)

8.5.2 Procedimento de geração de código para definição e ativação de função

Assim como nas seções anteriores, queremos apresentar um procedimento para geração de código em uma gramática de exemplo com definições e ativações de funções. A gramática que usaremos é a seguinte:

programa → *decl-lista exp*
decl-lista → *decl-lista decl* | ε
decl → **fn id** (*param-lista*) = *exp*
param-lista → *param-lista*, **id** | **id**
exp → *exp* + *exp* | *ativação* | **num** | **id**
ativação → **id** (*arg-lista*)
arg-lista → *arg-lista*, *exp* | *exp*

Essa gramática define um programa como uma seqüência de declarações de funções, seguida por uma única expressão. Não há variáveis ou atribuições nessa gramática, apenas parâmetros, funções e expressões, que podem incluir ativações de funções. Todos os valores são inteiros, todas as funções retornam inteiros e todas as funções precisam ter pelo menos um parâmetro. Existe apenas uma operação numérica (além da ativação de função): adição de inteiros. Um exemplo de programa conforme definido por essa gramática é

```
fn f(x)=2+x
fn g(x,y)=f(x)+y
g(3,4)
```

Esse programa contém duas definições de funções seguidas por uma expressão que é uma ativação de g. Há também uma ativação de f no corpo de g.

Queremos definir uma estrutura de árvore sintática para essa gramática. Isso é feito com as seguintes declarações em C:

```
typedef enum
  {PrgK,FnK,ParamK,PlusK,CallK,ConstK,IdK}
  NodeKind;
typedef struct streenode
     { NodeKind kind;
       struct streenode *lchild,*rchild,
                        *sibling;
       char * name; /* usado com FnK,ParamK,
                       CallK,IdK */
       int val; /* usado com ConstK */
     } STreeNode;
typedef STreeNode *SyntaxTree;
```

Há sete tipos diferentes de nós nessa estrutura de árvore. Cada árvore sintática tem uma raiz com um nó **PrgK**. Esse nó é usado simplesmente para vincular as declarações e a expressão do programa. Uma árvore sintática contém exatamente um nó. O filho à esquerda desse nó é uma lista de irmãos **FnK**; o filho à direita é a expressão de programa associada. Cada nó **FnK** tem um filho à esquerda, que é uma lista de irmãos de nós **ParamK**. Esses nós definem os nomes dos parâmetros. O corpo de cada função é o filho à direita de seu nó **FnK**. Os nós de expressões são como sempre, exceto que um nó **CallK** contém o nome da função ativada e tem um filho à direita, que é uma lista de irmãos das expressões de argumentos. Em outras palavras, o exemplo de programa anterior tem a árvore sintática dada na Figura 8.13. Para tornar mais claro, incluímos naquela figura o tipo de cada nó, juntamente com os atributos de nome/valor. Os filhos e irmãos são diferenciados pela direção (irmãos à direita, filhos abaixo).

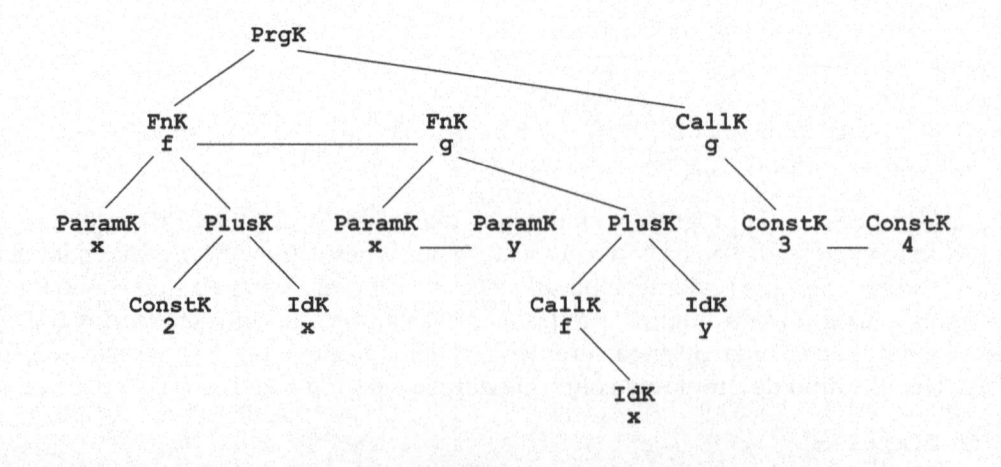

Figura 8.13 Árvore sintática abstrata para o exemplo do programa anterior.

Dada essa estrutura de árvore sintática, um procedimento de geração de código que produz P-código é dado na Figura 8.14. Tecemos os seguintes comentários sobre esse código: primeiramente, o código para um nó `PrgK` simplesmente desce recursivamente pelo restante da árvore. O código para `IdK`, `ConstK` ou `PlusK` é virtualmente idêntico ao dos exemplos anteriores.

```
void genCode( SyntaxTree t)
{ char codestr[CODESIZE];
  SyntaxTree p;
  if (t != NULL)
  switch (t->kind)
  { case PrgK:
    p = t->lchild;
    while (p != NULL)
    { genCode(p);
      p = p->sibling; }
    genCode(t->rchild);
    break;
  case FnK:
    sprintf(codestr,"%s %s", "ent",t->name);
    emitCode(codestr);
    genCode(t->rchild);
    emitCode("ret");
    break;
  case ParamK: /* nenhuma ação */
    break;
  case ConstK:
    sprintf(codestr,"%s %d", "ldc",t->val);
    emitCode(codestr);
    break;
  case PlusK:
    genCode(t->lchild);
    genCode(t->rchild);
    emitCode("adi");
    break;
  case IdK:
    sprintf(codestr,"%s %s", "lod",t->name);
    emitCode(codestr);
    break;
  case CallK:
    emitCode("mst");
    p = t->rchild;
    while (p!=NULL)
    { genCode(p);
      p = p->sibling; }
    sprintf(codestr,"%s %s", "cup",t->name);
    emitCode(codestr);
    break;
  default:
    emitCode("Error");
    break;
  }
}
```

Figura 8.14 Procedimento de geração de código para definição e ativação de função.

Faltam os casos **FnK**, **ParamK** e **CallK**. O código para um nó **FnK** simplesmente envolve o código para o corpo da função (o filho à direita) com **ent** e **ret**; os parâmetros da função nunca são visitados. Os nós de parâmetros nunca geram código – os argumentos já foram computados pelo ativador.[11] Isso explica o motivo pelo qual não há ações em um nó **ParamK** na Figura 8.14; em razão do comportamento do código **FnK**, nenhum nó **ParamK** deveria ser atingido no percurso da árvore, e esse caso poderia ser desprezado.

O último caso é o caso **CallK**. O código para esse caso gera uma instrução **mst**, segue adiante para gerar código para cada um dos argumentos, e finalmente gera uma instrução **cup**.

Deixamos para o leitor mostrar que o procedimento de geração de código da Figura 8.14 produziria o P-código a seguir, dado o programa cuja árvore sintática é apresentada na Figura 8.13:

```
ent f
ldc 2
lod x
adi
ret
ent g
mst
lod x
cup f
lod y
adi
ret
mst
ldc 3
ldc 4
cup g
```

8.6 GERAÇÃO DE CÓDIGO EM COMPILADORES COMERCIAIS: DOIS ESTUDOS DE CASOS

Nesta seção, examinaremos a saída de código de montagem produzida por dois compiladores comerciais diferentes para processadores distintos. O primeiro é o compilador Borland C versão 3.0 para processadores Intel 80×86. O segundo é o compilador Sun C versão 2.0 para SparcStations. Mostraremos a saída de montagem desses compiladores para os mesmos exemplos de código usados na ilustração do código de três endereços e no P-código.[12] Isso deveria permitir um melhor entendimento das técnicas de geração de código, bem como da conversão de código intermediário para código-alvo. Isso deveria também possibilitar uma comparação útil com o código de máquina produzido pelo compilador TINY, que será discutido nas seções subseqüentes.

8.6.1 Compilador Borland C 3.0 para 80x86

Iniciamos nossos exemplos de saída desse compilador com a atribuição usada na Seção 8.2.1:

```
(x=x+3)+4
```

Assumiremos que a variável **x** nessa expressão seja armazenada localmente na pilha.

---

11. Os nós de parâmetros têm, entretanto, um papel importante de controle, pois determinam as posições relativas, ou deslocamentos, para encontrar os parâmetros no registro de ativação. Assumimos que isso é efetuado em algum outro ponto.

12. Nesse e na maioria dos outros exemplos, as otimizações dos compiladores são desligadas.

O código de montagem para essa expressão conforme produzido pelo compilador Borland 3.0 para Intel 80×86 fica assim:

```
mov        ax,word ptr [bp-2]
add        ax,3
mov        word ptr [bp-2],ax
add        ax,4
```

Nesse código, o registrador acumulador **ax** é usado como localização temporária principal para a computação. A localização da variável local **x** é **bp-2**, o que reflete o uso do registrador **bp** (ponteiro de base) como ponteiro de quadro e o fato de que as variáveis inteiras ocupam dois *bytes* nessa máquina. A primeira instrução move o valor de **x** para **ax** (os colchetes no endereço [**bp-2**] indicam uma carga indireta em vez de imediata). A segunda instrução adiciona a constante 3 ao registrador. A terceira instrução move esse valor para a localização de **x**. Finalmente, a quarta instrução adiciona 4 a **ax**, e o valor final da expressão fica nesse registrador, onde pode ser usado para novas computações.

Observe que o endereço de **x** para a atribuição na terceira instrução não é pré-computado (como sugeriria uma instrução em P-código **lda**). Uma simulação estática do código intermediário, juntamente com conhecimento dos modos de endereçamento disponíveis, pode atrasar a computação do endereço de **x** até esse ponto.

Referências a ponteiros Usamos como exemplo a expressão em C

```
(a[i+1]=2)+a[j]
```

(ver o exemplo de geração de código intermediário da Seção 8.3.2). Também assumimos que **i**, **j** e **a** são variáveis locais declaradas como

```
int i,j;
int a[10];
```

O compilador Borland C gera o código de montagem a seguir para a expressão (para facilitar as referências, enumeramos as linhas do código):

```
(1)     mov      bx,word ptr [bp-2]
(2)     shl      bx,1
(3)     lea      ax,word ptr [bp-22]
(4)     add      bx,ax
(5)     mov      ax,2
(6)     mov      word ptr [bx],ax
(7)     mov      bx,word ptr [bp-4]
(8)     shl      bx,1
(9)     lea      dx,word ptr [bp-24]
(10)    add      bx,dx
(11)    add      ax,word ptr [bx]
```

Como os inteiros têm tamanho 2 nessa arquitetura, **bp-2** é a localização de **i** no registro de ativação local, **bp-4** é a localização de **j**, e o endereço de base de **a** é **bp-24** (24 = tamanho de índice da matriz 10 × tamanho de inteiro 2 *bytes* + espaço de 4 *bytes* para **i** e **j**). Assim, a instrução 1 carrega o valor de **i** em **bx**, e a instrução 2 multiplica o valor por 2 (uma transposição à esquerda de 1 bit). A instrução 3 carrega o endereço de base de **a** em **ax** (**lea** = carrega endereço efetivo), já ajustado pelo acréscimo de 2 *bytes* para a constante 1 na expressão de índice **i+1**. Em outras palavras, o compilador usou o fato algébrico de que

endereço(**a[i+1]**) = *endereço_base*(**a**) + (i+1)**taméem*(**a**)
= (*endereço_base*(**a**) + *tam_elem*(**a**)) + i**tam_elem*(**a**)

A instrução 4 computa o endereço resultante de **a[i+1]** em **bx**. A instrução 5 move a constante 2 para o registrador **ax**, e a instrução 6 a armazena no endereço de **a[i+1]**. A instrução 7 carrega o valor de **j** em **bx**, a instrução 8 multiplica esse valor por 2, a instrução 9 carrega o endereço base de **a** no registrador **dx**, a instrução 10 computa o endereço de **a[j]** em **bx**, e a instrução 11 adiciona o valor armazenado nesse endereço ao conteúdo de **ax** (ou seja, 2). O valor resultante da expressão fica no registrador **ax**.

Referências a ponteiros e campos   Assumimos as declarações dos exemplos anteriores:

```
typedef struct rec
  { int i;
    char c;
    int j;
  } Rec;

typedef struct treeNode
  { int val;
    struct treeNode * lchild, * rchild;
  } TreeNode;
...
Rec x;
TreeNode *p;
```

Também assumimos que **x** e **p** são declaradas como variáveis locais e que a alocação apropriada dos ponteiros tenha sido efetuada.

Considere, primeiramente, os tamanhos dos tipos de dados envolvidos. Na arquitetura 80x86, as variáveis inteiras têm tamanho de 2 *bytes*, as variáveis de caracteres têm tamanho de 1 *byte*, e os ponteiros (exceto se declarado de forma diferente) são os chamados ponteiros "próximos", com tamanho de 2 *bytes*.[13] Assim, a variável **x** tem tamanho de 5 *bytes* e a variável **p**, 2 *bytes*. Com essas duas variáveis declaradas localmente como as únicas variáveis, **x** é alocada no registro de ativação na localização **bp-6** (as variáveis locais são alocadas apenas em vizinhanças de *bytes* pares – uma restrição típica – assim o *byte* extra não é usado), e **p** é alocado ao registrador **si**. Adicionalmente, na estrutura **Rec**, **i** tem deslocamento zero, **c** tem deslocamento 2 e **j** tem deslocamento 3, enquanto na estrutura **TreeNode**, **val** tem deslocamento zero, **lchild** tem deslocamento 2 e **rchild** tem deslocamento 4.

O código gerado pela declaração

```
x.j = x.i;
```

é

```
mov     ax,word ptr [bp-6]
mov     word ptr [bp-3],ax
```

---

13. A arquitetura 80x86 tem uma classe mais geral de ponteiros, denominados ponteiros "distantes", com tamanho de 4 *bytes*.

A primeira instrução carrega `x.i` em `ax`, e a segunda armazena esse valor em `x.j`. Observe como a computação do deslocamento para `j` (–6 + 3 = –3) é efetuada estaticamente pelo compilador.

O código gerado pela declaração

```
p->lchild = p;
```

é

```
mov     word ptr [si+2],si
```

Observe como a referência indireta e a computação do deslocamento são combinadas em uma única instrução.

Finalmente, o código gerado pela declaração

```
p = p->rchild;
```

é

```
mov     si,word ptr [si+4]
```

Declarações if e while Mostramos aqui o código gerado pelo compilador Borland C para declarações de controle típicas. As declarações usadas são

```
if (x>y) y++; else x--;
```

e

```
while (x<y) y -= x;
```

Nos dois casos, `x` e `y` são variáveis inteiras locais.

O compilador Borland gera o código 80x86 a seguir para a declaração *if* dada, onde `x` é localizada no registrador `bx` e `y` é localizada no registrador `dx`:

```
        cmp     bx,dx
        jle     short @1@86
        inc     dx
        jmp     short @1@114
@1@86:
        dec     bx
@1@114:
```

Esse código usa a mesma organização seqüencial da Figura 8.10, mas observe que esse código não computa o valor lógico da expressão `x<y`, mas simplesmente usa o código de condição diretamente.

O código gerado pelo compilador Borland para a declaração *while* é o seguinte:

```
        jmp     short @1@170
@1@142:
        sub     dx,bx
@1@170:
        cmp     bx,dx
        jl      short @1@142
```

Ele usa uma organização seqüencial diferente daquela da Figura 8.11, pois o teste é colocado no final, e um salto incondicional inicial é feito para esse teste.

Definição e ativação de função   Os exemplos que usaremos são a definição de função em C

```
int f(int x, int y)
{ return x+y+1; }
```

e uma ativação correspondente

```
f(2+3,4)
```

(esses exemplos foram usados na Seção 8.5.1).

Considere, primeiramente, o código do compilador Borland para a ativação f(2+3,4):

```
    mov     ax,4
    push    ax
    mov     ax,5
    push    ax
    call    near ptr _f
    pop     cx
    pop     cx
```

Observe como os argumentos são colocados na pilha em ordem invertida: primeiro 4 e depois 5. (O valor 5 = 2 + 3 é pré-computado pelo compilador, pois ele é uma expressão constante.) Observe também que o ativador é responsável pela remoção dos argumentos da pilha após a ativação; essa é a razão das duas instruções **pop** após a ativação. (O registrador-alvo **cx** é usado como reservatório de "lixo": os valores retirados nunca são usados.) A ativação deveria ser relativamente auto-explicativa: o nome **_f** tem o sinal de sublinhado antes do nome-fonte, que é uma convenção típica para os compiladores C, e a declaração **near ptr** indica que a função está no mesmo segmento (e, portanto, requer apenas um endereço de dois *bytes*). Observamos finalmente que a instrução **call** em 80x86 automaticamente coloca na pilha o endereço de retorno (e uma instrução **ret** correspondente executada pela função ativada efetuará a retirada).

Agora, considere o código gerado pelo compilador Borland para a definição de **f**:

```
_f      proc    near
        push    bp
        mov     bp,sp
        mov     ax,word ptr [bp+4]
        add     ax,word ptr [bp+6]
        inc     ax
        jmp     short @1@58
@1@58:
        pop     bp
        ret
_f      endp
```

Boa parte desse código deve ser clara. Como o ativador não efetua qualquer construção do registro de ativação exceto para computar e colocar na pilha os argumentos, esse código deve terminar sua construção antes de executar o código do corpo da função. Essa é a tarefa da segunda e da terceira instruções, que gravam o vínculo de controle (**bp**) na pilha e ajustam o **bp** para o **sp** corrente (que muda para a ativação corrente). Após essas operações, a pilha fica assim:

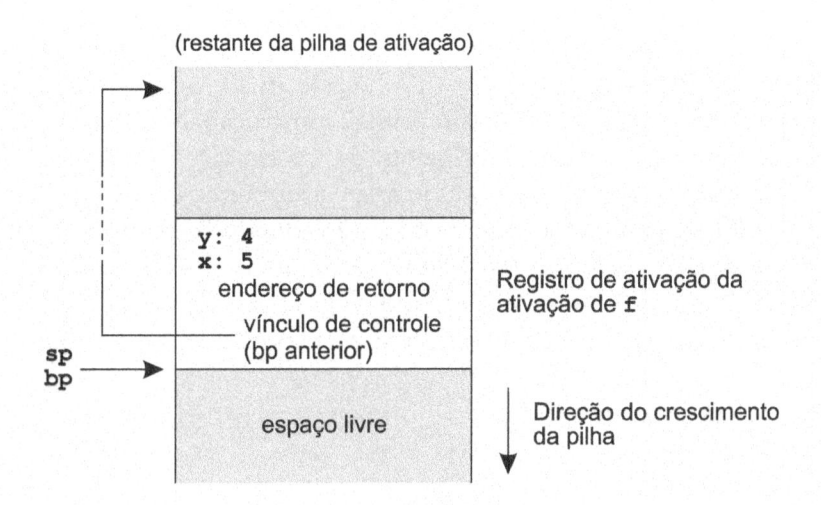

```
                    (restante da pilha de ativação)


                    y: 4
                    x: 5
                    endereço de retorno       Registro de ativação da
                    vínculo de controle       ativação de f
                    (bp anterior)
      sp
      bp
                    espaço livre              Direção do crescimento
                                              da pilha
```

O endereço de retorno fica na pilha entre o vínculo de controle (o **bp** anterior) e os argumentos como resultado da execução do ativador de uma instrução **call**. Assim, o **bp** anterior fica no topo da pilha, o endereço de retorno fica na localização **bp+2** (os endereços têm dois *bytes* nesse exemplo), o parâmetro **x** fica na localização **bp+4**, e o parâmetro **y** fica na localização **bp+6**. O corpo de **f** corresponde, portanto, ao código a seguir

```
mov    ax,word ptr [bp+4]
add    ax,word ptr [bp+6]
inc    ax
```

que carrega **x** em **ax**, adiciona **y**, e em seguida é incrementado por um.

Finalmente, o código executa um salto (que é desnecessário aqui, mas é gerado de qualquer maneira, pois as declarações **return** embutidas no código de função precisariam dele), recupera o **bp** anterior da pilha e retorna para o ativador. O valor retornado fica no registrador **ax**, onde ficará disponível para o ativador.

8.6.2 Compilador Sun C 2.0 para Sun Sparcstations

Repetimos os exemplos de código das seções anteriores para demonstrar a saída desse compilador. Como antes, iniciamos com a atribuição

```
(x=x+3)+4
```

e assumimos que a variável **x** nessa expressão seja armazenada localmente na pilha.

O compilador Sun C produz código de montagem muito similar ao código Borland:

```
ld      [%fp+-0x4],%o1
add     %o1,0x3,%o1
st      %o1,[%fp+-0x4]
ld      [%fp+-0x4],%o2
add     %o2,0x4,%o3
```

Nesse código, os nomes de registradores começam com o símbolo de porcentagem, e as constantes começam com os caracteres **0x** (**x** = hexadecimal); assim, por exemplo, **0x4** é o hexadecimal 4 (o mesmo que o decimal 4). A primeira instrução move o valor de **x** (na localização **fp-4**, pois os inteiros têm comprimento de quatro *bytes*) para o registrador **o1**.[14] (observe que as localizações-fonte ficam à esquerda e as localizações-alvo, à direita, o que é o oposto da convenção Intel 80x86.) A segunda instrução adiciona a constante 3 a **o1**, e a terceira armazena **o1** na localização de **x**. Finalmente, o valor de **x** é armazenado novamente, desta vez no registrador **o2**,[15] e 4 é adicionado a ele, com o resultado sendo colocado no registrador **o3**, onde permanece como valor final da expressão.

Referências de matrizes   A expressão

    (a[i+1]=2)+a[j]

com todas as variáveis locais é traduzida para o código de montagem a seguir pelo compilador Sun (as instruções foram enumeradas para facilitar a referência):

```
(1)     add     %fp,-0x2c,%o1
(2)     ld      [%fp+-0x4],%o2
(3)     sll     %o2,0x2,%o3
(4)     mov     0x2,%o4
(5)     st      %o4,[%o1+%o3]
(6)     add     %fp,-0x30,%o5
(7)     ld      [%fp+-0x8],%o7
(8)     sll     %o7,0x2,%10
(9)     ld      [%o5+%10],%11
(10)    mov     0x2,%12
(11)    add     %12,%11,%13
```

As computações efetuadas por esse código são afetadas pelo fato de os inteiros terem 4 *bytes* nessa arquitetura. Assim, a localização de **i** é **fp-4** (escrita como **%fp+-0x4** nesse código), a localização de **j** é **fp-8** (**%fp+-0x8**), e o endereço de base de **a** é **fp-48** (escrito como

---

14. Em SparcStations, os registradores são indicados por uma letra em caixa baixa seguida de um número. Letras distintas se referem a seções distintas de uma "janela de registradores" que pode mudar dependendo de contexto, e que corresponde grosseiramente aos diferentes usos dos registradores. As distinções entre letras são irrelevantes para todos os exemplos neste capítulo, exceto um que contém ativações de funções (ver a Seção 8.5).

15. Esse passo não aparece no código Borland, e é facilmente otimizado. Ver a Seção 8.9.

%fp+-0x30, pois 48 decimal = 30 hex). A instrução 1 carrega o registrador o1 com o endereço de base de a, modificado (como no código Borland) para subtrair 4 *bytes* para a constante 1 no índice i+1 (2c hex = 44 = 48 – 4). A instrução 2 carrega o valor de i no registrador o2. A instrução 3 multiplica o2 por 4 (um deslocamento à esquerda de 2 *bits*) e coloca o resultado em o3. A instrução 4 carrega o registrador o4 com a constante 2, e a instrução 5 o armazena no endereço de a[i+1]. A instrução 6 computa o endereço de base de a em o5, a instrução 7 carrega o valor de j em o7, e a instrução 8 o multiplica por 4, colocando o resultado no registrador 10. Finalmente, a instrução 9 carrega o valor de a[j] em 11, a instrução 10 recarrega a constante 2 em 12 e a instrução 11 soma esses valores, colocando o resultado (e o valor final da expressão) no registrador 13.

Referências a ponteiros e campos Consideramos o mesmo exemplo anterior. Em Sun, os tamanhos de tipos de dados são os seguintes: variáveis inteiras ocupam 4 *bytes*, variáveis de caracteres ocupam 1 *byte* e ponteiros ocupam 4 *bytes*. Entretanto, todas as variáveis, incluindo campos de estruturas, são alocadas apenas em limites de 4 *bytes*. Assim, a variável x ocupa 12 *bytes*, a variável p ocupa 4 *bytes* e os deslocamentos de i, c e j são respectivamente 0, 4 e 8, assim como os deslocamentos de val, lchild e rchild. O compilador aloca tanto x como p no registro de ativação: x em fp-0xc (hex c = 12) e p em fp-0x10 (hex 10 = 16).

O código gerado para a atribuição

```
x.j = x.i;
```

é

```
ld      [%fp+-0xc],%o1
st      %o1,[%fp+-0x4]
```

Esse código carrega o valor de x.i no registrador o1 e o armazena em x.j (observe novamente como o deslocamento de x.j = – 12 + 8 = – 4 é computado estatisticamente).

A atribuição de ponteiro

```
p->lchild = p;
```

resulta no código-alvo

```
ld      [%fp+-0x10],%o2
ld      [%fp+-0x10],%o3
st      %o3,[%o2+0x4]
```

Nesse caso, o valor de p é carregado nos registradores o2 e o3. Uma dessas cópias (o2) é em seguida usada como endereço de base para armazenar a outra cópia da localização de p->lchild.

Finalmente, a atribuição

```
p = p->rchild;
```

resulta no código-alvo

```
ld      [%fp+-0x10],%o4
ld      [%o4+0x8],%o5
st      %o5,[%fp+-0x10]
```

Nesse código, o valor de **p** é carregado no registrador **o4** e em seguida usado como endereço de base para carregar o valor de **p->rchild**. A instrução final armazena esse valor na localização de **p**.

Declarações if e while Mostramos o código gerado pelo compilador C Sun SparcStation para as mesmas declarações de controle típicas mostradas no compilador Borland

```
if = (x>y) y++;else x--;
```

e

```
while (x<y) y -= x;
```

com **x** e **y** como variáveis inteiras locais.

O compilador Sun SparcStation gera o código a seguir para a declaração *if*, no qual **x** e **y** são colocadas no registro de ativação local com deslocamentos -4 e -8:

```
        ld      [%fp+-0x4],%o2
        ld      [%fp+-0x8],%o3
        cmp     %o2,%o3
        bg      L16
        nop
        b       L15
        nop
L16:
        ld      [%fp+-0x8],%o4
        add     %o4,0x1,%o4
        st      %o4,[%fp+-0x8]
        b       L17
        nop
L15:
        ld      [%fp+-0x4],%o5
        sub     %o5,0x1,%o5
        st      %o5,[%fp+-0x4]
L17:
```

Aqui, as instruções **nop** sucedem cada instrução de ramificação, pois Sparc é encadeada (as ramificações são postergadas e a instrução seguinte é sempre executada antes da ramificação). Observe que a organização seqüencial é o oposto daquela da Figura 8.10: o caso verdadeiro é colocado após o caso falso.

O código gerado pelo compilador Sun para o laço *while* é

```
        ld      [%fp+-0x4],%o7
        ld      [%fp+-0x8],%l0
        cmp     %o7,%l0
        bl      L21
        nop
        b       L20
        nop
L21:
L18:
        ld      [%fp+-0x4],%l1
        ld      [%fp+-0x8],%l2
        sub     %l2,%l1,%l2
        st      %l2,[%fp+-0x8]
        ld      [%fp+-0x4],%l3
        ld      [%fp+-0x8],%l4
        cmp     %l3,%l4
        bl      L18
        nop
        b       L22
        nop
L22:
L20:
```

Esse código usa uma organização similar à do compilador Borland, exceto que o código de teste também é duplicado no início. No final desse código, é criado um ramo "fazer-nada" (para o rótulo **L22**), que pode ser facilmente eliminado por um passo de otimização.

Definição e ativação de função   Usamos a mesma definição de função

```
int f(int x, int y)
{ return x+y+1; }
```

e a mesma ativação

```
f(2+3,4)
```

O código gerado pelo compilador Sun para essa ativação é

```
        mov     0x5,%o0
        mov     0x4,%o1
        call    _f,2
```

e o código gerado para a definição de f é

```
_f:
        !#PROLOGUE#  0
        sethi       %hi(LF62),%g1
        add         %g1,%lo(LF62),%g1
        save        %sp,%g1,%sp
        !#PROLOGUE#  1
        st          %i0,[%fp+0x44]
        st          %i1,[%fp+0x48]
L64:
        .seg        "text"
        ld          [%fp+0x44],%o0
        ld          [%fp+0x48],%o1
        add         %o0,%o1,%o0
        add         %o0,0x1,%o0
        b           LE62
        nop
LE62:
        mov         %o0,%i0
        ret
        restore
```

Não discutiremos esse código em detalhes, mas apresentaremos os seguintes comentários: primeiramente, a ativação passa os argumentos nos registros o0 e o1, em vez da pilha. A ativação indica com o número 2 quantos registradores são utilizados para esse fim. A ativação também efetua diversas funções de controle, que não serão detalhadas, exceto para dizer que os registradores "o" (como o0 e o1) passam para os registradores "i" (por exemplo, i0 e i1) após a ativação (e os registradores "i" retornam para registradores "o" no retorno da ativação).[16]

O código para a definição de f também inicia com algumas instruções de controle que completam a seqüência de ativação (entre os comentários !#PROLOGUE#), que também não detalhamos aqui. O código armazena os valores de parâmetros na pilha (dos registradores "i", que são iguais aos registradores "o" do ativador). Após o valor de retorno ser computado, ele é colocado no registrador i0 (onde ficará disponível após o retorno como registrador o0).

8.7 TM: UMA MÁQUINA-ALVO SIMPLES

Na próxima seção, apresentaremos um gerador de código para a linguagem TINY. Para que isso faça sentido, geramos código-alvo diretamente para uma máquina muito simples que pode ser simulada com facilidade. Essa máquina é denominada TM (de Máquina TINY), e no Apêndice C apresentamos uma listagem de programa em C para um simulador TM completo, o qual pode ser usado para executar o código produzido pelo gerador de código TINY. Nesta seção, descreveremos a arquitetura TM completa, juntamente com

---

16. Informalmente, "o" indica a saída (*output*) e "i" a entrada (*input*). Esse chaveamento dos registradores ao longo das ativações é efetuado por um mecanismo de **janela de registradores** da arquitetura Sparc.

seu conjunto de instruções. Apresentaremos também o uso do simulador do Apêndice C. Para facilitar o entendimento, usaremos fragmentos de código em C para auxiliar a descrição, e as instruções TM sempre serão dadas em formato de código de montagem, em vez de código binário ou hexadecimal. (O simulador lê apenas código de montagem.)

8.7.1 Arquitetura básica da máquina TINY

TM é composta por uma memória de instruções de apenas leitura, uma memória de dados e um conjunto de oito registradores de uso geral. Todos eles usam endereços inteiros não negativos começando pelo zero. O registrador 7 é o contador do programa e é o único registrador especial, conforme descrito a seguir. As declarações em C

```
#define IADDR_SIZE ...
    /* tamanho da memória de instruções */
#define DADDR_SIZE ...
    /* tamanho da memória de dados */
#define NO_REGS 8 /* quantidade de registradores */
#define PC_REG 7

Instruction iMem[IADDR_SIZE];
int dMem[DADDR_SIZE];
int reg[NO_REGS];
```

serão usadas nas descrições a seguir.

TM efetua um ciclo convencional de captura-execução:

```
do
  /* captura */
  currentInstruction = iMem[reg[pcRegNo]++] ;
  /*executa instrução corrente*/
  ...
while (!(halt||error)) ;
```

Ao iniciar, a Máquina TINY ajusta todos os registradores e a memória de dados para zero, e em seguida carrega o valor do endereço legal mais alto (ou seja, **DADDR_SIZE** – 1) em **dMem[0]**. (Isso permite que seja adicionada memória com facilidade à TM, pois os programas podem descobrir durante a execução o quanto de memória está disponível.) A TM passa a executar as instruções, começando por **iMem[0]**. A máquina pára quando é executada uma instrução **HALT**. As possíveis condições de erro incluem **IMEM_ERR**, que ocorre se **reg[PC_REG]** < 0 ou se **reg[PC_REG]** ≥ **IADDR_SIZE** no passo de captura anterior, e as duas condições **DMEM_ERR** e **ZERO_DIV**, que ocorrem durante a execução de instruções conforme descrito anteriormente.

O conjunto de instruções da TM é dado na Figura 8.15, juntamente com uma breve descrição do efeito de cada instrução. Existem dois formatos básicos de instrução: instruções de somente-registrador, ou RO, e instruções de registrador-memória, ou RM. Uma instrução de somente-registrador tem o formato

opcode r,s,t

Instruções RO

Formato   `opcode r,s,t`

Opcode	Efeito
HALT	interrompe a execução (ignora operandos)
IN	`reg[r]` ← valor inteiro lido da entrada padrão (*s* e *t* são ignorados)
OUT	`reg[r]` → saída padrão (*s* e *t* são ignorados)
ADD	`reg[r] = reg[s] + reg[t]`
SUB	`reg[r] = reg[s] - reg[t]`
MUL	`reg[r] = reg[s] * reg[t]`
DIV	`reg[r] = reg[s] / reg[t]` (pode gerar `ZERO_DIV`)

Instruções RM

Formato   `opcode r,d,(s)`

(a = d + `reg[s]`; qualquer referência a `dMem[a]` gera `DMEM_ERR` se $a < 0$ ou se $a \geq$ `DADDR_SIZE`)

Opcode	Efeito
LD	`reg[r] = dMem[a]` (carrega *r* com valor de memória em *a*)
LDA	`reg[r] = a` (carrega e endereça *a* diretamente em *r*)
LDC	`reg[r] = d` (carrega constante *d* diretamente em *r–s*, que é ignorado)
ST	`dMem[a] = reg[r]` (armazena valor em *r* na posição de memória *a*)
JLT	`if (reg[r]<0) reg[PC_REG] = a` (salta para a instrução *a* se *r* for negativo, e de maneira similar para o que segue abaixo)
JLE	`if (reg[r]<=0) reg[PC_REG] = a`
JGE	`if (reg[r]>=0) reg[PC_REG] = a`
JGT	`if (reg[r]>0) reg[PC_REG] = a`
JEQ	`if (reg[r]==0) reg[PC_REG] = a`
JNE	`if (reg[r]!=0) reg[PC_REG] = a`

Figura 8.15   Conjunto de instruções completo para a TM.

onde os operandos *r*, *s* e *t* são registradores legais (verificados durante a carga). Assim, essas instruções são de três endereços, e todos os três endereços devem ser registradores. Todas as instruções aritméticas são limitadas a esse formato, assim como as instruções de entrada/saída primitivas.

Uma instrução de registrador-memória tem o formato

`opcode r,d(s)`

Nesse código, *r* e *s* devem ser registradores legais (verificados durante a carga), e *d* deve ser um inteiro positivo ou negativo que represente um deslocamento. Essa instrução tem dois endereços, onde o primeiro endereço é sempre um registrador e o segundo é um endereço de memória *a* dado por *a* = *d* + **reg[*r*]**, onde *a* deve ser um endereço legal (0 ≤ *a* < **DADDR_SIZE**). Se *a* estiver fora do intervalo legal, é gerado durante a execução um **DMEM_ERR**.

Entre as instruções RM, temos três instruções diferentes de carga, que correspondem aos três modos de endereçamento "carga de constante" (**LDC**), "carga de endereço" (**LDA**) e "carga de memória" (**LD**). Temos também uma instrução de armazenamento e seis instruções de salto condicional.

Tanto nas instruções RO como nas instruções RM, todos os três operandos precisam estar presentes, embora alguns possam ser ignorados. Isso se deve à natureza simples do carregador, que diferencia apenas as duas classes de instruções (RO e RM) e não permite formatos diferentes de instruções dentro de cada classe.[17]

A Figura 8.15 e a discussão da TM até aqui representam a arquitetura TM completa. Em particular, não existem pilhas fisicamente construídas nem outros recursos de qualquer natureza. Nenhum registrador além do pc é especial (não existem sp nem fp). Um compilador para a TM deve, portanto, manter a organização do ambiente de execução de forma totalmente manual. Isso pode não ser muito realista, mas tem a vantagem de todas as operações precisarem ser geradas explicitamente quando necessário.

Como o conjunto de instruções é mínimo, alguns comentários são requeridos sobre como eles podem ser usados para quase todas as operações padrão de linguagens de programação (essa máquina é de fato adequada, embora não confortável, para linguagens bastante sofisticadas).

1. O registrador-alvo na aritmética, **IN**, e as operações de carga vêm antes, e o(s) registrador(es)-fonte vem em seguida, de maneira similar ao 80x86 e diferente da Sun SparcStation. Não há restrições para o uso de registradores para fontes e alvo; em particular, registradores de fonte e alvo precisam ser os mesmos.
2. Todas as operações aritméticas são restritas aos registradores. Nenhuma operação (exceto carga e armazenamento de operações) atua diretamente na memória. Nisso, a TM se assemelha às máquinas RISC, como a Sun SparcStation. Do outro lado, a TM tem apenas 8 registradores, e a maioria dos processadores RISC tem no mínimo 32.[18]
3. Não há operações ou registradores de ponto flutuante. Não seria difícil adicionar um co-processador para a TM com operações e registradores de ponto flutuante, mas a tradução dos valores de ponto flutuante de e para os registradores e memória regulares exigiria um certo cuidado. Sugerimos que o leitor consulte os exercícios.
4. Não há modos de endereçamento especificáveis nos operandos, como ocorre em alguns códigos de montagem (como **LD #1** para modo imediato ou **LD @a** para indireto). Em vez disso, existem instruções diferentes para cada modo: **LD** é indireto, **LDA** é direto e **LDC** é imediato. A TM tem poucas opções de endereçamento.
5. Não há restrições para o uso do pc em qualquer das instruções. Como não existe uma instrução de salto incondicional, ela precisa ser simulada usando o pc como registrador-alvo em uma instrução **LDA**:

    LDA 7, d(s)

    Essa instrução tem o efeito de saltar para o ponto *a* = *d* + **reg[*s*]**.

---

17. Isso também facilita o trabalho de um gerador de código, pois apenas duas rotinas separadas serão necessárias para as duas classes de instruções.
18. Seria fácil aumentar a quantidade de registradores TM, mas não faremos isso aqui, pois eles não são necessários na geração básica de código. Veja os exercícios no final do capítulo.

6. Não há uma instrução de salto indireto, mas ela também pode ser imitada, se necessário, por uma instrução **LD**. Por exemplo,

    `LD 7, 0(1)`

    salta para a instrução cujo endereço é armazenado na memória, no ponto indicado pelo registrador 1.
7. As instruções de salto condicional (**JLT** etc.) podem ser relativas à posição corrente no programa colocando pc como segundo registrador. Por exemplo,

    `JEQ 0,4(7)`

    faz a TM saltar cinco instruções para a frente no código se o registrador zero for zero. Um salto incondicional pode também ser relativo ao pc se o pc for usado duas vezes em uma instrução **LDA**. Assim,

    `LDA 7, -4(7)`

    efetua um salto incondicional de três instruções para trás.
8. Não há ativações de procedimentos ou instrução **JSUB**. Em vez disso, precisamos escrever

    `LD 7, d(s)`

    que salta para o procedimento cujo endereço de entrada é **dMem[d+reg[s]]**. Evidentemente, devemos nos lembrar de primeiramente gravar o endereço de retorno, com algo como

    `LDA 0,1(7)`

    que coloca o valor corrente de pc mais um em **reg[0]** (que é para onde queremos retornar, assumindo que a instrução seguinte seja o salto para o procedimento).

8.7.2 Simulador TM

O simulador de máquina aceita os arquivos de texto contendo as instruções TM como descrito acima, com as seguintes convenções:

1. Uma linha totalmente em branco é ignorada.
2. Uma linha que começa com um asterisco é considerada um comentário e é ignorada.
3. Qualquer outra linha precisa conter uma localização de instrução inteira seguida de uma vírgula e de uma instrução legal. Qualquer texto seguindo a instrução é considerado um comentário e é ignorado.

O simulador TM não contém qualquer outra característica – em particular, não existem rótulos simbólicos nem recursos de macros. Um exemplo de programa para a TM e escrito manualmente, que corresponde ao programa em TINY da Figura 8.1, é dado na Figura 8.16.

Estritamente, não existe necessidade da instrução **HALT** no final do código da Figura 8.16, pois o simulador TM ajusta todas as localizações de instruções para **HALT** antes de carregar o programa. Entretanto, ela é útil como lembrete – e como alvo para os saltos que encerram o programa.

```
* Este programa recebe como entrada um inteiro, computa
* o seu fatorial se ele for positivo
* e imprime o resultado

0:      IN      0,0,0           r0 = read
1:      JLE     0,6(7)          if 0 < r0 then
2:      LDC     1,1,0             r1 = 1
3:      LDC     2,1,0             r2 = 1
                                * repete
4:      MUL     1,1,0             r1 = r1 * r0
5:      SUB     0,0,2             r0 = r0 - r2
6:      JNE     0,-3(7)         until r0 == 0
7:      OUT     1,0,0           write r1
8:      HALT    0,0,0           halt
* final do programa
```

Figura 8.16   Um programa TM que mostra as convenções de formatos.

Também não há necessidade de as localizações aparecerem em ordem ascendente como na Figura 8.16. Cada linha de entrada é efetivamente uma diretiva "armazene essa instrução nessa localização": se um programa TM fosse perfurado em cartões, não haveria problema se os cartões fossem derrubados no chão antes da leitura pela TM. Essa propriedade do simulador TM, embora possa provocar alguma confusão para o leitor de um programa, facilita o ajuste retroativo dos saltos na ausência de rótulos simbólicos, pois o código pode ser ajustado retroativamente sem retornar para o arquivo de código. Por exemplo, um gerador de código pode gerar o código da Figura 8.16 como a seqüência abaixo:

```
0:      IN      0,0,0
2:      LDC     1,1,0
3:      LDC     2,1,0
4:      MUL     1,1,0
5:      SUB     0,0,2
6:      JNE     0,-3(7)
7:      OUT     1,0,0
1:      JLE     0,6(7)
8:      HALT    0,0,0
```

Isso se deve ao salto adiante na instrução 1 não poder ser gerado até conhecer a localização após o corpo da declaração *if*.

Se o programa da Figura 8.16 estiver no arquivo **fact.tm**, esse arquivo pode ser carregado e executado como na sessão de exemplo a seguir (o simulador TM assume automaticamente uma extensão de arquivo **.tm** se ela não for dada):

```
tm fact
TM simulation (enter h for help) ...
Enter command: g
Enter value for IN instruction: 7
OUT instruction prints: 5040
HALT: 0,0,0
Halted
Enter command: q
Simulation done.
```

O comando **g** indica "começar" (do inglês *go*), para o programa começar a execução com o conteúdo corrente do pc (que é zero logo antes da carga), até encontrar uma instrução **HALT**. A lista completa de comandos do simulador pode ser obtida com o comando **h**, que imprime a lista a seguir:

```
Commands are:
    s(tep <n>        Execute n (default 1) TM instructions
    g(o              Execute TM instructions until HALT
    r(egs            Print the contents of the registers
    i(Mem <b <n>>    Print n iMem locations starting at b
    d(Mem <b <n>>    Print n dMem locations starting at b
    t(race           Toggle instruction trace
    p(rint           Toggle print of total instructions executed
                     ('go' only)
    c(lear           Reset simulator for new execution of program
    h(elp            Cause this list of commands to be printed
    q(uit            Terminate the simulation
```

O parêntese à esquerda em cada comando indica o mnemônico correspondente a cada comando (usar mais de uma letra para um comando também é aceito, mas o simulador examina apenas a primeira letra). Os sinais < > indicam parâmetros opcionais.

8.8 GERADOR DE CÓDIGO PARA A LINGUAGEM TINY

Queremos agora descrever um gerador de código para a linguagem TINY. Assumimos que o leitor tenha se familiarizado com os passos anteriores do compilador TINY, em particular com a estrutura de árvore sintática gerada pelo analisador sintático conforme descrito no Capítulo 3, a construção da tabela de símbolos conforme descrito no Capítulo 6 e o ambiente de execução conforme descrito no Capítulo 7.

Nesta seção, primeiramente descreveremos a interface do gerador de código TINY da TM, juntamente com as funções auxiliares necessárias para a geração de código. Descreveremos em seguida os passos do gerador de código. Em terceiro lugar, descreveremos o uso do compilador TINY em combinação com o simulador TM. Finalmente, discutiremos o arquivo de código-alvo para o programa TINY de exemplo usado ao longo de todo o livro.

8.8.1 Interface TM do gerador de código TINY

Encapsulamos algumas das informações requeridas pelo gerador de código a respeito da TM nos arquivos **code.h** e **code.c**, listados no Apêndice B. Também garantimos que o código emita funções nesses arquivos. Evidentemente, o gerador de código ainda precisará conhecer os nomes das instruções da TM, mas esses arquivos separam os detalhes de formatação de instruções, a localização do arquivo de código-alvo e o uso de registradores específicos no ambiente de execução. O arquivo **code.c** encapsula completamente a seqüência de instruções em localizações **iMem** específicas, para que o gerador de código não precise acompanhar esse detalhe. Se o carregador TM precisasse ser melhorado, por exemplo, para permitir vínculos simbólicos e remover a necessidade de números de localização, seria fácil incorporar a geração de rótulos e alterações de formato no arquivo **code.c**.

Revisamos aqui algumas características das definições de função e de constante no arquivo **code.h**. Primeiramente, considere as declarações dos valores de registradores. O pc precisa ser conhecido pelo gerador de código e pelos recursos de emissão de código. Além disso, o ambiente de execução para a linguagem TINY, conforme descrito no capítulo anterior, atribui localizações no topo da memória de dados para temporários (como se fosse uma pilha) e localizações no final da memória de dados para variáveis. Como não há registros de ativação (e, portanto, não há fp) em TINY (pois não há escopos ou ativações de procedimentos), as localizações para variáveis e temporários podem ser vistas como endereços absolutos. Entretanto, a operação **LD** da TM não permite um modo de endereçamento absoluto, mas requer um valor de registrador de base em sua computação do endereço para carga de memória. Assim, atribuímos dois registradores, que denominamos mp (ponteiro de memória) e gp (ponteiro global), para indicar o topo da memória e o final da memória respectivamente. O mp será usado para acesso de memória a temporários e também conterá a localização de memória legal mais alta, e o gp será usado para todos os acessos de variável de memória com nomes e sempre conterá zero, para que os endereços absolutos computados pela tabela de símbolos possam ser usados como ajustes relativos ao gp. Por exemplo, se um programa tiver duas variáveis **x** e **y**, e houver dois valores temporários correntemente armazenados na memória, **dMem** ficará assim:

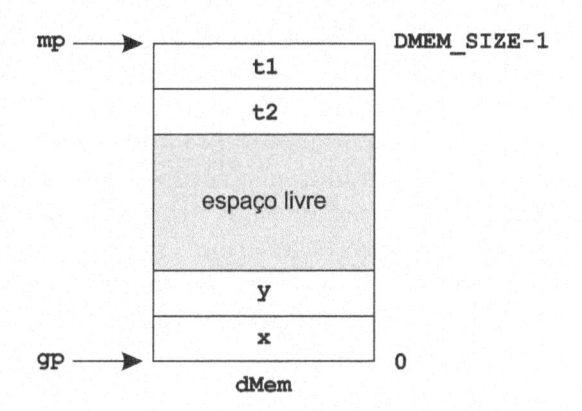

```
mp ───▶  ┌─────────────┐  DMEM_SIZE-1
         │     t1      │
         ├─────────────┤
         │     t2      │
         ├─────────────┤
         │             │
         │ espaço livre│
         │             │
         ├─────────────┤
         │     y       │
         ├─────────────┤
         │     x       │
gp ───▶  └─────────────┘  0
              dMem
```

Nessa figura, o endereço de t1 é **0(mp)**, o endereço de **t2** é **-1(mp)**, o endereço de **x** é **0(gp)** e o endereço de **y** é **1(gp)**. Nessa implementação, gp é o registrador 5 e mp é o registrador 6.

Os outros dois registradores que serão usados pelo gerador de código são os registradores zero e 1, denominados "acumuladores", e que recebem os nomes ac e ac1. Eles serão usados como espaço de rascunho. Em particular, os resultados das computações serão sempre colocados em ac. Observe que os registradores 2, 3 e 4 não recebem nomes (e nunca serão usados!).

Desenvolveremos a seguir uma discussão sobre as sete funções de emissão de código cujos protótipos são dados no arquivo **code.h**. A função **emitComment** imprime sua cadeia de parâmetro no formato de um comentário em uma linha separada no arquivo de código, se estiver ativada a marca **TraceCode**. As duas funções seguintes, **emitRO** e **emitRM**, são as funções padrão de emissão de código, usadas para as classes de instruções RO e RM, respectivamente. Além da cadeia de instrução e dos três operandos, cada função recebe uma cadeia adicional como parâmetro, que é acrescentada à instrução como comentário (se estiver acionada a marca `TraceCode`).

As três funções seguintes são usadas para gerar e ajustar retroativamente os saltos. A função `emitSkip` é usada para pular diversas localizações que serão posteriormente ajustadas retroativamente, e para retornar a localização da instrução corrente, que é preservada internamente dentro de `code.c`. Tipicamente, isso é usado apenas nas ativações `emitSkip(1)`, que saltam apenas uma localização que será posteriormente preenchida com uma instrução de salto, e `emitSkip(0)`, que não salta localizações e é ativada simplesmente para recuperar a localização da instrução corrente para ser gravada como referência posterior durante um salto para trás. A função `emitBackup` é usada para ajustar a localização da instrução corrente em uma localização anterior para ajuste retroativo, e `emitRestore` é usada para retornar a localização da instrução corrente para o valor anterior à ativação de `emitBackup`. Tipicamente, essas instruções são usadas juntas, como em

```
emitBackup(saveLoc);
/* gerar aqui a instrução de salto ajustado retroativamente */
emitRestore();
```

A última função de emissão de código (`emitRM_Abs`) é requerida para gerar o código em um salto de ajuste retroativo ou qualquer salto para uma localização de código retornada por uma ativação de `emitSkip`. Ela transforma um endereço de código absoluto em endereço relativo a pc, subtraindo a localização da instrução corrente mais 1 (que é o valor de pc durante a execução) do parâmetro de localização passado, e usando o pc como registrador-fonte. Em geral, essa função será usada apenas com uma instrução de salto condicional como `JEQ` ou para gerar um salto incondicional usando `LDA` e o pc como registrador-alvo, conforme descrito na seção anterior.

Isso completa a descrição dos recursos de geração de código TINY, e passamos a seguir para uma descrição do gerador de código TINY propriamente dito.

8.8.2 Gerador de código TINY

O gerador de código TINY é colocado no arquivo `cgen.c`, com sua única interface para o compilador TINY sendo a função `codeGen`, cujo protótipo é

```
void codeGen(void);
```

dada como a única declaração em seu arquivo de interface `cgen.h`. Uma listagem completa do arquivo `cgen.c` é dada no Apêndice B.

A função `codeGen` propriamente dita faz poucas coisas: ela gera alguns poucos comentários e instruções (denominados **prólogo padrão**) que ajustam o ambiente no início da execução, em seguida a função `cGen` é ativada na árvore sintática, e finalmente uma instrução `HALT` é gerada no final do programa. O prólogo padrão é composto por duas instruções: a primeira carrega o registrador mp com a localização de memória legal mais alta (que o simulador TM colocou na localização zero no início da execução), e a segunda limpa a localização zero. (O gp não requer ajuste para zero, pois todos os registradores são ajustados para zero no início da execução.)

A função **cGen** é responsável pelo percurso da árvore sintática TINY que gera o código em pós-ordem modificada, conforme descrito nas seções anteriores. Vale lembrar que uma árvore sintática TINY tem um formato dado pelas declarações

```
typedef enum {StmtK,ExpK} NodeKind;
typedef enum {IfK,RepeatK,AssignK,ReadK,WriteK} StmtKind;
typedef enum {OpK,ConstK,IdK} ExpKind;

#define MAXCHILDREN 3
typedef struct treeNode
  { struct treeNode * child[MAXCHILDREN];
    struct treeNode * sibling;
    int lineno;
    NodeKind nodekind;
    union { StmtKind stmt; ExpKind exp;} kind;
    union { TokenType op;
            int val;
            char * name; } attr;
    ExpType type;
  } TreeNode;
```

Há dois tipos de nós de árvore: nós de declaração e nós de expressão. Se um nó for de declaração, ele representa um dos cinco tipos diferentes de declaração TINY (*if*, *repeat*, *assign*, *read* ou *write*), e se um nó for de expressão, ele representa um dos três tipos de expressão (um identificador, uma constante inteira ou um operador). A função **cGen** testa apenas se um nó é um nó de declaração ou de expressão (ou nulo), ativando a função apropriada **genStmt** ou **genExp**, e em seguida ativando a si mesma recursivamente para os irmãos (assim as listas de irmãos terão código gerado da esquerda para a direita).

A função **genStmt** contém muitas declarações **switch** para diferenciar dentre os cinco tipos de declaração, gerando o código apropriado e ativações recursivas de **cGen** em cada caso, e algo similar ocorre para a função **genExp**. Em todos os casos, o código para uma subexpressão deve deixar um valor em ac, para acesso pelo código subseqüente. Nos casos em que é requerido um acesso a variável (declarações de atribuição e leitura e expressões de identificador), a tabela de símbolos é acessada pela operação

```
loc = lookup(tree->attr.name);
```

O valor de **loc** é o endereço da variável em questão e é usado como deslocamento com o registrador gp para carregar ou armazenar seu valor.

O outro caso em que são requeridos acessos a memória é a computação do resultado de uma expressão de operador, onde o operando à esquerda deve ser armazenado em um temporário antes de computar o operando à direita. Assim, o código para uma expressão de operador inclui a seqüência a seguir para gerar código antes de o operador poder ser aplicado:

```
cGen(p1); /* p1 = filho à esquerda */
emitRM("ST",ac,tmpOffset--,mp,"op": push left");
cGen(p2); /* p2 = filho à direita */
emitRM("LD",ac1,++tmpOffset,mp,"op: load left");
```

Aqui, `tmpOffset` é uma variável estática com valor inicial zero, usada como o deslocamento da localização temporária disponível seguinte a partir do topo da memória (que é apontada pelo registrador mp). Observe como `tmpOffset` é decrementada após cada armazenamento e incrementada após cada carga. Assim, `tmpOffset` pode ser vista como ponteiro para o topo da "pilha temporária", e as ativações da função `emitRM` correspondem a colocar e retirar dessa pilha. Isso protege cada temporário enquanto ele permanece na memória. Após a execução do código gerado pelas ações anteriores, o operando à esquerda ficará no registrador 1 (ac1) e o operando à direita no registrador zero (ac). A operação RO apropriada pode em seguida ser gerada, no caso das operações aritméticas.

O caso dos operadores de comparação é ligeiramente diferente. A semântica da linguagem TINY (conforme implementada pelo analisador semântico — ver o capítulo anterior) permite operadores de comparação apenas nas expressões de teste de declarações *if* e *while*. Não existem variáveis booleanas nem valores booleanos fora desses testes, e os operadores de comparação poderiam ser tratados na geração de código dessas declarações. Mesmo assim, usamos uma abordagem mais geral aqui, que é mais amplamente aplicável a linguagens com operações lógicas e/ou valores booleanos, e implementamos o resultado de um teste como zero (falso) ou 1 (verdadeiro), como em C. Isso requer que os valores constantes zero e 1 sejam carregados explicitamente no ac, e isso é efetuado com saltos para executar a carga correta. Por exemplo, no caso do operador *menor que*, o código a seguir é gerado, tendo sido gerado código para computar o operando à esquerda no registrador 1 e o operando à direita no registrador zero:

```
SUB     0,1,0
JLT     0,2(7)
LDC     0,0(0)
LDA     7,1(7)
LDC     0,1,(0)
```

A primeira instrução subtrai o operando à direita da esquerda, e o resultado fica no registrador zero. Se < for verdadeiro, esse resultado será negativo, e a instrução `JLT 0,2(7)` provocará um salto de duas instruções para a última instrução, que carrega o valor 1 em ac. Se < for falso, as instruções terceira e quarta serão executadas — elas carregam zero em ac e saltam a última instrução (vale lembrar que pela descrição da TM, `LDA` provoca um salto incondicional pelo uso de pc como os dois registradores).

Concluímos a descrição do gerador de código TINY com uma discussão da declaração *if*. Os casos restantes ficam para o leitor.

A primeira ação do gerador de código para uma declaração *if* é gerar código para a expressão de teste. O código para o teste, conforme descrito anteriormente, deixa zero no ac no caso falso e 1 no caso verdadeiro. O gerador de código deve em seguida gerar um `JEQ` para o código na parte *else* da declaração *if*. Entretanto, a localização desse código ainda é desconhecida, pois o código para a parte *then* precisa ainda ser gerado. Assim, o gerador de código usa o recurso `emitSkip` para pular a declaração seguinte e gravar a sua localização para posteriormente efetuar um ajuste retroativo:

```
savedLoc1 - emitSkip(1) ;
```

A geração de código segue com a geração do código para a parte *then* da declaração *if*. Após isso, um salto incondicional sobre a parte *else* deve ser gerado, mas novamente aquela localização é desconhecida, assim a localização desse salto também precisa ser pulada e a sua localização guardada:

```
savedLoc2 = emitSkip(1) ;
```

Agora, entretanto, o passo seguinte é gerar código para a parte *else*, assim a localização do código corrente é o alvo correto para o salto do caso falso, que deve agora ser ajustado retroativamente para a localização `savedLoc1`, o que é feito pelo código a seguir:

```
currentLoc = emitSkip(0) ;
emitBackup(savedLoc1) ;
emitRM_Abs("JEQ",ac,currentLoc,"if: jmp to else");
emitRestore() ;
```

Observe como a ativação `emitSkip(0)` é usada para capturar a localização da instrução corrente, e como o procedimento `emitRM_Abs` é usado para converter o salto dessa localização absoluta em um salto relativo ao pc, o que é requerido pela instrução `JEQ`. Após isso, o código pode ser finalmente gerado para a parte *else*, e um salto absoluto (`LDA`) pode ser ajustado retroativamente para `savedLoc2` por uma seqüência de código similar.

8.8.3 Geração e uso de arquivos de código TM com o compilador TINY

O gerador de código TINY é ajustado para funcionar da mesma maneira com o simulador TM. Quando as marcas `NO_PARSE`, `NO_ANALYZE` e `NO_CODE` são ajustadas para falso no programa principal, o compilador cria um arquivo de código com o sufixo `.tm` (assumindo que não haja erros no código-fonte) e escreve as instruções TM nesse arquivo no formato requerido pelo simulador TM. Por exemplo, para compilar e executar o programa `sample.tny`, bastam os comandos a seguir:

```
tiny sample
<listagem produzida na saída padrão>
tm sample
<execução do simulador tm>
```

Para fins de acompanhamento da execução, existe uma marca `TraceCode` declarada em `globals.h` e definida em `main.c`. Se ela for ajustada para `TRUE`, informações de acompanhamento serão geradas pelo gerador de código, e aparecerão como comentários no arquivo de código, indicando onde no gerador de código cada instrução ou seqüência de instruções foi gerada, e por que motivo.

8.8.4 Exemplo de arquivo de código TM gerado pelo compilador TINY

Para mostrar com mais detalhes como funciona o gerador de código, apresentamos na Figura 8.17 o arquivo de código gerado pelo gerador de código TINY para o programa de exemplo da Figura 8.1, com `TraceCode = TRUE`, para que os comentários do código também sejam gerados. Esse arquivo de código tem 42 instruções, incluindo as duas instruções do prólogo padrão. Se compararmos isso com as nove instruções do programa escrito manualmente na Figura 8.16, certamente poderemos ver diversas ineficiências. Em particular, o programa da Figura 8.16 usa os registradores de forma muito eficiente –

não é usada memória além dos registradores. O código da Figura 8.17, no entanto, nunca usa mais de dois registradores e efetua diversos armazenamentos e cargas desnecessárias. É particularmente estúpida a forma como são tratados os valores de variáveis, que são carregados apenas para serem armazenados novamente como temporários, no código

```
16:     LD      0,1(5)  load id value
17:     ST      0,0(6)  op: push left
18:     LD      0,0(5)  load id value
19:     LD      1,0(6)  op: load left
```

que pode ser substituído pelas duas instruções

```
LD      1,1(5)  load id value
LD      0,0(5)  load id value
```

com exatamente o mesmo efeito.

Ineficiências substanciais adicionais ocorrem no código gerado para os testes e saltos. Um exemplo evidente é a instrução

```
40:     LDA     7,0(7)  jmp to end
```

que é uma elaborada instrução **NOP** (ou seja, uma instrução "sem operação").

Ainda assim, o código da Figura 8.17 tem uma propriedade importante: ele está correto. Pressionados para melhorar a eficiência do código gerado, os programadores de compiladores por vezes deixam de lado essa propriedade e permitem que seja gerado código que, embora eficiente, nem sempre executa corretamente. Esse comportamento, se não for bem documentado e previsível (e às vezes mesmo assim), pode levar ao desastre.

Está além do escopo deste texto estudar todas as maneiras pelas quais o código produzido por um compilador pode ser melhorado, mas nas duas seções finais deste capítulo apresentaremos as áreas principais em que podem ser efetuadas essas melhorias, assim como técnicas que podem ser usadas para implementá-las, e descreveremos brevemente como algumas delas podem ser aplicadas no gerador de código TINY para melhorar o código por ele gerado.

```
* TINY Compilation to TM code
* File: sample.tm
* Standard prelude:
    0:      LD 6,0(0)       load maxaddress from location 0
    1:      ST 0,0(0)       clear location 0
* End of standard prelude.
    2:      IN 0,0,0        read integer value
    3:      ST 0,0(5)       read: store value
* -> if
* -> Op
* -> Const
    4:      LDC 0,0(0)      load const
* <- Const
```

Figura 8.17   Saída de código TM para o programa de exemplo TINY da Figura 8.1.

```
      5:    ST  0,0(6)      op: push left
*  -> Id
      6:    LD  0,0(5)      load id value
*  <- Id
      7:    LD  1,0(6)      op: load left
      8:    SUB 0,1,0       op <
      9:    JLT 0,2(7)      br if true
     10:    LDC 0,0(0)      false case
     11:    LDA 7,1(7)      unconditional jmp
     12:    LDC 0,1(0)      true case
*  <- Op
*  if: jump to else belongs here
*  -> assign
*  -> Const
     14:    LDC 0,1(0)      load const
*  <- Const
     15:    ST  0,1(5)      assign: store value
*  <- assign
*  -> repeat
*  repeat: jump after body comes back here
*  -> assign
*  -> Op
*  -> Id
     16:    LD  0,1(5)      load id value
*  <- Id
     17:    ST  0,0(6)      op: push left
*  -> Id
     18:    LD  0,0(5)      load id value
*  <- Id
     19:    LD  1,0(6)      op: load left
     20:    MUL 0,1,0       op *
*  <- Op
     21:    ST  0,1(5)      assign: store value
*  <- assign
*  -> assign
*  -> Op
*  -> Id
     22:    LD  0,0(5)      load id value
*  <- Id
     23:    ST  0,0(6)      op: push left
*  -> Const
     24:    LDC 0,1(0)      load const
*  <- Const
     25:    LD  1,0(6)      op: load left
     26:    SUB 0,1,0       op -
*  <- Op
```

Figura 8.17 *(continuação)* Saída de código TM para o programa de exemplo TINY da Figura 8.1.

```
            27:      ST  0,0(5)       assign: store value
    *  <- assign
    *  -> Op
    *  -> Id
            28:      LD  0,0(5)       load id value
    *  <- Id
            29:      ST  0,0(6)       op: push left
    *  -> Const
            30:      LDC 0,0(0)       load const
    *  <- Const
            31:      LD  1,0(6)       op: load left
            32:      SUB 0,1,0        op = =
            33:      JEQ 0,2(7)       br if true
            34:      LDC 0,0(0)       false case
            35:      LDA 7,1(7)       unconditional jmp
            36:      LDC 0,1(0)       true case
    *  <- Op
            37:      JEQ 0,-22(7)     repeat: jmp back to body
    *  <- repeat
    *  -> Id
            38:      LD  0,1(5)       load id value
    *  <- Id
            39:      OUT 0,0,0        write ac
    *  if: jump to end belongs here
            13:      JEQ 0,27(7)      if: jmp to else
            40:      LDA 7,0(7)       jmp to end
    *  <- if
    *  End of execution.
            41:      HALT 0,0,0
```

Figura 8.17 *(continuação)*   Saída de código TM para o programa de exemplo TINY da Figura 8.1.

8.9 REVISÃO DAS TÉCNICAS DE OTIMIZAÇÃO DE CÓDIGO

Desde os primeiros compiladores dos anos 1950, a qualidade do código gerado por um compilador tem grande importância. Essa qualidade pode ser medida pela velocidade e pelo tamanho do código-alvo, embora a velocidade seja em geral mais importante. Os compiladores modernos lidam com o problema da qualidade de código com a execução, em diversos pontos do processo de compilação, de diversos passos, como a coleta de informações sobre o código-fonte e o uso dessas informações para **transformações para melhoria de código** nas estruturas de dados que representam o código. Diversas técnicas para melhorar a qualidade do código foram desenvolvidas ao longo dos anos, as quais são identificadas como **técnicas de otimização de código**. Essa terminologia é enganosa, entretanto, pois apenas em situações muito especiais essas técnicas são capazes de gerar código ótimo no sentido matemático. Ainda assim, o nome é tão comum que continuamos a utilizá-lo.

A variedade de técnicas existentes para otimização de código é tanta que nos permite apresentar aqui apenas as mais importantes e mais usadas, e mesmo para essas não apresentaremos os detalhes de implementação. No final do capítulo serão apresentadas referências para fontes de maior informação sobre elas. É importante observar, entretanto, que um programador de compiladores não deve esperar usar todas as técnicas de otimização de código, mas sim julgar, para a linguagem em questão, quais técnicas devem resultar em melhorias de código significativas com menor impacto na complexidade do compilador. Diversos artigos, que descrevem técnicas de otimização, têm sido apresentados exigindo implementações extremamente complexas e que produzem na média apenas melhorias relativamente pequenas no código-alvo (por exemplo, uma diminuição de tempo de processamento de um pequeno percentual). A experiência mostra, entretanto, que algumas poucas técnicas básicas, mesmo quando aplicadas de forma aparentemente ingênua, podem levar a melhorias significativas, por vezes reduzindo o tempo de execução pela metade ou mais.

Ao julgar se a implementação de uma técnica de otimização específica seria muito complexa relativamente ao ganho na melhoria do código, é importante determinar não apenas a complexidade da implementação em termos das estruturas de dados e do código de compilador adicional, mas também o efeito que o passo de otimização poderá ter na velocidade de execução do compilador. Todas as técnicas de análise sintática que estudamos foram voltadas a um tempo de execução linear do compilador – ou seja, a velocidade de compilação é diretamente proporcional ao tamanho do programa compilado. Diversas técnicas de otimização podem aumentar o tempo de compilação para algo quadrático ou cúbico em relação ao tamanho do programa, assim a compilação de um programa maior pode levar minutos (ou, no pior caso, horas) a mais com otimização total. Isso pode fazer com que os usuários evitem o uso das otimizações (ou mesmo o próprio compilador), e o tempo gasto para implementar as otimizações pode ser um grande desperdício.

Nas próximas seções, descreveremos primeiramente as principais fontes de otimização, e a seguir diversas classificações de otimização, seguidas por um breve resumo de algumas das técnicas mais importantes, juntamente com as principais estruturas de dados usadas em sua implementação. Apresentaremos alguns exemplos simples de otimização para ilustrar a discussão. Na próxima seção, apresentaremos exemplos mais detalhados de como as técnicas discutidas podem se aplicar no gerador de código TINY da seção anterior, com sugestões para os métodos de implementação.

8.9.1 Principais fontes de otimização de código

Listamos a seguir algumas das áreas em que um gerador de código pode não produzir bom código, aproximadamente em ordem decrescente de "vantagem comparativa" – ou seja, o quanto de melhoria de código pode ser conseguido em cada área.

Alocação de registradores O bom uso dos registradores é a característica mais importante do código eficiente. Historicamente, a quantidade de registradores disponíveis era severamente limitada – em geral para 8 ou 16 registradores, incluindo os de uso específico como pc, sp e fp. Isso dificultou a boa alocação de registradores, pois a competição das variáveis pelo espaço de registradores era intensa. Essa situação ainda perdura em alguns processadores, em particular nos microprocessadores. Uma abordagem para resolver esse problema é aumentar a quantidade e velocidade das operações que podem ser efetuadas diretamente na memória, para que um compilador, tendo exaurido o espaço de registradores, possa evitar o custo de solicitar registradores pelo armazenamento dos valores dos registradores em localizações temporárias e pela carga de novos valores (o que recebe o nome de operação de **derramamento de registradores**). Outra abordagem (que recebe o nome de abordagem RISC) é *diminuir* a quantidade de operações que podem ser efetuadas diretamente em memória (freqüentemente para zero), mas ao mesmo tempo aumentar a quantidade de registradores disponíveis para 32, 64 ou 128. Nessas arquiteturas, a alocação de registradores se torna ainda mais crítica, pois seria possível preservar todas, ou quase todas, as variáveis simples de todo um programa nos registradores. O custo de não conseguir alocar apropriadamente os registradores nessas arquiteturas cresce em razão da necessidade de constantemente carregar e armazenar valores para que operações possam ser aplicadas sobre eles. Ao mesmo tempo, a tarefa de alocar registradores se torna mais fácil, pois há muitos disponíveis. Assim, a boa alocação de registradores deve ser o foco de qualquer esforço sério para melhorar a qualidade de código.

Operações desnecessárias A segunda maior fonte de melhoria de código é evitar a geração de código para operações redundantes ou desnecessárias. Esse tipo de otimização pode variar desde uma busca muito simples de código localizado até a análise complexa das propriedades semânticas de todo o programa. A quantidade de possibilidades para identificar essas operações é grande, e há também um grande número de técnicas usadas para isso. Um exemplo típico dessa oportunidade de otimização é uma expressão que apareça repetidamente no código, e cujo valor permaneça o mesmo. A avaliação repetida pode ser eliminada pela gravação do primeiro valor para uso posterior (o que recebe o nome de **eliminação de subexpressão em comum**).[19] Um segundo exemplo é evitar o armazenamento do valor de uma variável ou temporário que não seja usado posteriormente (isso caminha lado a lado com a otimização anterior).

Uma classe completa de oportunidades de otimização requer a identificação de **código inatingível** ou **morto**. Um exemplo típico de código inatingível é o uso de uma marca constante para ligar e desligar informações de depuração:

```
#define DEBUG 0
...
if (DEBUG)
{...}
```

Se `DEBUG` for ajustado para zero (como nesse código), o código entre chaves dentro da declaração *if* fica inatingível, e não é preciso gerar código-alvo para ele nem para a declaração *if* que o cerca. Outro exemplo de código inatingível é um procedimento que nunca é ativado (ou ativado apenas por código que também é inatingível). A eliminação do código inatingível geralmente não afeta de forma significativa a velocidade de execução, mas pode reduzir substancialmente o tamanho do código-alvo, e é relevante, em particular se apenas um pequeno esforço adicional na análise for usado para identificar os casos mais óbvios.

Por vezes, ao identificar as operações desnecessárias, é mais fácil seguir adiante com a geração de código e depois testar o código-alvo quanto à redundância. Um caso em que é mais difícil testar *a priori* a redundância é a geração de saltos para representar declarações de controle estruturadas. Esse código pode conter saltos para a declaração seguinte ou saltos para outros saltos. Um passo de **otimização de saltos** pode remover esses saltos desnecessários.

---

19. Um bom programador deve evitar expressões em comum até certo ponto em um código-fonte, mas o leitor não deveria assumir que essa otimização existe apenas para auxiliar maus programadores. Muitas subexpressões em comum resultam dos cálculos de endereços gerados pelo próprio compilador, e não podem ser removidas pela melhoria do código-fonte.

Operações caras Um gerador de código deveria não só procurar operações desnecessárias, mas também fazer uso de oportunidades para reduzir o custo de operações que sejam necessárias, mas que possam ser implementadas de formas mais baratas que as indicadas pelo código-alvo ou por uma implementação simples. Um exemplo típico disso é a substituição de operações aritméticas por operações mais baratas. Por exemplo, a multiplicação por 2 pode ser implementada como uma operação de transposição, e uma potência por um inteiro pequeno, como x^3, pode ser implementada como uma multiplicação, como $x * x * x$. Essa otimização é denominada **redução de força**. Ela pode ser estendida de diversas maneiras, como, por exemplo, na substituição por transposições e somas de multiplicações por pequenas constantes inteiras (por exemplo, a substituição de $5 * x$ por $2 * 2 * x + x$ – duas transposições e uma soma).

Uma otimização relacionada a isso é o uso de informações sobre constantes para remover tantas operações quanto possível ou para pré-computar tantas operações quanto possível. Por exemplo, a soma de duas constantes, como $2 + 3$, pode ser computada pelo compilador e substituída pelo valor constante 5 (isso é denominado **empacotamento de constante**). Por vezes, pode valer a pena tentar determinar se uma variável poderia também ter um valor constante para uma parte ou para todo o programa, e essas transformações podem ainda se aplicar a expressões que contenham aquela variável (isso é denominado **propagação de constante**).

Uma operação que pode ser relativamente cara é a ativação de procedimentos, na qual muitas operações com seqüências de ativações precisam ser efetuadas. Os processadores modernos reduziram substancialmente esse custo, com *hardware* dedicado a seqüências de ativações padrão, mas a remoção de ativações freqüentes de procedimentos pequenos pode ainda gerar acelerações mensuráveis. Há duas maneiras padrão de remover ativações de procedimentos. Uma é substituir a ativação do procedimento pelo código do corpo do procedimento (com a substituição apropriada de parâmetros por argumentos). Isso é denominado **alinhamento de procedimento**, e por vezes é até uma opção de linguagem (como em C++). Outra maneira de eliminar a ativação de procedimentos é identificar **recursão de cauda**, ou seja, quando a última operação de um procedimento é ativar a si mesmo. Por exemplo, o procedimento

```
int gcd( int u, int v)
{ if (v==0) return u;
  else return gcd(v,u % v); }
```

tem recursão de cauda, mas o procedimento

```
int fact( int n)
{ if (n==0) return 1;
  else return n * fact(n-1); }
```

não tem. A recursão de cauda é equivalente a atribuir os valores dos novos argumentos para os parâmetros e efetuar um salto para o início do corpo do procedimento. Por exemplo, o procedimento com recursão de cauda `gcd` pode ser reescrito pelo compilador para o código equivalente

```
    int gcd( int u, int v)
    { begin:
      if (v==0) return u;
      else
      {  int t1 = v, t2 = u%v;
         u = t1; v = t2;
         goto begin;
      }
    }
```

(Observe a sutil necessidade de temporários nesse código.) Esse processo é denominado **remoção de recursão de cauda**.

Uma questão referente à ativação de procedimentos é a alocação de registradores. Providências devem ser tomadas em cada ativação de procedimentos para gravar e recuperar os registradores que permanecerem em uso durante a ativação. Se existir forte alocação de registradores, isso pode aumentar o custo das ativações das funções, pois proporcionalmente mais registradores exigirão gravação e recuperação. Por vezes, as considerações das ativações no alocador de registradores podem reduzir esse custo.[20] Mas isso é um exemplo de um fenômeno comum: por vezes, as otimizações podem provocar o efeito inverso do desejado, e devem ser estimadas relações de custo-benefício.

Durante a geração final de código, algumas oportunidades finais para a redução do custo de certas operações podem surgir pelo uso de instruções especiais disponíveis na máquina-alvo. Por exemplo, diversas arquiteturas incluem operações de movimentação de blocos que são mais rápidas que copiar elementos individuais de cadeias ou matrizes. Adicionalmente, os cálculos de endereços podem por vezes ser otimizados quando a arquitetura permite que diversos modos de endereçamento ou computações de ajustes sejam combinadas em uma única instrução. De maneira similar, podem existir modos para auto-incrementar e autodecrementar índices (a arquitetura VAX tem até uma instrução para incrementar-comparar-e-ramificar em laços). Essas otimizações recebem o nome genérico de **seleção de instrução** ou **uso de dialetos de máquina**.

Previsão de comportamento de programa Para efetuar algumas das otimizações descritas anteriormente, um compilador precisa coletar informações sobre os usos de variáveis, valores e procedimentos em programas: se as expressões são reaproveitadas (e, portanto, são subexpressões comuns), se ou quando as variáveis alteram seus valores ou permanecem constantes, e se os procedimentos são ativados. Um compilador precisa, dentro do alcance de suas técnicas de computação, considerar hipóteses de pior caso sobre as informações coletadas ou sobre o risco de gerar código incorreto: se uma variável puder ou não ser constante em um ponto específico, o compilador precisa assumir que ela não é constante. Essa propriedade é denominada **estimação conservadora** da informação do programa. Ela indica que um compilador precisa trabalhar com informação imperfeita, e freqüentemente bastante fraca, sobre o comportamento do programa. Naturalmente, quanto mais sofisticada for a análise de um programa, melhor precisa ser a informação disponível para um

---

20. Janelas de registradores em Sun SparcStation são um exemplo de *hardware* dedicado para a alocação de registradores ao longo das ativações de procedimentos.

otimizador de código. Ainda assim, mesmo nos compiladores mais avançados de hoje, podem existir propriedades de programas que são demonstráveis mas que não são encontradas pelo compilador.

Uma abordagem diferente é usada por alguns compiladores, na qual o comportamento estatístico de um programa é coletado das execuções e em seguida usado para prever quais caminhos serão mais provavelmente usados, quais procedimentos serão mais provavelmente ativados com freqüência, e quais seções do código serão mais provavelmente executadas com maior freqüência. Essa informação pode ser usada para ajustar a estrutura de saltos, laços e código de procedimento que minimizem a velocidade de execução para as execuções que ocorram mais freqüentemente. Esse processo requer, evidentemente, que esse **compilador baseado em perfis** acesse os dados apropriados, e que ao menos parte do código executável contenha código de instrumentação para gerar esses dados.

8.9.2 Classificação de otimizações

Como existem tantas oportunidades e técnicas para otimização, é válido reduzir a complexidade do seu estudo pela adoção de diversos esquemas de classificação para enfatizar as diferentes qualidades das otimizações. Duas classificações úteis são o instante durante o processo de compilação em que uma otimização pode ser aplicada e a área do programa sobre a qual se aplica a otimização.

Consideramos, primeiramente, o instante de aplicação durante a compilação. Podem ser efetuadas otimizações durante praticamente todos os estágios da compilação. Por exemplo, o empacotamento de constantes pode ser efetuado desde a análise sintática (embora seja em geral adiado, para que o compilador possa preservar uma representação do código-fonte exatamente como foi escrito). Do outro lado, algumas otimizações podem ser adiadas até após a geração do código-alvo – que é examinado e reescrito para refletir a otimização. Por exemplo, otimizações de saltos poderiam ser efetuadas dessa maneira. (Por vezes, otimizações efetuadas no código-alvo são denominadas **otimizações de buraco de fechadura**, pois o compilador em geral observa pequenas seções do código-alvo para descobrir essas otimizações.)

Tipicamente, a maioria das otimizações é efetuada durante a geração de código intermediário, imediatamente após a geração de código intermediário ou durante a geração de código-alvo. Na medida em que uma otimização não depende das características da máquina-alvo (caracterizando o que se denomina **otimizações de nível de fonte**), ela pode ser efetuada antes que a que depende da arquitetura-alvo (**otimizações de nível de alvo**). Por vezes, uma otimização pode ter um componente de nível de fonte e outro de nível de alvo. Por exemplo, na alocação de registradores, é comum contar a quantidade de referências a cada variável e preferir as variáveis com maiores quantidades de referências para atribuição a registradores. Essa tarefa pode ser dividida em um componente de nível de fonte, em que as variáveis são selecionadas para alocação em registradores sem conhecimento específico de quantos registradores estão disponíveis. Em seguida, um passo posterior de **atribuição de registradores**, dependente da máquina-alvo, atribui os registradores às variáveis marcadas como alocadas em registradores, ou a localizações de memória denominadas **pseudo-registradores**, se não houver disponibilidade de registradores.

É importante, para ordenar as otimizações, considerar o efeito que uma otimização pode ter em outras. Por exemplo, faz sentido propagar constantes antes de efetuar a eliminação de código inatingível, pois alguma parte do código pode se tornar inatingível com base no fato de as variáveis de teste terem sido determinadas como constantes. Ocasionalmente, um **problema de fase** pode surgir quando duas otimizações evidenciam novas oportunidades uma para a outra. Por exemplo, considere o código

```
x = 1;
...
y = 0;
...
if (y) x = 0;
...
if (x) y = 1;
```

Uma primeira passada com propagação de constantes pode resultar no código

```
x = 1;
...
y = 0;
...
if (0) x = 0;
...
if (x) y = 1;
```

Agora, o corpo do primeiro `if` é inatingível; sua eliminação gera

```
x = 1;
...
y = 0;
...
if (x) y = 1;
```

que pode se beneficiar de uma nova propagação de constantes e da eliminação de código inatingível. Por essa razão, alguns compiladores efetuam diversas iterações de um grupo de otimizações, a fim de garantir que a maioria das oportunidades para aplicar as otimizações seja encontrada.

O segundo esquema de classificação para otimizações que consideramos é pela área do programa no qual se aplica a otimização. As categorias para essa classificação são denominadas **local**, **global** e **interprocedimentos**. As otimizações locais são definidas como aquelas que se aplicam a **segmentos de código de linha reta**, ou seja, seqüências de código sem saltos para dentro ou para fora da seqüência.[21] Uma seqüência maximal de código de linha reta é denominada um **bloco básico**, e por definição as otimizações locais são aquelas restritas a blocos básicos. Otimizações que se estendam para além dos blocos básicos, mas que sejam confinadas a um procedimento individual, são denominadas **otimizações globais**

---

21. Ativações de procedimentos representam um tipo especial de salto, assim elas normalmente quebram o código de linha reta. Entretanto, como elas em geral retornam para a instrução imediatamente seguinte, elas podem freqüentemente ser incluídas em código de linha reta e ser tratadas posteriormente no processo de geração de código.

(embora elas não sejam de fato "globais", pois são confinadas a um procedimento). Otimizações que se estendam para além dos limites dos procedimentos para o programa todo são denominadas **otimizações interprocedimentos**.

As otimizações locais são relativamente fáceis de efetuar, pois a natureza de linha reta do código permite a propagação de informações de formas simples ao longo da seqüência de código. Por exemplo, uma variável carregada em um registrador por uma instrução anterior em um bloco básico pode ser assumida como estando ainda naquele registrador mais adiante no bloco, desde que o registrador não seja alvo de uma carga. Essa conclusão não estaria correta se um salto pudesse ser efetuado para dentro do código, conforme indicado no diagrama a seguir:

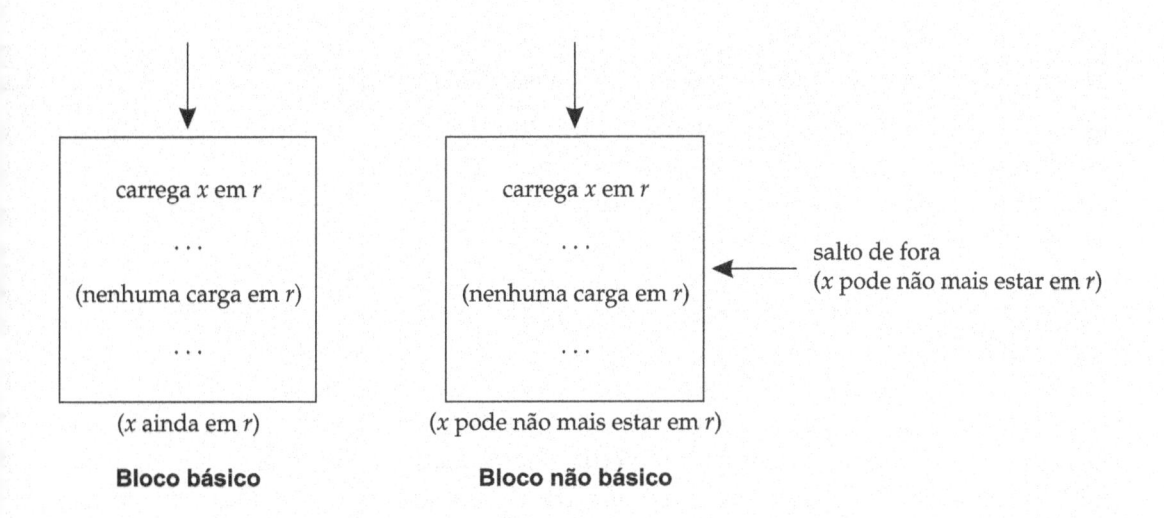

```
    ↓                          ↓
┌─────────────────┐      ┌─────────────────┐
│ carrega x em r  │      │ carrega x em r  │
│      ...        │      │      ...        │
│                 │      │                 │   ← salto de fora
│(nenhuma carga   │      │(nenhuma carga   │     (x pode não mais estar em r)
│     em r)       │      │     em r)       │
│      ...        │      │      ...        │
└─────────────────┘      └─────────────────┘
  (x ainda em r)          (x pode não mais estar em r)
  **Bloco básico**         **Bloco não básico**
```

As otimizações globais são consideravelmente mais difíceis de efetuar; elas em geral exigem uma técnica denominada **análise de fluxo de dados**, que tenta coletar informações ao longo dos limiares dos saltos. As otimizações interprocedimentos são ainda mais difíceis, pois podem exigir muitos mecanismos diferentes de passagem de parâmetros, além da possibilidade de acesso a variáveis não locais e da necessidade de computar informações simultâneas em todos os procedimentos que possam ativar uns aos outros. Uma complicação adicional para a otimização interprocedimentos é da possibilidade de muitos procedimentos serem compilados separadamente e vinculados apenas posteriormente. O compilador nesse caso não pode efetuar otimizações interprocedimentos sem envolver uma forma especializada de vinculador que efetue otimizações com base em informações coletadas pelo compilador. Por essa razão, muitos compiladores efetuam apenas a análise interprocedimentos mais básica, ou mesmo nenhuma análise desse tipo.

Uma classe especial de otimizações globais é aplicada a laços. Como esses laços são em geral executados muitas vezes, é importante devotar especial atenção ao código dentro dos laços, em particular para reduzir a complexidade das computações.

As estratégias típicas para otimizar laços enfocam a identificação de variáveis que sejam incrementadas por quantidades fixas a cada iteração (denominadas **variáveis de indução**). Dentre elas, temos as variáveis de controle de laço e outras que dependem das variáveis de controle de laço de maneira fixa. Variáveis de indução selecionadas podem ser colocadas em registradores, e a sua computação pode ser simplificada. Essa reescrita de código pode incluir a remoção de computações constantes do laço (denominada **movimentação de código**). O rearranjo do código também pode ajudar na melhoria de eficiência do código dentro dos blocos básicos.

Historicamente, uma tarefa adicional na otimização de laços era o problema de identificar os laços em um programa, para que eles pudessem ser otimizados. A **descoberta de laços** era necessária em decorrência da falta de controle estruturado e do uso de declarações *goto* na implementação dos laços. A descoberta de laços continua necessária em algumas poucas linguagens, como FORTRAN, mas na maioria das linguagens a sintaxe pode ser usada para localizar estruturas significativas de laços.

8.9.3 Estruturas de dados e técnicas de implementação para otimizações

Algumas otimizações podem ser efetuadas por transformações na árvore sintática. Entre elas, temos o empacotamento de constantes e a eliminação de código inatingível, onde as subárvores apropriadas são eliminadas ou substituídas por outras mais simples. Também podem ser coletadas informações para uso em otimizações posteriores durante a construção ou o percurso pela árvore sintática, como contagem de referências ou outras informações de uso, as quais são armazenadas como atributos na árvore ou como entradas na tabela de símbolos.

Para muitas das otimizações mencionadas anteriormente, entretanto, a árvore sintática é uma estrutura inadequada para a coleta de informações e o processamento das otimizações. Alternativamente, um otimizador que efetue otimizações globais construirá a partir do código intermediário de cada procedimento uma representação gráfica do código denominada **grafo de fluxo**. Os nós de um grafo de fluxo são os blocos básicos, e os arcos são formados a partir dos saltos condicionais e incondicionais (que devem ter como alvo o início de outros blocos básicos). Cada nó de bloco básico contém a seqüência de instruções de código intermediário do bloco. Como exemplo, o grafo de fluxo correspondente ao código intermediário da Figura 8.2 é dado na Figura 8.18. (Os blocos básicos nessa figura são rotulados para futuras referências.)

Um grafo de fluxo, juntamente com cada um de seus blocos básicos, pode ser construído por uma única passada pelo código intermediário. Cada novo bloco básico é identificado da seguinte maneira:[22]

1. A primeira instrução inicia um novo bloco básico.
2. Cada rótulo que é alvo de um salto inicia um novo bloco básico.
3. Cada instrução após um salto inicia um novo bloco básico.

Nos saltos para adiante em direção a rótulos ainda não atingidos, um novo nó de bloco vazio pode ser construído e inserido na tabela de símbolos sob o nome do rótulo, para verificação posterior quando o rótulo for atingido.

---

22. Esse critério permite a inclusão de ativações de procedimentos dentro dos blocos básicos. Como as ativações não contribuem para novos caminhos no grafo de fluxo, isso faz sentido. Mais adiante, quando os blocos básicos forem processados individualmente, as ativações poderão ser separadas para processamento específico, se necessário.

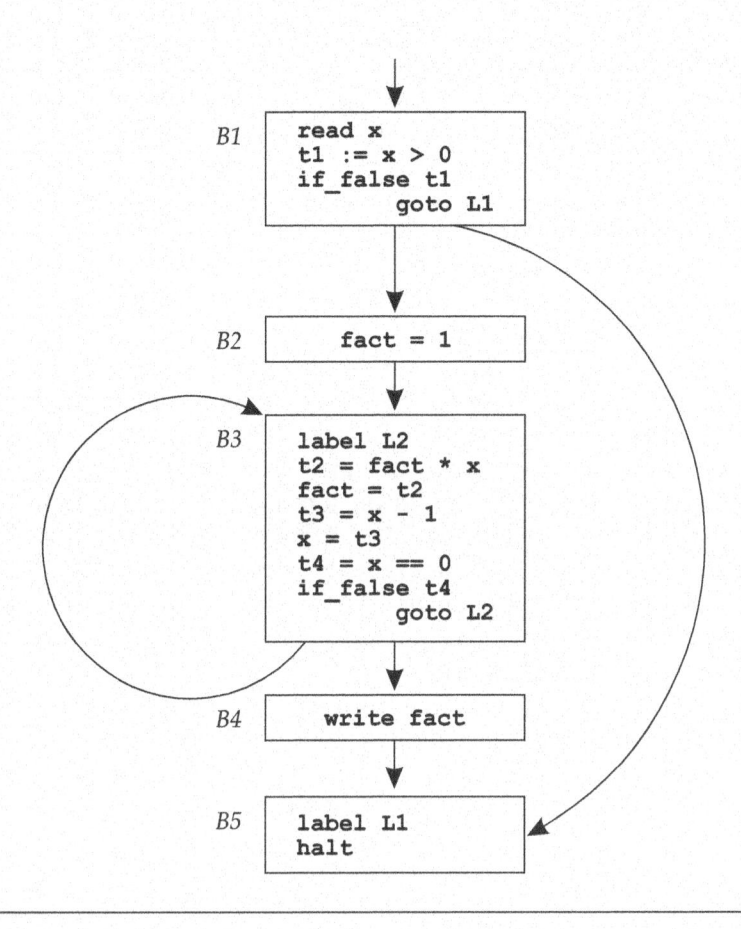

```
        B1  | read x
            | t1 := x > 0
            | if_false t1
            |         goto L1

        B2  | fact = 1

        B3  | label L2
            | t2 = fact * x
            | fact = t2
            | t3 = x - 1
            | x = t3
            | t4 = x == 0
            | if_false t4
            |         goto L2

        B4  | write fact

        B5  | label L1
            | halt
```

Figura 8.18   O grafo de fluxo do código intermediário da Figura 8.2.

O grafo de fluxo é a principal estrutura de dados requerida para a análise de fluxo de dados, que a usa para acumular informações utilizadas para as otimizações. Tipos distintos de informações podem exigir tipos distintos de processamento do grafo de fluxo, e as informações coletadas podem ser bastante diversificadas, dependendo dos tipos desejados de otimização. Não temos espaço nesta breve visão geral para descrever a técnica de análise de fluxo de dados com detalhes (ver a seção de Notas e Referências no final do capítulo), mas pode ser útil descrever um exemplo do tipo de dado que pode ser acumulado por esse processo.

Um problema padrão de análise de fluxo de dados é computar, para cada variável, o conjunto de **definições de alcance** da variável no início de cada bloco básico. Aqui, uma **definição** é uma instrução de código intermediário que pode ajustar o valor da variável, como uma atribuição ou uma leitura.[23] Por exemplo, as definições da variável **fact** na Figura 8.18 são a instrução única do bloco básico B2 (**fact=1**) e a terceira instrução do bloco B3 (**fact=t2**). Chamemos essas definições de d1 e d2. Uma definição **alcança** um bloco básico se no início do bloco a variável ainda puder ter o valor estabelecido por aquela definição. No grafo de fluxo da Figura 8.18, pode ser estabelecido que nenhuma definição de **fact** alcança B1 nem B2, que tanto d1 quanto d2 alcançam B3, e que apenas d2 alcança B4 e B5. As definições de alcance podem ser usadas em diversas otimizações – em propagação de

---

23. Isso não deve ser confundido com uma definição em C, que é um tipo de declaração.

constantes, por exemplo, se as únicas definições que alcançam um bloco representarem um único valor constante, a variável pode ser substituída por esse valor (ao menos até alcançar outra definição dentro do bloco).

O grafo de fluxo é útil para representar informações globais a respeito do código de cada procedimento, mas os blocos básicos são ainda representados como seqüências simples de código. Efetuando a análise de fluxo de dados, no momento de gerar o código para cada bloco básico, outra estrutura de dados é freqüentemente construída para cada bloco, denominada **DAG de um bloco básico** (DAG indica um grafo acíclico direcionado). (Um DAG pode ser construído para cada bloco básico mesmo sem construir o grafo de fluxo.)

Uma estrutura de dados de DAG acompanha a computação e a reatribuição de valores e variáveis em um bloco básico da seguinte maneira: os valores usados no bloco provenientes de outro ponto são representados como nós-folha. As operações sobre esses e outros valores são representadas por nós interiores. A atribuição de um novo valor é representada pela junção de um nome da variável-alvo ou temporário ao nó que representa o valor atribuído. (Um caso especial dessa construção foi descrito na Seção 8.2.3.)[24]

Por exemplo, o bloco básico *B3* na Figura 8.18 pode ser representado pelo DAG da Figura 8.19. (Rótulos no início dos blocos básicos e saltos no final não são usualmente incluídos no DAG.) Observe nesse DAG que operações de cópia como `fact=t2` e `x=t3` não criam novos nós, mas simplesmente acrescentam novos rótulos nos nós com rótulos `t2` e `t3`. Observe também que o nó-folha rotulado como `x` tem dois pais, resultantes do fato de que o valor de chegada de `x` é usado em duas instruções separadas. Assim, o uso repetido do mesmo valor também é representado na estrutura de DAG. Essa propriedade de um DAG possibilita a representação do uso repetido de subexpressões em comum. Por exemplo, a atribuição em C

```
x = (x+1)*(x+1)
```

é traduzida nas instruções de três endereços

```
t1 = x + 1
t2 = x + 1
t3 = t1 * t2
x = t3
```

e o DAG para essa seqüência de instruções é dado na Figura 8.20, que mostra o uso repetido da expressão `x + 1`.

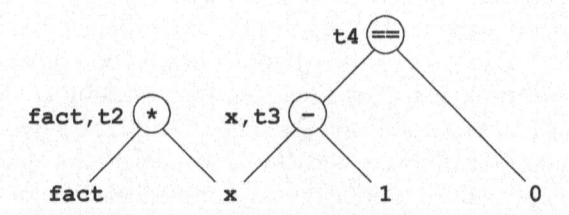

Figura 8.19 O DAG do bloco básico *B3* da Figura 8.18.

---

24. Essa descrição da estrutura de DAG se dirige ao uso do código de três endereços como código intermediário, mas uma estrutura de DAG similar pode ser definida para P-código, ou mesmo para código-alvo de montagem.

```
    x,t3 ( * )


    t2,t1 ( + )
      /   \
     x     1
```

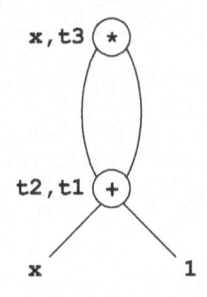

Figura 8.20 O DAG das instruções de três endereços correspondentes à atribuição em C x = (x+1)*(x+1).

O DAG de um bloco básico pode ser construído pela manutenção de dois dicionários. O primeiro é uma tabela com os nomes das variáveis e constantes, e uma operação de verificação que retorna o nó do DAG ao qual um nome de variável está atribuído (a tabela de símbolos poderia ser usada como essa tabela). O segundo é uma tabela de nós de DAG, com uma operação de verificação que, dada uma operação e nós filhos, retorna o nó com aquela operação e seus filhos, ou *nil* se não houver um nó apropriado. Essa operação permite a verificação de valores já existentes, sem construir um novo nó no DAG. Por exemplo, após a construção e atribuição do nome **t1** ao nó + na Figura 8.20 com filhos **x** e **1** (como resultado do processamento da instrução de três endereços **t1=x+1**), uma verificação de (+,**x**,1) na segunda tabela retornará esse nó já construído, e a instrução de três endereços **t2=x+1** simplesmente leva **t2** a ser atribuído também para esse nó. Os detalhes dessa construção podem ser vistos em outros textos (ver a seção de Notas e Referências).

Código-alvo ou uma versão revisada do código intermediário podem ser gerados de um DAG por um percurso seguindo uma ordenação topológica dos nós que não sejam folhas. (Uma **ordenação topológica** de um DAG é um percurso tal que os filhos dos nós são visitados antes de todos os seus pais.) Como existem, em geral, muitas ordenações topológicas, pode-se gerar muitas seqüências de código a partir de um DAG. Quais seriam as melhores depende de diversos fatores, inclusive dos detalhes da arquitetura da máquina-alvo. Por exemplo, uma das seqüências de percurso legais dos três nós não-folha da Figura 8.19 resultaria na nova seqüência a seguir de instruções de três endereços, que poderia substituir o bloco básico original:

```
t3 = x - 1
t2 = fact * x
x = t3
t4 = x == 0
fact = t2
```

Evidentemente, preferiríamos evitar, de maneira provável, o uso desnecessário de temporários, e portanto preferiríamos gerar o código de três endereços equivalente a seguir, cuja ordem deve permanecer fixa:

```
fact = fact * x
x = x - 1
t4 = x == 0
```

Um percurso similar do DAG da Figura 8.20 resulta no código de três endereços revisado a seguir:

```
t1 = x + 1
x = t1 * t1
```

Ao usar um DAG para gerar código-alvo para um bloco básico, automaticamente obtemos a eliminação de subexpressões locais em comum. A representação de DAG também possibilita eliminar armazenamentos (atribuições) redundantes e nos indica quantas referências existem a cada valor (o número de pais de um nó é o número de referências). Isso nos proporciona informações que possibilitam boa alocação de registradores (por exemplo, se um valor tiver muitas referências, deixe-o em um registrador; se todas as referências já tiverem sido vistas, o valor está morto e não precisa mais ser preservado; e assim por diante).

Um método final freqüentemente usado para auxiliar a alocação de registradores à medida que progride a geração de código considera a manutenção de dados denominados **descritores de registradores** e **descritores de endereços**. Os descritores de registradores associam a cada registrador uma lista dos nomes de variáveis cujo valor está correntemente naquele registrador (evidentemente, eles precisam todos ter o mesmo valor naquele ponto). Os descritores de endereços associam a cada nome de variável as localizações na memória onde o valor é encontrado. Elas poderiam ser registradores – e nesse caso a variável é encontrada no descritor ou descritores de registrador correspondente(s) –, memória ou ambos (se a variável for carregada da memória em um registrador, mas seu valor não for alterado). Esses descritores possibilitam acompanhar a movimentação de valores entre memória e registradores, bem como o reaproveitamento de valores já carregados nos registradores e a recuperação de registradores, pela descoberta que eles não mais contêm o valor de quaisquer variáveis com usos subseqüentes ou pelo armazenamento de valores em localizações apropriadas de memória (operações de derramamento).

Considere, por exemplo, o DAG de bloco básico da Figura 8.19, e considere a geração de código de TM segundo um percurso da esquerda para a direita dos nós interiores, usando os três registradores 0, 1 e 2. Assuma também que existam quatro descritores de endereços: `inReg(reg_no)`, `isGlobal(global_offset)`, `isTemp(temp_offset)` e `isConst(value)` (isso corresponde à organização do ambiente de execução de TINY na máquina TM, discutida na seção anterior). Assuma ainda que **x** esteja na localização global zero, que **fact** esteja na localização global 1, que localizações globais sejam acessadas pelo registrador gp e que localizações temporárias sejam acessadas pelo registrador mp. Finalmente, assuma também que nenhum registrador inicie com valores. Portanto, antes de iniciar a geração de código para o bloco básico, os descritores de endereços para as variáveis e constantes ficariam assim:

Variável/Constante	Descritores de Endereços
fact	isGlobal(1)
x	isGlobal(0)
t2	–
t3	–
t4	–
1	isConst(1)
0	isConst(0)

A tabela de descritores de registradores estaria vazia, por isso não a imprimimos.

Assuma agora que o código a seguir seja gerado:

```
LD   0,1(gp)  load fact into reg 0
LD   1,0(gp)  load x into reg 1
MUL  0,0,1
```

Os descritores de endereços ficariam assim:

Variável/Constante	Descritores de Endereços
fact	inReg(0)
x	isGlobal(0),inReg(1)
t2	inReg(0)
t3	-
t4	-
1	isConst(1)
0	isConst(0)

e os descritores de registradores ficariam assim:

Registrador	Variáveis/Constantes
0	fact, t2
1	x
2	-

Agora, dado o código subseqüente

```
LDC  2,1(0)  load constant 1 into reg 2
ADD  1,1,2
```

os descritores de endereços ficariam assim:

Variável/Constante	Descritores de Endereços
fact	inReg(0)
x	inReg(1)
t2	inReg(0)
t3	inReg(1)
t4	-
1	isConst(1),inReg(2)
0	isConst(0)

e os descritores de registradores ficariam assim:

Registrador	Variáveis/Constantes
0	fact, t2
1	x, t3
2	1

Deixamos para o leitor produzir o código apropriado para a computação do valor no nó de DAG restante e descrever o endereço resultante e os descritores de registradores.

Isso conclui nossa breve incursão pelas técnicas de otimização de código.

8.10 OTIMIZAÇÕES SIMPLES PARA O GERADOR DE CÓDIGO TINY

O gerador de código para a linguagem TINY apresentado na Seção 8.8 produz código extremamente ineficiente, conforme mostrado por uma comparação das 42 instruções da Figura 8.17 com as nove instruções produzidas manualmente do programa equivalente da Figura 8.16. Basicamente, as ineficiências advêm de duas fontes:

1. O gerador de código TINY faz muito pouco uso dos registradores da máquina TM (ele nunca usa os registradores 2, 3 e 4).
2. O gerador de código TINY gera desnecessariamente valores lógicos zero e 1 para testes, mas esses testes apenas aparecem nas declarações *if* e *while*, que poderiam usar código mais simples.

Queremos indicar nessa seção como técnicas relativamente simples podem melhorar substancialmente o código gerado pelo compilador TINY. Não geramos blocos básicos nem grafos de fluxo, mas continuamos a gerar código diretamente da árvore sintática. O único ferramental requerido são dados de atributos adicionais e um código de compilador ligeiramente mais complexo. Não apresentaremos os detalhes completos de implementação para as melhorias descritas aqui, os quais ficam como exercícios para o leitor.

8.10.1 Preservação de temporários nos registradores

A primeira otimização que queremos descrever é um método fácil de manter os temporários em registradores em vez de constantemente armazená-los e recarregá-los da memória. No gerador de código TINY, os temporários foram sempre armazenados no ponto

    tmpOffset(mp)

onde `tmpOffset` é uma variável estática com valor inicial zero, decrementado cada vez que um temporário é armazenado e incrementado sempre que ele é recarregado (ver o Apêndice B). Uma maneira simples de usar registradores como localizações temporárias é interpretar `tmpOffset` como referência inicial a registradores, e apenas após exaurir os registradores disponíveis, usá-lo como deslocamento na memória. Por exemplo, se quisermos usar todos os registradores disponíveis como temporários (seguindo pc, gp e mp), os valores de `tmpOffset` de zero a –4 podem ser interpretados como referências aos registradores de zero a 4, e os valores a partir de –5 são usados como deslocamentos (em que 5 é somado aos seus valores). Esse mecanismo pode ser implementado diretamente no gerador de código por testes apropriados ou encapsulados em procedimentos auxiliares (que poderiam ser chamados **saveTmp** e **loadTmp**). Deve também ser considerado que o resultado de um cálculo de subexpressão pode ficar em um registrador diferente do zero após a geração de código recursivo.

Com essa melhoria, o gerador de código TINY agora gera a seqüência de código TM dada na Figura 8.21 (compare-a com a Figura 8.17). Esse código é 20% menor e não contém armazenamento de temporários (e não usa o registrador 5, que é o mp). Ainda assim, os registradores 2, 3 e 4 nunca são usados. Isso é uma ocorrência comum: as expressões nos programas são raramente complexas o suficiente para exigir mais de dois ou três temporários ao mesmo tempo.

8.10.2 Preservação de variáveis em registradores

Pode ser efetuada uma melhoria adicional no uso dos registradores TM pela reserva de alguns dos registradores para uso como localizações de variáveis. Isso exige um pouco mais de trabalho que a otimização anterior, pois a localização de uma variável deve ser determinada antes da geração de código e armazenada na tabela de símbolos. Um esquema básico é simplesmente coletar alguns registradores e alocá-los como localizações para as variáveis mais usadas no programa. Para determinar quais variáveis são as "mais usadas", uma contagem de referências (utilizações e atribuições) deve ser efetuada. As variáveis referenciadas durante laços (no corpo ou na expressão de teste do laço) devem ter preferência, pois suas referências devem ser repetidas durante a execução do laço. Uma abordagem simples que funciona bem em muitos compiladores existentes é multiplicar a contagem de todas as referências dentro de um laço por 10, dentro de um laço duplamente aninhado por 100, e assim por diante. Essa contagem de referências pode ser efetuada durante a análise semântica, e uma passada específica para alocação de variáveis pode ser efetuada após essa análise. O atributo de localização armazenado na tabela de símbolos deve agora considerar as variáveis alocadas em registradores, em vez da memória. Um esquema simples usa um tipo enumerado para indicar onde uma variável se localiza; nesse caso, há apenas duas possibilidades: **inReg** e **inMem**. Adicionalmente, o número do registrador deve ser preservado no primeiro caso e o endereço de memória no segundo. (Esse é um exemplo simples de descritores de endereços para variáveis; os descritores de registradores não são requeridos porque permanecem fixos durante a geração do código.)

Com essas modificações, o código para o programa de exemplo poderia agora usar o registrador 3 para a variável **x** e o registrador 4 para a variável **fact** (há apenas duas variáveis, assim todas elas podem ficar nos registradores), assumindo que os registradores de zero a 2 ainda estejam reservados para temporários. As modificações no código da Figura 8.21 são dadas na Figura 8.22. Esse código é novamente consideravelmente mais curto que o código anterior, mas ainda muito mais longo que o código escrito manualmente.

8.10.3 Otimização de expressões de teste

A última otimização discutida aqui é a simplificação do código gerado para testes nas declarações *if* e *while*. O código gerado para essas expressões é muito genérico e implementa os valores booleanos *verdadeiro* e *falso* como zero e 1, embora TINY não tenha variáveis booleanas nem exija esse nível de generalidade.

0:	LD	6,0(0)		17:	ST	0,1(5)
1:	ST	0,0(0)		18:	LD	0,0(5)
2:	IN	0,0,0		19:	LDC	1,1(0)
3:	ST	0,0(5)		20:	SUB	0,0,1
4:	LDC	0,0(0)		21:	ST	0,0(5)
5:	LD	1,0(5)		22:	LD	0,0(5)
6:	SUB	0,0,1		23:	LDC	1,0(0)
7:	JLT	0,2(7)		24:	SUB	0,0,1
8:	LDC	0,0(0)		25:	JEQ	0,2(7)
9:	LDA	7,1(7)		26:	LDC	0,0(0)
10:	LDC	0,1(0)		27:	LDA	7,1(7)
11:	JEQ	0,21(7)		28:	LDC	0,1(0)
12:	LDC	0,1(0)		29:	JEQ	0,-16(7)
13:	ST	0,1(5)		30:	LD	0,1(5)
14:	LD	0,1(5)		31:	OUT	0,0,0
15:	LD	1,0(5)		32:	LDA	7,0(7)
16:	MUL	0,0,1		33:	HALT	0,0,0

Figura 8.21 Código TM para o programa TINY de exemplo com temporários preservados nos registradores.

0:	LD	6,0(0)		13:	LDC	0,1(0)
1:	ST	0,0(0)		14:	SUB	0,3,0
2:	IN	3,0,0		15:	LDA	3,0(0)
3:	LDC	0,0(0)		16:	LDC	0,0(0)
4:	SUB	0,0,3		17:	SUB	0,3,0
5:	JLT	0,2(7)		18:	JEQ	0,2(7)
6:	LDC	0,0(0)		19:	LDC	0,0(0)
7:	LDA	7,1(7)		20:	LDA	7,1(7)
8:	LDC	0,1(0)		21:	LDC	0,1(0)
9:	JEQ	0,15(7)		22:	JEQ	0,-12(7)
10:	LDC	4,1(0)		23:	OUT	4,0,0
11:	MUL	0,4,3		24:	LDA	7,0(7)
12:	LDA	4,0(0)		25:	HALT	0,0,0

Figura 8.22 Código TM para o programa TINY de exemplo com temporários e variáveis preservados nos registradores.

Isso também resulta em muitas cargas adicionais das constantes zero e 1, bem como testes adicionais gerados separadamente pelo código genStmt para as declarações de controle.

A melhoria descrita aqui depende do fato de que um operador de comparação deve aparecer como nó-raiz da expressão de teste. O código genExp para esse operador simplesmente gerará código para subtrair do operando à esquerda o valor do operando à direita, guardando o resultado no registrador zero. O código para as declarações *if* ou *while* testará para qual operador de comparação será aplicado e gerado código apropriado de salto.

Assim, no caso do código da Figura 8.22, o código TINY

    if 0 < then ...

que agora corresponde ao código TM

```
4:      SUB     0,0,3
5:      JLT     0,2(7)
6:      LDC     0,0(0)
7:      LDA     7,1(7)
8:      LDC     0,1(0)
9:      JEQ     0,15(7)
```

gerará o código TM mais simples

```
4:      SUB     0,0,3
5:      JGE     0,10(7)
```

(Observe como o salto do caso *falso* deve ser o condicional complementar **JGE** para o operador de teste <.)

Com essa otimização, o código gerado para o programa de teste passa a ser o da Figura 8.23. (Incluímos também nesse passo a remoção do salto vazio no final do código, que corresponde à parte *else* vazia da declaração *if* no código TINY. Isso exige apenas a adição de um teste simples para o código **genStmt** da declaração *if*.)

O código da Figura 8.23 está agora relativamente próximo daquele produzido manualmente. Ainda assim, existem oportunidades para umas poucas otimizações em casos especiais, que deixamos para os exercícios.

```
0:      LD      6,0(0)          9:      LDC     0,1(0)
1:      ST      0,0(0)          10:     SUB     0,3,0
2:      IN      3,0,0           11:     LDA     3,0(0)
3:      LDC     0,0(0)          12:     LDC     0,0(0)
4:      SUB     0,0,3           13:     SUB     0,3,0
5:      JGE     0,10(7)         14:     JNE     0,-8(7)
6:      LDC     4,1(0)          15:     OUT     4,0,0
7:      MUL     0,4,3           16:     HALT    0,0,0
8:      LDA     4,0(0)
```

Figura 8.23   Código TM para o programa TINY de exemplo com temporários e variáveis preservados nos registradores e com testes de saltos otimizados.

EXERCÍCIOS

8.1 Apresente a seqüência de instruções de código de três endereços correspondente a cada uma das expressões aritméticas a seguir:

a. `2+3+4+5`
b. `2+(3+(4+5))`
c. `a*b+a*b*c`

8.2 Apresente a seqüência de instruções de P-código correspondente às expressões aritméticas do exercício anterior.

8.3 Apresente as instruções de P-código correspondentes às expressões em C a seguir (assumindo uma declaração **struct** apropriada quando necessário):
a. `(x = y = 2)+3*(x=4)`
b. `a[a[i]]=b[i=2]`
c. `p->next->next = p->next`

8.4 Apresente as instruções de código de três endereços para as expressões do exercício anterior.

8.5 Apresente a seqüência do (a) código de três endereços ou (b) P-código correspondente ao programa TINY a seguir:

```
{ programa de MDC em TINY }
read u;
read v; { entrada de dois inteiros }
if v = 0 then v := 0 { nenhuma ação }
else
   repeat
      temp := v;
      v := u - u/v*v; { computa u mod v }
      u := temp
   until v = 0
end;
write u { saída do MDC de u & v }
```

8.6 Apresente as declarações de estrutura de dados em C apropriadas para as triplas da Figura 8.5 (Seção 8.1.2), similares àquelas dadas para as quádruplas na Figura 8.4.

8.7 Estenda a gramática de atributos para o P-código da Tabela 8.1 (Seção 8.2.1) para (a) a gramática de índices da Seção 8.3.2; (b) a gramática de estruturas de controle da Seção 8.4.4.

8.8 Repita o exercício anterior para a gramática de atributos de código de três endereços da Tabela 8.2.

8.9 Descreva como o procedimento genérico de percurso da Seção 6.5.2 poderia ser adaptado para geração de código. Isso poderia ser uma opção interessante?

8.10 Acrescente os operadores unários de endereços **&** e ***** (com a semântica de C) e o operador de seleção de campos de estruturas binárias.
a. na gramática de expressões da Seção 8.2.1;
b. na estrutura de árvore sintática da Seção 8.2.2.

8.11 a. Acrescente na gramática da Seção 8.4.4 uma declaração *repeat-until* ou uma declaração *do-while* e construa um diagrama de controle apropriado correspondente ao da Figura 8.11.
b. Reescreva as declarações da estrutura de árvore sintática para a gramática, para incluir sua nova estrutura da parte (a).

8.12 a. Descreva como uma declaração *for* pode ser transformada sistematicamente em uma declaração *while* correspondente. Faz sentido usar isso para gerar código?
b. Descreva como uma declaração *case* ou *switch* pode ser transformada sistematicamente em uma seqüência de declarações *if* aninhadas. Faz sentido usar isso para gerar código?

8.13 a. Construa um diagrama de controle correspondente à Figura 8.11, para a organização de laços apresentada pelo compilador Borland C 80×86 na Seção 8.6.1.
b. Construa um diagrama de controle correspondente à Figura 8.11 para a organização de laços apresentada pelo compilador C Sun SparcStation na Seção 8.6.2.

c. Suponha que uma instrução de salto condicional demore o triplo para ser executada se o salto for seguido pelo código "passar direto" (ou seja, se a condição for falsa). As organizações de saltos das partes (a) e (b) apresentam alguma vantagem em comparação à Figura 8.11?

8.14 Uma alternativa para implementar as declarações *case* ou *switch* como uma seqüência de testes para cada caso é a **tabela de saltos**, na qual é usado o índice de cada caso como um deslocamento para um salto indexado em uma tabela de saltos absolutos.
   a. Esse método de implementação só é vantajoso se houver muitos casos diferentes que ocorram de forma relativamente densa em um intervalo de índices relativamente compacto. Por quê?
   b. Os geradores de código tendem a gerar esse tipo de código apenas quando há mais de dez casos. Determine se o seu compilador C gera uma tabela de saltos para uma declaração *switch* e se existe um número mínimo de casos para isso.

8.15 a. Desenvolva uma fórmula para a computação de endereços de uma célula de matriz multidimensional similar à da Seção 8.3.2. Apresente todas as hipóteses que utilizar.
   b. Suponha que uma variável de tipo matriz **a** seja definida pelo código em C

   ```
   int a[12][100][5];
   ```

   Assumindo que um inteiro ocupe dois *bytes* na memória, use sua fórmula da parte (a) para determinar o deslocamento a partir do endereço de base de **a** da variável indexada

   ```
   a[5][42][2]
   ```

8.16 Dado o programa a seguir, escrito segundo a gramática de definição/ativação de funções da Seção 8.5.2:

   ```
   fn f(x)=x+1
   fn g(x,y)=x+y
   g(f(3),4+5)
   ```

   a. Escreva a seqüência de instruções em P-código que seriam geradas para esse programa pelo procedimento `genCode` da Figura 8.14.
   b. Escreva a seqüência de instruções em código de três endereços que seriam geradas para esse programa.

8.17 O texto não especifica quando a instrução de três endereços **arg** surge durante as ativações de funções: algumas versões do código de três endereços exigem que todas as declarações **arg** venham juntas imediatamente antes da ativação associada e outras permitem que a computação dos argumentos e as declarações **arg** sejam misturadas. Discuta as vantagens e desvantagens dessas duas abordagens.

8.18 a. Liste todas as instruções em P-código usadas neste capítulo, juntamente com uma descrição de seu significado e uso.
   b. Liste todas as instruções em código de três endereços usadas neste capítulo, juntamente com uma descrição de seu significado e uso.

8.19 Escreva um programa TM equivalente ao programa do MDC em TINY do Exercício 8.5.

8.20 a. A TM não tem instruções de movimentação de registrador para registrador. Descreva como isso é efetuado.
   b. A TM não tem instruções de ativação ou retorno. Descreva como isso pode ser imitado.

8.21 Projete um co-processador de ponto flutuante para a Máquina TINY que possa ser acrescentado sem alterações das declarações de memória ou dos registradores do Apêndice C.

8.22 Escreva a seqüência de instruções TM geradas pelo compilador TINY para as expressões e atribuições TINY a seguir:
   a. `2+3+4+5`
   b. `2+(3+(4+5))`
   c. `x:= x+(y+2*z)`, assumindo que `x`, `y` e `z` tenham localizações **dMem** zero, 1 e 2, respectivamente.
   d. `v := u - u/v*v;`
   (Uma linha do programa TINY para MDC do Exercício 8.5; assuma o ambiente de execução TINY padrão.)

8.23 Projete um ambiente de execução TINY para a gramática de ativação de funções da Seção 8.5.2.

8.24 O compilador Borland 3.0 gera o código 80×86 a seguir para computar o resultado lógico de uma comparação `x<y`, assumindo que `x` e `y` sejam inteiros com deslocamentos –2 e –4 no registro de ativação local:

```
        mov     ax,word ptr [bp-2]
        cmp     ax,word ptr [bp-4]
        jge     short @1@86
        mov     ax,1
        jmp     short @1@114
@1@86:
        xor     ax,ax
@1@114:
```

Compare isso com o código TM produzido pelo compilador TINY para a mesma expressão.

8.25 Examine como o seu compilador C implementa operações booleanas com curto-circuito, e compare a implementação com as estruturas de controle da Seção 8.4.

8.26 Construa um grafo de fluxo para o código de três endereços correspondente ao programa TINY do MDC do Exercício 8.5.

8.27 Construa um DAG para o bloco básico correspondente ao corpo da declaração *repeat* do programa TINY de MDC do Exercício 8.5.

8.28 Considere o DAG da Figura 8.19. Assumindo que o operador de igualdade do nó mais à direita seja imitado na máquina TM pela subtração, o código TM correspondente a esse nó poderia ser assim:

```
LDC 2,0(0)  load constant 0 into reg 2
SUB 2,1,2
```

Escreva descritores para registradores e endereços na forma correspondente após a execução do código acima.

8.29 Determine as otimizações efetuadas pelo seu compilador C e compare-as com as descritas na Seção 8.9.

8.30 Duas otimizações adicionais que podem ser implementadas no gerador de código TINY são:
   1. Se um dos operandos de uma expressão de teste for a constante zero, não é preciso efetuar uma subtração antes de gerar o salto condicional.

2. Se o alvo de uma atribuição já estiver em um registrador, a expressão à direita pode ser computada nesse registrador, economizando dessa maneira uma movimentação de registrador para registrador.

Mostre o código para o programa de exemplo em TINY para fatorial que seria gerado se essas duas otimizações fossem adicionadas ao gerador de código que produz o código da Figura 8.23. Como se compara esse código com o código gerado manualmente da Figura 8.16?

EXERCÍCIOS DE PROGRAMAÇÃO

8.31 Reescreva o código da Figura 8.7 (Seção 8.2.2) e construa P-código como um atributo de cadeia sintetizado segundo a gramática de atributos da Tabela 8.1, e compare a complexidade do código com o da Figura 8.7.

8.32 Reescreva cada um dos procedimentos de geração de P-código para produzir código de três endereços:
  a. Figura 8.7 (expressões simples em C);
  b. Figura 8.9 (expressões com matrizes);
  c. Figura 8.12 (declarações de controle);
  d. Figura 8.14 (funções).

8.33 Escreva uma especificação em Yacc similar à da Figura 8.8, correspondente aos procedimentos de geração de código de
  a. Figura 8.9 (expressões com matrizes);
  b. Figura 8.12 (declarações de controle);
  c. Figura 8.14 (funções).

8.34 Reescreva a especificação em Yacc da Figura 8.8 para produzir código de três endereços em vez de P-código.

8.35 Acrescente os operadores do Exercício 8.10 no procedimento de geração de código da Figura 8.7.

8.36 Reescreva o procedimento de geração de código da Figura 8.12, para incluir as novas estruturas de controle do Exercício 8.11.

8.37 Reescreva o código da Figura 8.7, para produzir código TM em vez de P-código. (Você pode usar os recursos para geração de código do arquivo `code.h` do compilador TINY.)

8.38 Reescreva o código da Figura 8.14 para produzir código TM, usando o seu projeto de ambiente de execução desenvolvido como resposta ao Exercício 8.23.

8.39 a. Acrescente matrizes simples à linguagem TINY e seu compilador. Isso exige que sejam incluídas declarações de matrizes antes das expressões propriamente ditas, como em

```
array a[10];
i := 1;
repeat
  read a[i];
  i := i + 1;
until 10 < i
```

  b. Acrescente verificações de limites em seu código da parte (a), para que índices fora dos limites interrompam a execução da máquina TM.

8.40 a. Implemente o seu projeto de co-processador de ponto flutuante TM do Exercício 8.21.
  b. Use seu recurso de ponto flutuante TM para substituir inteiros por reais na linguagem TINY e seu compilador.
  c. Reescreva a linguagem TINY e seu compilador para incluir tanto valores inteiros como de ponto flutuante.
8.41 Escreva um tradutor de P-código para código de três endereços.
8.42 Escreva um tradutor de código de três endereços para P-código.
8.43 Reescreva o gerador de código TINY para gerar P-código.
8.44 Escreva um tradutor de P-código para máquina TM, usando o gerador de P-código do exercício anterior e o ambiente de execução TINY descrito no texto.
8.45 Reescreva o gerador de código TINY para gerar código de três endereços.
8.46 Escreva um tradutor de código de três endereços para código de máquina TM, usando o gerador de código de três endereços do exercício anterior e o ambiente de execução TINY descrito no texto.
8.47 Implemente as três otimizações do gerador de código TINY descritas na Seção 8.10:
  a. Use os três primeiros registradores TM como localizações temporárias.
  b. Use os registradores 3 e 4 como localizações das variáveis mais usadas.
  c. Otimize o código para testar expressões, para que ele não mais gere os valores booleanos zero e 1.
8.48 Implemente o empacotamento de constantes para o compilador TINY.
8.49 a. Implemente a otimização 1 do Exercício 8.30.
  b. Implemente a otimização 2 do Exercício 8.30.

NOTAS E REFERÊNCIAS

Existe uma tremenda variedade de técnicas para geração e otimização de código; este capítulo representa apenas uma introdução. Uma boa resenha dessas técnicas (em particular a análise de fluxo de dados), de um ponto de vista mais teórico, é apresentada em Aho, Sethi e Ullman (1986). Diversos tópicos práticos são tratados com mais detalhes em Fischer e LeBlanc (1991). Tabelas de saltos para declarações *case/switch* (Exercício 8.14) estão descritas nas duas referências. Para exemplos de geração de código em processadores específicos (MIPS, Sparc e PC), ver Fraser e Hanson (1995). A geração de código como análise de atributos é tratada em Slonneger e Kurtz (1995).

A variabilidade de código intermediário entre compiladores é uma fonte de problemas de transposição desde os primeiros compiladores. Originalmente, pensava-se que um código intermediário universal poderia ser desenvolvido, que serviria para todos os compiladores e resolveria o problema da transposição (Strong, 1958; Steel, 1961). Infelizmente, isso não se mostrou verdadeiro. O código de três endereços e as quádruplas são uma forma tradicional de código intermediário usado em muitos textos de compiladores. P-código está descrito em detalhes em Nori et al. (1981). Uma forma mais sofisticada de P-código, denominada U-código, que possibilita melhor otimização do código-alvo, está descrita em Perkins e Sites (1977). Uma versão similar de P-código foi usada em um compilador otimizado Modula-2 (Powell, 1984). Um código intermediário especializado para compiladores Ada, denominado Diana, está descrito em Goos e Wulf (1981). Um código intermediário que usa expressões prefixadas como em LISP é denominado linguagem de transferência de registradores – RTL – e é usado nos compiladores Gnu (Stallman, 1994); ele está descrito em

Davidson e Fraser (1984a,b). Para um exemplo de código intermediário baseado em C que pode ser compilado usando um compilador em C, ver Holub (1990).

Não existem referências gerais atualizadas para técnicas de otimização, embora as referências padrão Aho, Sethi e Ullman (1986) e Fischer e LeBlanc (1991) contenham bons resumos. Diversas técnicas poderosas e úteis têm sido publicadas em *ACM Programming Languages Design and Implementation Conference Proceedings* (anteriormente denominada *Compiler Construction Conference*), que faz parte de *ACM SIGPLAN Notices*. Fontes adicionais para diversas técnicas de otimização são *ACM Principles of Programming Languages Conference Proceedings* e *ACM Transactions on Programming Languages and Systems*.

Um aspecto da geração de código que não mencionamos é a geração automática de um gerador de código com base em uma descrição formal da arquitetura da máquina, de maneira similar à usada para a geração automática de analisadores sintáticos e analisadores semânticos. Esses métodos vão desde os puramente sintáticos (Glanville e Graham, 1978) até os baseados em atributos (Ganapathi e Fischer, 1985) e em código intermediário (Davidson e Fraser, 1984a). Uma resenha desses e de outros métodos pode ser encontrada em Fischer e LeBlanc (1991).

Apêndice A

Projeto de Compilador

A.1 Convenções léxicas de C–
A.2 Sintaxe e semântica de C–
A.3 Programas de exemplo em C–
A.4 Ambiente de execução TINY para a linguagem C–
A.5 Projetos de programação utilizando C– e TM

Definimos aqui uma linguagem de programação denominada **C–** (pronuncia-se "C menos"), que é uma linguagem apropriada para um projeto de compilador por ser mais complexa que a linguagem TINY, pois inclui funções e matrizes. Ela é essencialmente um subconjunto de C, mas sem algumas partes importantes, o que justifica seu nome. Este apêndice é composto por cinco seções. Na primeira, listamos as convenções léxicas da linguagem, incluindo uma descrição dos marcadores da linguagem. Na segunda, apresentamos uma descrição em BNF de cada construção da linguagem, juntamente com uma descrição em português da semântica associada. Na terceira seção, apresentamos dois programas de exemplo em C–. Na quarta, descrevemos um ambiente de execução TINY para C–. Na última seção, descrevemos alguns projetos de programação usando C– e TM, adequados para um curso de programação.

A.1 CONVENÇÕES LÉXICAS DE C–

1. As palavras-chave da linguagem são as seguintes:

    ```
    else if int return void while
    ```

    Todas as palavras-chave são reservadas e devem ser escritas com caixa baixa.
2. Os símbolos especiais são os seguintes:

    ```
    + - * / < <= > >= == != = ; , ( ) [ ] { } /* */
    ```

3. Há, ainda, os marcadores *ID* e *NUM*, definidos pelas expressões regulares a seguir:

    ```
    ID = letra letra*
    NUM = dígito dígito*
    letra = a|..|z|A|..|Z
    dígito = 0|..|9
    ```

    Existe diferença entre caixa baixa e caixa alta.

493

4. Espaço em branco é composto por brancos, mudanças de linha e tabulações. O espaço em branco é ignorado, exceto como separador de **IDs**, **NUMs** e palavras-chave.
5. Comentários são cercados pela notação usual de C /*...*/. Os comentários podem ser colocados em qualquer lugar que possa ser ocupado por um espaço em branco (ou seja, comentários não podem ser colocados dentro de marcadores), e podem incluir mais de uma linha. Comentários não podem ser aninhados.

A.2 SINTAXE E SEMÂNTICA DE C–

Uma gramática em BNF para C– é apresentada a seguir:

1. *programa* → *declaração-lista*
2. *declaração-lista* → *declaração-lista declaração* | *declaração*
3. *declaração* → *var-declaração* | *fun-declaração*
4. *var-declaração* → *tipo-especificador* **ID** ; | *tipo-especificador* **ID** [**NUM**] ;
5. *tipo-especificador* → **int** | **void**
6. *fun-declaração* → *tipo-especificador* **ID** (*params*) *composto-decl*
7. *params* → *param-lista* | **void**
8. *param-lista* → *param-lista* , *param* | *param*
9. *param* → *tipo-especificador* **ID** | *tipo-especificador* **ID** [ ]
10. *composto-decl* → { *local-declarações statement-lista* }
11. *local-declarações* → *local-declarações var-declaração* | *vazio*
12. *statement-lista* → *statement-lista statement* | *vazio*
13. *statement* → *expressão-decl* | *composto-decl* | *seleção-decl*
    | *iteração-decl* | *retorno-decl*
14. *expressão-decl* → *expressão* ; | ;
15. *seleção-decl* → **if** (*expressão*) *statement*
    | **if** (*expressão*) *statement* **else** *statement*
16. *iteração-decl* → **while** (*expressão*) *statement*
17. *retorno-decl* → **return** ; | **return** *expressão* ;
18. *expressão* → *var* = *expressão* | *simples-expressão*
19. *var* → **ID** | **ID** [*expressão*]
20. *simples-expressão* → *soma-expressão relacional soma-expressão*
    | *soma-expressão*
21. *relacional* → <= | < | > | >= | == | !=
22. *soma-expressão* → *soma-expressão soma termo* | *termo*
23. *soma* → + | -
24. *termo* → *termo mult fator* | *fator*
25. *mult* → * | /
26. *fator* → (*expressão*) | *var* | *ativação* | **NUM**
27. *ativação* → **ID** (*args*)
28. *args* → *arg-lista* | *vazio*
29. *arg-lista* → *arg-lista* , *expressão* | *expressão*

Para cada uma dessas regras gramaticais, apresentamos uma breve explicação da semântica associada.

1. *programa* → *declaração-lista*
2. *declaração-lista* → *declaração-lista declaração* | *declaração*
3. *declaração* → *var-declaração* | *fun-declaração*

Um programa é composto por uma lista (ou seqüência) de declarações, que podem ser de funções ou de variáveis, em qualquer ordem. Deve haver pelo menos uma declaração.

As restrições semânticas são as seguintes (elas não ocorrem em C): todas as variáveis e funções devem ser declaradas antes do uso (isso evita referências para ajustes retroativos). A última declaração em um programa deve ser uma declaração de função, da forma **void main(void)**. Observe que em C– não existem protótipos, assim não são feitas distinções entre declarações e definições (como em C).

4. *var-declaração* → *tipo-especificador* **ID** ; | *tipo-especificador* **ID** [**NUM**] ;
5. *tipo-especificador* → **int** | **void**

Uma declaração de variável declara uma variável simples de tipo inteiro ou uma matriz cujo tipo básico é inteiro, e cujos índices variam de 0..*NUM*– 1. Observe que em C– os únicos tipos básicos são inteiro e vazio. Em uma declaração de variável, apenas o especificador de tipos **int** pode ser usado. **Void** é usado em declarações de função (ver a seguir). Observe também que apenas uma variável pode ser declarada em cada declaração.

6. *fun-declaração* → *tipo-especificador* **ID (** *params* **)** *composto-decl*
7. *params* → *param-lista* | **void**
8. *param-lista* → *param-lista* **,** *param* | *param*
9. *param* → *tipo-especificador* **ID** | *tipo-especificador* **ID** **[]**

Uma declaração de função é composta por um especificador de tipo de retorno, um identificador e uma lista de parâmetros entre parênteses separados por vírgulas, seguida de uma declaração composta contendo o código da função. Se o tipo de retorno da função é **void**, a função não retorna nenhum valor (ou seja, é um procedimento). Os parâmetros de uma função são **void** (ou seja, a função não tem parâmetros) ou uma lista que representa os parâmetros da função. Os parâmetros seguidos por colchetes são matrizes cujo tamanho pode variar. Parâmetros de inteiros simples são passados por valor. Parâmetros de matriz são passados por referência (ou seja, como ponteiros), e devem casar com uma variável de tipo matriz durante a ativação. Observe que não existem parâmetros de tipo "função". Os parâmetros de uma função têm escopo igual ao da declaração composta na declaração de função, e cada ativação de uma função tem um conjunto separado de parâmetros. Funções podem ser recursivas (na medida permitida pela declaração antes do uso).

10. *composto-decl* → **{** *local-declarações statement-lista* **}**

Uma declaração composta consiste de chaves envolvendo um conjunto de declarações. Uma declaração composta é executada com base na ordem em que aparecem as declarações entre as chaves.

As declarações locais têm escopo igual ao da lista de declarações da declaração composta e se sobrepõem a qualquer declaração global.

11. *local-declarações* → *local-declarações var-declaração* | *vazio*
12. *statement-lista* → *statement-lista statement* | *vazio*

Observe que tanto as declarações como as listas de declarações podem ser vazias. (O não-terminal *vazio* identifica a cadeia vazia, às vezes denotada como ε.)

13. *declaração* → *expressão-decl*
    | *composto-decl*
    | *seleção-decl*
    | *iteração-decl*
    | *retorno-decl*
14. *expressão-decl* → *expressão* **;** | **;**

Uma declaração de expressão tem uma expressão opcional seguida por um ponto-e-vírgula. Essas expressões são, em geral, avaliadas por seus efeitos colaterais. Assim, essa declaração é usada para atribuições e ativações de funções.

15. *seleção-decl* → **if** (*expressão*) *statement* | **if** (*expressão*) *statement* **else** *statement*

A declaração *if* tem a semântica usual: a expressão é avaliada; um valor diferente de zero provoca a execução da primeira declaração; um valor zero provoca a execução da segunda declaração, se ela existir. Essa regra resulta na clássica ambigüidade do *else* pendente, que é resolvida da maneira padrão: a parte *else* é sempre analisada sintática e imediatamente como uma subestrutura do *if* corrente (a regra de eliminação de ambigüidade do "aninhamento mais próximo").

16. *iteração-decl* → **while** (*expressão*) *statement*

A declaração *while* é a única declaração de iteração em C–. Ela é executada pela avaliação repetida da expressão e em seguida pela execução da declaração se a expressão receber valor diferente de zero, terminando quando a expressão receber valor zero.

17. *retorno-decl* → **return** ; | **return** *expressão* ;

Uma declaração de retorno pode retornar ou não um valor. Funções que não sejam declaradas como **void** devem retornar valores. As funções declaradas como **void** não devem retornar valores. Um retorno transfere o controle de volta para o ativador (ou termina o programa se ele ocorrer dentro de **main**).

18. *expressão* → *var* = *expressão* | *simples-expressão*
19. *var* → **ID** | **ID** [*expressão*]

Uma expressão é uma referência de variável seguida por um símbolo de atribuição (sinal de igual) e uma expressão, ou apenas uma expressão simples. A atribuição tem a semântica de armazenamento usual: a localização da variável representada por *var* é identificada, a subexpressão à direita da atribuição é avaliada, e o valor da subexpressão é armazenado na localização dada. Esse valor também é retornado como o valor de toda a expressão. Uma *var* é uma variável inteira (simples) ou uma variável de matriz indexada. Um índice negativo leva à interrupção do programa (diferentemente de C). Entretanto, os limites superiores dos índices não são verificados.

As variáveis representam uma restrição adicional de C– em comparação a C. Em C, o alvo de uma atribuição deve ser um **l-valor**, e os l-valores são endereços que podem ser obtidos por diversas operações. Em C–, os únicos l-valores são os dados pela sintaxe *var*, e portanto essa categoria é verificada sintaticamente, em vez de durante a verificação de tipos como em C. Assim, a aritmética de ponteiros não é permitida em C–.

20. *simples-expressão* → *soma-expressão relacional soma-expressão* | *soma-expressão*
21. *relacional* → <= | < | > | >= | == | !=

Uma expressão simples é composta por operadores relacionais que não se associam (ou seja, uma expressão sem parênteses pode ter apenas um operador relacional). O valor de uma expressão simples é o valor de sua expressão aditiva se ela não contiver operadores relacionais, ou 1 se o operador relacional for avaliado como verdadeiro, ou ainda zero se o operador relacional for avaliado como falso.

22. *soma-expressão* → *soma-expressão soma termo* | *termo*
23. *soma* → + | -
24. *termo* → *termo mult fator* | *fator*
25. *mult* → * | /

Expressões e termos aditivos representam a associatividade e a precedência típicas dos operadores aritméticos. O símbolo / representa a divisão inteira; ou seja, o resto é truncado.

26. *fator* → **(** *expressão* **)** | *var* | *ativação* | **NUM**

Um fator é uma expressão entre parênteses, uma variável, que é avaliada como o seu valor; uma ativação de função, que é avaliada como o valor retornado pela função; ou um NUM, cujo valor é computado pelo sistema de varredura. Uma variável de matriz deve ser indexada, exceto no caso de uma expressão composta por um único ID e usada em uma ativação de função com um parâmetro de matriz (ver a seguir).

27. *ativação* → **ID** **(** *args* **)**
28. *args* → *arg-lista* | *vazio*
29. *arg-lista* → *arg-lista* **,** *expressão* | *expressão*

Uma ativação de função é composta por um ID (o nome da função), seguido por seus argumentos entre parênteses. Os argumentos são vazio ou uma lista de expressões separadas por vírgulas, representando os valores atribuídos aos parâmetros durante uma ativação. As funções devem ser declaradas antes de serem ativadas, e a quantidade de parâmetros em uma declaração deve igualar a quantidade de argumentos em uma ativação. Um parâmetro de matriz em uma declaração de função deve casar com uma expressão composta por um único identificador que represente uma variável de matriz.

Finalmente, as regras anteriores não dão declarações de entrada nem de saída. Precisamos incluir essas funções na definição de C–, pois, diferentemente de C, em C– não há compilação em separado nem recursos de vinculação. Portanto, consideramos duas funções como **predefinidas** no ambiente global, como se elas tivessem as declarações indicadas:

```
int input(void) {...}
void output(int x) {...}
```

A função **input** não tem parâmetros e retorna um valor inteiro do dispositivo de entrada padrão (em geral, o teclado). A função **output** recebe um parâmetro inteiro, cujo valor é impresso no dispositivo de saída padrão (em geral, o monitor), juntamente com uma mudança de linha.

A.3 PROGRAMAS DE EXEMPLO EM C–

O programa a seguir recebe dois inteiros, computa o máximo divisor comum e o imprime:

```
/* Um programa para calcular o mdc
   segundo o algoritmo de Euclides. */

int gcd (int u, int v)
{ if (v == 0) return u ;
  else return gcd(v,u-u/v*v);
  /* u-u/v*v == u mod v */
}

void main(void)
{ int x; int y;
  x = input(); y = input();
  output(gcd(x,y));
}
```

O programa a seguir recebe uma lista de dez inteiros, ordena esses inteiros por seleção e os imprime de volta:

```
/* Um programa para ordenação por seleção de
   uma matriz com dez elementos. */

int x[10];

int minloc ( int a[], int low, int high )
{ int i; int x; int k;
  k = low;
  x = a[low];
  i = low + 1;
  while (i < high)
    { if (a[i] < x)
        { x = a[i];
          k = i; }
      i = i + 1;
    }
  return k;
}

void sort( int a[], in low, int high)
{ int i; int k;
  i = low;
  while (i < high-1)
    { int t;
      k = minloc(a,i,high);
      t = a[k];
      a[k] = a[i];
      a[i] = t;
      i = i + 1;
    }
}

void main(void)
{ int i;
  i = 0;
  while (i < 10)
    { x[i] = input();
      i = i + 1; }
  sort(x,0,10);
  i = 0;
  while (i < 10)
    { output(x[i]);
      i = i + 1; }
}
```

A.4 AMBIENTE DE EXECUÇÃO TINY PARA A LINGUAGEM C–

A descrição a seguir assume o conhecimento da máquina TINY apresentada na Seção 8.7 e o entendimento dos ambientes de execução baseados em pilhas do Capítulo 7. Como C– (diferentemente de TINY) tem procedimentos recursivos, o ambiente de execução precisa ser baseado em pilhas. O ambiente é composto por uma área global no topo de dMem e pela pilha logo abaixo dela, que cresce para baixo até zero. Como C– não tem ponteiros nem alocação dinâmica, não há necessidade de *heap*. A organização básica de cada registro de ativação (ou quadro de pilhas) em C– é

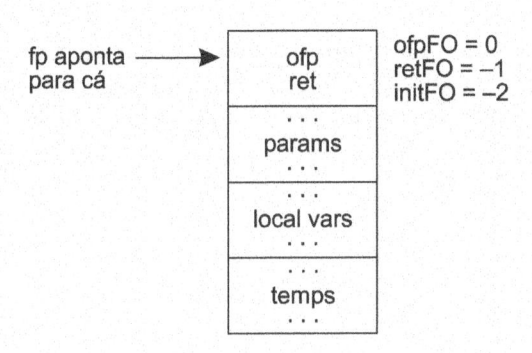

```
fp aponta ──▶  | ofp   |    ofpFO = 0
para cá        | ret   |    retFO = –1
               |  ...  |    initFO = –2
               | params|
               |  ...  |
               |local vars|
               |  ...  |
               | temps |
               |  ...  |
```

Aqui, fp é o **ponteiro de quadro corrente**, armazenado em um registrador para facilitar o acesso. O ofp (ponteiro de quadro antigo – do inglês *old frame pointer*) é a **vinculação de controle**, conforme discutido no Capítulo 7. As constantes à direita que terminam com FO (deslocamento de quadro – do inglês *frame offset*) são os deslocamentos do armazenamento de cada quantidade indicada. O valor initFO é o deslocamento do início da área de armazenamento dos parâmetros e variáveis locais no registro de ativação. Como a máquina TINY não tem ponteiros de pilhas, todas as referências a campos dentro de um registro de ativação utilizarão o fp, com deslocamentos de quadro negativos.

Por exemplo, se tivermos a declaração de função a seguir em C–,

```
int f(int x, int y)
{ int z;
  ...
}
```

então **x**, **y** e **z** precisam ser alocados no quadro corrente, e o deslocamento de quadro no início da geração do código para o corpo de **f** será –5 (uma localização para cada um dentre **x**, **y** e **z** e duas localizações para informações de controle do registro de ativação). Os deslocamentos de **x**, **y** e **z** são –2, –3 e –4, respectivamente.

Referências globais podem ser encontradas em localizações absolutas de memória. Ainda assim, de maneira similar ao que ocorreu em TINY, preferimos também referenciar essas variáveis pelo deslocamento de um registrador. Isso é feito preservando um registrador fixo, que denominamos gp, e que sempre aponta para o endereço máximo. Como o simulador TM armazena esse endereço na localização zero antes de iniciar a execução, o gp pode ser armazenado a partir da localização zero no início da operação, e o prólogo padrão a seguir inicia o ambiente de execução:

```
0: LD  gp,  0(ac)   * carrega max address em gp
1: LDA fp,  0(gp)   * copia gp em fp
2: ST  ac,  0(ac)   * limpa endereço 0
```

Ativações de função também exigem que a localização inicial do código para seus corpos seja usada em uma seqüência de ativação. Também preferimos ativar funções efetuando um salto relativo baseado no valor corrente de pc em vez de um salto absoluto. (Isso torna o código potencialmente realocável.) O procedimento de apoio **emitRAbs** em **code.h/code.c** pode ser usado para esse fim. (Ele recebe uma localização de código absoluta e a relativiza com base na localização da geração de código corrente.)

Por exemplo, suponha a ativação de uma função f cujo código inicia na localização 27, sendo que estamos correntemente na localização 42. Em vez de gerar um salto absoluto

```
42: LDC pc,  27(*)
```

geraríamos

```
42: LDC pc,  -16(pc)
```

pois 27 – (42 + 1) = –16.

A seqüência de ativação   Uma divisão razoável de trabalho entre o ativador e o ativado é fazer o ativador armazenar os valores dos argumentos no novo quadro e criar o novo quadro, exceto pelo armazenamento do ponteiro de retorno na posição retFO. Em vez de armazenar o ponteiro de retorno, o ativador o deixa no registrador ac, e o ativado o armazena no novo quadro. Assim, todo corpo de função deve iniciar com código para armazenar aquele valor no (agora corrente) quadro:

```
ST ac, retFO(fp)
```

Isso economiza uma instrução em cada ponto de ativação. No retorno, cada função carrega o pc com esse endereço de retorno pela execução da instrução

```
LD pc, retFO(fp)
```

De forma correspondente, o ativador computa os argumentos um a um, e coloca cada um na pilha em sua posição apropriada antes de colocar o novo quadro. O ativador precisa também gravar o fp corrente no quadro em ofpFO antes de colocar o novo quadro. Após um retorno do ativado, o ativador descarta o novo quadro carregando o fp com o fp anterior. Assim, uma ativação de uma função de dois parâmetros provocará a geração do código a seguir:

```
<code to compute first arg>
ST ac, frameoffset+initFO (fp)
<code to compute second arg>
ST ac, frameoffset+initFO-1 (fp)
```

```
ST fp, frameoffset+ofpFO (fp) * armazena fp corrente
LDA fp frameOffset(fp) * coloca novo quadro
LDA ac,1(pc) * save return in ac
LDA pc, ...(pc) * salto relativo ao início da função
LD fp, ofpFO(fp) * retire quadro currente
```

Computação de endereços Como tanto as variáveis como as matrizes indexadas são permitidas à esquerda das atribuições, precisamos diferenciar endereços e valores durante a compilação. Por exemplo, na declaração

```
a[i] := a[i+1];
```

a expressão **a[i]** se refere ao endereço de **a[i]**, e a expressão **a[i+1]** se refere ao valor de **a** na localização **i+1**. Essa diferenciação pode ser conseguida com um parâmetro **isAddress** no procedimento **cGen**. Quando esse parâmetro é verdadeiro, **cGen** gera código para computar o endereço de uma variável, em vez de seu valor. No caso de uma variável simples, isso significa somar o deslocamento ao gp (no caso de uma variável global) ou ao fp (no caso de uma variável local) e carregar o resultado em ac:

```
LDA ac, offset(fp)   ** colocar endereço de var local em ac
```

No caso de uma variável de matriz, isso significa somar o valor do índice ao endereço de base da matriz e carregar o resultado em ac, conforme descrito anteriormente.

Matrizes Matrizes são alocadas na pilha iniciando no deslocamento de quadro corrente e se estendendo para baixo na memória em ordem crescente de índices, conforme a seguir:

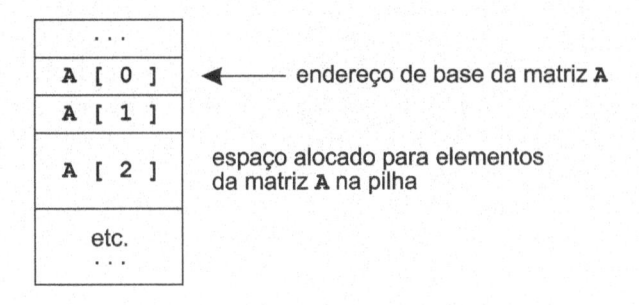

```
        ...
    ┌─────────┐
    │  A [ 0 ] │  ◄──── endereço de base da matriz A
    ├─────────┤
    │  A [ 1 ] │
    ├─────────┤         espaço alocado para elementos
    │  A [ 2 ] │         da matriz A na pilha
    ├─────────┤
    │   etc.  │
    │   ...   │
    └─────────┘
```

Observe que as localizações das matrizes são computadas pela subtração do valor do índice do endereço de base.

Quando uma matriz é passada para uma função, apenas o endereço de base é passado. A alocação da área para os elementos de base é feita apenas uma vez e permanece fixa durante a existência da matriz. Os argumentos de funções não incluem os elementos da matriz, apenas o endereço. Assim, os parâmetros de matriz são parâmetros de referência. Isso provoca uma anomalia quando os parâmetros da matriz são referenciados dentro de uma função, pois eles devem ser tratados como tendo seus endereços de base em vez de seus valores armazenados na memória. Assim, um parâmetro de matriz tem seu endereço de base computado por uma operação LD em vez de LDA.

A.5 PROJETOS DE PROGRAMAÇÃO UTILIZANDO C– E TM

Não é razoável para um curso de compiladores de um semestre exigir um projeto de compilador completo para C–, com base no compilador TINY discutido neste texto (e cuja listagem pode ser encontrada no Apêndice B). Isso pode ser coordenado para que cada fase do compilador seja implementada à medida que a teoria associada for estudada. Alternativamente, uma ou mais partes do compilador C– poderiam ser fornecidas pelo professor, e os estudantes poderiam completar as partes restantes. Isso é especialmente útil quando o tempo é escasso (como, por exemplo, em um sistema de quadrimestres) ou se os estudantes gerarem código de montagem para uma máquina "real", como Sparc ou PC (o que exige mais detalhes na fase de geração de código). É menos útil implementar apenas uma parte do compilador C–, pois as interações entre as partes e a capacidade de testar o código são reduzidas. A lista de tarefas separadas a seguir é fornecida por conveniência, com a desvantagem de que cada tarefa pode não ser independente das outras, e de que é provavelmente melhor que todas as tarefas sejam completadas para obter uma experiência completa de preparação de um compilador.

PROJETOS

A.1 Implemente uma ferramenta de tabela de símbolos apropriada para a linguagem C–. Isso exigirá uma estrutura de tabela que incorpore informações de escopo, como tabelas separadas e vinculadas, ou com um mecanismo para apagar que opere com base em pilhas, conforme descrito no Capítulo 6.

A.2 Implemente um sistema de varredura para C–, manualmente, como um DFA, ou usando Lex, conforme descrito no Capítulo 2.

A.3 Projete uma estrutura de árvore sintática para C– apropriada para a geração por um analisador sintático.

A.4 Implemente um analisador sintático para C– (isso exige um sistema de varredura para C–), manualmente, com base no método descendente recursivo, ou usando Yacc, conforme descrito nos Capítulos 4 e 5. O analisador sintático deveria gerar uma árvore sintática apropriada (ver Projeto A.3).

A.5 Implemente um analisador semântico para C–. A principal exigência, além de coletar informações na tabela de símbolos, é efetuar a verificação de tipos no uso das variáveis e funções. Como não há ponteiros nem estruturas, e o único tipo básico é inteiro, os tipos que precisam ser tratados pelo verificador de tipos são vazio, inteiro, matriz e função.

A.6 Implemente um gerador de código para C–, segundo o ambiente de execução descrito na seção anterior.

Apêndice B

Listagem do Compilador TINY

Observação: atualizações dos Apêndices B e C podem ser encontradas na página do autor na Internet:
http://www.mathcs.sjsu.edu/faculty/louden/cmptext/cmperr2.shtml

```
1   /********************************************************/
2   /* Arquivo: main.c                                        */
3   /* Programa principal para o compilador TINY              */
4   /* Compiladores: princípios e práticas                    */
5   /* Kenneth C. Louden                                      */
6   /********************************************************/
7
8   #include "globals.h"
9
10  /* ajuste NO_PARSE para TRUE para um compilador que efetue apenas a varredura */
11  #define NO_PARSE FALSE
12
13  /* ajuste NO_ANALYZE para TRUE para um compilador que efetue apenas a análise sintática */
14  #define NO_ANALYZE FALSE
15
16  /* ajuste NO_CODE para TRUE para um compilador que não
17   * gere código
18   */
19  #define NO_CODE FALSE
20
21  #include "util.h"
22  #if NO_PARSE
23  #include "scan.h"
24  #else
25  #include "parse.h"
26  #if !NO_ANALYZE
27  #include "analyze.h"
28  #if !NO_CODE
29  #include "cgen.h"
30  #endif
31  #endif
32  #endif
33
34  /* alocação de variáveis globais */
35  int lineno = 0;
36  FILE * source;
37  FILE * listing;
38  FILE * code;
39
40  /* alocação e ajuste de marcadores de acompanhamento da execução */
41  int EchoSource = TRUE;
42  int TraceScan = TRUE;
43  int TraceParse = TRUE;
44  int TraceAnalyze = TRUE;
45  int TraceCode = TRUE;
46
47  int Error = FALSE;
48
```

```
49  main( int argc, char * argv[] )
50  { TreeNode * syntaxTree;
51    char pgm[20]; /* nome do arquivo de código-fonte */
52    if (argc != 2)
53      { fprintf(stderr,"usage: %s <filename>\n",argv[0]);
54        exit(1);
55      }
56    strcpy(pgm,argv[1]) ;
57    if (strchr (pgm, '.') == NULL)
58      strcat(pgm,".tny");
59    source = fopen(pgm,"r");
60    if (source==NULL)
61    { fprintf(stderr,"File %s not found\n",pgm);
62      exit(1);
63    }
64    listing = stdout; /* envio de listagem para a tela */
65    fprintf(listing,"\nTINY COMPILATION: %s\n",pgm);
66  #if NO_PARSE
67    while (getToken()!=ENDFILE);
68  #else
69    syntaxTree = parse();
70    if (TraceParse) {
71      fprintf(listing,"\nSyntax tree:\n");
72      printTree(syntaxTree);
73    }
74  #if !NO_ANALYZE
75    if (! Error)
76    { fprintf(listing,"\nBuilding Symbol Table...\n");
77      buildSymtab(syntaxTree);
78      fprintf(listing,"\nChecking Types...\n");
79      typeCheck(syntaxTree);
80      fprintf(listing,"\nType Checking Finished\n");
81    }
82  #if !NO_CODE
83    if (! Error)
84    { char * codefile;
85      int fnlen = strcspn(pgm,".");
86      codefile = (char *) calloc(fnlen+4, sizeof(char));
87      strncpy(codefile,pgm,fnlen);
88      strcat(codefile,".tm");
89      code = fopen(codefile,"w");
90      if (code == NULL)
91      { printf("Unable to open %s\n",codefile);
92        exit(1);
93      }
94      codeGen(syntaxTree,codefile);
95      fclose(code);
96    }
97  #endif
98  #endif
99  #endif
100   return 0;
101 }


150 /**********************************************************/
151 /* Arquivo: globals.h                                       */
152 /* Tipos e variáveis globais para o compilador TINY         */
153 /* devem vir antes dos outros arquivos include              */
154 /* Compiladores: princípios e práticas                      */
155 /* Kenneth C. Louden                                        */
156 /**********************************************************/
157
158 #ifndef _GLOBALS_H_
```

```
159  #define _GLOBALS_H_
160
161  #include <stdio.h>
162  #include <stdlib.h>
163  #include <ctype.h>
164  #include <string.h>
165
166  #ifndef FALSE
167  #define FALSE 0
168  #endif
169
170  #ifndef TRUE
171  #define TRUE 1
172  #endif
173
174  /* MAXRESERVED = quantidade de palavras reservadas */
175  #define MAXRESERVED 8
176
177  typedef enum
178     /* marcas de controle */
179     {ENDFILE,ERROR,
180     /* palavras reservadas */
181     IF,THEN,ELSE,END,REPEAT,UNTIL,READ,WRITE,
182     /* marcas multicaracteres */
183     ID,NUM,
184     /* símbolos especiais */
185     ASSIGN,EQ,LT,PLUS,MINUS,TIMES,OVER,LPAREN,RPAREN,SEMI
186     } TokenType;
187
188  extern FILE* source; /* arquivo texto de código-fonte */
189  extern FILE* listing; /* arquivo texto de listagem de saída */
190  extern FILE* code; /* arquivo texto de código para o simulador TM */
191
192  extern int lineno; /* enumeração das linhas da fonte na listagem */
193
194  /**************************************************************/
195  /******** Árvore sintática para a análise sintática ********/
196  /**************************************************************/
197
198  typedef enum {StmtK,ExpK} NodeKind;
199  typedef enum {IfK,RepeatK,AssignK,ReadK,WriteK} StmtKind;
200  typedef enum {OpK,ConstK,IdK} ExpKind;
201
202  /* ExpType é usada para verificação de tipos */
203  typedef enum {Void,Integer,Boolean} ExpType;
204
205  #define MAXCHILDREN 3
206
207  typedef struct treeNode
208     { struct treenode * child[MAXCHILDREN];
209       struct treeNode * sibling;
210       int lineno;
211       NodeKind nodekind;
212       union { StmtKind stmt; ExpKind exp;} kind;
213       union { TokenType op;
214          int val;
215          char * name; } attr;
216       ExpType type; /* para verificação de tipos de expressões */
217     } TreeNode;
218
219  /**************************************************************/
220  /******** Marcadores para acompanhamento de execução ********/
221  /**************************************************************/
222
```

```
223  /* EchoSource = TRUE ecoa o programa-fonte no
224   * arquivo de listagem com enumeração de linhas durante a
225   * análise sintática
226   */
227  extern int EchoSource;
228
229  /* TraceScan = TRUE imprime informações de marcadores no
230   * arquivo de listagem quando cada marcador é reconhecido pelo
231   * sistema de varredura
232   */
233  extern int TraceScan;
234
235  /* TraceParse = TRUE imprime a árvore sintática no
236   * arquivo de listagem em forma linearizada
237   * (com identificadores para os filhos)
238   */
239  extern int TraceParse;
240
241  /* TraceAnalyze = TRUE coloca no arquivo de listagem as inserções
242   * e buscas na tabela de símbolos
243   */
244  extern int TraceAnalyze;
245
246  /* TraceCode = TRUE escreve os comentários no arquivo de código
247   * TM à medida que o código é gerado
248   */
249  extern int TraceCode;
250
251  /* Error = TRUE impede novas passadas se ocorrer um erro */
252  extern int Error;
253  #endif


300  /********************************************************/
301  /* Arquivo: util.h                                        */
302  /* Funções auxiliares para o compilador TINY              */
303  /* Compiladores: princípios e práticas                    */
304  /* Kenneth C. Louden                                      */
305  /********************************************************/
306
307  #ifndef _UTIL_H_
308  #define _UTIL_H_
309
310  /* Procedimento printToken imprime um marcador
311   * e seu lexema no arquivo de listagem
312   */
313  void printToken( TokenType, const char* );
314
315  /* Função newStmtNode cria um novo nó de declaração para a
316   * construção da árvore sintática
317   */
318  TreeNode * newStmtNode(StmtKind);
319
320  /* Função newExpNode cria um novo nó de expressão para a
321   * construção da árvore sintática
322   */
323  TreeNode * newExpNode(ExpKind);
324
325  /* Função copyString aloca e cria nova
326   * cópia de uma cadeia existente
327   */
328  char * copyString( char * );
329
330  /* procedimento printTree imprime uma árvore sintática no
```

```
331    * arquivo de listagem usando tabulação para indicar subárvores
332    */
333   void printTree (TreeNode * );
334
335   #endif


350   /********************************************************/
351   /* Arquivo: util.c                                       */
352   /* Implementação de função auxiliar                      */
353   /* para o compilador TINY                                */
354   /* Compiladores: princípios e práticas                   */
355   /* Kenneth C. Louden                                     */
356   /********************************************************/
357
358   #include "globals.h"
359   #include "util.h"
360
361   /* Procedimento printToken imprime um marcador
362    * e seu lexema no arquivo de listagem
363    */
364   void printToken( TokenType token, const char* tokenString )
365   { switch (token)
366     { case IF:
367       case THEN:
368       case ELSE:
369       case END:
370       case REPEAT:
371       case UNTIL:
372       case READ:
373       case WRITE:
374         fprintf(listing,
375            "reserved word: %s\n",tokenString);
376         break;
377       case ASSIGN: fprintf(listing,":=\n"); break;
378       case LT: fprintf(listing,"<\n"); break;
379       case EQ: fprintf(listing,"=\n"); break;
380       case LPAREN: fprintf(listing,"(\n"); break;
381       case RPAREN: fprintf(listing,")\n"); break;
382       case SEMI: fprintf(listing,";\n"); break;
383       case PLUS: fprintf(listing,"+\n"); break;
384       case MINUS: fprintf(listing,"-\n"); break;
385       case TIMES: fprintf(listing,"*\n"); break;
386       case OVER: fprintf(listing,"/\n"); break;
387       case ENDFILE: fprintf(listing,"EOF\n"); break;
388       case NUM:
389         fprintf(listing,
390            "NUM, val= %s\n",tokenString);
391         break;
392       case ID:
393         fprintf(listing,
394            "ID, name= %s\n", tokenString);
395         break;
396       case ERROR:
497         fprintf(listing,
398            "ERROR: %s\n",tokenString);
399         break;
400       default: /* nunca deveria acontecer */
401         fprintf(listing,"Unknown token: %d\n",token);
402     }
403   }
404
405   /* Função newStmtNode cria um novo nó de
406    * declaração para a construção da árvore sintática
```

```
407    */
408   TreeNode * newStmtNode(StmtKind kind)
409   { TreeNode * t = (TreeNode *) malloc(sizeof(TreeNode));
410     int i;
411     if (t==NULL)
412       fprintf(listing,"Out of memory error at line %d\n",lineno);
413     else {
414       for (i=0;i<MAXCHILDREN;i++) t->child[i] = NULL;
415       t->sibling = NULL;
416       t->nodekind = StmtK;
417       t->kind.stmt = kind;
418       t->lineno = lineno;
419     }
420     return t;
421   }
422
423   /* Função newExpNode cria um novo nó de
424    * expressão para a construção da árvore sintática
425    */
426   TreeNode * newExpNode(ExpKind kind)
427   { TreeNode * t = (TreeNode *) malloc(sizeof(TreeNode));
428     int i;
429     if (t==NULL)
430       fprintf(listing,"Out of memory error at line %d\n",lineno);
431     else {
432       for (i=0;i<MAXCHILDREN;i++) t->child[i] = NULL;
433       t->sibling = NULL;
434       t->nodekind = ExpK;
435       t->kind.exp = kind;
436       t->lineno = lineno;
437       t->type = Void;
438     }
439     return t;
440   }
441
442   /* Função copyString aloca e cria nova
443    * cópia de uma cadeia existente
444    */
445   char * copyString(char * s)
446   { int n;
447     char * t;
448     if (s==NULL) return NULL;
449     n = strlen(s)+1;
450     t = malloc(n);
451     if (t==NULL)
452       fprintf(listing,"Out of memory error at line %d\n",lineno);
453     else strcpy(t,s);
454     return t;
455   }
456
457   /* Variável indentno usada por printTree para
458    * armazenar a quantidade corrente de espaços para tabulação
459    */
460   static indentno = 0;
461
462   /* macros para aumentar/diminuir a tabulação */
463   #define INDENT indentno+=2
464   #define UNINDENT indentno-=2
465
466   /* printSpaces tabula por espaços de impressão */
467   static void printSpaces(void)
468   { int i;
469     for (i=0;i<indentno,i++)
470       fprintf(listing," ");
```

```
471    }
472
473    /* procedimento printTree imprime uma árvore sintática no
474     * arquivo de listagem usando tabulação para indicar subárvores
475     */
476    void printTree( TreeNode * tree )
477    { int i;
478      INDENT;
479      while (tree != NULL) {
480        printSpaces();
481        if (tree->nodekind==StmtK)
482        { switch (tree->kind.stmt) {
483            case IfK:
484              fprintf(listing,"If\n");
485              break;
486            case RepeatK:
487              fprintf(listing,"Repeat\n");
488              break;
489            case AssignK:
490              fprintf(listing,"Assign to: %s\n",tree->attr.name);
491              break;
492            case ReadK:
493              fprintf(listing,"Read: %s\n",tree->attr.name);
494              break;
495            case WriteK:
496              fprintf(listing,"Write\n");
497              break;
498            default:
499              fprintf(listing,"Unknown ExpNode kind\n");
500              break;
501          }
502        }
503        else if (tree->nodekind==ExpK)
504        { switch (tree->kind.exp) {
505            case OpK:
506              fprintf(listing,"Op: ");
507              printToken(tree->attr.op,"\0");
508              break;
509            case ConstK:
510              fprintf(listing,"const: %d\n",tree->attr.val);
511              break;
512            case IdK:
513              fprintf(listing,"Id: %s\n",tree->attr.name);
514              break;
515            default:
516              fprintf(listing,"Unknown ExpNode kind\n");
517              break;
518          }
519        }
520        else fprintf(listing,"Unknown node kind\n");
521        for (i=0;i<MAXCHILDREN;i++)
522          printTree(tree->child[i]);
523        tree = tree->sibling;
524      }
525      UNINDENT;
526    }


550    /****************************************************************/
551    /* Arquivo: scan.h                                              */
552    /* Interface do sistema de varredura para o compilador TINY     */
553    /* Compiladores: princípios e práticas                          */
554    /* Kenneth C. Louden                                            */
555    /****************************************************************/
```

```
556
557  #ifndef _SCAN_H_
558  #define _SCAN_H_
559
560  /* MAXTOKENLEN é o tamanho máximo de um marcador */
561  #define MAXTOKENLEN 40
562
563  /* matriz tokenString armazena o lexema de cada marcador */
564  extern char tokenString[MAXTOKENLEN+1];
565
566  /* função getToken retorna o marcador
567   * seguinte no arquivo-fonte
568   */
569  TokenType getToken(void);
570
571  #endif



600  /****************************************************************/
601  /* Arquivo: scan.c                                              */
602  /* Implementação do sistema de varredura para o compilador TINY */
603  /* Compiladores: princípios e práticas                          */
604  /* Kenneth C. Louden                                            */
605  /****************************************************************/
606
607  #include "globals.h"
608  #include "util.h"
609  #include "scan.h"
610
611  /* estados no DFA de varredura */
612  typedef enum
613     { START,INASSIGN,INCOMMENT,INNUM,INID,DONE }
614     StateType;
615
616  /* lexema do identificador ou palavra reservada */
617  char tokenString[MAXTOKENLEN+1];
618
619  /* BUFLEN = tamanho do repositório de entrada para
620     linhas do código-fonte */
621  #define BUFLEN 256
622
623  static char lineBuf[BUFLEN]; /* preserva a linha corrente */
624  static int linepos = 0; /* posição corrente em LineBuf */
625  static int bufsize = 0; /* tamanho corrente da cadeia do repositório */
626
627  /* getNextChar captura o caractere seguinte diferente de
628     espaço em branco em lineBuf, e lê uma nova linha se lineBuf
629     tiver sido totalmente usado */
630  static char getNextChar(void)
631  { if (!(linepos < bufsize))
632     { lineno++;
633        if (fgets(lineBuf,BUFLEN-1,source))
634        { if (EchoSource) fprintf(listing,"%4d: %s",lineno,lineBuf);
635           bufsize = strlen(lineBuf);
636           linepos = 0;
637           return lineBuf[linepos++];
638        }
639        else return EOF;
640     }
641     else return lineBuf[linepos++];
642  }
643
644  /* ungetNextChar retrocede um caractere
645     em lineBuf */
```

```
646  static void ungetNextChar(void)
647  { linepos-- ;}
648
649  /* tabela de verificação de palavras reservadas */
650  static struct
651      { char* str;
652        TokenType tok;
653      } reservedWords[MAXRESERVED]
654    = {{"if",IF},{"then",THEN},{"else",ELSE},{"end",END},
655       {"repeat",REPEAT},{"until",UNTIL},{"read",READ},
656       {"write",WRITE}};
657
658  /* busca um identificador para ver se é uma palavra reservada */
659  /* usa busca linear */
660  static TokenType reservedLookup (char * s)
661  { int i;
662    for (i=0;i<MAXRESERVED;i++)
663      if (!strcmp(s,reservedWords[i].str))
664        return reservedWords[i].tok;
665    return ID;
666  }
667
668  /******************************/
669  /* função básica de varredura */
670  /******************************/
671  /* função getToken retorna o marcador
672   * seguinte no arquivo-fonte
673   */
674  TokenType getToken(void)
675  { /* índice para armazenar em tokenString */
676    int tokenStringIndex = 0;
677    /* preserva o marcador corrente para retorno */
678    TokenType currentToken;
679    /* estado corrente - sempre inicia em START */
680    StateType state = START;
681    /* marca para indicar gravação em tokenString */
682    int save;
683    while (state != DONE)
684    { char c = getNextChar();
685      save = TRUE;
686      switch (state)
687      { case START:
688          if (isdigit(c))
689            state = INNUM;
690          else if (isalpha(c))
691            state = INID;
692          else if (c == ':')
693            state = INASSIGN;
694          else if ((c == ' ') || (c == '\t') || (c == '\n'))
695            save = FALSE;
696          else if (c == '{')
697          { save = FALSE;
698            state = INCOMMENT;
699          }
700          else
701          { state = DONE;
702            switch (c)
703            { case EOF:
704                save = FALSE;
705                currentToken = ENDFILE;
706                break;
707              case '=':
708                currentToken = EQ;
709                break;
```

```
710                    case '<':
711                        currentToken = LT;
712                        break;
713                    case '+':
714                        currentToken = PLUS;
715                        break;
716                    case '-':
717                        currentToken = MINUS;
718                        break;
719                    case '*':
720                        currentToken = TIMES;
721                        break;
722                    case '/':
723                        currentToken = OVER;
724                        break;
725                    case '(':
726                        currentToken = LPAREN;
727                        break;
728                    case ')':
729                        currentToken = RPAREN;
730                        break;
731                    case ';':
732                        currentToken = SEMI;
733                        break;
734                    default:
735                        currentToken = ERROR;
736                        break;
737                  }
738                }
739              break;
740         case INCOMMENT:
741            save = FALSE;
742            if (c == '}') state = START;
743            break;
744         case INASSIGN:
745            state = DONE;
746            if (c == '=')
747               currentToken = ASSIGN;
748            else
749            { /* volta para entrada */
750               ungetNextChar();
751               save = FALSE;
752               currentToken = ERROR;
753            }
754            break;
755         case INNUM:
756            if (!isdigit(c))
757            { /* volta para entrada */
758               ungetNextChar();
759               save = FALSE;
760               state = DONE;
761               currentToken = NUM;
762            }
763            break;
764         case INID:
765            if (!isalpha(c))
766            { /* volta para entrada */
767               ungetNextChar();
768               save = FALSE;
769               state = DONE;
770               currentToken = ID;
771            }
772            break;
773         case DONE:
```

```
774          default: /* nunca deveria acontecer */
775            fprintf(listing,"Scanner Bug: state= %d\n",state);
776            state = DONE;
777            currentToken = ERROR;
778            break;
779        }
780        if ((save) && (tokenStringIndex <= MAXTOKENLEN))
781          tokenString[tokenStringIndex++] = c;
782        if (state == DONE)
783        { tokenString[tokenStringIndex] = '\0';
784          if (currentToken == ID)
785            currentToken = reservedLookup(tokenString);
786        }
787      }
788      if (TraceScan) {
789        fprintf(listing,"\t%d: ",lineno);
790        printToken(currentToken,tokenString);
791      }
792      return currentToken;
793    } /* termina getToken */


850    /****************************************************/
851    /* Arquivo: parse.h                                 */
852    /* Interface do analisador sintático para o compilador TINY */
853    /* Compiladores: princípios e práticas              */
854    /* Kenneth C. Louden                                */
855    /****************************************************/
856
857    #ifndef _PARSE_H_
858    #define _PARSE_H_
859
860    /* Função parse retorna a
861     * árvore sintática nova construída
862     */
863    TreeNode * parse(void);
864
865    #endif


900    /****************************************************/
901    /* Arquivo: parse.c                                 */
902    /* Implementação do analisador sintático para o compilador TINY */
903    /* Compiladores: princípios e práticas              */
904    /* Kenneth C. Louden                                */
905    /****************************************************/
906
907    #include "globals.h"
908    #include "util.h"
909    #include "scan.h"
910    #include "parse.h"
911
912    static TokenType token; /* preserva marcador corrente */
913
914    /* protótipos de funções para ativações recursivas */
915    static TreeNode * stmt_sequence(void);
916    static TreeNode * statement(void);
917    static TreeNode * if_stmt(void);
918    static TreeNode * repeat_stmt(void);
919    static TreeNode * assign_stmt(void);
920    static TreeNode * read_stmt(void);
921    static TreeNode * write_stmt(void);
922    static TreeNode * exp(void);
923    static TreeNode * simple_exp(void);
```

```
924  static TreeNode * term(void);
925  static TreeNode * factor(void);
926
927  static void syntaxError(char * message)
928  { fprintf(listing,"\n>>> ");
929    fprintf(listing,"Syntax error at line %d: %s",lineno,message);
930    Error = TRUE;
931  }
932
933  static void match(TokenType expected)
934  { if (token == expected) token = getToken();
935    else {
936      syntaxError("unexpected token -> ");
937      printToken(token,tokenString);
938      fprintf(listing," ");
939    }
940  }
941
942  TreeNode * stmt_sequence(void)
943  { TreeNode * t = statement();
944    TreeNode * p = t;
945    while ( (token!=ENDFILE) && (token!=END) &&
946          (token!=ELSE) && (token!=UNTIL))
947    { TreeNode * q;
948      match(SEMI);
949      q = statement();
950      if (q!=NULL) {
951        if (t==NULL) t = p = q;
952        else /* função básica do analisador sintático */
953        { p->sibling = q;
954          p = q;
955        }
956      }
957    }
958    return t;
959  }
960
961  TreeNode * statement(void)
962  { TreeNode * t = NULL;
963    switch (token) {
964      case IF : t = if_stmt(); break;
965      case REPEAT : t = repeat_stmt(); break;
966      case ID : t = assign_stmt(); break;
967      case READ : t = read_stmt(); break;
968      case WRITE : t = write_stmt()_; break;
969      default : syntaxError("unexpected token -> ");
970        printToken(token,tokenString);
971        token = getToken();
972        break;
973    } /* end case */
974    return t;
975  }
976
977  TreeNode * if_stmt(void)
978  { TreeNode * t = newStmtNode(IfK);
979    match(IF);
980    if (t!=NULL) t->child[0] = exp();
981    match(THEN);
982    if (t!=NULL) t->child[1] = stmt_sequence();
983    if (token==ELSE) {
984      match(ELSE);
985      if (t!=NULL) t->child[2] = stmt_sequence();
986    }
987    match(END);
```

```
 988      return t;
 989  }
 990
 991  TreeNode * repeat_stmt(void)
 992  { TreeNode * t = newStmtNode(RepeatK);
 993    match(REPEAT);
 994    if (t!=NULL) t->child[0] = stmt_sequence();
 995    match(UNTIL);
 996    if (t!=NULL) t->child[1] = exp();
 997    return t;
 998  }
 999
1000  TreeNode * assign_stmt(void)
1001  { TreeNode * t = newStmtNode(AssignK);
1002    if ((t!=NULL) && (token==ID))
1003       t->attr.name = copyString(tokenString);
1004    match(ID);
1005    match(ASSIGN);
1006    if (t!=NULL) t->child[0] = exp();
1007    return t;
1008  }
1009
1010  TreeNode * read_stmt(void)
1011  { TreeNode * t = newStmtNode(ReadK);
1012    match(READ);
1013    if ((t!=NULL) && (token==ID))
1014       t->attr.name = copyString(tokenString);
1015    match(ID);
1016    return t;
1017  }
1018
1019  TreeNode * write_stmt(void)
1020  { TreeNode * t = newStmtNode(WriteK);
1021    match(WRITE);
1022    if (t!=NULL) t->child[0] = exp();
1023    return t;
1024  }
1025
1026  TreeNode * exp(void)
1027  { TreeNode * t = simple_exp();
1028    if ((token==LT)||(token==EQ)) {
1029       TreeNode * p = newExpNode(OpK);
1030       if (p!=NULL) {
1031          p->child[0] = t;
1032          p->attr.op = token;
1033          t = p;
1034       }
1035       match(token);
1036       if (t!=NULL)
1037          t->child[1] = simple_exp();
1038    }
1039    return t;
1040  }
1041
1042  TreeNode * simple_exp(void)
1043  { TreeNode * t = term();
1044    while ((token==PLUS)||(token==MINUS))
1045    { TreeNode * p = newExpNode(OpK);
1046       if (p!=NULL) {
1047          p->child[0] = t;
1048          p->attr.op = token;
1049          t = p;
1050          match(token);
1051          t->child[1] = term();
```

```
1052        }
1053     }
1054     return t;
1055  }
1056
1057  TreeNode * term(void)
1058  { TreeNode * t = factor();
1059     while ((token==TIMES)||(token==OVER))
1060     { TreeNode * p = newExpNode(OpK);
1061        if (p!=NULL) {
1062           p->child[0] = t;
1063           p->attr.op = token;
1064           t = p;
1065           match(token);
1066           p->child[1] = factor();
1067        }
1068     }
1069     return t;
1070  }
1071
1072  TreeNode * factor(void)
1073  { TreeNode * t = NULL;
1074     switch (token) {
1075        case NUM :
1076           t = newExpNode(ConstK);
1077           if ((t!=NULL) && (token==NUM))
1078              t->attr.val = atoi(tokenString);
1079           match(NUM);
1080           break;
1081        case ID :
1082           t = newExpNode(IdK);
1083           if ((t!=NULL) && (token==ID))
1084              t->attr.name = copyString(tokenString);
1085           match(ID);
1086           break;
1087        case LPAREN :
1088           match(LPAREN);
1089           t = exp();
1090           match(RPAREN);
1091           break;
1092        default:
1093           syntaxError("unexpected token -> ");
1094           printToken(token,tokenString);
1095           token = getToken();
1096           break;
1097        }
1098     return t;
1099  }
1100
1101  /****************************************/
1102  /* função básica do analisador sintático */
1103  /****************************************/
1104  /* Função parse retorna a
1105   * árvore sintática nova construída
1106   */
1107  TreeNode * parse(void)
1108  { TreeNode * t;
1109     token = getToken();
1110     t = stmt_sequence();
1111     if (token!=ENDFILE)
1112        syntaxError("Code ends before file\n");
1113     return t;
1114  }
```

```
/****************************************************/
/* Arquivo: symtab.h                                  */
/* Interface da tabela de símbolos para o compilador TINY */
/* (permite apenas a tabela de símbolos)              */
/* Compiladores: princípios e práticas                */
/* Kenneth C. Louden                                  */
/****************************************************/

#ifndef _SYMTAB_H_
#define _SYMTAB_H_

/* Procedimento st_insert insere enumeração de linhas e
 * localizações de memória na tabela de símbolos
 * loc = localização de memória é inserida apenas na
 * primeira vez, caso contrário é ignorada
 */
void st_insert( char * name, int lineno, int loc );

/* Função st_lookup retorna a localização
 * na memória de uma variável ou -1 se não encontrar
 */
int st_lookup ( char * name );

/* Procedimento printSymTab imprime uma
 * listagem formatada da tabela de símbolos no
 * arquivo de listagem
 */
void printSymTab(FILE * listing);

#endif


/****************************************************/
/* Arquivo: symtab.c                                  */
/* Implementação da tabela de símbolos para o compilador TINY */
/* (permite apenas a tabela de símbolos)              */
/* Tabela de símbolos é implementada como tabela de   */
/* hashing encadeada                                  */
/* Compiladores: princípios e práticas                */
/* Kenneth C. Louden                                  */
/****************************************************/

#include <stdio.h>
#include <stdlib.h>
#include <string.h>
#include "symtab.h"

/* SIZE é o tamanho da tabela de hashing */
#define SIZE 211

/* SHIFT é a potência de dois usada como multiplicador
   na função de hashing */
#define SHIFT 4

/* a função de hashing */
static int hash ( char * key )
{ int temp = 0;
  int i = 0;
  while (key[i] != '\0')
  { temp = ((temp << SHIFT) + key[i]) % SIZE;
    ++i;
  }
  return temp;
}
```

```
1231   }
1232
1233   /* a lista de números de linhas no código-
1234    * fonte em que uma variável é referenciada
1235    */
1236   typedef struct LineListRec
1237       { int lineno;
1238         struct LineListRec * next;
1239       } * LineList;
1240
1241   /* O registro nas listas de repositórios para
1242    * cada variável, incluindo o nome,
1243    * localização atribuída de memória e
1244    * a lista de números de linhas em que
1245    * ela aparece no código-fonte
1246    */
1247   typedef struct BucketListRec
1248      { char * name;
1249        LineList lines;
1250        int memloc ; /* localização de memória para variável */
1251        struct BucketListRec * next;
1252      } * BucketList;
1253
1254   /* a tabela de hashing */
1255   static BucketList hashTable[SIZE];
1256
1257   /* Procedimento st_insert insere números de linhas e
1258    * localizações de memória na tabela de símbolos
1259    * loc = localização de memória é inserida apenas na
1260    * primeira vez, caso contrário é ignorada
1261    */
1262   void st_insert( char * name, int lineno, int loc )
1263   { int h = hash(name);
1264     BucketList l = hashTable[h];
1265     while ((l != NULL) && (strcmp(name,l->name) != 0))
1266       l = l->next;
1267     if (l == NULL) /* variável ainda não na tabela */
1268     { l = (BucketList) malloc(sizeof(struct BucketListRec));
1269       l->name = name;
1270       l->lines = (LineList) malloc(sizeof(struct LineListRec));
1271       l->lines->lineno = lineno;
1272       l->memloc = loc;
1273       l->lines->next = NULL;
1274       l->next = hashTable[h];
1275       hashTable[h] = l; }
1276     else /* encontrada na tabela, então acrescente número de linha */
1277     { LineList t = l->lines;
1278       while (t->next != NULL) t = t->next;
1279       t->next = (LineList) malloc(sizeof(struct LineListRec));
1280       t->next->lineno = lineno;
1281       t->next->next = NULL;
1282     }
1283   } /* st_insert */
1284
1285   /* Função st_lookup retorna a localização na memória
1286    * de uma variável ou -1 se não encontrar
1287    */
1288   int st_lookup ( char * name )
1289   { int h = hash(name);
1290     BucketList l = hashTable[h];
1291     while ((l != NULL) && (strcmp(name,l->name) != 0))
1292       l = l->next;
1293     if (l == NULL) return -1;
1294     else return l->memloc;
```

```
1295  }
1296
1297  /* Procedimento printSymTab imprime uma
1298   * listagem formatada do conteúdo da tabela de símbolos
1299   * no arquivo de listagem
1300   */
1301  void printSymTab(FILE * listing)
1302  { int i;
1303    fprintf(listing, "Variable Name   Location   Line Numbers\n");
1304    fprintf(listing, "- - - - - - -   - - - - -  - - - - - -\n");
1305    for (i=0;i<SIZE;++i)
1306    { if (hashTable[i] != NULL)
1307      { BucketList l = hashTable[i];
1308        while (l != NULL)
1309        { LineList t = l->lines;
1310          fprintf(listing,"%-14s            ",l->name);
1311          fprintf(listing,"%-8d            ",l->memloc);
1312          while (t != NULL)
1313          { fprintf(listing,"%4d            ",t->lineno);
1314            t = t->next;
1315          }
1316          fprintf(listing, "\n");
1317          l = l->next;
1318        }
1319      }
1320    }
1321  } /* printSymTab */


1350  /****************************************************************/
1351  /* Arquivo: analyze.h                                           */
1352  /* Interface do analisador semântico para o compilador TINY     */
1353  /* Compiladores: princípios e práticas                          */
1354  /* Kenneth C. Louden                                            */
1355  /****************************************************************/
1356
1357  #ifndef _ANALYZE_H_
1358  #define _ANALYZE_H_
1359
1360  /* Função buildSymtab constrói a tabela de símbolos
1361   * por percurso em pré-ordem da árvore sintática
1362   */
1363  void buildSymtab(TreeNode *);
1364
1365  /* Procedimento typeCheck efetua verificação de tipos
1366   * por percurso em pós-ordem da árvore sintática
1367   */
1368  void typeCheck(TreeNode *);
1369
1370  #endif


1400  /****************************************************/
1401  /* Arquivo: analyze.c                              */
1402  /* Implementação do analisador semântico           */
1403  /* para o compilador TINY                          */
1404  /* Compiladores: princípios e práticas             */
1405  /* Kenneth C. Louden                               */
1406  /****************************************************/
1407
1408  #include "globals.h"
1409  #include "symtab.h"
1410  #include "analyze.h"
1411
```

```
1412   /* contador para localizações em memória de variáveis */
1413   static int location = 0;
1414
1415   /* Procedimento traverse é uma rotina recursiva
1416    * para percurso de árvore sintática:
1417    * aplica preProc em pré-ordem e postProc
1418    * em pós-ordem à árvore apontada por t
1419    */
1420   static void traverse( TreeNode * t,
1421           void (* preProc) (TreeNode *),
1422           void (* postProc) (TreeNode *) )
1423   { if (t != NULL)
1424     { preProc(t);
1425       { int i;
1426         for (i=0; i < MAXCHILDREN; i++)
1427            traverse(t->child[i],preProc,postProc);
1428       }
1429       postProc(t);
1430       traverse(t->sibling,preProc,postProc);
1431     }
1432   }
1433
1434   /* nullProc é um procedimento que não faz nada
1435    * para gerar percursos apenas em pré-ordem ou
1436    * apenas em pós-ordem
1437    */
1438   static void nullProc(TreeNode * t)
1439   { if (t==NULL) return;
1440     else return;
1441   }
1442
1443   /* Procedimento insertNode insere
1444    * identificadores armazenados em t na
1445    * tabela de símbolos
1446    */
1447   static void insertNode( TreeNode * t)
1448   { switch (t->nodekind)
1449     { case StmtK:
1450         switch (t->kind.stmt)
1451         { case AssignK:
1452           case ReadK;
1453             /* não ainda na tabela, então trata como definição nova */
1454             if (st_lookup(t->attr.name) == -1)
1455                st_insert(t->attr.name,t->lineno,location++);
1456             else
1457             /* já na tabela, então ignora localização
1458                e apenas acrescenta número da linha */
1459                st_insert(t->attr.name,t->lineno,0);
1460             break;
1461           default:
1462             break;
1463         }
1464         break;
1465       case ExpK:
1466         switch (t->kind.exp)
1467         { case IdK:
1468             /* não ainda na tabela, então trata como definição nova */
1469             if (st_lookup(t->attr.name) == -1)
1470                st_insert(t->attr.name,t->lineno,location++);
1471             else
1472             /* já na tabela, então ignora localização
1473                e apenas acrescenta número da linha */
1474                st_insert(t->attr.name,t->lineno,0);
1475             break;
```

```
1476              default:
1477                 break;
1478          }
1479       break;
1480    default:
1481       break;
1482    }
1483 }
1484
1485 /* Função buildSymtab constrói a tabela de símbolos
1486  * por percurso em pré-ordem da árvore sintática
1487  */
1488 void buildSymtab(TreeNode * syntaxTree)
1489 { traverse(syntaxTree,insertNode,nullProc);
1490   if (TraceAnalyze)
1491   { fprintf(listing,"\nSymbol table:\n\n");
1492     printSymTab(listing);
1493   }
1494 }
1495
1496 static void typeError(TreeNode * t, char * message)
1497 { fprintf(listing,"Type error at line %d: %s\n",t->lineno,message);
1498   Error = TRUE;
1499 }
1500
1501 /* Procedimento checkNode efetua
1502  * verificação de tipos em um único nó da árvore
1503  */
1504 static void checkNode(TreeNode * t)
1505 { switch (t->nodekind)
1506 { case ExpK:
1507       switch (t->kind.exp)
1508       { case OpK:
1509            if ( (t->child[0]->type != Integer) ||
1510                 (t->child[1]->type != Integer))
1511              typeError(t,"Op applied to non-integer");
1512            if ( (t->attr.op == EQ) || (t->attr.op == LY))
1513              t->type = Boolean;
1514            else
1515              t->type = Integer;
1516            break;
1527         case ConstK:
1518         case IdK:
1519            t->type = Integer;
1520            break;
1521         default:
1522            break;
1523       }
1524       break;
1525    case StmtK:
1526       switch (t->kind.stmt)
1527       { case IfK:
1528            if (t->child[0]->type == Integer)
1529              typeError(t->child[0],"if test is not Boolean");
1530            break;
1531         case AssignK:
1532            if (t->child[0]->type != Integer)
1533              typeError(t->child[0],"assignment of non-integer value");
1534            break;
1535         case WriteK:
1536            if (t->child[0]->type != Integer)
1537              typeError(t->child[0],"write of non-integer value");
1538            break;
1539         case RepeatK:
```

```
1540                    if (t->child[1]->type == Integer)
1541                        typeError(t->child[1],"repeat test is not Boolean");
1542                    break;
1543                default:
1544                    break;
1545            }
1546            break;
1547        default:
1548            break;
1549
1550    }
1551 }
1552
1553 /* Procedimento typeCheck efetua verificação de tipos
1554  * por percurso em pós-ordem da árvore sintática
1555  */
1556 void typeCheck(TreeNode * syntaxTree)
1557 { traverse(syntaxTree,nullProc,checkNode);
1558 }


1600 /********************************************************/
1601 /* Arquivo: code.h                                       */
1602 /* Recursos para emitir código para o compilador TINY    */
1603 /* e interface com a máquina TM                          */
1604 /* Compiladores: princípios e práticas                   */
1605 /* Kenneth C. Louden                                     */
1606 /********************************************************/
1607
1608 #ifndef _CODE_H_
1609 #define _CODE_H_
1610
1611 /* pc = contador de programa */
1612 #define pc 7
1613
1614 /* mp = "ponteiro de memória" aponta
1615  * para topo da memória (para armazenamento temporário)
1616  */
1617 #define mp 6
1618
1619 /* gp = "ponteiro global" aponta
1620  * para final da memória para armazenamento
1621  * (global) de variável
1622  */
1623 #define gp 5
1624
1625 /* acumulador */
1626 #define ac 0
1627
1628 /* segundo acumulador */
1629 #define ac1 1
1630
1631 /* recursos para emitir código */
1632
1633 /* Procedimento emitRO emite uma instrução TM
1634  * apenas de registrador
1635  * op = opcode
1636  * r = registrador-alvo
1637  * s = primeiro registrador-fonte
1638  * t = segundo registrador-fonte
1639  * c = comentário impresso se TraceCode for TRUE
1640  */
1641 void emitRO( char *op, int r, int s, int t, char *c);
1642
```

```
1643  /* Procedimento emitRM emite uma instrução TM de
1644   * registrador para memória
1645   * op = opcode
1646   * r = registrador-alvo
1647   * d = deslocamento
1648   * s = registrador de base
1649   * c = comentário impresso se TraceCode for TRUE
1650   */
1651  void emitRM( char * op, int r, int d, int s, char *c);
1652
1653  /* Função emitSkip salta "howMany"
1654   * localizações de código para ajuste retroativo posterior.
1655   * Também retorna à posição corrente do código
1656   */
1657  int emitSkip( int howMany);
1658
1659  /* Procedimento emitBackup retrocede para
1660   * loc = localização pulada anteriormente
1661   */
1662  void emitBackup( int loc);
1663
1664  /* Procedimento emitRestore recupera a posição corrente
1665   * de código para a posição anteriormente não
1666   * emitida mais alta
1667   */
1668  void emitRestore(void);
1669
1670  /* Procedimento emitComment imprime uma linha
1671   * de comentário com o comentário c no arquivo de código
1672   */
1673  void emitComment( char * c );
1674
1675  /* Procedimento emitRM_Abs converte uma referência
1676   * absoluta em referência relativa a pc durante a emissão de
1677   * uma instrução TM de registrador para memória
1678   * op = opcode
1679   * r = registrador-alvo
1680   * a = localização absoluta na memória
1681   * c = comentário impresso se TraceCode for TRUE
1682   */
1683  void emitRM_Abs( char *op, int r, int a, char * c);
1684
1685  #endif


1700  /********************************************************/
1701  /* Arquivo: code.c                                      */
1702  /* Implementação de recursos para emissão de            */
1703  /* código TM para o compilador TINY                     */
1704  /* Compiladores: princípios e práticas                  */
1705  /* Kenneth C. Louden                                    */
1706  /********************************************************/
1707
1708  #include "globals.h"
1709  #include "code.h"
1710
1711  /* número de localização TM para emissão da instrução corrente*/
1712  static int emitLoc = 0 ;
1713
1714  /* Localização TM mais alta emitida até então
1715     Para uso juntamente com emitSkip,
1716     emitBackup e emitRestore */
1717  static int highEmitLoc = 0;
1718
```

```
1719   /* Procedimento emitComment imprime uma linha de
1720    * comentário com o comentário c no arquivo de código
1721    */
1722   void emitComment( char * c )
1723   { if (TraceCode) fprintf(code,"* %s\n",c);}
1724
1725   /* Procedimento emitRO emite uma instrução
1726    * TM apenas de registrador
1727    * op = opcode
1728    * r = registrador-alvo
1729    * s = primeiro registrador-fonte
1730    * t = segundo registrador-fonte
1731    * c = comentário impresso se TraceCode for TRUE
1732    */
1733   void emitRO( char *op, int r, int s, int t, char *c)
1734   { fprintf(code,"%3d:  %5s  %d,%d,%d ",emitLoc++,op,r,s,t);
1735     if (TraceCode) fprintf(code,"\t%s",c) ;
1736     fprint(code,"\n") ;
1737     if (highEmitLoc < emitLoc) highEmitLoc = emitLoc ;
1738   } /* emitRO */
1739
1740   /* Procedimento emitRM emite uma instrução
1741    * TM de registrador para memória
1742    * op = opcode
1743    * r = registrador-alvo
1744    * d = deslocamento
1745    * s = registrador de base
1746    * c = comentário impresso se TraceCode for TRUE
1747    */
1748   void emitRM( char * op, int r, int d, int s, char *c)
1749   { fprintf(code,"%3d:  %5s  %d,%d(%d) ",emitLoc++,op,r,d,s);
1750     if (TraceCode) fprintf(code,"\t%s",c) ;
1751     fprintf(code,"\n") ;
1752     if (highEmitLoc < emitLoc) highEmitLoc = emitLoc ;
1753   } /* emitRM */
1754
1755   /* Função emitSkip pula "howMany"
1756    * localizações de código para ajuste retroativo posterior.
1757    * Também retorna a posição de código corrente
1758    */
1759   int emitSkip( int howMany)
1760   { int i = emitLoc;
1761     emitLoc += howMany ;
1762     if (highEmitLoc < emitLoc) highEmitLoc = emitLoc ;
1763     return i;
1764   } /* emitSkip */
1765
1766   /* Procedimento emitBackup retrocede para
1767    * loc = localização pulada anteriormente
1768    */
1769   void emitBackup( int loc)
1770   { if (loc > highEmitLoc) emitComment("BUG in emitBackup");
1771     emitLoc = loc ;
1772   } /* emitBackup */
1773
1774   /* Procedimento emitRestore recupera a
1775    * posição de código corrente para a posição
1776    * não emitida anteriormente mais alta
1777    */
1778   void emitRestore(void)
1779   { emitLoc = highEmitLoc;}
1780
1781   /* Procedimento emitRM_Abs converte uma referência
1782    * absoluta para uma referência relativa a pc na
```

```
1783    * emissão de uma instrução TM de registrador para memória
1784    * op = opcode
1785    * r = registrador-alvo
1786    * a = localização absoluta na memória
1787    * c = comentário impresso se TraceCode for TRUE
1788    */
1789   void emitRM_Abs( char *op, int r, int a, char * c)
1790   { fprintf(code,"%3d:  %5s  %d,%d(%d) ",
1791              emitLoc,op,r,a-(emitLoc+1),pc);
1792     ++emitLoc ;
1793     if (TraceCode) fprintf(code,"\t%s",c) ;
1794     fprintf(code,"\n") ;
1795     if (highEmitLoc < emitLoc) highEmitLoc = emitLoc ;
1796   } /* emitRM_Abs */


1850   /********************************************************/
1851   /* Arquivo: cgen.h                                      */
1852   /* Interface do gerador de código para o compilador TINY*/
1853   /* Compiladores: princípios e práticas                  */
1854   /* Kenneth C. Louden                                    */
1855   /********************************************************/
1856
1857   #ifndef _CGEN_H_
1858   #define _CGEN_H_
1859
1860   /* Procedimento codeGen gera código para um arquivo
1861    * de código por percurso da árvore sintática. O
1862    * segundo parâmetro (codefile) é o nome do arquivo de
1863    * código, e é usado para imprimir o nome do arquivo como
1864    * um comentário no arquivo de código
1865    */
1866   void codeGen(TreeNode * syntaxTree, char * codefile);
1867
1868   #endif


1900   /********************************************************/
1901   /* Arquivo: cgen.c                                      */
1902   /* Implementação do gerador de                          */
1903   /* código para o compilador TINY                        */
1904   /* (gera código para a máquina TINY)                    */
1905   /* Compiladores: princípios e práticas                  */
1906   /* Kenneth C. Louden                                    */
1907   /********************************************************/
1908
1909   #include "globals.h"
1910   #include "symtab.h"
1911   #include "code.h"
1912   #include :cgen.h"
1913
1914   /* tmpOffset é o deslocamento de memória para temporários
1915      Ele é decrementado cada vez que um temporário é
1916      armazenado e incrementado cada vez que for carregado novamente
1917   */
1918   static int tmpOffset = 0;
1919
1920   /* protótipo para o gerador de código recursivo interno */
1921   static void cGen (TreeNode * tree);
1922
1923   /* Procedure genStmt generates code at a statement node */
1924   static void genStmt( TreeNode * tree)
1925   { TreeNode * p1, * p2, * p3;
1926     int savedLoc1,savedLoc2,currentLoc;
```

```
1927    int loc;
1928    switch (tree->kind.stmt) {
1929
1930        case IfK :
1931            if (TraceCode) emitComment("-> if") ;
1932            p1 = tree->child[0] ;
1933            p2 = tree->child[1] ;
1934            p3 = tree->child[2] ;
1935            /* gera código para expressão de teste */
1936            cGen(p1);
1937            savedLoc1 = emitSkip(1) ;
1938            emitComment("if: jump to else belongs here");
1939            /* recursão na parte then */
1940            cGen(p2);
1941            savedLoc2 = emitSkip(1) ;
1942            emitComment("if: jump to end belongs here");
1943            currentLoc = emitSkip(0) ;
1944            emitBackup(savedLoc1) ;
1945            emitRM_Abs("JEQ",ac,currentLoc,"if: jmp to else");
1946            emitRestore() ;
1947            /* recursão na parte else */
1948            cGen(p3);
1949            currentLoc = emitSkip(0) ;
1950            emitBackup(savedLoc2) ;
1951            emitRM_Abs("LDA",pc,currentLoc,"jmp to end") ;
1952            emitRestore() ;
1953            if (TraceCode) emitComment("<- if") ;
1954            break; /* if_k */
1955
1956        case RepeatK:
1957            if (TraceCode) emitComment("-> repeat") ;
1958            p1 = tree->child[0] ;
1959            p2 = tree->child[1] ;
1960            savedLoc1 = emitSkip(0);
1961            emitComment("repeat: jump after body comes back here");
1962            /* gera código para corpo */
1963            cGen(p1);
1964            /* gera código para teste */
1965            cGen(p2);
1966            emitRM_Abs("JEQ",ac,savedLoc1,"repeat: jmp back to body");
1967            if (TraceCode) emitComment("<- repeat") ;
1968            break; /* repeat */
1969
1970        case AssignK:
1971            if (TraceCode) emitComment("-> assign") ;
1972            /* gera código para lado direito */
1973            cGen(tree->child[0]);
1974            /* armazena valor */
1975            loc = st_lookup(tree->attr.name);
1976            emitRM("ST",ac,loc,gp,"assign: store value");
1977            if (TraceCode) emitComment("<- assign") ;
1978            break; /* assign_k */
1979
1980        case ReadK:
1981            emitRO("IN",ac,0,0,"read integer value");
1982            loc = st_lookup(tree->attr.name);
1983            emitRM("ST",ac,loc,gp,"read: store value");
1984            break;
1985        case WriteK:
1986            /* generate code for expression to write */
1987            cGen(tree->child[0]);
1988            /* now output it */
1989            emitRO("OUT",ac,0,0,"write ac");
1990            break;
```

```
1991            default:
1992              break;
1993          }
1994    } /* genStmt */
1995
1996    /* Procedimento genExp gera código em um nó de expressão */
1997    static void genExp( TreeNode * tree)
1998    { int loc;
1999      TreeNode * p1, * p2;
2000      switch (tree->kind.exp) {
2001
2002        case ConstK :
2003          if (TraceCode) emitComment("-> Const") ;
2004          /* gen code to load integer constant using LDC */
2005          emitRM("LDC",ac,tree->attr.val,0,"load const");
2006          if (TraceCode) emitComment("<- Const") ;
2007          break; /* ConstK */
2008
2009        case IdK :
2010          if (TraceCode) emitComment("-> Id") ;
2011          loc = st_)lookup(tree->attr.name);
2012          emitRM("LD",ac,loc,gp,"load id value");
2013          if (TraceCode) emitComment("<- Id") ;
2014          break; /* IdK */
2015
2016        case OpK :
2017          if (TraceCode) emitComment("-> Op") ;
2018          p1 = tree->child[0];
2019          p2 = tree->child[1];
2020          /* gera código para ac = arg esq */
2021          cGen(p1);
2022          /* gera código para colocar operando à esquerda */
2023          emitRM("ST",ac,tmpOffset--,mp,"op: push left");
2024          /* gera código para ac = arg dir */
2025          cGen(p2);
2026          /* carrega operando à esquerda */
2027          emitRM("LD",ac1,++tmpOffset,mp,"op: load left");
2028          switch (tree->attr.op) {
2029            case PLUS :
2030              emitRO("ADD",ac,ac1,ac,"op +");
2031              break;
2032            case MINUS :
2033              emitRO("SUB",ac,ac1,ac,"op -");
2034              break;
2035            case TIMES :
2036              emitRO("MUL",ac,ac1,ac,"op *");
2037              break;
2038            case OVER :
2039              emitRO("DIV",ac,ac1,ac,"op /");
2040              break;
2041            case LT :
2042              emitRO("SUB",ac,ac1,ac,"op <") ;
2043              emitRM("JLT",ac,2,pc,"br if true") ;
2044              emitRM("LDC",ac,0,ac,"false case") ;
2045              emitRM("LDA",pc,1,pc,"unconditional jmp") ;
2046              emitRM("LDC",ac,1,ac,"true case") ;
2047              break;
2048            case EQ :
2049              emitRO("SUB",ac,ac1,ac,"op ==") ;
2050              emitRM("JEQ",ac,2,pc,"br if true");
2051              emitRM("LDC",ac,0,ac,"false case") ;
2052              emitRM("LDA",pc,1,pc,"unconditional jmp") ;
2053              emitRM("LDC",ac,1,ac,"true case") ;
2054              break;
```

```
2055                default:
2056                   emitComment("BUG: Unknown operator");
2057                   break;
2058             } /* caso op */
2059             if (TraceCode) emitComment("<- Op") ;
2060             break; /* OpK */
2061
2062        default:
2063           break;
2064      }
2065 } /* genExp */
2066
2067 /* Procedimento cGen gera recursivamente código pelo
2068  * percurso na árvore
2069  */
2070 static void cGen( TreeNode * tree)
2071 { if (tree != NULL)
2072    { switch (tree->nodekind) {
2073         case StmtK:
2074            genStmt(tree);
2075            break;
2076         case ExpK:
2077            genExp(tree);
2078            break;
2079         default:
2080            break;
2081      }
2082      cGen(tree->sibling);
2083    }
2084 }
2085
2086 /********************************************************/
2087 /* função básica do gerador de código                   */
2088 /********************************************************/
2089 /* Procedimento codeGen gera código para um arquivo de
2090  * código pelo percurso na árvore sintática. O segundo
2091  * parâmetro (codefile) é o nome do arquivo de código,
2092  * e é usado para imprimir o nome de arquivo como
2093  * comentário no arquivo de código
2094  */
2095 void codeGen(TreeNode * syntaxTree, char * codefile)
2096 { char * s = malloc(strlen(codefile)+7);
2097   strcpy(s,"File: ");
2098   strcat(s,codefile);
2099   emitComment("TINY Compilation to TM Code");
2100   emitComment(s);
2101   /* gera prólogo padrão */
2102   emitComment("Standard prelude:");
2103   emitRM("LD",mp,0,ac,"load maxaddress from location 0");
2104   emitRM("ST",ac,0,ac,"clear location 0");
2105   emitComment("End of standard prelude.");
2106   /* gera código para programa TINY */
2107   cGen(syntaxTree);
2108   /* fim */
2109   emitComment("End of execution.");
2110   emitRO("HALT",0,0,0,"");
2111 }


3000 /********************************************************/
3001 /* Arquivo: tiny.l                                      */
3002 /* Especificação Lex para TINY                          */
3003 /* Compiladores: princípios e práticas                  */
3004 /* Kenneth C. Louden                                    */
3005 /********************************************************/
```

```
%{
#include "globals.h"
#include "util.h"
#include "scan.h"
/* lexema do identificador ou palavra reservada */
char tokenString[MAXTOKENLEN+1];
%}

digit       [0-9]
number      {digit}+
letter      [a-zA-Z]
identifier  {letter}+
newline     \n
whitespace  [ \t]+

%%

"if"            {return IF;}
"then"          {return THEN;}
"else"          {return ELSE;}
"end"           {return END;}
"repeat"        {return REPEAT;}
"until"         {return UNTIL;}
"read"          {return READ;}
"write"         {return WRITE;}
":="            {return ASSIGN;}
"="             {return EQ;}
"<"             {return LT;}
"+"             {return PLUS;}
"-"             {return MINUS;}
"*"             {return TIMES;}
"/"             {return OVER;}
"("             {return LPAREN;}
")"             {return RPAREN;}
";"             {return SEMI;}
{number}        {return NUM;}
{identifier}    {return ID;}
{newline}       {lineno++;}
{whitespace}    {/* skip whitespace */}
"{"             { char c;
                  do
                  { c = input();
                    if (c == '\n') lineno++;
                  } while (c != '}');
                }
                {return ERROR;}

%%

TokenType getToken(void)
{ static int firstTime = TRUE;
  TokenType currentToken;
  if (firstTime)
  { firstTime = FALSE;
    lineno++;
    yyin = source;
    yyout = listing;
  }
  currentToken = yylex();
  strncpy(tokenString,yytext,MAXTOKENLEN);
  if (TraceScan) {
    fprintf(listing,"\t%d: ",lineno);
    printToken(currentToken,tokenString);
```

```
3070        }
3071        return currentToken;
3072    }


4000    /*********************************************************/
4001    /* Arquivo: tiny.y                                        */
4002    /* Arquivo de especificação TINY Yacc/Bison               */
4003    /* Compiladores: princípios e práticas                    */
4004    /* Kenneth C. Louden                                      */
4005    /*********************************************************/
4006    %{
4007    #define YYPARSER /* diferencia saída Yacc de outros arquivos de código */
4008
4009    #include "globals.h"
4010    #include "util.h"
4011    #include "scan.h"
4012    #include "parse.h"
4013
4014    #define YYSTYPE TreeNode *
4015    static char * savedName: /* para uso em atribuições */
4016    static int savedLineNo; /* idem */
4017    static TreeNode * savedTree; /* armazena árvore sintática para retorno posterior */
4018
4019    %}
4020
4021    %token IF THEN ELSE END REPEAT UNTIL READ WRITE
4022    %token ID NUM
4023    %token ASSIGN EQ LT PLUS MINUS TIMES OVER LPAREN RPAREN SEMI
4024    %token ERROR
4025
4026    %% /* Gramática para TINY */
4027
4028    program        : stmt_seq
4029                            { savedTree = $1;}
4030                   ;
4031    stmt_seq       : stmt_seq SEMI stmt
4032                            { YYSTYPE t = $1;
4033                                if (t != NULL)
4034                                { while (t->sibling != NULL)
4035                                    t = t->sibling;
4036                                  t->sibling = $3;
4037                                  $$ = $1; }
4038                                else $$ = $3;
4039                            }
4040                   | stmt { $$ = $1; }
4041                   ;
4042    stmt           : if_stmt { $$ = $1; }
4043                   | repeat_stmt { $$ = $1; }
4044                   | assign_stmt { $$ = $1; }
4045                   | read_stmt { $$ = $1; }
4046                   | write_stmt { $$ = $1; }
4047                   | error { $$ = NULL; }
4048                   ;
4049    if_stmt        : IF exp THEN stmt_seq END
4050                            { $$ = newStmtNode(IfK);
4051                              $$->child[0] = $2;
4052                              $$->child[1] = $4;
4053                            }
4054                   | IF exp THEN stmt_seq ELSE stmt_seq END
4055                            { $$ = newStmtNode(IfK);
4056                              $$->child[0] = $2;
4057                              $$->child[1] = $4;
4058                              $$->child[2] = $6;
```

```
4059                        }
4060                    ;
4061  repeat_stmt  :  REPEAT stmt_seq UNTIL exp
4062                        { $$ = newStmtNode(RepeatK);
4063                          $$->child[0] = $2;
4064                          $$->child[1] = $4;
4065                        }
4066                    ;
4067  assign_stmt  :  ID { savedName = copyString(tokenString);
4068                       savedLineNo = lineno; }
4069                    ASSIGN exp
4070                        { $$ = newStmtNode(AssignK);
4071                          $$->child[0] = $4;
4072                          $$->attr.name = savedName;
4073                          $$->lineno = savedLineNo;
4074                        }
4075                    ;
4076  read_stmt    :  READ ID
4077                        { $$ = newStmtNode(ReadK);
4078                          $$->attr.name =
4079                             copyString(tokenString);
4080                        }
4081                    ;
4082  write_stmt   :  WRITE exp
4083                        { $$ = newStmtNode(WriteK);
4084                          $$->child[0] = $2;
4085                        }
4086                    ;
4087  exp          :  simple_exp LT simple_exp
4088                        { $$ = newExpNode(OpK);
4089                          $$->child[0] = $1;
4090                          $$->child[1] = $3;
4091                          $$->attr.op = LT;
4092                        }
4093                  | simple_exp EQ simple_exp
4094                        { $$ = newExpNode(OpK);
4095                          $$->child[0] = $1;
4096                          $$->child[1] = $3;
4097                          $$->attr.op = EQ;
4098                        }
4099                  | simple_exp { $$ = $1; }
4100                    ;
4101  simple_exp   :  simple_exp PLUS term
4102                        { $$ = newExpNode(OpK);
4103                          $$->child[0] = $1;
4104                          $$->child[1] = $3;
4105                          $$->attr.op = PLUS;
4106                        }
4107                  | simple_exp MINUS term
4108                        { $$ = newExpNode(OpK);
4109                          $$->child[0] = $1;
4110                          $$->child[1] = $3;
4111                          $$->attr.op = MINUS;
4112                        }
4113                  | term { $$ = $1; }
4114                    ;
4115  term         :  term TIMES factor
4116                        { $$ = newExpNode(OpK);
4117                          $$->child[0] = $1;
4118                          $$->child[1] = $3;
4119                          $$->attr.op = TIMES;
4120                        }
4121                  | term OVER factor
4122                        { $$ = newExpNode(OpK);
```

```
4123                        $$->child[0] = $1;
4124                        $$->child[1] = $3;
4125                        $$->attr.op = OVER;
4126                    }
4127            | factor { $$ = $1; }
4128            ;
4129 factor     : LPAREN exp RPAREN
4130                    { $$ = $2; }
4131            | NUM
4132                    { $$ = newExpNode(ConstK);
4133                      $$->attr.val = atoi(tokenString);
4134                    }
4135            | ID { $$ = newExpNode(IdK);
4136                      $$->attr.name =
4137                         copyString(tokenString);
4138                    }
4139            | error{ $$ = NULL; }
4140            ;
4141
4142 %%
4143
4144 int yyerror(char * message)
4145 { fprintf(listing,"Syntax error at line %d: %s\n",lineno,message);
4146   fprintf(listing,"Current token: ");
4147   printToken(yychar,tokenString);
4148   Error = TRUE;
4149   return 0;
4150 }
4151
4152 /* yylex ativa getToken para tornar a saída Yacc/Bison
4153  * compatível com versões anteriores do
4154  * sistema de varredura TINY
4155  */
4156 static int yylex(void)
4157 { return getToken(); }
4158
4159 TreeNode * parse(void)
4160 { yyparse();
4161   return savedTree;
4162 }


4200 /************************************************/
4201 /* Arquivo: globals.h                           */
4202 /* Versão Yacc/Bison                            */
4203 /* Tipos e variáveis globais para compilador TINY */
4204 /* devem vir antes de outros arquivos include   */
4205 /* Compiladores: princípios e práticas          */
4206 /* Kenneth C. Louden                            */
4207 /************************************************/
4208
4209 #ifndef _GLOBALS_H_
4210 #define _GLOBALS_H_
4211
4212 #include <stdio.h>
4213 #include <stdlib.h>
4214 #include <ctype.h>
4215 #include <string.h>
4216
4217 /* Yacc/Bison gera internamente seus próprios valores
4218  * para os marcadores. Outros arquivos podem acessar
4219  * esses valores incluindo o arquivo tab.h gerado usando a
4220  * opção Yacc/Bison -d ("gera cabeçalho")
4221  *
```

```
4222    * A marca YYPARSER impede a inclusão de tab.h
4223    * na saída Yacc/Bison
4224    */
4225
4226   #ifndef YYPARSER
4227
4228   /* o nome do arquivo a seguir pode mudar */
4229   #include "y.tab.h"
4230
4231   /* ENDFILE é definido implicitamente por Yacc/Bison
4232    * e não é incluído no arquivo tab.h
4233    */
4234   #define ENDFILE 0
4235
4236   #endif
4237
4238   #ifndef FALSE
4239   #define FALSE 0
4240   #endif
4241
4242   #ifndef TRUE
4243   #define TRUE 1
4244   #endif
4245
4246   /* MAXRESERVED = quantidade de palavras reservadas */
4247   #define MAXRESERVED 8
4248
4249   /* Yacc/Bison gera seus próprios valores inteiros
4250    * para marcadores
4251    */
4252   typedef int TokenType;
4253
4254   extern FILE* source; /* arquivo texto de código-fonte */
4255   extern FILE* listing; /* arquivo texto de listagem de saída */
4256   extern FILE* code; /* arquivo texto de código para simulador TM */
4257
4258   extern int lineno; /* Árvore sintática para análise sintática */
4259
4260   /******************************************************/
4261   /*****************  Árvore sintática  *****************/
4262   /******************************************************/
4263
4264   typedef enum {StmtK,ExpK} NodeKind;
4265   typedef enum {IfK,RepeatK,AssignK,ReadK,WriteK} StmtKind;
4266   typedef enum {OpK,ConstK,IdK} ExpKind;
4267
4268   /* ExpType é usado para verificação de tipos */
4269   typedef enum {Void,Integer,Boolean} ExpType;
4270
4271   #define MAXCHILDREN 3
4272
4273   typedef struct treeNode
4274     { struct treeNode * child[MAXCHILDREN];
4275       struct treeNode * sibling;
4276       int lineno;
4277       NodeKind nodekind;
4278       union { StmtKind stmt; ExpKind exp;} kind;
4279       union { TokenType op;
4280            int val;
4281            char * name; } attr;
4282       ExpType type; /* Marcas para acompanhamento de execução */
4283     } TreeNode;
4284
```

```c
/********************************************************/
/************* Marcadores para depuração *************/
/********************************************************/

/* EchoSource = TRUE ecoa o programa-fonte no
 * arquivo de listagem com enumeração de linhas durante a
 * análise sintática
 */
extern int EchoSource;

/* TraceScan = TRUE imprime informações de
 * marcadores no arquivo de listagem durante o
 * reconhecimento de cada marcador pelo sistema de varredura
 */
extern int TraceScan;

/* TraceParse = TRUE imprime a árvore sintática no
 * arquivo de listagem em forma linearizada
 * (com identificadores para filhos)
 */
extern int TraceParse;

/* TraceAnalyze = TRUE registra no arquivo de listagem
 * inserções e buscas na tabela de símbolos
 */
extern int TraceAnalyze;

/* TraceCode = TRUE escreve comentários no arquivo de
 * código TM durante a geração do código
 */
extern int TraceCode;

/* Error = TRUE impede passadas posteriores se ocorrer um erro */
extern int Error;
#endif
```

Apêndice C

Listagem do Simulador de Máquina TINY

```c
/****************************************************/
/* Arquivo: tm.c                                    */
/* O computador Tm ("Máquina TINY")                 */
/* Compiladores: princípios e práticas              */
/* Kenneth C. Louden                                */
/****************************************************/

#include <stdio.h>
#include <stdlib.h>
#include <string.h>
#include <ctype.h>

#ifndef TRUE
#define TRUE 1
#endif
#ifndef FALSE
#define FALSE 0
#endif

/******* const *******/
#define IADDR_SIZE 1024 /* aumentar para programas grandes */
#define DADDR_SIZE 1024 /* aumentar para programas grandes */
#define NO_REGS 8
#define PC_REG 7

#define LINESIZE 121
#define WORDSIZE 20

/******* tipo *******/

typedef enum {
  opclRR, /* reg operandos r, s, t */
  opclRM, /* reg r, mem d+s */
  opclRA /* reg r, int d+s */
  } OPCLASS;

typedef enum {
  /* instruções RR */
  opHALT, /* RR   halt, operandos devem ser zero */
  opIN, /* RR   lê em reg(r); s e t ignorados/
  opOUT,   /* RR   escreve de reg(r); s e t ignorados/
  opADD, /* RR   reg(r) = reg(s)+reg(t) */
  opSUB, /* RR   reg(r) = reg(s)-reg(t) */
  opMUL, /* RR   reg(r) = reg(s)*reg(t) */
  opDIV, /* RR   reg(r) = reg(s)/reg(t) */
  opRRLim,    /* limite de opcodes RR */

/* instruções RM */
opLD,/* RM   reg(r) = mem(d+reg(s)) */
```

```c
  opST,/* RM    mem(d+reg(s)) = reg(r) */
  opRMLim,   /* Limite de opcodes RM */

  /* instruções RA */
  opLDA,  /* RA    reg(r) = d+reg(s) */
  opLDC,  /* RA    reg(r) = d; reg(s) ignorado */
  opJLT,  /* RA    se reg(r)<0 então reg(7) = d+reg(s) */
  opJLE,  /* RA    se reg(r)<=0 então reg(7) = d+reg(s) */
  opJGT,  /* RA    se reg(r)>0 então reg(7) = d+reg(s) */
  opJGE,  /* RA    se reg(r)>=0 então reg(7) = d+reg(s) */
  opJEQ,  /* RA    se reg(r)==0 então reg(7) = d+reg(s) */
  opJNE,  /* RA    se reg(r)!=0 então reg(7) = d+reg(s) */
  opRALim /* Limite de opcodes RA */
  } OPCODE;

typedef enum {
   srOKAY,
   srHALT,
   srIMEM_ERR,
   srDMEM_ERR,
   srZERODIVIDE
   } STEPRESULT;

typedef struct {
     int iop ;
     int iarg1 ;
     int iarg2 ;
     int iarg3 ;
   } INSTRUCTION;

/******** vars ********/
int iloc = 0 ;
int dloc = 0 ;
int traceflag = FALSE;
int icountflag = FALSE;

INSTRUCTION iMem [IADDR_SIZE];
int dMem [DADDR_SIZE];
int reg [NO_REGS];

char * opCodeTab[]
     = { "HALT","IN","OUT","ADD","SUB","MUL","DIV","????",
        /* opcodes RR */
        "LD","ST","????", /* opcodes RA */
        "LDA","LDC","JLT","JLE","JGT","JGE","JEQ","JNE","????"
        /* opcodes RA */
     };

char * stepResultTab[]
  = { "OK","Halted","Instruction Memory Fault",
      "Data Memory Fault","Division by 0"
     };

char pgmName[20];
FILE *pgm ;

char in_Line[LINESIZE] ;
int lineLen ;
int inCol ;
int num ;
char word[WORDSIZE] ;
char ch ;
int done ;
```

```c
/**********************************************/
int opClass( int c )
{ if ( c <= opRRLim)    return ( opclRR );
  else if ( c <= opRMLim)  return ( opclRM );
  else    return ( opclRA );
} /* opClass */

/**********************************************/
void writeInstruction ( int loc )
{ printf( "%5d: ", loc ) ;
  if ( (loc >= 0) && (loc < IADDR_SIZE) )
  { printf("%6s%3d,", opCodeTab[iMem[loc].iop], iMem[loc].iarg1);
    switch ( opClass(iMem[loc].iop) )
    { case opclRR: printf("%1d,%1d", iMem[loc].iarg2, iMem[loc].iarg3);
            break;
      case opclRM:
      case opclRA: printf("%3d(%1d)", iMem[loc].iarg2, iMem[loc].iarg3);
            break;
    }
    printf ("\n") ;
  }
} /* writeInstruction */

/************************************/
void getCh (void)
{ if (++inCol < lineLen)
    ch = in_Line[inCol] ;
  else ch = ' ' ;
} /* getCh */

/************************************/
int nonBlank (void)
{ while((inCol < lineLen)
       && (in_Line[inCol] == ' ') )
     inCol++ ;
  if (inCol < lineLen)
  { ch = in_Line[inCol] ;
    return TRUE ; }
  else
  { ch = ' ' ;
    return FALSE ; }
} /* nonBlank */

/************************************/
int getNum (void)
{ int sign;
  int term;
  int temp = FALSE;
  num = 0 ;
  do
  { sign = 1;
    while ( nonBlank() && ((ch == '+') || (ch == '-')) )
    { temp = FALSE ;
      if (ch == '-') sign = - sign ;
      getCh();
    }
    term = 0 ;
    nonBlank();
    while (isdigit(ch))
    { temp = TRUE ;
      term = term * 10 + ( ch - '0' ) ;
      getCh();
    }
```

```c
      num = num + (term * sign) ;
   } while ( (nonBlank()) && ((ch == '+') || (ch == '-')) ) ;
   return temp;
} /* getNum */

/************************************/
int getWord (void)
{ int temp = FALSE;
  int length = 0;
  if (nonBlank ())
  { while (isalnum(ch))
     { if (lenght < WORDSIZE-1) word [length++] = ch ;
       getCh() ;
     }
     word[length] = '\0';
     temp = (lenght != 0);
  }
  return temp;
} /* getWord */

/************************************/
int skipCh ( char c )
{ int temp = FALSE;
  if ( nonBlank() && (ch == c) )
  { getCh();
    temp = TRUE;
  }
  return temp;
} /* skipCh */

/************************************/
int atEOL(void)
{ return ( ! nonBlank ());
} /* atEOL */

/************************************/
int error( char * msg, int lineNo, int instNo)
{ printf("Line %d",lineNo);
  if (instNo >= 0) printf(" (Instruction %d)",instNo);
  printf("  %s\n",msg);
  return FALSE;
} /* error */

/************************************/
int readInstructions (void)
{ OPCODE op;
  int arg1, arg2, arg3;
  int loc, regNo, lineNo;
  for (regNo = 0 ; regNo < NO_REGS ; regNo++)
    reg[regNo] = 0 ;
  dMem[0] = DADDR_SIZE - 1 ;
  for  (loc = 1 ; loc < DADDR_SIZE ; loc++)
    dMem[loc] = 0 ;
  for  (loc = 0 ; loc < IADDR_SIZE ; loc++)
  { iMem[loc].iop = opHALT ;
    iMem[loc].iarg1 = 0 ;
    iMem[loc].iarg2 = 0 ;
    iMem[loc].iarg3 = 0 ;
  }
  lineNo = 0 ;
  while (! feof(pgm))
```

```c
{ fgets( in_Line, LINESIZE-2, pgm ) ;
  inCol = 0 ;
  lineNo++;
  lineLen = strlen(in_Line)-1 ;
  if (in_Line[lineLen]=='\n') in_Line[lineLen] = '\0' ;
  else in_Line[++lineLen] = '\0';
  if ( (nonBlank()) && (in_Line[inCol] != '*') )
{ if (! getNum())
    return error("Bad location", lineNo,-1);
  loc = num;
  if (loc > IADDR_SIZE)
    return error("Location too large",lineNo,loc);
  if (! skipCh(':'))
    return error("Missing colon", lineNo,loc);
  if (! getWord ())
    return error("Missing opcode", lineNo,loc);
  op = opHALT ;
  while ((op < opRALim)
      && (strncmp(opCodeTab[op], word, 4) != o) )
    op++ ;
  if (strncmp(opCodeTab[op], word, 4) != 0)
    return error("Illegal opcode", lineNo,loc);
  switch ( opClass(op) )
  { case opclRR :
    /*******************************/
    if ( (! getNum ()) || (num < 0) || (num >= NO_REGS) )
      return error("Bad first register", lineNo,loc);
    arg1 = num;
    if ( ! skipCh(','))
        return error("Missing comma", lineNo, loc);
    if ( (! getNum ()) || (num < 0) || (num >= NO_REGS) )
        return error("Bad second register", lineNo, loc);
    arg2 = num;
    if ( ! skipCh(','))
        return error("Missing comma", lineNo,loc);
    if ( (! getNum ()) || (num < 0) || (num >= NO_REGS) )
        return error("Bad third register", lineNo,loc);
    arg3 = num;
    break;

    case opclRM :
    case opclRA :
    /*******************************/
    if ( (! getNum ()) || (num < 0) || (num >= NO_REGS) )
        return error("Bad first register", lineNo,loc);
    arg1 = num;
    if ( ! skipCh(','))
        return error("Missing comma", lineNo,loc);
    if ( ! getNum ())
        return error("Bad displacement", lineNo,loc);
    arg2 = num;
    if ( ! skipCh('(') && ! skipCh(',') )
        return error("Missing LParen", lineNo,loc);
    if ( (! getNum ()) || (num < 0) || (num >= NO_REGS))
        return error("Bad second register", lineNo,loc);
    arg3 = num;
    break;
    }
    iMem[loc].iop = op;
    iMem[loc].iarg1 = arg1;
    iMem[loc].iarg2 = arg2;
    iMem[loc].iarg3 = arg3;
  }
}
```

```c
      return TRUE;
} /* readInstructions */


/************************************/
STEPRESULT stepTM (void)
{ INSTRUCTION currentinstruction ;
   int pc ;
   int r,s,t,m ;
   int ok ;
pc = reg[PC_REG] ;
if ( (pc < 0) || (pc > IADDR_SIZE) )
   return srIMEM_ERR ;
reg[PC_REG] = pc + 1 ;
currentinstruction = iMem[ pc ] ;
switch (opClass(currentinstruction.iop) )
{ case opclRR :
  /************************************/
     r = currentinstruction.iarg1 ;
     s = currentinstruction.iarg2 ;
     t = currentinstruction.iarg3 ;
     break;

  case opclRM :
  /************************************/
     r = currentinstruction.iarg1 ;
     s = currentinstruction.iarg3 ;
     m = currentinstruction.iarg2 + reg[s] ;
     if ( (m < 0) || (m > DADDR_SIZE) )
        return srDMEM_ERR ;
     break;

  case opclRA :
  /************************************/
     r = currentinstruction.iarg1 ;
     s = currentinstruction.iarg3 ;
     m = currentinstruction.iarg2 + reg[s] ;
     break;
} /* case */

switch ( currentinstruction.iop)
{ /* RR instructions */
   case opHALT :
   /************************************/
      printf("HALT: %1d,%1d,%1d\n",r,s,t);
      return srHALT ;
      /* break; */

   case opIN :
   /************************************/
      do
      { printf("Enter value for IN instruction: ") ;
        fflush (stdin);
        gets(in_Line);
        inCol = 0;
        ok = getNum();
        if ( ! ok ) printf ("Illegal value\n");
        else reg[r] = num;
      }
        while (! ok);
      break;

      case opOUT :
        printf ("OUT instruction prints: %d\n", reg[r] ) ;
        break;
```

```c
      case opADD : reg[r] = reg[s] + reg[t] ; break;
      case opSUB : reg[r] = reg[s] - reg[t] ; break;
      case opMUL : reg[r] = reg[s] * reg[t] ; break;

      case opDIV :
      /************************************/
         if ( reg[t] != 0 ) reg[r] = reg[s] / reg[t];
         else return srZERODIVIDE ;
         break;

      /************* RM instructions *************/
      case opLD :    reg[r] = dMem[m] ; break;
      case opST :    dMem[m] = reg[r] ; break;

      /************* RA instructions *************/
      case opLDA :   reg[r] = m ; break;
      case opLDC :   reg[r] = currentinstruction.iarg2 ; break;
      case opJLT :   if ( reg[r] < 0 ) reg[PC_REG] = m ; break;
      case opJLE :   if ( reg[r] <= 0 ) reg[PC_REG] = m ; break;
      case opJGT :   if ( reg[r] > 0 ) reg[PC_REG] = m ; break;
      case opJGE :   if ( reg[r] >= 0 ) reg[PC_REG] = m ; break;
      case opJEQ :   if ( reg[r] == 0 ) reg[PC_REG] = m ; break;
      case opJNE :   if ( reg[r] != 0 ) reg[PC_REG] = m ; break;

      /* final das instruções legais */
   } /* case */
   return srOKAY ;
} /* stepTM */

/************************************/
int doCommand (void)
{ char cmd;
  int stepcnt=0, i;
  int printcnt;
  int stepResult;
  int regNo, loc;
  do
  { printf ("Enter command: ");
    fflush (stdin);
    gets(n_Line);
    inCol = 0;
  }
while (! getWord ());

cmd = word[0] ;
switch ( cmd )
{ case 't' :
  /************************************/
     traceflag = ! traceflag ;
     printf("Tracing now ");
     if ( traceflag ) printf("on.\n"); else printf("off.\n");
     break;

  case 'h' :
  /************************************/
     printf("Commands are:\n");
     printf("   s(tep <n>  "\
        "Execute n (default 1) TM instructions\n");
     printf("   g(o        "\
        "Execute TM instructions until HALT\n");
     printf("   r(egs      "\
        "Print the contents of the registers\n");
     printf("   i(Mem <b <n>>  "\
        "Print n iMem locations starting at b\n");
```

```
      printf("   d(Mem <b <n>>  "\
         "Print n dMem locations starting at b\n");
      printf("   t(race  "\
         "Toggle instruction trace\n");
      printf("   p(rint  "\
         "Toggle print of total instructions executed"\
         " ('go' only\n");
      printf("   c(lear  "\
         "Reset simulator for new execution of program\n");
      printf("   h(elp"\
         "Cause this list of commands to be printed\n");
      printf("   q(uit"\
         "Terminate the simulation\n");
      break;

   case 'p' :
/************************************/
      icountflag = ! icountflag ;
      printf("Printing instruction count now ");
      if ( icountflag ) printf("on.\n"); else printf("off.\n");
      break;

   case 's' :
/************************************/
      if ( atEOL ()) stepcnt = 1;
      else if ( getNum ()) stepcnt = abs(num);
      else  printf("Step count?\n");
      break;

   case 'g' :   stepcnt = 1 ;   break;

   case 'r' :
/************************************/
      for (i = 0; i < NO_REGS; i++)
      {  printf("%1d: %4d  ", i,reg[i]);
         if ( (i % 4) == 3 ) printf ("\n");
      }
      break;

   case 'i' :
/************************************/
      printcnt = 1 ;
      if ( getNum ())
      {  iloc = num ;
         if ( getNum ()) printcnt = num ;
      }
      if ( ! atEOL ())
         printf ("Instruction locations?\n");
      else
      {  while ((iloc >= 0) && (iloc < IADDR_SIZE)
               && (printcnt > 0) )
         {  whiteInstruction(iloc);
            iloc++ ;
            printcnt-- ;
         }
      }
      break;

   case 'd' :
/************************************/
      printcnt = 1;
      if ( getNum ())
      {  dloc = num ;
         if ( getNum ()) printcnt = num ;
      }
```

```
         if ( ! atEOL ())
            printf("Data locations?\n");
         else
         { while ((dloc >= 0) && (dloc < DADDR_SIZE)
               && (printcnt > 0))
            { printf("%5d: %5d\n",dloc,dMem[dloc]);
               dloc++;
               printcnt--;
            }
         }
         break;

      case 'c' :
      /***********************************/
         iloc = 0;
         dloc = 0;
         stepcnt = 0;
         for (regNo = 0; regNo < NO_REGS ; regNo++)
            reg[regNo] = 0 ;
         dMem[0] = DADDR_SIZE - 1 ;
         for (loc = 1 ; loc < DADDR_SIZE ; loc++)
            dMem[loc] = 0 ;
         break;

      case 'q' : return FALSE; /* break; */

      default : printf("Command %c unknown.\n", cmd); break;
   } /* case */
   stepResult = srOKAY;
   if ( stepcnt > 0 )
   { if ( cmd == 'g' )
      { stepcnt = 0;
         while (stepResult == srOKAY)
         { iloc = reg[PC_REG] ;
            if ( traceflag ) writeInstruction( iloc ) ;
            stepResult = stepTM ();
            stepcnt++;
         }
         if ( icountflag )
            printf("Number of instructions executed = %d\n", stepcnt);
      }
      else
      { while ((stepcnt > 0) && (stepResult == srOKAY))
         { iloc = reg[PC_REG] ;
            if ( traceflag ) writeInstruction( iloc ) ;
            stepResult = stepTM ();
            stepcnt-- ;
         }
      }
      printf( "%s\n",stepResultTab[stepResult] );
   }
   return TRUE;
} /* doCommand */

main( int argc, char * argv[] )
{ if (argc != 2)
   { printf("usage: %s <filename>\n" ,argv[0]);
      exit(1);
   }
   strcpy(pgmName,argv[1]) ;
   if (strchr (pgmName, '.') == NULL)
      strcat(pgmName,".tm");
```

```
    pgm = fopen(pgmName,"r");
    if (pgm == NULL)
    { printf("file '%s' not found\n",pgmName);
      exit(1);
    }

    /* read the program */
    if ( ! readInstructions ())
        exit(1) ;
    /* switch input file to terminal */
    /* reset( input ); */
    /* read-eval-print */
    printf("TM simulation (enter h for help)...\n");
    do
       done = ! doCommand ();
    while (! done );
    printf("Simulation done.\n");
    return 0;
}
```

Bibliografia

AHO, A. V. Pattern matching in strings. *Proceedings of the Symposium on Formal Language Theory*, Santa Barbara, CA, 1979.

AHO, A. V.; ULLMAN, J. D. *The Theory of Parsing, Translation, and Copiling*, Vol. I: *Parsing*. Englewood Cliffs, NJ: Prentice Hall, 1972.

AHO, A. V.; HOPCROFT, J. E.; ULLMAN, J. D. *Data Structures and Algorithms*. Reading, MA: Addison-Wesley, 1983.

AHO, A. V.; SETHI, R.; ULLMAN, J. D. *Compilers: Principles, Techniques and Tools*. Reading, MA: Addison-Wesley, 1986.

AMADIO, R. M.; CARDELLI, L. Subtyping recursive types. *ACM Trans. On Prog. Langs. and Systems* **15(4)**: 575-631, 1993.

APPEL, A. W. *Compiling with Continuations*. Cambridge: Cambridge University Press, 1992.

BACKUS, J. W. The history of FORTRAN I, II and III. In Wexelblat [1981], pp. 25-45, 1981.

BACKUS, J. W. et al. The FORTRAN automatic coding system. *Proceedings of the Western Joint Computing Conference*, 1957, pp. 188-198. Reprinted in Rosen [1967], pp. 29-47.

BARRON, D. W. *Pascal – The Language and Its Implementation*. Chichester: J. Wiley, 1981.

BRATMAN, H. An alternative form of the UNCOL diagram. *Comm. ACM* **4(3)**: 142, 1961.

BUDD, T. *A Little Smalltalk*. Reading, MA: Addison-Wesley, 1987.

BURKE, M. G.; FISCHER, G. A. A practical method for LR and LL syntactic error diagnosis. *ACM Trans. on Prog. Lags. and Systems* **9(2)**: 164-197, 1987.

CARDELLI, L.; WEGNER, P. On understanding types, data abstraction, and polymorphism. *ACM Computing Surveys* **17(4)**: 471-522, 1985.

CICHELLI, R. J. Minimal perfect hash functions made simple. *Comm. ACM* **23(1)**: 17-19, 1980.

COHEN, J. Garbage collection of linked data structures. *Computing Surveys* **13(3)**: 341-367, 1981.

CORMEN, T. H.; LEISERSON, C. E.; RIVEST, R. L. *Introduction to Algorithms*. Nova York: McGraw-Hill, 1990.

DAVIDSON, J. W.; FRASER, C. W. Code selection through object code optimization. *ACM Trans. on Prog. Langs. and Systems* **6(4)**: 505-526, 1984a.

_____. Register allocation and exhaustive peephole optimization. *Software–Practice and Experience* **14(9)**: 857-866, 1984b.

DEREMER, F. L. *Practical Translators for LR(k) Languages*, Ph.D. thesis, MIT, Cambridge, MA, 1969.

_____. Simple LR(k) grammars. *Comm. ACM* **14(7)**: 453-460, 1971.

DROZDEK, A.; SIMON, D. L. *Data Structures in C*. Boston: PWS, 1995.

ELLIS, M. A.; STROUSTRUP, B. *The Annotated C++ Reference Manual*. Reading, MA: Addison-Wesley, 1990.

FARROW, R. Generating a production compiler from an attribute grammar. *IEEE Software* **1(10)**: 77-93, 1984.

FISCHER, C. N.; LEBLANC, R. J. *Crafting a Compiler with C*. Redwood City, CA: Benjamin-Cummings, 1991.

FRASER, C. W.; HANSON, D. R. *A Retargetable C Compiler: Design and Implementation*. Redwood City, CA: Benjamin-Cummings, 1995.

GANAPATHI, M. J.; FISCHER, C. N. Affix grammar driven code generation. *ACM Trans. on Prog. Lang. and Systems* **7(4)**: 560-599, 1985.

GINSBURG, S. *The Mathematical Theory of Context-Free Languages*. Nova York: McGraw-Hill, 1966.

_____. *Algebraic and Automata-Theoretic Properties of Formal Languages*. Amsterdã: North Holland, 1975.

GLANVILLE, R. S.; GRAHAM, S. L. A new method for compiler code generation. *Fifth Annual ACM Symposium on Principles of Programming Languages*, 231-240. Nova York: ACM Press, 1978.

GOOS, G.; WULF, W. A. Diana reference manual, CMU CS Report 81-101, Department of Computer Science, Carnegie-Mellon University, Pittsburgh, 1981.

GRAHAM, S. L.; HALEY, C. B.; JOY, W. N. Practical LR error recovery. *SIGPLAN Notices* **14(8)**: 168-175, 1979.

GRAHAM, S. L.; HARRISON, M. A.; RUZZO, W. L. An improved context-free recognizer. *ACM Trans. on Prog. Langs. and Systems* **2(3)**: 415-462, 1980.

HINDLEY, J. R. The principal type-scheme of on object in combinatory logic. *Trans. Amer. Math. Soc.* **146(Dec.)**: 29-60, 1969.

HOARE, C. A. R. Report on the Elliot Algol translator, *Computer J.* **5(2)**: 127-129, 1962.

HOLUB, A. I. *Compiler Design in C*. Englewood Cliffs, NJ: Prentice Hall, 1990.

HOPCROFT, J. E.; ULLMAN, J. D. *Introduction to Automata Theory, Languages, and Computation*. Reading, MA: Addison-Wesley, 1979.

HOROWITZ, E. *Programming Languages: A Grand Tour*. 3rd ed. Rockville, MD: Computer Science Press, 1987.

HUTTON, G. Higher-order functions for parsing. *J. Func. Prog.* **2(3)**: 323-343, 1992.

JACOBSON, V. Tuning Unix Lex, or it's not true what they say about Lex. *Proceedings of the Winter Usenix Conference*, pp. 163-164, 1987.

JAMES, L. R. A syntax-directed error recovery method, Technical Report CSRG-13, University of Toronto Computer Systems Research Group, 1972.

JAZAYERI, M.; OGDEN, W. F.; ROUNDS, W. C. The intrinsic exponential complexity of the circularity problem for attribute grammars. *Comm. ACM* **18(12)**: 697-706, 1975.

JOHNSON, S. C. Yaac–Yet another compiler compiler. *Computing Science Technical Report* No. 32, AT&T Bell Laboratories, Murray Hill, NJ, 1975.

_____. A portable compiler: Theory and practice. *Fifth Annual ACM Symposium on Principles of Programming Languages*. Nova York: ACM Press, pp. 97-104, 1978.

JOHNSON, S. C.; RITCHIE, D. M. The C language calling sequence. Computing Science Technical Report No. 102, AT&T Bell Laboratories, Murray Hill, NJ, 1981.

JONES, M. P. The implementation of the Gofer functional programming system. Yale University Department of Computer Science Research Report #1030, New Haven, CT, 1994.

JONES, N. D. *Semantics Directed Compiler Generation*. Springer Lecture Notes in Computer Science n. 94. Nova York: Springer-Verlag, 1980.

KASTENS, U.; HUTT, B.; ZIMMERMANN, E. *GAG: A practical compiler generator*. Springer Lecture Notes in Computer Science #141. Nova York: Springer-Verlag, 1982.

KERNIGHAM, B. W. Ratfor – A preprocessor for a rational FORTRAN. *Software–Practice and Experience* **5(4)**: 395-406, 1975.

KERNIGHAN, B. W.; PIKE, R. *The Unix Programming Environment*. Englewood Cliffs, NJ: Prentice Hall, 1984.

KERNIGHAN, B. W.; RITCHIE, D. M. *The C Programming Language* (ANSI Standard C). 2nd ed. Englewood Cliffs, NJ: Prentice Hall, 1988.

KNUTH, D. E. On the translation of languages from left to right. *Information and Control* **8(6)**: 607-639, 1965.

____. Semantics of context-free languages. *Math. Systems Theory* **2(2)**: 127-145. *Errata* **5(1)** (1971): 95-96, 1968.

____. *The Art of Computer Programming*, Vol. 3, *Sorting and Searching*. Reading, MA: Addison-Wesley, 1973.

KOSTER, C. H. A. On infinite modes. *SIGPLAN Notices* **4(3)**: 109-112, 1969.

LANDIN, P. J. The next 700 programming languages. *Comm. ACM* **9(3)**: 157-165, 1966.

LEE, P. *Realistic Compiler Generation*. Cambridge, MA: MIT Press, 1989.

LESK, M. E. Lex – A lexical analyzer generator. *Computing Science Technical Report* No. 39. AT&T Bell Laboratories, Murray Hill, NJ, 1975.

LEWIS, P. M.; STEARNS, R. E. Syntax-directed transduction. *J. ACM* **15(3)**: 465-488, 1968.

LORHO, B. *Methods and Tolls for Compiler Construction*. Cambridge: Cambridge University Press, 1984.

LOUDEN, K. *Programming Languages: Principles and Practice*. Boston.: PWS, 1993.

LYON, G. Syntax-directed least-error analysis for context-free languages. *Comm. ACM* **17(1)**: 3-14, 1974.

MAYOH, B. H. Attribute grammars and formal semantics. *SIAM J. on Computing* **10(3)** 503-518, 1981.

MILNER, R. A theory of type polymorphism in programming. *J. Computer and System Science* **17(3)**: 348-375, 1978.

NAUR, P. Revised report on the algorithmic language Algol 60. *Comm. ACM* **6(1)**: 1-17. Reprinted in Horowitz [1987], 1963.

NORI, K. V. et al. Pascal P implementation notes. 1981. In Barron [1981].

PARR, T. J.; DIETZ, H. G.; COHEN, W. E. PCCTS reference manual. *ACM SIGPLAN Notices* **27(2)**: 88-165, 1992.

PAXSON, V. Flex users manual (part of the Gnu ftp distribution). Cambridge, MA: Free Software Foundation, 1990.

PENNELLO, T. J.; DeREMER, F. L. A forward move algorithm of LR error recovery. *Fifth Annual Symposium on Principles of Programming Languages*. Nova York: ACM Press, pp. 241-254, 1978.

PERKINS, D. R.; SITES, R. L. Machine independent Pascal code optimization. *ACM SIGPLAN Notices* **14(8)**: 201-207, 1979.

PEYTON JONES, S. L. *The Implementation of Functional Programming Languages*. Englewood Cliffs, NJ: Prentice Hall, 1987.

PEYTON JONES, S. L.; LESTER, D. *Implementing Funcional Languages*. Englewood Cliffs, NJ: Prentice Hall, 1992.

POWELL, M. L. A portable optimizing compiler for Modula-2. *ACM SIGPLAN Notices* **19(6)**: 310-318, 1984.

PURDOM, P.; BROWN, C. A. Semantic routines and LR(k) parsers. *Acta Informatica* **14(4)**: 299-315, 1980.

RANDELL, B.; RUSSEL, L. J. *Algol 60 Implementation*. Nova York: Academic Press, 1964.

READE, C. *Elements of Funcional Programming*. Reading, MA: Addison-Wesley, 1989.

REPS, T. W.; TEITELBAUM, T. *The Synthesizer Generator: A System for Constructing Language-Based Editors*. Nova York: Springer-Verlag, 1989.

ROSEN, S. (ed.) *Programming Systems and Languages*. Nova York: McGraw-Hill, 1967.

SAGER, T. J. A polynomial time generator for minimal perfect hash functions. *Comm. ACM* **28(5)**: 523-532, 1985.

SCHMIDT, D. A. *Denotational Semantics: A Methodology for Language Development*. Dubuque, IA: Wm. C. Brown, 1986.

SCHMIDT, D. C. GPERF: A perfect hash function generator. *2nd USENIX C++ Conference Proceedings*. San Francisco, CA, pp. 87-102, 1990.

SCHREINER, A. T.; FRIEDMAN JR., H. G. *Introduction to Compiler Construction with Unix*. Englewood Cliffs, NJ: Prentice Hall, 1985.

SEDGEWICK, R. *Algorithms in C*. Reading, MA: Addison-Wesley, 1990.

SETHI, R. *Programming Languages: Concepts and Constructs*. 2nd ed. Reading, MA: Addison-Wesley, 1996.

SLONNEGER, K.; KURTZ, B. L. *Formal Syntax and Semantics of Programming Languages*. Reading, MA: Addison-Wesley, 1995.

STALLMAN, R. Using and porting Gnu CC. Gnu ftp distribution (prep.ai.mit.edu). Cambridge, MA: Free Software Foundation, 1994.

STEEL, T. B., Jr. A first version of UNCOL. *Proceedings of the Western Joint Computing Conference* **19**: 371-378, 1961.

STIRLING, C. Follow set error recovery. *Software–Practice and Experience* **15(3)**: 239-257, 1985.

STRONG, J. et al. The problem of programming communication with changing machines: A proposed solution. *Comm. ACM* **1(8)**: 12-18 and **1(9)**: 9-15, 1958.

UNGAR, D. Generation scavenging: A non-disruptive high performance storage reclamation algorithm. Proceedings of the ACM SIGSOFT/SIGPLAN Symposium on Practical Software Development Environments. *ACM SIGPLAN Notices* **19(5)**: 157-167, 1984.

WEXELBLAT, R. L. (ed.) *History of Programming Languages*. Nova York: Academic Press, 1981.

WILSON, P. R. Uniprocessor garbage collection techniques. In Bekkers et al., eds., International Workshop on Memory Management, Springer Lecture. Notes in Computer Science 637, 1-42. Nova York: Springer-Verlag, 1992.

WIRTH, N. The design of a Pascal compiler. *Software–Pratice and Experience* **1(4)**: 309-333, 1971.

Índice

Páginas seguidas por *e* são de exercícios; páginas seguidas por *n* são de notas de rodapé; páginas seguidas por *r* são de notas e referências; páginas seguidas por *t* são de tabelas; finalmente, páginas seguidas por *ilus.* são de figuras no texto.

Ação básica, 86
Ação básica, em código Yacc, 236
Ação de carregamento, 200-201, 208-211
Ação de redução, 200-201, 208-211
Ação geral, em análise sintática descendente, 153
Ações.
 de autômatos finitos determinísticos, 53-56
 em código Lex, 84-85, 89-90
 em código Yacc, 231-232
 Ver também Ação básica; Ações embutidas; Instruções de salto; Ação de redução; Ação de carregamento
Ações embutidas, no código Yacc, 231, 243-244, 244*t*
Ações *ir-para*, 234, 235-236 *ilus.*, 248-249
Adição, 116-117, 117-118
 ambigüidade não-essencial, 122
Ajustes
 cálculo de endereços, 360-362, 361 *ilus.*, 362 *ilus.*, 369-370, 397*e*
 geração de código intermediário, 402
 índices de matrizes, 421
 para referências a ponteiros e estruturas de registros, 426-427, 426 *ilus.*
Alfabetos, 34-35, 48-50, 57-58
Algoritmo de análise sintática LR(1) geral, 223
Algoritmo de construção de subconjuntos, 69, 70-72
Algoritmo de Euclides para o máximo divisor comum, 357-358
Algoritmos, 47
 autômatos finitos determinísticos, 53-56
 autômatos finitos não-determinísticos, 58
 de primeiro ajuste, 382
 dirigida por tabelas, 64, 154-157
 para análise semântica, 259-260

 para análise sintática, 95-96, 154-157, 155 *ilus.*
 para análise sintática ascendente, 199-200
 para análise sintática LALR(1), 226
 para análise sintática LR(0), 208-211
 para análise sintática LR(1), 222-224
 para análise sintática SLR(1), 212
 para coleta de lixo, 17
 para computação de atributos, 272-297
 para computar conjuntos de seqüência, 174, 175 *ilus.*
 para computar primeiros conjuntos, 166-168, 168 *ilus.*, 168 *ilus.*
 para construção de subconjuntos, 69, 70-72
 para construir autômatos finitos determinísticos, 253-254*e*
 para determinar equivalência de tipos, 325-332
 para fatorar à esquerda uma gramática, 163-166, 164 *ilus.*
 para geração prática de código, 413-414
Alinhamento de procedimentos, 471
Alocação de memória, 350-353.
 em ambientes de execução baseados em pilhas, 356-377
 em ambientes de execução dinâmicos, 377-384
 para a linguagem Fortran77, 353-357, 354 *ilus.*
 para a linguagem TINY, 390-392
 para a máquina TINY, 460-461
 para matrizes, 319
 para o tipo de dados ponteiro, 322
 para o tipo de dados união, 320
 para referências e estruturas de ponteiros, 425-428, 427 *ilus.*
 para registros e estruturas, 320
 para tipos de dados recursivos, 325
 para variáveis, 262, 303-304
 por declaração, 304

 Ver também Memória dinâmica; *heaps*, em alocação de memória
Alocação de registros, 469, 470
Alocação de registros, otimização de código, 473
Alocação de variáveis, 261, 262, 303-304, 353-356.
 Ver também Alocação de memória
Amarração, 261, 379, 380, 385-386
Ambiente de definição de um procedimento, 371
Ambientes baseados em janelas, 4
Ambientes de desenvolvimento interativo (IDE), 4, 6
Ambientes de execução, 304, 349-392, 392-395*e*.
 baseados em pilhas, 356-377
 construção de compiladores, 17
 dinâmicos, 377-385
 mecanismos de passagem de parâmetros, 385-390, 394-395*e*
 organização de memória, 350-353
 para a linguagem TINY, 390-392
 para a máquina TINY, 458
 tipos, 349-350
 totalmente estáticos, 353-356, 356 *ilus.*
 Ver também Ambientes de execução dinâmicos; Ambientes de execução baseados em pilhas; Ambientes de execução estáticos
Ambientes de execução baseados em pilhas, 17, 349, 356, 377
 acesso a nomes, 361-363
 com parâmetros de procedimentos, 374-377
 com procedimentos locais, 369-370
 dados de comprimento variável, 365-367
 declarações aninhadas, 367, 368-369
 organização, 356-357
 sem procedimentos locais, 357-369
 seqüências de ativação de procedimentos, 363-365
 temporários locais, 367

Ambientes de execução dinâmicos, 17, 377-385.
  Ver também Ambientes totalmente dinâmicos
Ambientes de execução estáticos, 17, 395e.
  Ver também Ambientes de execução totalmente estáticos
Ambientes de execução totalmente estáticos, 349, 353-356, 354 ilus., 356 ilus.
  Ver também Ambientes de execução estáticos
Ambientes totalmente dinâmicos, 349.
  Ver também Ambientes de execução dinâmicos
Ambigüidade, 114-122, 140n, 203n, 255e.
  de gramáticas de atributos, 272-273
  definição formal, 128-129
  em análise sintática LR(1), 223
  em declarações if, 119-122
  em expressões em C, 345e
  em gramáticas de expressões aritméticas simples, 311-312, 344e
  em gramáticas LL(1), 155
  em gramáticas LR(0), 209-210
  em gramáticas SLR(1), 212-213, 215-217
  linguagens com ambigüidade inerente, 132
  não-essenciais, 122
  resolução em Lex, 86-87, 88-89
  simplificação de gramáticas de atributos, 271
  Ver também Problema do else pendente; Regras de eliminação de ambigüidade
Ambigüidade não-essencial, 121-122
Analisador sintático TINY, 188-190, 245-247, 257-258e
Analisadores semânticos, 9-10
Analisadores sintáticos, 8-9.
  acompanhamento da execução, 240-241
  após remoção de recursão à esquerda, 160-162
  árvores de sintaxe abstrata construídas por, 109-111
  geração por Yacc, 240-241
  manipulação de erros, 96-97
  Ver também Análise sintática versus sistemas de varredura, 95-96
Analisadores sintáticos carrega-reduz, 200, 202-203.
  Ver também Analisadores sintáticos ascendentes
Analisadores sintáticos de retrocesso, 143
Analisadores sintáticos LL(k), 143, 180
Analisadores sintáticos preditivos, 143
Analisadores sintáticos, gramáticas ambíguas e, 116

Análise de fluxo de dados, 475
Análise léxica, 8, 31.
  Ver também Varredura
Análise semântica, 259-341
  atributos, 260-262
  categorias e natureza, 259-261
  computação de atributos, 272-297
  da linguagem TINY, 337-341
  gramáticas de atributos, 262-272
  tabelas de símbolos, 297-316
  tipos de dados e verificação de tipos, 316-337
Análise semântica estática, 259, 260
Análise sintática, 95-97, 106-128, 347r.
  computação de atributos durante, 291-296
  geração de código intermediário e de código-alvo durante, 410-413
  processo de, 96-97
  Ver também Análise sintática ascendente; Análise sintática LALR(1); Análise sintática LL(1); Análise sintática LR(0); Análise sintática LR(1); Análise sintática SLR(1); Análise sintática descendente
Análise sintática ascendente, 96, 199-252
  análise sintática LALR(1), 226-244
  análise sintática LR(0), 203-212
  análise sintática LR(1), 219-225
  análise sintática SLR(1), 212-219
  descrição, 199-203
  gerador de análise sintática, Yacc, 228-247
  para a sintaxe TINY, 245-247
  recuperação de erros, 247-252
Análise sintática com verificação à frente LR(1). Ver Análise sintática LALR(1)
Análise sintática descendente, 96, 143-190, 153t, 197r
  análise sintática LL(1), 152-180
  da linguagem TINY, 179-183
  descendente recursiva, 144-152
  recuperação de erros, 183-190
Análise sintática descendente recursiva, 143-144, 144-152, 197r
  analisadores sintáticos LL(k), 180
  da linguagem TINY, 181-182
  forma de Backus-Naur estendida, 145-151
  método básico, 144-145
  modificação de analisadores sintáticos, 194-195e
  problemas, 151-152
  recuperação de erros, 183-186
  remoção de recursão à esquerda, 160-162
  retrocesso, 193e
Análise sintática LALR(1), 199, 226-228, 252e, 253e, 258, 292
  detecção de erros, 247
  Yacc, 228-244

Análise sintática LL(1), 143-144, 152-180, 190-194e, 197r, 199
  algoritmo e tabela, 154-157
  conjuntos de seqüência, 168, 174-178
  construção de árvore sintática, 166-167
  extensão da verificação à frente, 180
  fatoração à esquerda, 157, 162-166
  método básico, 152-154
  primeiros conjuntos, 168-173
  recuperação de erros, 186-188
  remoção de recursão à esquerda, 157-162
Análise sintática LL(k) forte, 181
Análise sintática LR(0), 199, 203, 208-211, 247
Análise sintática LR(1) simples. Ver Análise sintática SLR(1)
Análise sintática LR(1), 199, 226, 247, 258n
Análise sintática LR, 292, 347r
Análise sintática SLL(k), 180
Análise sintática SLR(1), 199, 212-219, 253e, 254e, 258r
  algoritmo, 212
  análise sintática LALR(1), 226-227
  análise sintática SLR(k), 218-219
  detecção de erros, 247
  exemplos, 213-215, 344e
  limitações, 217-218
  resolução de ambigüidades de conflitos, 215-217
Análise, operações de compilador para, 15
ANSI (American National Standards Institute), padrões de linguagens adotados por, 16
Antes das declarações, 311
Área de código, na memória, 350-351, 354 ilus.
Área de dados, de memória, 350-351, 355 ilus.
Área de pilha, em alocação de memória, 351-352
Área de registros, 350, 352-353.
  Ver também Processador
Argumentos
  Ver também Parâmetros em ativações de funções e procedimentos, 439-440
Arquitetura Sparc RISC, 401
Arquitetura VAX, 353n, 365
Arquivo `analyze.c`, 340
Arquivo `analyze.h`, 339
Arquivo `calc.y`, opções Yacc, 232
Arquivo `code.c`, 460-461
Arquivo `code.h`, 460-461
  definições de constantes e funções, 461-462
Arquivo de cabeçalho `globals.h`, 23, 77, 78, 135, 246-247
Arquivo de código `sample.tm`, 24, 26, 465-466

Arquivo de código-fonte `tm.c`, 26
Arquivo de texto `sample.tny`, 24
Arquivo `main.c`
  para o compilador TINY, 23, 24
  para o sistema de varredura TINY, 78
Arquivo `parse.c`, 181
Arquivo `parse.h`, 181
Arquivo `scan.c`, 77
Arquivo `scan.h`, 77
Arquivo `symtab.c`, 338
Arquivo `symtab.h`, 338
Arquivo `tiny.l`, 90
Arquivo `tiny.y`, 245, 252
Arquivo `util.c`, 182
Arquivo `util.h`, 182
Arquivo `y.output`, para Yacc, 234, 235-236 *ilus.*, 239 *ilus.*, 240 *ilus.*
Arquivo `y.tab.c`, 228, 240-241
Arquivo `y.tab.h`, opções Yacc, 232-233
Arquivo `yyin`, 89
Arquivo `yyout`, 89
Arquivos. Ver Arquivos C; Arquivos de cabeçalho; Arquivos `#include`; Arquivos de entrada Lex; Arquivos de saída; Arquivos `parse`; Arquivos `scan`; Arquivos de especificação; Arquivos `symtab`; Arquivos temporários; Arquivos de código TM; Arquivos `util`; Arquivos `yyin`; Arquivos `yyout`
Arquivos `#include`, para especificações Yacc, 229-230
Arquivos `analyze` para o compilador TINY, 23-24
Arquivos C, para o compilador TINY, 23
Arquivos `cgen`, para o compilador TINY, 23
Arquivos `code`, para o compilador TINY, 24
Arquivos de cabeçalho, para o compilador TINY, 23-24
Arquivos de código TM, geração, 465
Arquivos de entrada Lex, formato, 83-88
Arquivos de especificação, para Yacc, 228-232
Arquivos de saída.
  Ver também Arquivo `y.output` do Yacc, 228
Arquivos `parse`, para o compilador TINY, 23
Arquivos `scan`, 23, 77
Arquivos `symtab`, para o compilador TINY, 23-24
Arquivos temporários, 14
Arquivos `util`, para compilador TINY, 23-24
Árvores binárias de inteiros, gramática, 342*e*
Árvores de análise sintática, 8-9, 9 *ilus.*, 10 *ilus.*, 11 *ilus.*, 96, 106-109.
  análise sintática descendente, 153-154

após remoção de recursão à esquerda, 160-161
árvores de sintaxe abstrata, 109-114
atributos herdados, 280-283
atributos sintetizados, 279
definição formal, 128
dependências "para trás", 291-292
especificação de associatividade e precedência, 118-119
para declarações *if*, 119-122
para expressões aritméticas, 109 *ilus.*, 274-275
para expressões de aritmética de inteiros, 267 *ilus.*, 267
para gramática de declaração variável, 268 *ilus.*
para gramáticas ambíguas, 114-116
para gramáticas de atributos, 264-265, 265 *ilus.*, 269-270, 270 *ilus.*, 273-274, 278-279
para gramáticas de números com base, 275-277
para gramáticas livres de contexto, 95
para tipos de valores de ponto flutuante, 295 *ilus.*
representação de filho mais à esquerda e irmão à direita, 114
Ver também Árvores sintáticas
Árvores de ativação, 360, 361 *ilus.*
Árvores de busca binária, na linguagem ML, 324
Árvores sintáticas, 8, 11 *ilus.*, 13, 96, 194*e*, 195*e*.
  atributos herdados, 280-281
  com P-código, 414, 419
  como atributos sintetizados, 291
  em análise sintática LL(1), 166-167
  especificação de associatividade e precedência, 117-119
  linearização, 402, 403-404
  para expressões de tipos, 326-327
  para gramáticas ambíguas, 114-118
  para gramáticas livres de contexto, 95
  para matrizes indexadas, 424-425, 426 *ilus.*
  para o compilador TINY, 134-138, 136-138 *ilus.*, 183 *ilus.*, 462
  para Yacc, 245
  percurso em pós-ordem, 279
  percurso em pré-ordem, 281
  percurso recursivo, 413-414
  simplificação, 114
  Ver também Árvores sintáticas abstratas
Árvores sintáticas abstratas, 9, 106, 109-114, 260
  com definições e chamadas de função, 442-441, 440 *ilus.*
  geração de código de três endereços, 403-404
  geração de código intermediário, 402-403

para gramáticas de declarações de controle, 436-438
simplificação de gramáticas de atributos com, 271-272, 271 *ilus.*, 272*t*
Ver também Árvores sintáticas
Aspas (" "), 43, 81-82
Associatividade, 255*e*
  em expressões aritméticas, 116-117
  em Yacc, 238-240, 240 *ilus.*
  especificação com parênteses, 117
  resolução de ambigüidades, 117-118
Associatividade à direita, 118, 123, 124, 240
Associatividade à esquerda, 117, 118-119, 166
  em Yacc, 239-240
  recursão à esquerda, 157-158
Ativação de procedimentos, 487*e*.
  código do compilador Borland C, 448-449
  código do compilador C Sun, 453-454
  com números variáveis de argumentos, 365, 395*e*
  em blocos básicos de código, 476*n*
  geração de código, 438-444
  organização da pilha de ativações, 356-357
  otimização de código pela remoção de ativações desnecessárias, 471-472
  sem parâmetros, 217
  Ver também Argumentos; ativações; funções; Parâmetros
Ativações, 487*e*.
  código intermediário, 439-441
  código no compilador Sun C, 452-453
  procedimento para geração de código, 441-444
  Ver também Funções; Ativação de procedimentos
Ativações de procedimentos recursivas, ambiente de execução baseado em pilhas, 356-357
Atributo *base*, 267-269, 269*t*, 270 *ilus.*, 275-276, 277 *ilus.*, 278, 280, 281, 284-285, 287-288, 289-290
Atributo *dtipo*, 267-268, 268*t*, 268 *ilus.*, 274-275, 280-283, 290-291, 295, 296, 296 *ilus.*
Atributo *éFlut*, 286
Atributo *err*, 313-316, 314*t*
Atributo *etipo*, 286
Atributo `isAddr`, 425
Atributo *nivelaninh*, 314-315, 314*t*
Atributo *pcod*, 411, 411*t*
Atributo *pós-fixo*, 342*e*
Atributo *simtab*, 313-315, 314*t*
Atributo *val*, 264-266, 265*t*, 265 *ilus.*, 266*t*, 267 *ilus.*, 270-271, 271*t*, 271 *ilus.*, 273-274, 275, 276 *ilus.*, 278, 279-280, 287-288, 292

Atributos, 10, 260-262
    como parâmetros e valores de retorno, 287-288
    computação durante a análise sintática, 291-297
    da marca, 32
    de nós de árvores, 134-135
    definição, 261
    em análise semântica, 260, 261
    estruturas de dados externas para armazenamento, 289-291
    herdados, 279, 280-286
    ordem de avaliação, 273, 278, 347r
    sintetizados, 279, 285-286
Atributos dinâmicos, 261
Atributos estáticos, 261
Atributos herdados, 279, 280-286
    atributos sintetizados, 285, 286
    como parâmetros e valores de retorno, 287
    computação, 293-295
    definição, 280
    grafos de dependência, 280-281
    métodos algorítmicos para avaliação, 281-286
    mudança para atributos sintetizados, 295-297
    percurso da esquerda para a direita de árvores de análise sintática, 292, 294
    tabelas de símbolos, 297-298
Atributos sintetizados, 279-280, 285-286
    árvores sintáticas, 292
    atributos herdados, 285, 286
    código intermediário e código-alvo, 410-413
    como parâmetros e valores de retorno, 287-288
    computação, 293-296
    definição, 279
    gramáticas L-atribuídas, 292, 294-295
    mudança de atributos herdados, 295-297
    percurso da esquerda para a direita de árvore de análise sintática, 292, 294
Autômato finito não-determinístico (NFA), 48, 53, 56-59, 92e, 94r
    construção de autômatos finitos determinísticos, 70-72
    definição, 58
    exemplos, 58-59
    implementação, 59, 63-64
    itens LR(0) como, 204-206, 206 ilus.
    simulação usando construção de subconjuntos, 72
    tradução de expressões regulares, 65-69
Autômatos finitos, 3, 31, 47-64
    de itens, 204-208, 219-222
    implementação em código, 59-64
    para identificadores com delimitadores e valores de retorno, 54 ilus.
    para identificadores com transições de erros, 50 ilus.
    para números de ponto flutuante, 52
    tabelas de transição, 62-64
    teoria matemática, 94r
    Ver também Autômatos finitos determinísticos (DFA); Autômatos finitos não-determinísticos (NFA)
Autômatos finitos determinísticos (DFA), 48-53, 91-92e, 94r, 252-253e
    ações sobre marcadores, 53-57
    análise sintática ascendente, 199, 200
    análise sintática SLR(1), 215-216
    definição, 48-50
    exemplos, 51-53
    implementação, 59-64
    itens LR(0), 206-208, 206 ilus., 207 ilus.
    itens LR(1), 219-220, 222 ilus.
    minimização do número de estados, 72-74
    para analisadores sintáticos de declarações if, 216 ilus.
    para análise sintática LALR(1), 226, 227 ilus.
    para análise sintática LR(1), 222-225, 225 ilus.
    para o sistema de varredura TINY, 75-78, 77 ilus.
    tradução de autômatos finitos não determinísticos, 67-72
    tradução de expressões regulares, 64-74
Avaliação de curto-circuito, 431, 435, 488e
Avaliação por demanda, 390, 400r
Avaliadores de atributos, construção automática, 347r
Avaliadores de atributos recursivos em pós-ordem, 279-280

Backus, John, 3, 98
Bases, para código realocável, 350n
Blocos, 305.
    de memória de heap, 381-384, 382 ilus., 384 ilus, 384-385
    no código, 368-369, 476
    Ver também Blocos básicos de código
Blocos aninhados, no código, 368-369
Blocos básicos de código
    chamadas de procedimentos, 476n
    como nós de grafos de fluxo, 476-477
    grafos direcionados acíclicos, 419n, 478-482, 479 ilus.
    otimização, 475
Blocos de código não-básicos, 474-475
Blocos de memória fragmentada, 381

Blocos *let*, computação de níveis de aninhamento, 313-316, 314t
BucketList, 339
Buraco de escopo, 305
Busca linear, 80
Buscas binárias, para tornar sistemas de varredura mais eficientes, 80

Cadeia de caracteres **yytext**, 85, 86
Cadeia vazia (ε), 35
    autômato finito não-determinístico, 56-57, 64-65
    gramáticas para linguagens que incluem, 105
    repetições que excluem, 41
Cadeias de caracteres, 31
    árvores de análise sintática múltiplas, 114-116
    autômatos finitos não-determinísticos, 56-59
    código intermediário e alvo, 410-413, 411t, 412t
    como inteiros em tabelas de *hashing*, 299-301
    complementares, 42
    concatenação, 36
    derivações múltiplas, 106-107
    em regras de gramáticas livres de contexto, 98
    expressões regulares, 34-35, 37-40, 41-43
    formas sentenciais, 128
    grafos de dependência, 273-274
    literais, 43
    números binários, 41
    princípio da cadeia de caracteres mais longa, 45
    Ver também Caracteres; Letras; Metacaracteres
Cadeias de caracteres de complemento, 42-43
Cálculos de endereços em geração de código, 419-421
Campo **AddrMode**, 420
Campo **strval**, 414, 414n
Campo **type**, 134
Campos de atributos, em árvores sintáticas, 96
Campos de registros
    cálculo de referências, em geração de código, 419, 425-430
    código do compilador Borland C, 447
    código do compilador Sun C, 451-452
Caractere de asterisco (*), 35, 36-37, 97.
    Ver também Operação de repetição
Caractere de barra invertida (\), 81, 82, 90
Caractere de barra vertical (|), 35-36.
    definição do tipo de dados união, 322
    em especificações de regras Yacc, 228-229

Ver também Escolha entre alternativas em gramáticas livres de contexto
Caractere de cifrão ($)
    computação de conjuntos de seqüência, 173-174, 176-178
    marcador de fim de arquivo de entrada, 152-153, 154
    para verificações adiante geradas espontaneamente, 228
Caractere de circunflexo (^), 42
    construtor de tipo ponteiro em Pascal, 322
Caractere de hífen (–), 42, 82
Caractere de nova linha, 45-46
Caractere de sublinhado (_), na convenção de nomes de funções do compilador C, 448
Caractere espaço, 46
Caractere tab, 46
Caractere til (~), 42
Caracteres, 78.
    Ver também Letras; Metacaracteres; Cadeias de caracteres
Caracteres de escape, 35
Caracteres e símbolos legais, 34-35
Caracteres em caixa alta, conversão para caixa baixa, 87
Caracteres não-alfanuméricos, 50n
Carregadores, 5
Caso base, em definições recursivas, 102-103
Chaves ({ })
    Lex, 82-83
    operador de repetição, 122-123
    para comentários na linguagem TINY, 75
    regras EBNF, 146-147
Chomsky, Noam, 3, 132, 142r
Ciclo captura-executa, na máquina TINY, 455
Ciclos, em gramáticas, 159
Classes de caracteres, convenção Lex, 82-83
Coação, 335
Coalescência, de blocos de memória, 381
Código, 5, 59-64, 350n, 468-470
Código C, 83-87, 89-90, 228-229, 231
Código de máquina, 1
Código de montagem, 401-402
    para declarações *if* e *while*, 447, 452-453
    para definições e ativações de funções, 448-449, 453-454
    para expressões aritméticas, 445-446, 449-450
    para referências a ponteiros e campos, 446-447, 451-452
    para referências de matrizes, 445-446, 450-451
Código de três endereços, 11, 401, 403-405, 478n, 487e, 490e
    como atributo sintetizado, 410, 411-413

estruturas de dados, 405-407
gramática de atributos, 410, 411-413, 412t
para cálculos de endereços, 419-420
para declarações de controles, 433
para expressões aritméticas, 485e, 486e
para funções e procedimentos, 439
para referências a estruturas e ponteiros, 427-428
para referências a matrizes, 421-422
programa TINY, 404-405
tradução de P-código, e vice-versa, 416-418
versus P-código, 409-410
Código Diana, 490r
Código inatingível, 470
Código intermediário, 11, 14, 401, 402, 490r.
    como atributo sintetizado, 410-413
    construção de grafos de fluxo, 476-477, 477 *ilus*.
    geração de código-alvo, 413-419
    para funções e procedimentos, 439-441
    P-código, 407
    Ver também P-código; Código de três endereços
Código morto, 469-471
Código realocável, 5, 350n
Código-alvo
    como atributo sintetizado, 410-413
    de grafos direcionados acíclicos, 479-480
    geração, 401-402
    geração, a partir de código intermediário, 416-418
Código-objeto, 1, 5, 261, 262, 402
Colchetes ([ ]), 42, 82, 123-124
Coleta de lixo, 378, 399-400e, 400r
    algoritmos, 17
    tipos, em gerenciamento automático de *heap*, 384-385
Coleta de lixo de dois espaços, 389, 400r
Coleta de lixo de marcar e varrer, 384-385, 400r
Coleta de lixo gerativa, 385
Coleta de lixo para-e-copia, 385
Colisões, em tabelas de *hashing*, 299, 300
Colocação de elementos, em pilhas, 152-153, 167, 187-188, 357-358
Comando ADD, 26
Comando g, para simulador TM, 459
Comando h, para o simulador TM, 460
Comando halt, em código de três endereços, 403
Comentários
    autômatos finitos determinísticos, 53
    como pseudomarca, 44, 46
    expressões regulares, 44
    na linguagem TINY, 22-23, 75, 90
Comentários em C, 44-45, 53 *ilus*., 61, 63, 87-88, 91-92e

Command não-terminal, em Yacc, 231, 236, 255e
Compactação de memória, 385, 399-400e
Compilação TINY, 24-25
Compilador Algol60, 30r
Compilador Borland C 3.0 para processadores Intel 80X86, 401, 444-449, 486e, 488e
Compilador C Sun 2.0 para SparcStation Sun, 401, 444, 449-454, 486e
Compilador Gofer, 400r
Compilador TINY, 141
    arquivos e marcações, 23-25
    estrutura de árvore sintática, 134-138, 136-138 *ilus*.
    linguagem TINY, 25
    listagem, 503-534
    recuperação de erros, 252
Compiladores, 1-2
    ambiente de execução, 349-350
    analisadores sintáticos, 96
    análise semântica, 259
    de frente e de fundo, 15
    definição de linguagem, 16
    diretivas de depuração, 17
    efeitos da otimização em tempo de execução, 468
    fases, 7 *ilus*, 7-13
    histórico, 2-4
    partes de análise e de síntese, 15
    passadas, 16
    passadas múltiplas, 260
    principais estruturas de dados, 13-14
    programas de teste padrão, 16
    programas relacionados, 4-6
    questões estruturais, 15-18
    referências, 29-30r
    T-diagramas, 18-21
    transportabilidade, 15, 18-21
    tratamento de erros e exceções, 18
    uma passada, 16
    Ver também Compilador Algol60; Compiladores C; Compiladores cruzados; Compilador Fortran; Pacote de compilação Gnu; Compilador Gofer; Compilador Modula-2; Compilador Pascal; Geradores de analisador sintático; Compilador TINY; Yacc (*yet another compiler compiler*)
Compiladores baseados em perfis, 473
Compiladores C, 16, 29r, 400r, 401, 444-454, 488c, 490r.
    Ver também Compilador Borland C 3.0 para processadores Intel 80X86; Compilador C Sun 2.0 para SparcStations Sun
Compiladores cruzados, 18, 20, 21
Compiladores de compiladores. *Ver* Geradores de analisador sintático

Compiladores de múltiplas passadas, 260
Compiladores de uma passada, 16
Compiladores Fortran, 30r
Compiladores Modula-2, 16
Compiladores Pascal, 11, 16
Completude, de gramáticas de atributos, 272
Computação de atributos, 272-297
Computadores com conjuntos reduzidos de instruções (RISC), 25, 457, 470
Computadores, John von Neumann e, 2
Conflitos carrega-reduz, 209, 213, 215, 238
Conflitos carrega-reduz
  regras de eliminação de ambigüidades, em Yacc, 237-240
Conflitos de análise sintática.
  Ver também Problema do *else* pendente; Conflitos reduz-reduz;
Conflitos reduz-reduz, 209, 213
  com Yacc, 238-240
Conflitos reduz-reduz, regras de eliminação de ambigüidades, 215
Conjunto de caracteres ASCII (*American Standard Code for Information Interchange*), 34
Conjunto de teste, 16
Conjuntos de seqüência, 144, 168, 173-177, 190-191e
  definição, 152
  em análise sintática SLR(1), 212, 213
  para analisadores sintáticos LL(k), 180-181
  para gramática de declarações *if*, 177-178, 178-179
  para gramática de expressões de inteiros, 174-176, 176t, 178-179
  para gramáticas de seqüências de declarações, 177, 179-180
Conjuntos potência, 58
Conjuntos regulares, 39
Consistência, de gramáticas de atributos, 272
Constante false, 139e, 434-435, 435-436
Constante true, 139e, 435, 436
Constantes, 43
  alocação de memória, 351
  descritores de endereços e registros, 480-481, 479t, 481t, 482t
  no arquivo code.h, 461-462
Constantes nat, 51-52
Constantes numéricas, autômato finito determinístico para, 51-52
Constantes número, 51
Constantes signedNat, 51-52, 82-83
Construção de Thompson, 65-69, 92e, 94r
  exemplos, 67 *ilus.*, 67-69, 68 *ilus.*
Construtores de tipos, 317, 318-323
Construtores de valores, na linguagem ML, 322

Contador de programas (pc), 352
Conteúdo, de declarações, 302-304
Contexto, 131
Convenções. *Ver* Convenções léxicas; Convenções de metacaracteres
Convenções de metacaracteres, 81-83, 83t, 98-99
Convenções Lex, 81-83
Convenções léxicas, para a linguagem TINY, 75
Conversão de tipos, 335-336
Corpo de uma expressão let, 313
Correção de erros, 184
Correção de erros de distância minimal, 184

Dados de comprimento variável, em ambientes de execução baseados em pilhas, 365-368, 395e
Dados estáticos, alocação de memória, 351
Dados globais, alocação de memória, 351
Declaração antes do uso, 131, 304-305
Declaração AssignK, 341
Declaração automática, 303-304
Declaração break, 436
Declaração char, 242, 317
Declaração COMMON, 354n, 354-355
Declaração const, 302, 317, 351
Declaração constantes, 43
Declaração datatype, 331-332
Declaração double, 242, 317
Declaração ExpType, 134
Declaração extern, 304
Declaração IfK, 341
Declaração literal, 43
Declaração ReadK, 341
Declaração RepeatK, 341
Declaração static, 304
Declaração struct, 302
  nomes de tipos na linguagem C e declarações associadas, 324-325
Declaração TokenType, 33
Declaração type, 302, 331
Declaração typedef, 302
Declaração union, 111, 302, 320-321
  declaração %union, em Yacc, 242-243
  gerenciadores de projetos, 6
  nomes de tipos e declarações associadas à linguagem C, 324-325
  produções de unidades, 141e
  sistema Unix, 4
  Yacc incluído, 258r
Declaração vazia, na linguagem TINY, 133-134
Declaração WriteK, 341
Declarações, 10, 139e, 140e.
  com expressões let, 312-313
  comportamento de tabelas de símbolos, 301-304
  de tipos de dados, 110
  em código Yacc, 231

em gramáticas de expressões aritméticas simples, 311-316
em mesmo nível de aninhamento, 309-311
em programas TINY, 133-134
em tabelas de símbolos, 297-298
extensão de, 302-303
gramáticas, 103-104, 105-106, 217-218
tempo de vida, 303
Ver também Declarações automáticas; Declaração de classe; Declarações colaterais; Declarações constantes; Declarações de tipos de dados; Definições; Declarações explícitas; Declarações para diante; Declarações de função; Declarações de protótipo de função; Declarações globais; Declarações implícitas; Declarações locais; Declarações aninhadas; Declarações de procedimento; Declarações recursivas; Declarações seqüenciais; Declarações estáticas; Declarações de tipos; Declarações de variáveis
Ver também Declarações de atribuição; Declarações de interrupção; Declarações case; Declarações de controle; Declarações *goto*; Declarações *if*; Declarações de leitura; Declarações de repetição; Declarações *while*
verificação de tipos, 332-333
Declarações #define, em código de saída Yacc, 231
Declarações aninhadas, 367, 368-369, 372-373
Declarações ao estilo Pascal, gramática, 342-343e
Declarações case, 61, 486e, 487e
Declarações colaterais, 311
Declarações compostas, 305, 368-369
Declarações de atribuição
  em gramáticas LL(1), 165-166
  inclusão simples em gramáticas, 217-218, 224-225
  na linguagem TINY, 133-134, 134-136, 135 *ilus.*, 245-246
  verificador de tipos, 334
Declarações de constantes, 302, 303
Declarações de controle.
  código do compilador Borland C, 447
  código do compilador Sun C, 452-453
  geração de código, 431-438
  na linguagem TINY, 22
  Ver também Declarações de interrupção; Declarações *case*; Declarações de desvio; Declarações *if*; Expressões de teste; Declarações *while*

Declarações de funções, 301-302, 310-311, 344-345e, 439-441
Declarações de interrupção, 431, 433-434
Declarações de leitura, na linguagem TINY, 133-134, 134-137
Declarações de procedimentos, 141e, 301-303, 310, 438-440
Declarações de protótipos de funções, 311
Declarações de repetição, na linguagem TINY, 22, 133-134, 134-136, 136 ilus.
Declarações de tipos, 110n, 302, 303, 323-325, 327-329, 329 ilus., 396-397e
  Ver também Declarações de tipos de dados
Declarações de tipos de dados, 110, 261, 316-317.
  em tabelas de símbolos, 297-298
  em Yacc, 242-243
  gramática simples, 267, 290
  Ver também Declarações de tipos
Declarações de variáveis, 301, 302-303
  gramática simples, 266-267, 290-291, 296
  tipos de dados, 317
Declarações do-while, 486e
Declarações estáticas, 26, 303
Declarações explícitas, 302
Declarações for, 486e
Declarações globais, na linguagem C–, 26-27
Declarações goto, 431, 475
Declarações if.
  análise sintática LL(1), 156, 156t, 157t
  análise sintática SLR(1), 215-217, 217t
  aninhadas, 485e
  árvores de análise sintática, 112-113
  autômato finito determinístico de itens LR(0), 216 ilus.
  código, 145-151
  código do compilador Borland C, 447
  código do compilador Sun C, 451-452
  computação de conjuntos de seqüência, 176-177
  computação de primeiros conjuntos, 171-172, 173t
  construção de tabelas para análise sintática LL(1), 178-179
  diagramas sintáticos, 126-128, 128 ilus.
  fatoração à esquerda, 163, 164-165
  geração de código, 431-434, 432 ilus., 436-438, 464-465
  gramáticas, 103-104, 105-106, 111, 112
  na linguagem C–, 27
  na linguagem TINY, 22, 133-134, 134-135, 135 ilus.
  problema do else pendente, 119-122
  simplificação de código TINY, 482-484
  Ver também Expressões booleanas; Instruções de salto condicional
  verificação de tipos, 335
Declarações implícitas, 302
Declarações locais, na linguagem C–, 26-27
Declarações pelo uso, 302
Declarações recursivas, 310
Declarações repeat-until, 486e
Declarações seqüenciais, 310, 313
Declarações switch, 486e, 487e
Declarações while
  código de compilador Borland C, 447
  código de compilador Sun C, 452-453
  geração de código, 431-434, 432 ilus., 435, 463-464
  na linguagem C–, 26
  simplificação de código TINY, 483-485
Declarações write, na linguagem TINY, 133-134, 134-137, 245
Declarações.
Definição de linguagem, 16
Definições, 304, 477n, 477-478
Definições de alcance, 477-478
Definições de funções, 487e
  código do compilador Borland C, 448-449
  código do compilador Sun C, 452-453
  código intermediário, 439-441
  no arquivo code.h, 460-461
  procedimento para geração de código, 441-444
  simplificação das gramáticas de atributos, 270
Definições de tipos, 323
Definições formais, de linguagens de computadores, 16
Definições regulares, 37
Delimitadores, 44-45, 54
Delimitadores de comentários, 44
Delimitadores de marcas, 46
Delimitadores de porcentagem (%%), 84, 85
Depuradores (operadores), 6, 240
Derivações, 100-101
  à esquerda e à direita, 107-108
  árvores de análise sintática, 106-108
  definição formal, 128-129
  regras gramaticais, 102-106
  versus regras gramaticais, 101
Derivações à direita, 108, 114, 128
Derivações mais à esquerda, 108-109, 114-116, 128, 153-154
Descoberta de laços, 476
Descritores de endereços, 480t, 480-482, 481t
Descritores de registradores, 480-482, 481t, 482t

DFA de estado mínimo, 73, 74
DFA identificador, implementação, utilizando variáveis de estado e testes case aninhados, 61
Diagramas sintáticos, 125, 125-128
  estruturas de dados baseadas em, 195-196e
  para declarações if, 127-128, 128 ilus.
  para expressões aritméticas, 126-127, 127 ilus.
Dialetos de máquinas, otimização de código usando, 472
Dígitos, 43
  em constantes numéricas, 51-52, 261
  em expressões regulares, 130-132
  em gramáticas com tipos de valores inteiros e de ponto flutuante misturados, 285-286
  em gramáticas de atributos, 269
  em gramáticas de números com base, 275-277, 284-285
  em gramáticas de números sem sinal, 263-265, 267-270, 273-274, 278
  em identificadores, 43, 46-48
  em Lex, 87
  significativos, 262
  Ver também Inteiros; Números
Dígitos significativos, 261, 262
Diretiva %type, 242-243
Diretivas de compilador, 17
Diretivas de depuração, 17
Discriminante, do tipo de dado união, 321-322
Divisão, 116, 194e, 285-286
Divisão de inteiros, 285-286
Divisão de ponto flutuante, 285-286
Dois-pontos (:)
  como separadores e terminais de declarações, 106, 112-114
  em especificações de regras Yacc, 229
  erros gerados por ausência ou falta, 189-190
  na linguagem TINY, 133-134

Editores baseados em estrutura, 5
ε-fecho, 69-70, 91e, 206-207, 219, 228, 375n
Eficiência
  de autômatos finitos determinísticos, 72-73
  de código-alvo, 402
Eliminação de subexpressão comum, 470, 470n
Encadeamento, 366.
  Ver também Encadeamento de acesso; Encadeamento separado
Encadeamento de acesso, 372-374, 396e
Encadeamento separado, em tabelas de hashing, 299, 299 ilus.
Endereçamento aberto, em tabelas de hashing, 299

Endereçamento.
  em ambientes de execução baseados em pilhas, 360-363
  Ver também Endereçamento de bytes; Endereçamento indireto de registros; Endereçamento aberto
Endereçamento de bytes, 12
Endereçamento indireto, 420-422
Endereçamento indireto de registros, 12
Endereço de base, de uma matriz, 421
Entradas padrão, em tabelas de análise sintática LL(1), 192e
Enumeração em pós-ordem, de nós de árvores de análise sintática, 107-108
Enumeração em pré-ordem, de nós de árvores de análise sintática, 108
Enumeração, de nós de árvores de análise sintática, 107-108
ε-produções, 105-106, 159
  conjuntos de seqüência, 151-152, 173-174
  na computação de atributos herdados, 294-295
  primeiros conjuntos, 168-169, 170, 171-172
Equações de atributos, 260, 263n, 272-273.
  chamadas de procedimento em substituição, 289
  definição, 263
  metalinguagens, 270
  para expressões aritméticas, 274-275, 286
  para números com base, 275-277
  para números sem sinal, 264-265, 273-275
  Ver também Regras semânticas
Equações, regras gramaticais como, 129-130
Equivalência de declarações, 331-332
Equivalência de nomes, 327-332, 347r
Equivalência de tipos, 325-332, 347r
Equivalência estrutural, 327, 330, 331-332, 347r
Erros de compilação, 27-28e
Erros em tempo de compilação, 18
Erros estáticos, 18
Erros semânticos, 27e
Erros sintáticos, 27-28e
Escolha entre alternativas, 35
  código, 145-151
  em análise sintática LL(1), 157
  em expressões regulares, 37-40, 41-43
  em gramáticas livres de contexto, 97
  implementação para autômatos finitos não determinísticos, 65-66
  precedência, 37, 38
Escolhas de produções, em tabelas de análise sintática LL(1), 154
Escopo, 303, 304-311
  aninhado, 305 ilus., 305-308, 306 ilus., 309-311, 311-316, 372

dinâmico, 308-309, 369-370
geração de código intermediário, 401-403
para declarações de expressões let, 312-313
para declarações em mesmo nível de aninhamento, 309-311
regras, 304-305, 306, 309, 369-370
Escopo dinâmico, 309, 369-370
Escopo estático, 308-309
Escopo léxico, 308
Escopos aninhados, 305 ilus., 305-309, 306 ilus., 371
  alternativas, 307
  em gramática de expressões aritméticas simples, 311-316
Esquema de tipos, 336
Estado erro, 50
Estado FIM, no autômato finito determinístico TINY, 76
Estados.
  de autômatos finitos, 48, 48-51, 57-58
  de itens LR(1), 220-222
  em análise sintática LR(1), 222, 224-225
  em listagens Yacc, 234-237, 235-236 ilus.
  em tabelas de transição, 62-64
  minimização do número, 72-74
  Ver também Estados de aceitação; Estados de erros; Estados de início
ε-fecho, 69-70
Estados de aceitação.
  Ver também Estados em autômatos finitos, 48, 49-51
Estados de erros
  de autômatos finitos determinísticos, 50-52, 54, 73
  de Yacc, 249-250, 251
  Ver também Estados
Estados de início.
  de autômatos finitos determinísticos, 48, 54-55
  em autômatos finitos, 48
  para gramáticas aumentadas, 205
  Ver também Estados
Estimativa conservadora da informação de programas, 472
Estrutura de dados dicionário, para tabela de símbolos, 298
Estrutura expressão (exp), 129
  em árvores de análise sintática, 107-109
  em especificações Yacc, 231
  em expressões let, 312
  em gramáticas ambíguas, 114-115
  em gramáticas livres de contexto, 98-100, 100-101
  em listagens Yacc, 236
  em sintaxe abstrata, 109-110
Estrutura factor, 125, 126
Estrutura program, 101-102
Estrutura program, no analisador sintático TINY, 245

Estrutura treeNode, 463
Estruturas, 361-363, 425-430.
  Ver também Estruturas de dados; Tipos de dados; Campos de registros; Registros
Estruturas de árvore de busca, 298
Estruturas de dados.
  baseadas em diagramas sintáticos, 195-196e
  de comprimento variável, em ambientes de execução baseados em pilhas, 364-367
  geração de código de referências, 419-430
  grafos de fluxo, 476-478, 477 ilus.
  para armazenamento de valores de atributos, 289-291
  para geração de código, 401-410
  para implementar código de três endereços, 405-407
  para otimização de código, 476-482
  para tabelas de palavras reservadas, 80
  Ver também Árvores sintáticas abstratas; Matrizes; Pilhas de ativação; Tipos de dados; Grafos de fluxo; Métodos; Objetos; Campos de registros; Registros; Cadeias de caracteres; Tabelas de símbolos; Árvores sintáticas
Estruturas locais, em ambientes de execução baseados em pilhas, 361-362
ε-transições, 56-57, 64-69, 219-220
Execução de programas, organização de memória durante, 350-353
Exibição de estrutura de dados, 373, 397e, 400r
Expansão de macro, 416, 418
Expoentes
  adição a expressões de aritmética de inteiros, 194e
  em constantes numéricas, 51-52
  multiplicação, 471
Expressão let, 312-313, 314t, 315-316
Expressões.
  avaliação, 262
  na linguagem TINY, 22, 133-134, 134-137
  Ver também Expressões aritméticas; Expressões regulares básicas; Expressões booleanas; Expressões de constantes; Expressões de identificadores; Expressões if; Expressões if-then-else; Expressões de aritmética de inteiros; Expressões let; Expressões lógicas; Expressões de operador; Expressões regulares; Subexpressões;
  verificação de tipos, 334
Expressões aritméticas, 140e, 257e.
  Ver também Expressões aritméticas de inteiros

ambigüidade não-essencial, 122
código, 146-147
código de três endereços, 402-407, 417-418, 484*e*
código do compilador Borland C, 444-445
código do compilador Sun C, 449-450
declarações de tipos Yacc, 242
diagramas sintáticos, 125-127, 127 *ilus.*
divisão, 285-286
em análise sintática LL(1), 157
em notação de Backus-Naur estendida, 122-124
grafos de dependência, 274-275
gramática e regras semânticas, 271-272, 271*t*, 272*t*, 274-275
gramáticas de atributos, 285-286, 286*t*, 292-293, 294-295, 296, 311-316
gramáticas LL(1), 160-162, 160 *ilus.*, 163*t*, 165, 166-167
na linguagem TINY, 133-134
números de ponto flutuante, 285-286
P-código, 407-408, 417-419, 485-486*e*
precedência, 116-117
tipos misturados, 335
Expressões booleanas, 22, 133-134, 139*e*, 192*e*, 431, 464.
 Ver também Operadores de comparação; Expressões de teste
Expressões com parênteses completos, 117
Expressões constantes, na linguagem TINY, 134
Expressões de aritmética de inteiros, 140*e*.
 analisador sintático ascendente, 201, 202*t*
 analisador sintático SLR(1), 213*t*, 212-213, 214*t*
 autômato finito determinístico para a gramática, 207-208, 208 *ilus.*
 autômato finito não-determinístico para a gramática, 206, 206 *ilus.*
 avaliação de atributo em pós-ordem recursiva, 279, 280 *ilus.*
 calculadora descendente recursiva, 146-151, 148-149 *ilus.*
 computação de conjuntos de seqüência, 174-176, 176*t*
 computação de primeiros conjuntos, 170-171, 171*t*
 construção de tabelas de análise sintática LL(1), 178-180
 em código Yacc, 242-244
 gerador de análise sintática Yacc para gramática, 228-232
 gramática, 204
 gramáticas de atributos, 266-267, 279-280, 311-316

modificação da calculadora descendente recursiva, 194-195*e*
na linguagem TINY, 22
simplificação de gramática de atributos, 271
 Ver também Expressões aritméticas
Expressões de índices, 423-426, 426 *ilus.*, 486*e*
Expressões de operadores, na linguagem TINY, 134, 137 *ilus.*
Expressões de teste.
 otimização, 483-484
 Ver também Expressões booleanas; Declarações de controle
Expressões de tipos, 317, 318-323
 com declarações de tipos, 327-329, 329 *ilus.*
 determinação de equivalência, 325-332
 gramática simples, 326 *ilus.*, 326-327
Expressões identificadoras, na linguagem TINY, 134
Expressões *if*, 435
Expressões *if-then-else*, em equações de atributos, 270
Expressões lógicas, geração de código, 431, 435
Expressões regulares, 3, 31, 34-47, 91*e*, 138*e*, 257*e*
 básicas, 35, 37-41, 65
 cadeias de caracteres, 33-35, 38-41, 41-43
 convenções Lex, 81-83
 definição, 35-41
 extensões, 41-43
 formas, 37-41
 gramáticas livres de contexto, 104-105
 linguagens geradas, 34
 na linguagem TINY, 75
 nomes, 37
 operações, 35
 para marcas de linguagens de programação, 43-47
 teoria matemática, 94*r*
 tradução como autômatos finitos determinísticos, 64-74
 versus gramáticas livres de contexto, 95, 97-98
Expressões regulares básicas, 35, 37-41, 64-65
Extensões de expressões regulares, 41-43
Editores, 5-6

factor, não-terminal
 em especificações Yacc, 231-232
 em listagens Yacc, 236
Fases de compiladores, 7-13
Fases de um compilador, 7
Fator de escala, 362, 421-422
Fatoração à esquerda, 157, 162-166
Fecho, 35, 36, 375*n*.
 Ver também ε-fecho

Fecho (como parâmetro de procedimento), 375-378, 377 *ilus.*, 378 *ilus.*
Fecho de Kleene, 36, 375*n*
Ferramentas de construção de compiladores de *Purdue – Purdue Compiler Construction Tool Set* (PCCTS), 197*r*
Flex, 81
Forma de Backus-Naur (BNF), 140-141*e*, 260.
 da linguagem C–, 494-496
 de gramáticas livres de contexto, 98
 de gramáticas LL(1), 179
 hierarquia de Chomsky, 130-132
 para a gramática da linguagem TINY, 133-134, 133 *ilus.*
 para sintaxe abstrata e para sintaxe concreta, 110
 problemas na tradução de BNF para EBNF, 151-152
 regras de eliminação de ambigüidades, 120-122
 regras gramaticais, 98-100
 Ver também Forma de Backus-Naur estendida (EBNF)
Forma de Backus-Naur estendida (EBNF), 122-127
 análise sintática descendente recursiva, 197*r*
 calculadora descendente recursiva para aritmética de inteiros simples, 148-149 *ilus.*
 diagramas sintáticos, 124-127
 escolha de tradução e operações de repetição dentro do código, 145-151
 hierarquia de Chomsky, 130-132
 para a gramática da linguagem TINY, 181-182
Forma sentencial, de uma cadeia de caracteres, 128
Formas sentenciais à direita, 203, 254*e*
fp velho, 357
Função booleana *estáem*, 314, 315
Função `cGen`, para a máquina TINY, 461-462
Função `codeGen`, para o compilador TINY, 462-463
Função `emitBackup`, 462
Função `emitComment`, 461
Função `emitRestore`, 462
Função `emitRM`, 461, 464
Função `emitRM_Abs`, 462, 465
Função `emitRO`, 461
Função `emitSkip`, 462, 465
Função *éTipoMatriz*, 334
Função fatorial
 programa de exemplo em C–, 27
 programa de exemplo em TINY, 23, 78, 79, 137-138 *ilus.*, 338, 488*e*
 programa no simulador TM, 458-460
Função `field_offset`, 428-430

Função genExp, 463, 484
Função genStmt, 463, 483
Função getNextChar, para o sistema de varredura TINY, 78
Função main, na linguagem C–, 26-27
Função mod, 300, 301.
    Ver também Função Integer
Função módulo, 300.
    Ver também Módulo de inteiros
Função newtemp, 411-412
Função ord, 300
Função printf, 27, 89, 365
Função read, 27, 404
Função realloc, 80
Função scanf, 27
Função sprintf, 414
Função SQRT, 354n, 356
Função st_insert, 391
Função st_lookup, 391
Função tipoIgual, 326-329, 345e
    pseudocódigo, 328 ilus., 344e
    verificação de tipos, 332
Função traverse, 340
Função void, na linguagem C–, 26n
Função write, 27, 404-405
Funções.
    aninhadas, 306
    construtores de tipos, 322-323
    geração de código de ativações, 438-444
    seqüências de ativação, 353, 363-365, 373-374
    Ver também Seqüências de ativação; Funções fatorial; Funções de hashing; Funções membro; Função módulo; Procedimentos; Funções recursivas; Funções de conjunto; Funções de transição
Funções de conjuntos, 129
Funções de hashing minimais perfeitas, 80, 94r
Funções de hashing, 80, 94r, 298, 300, 301 ilus., 339
Funções de transição, 48, 49
    em autômatos finitos não determinísticos, 58
Funções membro, 323
Funções recursivas, 26, 311, 357-358

GAG, 347r
Ganchos, de forma sentencial à direita, 203, 254e
Geração automática de geradores de código, 491r
Geração de código, 4, 12, 262, 349, 401-485, 491r.
    aspectos práticos, 413-414
    correção, 466
    de ativação de funções e procedimentos, 438
    de código de montagem, 401-402
    de código intermediário, 401-402
    de referência a estruturas de dados, 419-430

    em compiladores comerciais, 439-454
    estruturas de dados, 402-410
    otimização, 401, 468-482
    otimizações para o gerador de código TINY, 482-485
    para a linguagem TINY, 460
    para a máquina TINY, 454-460
    para declarações de controle e expressões lógicas, 431-438
    para seqüências de ativação de procedimentos, 353
    técnicas básicas, 410-419
    Ver também Código de montagem; Código C; Código intermediário; Código-objeto; P-código; Código-alvo; Código de três endereços
Geração de sistema de varredura, usando Lex, 81-90
Gerador de analisadores semânticos, 261
Gerador de analisadores sintáticos LLGen, 197r
Gerador de análise sintática Antlr, 197r
Gerador de análise sintática Bison, 228, 234n, 258r
Gerador de análise sintática Gnu Bison, 228n, 258r
Gerador de código TINY, 460-468
    arquivo de código TM de exemplo gerado por, 465-468, 466-467 ilus.
    geração de arquivos de código TM, 465
    ineficiências, 482
    interface TM, 460-462
    otimizações simples, 482-485
Geradores de analisador sintático, 3, 197r, 228.
    Ver também Gerador de análise sintática Antlr; Gerador de análise sintática Bison; Gerador de análise sintática Gnu Bison; Gerador de analisadores sintáticos LLGen; Yacc (yet another compiler compiler)
Geradores de perfis, 6
Geradores de sistemas de varredura, 4
Gerenciadores de projetos, 6
Gerenciamento automático de heap, 384-385
Gerenciamento de memória, 349, 350-354
Gerenciamento manual de heap, 381-384
Grafo de dependência, 273-279, 343e
    associados, 273
    atributos sintetizados, 279
    de gramáticas de números com base, 275-277, 284-285
    de gramáticas de números sem sinal, 273-274, 278-279
    dependências "para trás", 292

    nós-raiz, 277 ilus., 277n, 277-278
    para atributos herdados, 280-281
    para cadeias de caracteres, 273
    para expressões aritméticas, 274-275
Grafos acíclicos, 2.
    Ver também Grafos direcionados acíclicos (DAGs)
Grafos de dependências associado, para regras gramaticais, 273
Grafos de fluxo, 476-478, 477 ilus.
Grafos de herança, 379, 398e, 400r
Grafos direcionados acíclicos (DAGs), 277, 277 ilus., 278
    blocos básicos, 419n, 478-482, 479 ilus.
    definição, 116
    para conflitos em análise sintática SLR(1), 215-217
    para conflitos em análise sintática Yacc, 237-240
    para declarações if, 120-122, 156, 157t
Gramáticas, 3, 138-140e, 190-191e, 194-195e.
    Ver também Gramáticas ambíguas; Gramáticas de atributos; Gramáticas aumentadas; Gramáticas livres de contexto; Gramáticas cíclicas; Gramáticas LALR(1); Linguagens; Gramáticas LL(1); Gramáticas LR(0); Gramáticas LR(1); Gramáticas regulares; Gramáticas SLR(1); Gramáticas sem restrições
    ambíguas, 114-117
    construção de autômatos finitos determinísticos, 252-254e
    de declarações de variáveis, 266-267
    de números com base, 275-277, 287-288, 289-290
    de números sem sinal, 263-266, 267-270, 273-274, 278-279
    dependência de computação de atributos na sintaxe, 296-297
    fatoração à esquerda, 162-166
    L-atribuídas, 292
    modificação de, 296-297
    para definições e ativações de funções, 441-440
    para expressões de tipos, 326 ilus., 326-327
    para linguagens de programação, 101-102
    para matrizes indexadas, 423-424
    para verificação de tipos, 332 ilus., 333t
    remoção de recursão à esquerda, 157-162
    S-atribuídas, 279
Gramáticas ambíguas, 114-117
    com Yacc, 236-240, 239 ilus., 240 ilus.
    definidas, 116

Gramáticas aumentadas, 201, 205
Gramáticas cíclicas, 141e, 159
Gramáticas de atributos, 260, 261, 262-272, 342-343e, 344e, 345e, 346-347r.
  com tabelas de símbolos, 311-316
  computação de atributos, 272-273
  de declarações de variáveis, 267-268
  de expressões de aritmética de inteiros, 266
  de números com base, 275-277, 284-285, 287, 289-290
  de números sem sinal, 264-265, 267-270, 269t
  definição, 262-263
  definição de código intermediário e de alvo, 410-413
  extensões e simplificações, 270-272
  não-circulares e fortemente não-circulares, 278
  para código de três endereços, 410, 411-413, 412t, 486e
  para P-código, 410-411, 411t, 414 ilus., 486e
  para verificação de tipos, 332-333, 333t
  Ver também Gramáticas; Gramáticas L-atribuídas; Gramáticas S-atribuídas
Gramáticas de atributos fortemente não-circulares, 278
Gramáticas de atributos não-circulares, 278
Gramáticas LALR(1), 227
Gramáticas L-atribuídas, 292, 295
Gramáticas livres de contexto, 3, 95, 96, 97-106, 128-138, 142r
  definição de linguagens, 100-106, 128-130
  definição formal, 128-129
  itens LR(0), 203-208
  itens LR(1), 219-222
  notações, 96-97
  para a linguagem TINY, 133-134
  regras gramaticais, 98-100
Gramáticas LL(1), 155-156, 178
Gramáticas LR(0), 209
Gramáticas LR(1), 223
Gramáticas regulares, 130
Gramáticas S-atribuída, 279
Gramáticas sem restrições, 131-132
Gramáticas SLR(1), 212

Heaps, em alocação de memória, 17, 351n, 351-352, 382 ilus., 384 ilus., 400r.
  gerenciamento, 380-384, 383 ilus.
  gerenciamento automático, 384-385
  Ver também Alocação de memória
Herança, 379, 379n
Herança múltipla, 379n, 400r
Herança única, 379n
Hierarquia de Chomsky, 3, 130-132, 142r
Hierarquia de classes, 323

Identificadores, 31, 43
  alocação de espaço, 80
  autômato finito, 47 ilus.
  definição regular, 47
  em gramáticas LL(1), 165-166
  em tabelas de símbolos, 13-14
  expressões regulares, 44
  na linguagem TINY, 133-134
  versus palavras reservadas, em sistemas de varredura, 80
Indexação de matrizes, 12, 487e
Índices, para matrizes, 319, 421, 424-426, 489e
Inferência de tipos, 316, 332, 347r
Inferência de tipos de Hindley-Milner, 347r
Informação de tipo dinâmica, 316
Informação de tipos estática, 316
Informação de tipos explícita, 317
Informação de tipos implícita, 317
Instrução `adi`, 408, 417-418, 418
Instrução `arg`, 440, 487e
Instrução `begin_args`, 440
Instrução `call`, 440, 448
Instrução `csp`, 441
Instrução `cup`, 440-441, 444
Instrução de pilha de marcas, 441
Instrução `ent`, 440-441
Instrução `entry`, em código de três endereços, 439
Instrução `equ`, 409
Instrução `fjp`, 409, 433-434
Instrução `goto`, 432
Instrução `grt`, 409
Instrução `HALT`, no simulador TM, 458
Instrução `if_false`, em código de três endereços, 405, 431-433
Instrução `ind`, 420-422, 423-424
Instrução `ixa`, 420-421, 423-424
Instrução `JEQ`, 458
Instrução `JLT`, 456
Instrução `label`, em código de três endereços, 405, 439
Instrução `LD`, para máquina TINY, 25, 457, 458
Instrução `lda`, 417, 418, 421, 422
Instrução `LDA`, para máquina TINY, 25, 457, 458
Instrução `ldc`, 408-409
Instrução `LDC`, para máquina TINY, 25, 26n, 457
Instrução `lod`, 408, 417-418
Instrução `mst`, 440, 444
Instrução `nop`, 452-453
Instrução `rdi`, 409
Instrução `ret`, 439
Instrução `return`, em código de três endereços, 439
Instrução `sbi`, 408-409
Instrução `stn`, 411, 419
Instrução `sto`, 411, 419
Instrução `stp`, 409
Instrução `ujp`, 432
Instrução `wri`, 409

Instruções de armazenamento não destrutivo, 411
Instruções de cópia, em código de três endereços, 403-405
Instruções de registrador-memória (RM), para a máquina TINY, 455, 456-457, 461-462
Instruções de salto, 431-432, 449.
  no simulador TM, 459
  otimização de seqüências de código sem, 474
  separação de blocos básicos de código, 475-477, 475 ilus.
  Ver também Instruções de interrupção; Declarações de controle; Ações goto; Declarações goto; Instruções de salto incondicional
Instruções de salto condicional, 431, 432 ilus., 432 ilus., 487e.
  em código de três endereços, 405-406
  otimização de código, 483-485, 485 ilus.
  para a máquina TINY, 458
  Ver também Instruções de salto; Instruções de salto incondicional
Instruções de salto incondicional, 432 ilus., 431-432.
  para a máquina TINY, 458-459
Instruções de somente-registrador (RO), para a máquina TINY, 455-456, 457, 461-462
Instruções, para a máquina TINY, 455-458, 456t
Inteiros.
  alocação de memória para inteiros grandes, 351
  cadeias de caracteres como inteiros via *hashing*, 299-300
  gramática, 342e
  máximo divisor comum, 357-358
  Ver também Dígitos; Números
Interface TM, para gerador de código TINY, 460-461
Interfaces, entre compiladores e sistemas operacionais, 17
Interpretação abstrata, 416
Interpretadores, 4
Interpretadores de comandos, 1
Intervalo dos caracteres, em expressões regulares, 42
ISO (*International Organization for Standardization*), padrões de linguagem adotados, 16
Itens. Ver Itens de fecho; Itens completos; Itens iniciais; Itens de núcleo; Itens LALR(1); Itens LR(0); Itens LR(1); Itens SLR(1)
Itens completos, 204
Itens de fecho, 208, 234
Itens de núcleo, 208, 234-236
Itens iniciais, 204

Itens LALR(1), 226, 253e, 254e
Itens LR(0), 203-208, 252e, 253e
　análise sintática LALR(1), 226
　autômatos finitos, 204-208
Itens LR(1), 252e, 253e
　análise sintática LALR(1), 226
　autômatos finitos, 219-222
Itens SLR(1), 252e

Janela de registradores, em Sun SparcStation, 454n, 472n
Johnson, Steve, 4
Justaposição, 35
　Ver também Operação de concatenação

Laços, 475-476.
　Ver também Laços infinitos
Laços infinitos, 159.
　Recursão infinita, 102-103
　Ver também Laços
Lambda cálculo, 375n
Lema do bombeamento, 39
Lesk, Mike, 4
Letras, 43, 47, 50.
　Ver também Caracteres; Metacaracteres; Cadeias de caracteres
Lex, 4, 32, 41, 81-90, 89t, 94r
Lexemas, 32
Linearização, de árvores sintáticas, 402, 403-404
LineList, 339
Linguagem Ada, 16, 140e, 490r
　ambiente de execução baseado em pilhas, 366-367, 369
　ambiente de execução, 349
　análise semântica, 259
　comentários, 44
　declarações de constantes, 303
　declarações de mesmo nível de aninhamento, 309
　equivalência de tipos, 347r
　escopo, 308
　informação de tipos estáticos, 316
　marcação de matrizes, 421-422
　mecanismo de passagem por valor, 386, 395e
　mecanismo de passagem por valor-resultado, 388-389
　mecanismos de passagem de parâmetros, 386
　o problema do else pendente, 121
　passagem de procedimentos como parâmetros, 377
　procedimentos e funções aninhadas, 306
　relação com a linguagem TINY, 22-23
　sobrecarga de operadores, 335
　tipo de dados função, 322
　tipo de dados união, 322
Linguagem Algol60, 142r
　ambiente de execução baseado em pilhas, 400r

equivalência estrutural, 347r
mecanismo de passagem por nome, 390
o problema do else pendente, 121
recursão, 400r
regras gramaticais, 98
Linguagem Algol68, 121, 347r
Linguagem BASIC, 4, 302
Linguagem C, 139e, 140e
　alocação de memória, 351
　ambiente de execução, 17, 349, 392-393e, 398-399e
　ambiente de execução baseado em pilhas, 356-365, 367-369
　análise semântica, 259
　comentários, 44
　construtores de tipo matriz, 318-319
　conversão e coação de tipos, 335-336
　curto-circuito em operações lógicas, 435
　declaração antes do uso, 304-305
　declarações de constantes, 302, 303
　declarações de mesmo nível de aninhamento, 309-310
　declarações de tipos, 302, 323-324
　declarações de tipos de dados, 110
　declarações de variáveis, 302, 303
　declarações para funções recursivas, 310
　definições versus declarações, 304
　equivalência de declarações, 331
　equivalência de tipos, 347r
　escopo estático versus escopo dinâmico, 308-309, 309 ilus.
　escopos aninhados, 305 ilus.
　estrutura de blocos, 305
　estruturas de dados para quádruplas de código de três endereços, 403 ilus.
　forma de Backus-Naur, 101
　gramática de declaração de controle, 436-438
　indexação de matrizes, 421-422
　informação de tipo estática, 316
　Lex, 81
Linguagem C-, 2, 26, 493-502
　ambiente de execução para a máquina TINY, 499-501
　convenções léxicas, 493-494
　gramática na forma de Backus-Naur, 494-497
　objetivo, 493
　programas de exemplo, 497-498
　projetos de programação, 502, 502e
　sintaxe e semântica, 494-497
Linguagem C++
　ambiente de execução, 349, 397-398e
　coação, 336
　mecanismo de passagem por referência, 387-388
　mecanismos de passagem de parâmetros, 386
　memória dinâmica, 379-380

operações de heap, 381
operador de resolução de escopo, 308
sobrecarga de operadores, 335
tabelas de funções virtuais, 400r
Linguagem de alto nível, 1
Linguagem de máquina, 2
Linguagem de montagem TM, 25-26
Linguagem Fortran, 16, 46
　declarações de variáveis, 301-302
　declarações implícitas, 302-303
　descoberta de laços, 476
　desenvolvimento, 3
　pré-processador, 5
　problema de verificação à frente, 46
Linguagem Fortran77
　alocação de memória, 351
　alocação de variáveis, 262, 395e
　ambiente de execução, 17, 349, 353-356, 392e, 399e, 400r
　equivalência estrutural, 347r
　mecanismo de passagem de parâmetros, 386
　mecanismo de passagem por referência, 387-388
　programa de exemplo, 354-356
　registro de ativação de procedimentos, 352
Linguagem Haskell, 140e, 347r, 390
Linguagem LISP, 4, 139e, 140e, 490r
　ambiente de execução, 17
　ambiente totalmente dinâmico, 378
　análise semântica, 259
　informação de tipo dinâmico, 316
　memória dinâmica, 379
　registro de ativação de procedimento, 352
　verificador de tipos, 261
Linguagem Miranda, avaliação sob demanda em, 390
Linguagem ML, 140e
　ambiente totalmente dinâmico, 378
　construtores de tipos cartesianos, 320
　declarações colaterais, 310
　equivalência de declarações, 331-332
　equivalência de nomes, 347r
　tipo de dado união, 322
　tipos de dados recursivos, 324-325
Linguagem Modula-2, 141e, 490r
　comentários, 45
　conversão de tipos, 335
　declaração antes do uso, 304-305
　declarações de constantes, 303
　escopos de procedimentos e funções, 311
　passagem de procedimentos como parâmetros, 377, 378
　tipo de dados função, 322-323
Linguagem natural, 3
Linguagem Pascal
　alocação de memória, 351
　ambiente de execução, 17, 349

ambiente de execução baseado em pilhas, 369-374, 374-377, 393-395*e*
análise semântica, 259
comentários, 44
construtores de tipo matriz, 318
declaração antes do uso, 304-305
declarações de constantes, 303
declarações de tipos, 302
declarações de tipos explícitas e implícitas, 317
declarações em mesmo nível de aninhamento, 309-310
declarações forward, 311
equivalência de declarações, 331
escopos aninhados, 306 *ilus.*
estrutura de blocos, 305
forma de Backus-Naur, 101
geração de P-código, 407
indexação de matrizes, 421
informação de tipos estática, 313
linguagem TINY, 22, 133-134
mecanismo de passagem por referência, 386
mecanismo de passagem por valor, 386
mecanismos de passagem de parâmetros, 386
nomes e declarações de tipos, 323
operações de *heap*, 381
procedimentos e funções aninhadas, 306
registro de ativação de procedimentos, 352
sobrecarga de operadores, 335
tipo de dado união, 322
tipo de dados função, 322
tipo de dados ponteiro, 322
tipos enumerados e intervalo, 318
verificador de tipos, 261
Linguagem Scheme, declarações colaterais em, 310
Linguagem Smalltalk, 17, 259, 379, 400*r*
Linguagem TINY, 2, 22-26, 487-488*e*, 489-490*e*
ambiente de execução, 390-392, 391 *ilus.*
analisador semântico, 261, 339-341, 346*e*
analisador sintático ascendente, 199-200
analisador sintático recursivo descendente, 181-183
análise semântica, 337-341
código de montagem gerado, 402
compilador TINY, 22
expressões booleanas, 22, 133-134, 193*e*
forma de Backus-Naur estendida, 181-182
gerador de código, 460-468
gramática livre de contexto, 133-134
implementação de sistema de varredura, 75-79

programa de exemplo, 78-79, 137-138 *ilus.*
sintaxe, 133-138
tabela de símbolos, 338-339
tipos, 337-338
linguagem TINY, 22, 133-134
matrizes indexadas, 424-426
mecanismo de passagem de parâmetros, 386
passagem por nome, 389-390, 399*e*
passagem por referência, 388
passagem por valor, 386-387
passagem por valor-resultado, 388-389
nomes de tipos, 323-325
operações de *heap*, 381-384, 383 *ilus.*
passagem de procedimentos como parâmetros, 377
procedimentos e funções aninhadas, 306
referências a ponteiros e estruturas de registros, 427-428, 429
referências pendentes, 377-378
registro de ativação de procedimento, 352
sobrecarga de operadores, 335
tipo de dados função, 322
tipo de dados ponteiro, 322
tipo de dados união, 320-321
tipos de dados indiretamente recursivos, 325
verificador de tipos, 261
Linguagem-alvo, 1
Linguagem-fonte, 1
Linguagens.
definidas por gramáticas, 100-106
geradas pelas expressões regulares, 34-35, 91*e*
geradas por gramáticas livres de contexto, 129
para autômatos finitos, 48, 57-58
união de, 35
Ver também Linguagens de programação
Linguagens de formato livre, 46
Linguagens de programação.
análise léxica, 31
estrutura de blocos, 305
gramáticas, 101-102
implementação de atributos e gramáticas de atributos, 261-297
tabelas de símbolos, 297-316
tipos de dados e verificação de tipos, 316-337
Ver também Linguagem Ada; Linguagem semelhante a Algol; Linguagem de montagem; Linguagem BASIC; Linguagem C; Linguagem C–; Linguagem Fortran; Linguagem Haskell; Linguagem de alto nível; Código intermediário; Linguagens; Linguagem LISP; Linguagem

de máquina; Linguagem Miranda; Linguagem ML; Linguagem Pascal; P-código; Linguagem Smalltalk; Linguagem-fonte; Linguagem-alvo; Código de três endereços; Linguagem TINY; Linguagem de montagem TM
Linguagens estruturadas por blocos, 305
Linguagens hospedeiras, 18-21
Linguagens inerentemente ambíguas, 133
Linguagens livres de contexto, 128-132
Linguagens monomórficas, 336
Linguagens orientadas a objetos, 336, 379-380
Linguagens polimórficas, 336
Linguagens semelhantes a Algol, ambientes de execução, 17
LINGUIST, 347*r*
Listas lineares, 80, 298
Literais, 8, 43, 351
Literais de cadeias de caracteres. *Ver* Literais

Macro `ECHO`, 86, 87
Macro `yyclearin`, 249
Macro `yyerrok`, 249, 250, 254*e*
Macros, 5
Manuais de referência de linguagens, 16-17
Máquina TINY (TM), 22, 487-488*e*, 489-490*e*.
arquitetura básica, 455-458
compilador TINY, 23-25
conjunto completo de instruções, 456*t*
gerador de código de montagem, 402, 454-460
listagem, 535-544
Ver também Simulador TM
Máquinas de estados finitos. *Ver* Autômatos finitos
Marca `ELSE`, 32
Marca `ENDFILE`, 90
Marca `EOF`, 90
Marca `ERROR`, 77
Marca final de arquivo, 77
Marca `ID`, 32
Marca `IF`, 32
Marca `MINUS`, 32
Marca `NUM`, 32
Marca `other`, 436
Marca `PLUS`, 32
Marca `THEN`, 32
Marca `TraceAnalyze`, 25, 338, 341
Marca `TraceCode`, 25, 461, 465
Marca `TraceParse`, para compilador TINY, 25
Marca `TraceScan`, para compilador TINY, 25
Marcador `DEBUG`, e código inatingível, 469-471
Marcador `EchoSource`, para o compilador TINY, 25

Marcador `NO_ANALYZE`, 24, 465
Marcador `NO_CODE`, 24, 465
Marcador `NO_PARSE`, 24, 465
Marcador `YYPARSER`, 245, 247
Marcadores, para o compilador TINY, 24-25
Marcas, 8, 13, 32-33.
   ações de DFA, 53-56
   atributos, 32
   categorias, 43
   da linguagem TINY, 75*t*
   definição, 32*n*
   em análise sintática ascendente, 199-200
   em análise sintática LR(1), 219-220
   em arquivos de especificação Yacc, 229, 232
   em gramáticas livres de contexto, 97-98, 100
   em linguagens de programação, 43-47
   para final de arquivo, 77
   sincronização, 184-186
   valores de cadeias de caracteres, 32-33, 410
   Ver também Terminais
Matrizes, 489*e*
   como funções, 322
   construtores de tipos, 318-319
   em ambientes de execução baseados em pilhas, 361-362
   endereços de base, 421
   multidimensionais, 319, 427, 487*e*
   passagem por valor, 386
   sem restrições, 366-367
   tabelas de transição, 62-64
Matrizes de índices abertos, 319
Matrizes locais, em ambientes de execução baseados em pilhas, 361-362
Matrizes multidimensionais, 319, 487*e*
Matrizes parcialmente indexadas, 425
Matrizes sem restrições, em ambientes de execução baseados em pilhas, 366-367
Matrizes totalmente indexadas, 426
Mecanismo de avaliação retardada, 386, 389
Mecanismo de passagem por nome, 386, 389-390, 399*e*
Mecanismo de passagem por referência, 386, 387-388
Mecanismo de passagem por texto, 399*e*
Mecanismo de passagem por valor, 386-387, 395*e*
Mecanismo de passagem por valor-resultado, 386, 388-389
Mecanismo para dar nomes a tipos `typedef`, na linguagem C, 323-324
Mecanismos de definição, em Yacc, 244*t*
Mecanismos para manipulação de exceções, 18
Mecanismos para passagem de parâmetros, em ambientes de execução, 385-390

Memória de acesso não-seqüencial (RAM), organização, 350
Memória de dados, para a máquina TINY, 455
Memória de instruções, para a máquina TINY, 455
Memória dinâmica, 377-384, 400*r*
   em linguagens orientadas a objetos, 379-380
   gerenciamento automático de *heap*, 384-385
   gerenciamento de heap, 380-384
   para ambientes totalmente dinâmicos, 377-379
Memória para a máquina TINY, 455-458
Memorização, 390, 399*e*
Menos unário, 140*e*, 194*e*
Mensagens de erro, em Yacc, 257*e*
Metacaractere de ponto de interrogação (?), 43
Metacaractere de sustenido (#), em pilhas de valores, 167
Metacaractere mais (+), 41
Metacaracteres, 35-37, 42, 81.
   Ver também Caracteres; Letras; Cadeias de caracteres
Metacaracteres "não". Ver Caractere de circunflexo (^); Caractere de til (~)
Metalinguagens, 270
Meta-símbolo de ponto (.), 42, 204
Meta-símbolos, 35, 98-99
Método algorítmico baseado em tabela, 64, 411-412, 412*t*
Método baseado em regras, para construção de grafos de dependência, 278
Método de árvore de análise sintática, da construção de grafos de dependência, 278
Métodos, 323, 379
Modificador de escopo, 311
Modos de endereçamento, 12
Montadores, 5
Montadores e linguagem de montagem, 2, 5
Movimentação de código, 476
Multiplicação, 117-118, 118-119, 471

Não-associatividade, 117-118
Não-terminais
   anulável, 169
   conjuntos de seqüência, 174-175
   em análise sintática ascendente, 199-200
   em análise sintática LR(1), 219-220
   em árvores sintáticas, 107-108
   em diagramas sintáticos, 124
   em especificações Yacc, 231-232
   em gramáticas livres de contexto, 102, 128-129
   em listagens Yacc, 235-236 *ilus.*, 236-237, 239 *ilus.*
   em tabelas de análise sintática LL(1), 154-155, 174-181

empilhamento, 152-153
inútil, 191*e*
primeiros conjuntos, 168-169, 170-173
remoção de recursão à esquerda, 158-160
Não-terminais anuláveis, 169
Não-terminais inúteis, 192*e*
Naur, Peter, 98
Níveis de aninhamento, 372-373, 403
Nó `CallK`, 441, 443, 443-444 *ilus.*, 444
Nó `ConstK`, 442, 442 *ilus.*
Nó `FnK`, 442, 442-444 *ilus.*, 444
Nó `IdK`, 443, 443 *ilus.*
Nó `ParamK`, 442, 443, 444 *ilus.*
Nó `PlusK`, 443, 443 *ilus.*
Nó `PrgK`, 442, 443, 442-443 *ilus.*
Nomes, 37
Nomes de tipos base, 331
Nomes internos e mecanismos de definição Yacc, 244*t*
Nomes internos em Yacc, 244*t*
Nomes substitutos, 303, 331, 387
Nós
   da estrutura de árvore sintática TINY, 134-138, 135 *ilus.*
   da estrutura sintática TINY, 245-246, 463
   de árvores de ativação, 360
   de árvores sintáticas e de análise sintática, 106-110, 129
   de árvores sintáticas para definições e ativações de funções, 441-443
   de grafos de dependência, 259-279, 277 *ilus.*
   de grafos de fluxo, 476-478
   na tabela de símbolos TINY, 340-341
Nós de folha, 9, 107-108, 129
Nós de tipos, 333
Nós interiores, de árvores de análise sintática, 106-107, 129
Nós-raiz
   de árvores de análise sintática, 107, 129
   de árvores sintáticas, 110
   de árvores sintáticas para definições e ativações de funções, 441
   de grafos de dependência, 277 *ilus.*, 277*n*, 278
Notação de pontos, 320
Números.
   conversão de decimais para hexadecimais, 86
   em expressões regulares, 43, 130
   gramáticas de números com base, 275-277, 284-285, 287-288, 289-290
   gramáticas de números sem sinal, 263-265, 267-270, 273-274, 278-279
   na linguagem TINY, 75

Ver também Expressões aritméticas; Símbolos aritméticos; Números binários; Números decimais; Dígitos; Números de ponto flutuante; Números hexadecimais; Expressões de aritmética de inteiros; Inteiros; Números de linha; Números naturais; Números octais

Números binários, como cadeias de caracteres, 41-42

Números com base, 275-277, 284-285, 287-288, 289-290.
Ver também Números binários; Números decimais; Números hexadecimais; Números; Números octais; Números sem sinal

Números de linhas, adição ao texto, 84

Números de ponto flutuante, 490*e*
alocação de memória, 448
autômato finito determinístico, 52 *ilus.*
em código Yacc, 243-244
em expressões aritméticas, 285-286
gramática, 342*e*

Números decimais
conversão para números hexadecimais, 86
gramática, 268-270, 275-277, 342*e*

Números hexadecimais, conversão de números decimais para, 87-88

Números naturais com sinal, autômato finito determinístico, 52

Números naturais, 51-52, 130

Números octais, gramática, 268-270, 275-277

Números primos, e tamanhos de tabelas de *hashing*, 300

Números sem sinal.
gramáticas, 263-266, 267-269, 273-274, 278-279
Ver também Números com base

Objetos, 379, 380, 380 *ilus.*
opção -d, para o Yacc, 232
Opção *verbose*, para Yacc, 233-234, 233 *ilus.*
Opções e interfaces de um compilador, 17
Operação alocação, 381
Operação *capturaNomeBaseTipo*, 331
Operação *capturaTipoExp*, 330
Operação de concatenação, 35, 36, 91*e*, 130
ambigüidade não-essencial, 122
com gramáticas livres de contexto, 97
com P-código, 411
em expressões regulares, 37-41, 41-43
implementação para autômatos finitos não-determinísticos, 65
precedência, 37, 38

Operação de derreferência, 322
Operação de repetição, 35, 36-37
código, 145-151
com gramáticas livres de contexto, 97
em análise sintática LL(1), 157
em expressões regulares, 37-41, 41-43
exclusão da cadeia vazia, 41
implementação para autômatos finitos não-determinísticos, 66-67
notação de Backus-Naur estendida, 122-123
precedência, 36, 37
recursão, 104-105
Operação delete, 381
Operação dispose, 381
Operação div, 285-286
Operação free, 381-384, 383 *ilus.*, 400*r*
coleta de lixo, 384
Operação malloc, 381-384
código C, 383 *ilus.*
código, 400*r*
e coleta de lixo, 384-385, 399-400*e*
Operação new, 381
Operação Subs, 424
Operações
em expressões regulares, 35
otimização pela redução de operações caras, 470-471
precedência, 36-37, 38-40, 116-118, 118-119
Operações associativas, 122
Operações caras, otimização por redução, 470
Operações de compilação de frente, 15
Operações de compilação de fundo, 15
Operações de derramamento de registros, 469
Operações desnecessárias, 470
Operador (*op*)
em árvores de análise sintática, 107-109
em gramáticas ambíguas, 114-115
em gramáticas livres de contexto, 98-100, 100-101
em sintaxe abstrata, 109-111
Operador and, 139*e*, 193*e*, 435
Operador Assign, 413-414
Operador de atribuição, 43, 75, 76-77
Operador de porcentagem (%), para *mod* de inteiros na linguagem C, 300, 358
Operador de resolução de escopo, na linguagem C++, 308
Operador else, 119-121.
Ver também Problema do *else* pendente
Operador not, 139*e*, 193*e*
Operador or, 139*e*, 193*e*, 435
Operador Plus, 414
Operadores binários, ambigüidade não-essencial, 122

Operadores booleanos, 258*e*
Operadores de comparação, 258*e*, 464.
Ver também Expressões booleanas
Operadores de endereço unário, 486*e*
Operadores sobrecarregados, 335
Operadores, na linguagem TINY, 22
Ordem de avaliação de atributos, 273-274, 279, 347*r*
Ordenação topológica, 277, 278
de grafos direcionados acíclicos, 479
Organização de matrizes pela linha, 319
Organização de matrizes por coluna, 319
Otimização, 490*e*, 490-491*r*
com grafos de fluxo, 476-477, 477 *ilus.*
de código executável, 401-402
de código-fonte, 10-11, 349
efeitos no tempo de compilação, 469
efeitos no tempo de execução de programas, 469
em análise semântica, 259
pela previsão de execuções de programas, 472
pela previsão do comportamento de programas, 472
pelo armazenamento de temporários nos registradores, 482-483, 484 *ilus.*
pelo armazenamento de variáveis em registros, 483, 484 *ilus.*
Otimização de salto, 470
Otimizações de alvo, 472-474
Otimizações de buraco de fechadura, 473
Otimizações de empacotamento constante, 10, 28*e*, 262, 471, 490*e*
Otimizações de nível de fonte, 473
Otimizações globais, 474, 475-476
Otimizações inter-procedimento, 474, 475
Otimizações locais, 474
Otimizador de código-alvo, 12
Otimizadores de código-fonte, 10-11

Pacote de compilação Gnu, 81, 94*r*, 490*r*
Padrão de tipos, 336
Padrão para a linguagem, 16
Padrões, 34, 94*r*
Palavra-chave do, 43
Palavra-chave if, 31, 43
Palavra-chave while, 31, 43
Palavras reservadas, 32, 43, 45
expressões regulares, 43
para a linguagem TINY, 75*t*, 80
tabelas, 80
Ver também Palavras-chave *versus* identificadores, em sistemas de varredura, 80
Palavras-chave, 31, 43, 122.
Ver também Palavras reservadas
Palavras-chave de marcação de bloco, 121

Palavras-chave `end` `if`, 121
Parametrização de tipos, 336-337
Parâmetro `label`, no procedimento genCode, 437 *ilus.*, 438
Parâmetro `out`, 388
Parâmetros.
  armazenar, 186
  atributos como, 287-288
  em ambientes de execução baseados em pilhas, 360-361
  em ativações de funções e procedimentos, 385-390, 398-399e
  passagem de procedimentos como, 374-377, 375 *ilus.*, 376 *ilus.*, 377 *ilus.*
  Ver também Argumentos; Ativações; Funções; Ativações de procedimentos
Parâmetros armazenar, 186
Parâmetros `in` `out`, na linguagem Ada, 388-389
Parâmetros `in`, 386
Parênteses, 102.
  analisador sintático ascendente para parênteses balanceados, 201t
  analisador sintático descendente para parênteses balanceados, 152-154
  analisador sintático LR(0) para parênteses balanceados, 210, 210 *ilus.*, 211t
  analisador sintático SLR(1) para parênteses balanceados, 214-215, 214-215t
  autômato finito determinístico de itens LR(1) para parênteses balanceados, 220-222, 222 *ilus.*
  autômato finito determinístico para gramática de parênteses balanceados, 206-207, 207 *ilus.*
  autômato finito não-determinístico para gramática de parênteses balanceados, 206, 206 *ilus.*
  balanceados, 105, 154-155, 201
  como metacaracteres, 36-37
  como meta-símbolos, 99
  remoção de ambigüidades e especificação de precedências, 118
  tabela de análise sintática LR(1) para gramática de parênteses balanceados, 223-224, 224t
  Ver também Precedência de operações
Partida rápida, 18-21, 20-21 *ilus.*
Passadas, durante a compilação, 16
Passos de derivação, em gramáticas livres de contexto, 128-129
P-código, 11, 401, 403, 407-410, 478n, 487e, 489e, 490r
  como atributo sintetizado, 410-411
  gramática de atributos, 411, 411t, 412 *ilus.*
  implementação, 410
  para calcular endereços, 419-420

para declarações de controle, 433-434, 435, 436-438
para definições e ativações de funções, 442-444
para expressões aritméticas, 485-486e
para funções e procedimentos, 439-440
para referências a estruturas, 429-430
para referências a estruturas e ponteiros, 429-430
para referências de matrizes, 421-423, 424-425, 426 *ilus.*
procedimento genCode, 415 *ilus.*
procedimento para gerar, 414
programas TINY, 409 *ilus.*
tradução de e para código de três endereços, 409-410
versus código de três endereços, 409-410
Percurso em pós-ordem, 107-108, 279-280, 280 *ilus.*, 413-414
Percurso em pré-ordem/*in*-ordem, 281, 413-414
Percurso recursivo, de árvores sintáticas em geração de código, 413-414
Pilha da P-máquina, 417-418, 420-421
Pilha de registros de ativação, 356, 393-395e.
  Ver também Pilhas de ativação
Pilhas. *Ver* Pilhas de ativação; Pilhas de análise sintática; Pilha de P-máquina; Pilhas de valores
Pilhas de análise sintática, 95, 253e
  análise sintática ascendente, 199-200, 202-203
  análise sintática LL(1), 152-154, 166-167, 187-188
  análise sintática LR(0), 208-211
  análise sintática SLR(1), 212-215
  com ações de pilha de valores, 167t
  em recuperação de erros em modo pânico, 248-249
  na computação de atributos sintetizados, 293-294, 294t
  na herança de atributos computados, 294-295
  produções de erros Yacc, 249-251, 251n
  recuperação de erros, 187-188
Pilhas de ativação, 356, 357-358, 358 *ilus.*, 359-360, 360 *ilus.*, 362 *ilus.*, 363 *ilus.*, 364 *ilus.*, 365 *ilus.*, 366 *ilus.*
  Ver também Pilhas de execução; Pilha de registros de ativação; Pilhas de valor
Pilhas de execução, 449, 356, 367 *ilus.*, 368 *ilus.*, 369 *ilus.*, 371 *ilus.*, 373 *ilus.*, 374 *ilus.*, 376 *ilus.*, 377 *ilus.*, 396 *ilus.*
  Ver também Pilhas de ativação
Pilhas de valores, 167, 167t
  na computação de atributos herdados, 293-295

na computação de atributos sintetizados, 293, 294t
para Yacc, 231-232, 242-243
P-máquina, 407-408
Ponteiro de acesso, 307
Ponteiro de ambiente (ep), 375-377, 376 *ilus.*, 377 *ilus.*
Ponteiro de argumentos (ap), 352-353, 365, 395e
Ponteiro de instrução (ip), 375-377, 376 *ilus.*, 377 *ilus.*
Ponteiro de pilha (sp), 352, 357, 358 *ilus.*, 360 *ilus.*, 396e
  em pilhas de execução com vínculos de acesso, 371 *ilus.*, 373 *ilus.*, 374 *ilus.*, 376 *ilus.*, 377 *ilus.*
  em seqüências de ativação de procedimentos, 363-365, 363 *ilus.*, 365 *ilus.*, 366 *ilus.*, 367 *ilus.*, 368 *ilus.*, 370 *ilus.*, 371 *ilus.*
Ponteiro de quadro, 352-353, 357, 360 *ilus.*, 361 *ilus.*, 362 *ilus.*
  com espaços, 361, 362, 362 *ilus.*
  em pilhas de execução com vínculos de acesso, 371 *ilus.*, 373 *ilus.*, 374 *ilus.*, 376 *ilus.*, 377 *ilus.*
  em seqüências de ativação de procedimentos, 363 *ilus.*, 364 *ilus.*, 365 *ilus.*, 366 *ilus.*, 367 *ilus.*, 368 *ilus.*, 369 *ilus.*, 370 *ilus.*
Ponteiro de tabela de função virtual, 380 *ilus.*
Ponteiro `memptr`, 382-384, 382 *ilus.*, 383 *ilus.*, 384 *ilus.*
Ponteiros, 326.
  Ver também Ponteiros de acesso; Ponteiro de argumentos (ap); Registro base de ponteiro; Caractere circunflexo (^); Ponteiro de ambiente (ep); Ponteiros distantes; Ponteiro de quadro (fp); Ponteiro de instrução (ip); Ponteiros próximos; Deslocamentos; Ponteiro de pilha (sp); Topo do ponteiro de pilha (tos); Ponteiro de tabela de função virtual
Ponteiros fora de um segmento, 322
Ponteiros `near`, 322
Ponto de entrada, em função ou procedimento, 439
Ponto de retorno, de função ou procedimento, 439
Pontos de interrupção, 6
Pontos fixos, de funções, 130
Pragmas, 17
Pragmática, 17
Precedência, 255e
Precedência de operações, 36, 38
  em expressões aritméticas, 116-118
  em expressões booleanas, 139e
  em expressões regulares, 38-41
  em Yacc, 238-240, 240 *ilus.*
  resolução de ambigüidades, 118-119

Precedência em cascata, 117-118
Prefixos viáveis, 203
Pré-processador Ratfor, 5, 30r
Pré-processadores, 5
Primeiro princípio da análise sintática LALR(1), 226
Primeiros conjuntos, 144, 168-173, 191-192e
  definição, 151, 168-169
  para analisadores sintáticos LL(k), 180-181
  para gramática de declarações *if*, 172-173, 173t, 179-180
  para gramática de expressões de inteiros, 170-171, 171t, 178-179
  para gramáticas de seqüências de declarações, 173, 179-180
Princípio da subcadeia mais longa, 45
Princípio do "bolo maximal", 46
Princípio dos subtipos, 336
Problema da análise sintática, 3
Problema de erros em cascata, 184, 189-190
Problema do *else* pendente, 119-121, 139e, 142r
  análise sintática LL(1), 156
  definição, 120
  para analisadores sintáticos SLR(1), 215-217
  regras de eliminação de ambigüidade, em Yacc, 237-238
Problemas de fase, 474
Procedimento *AjustaBase*, pseudocódigo, 289
Procedimento *AvalBaseNum*, pseudocódigo, 288
Procedimento *AvalComBase*, pseudocódigo, 284-285, 287-288, 289-290, 345e
Procedimento *AvalNum*, pseudocódigo, 288
Procedimento *AvalTipo*, 282-284, 291
Procedimento `buildSymTab`, 340, 341
Procedimento casamento, 145
Procedimento `checkNode`, 340, 341
Procedimento `closureEx`, 375
Procedimento *CombinaEval*, pseudocódigo, 285
Procedimento `copyString`, 80, 182, 246
procedimento `emitCode`, 414, 437 *ilus.*, 438
Procedimento *error*, 144-145
Procedimento *éTipoMatriz*, 333
Procedimento *exp*, 145, 150-151
Procedimento *factor*, 144-145
Procedimento `fgets`, 78
Procedimento `genCode`, 426-427 *ilus.*, 487e
  para declarações de controle, 437 *ilus.*
  para definições e ativações de funções, 442-443 *ilus.*
  procedimento *genCode*, 413-414, 415 *ilus.*, 416 *ilus.*

Procedimento `genLabel`, 437 *ilus.*, 438
Procedimento `getchar`, 88
Procedimento `getToken`, 33-34, 77, 78, 90, 96, 182, 246
Procedimento `input`, em Lex, 88
Procedimento *inserir*, 290-291, 298, 313, 332
  declarações, 301-302
  escopo dinâmico, 309
  escopos aninhados, 306
  estrutura de tabelas de símbolos, 297-298
  para a tabela de símbolos TINY, 339
Procedimento `insertNode`, 340-341
Procedimento `match`, 182, 188-189, 195e
Procedimento `NewExpNode`, no analisador sintático TINY, 182, 245
Procedimento `newStmtNode`, no analisador sintático TINY, 182, 245
Procedimento `nullProc`, 340
Procedimento `parse`, 182, 189, 246
Procedimento *Pós-Eval*, 279-280, 280 *ilus.*
Procedimento `postproc`, 340
Procedimento *Pré-Eval*, pseudocódigo, 281
Procedimento `preproc`, 340
Procedimento `printSymTab`, 339, 341
Procedimento `printTree`, no analisador sintático TINY, 182
Procedimento `putchar`, 88
Procedimento `QUADMEAN`, 354-356
Procedimento *remover*, 290, 297-298, 298n
  declarações, 301-302
  escopo dinâmico, 309
  escopos aninhados, 306, 307
  estrutura de tabela de símbolos, 298-299
  para a tabela de símbolos TINY, 338
Procedimento `reservedLookup`, para o sistema de varredura TINY, 78
Procedimento `st_insert`, 339, 341
Procedimento `stmt_sequence`, 194e
  em analisador sintático TINY, 181, 245-246
  recuperação de erros, 189
Procedimento `Sum`, 366-367
Procedimento `swap`, 336-337
Procedimento `syntaxError`, no analisador sintático TINY, 182, 195e
Procedimento *term*, 145
Procedimento *tipo-erro*, 334
Procedimento `typeCheck`, 340
Procedimento `typeError`, 341
Procedimento `ungetNextChar`, 78
Procedimento *verificaentrada*, 187, 187n
Procedimento *verificar*, 290, 298, 309, 314, 332, 335
  escopos aninhados, 306, 307
  estrutura de tabela de símbolos, 297-298

  para a tabela de símbolos TINY, 339
Procedimento `yyerror`, 232, 246
Procedimento `yylex`, 81, 85
  em Yacc, 232, 246
Procedimento `yyparse`, 232, 245, 246
Procedimentos.
  ambientes de definição, 371
  aninhados, 306
  código-objeto, 261
  para geração de código com referências a matrizes, 423-425
  passagem como parâmetros, 374-377, 375 *ilus.*, 376 *ilus.*, 377 *ilus.*
  seqüências de ativação, 353, 363-365, 373-374
  Ver também Argumentos; Seqüências de ativação; Ativações; Funções; Parâmetros; Valores de retorno; Seqüência de retorno
Procedimentos locais
  ambientes de execução baseados em pilhas com, 369-374
  ambientes de execução baseados em pilhas sem, 357-369
Procedimentos-código no Compilador Borland C, 447-448
Processadores 80x86, 402, 444-449
Processadores Intel 80x86, geração de código, 444-449
Produções, 101, 128-129
Produções de erros, 249-252, 254-255e
Produto cartesiano, 49, 320
Programa do máximo divisor comum.
  ambiente de execução baseado em pilhas, 357-358 *ilus.*
  Ver também Programa `gcd`
Programa `gcd`, 357-358, 486e, 487e
Programa `gperf`, 94r
Programa Grep (*global regular expression print*), 91e, 91n
Programa `nonLocalRef`, 370
Programa simples de calculadora, definição Yacc, 230 *ilus.*
Programas, 101-102
  efeitos das técnicas de otimização no tempo de execução, 468
  previsão de comportamento, 472-473
Programas armazenados, 2
Programas de interface, 1
Programas de teste padrão, para compiladores, 16
Programas TINY, 404-405, 404 *ilus.*, 409 *ilus.*, 486e
Prólogo padrão, para máquina TINY, 462
Propagação constante, 28e, 471
Propagação de verificações à frente, 227
Protocolo LIFO (*last in first out*), 351
Provas por indução, 40
Pseudomarca de espaço em branco, 45, 46, 75

Pseudomarca **erro**, em produções de erros, 249-251
Pseudomarcas, 44
Pseudo-registradores, otimização de código com, 473
Pseudovariáveis, em código Yacc, 231
P-sistema Pascal, 29e, 30r
Pulos falsos, 431

Quadros de pilhas, 352
Quádruplas, para código de três endereços, 406, 406 ilus.

Reconhecedores, 183
Recuperação de erros, 256e, 258r.
  em analisadores sintáticos ascendentes, 247-252
  em analisadores sintáticos descendentes recursivos, 183-186
  em analisadores sintáticos LL(1), 186-188
  em análise sintática descendente, 183-190
  em análise sintática LR(0), 211
  em Yacc, 249-251
  no analisador sintático TINY, 188-190, 195e
  no compilador TINY, 252
  princípios gerais, 183
  Ver também Recuperação de erros em modo de pânico
Recuperação de erros de análise sintática, 96-97
Recuperação de erros em modo de pânico, 193e, 197r, 258r
  em analisadores sintáticos ascendentes, 247-249
  em analisadores sintáticos descendentes recursivos, 183-186
  em analisadores sintáticos LL(1), 187-188
  no analisador sintático TINY, 188-190
Recuperação de erros, em análise sintática ascendente, 247
Recursão à direita, remoção de recursão à esquerda e, 158
Recursão à esquerda
  analisadores sintáticos LL(k), 180
  em análise sintática ascendente, 199-200
  remoção, em análise sintática LL(1), 157-162, 167
Recursão de cauda, otimização de código pela remoção, 470-471
Recursão geral à esquerda, remoção, em análise sintática LL(1), 159t, 159-160
Recursão imediata à esquerda, 104n, 158-159
Recursão imediata geral à esquerda, remoção, em análise sintática LL(1), 158-159

Recursão simples imediata à esquerda, remoção, em análise sintática LL(1), 158
Redirecionamento de alvo, 29e
Redução de força, otimização de código por, 471
Referências a ponteiros
  cálculo, em geração de código, 419-420, 425-430
  código do compilador Borland C, 447
  código do compilador C Sun, 452
Referências em matrizes
  cálculo, em geração de código, 420, 421-426
  código do compilador Borland C, 444-445
  código do compilador Sun C, 449-450
Referências pendentes, 377-378
Registradores, 482-483, 484 ilus.
Registro do ponteiro de base, em código para expressões aritméticas, 444-445
Registros.
  construtores de tipos, 320
  Ver também Registros de ativação
Registros de processadores, 450n, 449-451, 455-458.
  Ver também Área de registros
Registros de acumulação, 444-446, 461-462
Registros de ativação
  com dados de comprimento variável, 366-367, 366 ilus., 395e
  com declarações aninhadas, 368-369, 368 ilus., 369 ilus.
  com matriz de exibição, 396e
  com referências não-locais e não-globais, 369-370, 370 ilus.
  com temporários locais, 367, 367 ilus.
  com vínculos de acesso, 371 ilus., 373 ilus., 374 ilus., 376 ilus., 377 ilus.
  em ambientes de execução baseados em pilhas, 356-357, 358, 358 ilus., 359-360, 360 ilus., 362, 362 ilus.
  organização, 352
  para Fortran77, 354
  para seqüências de ativação de procedimentos, 363-365, 363 ilus., 364 ilus.
  parâmetros, 385-386
Registros de ativação de procedimentos. Ver Registros de ativação
Registros de entrada, em SparcStation, 454, 454n
Registros de marca, 33
Registros de saída, em SparcStation, 454, 454n
Registros variantes, 321

Regra de aninhamento mais próximo, 121, 156, 157t
  para estruturas em blocos, 305, 306
Regra do deslocamento, 46
Regras de contexto, 130-131
Regras de cópia, 295
Regras de eliminação de ambigüidade, 45, 116-117.
  Ver também Ambigüidade; gramáticas ambíguas; problema do else pendente
Regras gramaticais
  atributos sintetizados, 279
  como equações, 129-130
  derivações, 102-106
  em arquivos de especificação Yacc, 229, 231
  grafos de dependência associados, 273
  para expressões aritméticas, 271t, 272t, 274-275, 286t, 294-295, 297
  para expressões de aritmética de inteiros, 266t, 265-267
  para gramáticas de declaração variável, 268t, 290t
  para gramáticas de números com base, 275-277, 290t
  para gramáticas de números sem sinal, 263-265, 265t, 267-270, 277t
  para gramáticas livres de contexto, 95, 97-98, 98-100, 128-129, 129-130
  tradução para a forma estendida de Backus-Naur, 144-151
  versus derivações, 101
Regras recursivas
  em gramáticas livres de contexto, 95, 97, 129-130
  gramáticas, 102-103
  operação de repetição, 104-105
Regras gramaticais sensíveis ao contexto, 131
Regras recursivas à direita, 104-105, 123-124, 124
Regras recursivas à esquerda, 104-105, 123-124
Regras semânticas, 259, 262n.
  definição, 262-263
  para expressões aritméticas, 271t, 272t, 286t, 295-296, 297
  para expressões de aritmética de inteiros, 266t
  para gramáticas de declaração variável, 268t, 291t
  para gramáticas de números de base, 290t
  para gramáticas de números sem sinal, 263-265, 265t, 267-269, 277t
  Ver também Equações de atributos
Re-hospedagem, 29e
Reparação de erros, 96-97, 183

ÍNDICE **567**

Repositórios, em tabelas de *hashing*, 299, 299 *ilus*.
Representação de árvores de filha mais à esquerda e irmã à direita, 114
Representação intermediária (IR), 12, 401
Resolução de colisões, em tabelas de *hashing*, 299, 299 *ilus*.
Resto de divisão de inteiros, 194*e*.
Ver também Função **mod**; Função módulo
Retirada de elemento, de pilhas, 153, 167, 187-188, 356
Retrocesso, 46, 53-54, 58, 64, 193*e*
Revisão retroativa, 14, 431, 434, 459
Rotinas de usuário, em Lex, 83
Rótulos, 431, 434
Rótulos de saída, em declarações de controle, 434

Seção de definições, 83-84, 89, 229-232
Seção de regras, 83-84, 229-232
Seção de rotinas auxiliares
  de arquivos de entrada Lex, 82-84
  de arquivos de especificação Yacc, 229-232
Seção de rotinas de usuário, em arquivos de entrada Lex, 83-84
Segmentos de código em linha, otimização, 474
Segundo princípio da análise sintática LALR(1), 226
Seleção de instruções, otimização de código pela apropriada, 472
Semântica, 16, 494-497
Semântica de ponto fixo mínimo, 130
Semântica denotacional, 16, 142*r*
Semântica dinâmica, 10
Semântica dirigida pela sintaxe, 260
Semântica estática, 10
Sentenças, 101, 128
Separadores, 106
Seqüência de retorno, 353
  para Fortran77, 354
Seqüências de ativação, 353, 363-365, 373-374, 438-441
Seqüências de declarações
  computação de conjuntos de seqüência, 178
  computação de primeiros conjuntos, 173
  construção de tabelas de análise sintática LL(1), 178-180
  fatoração à esquerda, 164, 165
  gramáticas, 106, 113-114
Símbolo de início, 102
  em gramáticas de expressões aritméticas simples, 312
  em gramáticas livres de contexto, 128-129
  empilhamento, 153
  para analisadores sintáticos ascendentes, 201, 205

Símbolo de seta (→), 97, 98, 99, 229
Símbolo epsilon (ε). *Ver* Conjunto vazio (ε)
Símbolo phi (Φ), 35, 65
Símbolo sigma (Σ), 34
Símbolo **YYDEBUG**, 240-241
Símbolo **YYSTYPE**, 242
Símbolos aritméticos, 31, 32, 33, 43, 335
Símbolos de verificação à frente, 226*n*
Símbolos especiais, 31, 32, 43
  para linguagem TINY, 75*t*, 76
Símbolos, 34, 128
Simulação estática, 416, 419
Simulador TM, 26, 458-460
Sincronização de marcas, 184-185, 195*e*
Sintaxe, 110-111
  análise semântica, 259, 260
  da linguagem C-, 494-497
  dependência da computação de atributos, 296-297
Sintaxe abstrata, 110, 260
Sintaxe concreta, 110-111
Sintaxe dirigida por semântica, 262*n*
Síntese, operações de compilador para, 15
Sistema de controle de código-fonte (sccs) para Unix, 6
Sistema de controle de revisões (rcs) para Unix, 6
Sistema de varredura TINY
  arquivo de entrada Lex, 90
  autômato finito determinístico, 77 *ilus*.
  implementação, 31-32, 75-79
  modificação, 93*e*
Sistemas de varreduras, 8
  aumento de eficiência, 72-74
  desenvolvimento de código, 75-79
  reconhecimento de palavras reservadas, 80
  versus analisadores sintáticos, 95-96
Sistemas operacionais, interface com compiladores, 17
Sobrecarga, 332
SparcStation, 401
  geração de código, 444-449
  registros, 450*n*, 450-451
  tamanhos de tipos de dados, 452
SparcStation Sun. *Ver* SparcStation
Subcadeias de caracteres, 45
Subtipos, 323*n*
Subtração, associatividade e precedência, 117-118, 118-119
Suspensão, 390
Synthesizer Generator, 347*r*

Tabela de símbolos *enttab*, 315-316
Tabela de símbolos *errtab*, 315-316
Tabela de símbolos *saitab*, 315-316
Tabela **reservedWords**, para o sistema de varredura TINY, 78
Tabelas de análise sintática, 236-237, 237*t*, 247.

Ver também Tabelas de análise sintática LL(1); Tabelas de análise sintática LR(0); Tabelas de análise sintática LR(1); Tabelas de análise sintática SLR(1)
Tabelas de análise sintática LL(1), 154-157
  algoritmo para construção, 168, 178-181
  com entradas de recuperação de erros, 186-188, 188*t*
  conjuntos primeiros e de seqüência, 168-178
  definição, 154
  entradas básicas, 192*e*
Tabelas de análise sintática LR(0), 210*t*, 211
Tabelas de análise sintática LR(1), 222-225, 224*t*
Tabelas de análise sintática SLR(1), 213*t*, 213-215, 214*t*, 215*t*
Tabelas de função virtual, 380, 380 *ilus*., 397-398*e*, 400*r*
Tabelas de *hashing*, 14, 80, 298-301, 347*r*
  tamanhos crescentes, 300*n*
Tabelas de literais, 7 *ilus*., 8, 14
Tabelas de método virtual, 323
Tabelas de salto, 431, 487*e*
Tabelas de símbolos, 7 *ilus*., 8, 13-14, 290-291, 297-316, 307 *ilus*., 308 *ilus*, 347*r*.
  com atributos herdados, 297
  declarações, 298, 301-302
  definição, 290
  estrutura, 297-301
  funções de *hashing*, 298-300, 301 *ilus*.
  geração de código intermediário, 402-403
  gramáticas de atributos, 311-316
  operações principais, 298
  para a linguagem TINY, 337-338
  para palavras reservadas do compilador TINY, 80
  regras de escopo e estrutura de blocos, 304-309
  Ver também Estruturas de dados
Tabelas de transição, 62-63
T-diagramas, 18-19, 19-21 *ilus*., 28-29*e*
Técnicas de análise sintática LL, computação de atributos durante a análise sintática via, 291-292
Técnicas de melhoria de código, 3
Técnicas de otimização, 3, 468-482, 490-491*r*
  classificação, 473-475
  fontes de otimização de código, 469-472
  implementação, 476-481
  para o gerador de código TINY, 482-484
Tempo de amarração, de um atributo, 261

Tempo de vida, de declarações, 303
Temporários.
  armazenamento em registros, 483, 484 *ilus*.
  em código de três endereços, 403, 411-412
  em P-código, 410-411
  prevenção contra uso desnecessário, 479-480
  Ver também Temporários locais
Temporários locais, 367, 395*e*.
  Ver também Temporários
Teoria de autômatos, autômatos determinísticos finitos com estados minimizados, 73
term não-terminal, 231, 236
Terminadores, 106
Terminais.
  em análise sintática LR(1), 219-220
  em árvores de análise sintática, 107-108
  em conjuntos de seqüência, 174-175
  em diagramas sintáticos, 125
  em gramáticas livres de contexto, 102, 128-129
  em primeiros conjuntos, 168-169
  em tabelas de análise sintática LL(1), 154-155
  Ver também Marcas
Testes case aninhados, 61
Texto, acréscimo de números de linhas, 84-85
Tipo de dado união, construtores de tipos, 320-321
Tipo de dados `Align`, 382
Tipo de dados `array`, 317, 318-319
Tipo de dados `boolean`, 317
Tipo de dados estrutura, 318, 320
Tipo de dados `Header`, 381-384, 382 *ilus*.
Tipo de dados `int`, 317
Tipo de dados `integer`, 317
Tipo de dados ponteiro, construtores de tipos para, 322
Tipo de dados `record`, 318
Tipo de dados *structure*, construtores de tipos, 320
Tipo de dados `void`, na linguagem C, 318
Tipos. *Ver* Tipos de dados
Tipos de componentes, para matrizes, 318-319
Tipos de dados indiretamente recursivos, 325
Tipos de dados predefinidos, 317-318
Tipos de dados recursivos, 324-325, 330
Tipos de dados, 316-337, 346-347*r*.
  construtores e expressões, 317-323
  declarações, nomes e recursão, 323-325
  definição, 316-317
  equivalência, 325-332

predefinidos, 317-318
  tamanhos, em Sun SparcStation, 451
  Ver também Matrizes; Tipos de dados booleano; Funções; Tipos de dados ponteiro; Procedimentos; Campos de registro; Registros; Tipos de dados recursivos; Cadeias de caracteres; Tipos de dados estrutura; Tipos de dados união
  verificação e inferência, 332-337
Tipos de índice, para matrizes, 318-319
Tipos de intervalos, 318
Tipos de valores booleanos, na linguagem TINY, 337, 341
Tipos de valores de ponto flutuante, 242, 274-275, 281-283, 295-296, 297-298
  misturados com tipos de valores inteiros, 285-286
Tipos de valores inteiros, 242, 266-267, 294-295, 296-297
  misturados com tipos de valores de ponto flutuante, 285-286
  na linguagem TINY, 337, 341
Tipos de valores, em Yacc, 242
Tipos enumerados, 318
Tipos estruturados, 318
Tipos monomórficos, 337
Tipos ordinais, 318
Tipos polimórficos, 336-337, 347*r*
Topo de ponteiro de pilha (tos), 357
Tradução, 7-11, 110
Tradução dirigida por sintaxe, princípio, 110
Transformações para melhoria de código, 468
Transição qualquer coisa, 50 *ilus*., 50
Transições.
  em autômatos finitos não determinísticos, 63-64
  em autômatos finitos, 47-48, 49-50
  Ver também ε-transições; Transições de erros; Transições LR(1); Transições `other`
Transições de erros, 50
Transições LR(1), 219-220, 224-225
Transições múltiplas, eliminação, 69
Transições outro, 50, 50 *ilus*., 53 *ilus*., 53
Transições que não consomem dados de entradas, 63
Transportabilidade, de compiladores, 15
Tratamento de erros, 7 *ilus*., 6-7, 18, 189-190
  conjuntos primeiros e de seqüência, 152
  em verificadores de tipos, 334
  em Yacc, 232, 236-237
  no sistema de varredura TINY, 75-77
  para números octais, 268
  por analisadores sintáticos, 96-97

Triplas, para código de três endereços, 406-407, 407 *ilus*.

U-código, 490*r*
União, 130
  de cadeias de caracteres, 36
  de conjuntos, 320-321
  de linguagens, 35
  de um conjunto de estados, 69-70
União disjunta, 320
União infinita de conjuntos, 36
Unidades de compilação, 102

Valor `Nil`, 324-325
Valores de cadeias de caracteres, de marcas, 32, 410
Valores de retorno, atributos como, 287-288
Variáveis.
  alocação de memória, 262, 302-303
  armazenamento em registros, 483 *ilus*., 484 *ilus*.
  definições de alcance, 477
  descritores de endereços e registradores, 480*t*, 480-481, 481*t*, 482*t*
  na linguagem TINY, 22, 133-134
  Ver também Variáveis booleanas; Variáveis de indução; Pseudovariáveis; Variáveis de estado
Variáveis booleanas, no código, 60-61
Variáveis de atribuição única, 303
Variáveis de estado, em código de autômatos finitos determinísticos, 60-61
Variáveis de indução, 475
Variáveis estáticas, em ambientes de execução baseados em pilhas, 359-360, 360 *ilus*., 362-363
Variáveis globais, 353-354, 362-363
Variáveis locais, 353-354, 356, 359-360, 360 *ilus*., 360-361
Variáveis não-globais, em ambientes de execução baseados em pilhas, 369-370, 370 *ilus*.
Variáveis não-locais, 363, 370, 370 *ilus*., 396*e*
Variável `currentToken`, para a varredura TINY, 78
Variável de tipos, 336
Variável *expectedToken*, 144-145
Variável `lineno`, 78, 85, 90*n*, 134, 246
Variável `listing`, 78
Variável marca, 144-145
Variável `savedLineNo`, 245, 246
Variável `savedName`, 245, 246
Variável `savedTree`, 246
Variável `source`, 78
Variável `tmpOffset`, 464, 482-483
Variável `tokenString`, 77, 80, 89
  em análise sintática Yacc para linguagem TINY, 246
Variável `yychar`, 246

Variável `yydebug`, 241
Variável `yylineno`, 90*n*
Variável `yylval`, 232
Variável `YYSTYPE`, 233, 245
Varredura, 31-94.
    autômatos finitos, 47-80
    convenções Lex, 81-90
    expressões regulares, 34-47, 64-79
    processo, 32-34
    Ver também Análise léxica
Verificação à frente, 53-54, 185-186, 199, 202, 219
    análise sintática LR(1) *versus* análise sintática SLR(1), 224-225
    em análise sintática descendente, 143-144, 181
    itens LR(0), 204
    itens LR(1), 219-220
    para analisadores sintáticos SLR(k), 218
    problema da, 46
    produções de erros Yacc, 249-252
Verificação à frente de caractere único, 45
Verificação à frente de símbolo único, 13
Verificação de tipos de Hindley-Milner, 4, 30*r*

Verificação de tipos, 10, 303, 304, 316, 332-337, 347*r*
Verificações à frente geradas espontaneamente, 228
Verificações à frente
    combinação, em análise sintática LALR(1), 226
    em listagens Yacc, 234-236
    geradas espontaneamente, 228
    propagação, 227-228
Verificadores de tipos, 261, 332-334
Vinculação dinâmica, 379-380
Vinculação estática, 371.
    Ver também Vínculos de acesso
Vínculos de acesso, 371 *ilus.*, 371-374, 373 *ilus.*, 374 *ilus.*, 376 *ilus.*, 377 *ilus.*, 396*e*
Vínculos de controle, 357, 358 *ilus.*, 360 *ilus.*, 361 *ilus.*, 362 *ilus.*, 363 *ilus.*, 364 *ilus.*, 365 *ilus.*, 366 *ilus.*, 367 *ilus.*, 368 *ilus.*, 369 *ilus.*, 370 *ilus.*, 371 *ilus.*, 372 *ilus.*, 374 *ilus.*, 376 *ilus.*, 377 *ilus.*, 448, 448 *ilus.*
Vínculos dinâmicos, 357
Vínculos filhos
    árvores de análise sintática, 106, 129
    árvores sintáticas, 109, 113
    atributos herdados, 280-281
    nas árvores sintáticas TINY, 135-138

Vínculos irmãos, 114, 134-138, 281
von Neumann, John, 2

Yacc (*yet another compiler compiler*), 4, 197*r*, 227-244, 255-256*e*, 258*r*, 292, 294, 295, 346*e*, 489*e*
    ações embutidas, 243
    depuração de execução de analisadores sintáticos gerados, 240-241
    exercícios de programação, 256-258*e*
    geração de analisadores sintáticos ascendentes, 199
    geração de um analisador sintático TINY, 245-247
    nomes internos e mecanismos de definição, 244*t*
    opções, 232-237
    organização básica, 227-232
    procedimento *genCod*, 414, 415-416 *ilus.*
    recuperação de erros, 249-251
    regras de eliminação de ambigüidades e resolução de conflitos de análise sintática, 237-240
    tabelas de análise sintática, 236-237, 237*t*
    tipos de valor arbitrário, 242-243

Impresso por

META
www.metabrasil.com.br